【传世经典 文白对照】

通鉴纪事本末

十一

〔宋〕袁枢 撰

杨寄林 主编

中华书局

通鉴纪事本末

卷第四十

马氏据湖南

唐僖宗光启二年。初，忠武决胜指挥使孙儒与龙骧指挥使朗山刘建锋戍蔡州，拒黄巢，扶沟马殷隶军中，以材勇闻。及秦宗权叛，儒等皆属焉。

三年，秦宗权与杨行密争扬州，以孙儒为副，张佶、刘建锋、马殷皆从。

昭宗景福元年夏五月，杨行密屡败孙儒兵，破其广德营，张训屯安吉，断其粮道。儒食尽，士卒大疫，遣其将刘建锋、马殷分兵掠诸县。行密纵兵击儒，斩之，儒众多降于行密。刘建锋、马殷收馀众七千，南走洪州，推建锋为帅，殷为先锋指挥使，以行军司马张佶为谋主，比至江西，众十馀万。

乾宁元年五月，刘建锋、马殷引兵至澧陵，武安节度使邓处讷遣邵州指挥使蒋勋、邓继崇将步骑三千守龙回关。殷先至关下，遣使诣勋，勋等以牛酒犒师。殷使说勋曰："刘龙骧智勇兼人，术家言当兴翼、轸间。今将十万众，

马氏据湖南

唐僖宗光启二年（886）。当初，忠武决胜指挥使孙儒与龙骧指挥使朗山人刘建锋戍守蔡州，抵抗黄巢，扶沟人马殷隶属军中，凭借才能和勇猛为人所知。等到秦宗权叛乱，孙儒等人都归顺了秦宗权。

三年（887），秦宗权与杨行密争夺扬州，委任孙儒为副将，张佶、刘建锋、马殷都跟随前往。

唐昭宗景福元年（892）夏季五月，杨行密多次击败孙儒的军队，攻破了其在广德的营寨，又派张训屯驻安吉，切断孙儒的运粮通道。孙儒粮食耗尽，军中疫病流行，于是派遣部将刘建锋、马殷分别领兵劫掠各县。杨行密发兵攻击孙儒，将其斩杀，孙儒的手下人马大多向杨行密投降。刘建锋、马殷收集剩下的部将七千人，向南奔往洪州，大家推举刘建锋为统帅，马殷为先锋指挥使，将行军司马张佶奉为谋主，等到队伍到达江西时，人数已达十多万。

乾宁元年（894）五月，刘建锋、马殷带领军队到达澧陵县，武安节度使邓处讷派遣邵州指挥使蒋勋、邓继崇率领步兵、骑兵三千人驻守龙回关。马殷率先来到龙回关下，派遣使者前去拜见蒋勋，蒋勋等人用牛肉和美酒犒劳了马殷的军队。马殷的使者劝说蒋勋道："刘龙骧既有智谋又有勇略，算命的人说他将会在翼宿和轸宿对应的荆州、长沙之间兴起。他现在领有十万部众，

精锐无敌,而君以乡兵数千拒之,难矣。不如先下之,取富贵,还乡里,不亦善乎!"勋等然之,谓众曰:"东军许吾属还。"士卒皆欢呼,弃旗帜铠仗遁去。建锋令前锋衣其甲,张其旗,趋潭州。潭人以为邵州兵还,不为备。建锋径入府,处讷方宴,擒斩之。戊辰,建锋入潭州,自称留后。

二年,以刘建锋为武安节度使,建锋以马殷为内外马步军都指挥使。蒋勋求为邵州刺史,刘建锋不许,勋据邵州,使其将屯定胜镇以扼潭人。

三年春正月丁巳,刘建锋遣都指挥使马殷将兵讨蒋勋,攻定胜寨,破之。

夏四月,武安节度使刘建锋既得志,嗜酒,不亲政事。长直兵陈赡妻美,建锋私之,赡袖铁挝击杀建锋。诸将杀赡,迎行军司马张佶为留后。佶将入府,马忽蹎啮,伤左髀。时马殷攻邵州未下,佶谢诸将曰:"马公勇而有谋,宽厚乐善,吾所不及,真乃主也。"乃以牒召之。殷犹豫未行,听直军将汝南姚彦章说殷曰:"公与刘龙骧、张司马,一体人也,今龙骧遇祸,司马伤髀,天命人望,舍公尚谁属哉!"殷乃使亲从都副指挥使李琼留攻邵州,径诣长沙。五月,马殷至长沙,张佶肩舆入府,坐受殷拜谒,已,乃命殷升听事,以留后让之,即趋下,帅将吏拜贺,复为行军司马,代殷将兵攻邵州。

精悍勇锐，所向无敌，而您只用几千名乡兵来对抗他，实在太难了。不如先从龙回关撤下，谋取荣华富贵，返还乡里，不也挺好吗！"蒋勋等人认为他说得很有道理，就对部下说："东方来的大军允许我们返还故里。"士兵听后欢呼雀跃，丢下旗帜、铠甲和兵仗纷纷逃去。刘建锋让前锋兵士穿戴对方的盔甲，张设对方的旗帜，直扑潭州。潭州人以为是邵州的兵马回来了，就没有进行防备。刘建锋率领军队径直进入府衙，邓处讷正在举办宴会，于是被擒获斩杀。戊辰（初七），刘建锋率军进入潭州，自称留后。

二年（895），朝廷任命刘建锋为武安节度使，刘建锋委任马殷担任内外马步军都指挥使。蒋勋请求出任邵州刺史一职，刘建锋不应允，蒋勋于是占据邵州，派遣部将屯驻在定胜镇，以此阻扼潭州人。

三年（896）春季正月丁巳（初五），刘建锋派遣都指挥使马殷率兵讨伐蒋勋，进攻定胜寨，攻破了它。

夏季四月，武安节度使刘建锋实现志愿后，饮酒成性，嗜酒如命，不再亲自处理政务。长直兵陈赡的妻子貌美，刘建锋与她通奸，陈赡在衣袖内藏带铁挝，打死了刘建锋。众将杀掉了陈赡，拥立行军司马张佶为留后。张佶将要进入节度使府衙时，他乘的战马忽然狂踢乱咬，伤到了他的左大腿。当时马殷正在攻打邵州还未攻克，张佶就向拥立他的各位将领辞谢说："马殷勇猛有谋略，待人宽厚，与人为善，我赶不上他，他才是真正的主帅。"于是发布公文召请他回来。马殷犹豫不定还未上路，听直军将汝南人姚彦章劝说马殷道："您与刘龙骧、张司马关系密切，犹如一体，现今龙骧遇难死去，司马大腿受伤，皇天授命和人心所向，除了您还有谁能承受得起呢？"马殷于是让亲信都副指挥使李琼留下来继续攻打邵州，自己直接去了长沙。五月，马殷抵达长沙，张佶乘坐轿子进入府衙，坐在那里接受马殷的拜见，拜见完毕，就让马殷升堂处理政事，把留后的职位让给他，立即快步退下，率领部将百官向其拜贺，张佶充任行军司马，代替马殷领兵攻打邵州。

秋九月，以湖南军留后马殷判湖南军府事。殷以高郁为谋主。郁，扬州人也。殷畏杨行密、成汭之强，议以金帛结之，高郁曰："成汭不足畏也。行密公之仇，虽以万金赂之，安肯为吾援乎！不若上奉天子，下抚士民，训卒厉兵，以修霸业，则谁与为敌矣？"殷从之。

光化元年春三月，以潭州刺史、判湖南军府事马殷知武安留后。时湖南管内七州，贼帅杨师远据衡州，唐世旻据永州，蔡结据道州，陈彦谦据郴州，鲁景仁据连州，殷所得惟潭、邵二州而已。

夏五月，湖南将姚彦章言于马殷，请取衡、永、道、连、郴五州，仍荐李琼为将。殷以琼及秦彦晖为岭北七州游弈使，张图英、李唐副之，将兵攻衡州，斩杨师远，引兵趣永州，围之月馀，唐世旻走死。殷以李唐为永州刺史。

二年秋七月，马殷遣其将李唐攻道州，蔡结聚群蛮，伏兵于隘以击之，大破唐兵。唐曰："蛮所恃者山林耳，若战平地，安能败我！"乃命因风燔林，火烛天地，群蛮惊遁，遂拔道州，擒结，斩之。

冬十一月，马殷遣其将李琼攻郴州，执陈彦谦，斩之。进攻连州，鲁景仁自杀。湖南皆平。

三年冬十月，静江节度使刘士政闻马殷悉平岭北，大惧，遣副使陈可璠屯全义岭以备之。殷遣使修好于士政，可璠拒之。殷遣其将秦彦晖、李琼等将兵七千击士政。湖南军至全义，士政又遣指挥使王建武屯秦城。可璠掠县民

秋季九月，朝廷任命湖南军留后马殷判湖南军府事。马殷任用高郁作为自己的主要谋士。高郁是扬州人。马殷畏惧杨行密、成汭势力强大，商议想要用金银绢帛去与他们结交，高郁说："成汭不值得畏惧。杨行密是您的仇敌，即使拿万两黄金去贿赂他，他哪里肯做我们的支援？还不如对上尊奉皇帝，对下安抚士民，训练士卒，整治兵器，以此建立霸业，那还有谁能与我们为敌呢？"马殷采纳了高郁的建议。

光化元年春季（898）三月，朝廷任命潭州刺史、判湖南军府事马殷担任武安留后。这时湖南管辖范围内共有七个州，贼寇首领杨师远占据衡州，唐世旻占据永州，蔡结占据道州，陈彦谦占据郴州，鲁景仁占据连州，马殷所管辖的只有潭州、邵州两个州而已。

夏季五月，湖南将领姚彦章向马殷进言，请求攻取衡州、永州、道州、连州、郴州五个州，同时推荐李琼为统兵主将。马殷任命李琼和秦彦晖为岭北七州游弈使，张图英、李唐为副使，率军攻打衡州，斩杀了杨师远，又领兵直取永州，围攻了一个多月，唐世旻逃跑身死。马殷任命李唐为永州刺史。

二年（899）秋季七月，马殷派遣部将李唐攻打道州，蔡结将群蛮聚集起来，在关隘设下伏兵拦击李唐，大败李唐的军队。李唐说："蛮众所依靠的不过是山林罢了，倘若在平地作战，他们怎么能打败我呢！"于是命令部下借助风势放火焚烧山林，大火冲天，照亮天地，群蛮惊骇逃遁，李唐就乘势攻下了道州，擒获蔡结，将其斩杀。

冬季十一月，马殷派部将李琼攻打郴州，捉住了陈彦谦，将其斩杀。又进攻连州，鲁景仁自杀。湖南至此全部平定。

三年（900）冬季十月，静江节度使刘士政闻知马殷平定了整个岭北，十分恐惧，派节度副使陈可璠屯驻全义岭，防备马殷的进攻。马殷派使者与刘士政建立友好关系，陈可璠拒绝了。马殷派部将秦彦晖、李琼等领兵七千进攻刘士政。湖南军队到达全义岭，刘士政又派指挥使王建武屯驻秦城。陈可璠抢夺百姓的

耕牛以犒军,县民怨之,请为湖南乡导,曰:"此西南有小径,距秦城才五十里,仅通单骑。"彦晖遣李琼将骑六十、步兵三百袭秦城,中宵,逾垣而入,擒王建武,比明,复还,缚之以练,造可璠壁下示之,可璠犹未之信,斩其首,投壁中,桂人震恐。琼因勒兵击之,擒可璠,降其将士二千,皆杀之。引兵趣桂州,自秦城以南二十馀壁皆望风奔溃,遂围桂州。数日,士政出降,桂、宜、岩、柳、象五州皆降于湖南。马殷以李琼为桂州刺史,未几,表为静江节度使。

天复三年夏四月,杨行密遣使诣马殷,言朱全忠跋扈,请殷绝之,约为兄弟。湖南大将许德勋曰:"全忠虽无道,然挟天子以令诸侯,明公素奉王室,不可轻绝也。"殷从之。

天祐元年。初,马殷弟赟,性沈勇,事孙儒,为百胜指挥使。儒死,事杨行密,屡有功,迁黑云指挥使。行密尝从容问其兄弟,乃知为殷之弟,大惊曰:"吾常怪汝器度瑰伟,果非常人。当遣汝归。"赟泣辞曰:"赟淮西残兵,大王不杀而宠任之。湖南地近,常得兄声问,赟事大王久,不愿归也。"行密固遣之。是岁,赟归长沙,行密亲饯之郊。赟至长沙,殷表赟为节度副使。他日,殷议入贡天子,赟曰:"杨王地广兵强,与吾邻接,不若与之结好,大可以为缓急之援,小可通商旅之利。"殷作色曰:"杨王不事天子,一旦朝廷致讨,罪将及吾。汝置此论,勿为吾祸!"

耕牛犒劳军队，百姓怨恨他，主动申请为湖南军队做向导，说："这里西南有条小路，距离秦城才五十里，只能单马通过。"秦彦晖派李琼率六十名骑兵、三百名步兵奇袭秦城，半夜里，翻过城墙进入城内，活捉了王建武，天亮时又撤回来，用白布带捆住王建武，将其带到陈可璠的营垒下展示给陈看，陈可璠不相信，就砍下王建武的脑袋，投入其营垒中，桂州军士大为震动和惊恐。李琼趁机领兵攻击对方，活捉了陈可璠，迫使他手下的将士两千人投降，全都杀死了他们。随后领兵直驱桂州，秦城以南二十多座营垒都望风溃逃，于是包围了桂州城。几天以后，刘士政出城投降，桂州、宜州、岩州、柳州、象州五州全部向湖南投降。马殷任命李琼为桂州刺史，不久又上表奏请朝廷任命李琼为静江节度使。

天复三年(903)夏季四月，杨行密派使者拜访马殷，说朱全忠骄横强暴，请求马殷与他断绝关系，而与其结为兄弟。湖南大将许德勋说："朱全忠虽然无道，但他挟天子以令诸侯，您向来尊奉王室，不可以轻易与他绝交。"马殷听从了他的意见。

天祐元年(904)。当初，马殷的弟弟马賨性情况毅勇猛，事奉孙儒，担任百胜指挥使。孙儒死后，又事奉杨行密，屡立战功，升任黑云指挥使。杨行密曾无意间询问起他的兄弟情况，才知道他是马殷的弟弟，非常惊讶地说："我常常奇怪你气度不凡，果然不是一般人。应当送你回去。"马賨流泪辞谢说："我本是淮西的残兵败将，大王您不杀我反而宠信任用我。湖南距离这里很近，我时常得到兄长的问讯，但我事奉大王已经时间很长了，不愿意回去。"杨行密坚决送他回去。这一年，马賨回长沙，杨行密亲自在郊外替他饯行。马賨到长沙后，马殷上表奏请朝廷任命马賨为节度副使。有一天，马殷商议向皇帝进贡的事，马賨说："杨王土地广阔，兵马强壮，同我们相邻接壤，不如与他结下友好关系，这样从大处讲，可以作为情况紧急时的援助力量，从小处说，可有互通商旅的好处。"马殷听后拉下脸来说："杨行密不事奉天子，一旦朝廷讨伐他，罪过将会连及我们。你还是放弃这种主张，不要给我惹祸！"

昭宣帝天祐三年,吉州刺史彭玕遣使请降于湖南。玕本赤石洞蛮酋,镇南节度使锺传用为吉州刺史。

后梁太祖开平元年夏四月辛未,以武安节度使马殷为楚王。

五月,弘农王以鄂岳观察使刘存为西南面都招讨使,岳州刺史陈知新为岳州团练使,庐州观察使刘威为应援使,别将许玄应为监军,将水军三万以击楚。楚王马殷甚惧,静江军使杨定真贺曰:"我军胜矣!"殷问其故,定真曰:"夫战惧则胜,骄则败。今淮南兵直趋吾城,是骄而轻敌也,而王有惧色,吾是以知其必胜也。"

殷命在城都指挥使秦彦晖将水军三万浮江而下,水军副指挥使黄璠帅战舰三百屯浏阳口。六月,存等遇大雨,引兵还至越堤北,彦晖追之。存数战不利,乃遗殷书诈降。彦晖使谓殷曰:"此必诈也,勿受!"存与彦晖夹水而陈,存遥呼曰:"杀降不祥,公独不为子孙计耶!"彦晖曰:"贼入吾境而不击,奚顾子孙!"鼓噪而进。存等走,黄璠自浏阳引兵绝江,与彦晖合击,大破之,执存及知新,裨将死者百馀人,士卒死者以万数,获战舰八百艘。威以馀众遁归,彦晖遂拔岳州。殷释存、知新之缚,慰谕之。二人皆骂曰:"丈夫以死报主,肯事贼乎!"遂斩之。许玄应,弘农王之腹心也,常预政事,张颢、徐温因其败,收斩之。

楚王殷遣兵会吉州刺史彭玕攻洪州,不克。
武贞节度使雷彦恭会楚兵攻江陵,荆南节度使高季昌引兵屯公安,绝其粮道,彦恭败,楚兵亦走。

唐昭宣帝天祐三年(906),吉州刺史彭玕派遣使者向湖南请求归降。彭玕本来是赤石洞蛮人的头领,被镇南节度使锺传任用为吉州刺史。

后梁太祖开平元年(907)夏季四月辛未(二十五日),后梁封拜武安节度使马殷为楚王。

五月,弘农王杨渥任命鄂岳观察使刘存为西南面都招讨使,岳州刺史陈知新为岳州团练使,庐州观察使刘威为应援使,别将许玄应为监军,统率三万水军进攻湖南。楚王马殷十分害怕,静江军使杨定真却向他道贺说:"我军胜利了!"马殷询问其中的缘故,杨定真回答说:"打仗知道害怕,就能赢得胜利,打仗时骄傲就必定会失败。如今淮南军直接扑向我们的城池,这是骄傲轻敌,而大王您有恐惧的神色,我因此知道我们一定会胜利。"

马殷命令在城都指挥使秦彦晖率领三万水军顺江而下,水军副指挥使黄璠率战舰三百艘驻屯浏阳口。六月,刘存等人遇到大雨,率兵返回,走到越堤北侧时,秦彦晖追上了他们。刘存多次交战失利,就送信给马殷伪称投降。秦彦晖派人对马殷说:"这一定是诈降,不要接受!"刘存与秦彦晖隔水对阵,刘存远远呼喊道:"杀害投降的人不吉利,你难道不替子孙后代做打算吗?"秦彦晖回答说:"贼寇入侵辖境却不还击,哪里还用顾及子孙!"擂鼓呐喊,挥军进击。刘存等立刻逃跑,黄璠从浏阳口领兵封锁了江面,与秦彦晖合击,大败敌军,捉住了刘存和陈知新,杀死副将一百多人,阵亡的士卒数以万计,缴获战舰八百艘。刘威带着残馀部队逃跑退回,秦彦晖乘势攻取了岳州。马殷解开刘存、陈知新的绳索,慰抚劝导他们。二人都痛骂说:"大丈夫以死报答主上,哪肯事奉贼寇!"最终将二人斩杀。许玄应是弘农王的心腹亲信,常常参与政事,张颢、徐温趁他战败,将他收押,并杀害了他。

楚王马殷派军队会同吉州刺史彭玕攻打洪州,没有成功。

武贞节度使雷彦恭会同楚军攻打江陵,荆南节度使高季昌领兵屯驻公安,切断了他们的粮道,雷彦恭战败,楚军也逃跑了。

秋七月，雷彦恭攻岳州，不克。

八月辛亥，〔以〕楚王殷兼武昌节度使，充本道招讨、制置使。

九月，雷彦恭攻涔阳、公安，高季昌击败之。彦恭贪残类其父，专以焚掠为事，荆、湖间常被其患，又附于淮南。丙申，诏削彦恭官爵，命季昌与楚王殷讨之。

冬十月，高季昌遣其将倪可福会楚将秦彦晖攻朗州，雷彦恭遣使乞降于淮南，且告急。弘农王遣将冷业将水军屯平江，李饶将步骑屯浏阳以救之，楚王殷遣岳州刺史许德勋将兵拒之。冷业进屯朗口，德勋使善游者五十人，以木枝叶覆其首，持长刀浮江而下，夜犯其营，且举火，业军中惊扰。德勋以大军进击，大破之，追至鹿角镇，擒业。又破浏阳寨，擒李饶，掠上高、唐年而归。斩业、饶于长沙市。

二年夏五月，静江节度使、同平章事李琼卒，楚王殷以其弟永州刺史存知桂州事。

乙亥，楚兵寇鄂州，淮南所署知州秦裴击破之。

雷彦恭引沅江环朗州以自守，秦彦晖顿兵月馀不战，彦恭守备稍懈。彦晖使裨将曹德昌帅壮士夜入自水窦，内外举火相应，城中惊乱，彦晖鼓噪坏门而入，彦恭轻舟奔广陵。彦晖虏其弟彦雄，送于大梁。淮南以彦恭为节度副使。先是，澧州刺史向瓌与彦恭相表里，至是亦降于楚，楚始得澧、朗二州。

湖南判官高郁请听民自采茶卖于北客，收其征以赡军，楚王殷从之。秋七月，殷奏于汴、荆、襄、唐、郢、复州置

秋季七月，雷彦恭攻打岳州，没有成功。

八月辛亥（初六），后梁任命楚王马殷兼任武昌节度使，并充任本道招讨、制置使。

九月，雷彦恭攻打涔阳、公安，高季昌迎击并打败了他。雷彦恭贪婪残暴，像他的父亲雷满，专以焚烧抢掠为事业，荆、湖间常受他的祸害，这时他又依附淮南。丙申（二十二日），后梁太祖下诏，削夺雷彦恭的官爵，并命高季昌与楚王马殷一起讨伐他。

冬季十月，高季昌派遣部将倪可福会同楚王将领秦彦晖攻打朗州，雷彦恭派使者向淮南乞求归降，并且告急。弘农王杨渥派遣部将冷业率领水军屯驻平江，李饶率领步兵和骑兵屯驻浏阳，援救雷彦恭，楚王马殷派遣岳州刺史许德勋领兵抗击。冷业进军驻扎在朗口，许德勋派出善于游泳者五十人，让其用树木枝叶遮盖头部，佩带长刀顺江而下，于夜间突袭冷业军营，并且四处放火，冷业军中惊慌大乱。许德勋趁机率军进击，大败冷业军，追到鹿角镇时，捉住了冷业。又攻破浏阳寨，擒获了李饶，劫掠上高、唐年后才返回。在长沙市场里斩杀了冷业和李饶。

二年（908）夏季五月，静江节度使、同平章事李琼去世，楚王马殷委派他的弟弟永州刺史李存主管桂州事务。

乙亥（初五），楚军进犯鄂州，淮南任命的鄂州知州秦裴回击并大败楚军。

雷彦恭引沅江水环绕朗州以自卫，秦彦晖屯驻军队一个多月不发动攻击，雷彦恭的守备逐渐松懈。秦彦晖派副将曹德昌率领壮士在夜间从水洞潜入城内，内外点火相应，城中惊慌大乱，秦彦晖趁机擂鼓呐喊，捣毁城门而入，雷彦恭驾乘轻快小船逃往广陵。秦彦晖俘虏了他的弟弟雷彦雄，解送到大梁。淮南任命雷彦恭为节度副使。在此以前，澧州刺史向瓌与雷彦恭互为表里，到这时也向楚王投降，楚王初次获得澧、朗二州。

湖南判官高郁请求允许百姓自己采摘茶叶卖给北方的商客，然后征收他们的赋税供给军队，楚王马殷采纳了他的建议。秋季七月，马殷上奏请求在汴州、荆州、襄州、唐州、郢州、复州设置

回图务,运茶于河南、北,卖之以易缯纩、战马而归,仍岁贡茶二十五万斤,诏许之。湖南由是富赡。

九月,荆南节度使高季昌遣兵屯汉口,绝楚朝贡之路。楚王殷遣其将许德勋将水军击之,至沙头,季昌惧而请和。殷又遣步军都指挥使吕师周将兵击岭南,与清海节度使刘隐十馀战,取昭、贺、梧、蒙、龚、富六州。殷土宇既广,乃养士息民,湖南遂安。

三年夏六月,抚州刺史危全讽自称镇南节度使,帅抚、信、袁、吉之兵号十万攻洪州。淮南守兵才千人,将吏皆惧,节度使刘威密遣使告急于广陵,日召僚佐宴饮。全讽闻之,屯象牙潭,不敢进。袁州刺史彭彦章围高安以助全讽。徐温以周本为西南面行营招讨应援使,将兵七千救高安。本曰:“楚人为全讽声援耳,非欲取高安也。吾败全讽,援兵必还。”乃疾趣象牙潭。过洪州,刘威欲犒军,本不肯留,或曰:“全讽兵强,君宜观形势然后进。”本曰:“贼众十倍于我,我军闻之必惧,不若乘其锐而用之。”

秋七月,危全讽在象牙潭,营栅临溪,亘数十里。庚辰,周本隔溪布陈,先使羸兵尝敌。全讽兵涉溪追之,本乘其半济,纵兵击之。全讽兵大溃,自相蹂藉,溺水死者甚众。本分兵断其归路,擒全讽及将士五千人,乘胜克袁州,执刺史彭彦章,进攻吉州。歙州刺史陶雅使其子敬昭及都指挥使徐章将兵袭饶、信,信州刺史危仔倡请降,饶州刺史唐宝弃城走。行营都指挥使米志诚、都尉吕师造等败苑玫于上高。

回图务,把茶叶运到黄河南北,将茶叶卖掉后换成丝绵纺织品和战马带回来,同时每年进贡茶叶二十五万斤,后梁太祖下诏答应了这一奏请。湖南由此富足起来。

九月,荆南节度使高季昌派兵屯驻汉口,切断了楚朝贡的通路。楚王马殷派遣部将许德勋率领水军攻打对方,到达沙头时,高季昌十分害怕,请求讲和。马殷又派遣步军都指挥使吕师周率兵进攻岭南,与清海节度使刘隐交战十多次,夺取了昭州、贺州、梧州、蒙州、龚州、富州六州。马殷的疆域已经广阔,就令士民休养生息,湖南于是安定下来。

三年(909)夏季六月,抚州刺史危全讽自称镇南节度使,统领抚、信、袁、吉四州兵马,号称十万,进攻洪州。淮南的守兵才有一千人,将领官吏都很恐惧,节度使刘威暗中派遣使者向广陵告急,但表面上每天召集僚佐宴饮聚会。危全讽听闻他的状况,屯驻在象牙潭,不敢前进。袁州刺史彭彦章围攻高安,协助危全讽。徐温任命周本为西南面行营招讨应援使,率兵七千援救高安。周本说:"楚兵只是充当危全讽的声援罢了,并非想要攻取高安。我们打败了危全讽,援兵一定会撤回。"于是快速奔赴象牙潭。经过洪州时,刘威想要犒劳援军,周本不肯停留,有人说:"危全讽兵力强盛,你应该观察一下形势,然后再挺进。"周本回答说:"贼军部众是我们的十倍,我军知道必定会害怕,不如趁他们士气锐猛使用他们。"

秋季七月,危全讽在象牙潭,在溪水旁边设下营寨栅垒,绵延了几十里。庚辰(十七日),周本隔着溪水列开战阵,先派瘦弱的兵卒前去挑战。危全讽的军队涉水追赶,周本等他们渡到一半,发兵猛攻。危全讽的军队大败,自相践踏压卧,落水淹死的人特别多。周本分兵切断了他们的归路,擒获了危全讽及其手下将士五千人,趁胜攻下了袁州,抓住了刺史彭彦章,又进攻吉州。歙州刺史陶雅派他的儿子陶敬昭和都指挥使徐章率军袭击饶州和信州,信州刺史危仔倡请求归降,饶州刺史唐宝弃城而逃。行营都指挥使米志诚、都尉吕师造等人在上高击败苑玫。

吉州刺史彭玕帅众数千人奔楚，楚王殷表玕为郴州刺史，为子希范娶其女。

四年夏六月，楚王殷求为天策上将，诏加天策上将军。殷始开天策府，以弟赟为左相，存为右相。殷遣将侵荆南，军于油口。高季昌击破之，斩首五千级，逐北至白田而还。

冬十二月，辰州蛮酋宋邺、溆州蛮酋潘金盛，恃其所居深险，数扰楚边。至是，邺寇湘乡，金盛寇武冈。楚王殷遣昭州刺史吕师周将衡山兵五千讨之。

乾化元年春正月，吕师周引兵攀藤缘崖入飞山洞袭潘金盛，擒送武冈，斩之，移兵击宋邺。冬十二月乙卯，以朗州留后马贲为永顺节度使、同平章事。

二年春二月，辰州蛮酋宋邺、昌师益皆帅众降于楚，楚王殷以邺为辰州刺史，师益为溆州刺史。

夏四月癸丑，以楚王殷为武安武昌静江宁远节度使、洪鄂四面行营都统。

冬十一月，吴淮南节度副使陈璋等将水军袭楚岳州，执刺史苑玫，楚王殷遣水军都指挥使杨定真救岳州。璋等进攻荆南，高季昌遣其将倪可福拒之。吴恐楚人救荆南，遣抚州刺史刘信帅江、抚、袁、吉、信五州兵屯吉州，为璋声援。

均王乾化三年春正月，吴陈璋攻荆南，不克而还，荆南兵与楚兵会于江口以邀之。璋知之，舟二百艘骈为一列，夜过，二镇兵遽出追之，不能及。

秋八月，楚宁远节度使姚彦章将水军侵吴鄂州，吴以池州团练使吕师造为水陆行营应援使，未至，楚兵引去。

吉州刺史彭玕率领部众数千人投奔楚王,楚王马殷上表请求委任彭玕为郴州刺史,并为儿子马希范娶彭玕的女儿为妻。

四年(910)夏季六月,楚王马殷请求担当天策上将,后梁下诏加封他为天策上将军。马殷设置天策府,任命弟弟马赏为左相,马存为右相。马殷派遣将领入侵荆南,驻扎在油口。高季昌打败楚兵,斩下首级五千颗,又追赶败兵至白田才返回。

冬季十二月,辰州蛮的首领宋邺、溆州蛮的首领潘金盛,依仗其部落位置幽深险峻,屡次侵扰楚国边境。到这时,宋邺进犯湘乡,潘金盛进犯武冈。楚王马殷派遣昭州刺史吕师周率领五千衡山兵讨伐他们。

乾化元年(911)春季正月,吕师周领兵攀缘藤条,沿着崖壁进入飞山洞,偷袭潘金盛,将其押往武冈斩杀,又移兵进攻宋邺。冬季十二月乙卯(初五),任命朗州留后马赏为永顺节度使、同平章事。

二年(912)春季二月,辰州蛮首领宋邺、昌师益均率领部众向楚投降,楚王马殷任命宋邺为辰州刺史,昌师益为溆州刺史。

夏季四月癸丑(初五),后梁任命楚王马殷为武安武昌静江宁远节度使、洪鄂四面行营都统。

冬季十一月,吴淮南节度副使陈璋等人率领水军袭楚岳州,抓获了岳州刺史苑玫,楚王马殷派水军都指挥使杨定真援救岳州。陈璋等人又进攻荆南,高季昌派遣将领倪可福抵御。吴国担心楚人救援荆南,派遣抚州刺史刘信统领江、抚、袁、吉、信五州兵马屯驻吉州,作为陈璋的声援。

后梁均王乾化三年(913)春季正月,吴国陈璋攻打荆南,没能攻克,因而撤兵,荆南军队与楚军在江口会合拦击吴军。陈璋知道后,把两百艘船并列连成一列,夜间过江,两镇兵马急忙出动追击,没能追上。

秋季八月,楚国宁远节度使姚彦章率领水军入侵吴国鄂州,吴国任命池州团练使吕师造为水陆行营应援使,还没有到达,楚军就撤退了。

四年夏四月，吴袁州刺史刘崇景叛，附于楚。崇景，威之子也。楚将许贞将万人援之，吴都指挥使柴再用、米志诚帅诸将讨之。

楚岳州刺史许德勋将水军巡边，夜分，南风暴起，都指挥使王环乘风趣黄州，以绳梯登城，径趣州署，执吴刺史马邺，大掠而还。德勋曰："鄂州将邀我，宜备之。"环曰："我军入黄州，鄂人不知，奄过其城，彼自救不暇，安敢邀我！"乃展旗鸣鼓而行，鄂人不敢逼。

五月，吴柴再用等与刘崇景、许贞战于万胜冈，大破之，崇景、贞弃袁州遁去。

贞明三年春三月，楚王殷遣其弟存攻吴上高，俘获而还。

龙德元年，辰、溆州蛮侵楚，楚宁远节度副使姚彦章讨平之。

后唐庄宗同光元年，楚王殷遣其子牙内马步都指挥使希范入见，纳洪、鄂行营都统印，上本道将吏籍。

二年夏四月乙亥，加楚王殷兼尚书令。

三年。初，楚王殷既得湖南，不征商旅，由是四方商旅辐凑。湖南地多铅铁，殷用军都判官高郁策，铸铅铁为钱，商旅出境，无所用之，皆易他货而去，故能以境内所馀之物易天下百货，国以富饶。湖南民不事桑蚕，郁命民输税者皆以帛代钱，未几，民间机杼大盛。

明宗天成元年秋九月，加楚王殷守尚书令。

四年(914)夏季四月,吴国袁州刺史刘崇景叛变,归附楚国。刘崇景是刘威的儿子。楚将许贞率领一万人支援他,吴国都指挥使柴再用、米志诚率领将士讨伐他。

楚国岳州刺史许德勋率领水军在边境巡逻,半夜时候,南风大作,都指挥使王环借助风势直驱吴国黄州,利用绳梯登上城墙,直奔州官府署衙,擒获了吴国黄州刺史马邺,一番大肆掠夺后就返回了。许德勋说:"鄂州将会阻截我军,应该防备他们。"王环说:"我军进入黄州,鄂州人都不知道,现在突然经过鄂州城,他们自顾不暇,哪敢截击我们?"于是大张旗鼓向前而行,鄂州人果然不敢逼近。

五月,吴国柴再用等人与刘崇景、许贞在万胜冈交战,刘、许大败,刘崇景、许贞放弃袁州逃走了。

贞明三年(917)春季三月,楚王马殷派遣弟弟马存攻打吴国上高县,俘获了很多人口、财物而回。

龙德元年(921),辰州和溆州的蛮人入侵楚地,楚国宁远节度副使姚彦章讨伐并平定了他们。

后唐庄宗同光元年(923),楚王马殷派遣儿子牙内马步都指挥使马希范入京朝见庄宗,交纳了洪、鄂行营都统的印章,并送上了本道将吏的花名册。

二年(924)夏季四月乙亥(初七),后唐加封楚王马殷兼任尚书令。

三年(925)。当初,楚王马殷得到湖南后,不向商旅征税,因此四面八方的商旅都聚集在此。湖南盛产铅铁,马殷采用军都判官高郁的策略,用铅铁铸造钱币,商旅一旦离开湖南地界,就无处使用这些钱币,于是都先将钱币换成其他货物才离去,所以能够用境内富馀之物交换天下各种物品,国家因此富饶。湖南百姓不植桑养蚕,高郁就命令交税的人用绢帛代替钱币,不久,民间纺织业大大兴盛起来。

后唐明宗天成元年(926)秋季九月,后唐加授楚王马殷守尚书令。

二年夏五月，楚王殷遣中使史光宪入贡。〔还〕，过〔江陵〕，荆南高季兴执史光宪而夺其〔赐〕物。事见《高氏据荆南》。

六月丙申，封楚王殷为楚国王。

三年春二月，楚王殷遣六军使袁诠、副使王环等将水军击荆南高季兴。事见《高氏据荆南》。

夏四月，吴右雄武军使苗璘、静江统军王彦章将水军万人攻楚岳州，至君山，楚王殷遣右丞相许德勋将战舰千艘御之。德勋曰："吴人掩吾不备，见大军，必惧而走。"乃潜军角子湖，使王环夜帅战舰三百，屯杨林浦绝吴归路。迟明，吴人进军荆江口，将会荆南兵攻岳州，丁亥，至道人矶。德勋命战棹都虞候詹信以轻舟三百出吴军后，德勋以大军当其前，夹击之，吴军大败，虏璘及彦章以归。吴遣使求和于楚，请苗璘、王彦章。楚王殷归之，使许德勋饯之。德勋谓二人曰："楚国虽小，旧臣宿将犹在，愿吴朝勿以措怀。必俟众驹争皂栈，然后可图也。"时殷多内宠，嫡庶无别，诸子骄奢，故德勋语及之。

六月，帝诏楚王殷讨高季兴。

四年春三月，楚王殷命其子武安节度副使、判长沙府希声知政事，总录内外诸军事，自是国政先历希声，乃闻于殷。

初，楚王殷用都军判官高郁为谋主，国赖以富强，邻国皆疾之。庄宗入洛，殷遣其子希范入贡，庄宗爱其警敏，曰："比闻马氏当为高郁所夺，今有子如此，郁安能得之！"

二年(927)夏季五月，楚王马殷派遣宦官史光宪入朝进贡，史光宪返回时经过江陵，荆南高季兴收押了史光宪，并夺走了朝廷的赏赐。事见《高氏据荆南》。

六月丙申(十七日)，后唐加封楚王马殷为楚国王。

三年(928)春季二月，楚王马殷派遣六军使袁诠、副使王环等人率领水军攻击荆南高季兴。事见《高氏据荆南》。

夏季四月，吴国右雄武军使苗璘、静江统军王彦章率领水军一万人进攻楚国的岳州，到达君山时，楚王马殷派遣右丞相许德勋统领千艘战舰抵御吴军。许德勋说："吴人想趁着我们没有防备时突然袭击，他们看到我们的大军，一定会惊慌恐惧从而逃走。"于是在角子湖秘密布设下军队，让王环趁着夜晚天黑率领三百艘战舰进屯杨林浦，以此断绝吴军的归路。黎明时分，吴人进军荆江口，准备会同荆南的兵马攻打岳州，丁亥(十二日)，抵达道人矶。许德勋命令战棹都虞候詹信率领三百艘轻快船只在吴军后侧出兵，许德勋率领大军挡在吴军正面，前后夹攻吴军，吴军大败，楚军俘获了苗璘和王彦章，胜利返归。吴国派遣使者向楚国求和，请求楚国交还苗璘和王彦章。楚王马殷将他们放回去，并让许德勋为二人饯行。许德勋对苗璘和王彦章说："楚国虽然小，但是旧臣老将都还健在，希望吴国不要打什么主意。一定要等到马驹争夺马厩时，然后才可以谋取。"当时马殷有很多宠爱的妃嫔，嫡庶不分，他的儿子们也都骄横奢侈，所以许德勋才讲了这番话。

六月，后唐明宗下诏，命令楚王马殷讨伐高季兴。

四年(929)春季三月，楚王马殷命令他的儿子武安节度副使、判长沙府马希声处理政事，总管内外大小军事，自此之后，国家政事先经过马希声，然后再报告给马殷。

当初，楚王马殷任用都军判官高郁为主要谋臣，国家依靠他富强起来，邻国都嫉妒他。庄宗进入洛阳后，马殷派遣他的儿子马希范入朝进贡，庄宗喜欢他机警聪敏，说："近来听闻马氏的权位将会被高郁夺占，如今有这样的儿子，高郁怎么能夺取呢？"

高季兴亦屡以流言间郁于殷，殷不听，乃遣使遗节度副使、知政事希声书，盛称郁功名，愿为兄弟。使者言于希声曰："高公常云'马氏政事皆出高郁'，此子孙之忧也。"希声信之。行军司马杨昭遂，希声之妻族也，谋代郁任，日谮之于希声。希声屡言于殷，称郁奢僭，且外交邻藩，请诛之。殷曰："成吾功业，皆郁力也，汝勿为此言！"希声固请罢其兵柄，乃左迁郁行军司马。郁谓所亲曰："亟营西山，吾将归老。猘子渐大，能咋人矣。"希声闻之，益怒，明日，矫以殷命杀郁于府舍，榜谕中外，诬郁谋叛，并诛其族党。至暮，殷尚未知。是日，大雾，殷谓左右曰："吾昔从孙儒渡淮，每杀不辜，多致兹异。马步院岂有冤死者乎？"明日，吏以郁死告，殷抚膺大恸曰："吾老耄，政非己出，使我勋旧横罹冤酷！"既而顾左右曰："吾亦何可久处此乎！"

长兴元年冬十月，楚王殷寝疾，遣使诣阙，请传位于其子希声。朝廷疑殷已死，辛亥，以希声为起复武安节度使兼侍中。

十一月己巳，楚王殷卒，遗命诸子，兄弟相继。置剑于祠堂，曰："违吾命者戮之！"诸将议遣兵守四境，然后发丧。兵部侍郎黄损曰："吾丧君有君，何备之有！宜遣使诣邻道告终称嗣而已。"

丙戌，马希声袭位，称遗命去建国之制，复藩镇之旧。

高季兴也多次用流言在马殷面前诋毁高郁,马殷一概不听,高季兴于是派遣使者给节度副使、知政事马希声送信,信中盛赞高郁的功绩名声,希望同他结为兄弟。使者向马希声进言说:"高公常说'马氏政事都出自高郁',这是子孙后代的忧患啊。"马希声相信了这些话。行军司马杨昭遂是马希声妻子的同族人,谋划取代高郁之职,每天都向马希声诋毁高郁。马希声又屡次报告给马殷,说高郁奢侈无度、僭越本分,而且对外勾结邻近藩镇,请求诛杀他。马殷说:"我事业能够成功,全靠高郁的力量,你不要再说这些话了!"马希声坚决请求罢免高郁的兵权,于是高郁被降职为行军司马。高郁对他的亲信说:"赶快替我经营西山,我准备告老还乡。狗崽逐渐长大,能咬人了。"马希声听到这些话,更加恼怒,第二天,假传马殷的命令在府舍杀死了高郁,并张榜告示内外,诬陷高郁阴谋反叛,同时诛灭了高郁的宗族和同党。到了傍晚,马殷还不知道此事。这天大雾弥漫,马殷对身边人说:"我过去跟随孙儒渡淮河,每逢杀害了无辜的人,多会出现这类怪异现象。马步院难道有冤死的人吗?"第二天,官吏把高郁死讯禀告给马殷,马殷拍着胸口非常悲痛地说:"我已年老,政事也不由我自己做主,致使我过去的有功之臣横遭冤酷!"一会儿又回过头来对身边的人说:"我怎么可以长久留在这里呢!"

长兴元年(930)冬季十月,楚王马殷卧病在床,派遣使者到朝廷请求传位给他的儿子马希声。后唐朝廷怀疑马殷已经死了,辛亥(二十一日),将马希声起用复职为武安节度使兼侍中。

十一月己巳(初十),楚王马殷去世,留下遗嘱,命令众子按兄弟行辈继承王位。并在祠堂安放了一把宝剑,说:"有违背我命令的人,就杀掉他!"诸位将领商议先派兵守卫四方边境,然后再发丧。兵部侍郎黄损说:"我们丧失了国君仍有国君,有什么需要防备的?应该派遣使者到邻郡去告知先君去世、后君继位就行了。"

丙戌(二十七日),马希声继承了马殷的职位,声称奉马殷遗命撤掉建立楚国的规制,恢复节度使藩镇的旧制。

十二月庚戌，以武安节度使马希声为武安、静江节度使，加兼中书令。

二年冬十二月，武安、静江节度使马希声闻梁太祖嗜食鸡，慕之，既袭位，日杀五十鸡为膳，居丧无戚容。庚申，葬武穆王于衡阳，将发引，顿食鸡臛数盘，前吏部侍郎潘起讥之曰："昔阮籍居丧食蒸豚，何代无贤！"

三年秋七月，武安、静江节度使马希声以湖南比年大旱，命闭南岳及境内诸神祠门，竟不雨。辛卯，希声卒，六军使袁诠、潘约等迎镇南节度使希范于朗州而立之。八月庚申，马希范至长沙。辛酉，袭位。九月，以镇南节度使马希范为武安节度使兼侍中。

四年春二月乙卯，以马希范为武安、武平节度使，兼中书令。初，马希声、希范同日生，希声母曰袁德妃，希范母曰陈氏。希范怨希声先立不让，及嗣位，不礼于袁德妃。希声母弟希旺为亲从都指挥使，希范多遣责之。袁德妃请纳希旺官为道士，不许，解其军职，使居竹屋草门，不得预兄弟燕集。德妃卒，希旺忧愤而卒。

潞王清泰元年春正月壬辰，以武安、武平节度使马希范为楚王。

后晋高祖天福元年，静江节度使、同平章事马希杲有善政，监军裴仁煦谮之于楚王希范，言其收众心，希范疑之。夏四月，汉将孙德威侵蒙、桂二州，希范命其弟武安节度副使希广权知军府事，自将步骑五千如桂州。希杲惧，其母华夫人逆希范于全义岭，谢曰："希杲为治无状，致

十二月庚戌(二十一日),后唐朝廷任命武安节度使马希声为武安、静江节度使,加官兼任中书令。

二年(931)冬季十二月,武安、静江节度使马希声听说梁太祖朱温喜欢吃鸡,很羡慕,待到他继位之后,每天杀五十只鸡供膳食之用,正居于服丧之期也没有悲伤的样子。庚申(初七),在衡阳安葬了武穆王马殷,将要出殡时,猛吃了数盘鸡肉羹,前吏部侍郎潘起讽刺他说:"昔日有阮籍服丧期间食用蒸猪,哪一代没有这样的'贤人'啊!"

三年(932)秋季七月,武安、静江节度使马希声因为湖南连年大旱,下令关闭南岳及境内各神祠的大门,最终也没下雨。辛卯(十一日),马希声去世,六军使袁诠、潘约等人到朗州迎接镇南节度使马希范并拥立他为主。八月庚申(十一日),马希范到达长沙。辛酉(十二日),袭承兄位。九月,后唐朝廷任命镇南节度使马希范为武安节度使兼侍中。

四年(933)春季二月乙卯(初九),后唐朝廷任命马希范为武安、武平节度使,兼任中书令。当初,马希声、马希范同日出生,马希声的母亲是袁德妃,马希范的母亲是陈氏。马希范怨恨马希声先立为王而不辞让,等他继位后,对袁德妃不以礼相待。马希声的同母弟马希旺担任亲从都指挥使,马希范也多次谴责他。袁德妃请求收免马希旺的官职,让他去做道士,马希范不答应,解除了马希旺的军职,让他住在竹屋草门之中,不许他参加兄弟间的宴饮聚会。袁德妃去世后,马希旺也忧愤而亡。

后唐潞王清泰元年(934)春季正月壬辰(二十一日),朝廷封授武安、武平节度使马希范为楚王。

后晋高祖天福元年(936),静江节度使、同平章事马希杲有好的政声,监军裴仁煦向楚王马希范诽谤他,说他收买人心,马希范因此而怀疑他。夏季四月,南汉将领孙德威入侵蒙、桂二州,马希范命他的弟弟武安节度副使马希广暂且主持军府事务,亲自率领五千步兵、骑兵到桂州。马希杲十分恐惧,他的母亲华夫人在全义岭迎接马希范,谢罪说:"希杲治理政事不得法,招致

寇戎入境，烦殿下亲涉险阻，皆妾之罪也。愿削封邑，洒扫掖廷，以赎希杲罪。"希范曰："吾久不见希杲，闻其治行尤异，故来省之，无他也。"汉兵自蒙州引去，徙希杲知朗州。秋七月庚寅，楚王希范自桂州北还。

二年冬十二月，诏加马希范江南诸道都统，制置武平、静江等军事。

三年冬十月，楚顺贤夫人彭氏卒。彭夫人貌陋而治家有法，楚王希范惮之。既卒，希范始纵声色，为长夜之饮，内外无别。有商人妻美，希范杀其夫而夺之，妻誓不辱，自经死。

四年夏四月戊申，加楚王希范天策上将军，赐印，听开府置官属。

黔南巡内溪州刺史彭士愁引奖、锦州蛮万馀人寇辰、澧州。九月辛未，楚王希范命左静江指挥使刘勍、决胜指挥使廖匡齐帅衡山兵五千讨之。

冬十一月，楚王希范始开天策府，置护军都尉、领军司马等官，以诸弟及将校为之。又以幕僚拓跋恒、李弘皋、廖匡图、徐仲雅等十八人为学士。

刘勍等进攻溪州，彭士愁兵败，弃州走保山寨。石崖四绝，勍为梯栈上围之。廖匡齐战死，楚王希范遣吊其母，其母不哭，谓使者曰："廖氏三百口受王温饱之赐，举族效死，未足以报，况一子乎！愿王无以为念。"王以其母为贤，厚恤其家。

五年春正月，楚刘勍等因大风，以火箭焚彭士愁寨而攻之，士愁帅麾下逃入奖、锦深山。乙未，遣其子师暠帅诸酋长纳溪、锦、奖三州印，请降于楚。二月，刘勍引兵还长沙。

敌寇入境,烦劳殿下亲自跋涉险阻之地,这都是我的罪过。我们愿意削去封邑,在宫廷扫洒,以赎偿希杲的罪过。"马希范说:"我好久没见过希杲了,听说他治理成绩优异,所以来看看他,没有别的意思。"南汉军从蒙州退走后,便把马希杲调任为朗州知州。秋季七月庚寅(初四),楚王马希范从桂州向北返回。

二年(937)冬季十二月,后晋朝廷下诏,加封马希范为江南诸道都统,制置武平、静江等军府的事务。

三年(938)冬季十月,楚国顺贤夫人彭氏去世。彭夫人相貌丑陋但治家有方,楚王马希范害怕她。彭夫人去世以后,马希范开始纵情声色,通宵宴饮,内外没有区别。有个商人的妻子长得很美丽,马希范杀死了她的丈夫要占有她,商人的妻子誓死不受污辱,自缢身亡。

四年(939)夏季四月戊申,后晋朝廷加封楚王马希范为天策上将军,赐予官印,听任他开设府衙设置官属。

黔南节度使巡属内的溪州刺史彭士愁率领奖州、锦州蛮族一万多人劫掠辰州、澧州。九月辛未(初三),楚王马希范命令左静江指挥使刘勍、决胜指挥使廖匡齐率领五千衡山兵前去讨伐。

冬季十一月,楚王马希范初次开设天策府,设置护军都尉、领军司马等官,任用他的弟弟和部下将校充任。又任用幕僚拓跋恒、李弘皋、廖匡图、徐仲雅等十八人为学士。

刘勍等人进攻溪州,彭士愁兵败,放弃了州城,退保山寨。石崖四面绝壁,刘勍等人造梯连结成栈道攀登上去包围了他们。廖匡齐战死,楚王马希范派使者向他的母亲吊唁,他的母亲没有哭泣,对使者说:"廖氏三百馀口得到楚王衣食温饱的恩惠,全族为国家效死都不足以报答,何况一个儿子啊!希望大王不要把此事放在心上。"楚王认为廖匡齐的母亲很贤明,丰厚地抚恤其家。

五年(940)春季正月,楚国刘勍等借着大风,放火箭焚烧彭士愁的营寨,发起进攻,彭士愁率部下逃入奖州、锦州的深山中。乙未(二十九日),派遣他的儿子彭师暠带领各个酋长献上溪、锦、奖三州官印,向楚国请求归降。二月,刘勍领兵回到长沙。

楚王希范徙溪州于便地，表彭士愁为溪州刺史，以刘勍为锦州刺史。自是群蛮服于楚。希范自谓伏波之后，以铜五千斤铸柱，高丈二尺，入地六尺，铭誓状于上，立之溪州。

七年冬十月，楚王希范作天策府，极栋宇之盛。户牖栏槛皆饰以金玉，涂壁用丹砂数十万斤；地衣，春夏用角簟，秋冬用木绵。与子弟僚属游宴其间。

齐王天福八年。楚地多产金银，茶利尤厚，由是财货丰殖。而楚王希范，奢欲无厌，喜自夸大。为长枪大槊，饰之以金，可执而不可用。募富民年少肥泽者八千人，为银枪都。宫室、园囿、服用之物，务穷侈靡。作九龙殿，刻沈香为八龙，饰以金宝，长十馀丈，抱柱相向。希范居其中，自为一龙，其幞头脚长丈馀，以象龙角。用度不足，重为赋敛。每遣使者行田，专以增顷亩为功，民不胜租赋而逃。王曰：“但令田在，何忧无谷！”命营田使邓懿文籍逃田，募民耕艺出租。民舍故从新，仅能自存，自西徂东，各失其业。又听人入财拜官，以财多少为官高卑之差，富商大贾，布在列位。外官还者，必责贡献。民有罪，则富者输财，强者为兵，惟贫弱受刑。又置函，使人投匿名书相告讦，至有灭族者。

是岁，用孔目官周陟议，令常税之外，大县贡米二千斛，中千斛，小七百斛，无米者输布帛。天策学士拓跋恒上书曰：“殿下长深宫之中，藉已成之业，身不知稼穑之劳，

楚王马希范将溪州治所迁到便于控制的地方,表奏彭士愁为溪州刺史,任命刘勍为锦州刺史。从此,群蛮归服楚国。马希范自称是汉朝伏波将军马援的后代,用铜五千斤铸成铜柱,高一丈二尺,埋入地下六尺,铭刻了当时的誓词在上面,竖立在溪州。

七年(942)冬季十月,楚王马希范营造天策府,府中雕梁画栋,极尽屋室之华丽。门窗栏杆都用金玉装饰,涂抹墙壁用掉数十万斤丹砂;铺盖地面的地衣,春天和夏天用竹篾编织的席子,秋天和冬天用木绵纺织的布匹。马希范和他的子弟、僚属游乐饮宴其间。

后晋齐王天福八年(943)。楚国境内盛产金银,茶叶利润尤其丰厚,因此财赋货物充足丰裕。但楚王马希范奢侈无度,喜欢自己夸大。制造长枪大槊,用黄金作装饰,可以执举却不能使用。又募集长得丰满圆润的有钱人家的年轻子弟八千人,设立银枪都。宫室、园圃、穿戴及日常使用的物品,也都一定极尽奢靡。营造九龙殿,用沉香木雕刻成八条龙,用金宝作装饰,每条龙长十多丈,环抱殿柱两两相对。马希范居于殿中,自己为一条龙,佩戴的幞头,巾带一丈多长,以象征龙角。用度不足就向百姓重征赋税。尝尝派遣使者核查田亩,专用增加田亩数来记功,百姓承担不起租赋而逃走。楚王却说:"只要田地存在,哪里用得着忧愁没有谷物!"命令营田使邓懿文登记逃民的田亩,招募百姓耕种出租。百姓舍弃旧田,耕作新田,仅能维持生存,从西往东,各自把营生之业丢失了。又听任庶人捐钱拜官,根据输纳钱财多少,决定官位的高低差别,富商大贾,被安置在各个官位上。地方官回朝,必责令其进贡奉献。百姓犯罪,富裕者交纳钱财免罪,强壮者通过当兵代罚,只有贫穷力弱的人遭受刑罚。还设置信箱,鼓励人们投递匿名书信相互告发,以致有人因此而灭族。

这一年,楚王采用孔目官周陟的建议,下令在正常租税之外,大县额外贡奉谷米两千斛,中等县一千斛,小县七百斛,没有谷米的县交纳布帛。天策学士拓跋恒上书说:"殿下生长在深宫之中,继承已经完成的大业,身体没有经历过种庄稼的劳苦,

耳不闻鼓鼙之音，驰骋遨游，雕墙玉食。府库尽矣，而浮费益甚；百姓困矣，而厚敛不息。今淮南为仇雠之国，番禺怀吞噬之志，荆渚日图窥伺，溪洞待我姑息。谚曰：'足寒伤心，民怨伤国。'愿罢输米之令，诛周陟以谢郡县；去不急之务，减兴作之役。无令一旦祸败，为四方所笑。"王大怒。他日，恒请见，辞以昼寝。恒谓客将区弘练曰："王逞欲而愎谏，吾见其千口飘零无日矣。"王益怒，遂终身不复见之。

开运二年秋七月，楚王希范疑静江节度使兼侍中、知朗州希杲得人心，遣人伺之。希杲惧，称疾求归，不许，遣医往视疾，因毒杀之。

冬十二月，楚湘阴处士戴偃，为诗多讥刺，楚王希范囚之。天策副都军使丁思瑾上书切谏，希范削其官爵。

三年秋九月，楚王希范知帝好奢靡，以珍玩为献，求都元帅。甲辰，以希范为诸道兵马都元帅。

后汉高祖天福十二年夏五月，武安节度副使、天策府都尉、领镇南节度使马希广，楚文昭王希范之母弟也，性谨顺，希范爱之，使判内外诸司事。壬辰夜，希范卒，将佐议所立。都指挥使张少敌、都押牙袁友恭，以武平节度使知永州事希萼，于希范诸弟为最长，请立之。长直都指挥使刘彦瑶、天策府学士李弘皋、邓懿文、小门使杨涤皆欲立希广。张少敌曰："永州齿长而性刚，必不为都尉之下明矣。

两耳没有听到过战争鼙鼓的响声，骑着马驰骋遨游，住的是雕梁画栋，吃的是山珍海味。国家府库已经耗尽了，而不必要的支出却日益增多；百姓已经贫困窘迫了，而沉重的征敛却毫无休止。现今地处淮南的唐朝是我们的敌对国家，南方占据番禺的南汉又怀有吞并的野心，近邻荆渚天天在窥伺我们，远地溪洞的蛮族等着我们怠惰苟安。谚语说：'足寒伤心，民怨伤国。'希望罢除输纳谷米的命令，杀了周陟来向郡县谢罪；废掉不着急的事务，减少兴建的劳役。不要一朝招致祸乱，被四方耻笑。"楚王勃然大怒。过了几日，拓跋恒请求入见，楚王以白天睡觉为由拒绝见他。拓跋恒对客将区弘练说："大王放纵欲望，刚愎自用，拒绝劝谏，我看他马家千口飘零要不了多久了。"楚王更加恼怒，于是终身不再会见拓跋恒。

开运二年（945）秋季七月，楚王马希范猜疑静江节度使兼侍中、知朗州马希杲深得人心，派人侦察他。马希杲非常恐惧，上言谎称自己有病请求还乡，楚王不答应，并派大夫探望病情，趁机毒杀了他。

冬季十二月，楚国湘阴隐士戴偃写诗多讥讽时政，楚王马希范因此将其囚禁。天策副都军使丁思瑾上书恳切劝谏，马希范削夺了他的官职爵位。

三年（946）秋季九月，楚王马希范得知后晋出帝喜好奢靡，献纳珍玩宝物，请求赐予都元帅。甲辰（十七日），后晋任命马希范为诸道兵马都元帅。

后汉高祖天福十二年（947）夏季五月，武安节度副使、天策府都尉、领镇南节度使马希广，是楚文昭王马希范的同母兄弟，性情谨慎逊顺，马希范喜欢他，让他处理内外各司事务。壬辰（初八）夜晚，马希范去世，将佐们商议后继人选。都指挥使张少敌、都押牙袁友恭认为武平节度使、知永州事马希萼，在马希范众弟弟中年龄最大，请求拥立他。长直都指挥使刘彦瑫、天策府学士李弘皋、邓懿文、小门使杨涤都想拥立马希广。张少敌说："马希萼年长又刚烈，必不肯屈居都尉马希广之下，这很明显。

必立都尉，当思长策以制永州，使帖然不动则可。不然，社稷危矣。"彦瑫等不从。天策府学士拓跋恒曰："三十五郎虽判军府之政，然三十郎居长，请遣使以让之；不然，必起争端。"彦瑫等皆曰："今日军政在手，天与不取，使他人得之，异日吾辈安所自容乎！"希广懦弱，不能自决。乙未，彦瑫等称希范遗命，共立之。张少敌退而叹曰："祸其始此乎！"与拓跋恒皆称疾不出。

秋七月甲午，以马希广为天策上将军、武安节度使、江南诸道都统兼中书令，封楚王。

〔八〕月，楚王希广庶弟天策左司马希崇，性狡险，阴遗兄希萼书，言刘彦瑫等违先王之命，废长立少，以激怒之。

希萼自永州来奔丧，乙巳，至跌石。彦瑫白希广遣侍从都指挥使周廷诲等将水军逆之，命永州将士皆释甲而入，馆希萼于碧湘宫，成服于其次，不听入与希广相见。希萼求还朗州，周廷诲劝希广杀之，希广曰："吾何忍杀兄，宁分潭、朗而治之。"乃厚赠希萼，遣还朗州。希崇常为希萼诇希广，语言动作，悉以告之，约为内应。

乾祐元年秋八月，武平节度使马希萼请与楚王希广各修职贡，求朝廷别加官爵。希广用天策府内都押牙欧弘练、进奏官张仲荀谋，厚赂执政，使拒其请。九月壬子，赐希萼及楚王希广诏书，谕以："兄弟宜相辑睦，凡希萼所贡，当附希广以闻。"希萼不从。

如果一定要拥立马希广，应当想个长远之计控制住马希萼，使他服帖不生事就可以。不这样的话，社稷就危险了。"刘彦瑫等人没有听从张少敌的建议。天策府学士拓跋恒说："三十五郎马希广虽然总领军府大政，但三十郎马希萼年长，请派使者去马希萼处以礼相让；不然，一定会引起争端。"刘彦瑫等人都说："现在军政大权在手，上天赐予却不接受，反而让别人得到，日后我们这些人哪里还有容身之处呢？"马希广怯懦软弱，自己不能决断。乙未(十一日)，刘彦瑫等人声称有马希范的遗命，共同拥立马希广。张少敌退下后叹息说："祸患就要从这里开始了吧！"与拓跋恒都称有病不再出仕。

秋季七月甲午(十一日)，后汉朝廷任命楚王马希广为天策上将军、武安节度使、江南诸道都统兼中书令，封楚王。

八月，楚王马希广的异母弟弟天策左司马马希崇，性情狡诈阴险，偷偷送信给哥哥马希萼，信中说刘彦瑫等人违背先王遗命，废长立幼，想以此激怒马希萼。

马希萼从永州前来奔丧，乙巳(二十二日)，到达跌石。刘彦瑫告诉马希广派遣侍从都指挥使周廷诲等人率水军前去迎接，命令永州将士全都解甲入城，把马希萼安顿在碧湘宫，让他在此处服丧，不准他进入同马希广相见。马希萼请求回朗州，周廷诲劝马希广将他杀死，马希广说："我怎么忍心杀死兄长，宁愿与他分管潭州、朗州而治理楚国。"于是给予马希萼丰厚的馈赠，将他放回朗州。马希崇常为马希萼侦察马希广，乃至马希广的一言一行，都告诉给马希萼，两人约定作内应。

乾祐元年(948)秋季八月，武平节度使马希萼奏请与楚王马希广各自尽职进奉贡品，请求朝廷另外加封官爵。马希广采用天策府内都押牙欧弘练、进奏官张仲荀的计谋，用厚礼贿赂后汉执政大臣，让朝廷拒绝马希萼的请求。九月壬子(初七)，朝廷赐给马希萼和楚王马希广诏书，劝谕他们："兄弟之间应该和睦相处，凡是马希萼的贡品，应当附于马希广的贡品中上报。"马希萼不接受。

　　隐帝乾祐二年秋八月，马希萼悉调朗州丁壮为乡兵，造号静江军，作战舰七百艘，将攻潭州。其妻苑氏谏曰："兄弟相攻，胜负为人所笑。"不听，引兵趣长沙。马希广闻之曰："朗州，吾兄也，不可与争，当以国让之而已。"刘彦瑫、李弘皋等固争以为不可，乃以岳州刺史王赟为都部署战棹指挥使，以彦瑫监其军。己丑，大破希萼于仆射洲，获其战舰三百艘。赟追希萼，将及之，希广遣使召之曰："勿伤吾兄！"赟引兵还。赟，环之子也。希萼自赤沙湖乘轻舟遁归，苑氏泣曰："祸将至矣，余不忍见也。"赴井而死。

　　冬十月壬午，加楚王希广太尉。
　　楚静江节度使马希瞻以兄希萼、希广交争，屡遣使谏止，不从。知终覆族，疽发于背，丁亥卒。

　　三年夏六月，马希萼既败归，乃以书诱辰、溆州及梅山蛮，欲与共击湖南。蛮素闻长沙帑藏之富，大喜，争出兵赴之，遂攻益阳。楚王希广遣指挥使陈璠拒之，战于淹溪，璠败死。马希萼又遣群蛮攻迪田，秋八月戊戌，破之，杀其镇将张延嗣。楚王希广遣指挥使黄处超救之，处超败死。潭人震恐，复遣牙内指挥使崔洪琏将兵七千屯玉潭。

　　马希萼表请别置进奏务于京师。九月辛巳，诏以湖南已有进奏务，不许。亦赐楚王希广诏，劝以敦睦。马希萼以朝廷意佑楚王希广，怒，遣使称藩于唐，乞师攻楚。唐加希萼同平章事，以鄂州今年租税赐之，命楚州刺史何敬洙将兵助希萼。冬十月丙午，希广遣使上表告急，言："荆南、

后汉隐帝乾祐二年（949）秋季八月，马希萼征调朗州所有壮丁组成乡兵，创立军号为静江军，又制造战舰七百艘，准备攻打潭州。他的妻子苑氏劝谏说："兄弟互相攻击，无论胜负都会被人耻笑。"马希萼不听，带兵直驱长沙。马希广听到消息说："朗州，是我的兄长，不能与他争斗，应当把国家让给他。"刘彦瑫、李弘皋等人坚持抗争，认为不能让位，于是任命岳州刺史王赟为都部署战棹指挥使，派刘彦瑫为监军。己丑（十八日），在仆射洲大败马希萼，缴获其战舰三百艘。王赟继续追击马希萼，将要追上时，马希广派使者告知王赟说："不要伤害我的兄长！"王赟带兵撤回。王赟是王环的儿子。马希萼从赤沙湖乘坐轻快小船逃回，苑氏哭泣说："灾祸将要降临了，我不忍心看啊。"投井而死。

　　冬季十月壬午（十三日），后汉加封楚王马希广为太尉。

　　楚国静江节度使马希瞻因为兄长马希萼、马希广互相争斗，多次派使者前去劝谏制止，但双方都不听从。马希瞻知道这样下去家族终会覆灭，急得背上毒疮发作，丁亥（十八日）去世。

　　三年（950）夏季六月，马希萼战败逃归后，写信引诱辰州、溆州和梅山蛮族，打算与他们共同进攻湖南。蛮人一向听说长沙国库储藏丰富，非常高兴，争相出兵赴约，于是攻打益阳。楚王马希广派遣指挥使陈璠抵御，在淹溪交战，陈璠战败身死。马希萼又派群蛮攻打迪田，秋季八月戊戌（初三），攻破迪田，将迪田镇将张延嗣杀死。楚王马希广派指挥使黄处超援救迪田，黄处超也战败身死。潭州人大为震动，陷入恐慌，又派遣牙内指挥使崔洪琏率兵七千屯驻玉潭。

　　马希萼上表请求在京师另外设置进奏务。九月辛巳（十七日），后汉下诏，以湖南已设有进奏务为由，不予批准。同时赐给楚王马希广诏书，劝他兄弟间应该亲厚和睦。马希萼认为朝廷有意袒护楚王马希广，非常生气，派使者向南唐称臣，乞求南唐出兵攻打楚国。南唐加授马希萼同平章事，并把鄂州当年征收的租税赏赐给他，又命令楚州刺史何敬洙领兵援助马希萼。冬季十月丙午（十二日），马希广派使者向后汉上表告急，说："荆南、

岭南、江南连谋，欲分湖南之地，乞发兵屯澧州，以扼江南、荆南援朗州之路。”

楚王希广以朗州与山蛮入寇，诸将屡败，忧形于色。刘彦瑫言于希广曰：“朗州兵不满万，马不满千，都府精兵十万，何忧不胜！愿假臣兵万馀人，战舰百五十艘，径入朗州缚取希萼，以解大王之忧。”王悦，以彦瑫为战棹都指挥使、朗州行营都统。彦瑫入朗州境，父老争以牛酒犒军，曰：“百姓不愿从乱，望都府之兵久矣！”彦瑫厚赏之。战舰过，则运竹木以断其后。是日，马希萼遣朗兵及蛮兵六千、战舰百艘逆战于湄州，彦瑫乘风纵火以焚其舰，顷之，风回，反自焚。彦瑫还走，江路已断，士卒战及溺死者数千人。希广闻之，涕泣不知所为。希广平日罕颁赐，至是，大出金帛以取悦于士卒。

或告：“天策左司马希崇流言惑众，反状已明，请杀之。”希广曰：“吾自害其弟，何以见先王于地下！”

马军指挥使张晖将兵自他道击朗州，至龙阳，闻彦瑫败，退屯益阳。希萼又遣指挥使朱进忠等将兵三千急攻益阳。张晖绐其众曰：“我以麾下出贼后，汝辈留城中待我，相与合势击之。”既出，遂自竹头市遁归长沙。朗兵知城中无主，急击之，士卒九千馀人皆死。

十一月，楚王希广遣其僚属孟骈说马希萼曰：“公忘父兄之仇，北面事唐，何异袁谭求救于曹公邪？”希萼将斩之，骈曰：“古者兵交，使在其间，骈若爱死，安肯此来！骈之言非私于潭人，实为公谋也。”乃释之，使还报曰：“大义

岭南、江南合谋，想要瓜分湖南，乞求朝廷发兵屯驻澧州，以扼住江南、荆南援助朗州的通路。”

楚王马希广因朗州与山蛮入侵，诸位将领屡次战败，面有忧色。刘彦瑫向马希广进言说：“朗州兵众不到一万，战马不足一千，您有精兵十万，哪用担忧不能取胜！希望给我一万多士兵，五十艘战舰，我要直驱朗州捉拿马希萼，以此解除大王的心头之患。”楚王非常高兴，任命刘彦瑫为战棹都指挥使、朗州行营都统。刘彦瑫进入朗州境内，父老乡亲争相用牛、酒犒劳军队，说：“百姓不愿意跟从作乱的人，盼望都府大军已经很久了！”刘彦瑫给予他们丰厚的赏赐。战舰驶过以后，就运来毛竹木头截断后路。这一天，马希萼派遣朗州兵以及蛮兵六千人，战舰一百艘在湄州迎战，刘彦瑫借助风势纵火焚烧对方的战舰，不一会儿，风向回转，反而烧到了自己。刘彦瑫撤退逃跑，但江上通路已被自己阻断，士卒战死和淹死的有数千人之多。马希广闻知战况，只知流泪，不知如何是好。马希广平日很少颁行赏赐，到这时也拿出大量金帛博取士卒的欢心。

有人奏告说：“天策左司马马希崇散布流言，扰乱人心，谋反的证据已经很明显，请求杀死他。”马希广说：“我杀害自己的弟弟，还怎么到九泉之下面见先王！”

马军指挥使张晖率兵从其他道路进攻朗州，到达龙阳时，闻知刘彦瑫战败，就退守益阳。马希萼又派遣指挥使朱进忠等人领兵三千紧急攻打益阳。张晖欺骗他的部众说：“我带帐下人马在贼军后面出击，你们留在城中等我，我们连成前后夹击之势攻击敌人。”出城以后，他就从竹头市逃回长沙。朗州兵得知城中没有主帅，加紧攻打，城中士卒九千多人都被杀死。

十一月，楚王马希广派幕僚孟骈劝说马希萼道：“您忘记父兄的仇敌，臣服南唐，与东汉末年的袁谭向曹操求救有什么不同？”马希萼打算杀了他，孟骈说：“古代两军交战，使者往来其间，我倘若吝惜一死，哪肯到这里！我的话不偏私潭州人，实际是替明公考虑。”马希萼于是放了他，让他回去报告说：“兄弟的情义

绝矣,非地下不相见也!"

朱进忠请希萼自将兵取潭州。辛未,希萼留其子光赞守朗州,悉发境内之兵趣长沙,自称顺天王。

先是,马希萼遣蛮兵围玉潭,朱进忠引兵会之。崔洪琏兵败,奔还长沙。希萼引兵继攻岳州,刺史王赟拒之,五日不克。希萼使人谓赟曰:"公非马氏之臣乎?不事我,欲事异国乎?为人臣而怀贰心,岂不辱其先人!"赟曰:"亡父为先王将,六破淮南兵。今大王兄弟不相容,赟常恐淮南坐收其弊,一旦以遗体臣淮南,诚辱先人耳。大王苟能释憾罢兵,兄弟雍睦如初,赟敢不尽死以事大王兄弟,岂有二心乎!"希萼惭,引兵去。辛卯,至湘阴,焚掠而过。至长沙,军于湘西,步兵及蛮兵军于岳麓,朱进忠自玉潭引兵会之。马希广遣刘彦瑫召水军指挥使许可琼帅战舰五百艘屯城北津,属于南津,以马希崇为监军。又遣马军指挥使李彦温将骑兵屯驼口,扼湘阴路,步军指挥使韩礼将二千人屯杨柳桥,扼栅路。可琼,德勋之子也。

初,蛮酋彭师暠降于楚,楚人恶其犷直。楚王希广独怜之,以为强弩指挥使,领辰州刺史,师暠常欲为希广死。及朱进忠与蛮兵合七千馀人至长沙,营于江西,师暠登城望之,言于希广曰:"朗人骤胜而骄,杂以蛮兵,攻之易破也。愿假臣步卒三千,自巴溪渡江,出岳麓之后,至水西,令许可琼以战舰渡江,腹背合击,必破之。前军败,则其大军自不敢轻进矣。"希广将从之。时马希萼已遣间使以厚利

已经断了,不到九泉不再相见!"

朱进忠请求马希萼亲自领兵攻取潭州。辛未(初八),马希萼留下他的儿子马光赞守卫朗州,调发境内全部兵马直驱长沙,自称顺天王。

在此以前,马希萼派遣蛮兵围攻玉潭,朱进忠领兵与他会合。崔洪琏守军兵败,逃回长沙。马希萼带领军队继续前进,攻打岳州,岳州刺史王赟进行抵御,马希萼五天都没有攻克岳州。马希萼派人对王赟说:"你不是马家的臣子吗?不事奉我,难道想要事奉别的国家吗?为人臣却怀有异心,岂不是辱没先人!"王赟说:"我的父亲是先王的部将,六次击败淮南军队。如今大王兄弟互不相容,我王赟时常担心淮南坐收两败俱伤之利,有朝一日让我臣服淮南,那才真是辱没先人。大王您如果能消除怨恨停止用兵,兄弟和睦如初,王赟我哪敢不拼死事奉大王兄弟,哪会有二心呢!"马希萼十分惭愧,领兵退去。辛卯(二十八日),马希萼军队到达湘阴,劫掠一番后就离开了。到达长沙,驻扎在湘西,步兵和蛮兵驻扎在岳麓,朱进忠从玉潭领兵会合。马希广派遣刘彦瑫召令水军指挥使许可琼统领战舰五百艘屯驻城北渡口,战舰一直绵延到城南渡口,委任马希崇担任监军。又派遣马军指挥使李彦温率领骑兵屯驻驼口,扼守湘阴通路,步军指挥使韩礼领兵两千屯驻杨柳桥,扼守栅垒掐断湘西通路。许可琼是许德勋的儿子。

当初,蛮族部落首领彭师暠归降楚国,楚人厌恶他粗犷耿直。只有楚王马希广怜爱他,让他担任强弩指挥使,兼领辰州刺史,彭师暠常想舍命报效马希广。等朱进忠与蛮兵共七千多人到达长沙,在湘西扎寨,彭师暠登上城墙观望敌情,对马希广说:"朗州人骤然获胜必定骄傲,又同蛮族士兵混杂相处,攻打他们很容易击破。希望拨给臣下三千步兵,从巴溪渡过湘江,在岳麓后面出去,直达湘江西岸,再让许可琼率战舰横渡湘江,前后合击,必会击破敌人。前锋部队溃败,那么他的主力部队自然不敢轻易推进了。"马希广打算听从此计。当时马希萼已经派密使厚利

啖许可琼,许分湖南而治。可琼有贰心,乃谓希广曰:"师
詧与梅山诸蛮皆族类,安可信也! 可琼世为楚将,必不负
大王,希萼竟何能为!"希广乃止。

希萼寻以战舰四百馀艘泊江西。希广命诸将皆受可
琼节度,日赐可琼银五百两,希广屡造其营计事。可琼常
闭垒,不使士卒知朗军进退。希广叹曰:"真将军也,吾何
忧哉!"可琼或夜乘单舸诈称巡江,与希萼会水西,约为内
应。一旦,彭师詧见可琼,瞋目叱之,拂衣入见希广曰:"可
琼将叛国,人皆知之,请速除之,无贻后患。"希广曰:"可
琼,许侍中之子,岂有是邪!"师詧退,叹曰:"王仁而不断,
败亡可翘足俟也。"

潭州大雪,平地四尺,潭、朗两军久不得战。希广信巫
觋及僧语,塑鬼于江上,举手以却朗兵。又作大像于高楼,
手指水西,怒目视之。命众僧日夜诵经,希广自衣僧服膜
拜求福。

甲辰,朗州步军指挥使武陵何敬真等以蛮兵三千陈于
杨柳桥,敬真望韩礼营旌旗纷错,曰:"彼众已惧,击之易破
也。"朗人雷晖衣潭卒之服潜入礼寨,手剑击礼,不中,军
中惊扰。敬真等乘其乱击之,礼军大溃,礼被创走,至家而
卒。于是朗兵水陆急攻长沙,步军指挥使吴宏、小门使杨涤
相谓曰:"以死报国,此其时矣!"各引兵出战。宏出清泰门,
战不利。涤出长乐,战自辰至午,朗兵小却,许可琼、刘彦
瑫按兵不救。涤士卒饥疲,退就食。彭师詧战于城东北隅。

引诱许可琼,许诺与他瓜分湖南共同统治。许可琼怀有二心,就对马希广说:"彭师暠与梅山各个蛮族都属同族,怎能相信他呢! 我许可琼世代为楚国将领,必不会背负大王,那马希萼究竟能有什么作为!"马希广于是作罢。

马希萼不久率领战舰四百多艘停泊在湘江西岸。马希广命令众将都接受许可琼的调度,每日赐给许可琼白银五百两,马希广多次到许可琼的营帐筹划军事。许可琼经常关闭营垒,不让士兵知道朗州军队的进退情况。马希广感叹说:"这是真正的将军啊,我还有什么可忧虑!"许可琼有时夜晚乘坐单只小船假称巡视江面,同马希萼在湘水西岸会面,约为内应。一天,彭师暠见到许可琼,瞪大眼睛呵斥他,拂袖而去进见马希广说:"许可琼将要叛国,国人全都知道,请赶快除掉他,不要留下后患。"马希广说:"许可琼是侍中许德勋的儿子,哪里能有这种事呢?"彭师暠退下,叹息说:"楚王仁慈却不果断,可以等着看他败亡了。"

潭州连降大雪,平地积雪四尺,潭州、朗州两军相持很久没有交战。马希广信奉巫师和僧侣的话,在江上塑造鬼像,举起手臂来击退朗州兵。又在高楼上制作巨大鬼像,手指湘江西岸,怒目直视敌军。还让许多僧侣日夜口诵佛经,马希广自己也身穿僧侣服装顶礼膜拜,来祈求福佑。

甲辰(十二月十一日),朗州步军指挥使武陵人何敬真等人率领蛮兵三千人在杨柳桥布列阵势,何敬真望见韩礼营中旗帜纷乱,说:"对方兵众已经惊慌恐惧,攻打他们的话很容易击破。"朗州人雷晖穿上潭州兵士的衣服潜入韩礼的营寨,手持长剑刺向韩礼,虽然没有刺中,但军营中已经惊恐骚动起来。何敬真等人乘乱出击,韩礼的军队大败,韩礼受伤逃跑,到家就死了。于是朗州军队从水陆两路猛攻长沙,步军指挥使吴宏、小门使杨涤相互勉励说:"以死报国,就是现在了!"各自领兵出战。吴宏从清泰门出,交战失利。杨涤从长乐门出,战斗从辰时持续到午时,朗州军队稍稍退却,但许可琼、刘彦瑫却按兵不去救援。杨涤的士兵饥饿疲惫,撤退去吃饭。彭师暠在城东北角迎战。

蛮兵自城东纵火,城上人招许可琼军使救城,可琼举全军降希萼,长沙遂陷。朗兵及蛮兵大掠三日,杀吏民,焚庐舍,自武穆王以来所营宫室,皆为灰烬,所积宝货,皆入蛮落。李彦温望见城中火起,自驼口引兵救之,朗人已据城拒战。彦温攻清泰门,不克,与刘彦瑫各将千馀人奉文昭王及希广诸子趣袁州,遂奔唐。张晖降于希萼。左司马希崇帅将吏诣希萼劝进。吴宏战血满袖,见希萼曰:"不幸为许可琼所误,今日死,不愧先王矣!"彭师暠投槊于地,大呼请死。希萼叹曰:"铁石人也!"皆不杀。

乙巳,希崇迎希萼入府视事,闭城,分捕希广及掌书记李弘皋、弟弘节、都军判官唐昭胤及邓懿文、杨涤等,皆获之。希萼谓希广曰:"承父兄之业,岂无长幼乎?"希广曰:"将吏见推,朝廷见命耳。"希萼皆囚之。丙午,希萼命内外巡检侍卫指挥使刘宾禁止焚掠。

丁未,希萼自称天策上将军、武安武平静江宁远等军节度使、楚王。以希崇为节度副使、判军府事。湖南要职,悉以朗人为之。脔食李弘皋、弘节、唐昭胤、杨涤,斩邓懿文于市。戊申,希萼谓将吏曰:"希广懦夫,为左右所制耳,吾欲生之,可乎?"诸将皆不对。朱进忠尝为希广所笞,对曰:"大王三年血战,始得长沙,一国不容二主,他日必悔之。"戊申,赐希广死。希广临刑,犹诵佛书。彭师暠葬之于浏阳门外。

蛮兵从城东纵火，城上人招呼许可琼的军队让他们救护城池，但许可琼带领全体部下投降马希萼，长沙于是陷落。朗州军队和蛮军大肆抢掠三天，砍杀官吏百姓，焚烧房屋宅舍，自楚武穆王马殷以来所营建的宫殿居室全部化为灰烬，所积聚的金银财宝全都落入蛮人部族。李彦温望见城中燃起大火，从驼口领兵前来营救，朗州人已经占据城池，据城进行抵御，迎战李彦温。李彦温攻打清泰门，没有成功，就与刘彦瑫各自率领一千多人护送楚文昭王马希范和马希广的儿子们赶赴袁州，随即投奔南唐。张晖向马希萼投降。左司马马希崇率领将官拜谒马希萼，劝他即王位。吴宏作战鲜血沾满了衣袖，见到马希萼说："不幸被许可琼耽误，今天死去，也不愧对先王了！"彭师暠把长矛扔到地上，大喊求死。马希萼感叹说："真是像铁石一样坚硬的人啊！"吴宏和彭师暠都没有被杀。

乙巳（十二月十二日），马希崇迎接马希萼进入王府治理政事，关闭城门，分头搜捕马希广以及掌书记李弘皋、其弟李弘节、都军判官唐昭胤和邓懿文、杨涤等人，全都抓获。马希萼对马希广说："继承父兄基业，难道没有长幼之分？"马希广说："我只是被将校官吏推立，被朝廷任命罢了。"马希萼把他们全都囚禁起来。丙午（十二月十三日），马希萼命令内外巡检侍卫指挥使刘宾去禁止纵火劫掠。

丁未（十二月十四日），马希萼自称天策上将军，武安武平静江宁远等军节度使，楚王。任命马希崇为节度副使、判军府事。湖南的重要职务，全部任用朗州人担任。将李弘皋、李弘节、唐昭胤、杨涤切割成肉块吃掉，在闹市将邓懿文斩首。戊申（十五日），马希萼对将校官吏说："马希广是个懦夫，只是被左右小人挟制罢了，我想让他活着，可以吗？"众将都不回答。朱进忠曾被马希广鞭打过，回答说："大王经过三年浴血苦战，方才取得长沙，一个国家不能容纳两个君主，如果让马希广活着，日后一定后悔。"戊申（十二月十五日），命马希广自杀。马希广临刑时，还在诵读佛经。彭师暠把他葬在浏阳门外。

楚王希萼以子光赞为武平留后,以何敬真为朗州牙内都指挥使,将兵戍之。希萼召拓跋恒,欲用之,恒称疾不起。

后周太祖广顺元年春二月甲辰,楚王希萼遣掌书记刘光辅入贡于唐。三月,唐以楚王希萼为天策上将军、武安武平静江宁远节度使兼中书令、楚王。以右仆射孙忌、客省使姚凤为册礼使。

楚王希萼既得志,多思旧怨,杀戮无度,昼夜纵酒荒淫,悉以军府事委马希崇。希崇复多私曲,政刑紊乱。府库既尽于乱兵,籍民财以赏赉士卒,或封其门而取之,士卒犹以不均怨望。虽朗州旧将佐从希萼来者,亦皆不悦,有离心。

刘光辅之入贡于唐也,唐主待之厚。光辅密言:"湖南民疲主骄,可取也。"唐主乃以营屯都虞候边镐为信州刺史,将兵屯袁州,潜图进取。

小门使谢彦颙,本希萼家奴,以首面有宠于希萼,至与妻妾杂坐,恃恩专横。常肩随希崇,或拊其背,希崇衔之。故事,府宴,小门使执兵在门外。希萼使彦颙预坐,或居诸将之上,诸将皆耻之。

希萼以府舍焚荡,命朗州静江指挥使王逵、副使周行逢帅所部兵千馀人治之,执役甚劳,又无犒赐,士卒皆怨,窃言曰:"囚免死则役作之。我辈从大王出万死取湖南,何罪而囚役之!且大王终日酣歌,岂知我辈之劳苦乎!"逵、行逢闻之,相谓曰:"众怨深矣,不早为计,祸及吾曹。"壬申旦,帅其众各执长柯斧、白梃,逃归朗州。时希萼醉未醒,

楚王马希萼任命儿子马光赞为武平留后，任命何敬真为朗州牙内都指挥使，领兵戍守朗州。马希萼还征召拓跋恒，想要任用他，拓跋恒称说有病不能赴任。

后周太祖广顺元年（951）春季二月甲辰（十二日），楚王马希萼派遣掌书记刘光辅到南唐进贡。三月，南唐封授楚王马希萼为天策上将军，武安武平静江宁远节度使兼中书令、楚王，让右仆射孙忌、客省使姚凤担任册礼使。

楚王马希萼既已得志称王，便时常回忆旧日怨仇，诛杀屠戮没有节制，日夜纵酒，荒淫无度，把军政事务全部委托给马希崇。马希崇又多偏私阿曲不公正，政令刑罚紊乱。官府库藏已在战乱中被洗劫一空，便造册登记百姓的财产来赏赐士卒，有时还查封门户，强取百姓资财，然而士兵仍因分配不均而怨恨。即使是跟从马希萼前来的朗州旧部将佐，也都不高兴，渐渐产生背离之心。

刘光辅到南唐进贡，南唐君主待他很优厚。刘光辅秘密进言道："湖南百姓疲惫、君主骄逸，可以攻取。"南唐君主于是任命营屯都虞候边镐为信州刺史，领兵屯驻袁州，暗中谋划进攻夺取湖南。

小门使谢彦颙，原本是马希萼的家奴，因为容貌美丽得到马希萼的宠爱，甚至与马希萼的姬妾同坐，依仗恩宠专横跋扈。他常与马希崇并肩相随，有时还拍击马希崇的后背，马希崇怀恨在心。旧例，府中设宴，小门使手持兵器站在门外侍候。马希萼却让谢彦颙入席就座，有时还坐在众将的上首，众将都为此感到耻辱。

马希萼因王府馆舍焚烧殆尽，命朗州静江指挥使王逵、副使周行逢率部下士兵一千多人修建，因为承担的劳役十分艰苦，又没有犒劳赏赐，士兵们怨恨不已，私下说道："囚犯免死就做苦役。我们跟从大王出生入死攻取湖南，有什么罪过要像囚犯那样服苦役！况且大王终日醉酒当歌，哪里知道我们的辛劳苦楚啊！"王逵、周行逢听到这些，相互说："大家的积怨已经很深了，不早做打算，灾祸会殃及我们。"壬申（十一日）早晨，二人率领部众每人手拿长柄斧子、白木棍棒，逃回朗州。当时马希萼酒醉未醒，

左右不敢白，癸酉，始白之。希萼遣湖南指挥使唐师翥将
千馀人追之，不及，直抵朗州。逵等乘其疲乏，伏兵纵击，
士卒死伤殆尽，师翥脱归。逵等黜留后马光赞，更以希萼
兄子光惠知州事。光惠，希振之子也。寻奉光惠为节度
使，逵等与何敬真及诸军指挥使张倣参决军府事。希萼具
以状言于唐，唐主遣使以厚赏招谕之。逵等纳其赏，纵其
使，不答其诏，唐亦不敢诘也。

武平节度使马光惠，愚懦嗜酒，不能服诸将。王逵、周
行逢、何敬真谋以辰州刺史庐陵刘言骁勇得蛮夷心，欲迎
以为副使。言知逵等难制，曰："不往，将攻我。"乃单骑赴
之。既至，众废光惠，送于唐，推言权武平留后，表求旄节
于唐，唐人未许，亦称藩于周。

秋九月，楚王希萼既克长沙，不赏许可琼，疑可琼怨
望，出为蒙州刺史。遣马步都指挥使徐威、左右军马步使
陈敬迁、水军都指挥使鲁公绾、牙内侍卫指挥使陆孟俊帅
部兵立寨于城西北隅，以备朗兵，不存抚役者，将卒皆怨
怒，谋作乱。希崇知其谋，戊寅，希萼宴将吏，徐威等不预，
希崇亦辞疾不至。威等使人先驱跐啮马十馀入府，自帅其
徒执斧斤、白梃，声言縶马，奄至座上，纵横击人，颠踣满
地。希萼逾垣走，威等执囚之。执谢彦颙，自顶及踵锉之。
立希崇为武安留后，纵兵大掠。幽希萼于衡山县。

刘言闻希崇立，遣兵趣潭州，声言讨其篡夺之罪。壬
午，军于益阳之西。希崇惧，癸未，发兵二千拒之。又遣使

身边的人不敢禀告，癸酉（十二日），才禀告给他。马希萼派遣湖南指挥使唐师翥率领一千多人去追赶，没有追上，一直追到了朗州。王逵等乘追兵疲惫困乏，设下伏兵全力出击，追兵几乎全军覆没，唐师翥脱身逃归。王逵等废黜武平留后马光赞，更换马希萼哥哥的儿子马光惠为朗州知州。马光惠是马希振的儿子。不久又奉立马光惠为节度使，王逵等人与何敬真以及诸军指挥使张倣参与裁决军政大事。马希萼把情况详细上报给南唐，南唐君主派遣使者用丰厚的赏赐来招降安抚。王逵等人收下南唐的赏赐，放走了使者，但不回应南唐的诏书，南唐也不敢责问。

武平节度使马光惠，愚笨懦弱，嗜酒如命，不能使众将信服。王逵、周行逢、何敬真谋议，认为辰州刺史庐陵人刘言骁健勇猛，深得蛮夷人心，想立他为节度副使。刘言深知王逵等难以驾驭，说："不去的话，将会进攻我。"于是单枪匹马奔赴朗州。抵达后，众将便废黜了马光惠，把他送到南唐，推举刘言代理武平留后，向南唐上表请求赐予旌旗符节，南唐不答应，便也向后周称臣。

秋季九月，楚王马希萼攻陷长沙以后，没有赏赐许可琼，又怀疑他心怀怨恨，就把他派出去担任蒙州刺史。派遣马步都指挥使徐威、左右军马步使陈敬迁、水军都指挥使鲁公绾、牙内侍卫指挥使陆孟俊带领属下兵马在城池西北角安营扎寨，以防备朗州军队，却不安抚仆役士卒，将领士卒都很愤怒，谋划叛乱。马希崇知道了他们的密谋，戊寅（十九日），马希萼宴请将领官吏，徐威等人没来赴宴，马希崇也推辞有病不来参加。徐威等人派人先驱赶十几匹狂踢乱咬的烈马进入王府，自己带领徒众手持刀斧、白棍棒，说是前来拴套烈马，突然闯到宴席上，左右胡乱打人，满地都是被打倒的人。马希萼跳墙逃跑，徐威等人抓住并囚禁了他。抓住谢彦颙后，把他从头锉到脚。立马希崇为武安留后，放纵士兵大肆抢掠。把马希萼幽禁在衡山县。

刘言听说马希崇成了武安留后，派遣士兵直扑潭州，声称讨伐他篡权夺位的罪过。壬午（二十三日），驻军于益阳西面。马希崇十分害怕，癸未（二十四日），发兵两千去抵御。又派了使者

如朗州求和，请为邻藩。掌书记桂林李观象说言曰："希萼旧将佐犹在长沙，此必不欲与公为邻，不若先檄希崇取其首，然后图湖南，可兼有也。"言从之。希崇畏言，即断都军判官杨仲敏、掌书记刘光辅、牙内指挥使魏师进、都押牙黄勍等十馀人首，遣前辰阳县令李翙赍送朗州。至则腐败，言与王逵等皆以为非仲敏等首，怒责翙，翙惶恐自杀。希崇既袭位，亦纵酒荒淫，为政不公，语多矫妄，国人不附。

初，马希萼入长沙，彭师暠虽免死，犹杖背黜为民。希崇以为师暠必怨之，使送希萼于衡山，实欲师暠杀之。师暠曰："欲使我为弑君之人乎！"奉事逾谨。丙戌，至衡山。衡山指挥使廖偃，匡图之子也，与其季父节度巡官匡凝谋曰："吾家世受马氏恩，今希萼长而被黜，必不免祸，盍相与辅之。"于是帅庄户及乡人悉为兵，与师暠共立希萼为衡山王。以县为行府，断江为栅，编竹为战舰，以师暠为武清节度使，招募徒众，数日，至万馀人，州县多应之。遣判官刘虚己求援于唐。

徐威等见希崇所为，知必无成，又畏朗州、衡山之逼，恐一朝丧败，俱及祸，欲杀希崇以自解。希崇微觉之，大惧，密遣客将范守牧奉表请兵于唐，唐主命边镐自袁州将兵万人西趣长沙。

冬十月，唐边镐引兵入醴陵。癸巳，楚王希崇遣使犒军。壬寅，遣天策府学士拓跋恒奉笺诣镐请降。恒叹曰：

去朗州求和,请求结为相邻藩镇。掌书记桂林人李观象劝告刘言:"马希萼的旧部将佐还在长沙,必定不愿跟您结为邻邦,不如先向马希崇发布檄文,让他取下他们的首级,然后再图谋湖南,就可以兼有全境了。"刘言听从了他的建议。马希崇惧怕刘言,随即砍下都军判官杨仲敏、掌书记刘光辅、牙内指挥使魏师进、都押牙黄勋等十多个旧部将佐的脑袋,派遣原辰阳县令李翊带着送去朗州。到达之后,头颅已经腐败了,刘言和王逵等人都认为不是杨仲敏等人的首级,愤怒地责问李翊,李翊十分害怕,自杀了。马希崇继位后,也嗜酒荒淫,处理政务不公正,说话大多矫饰虚妄,国都中的人并不顺从他。

起初,马希萼攻入长沙,彭师暠尽管免于一死,仍旧受了杖刑,被废黜为平民。马希崇觉得彭师暠一定仇恨马希萼,让他送马希萼去衡山县,实际是想让彭师暠杀了马希萼。彭师暠说:"这是想让我成为杀死国君的人吗!"途中他事奉马希萼越发恭谨。丙戌(二十七日),来到衡山县。衡山指挥使廖偃是廖匡图的儿子,跟自己的叔父节度巡官廖匡凝商量说:"我家世代承受马氏的恩情,如今马希萼年长却被废黜,必不能免祸,为什么不一起辅佐他呢。"于是带着田庄佃户和乡里百姓全都当兵,与彭师暠共同拥立马希萼为衡山王。把县治作为临时王府,设置栅垒,阻断江面,用竹木编制成战船,任命彭师暠为武清节度使,招募部众,几天之内,就召集了一万多人,附近州县也大都响应他们。马希萼派遣判官刘虚己向南唐求援。

徐威等人看见马希崇的所作所为,知道必定不能成事,又惧怕朗州、衡山的逼迫,害怕有一天马希崇失败全都遭受祸难,就想杀掉马希崇来自我解救。马希崇隐约有所察觉,十分害怕,秘密派遣客将范守牧奉表向南唐请求救兵,南唐国主命令边镐从袁州领兵一万多人向西直奔长沙。

冬季十月,南唐边镐带领军队进入醴陵。癸巳(初五),楚王马希崇派遣使者犒劳南唐军队。壬寅(十四日),马希崇派遣天策府学士拓跋恒奉持文书到边镐那里请求归降。拓跋恒叹息说:

"吾久不死,乃为小儿送降状!"癸卯,希崇帅弟侄迎镐,望尘而拜,镐下马称诏劳之。甲辰,希崇等从镐入城,镐舍于浏阳门楼,湖南将吏毕贺,镐皆厚赐之。时湖南饥馑,镐大发马氏仓粟赈之,楚人大悦。

癸丑,唐武昌节度使刘仁赡帅战舰二百取岳州,抚纳降附,人忘其亡。仁赡,金之子也。

唐百官共贺湖南平,起居郎高远曰:"我乘楚乱,取之甚易。观诸将之才,但恐守之甚难耳!"远,幽州人也。司徒致仕李建勋曰:"祸其始于此乎!"

唐主自即位以来,未尝亲祠郊庙,礼官以为请,唐主曰:"俟天下一家,然后告谢。"及一举取楚,谓诸国指麾可定。魏岑侍宴言:"臣少游元城,乐其风土,俟陛下定中原,乞魏博节度使。"唐主许之,岑趋下拜谢。其主骄臣佞如此。

马希萼望唐人立己为潭帅,而潭人恶希萼,共请边镐为帅,唐主乃以镐为武安节度使。

唐边镐趣马希崇帅其族入朝,马氏聚族相泣,欲重赂镐,奏乞留居长沙。镐微哂曰:"国家与公家世为仇敌,殆六十年,然未尝敢有意窥公之国。今公兄弟斗阋,困穷自归,若复二三,恐有不测之忧。"希崇无以应。十一月辛酉,与宗族及将佐千馀人号恸登舟,送者皆哭,响振川谷。

"我久活不死,竟然替这个小儿呈送投降书!"癸卯(十五日),马希崇带领兄弟侄儿迎接边镐,远远望见唐军行进扬起的尘土就下拜,边镐下马口称奉诏,慰劳马希崇。甲辰(十六日),马希崇等人跟着边镐进入长沙城,边镐住在浏阳门楼,湖南将领官吏全来拜贺,边镐都重重地赏赐了他们。这时湖南遭遇饥荒,边镐把马氏仓库里的粮食拿出很多来赈济百姓,楚人十分高兴。

癸丑(二十五日),南唐武昌节度使刘仁赡率领二百艘战船攻克岳州,安抚招纳投降归顺的人,楚人忘记他们已经亡国了。刘仁赡是刘金的儿子。

南唐百官一起祝贺湖南被平定,起居郎高远说:"我们乘着楚国内乱,轻易取得了湖南。考察众将的才干,恐怕很难守住它!"高远是幽州人。以司徒身份退休的李建勋说:"灾祸恐怕要从这里开始吧!"

南唐国主自从即位以来,没有亲自祭祀过天地和宗庙,掌管礼仪的官员请他祭祀,南唐国主说:"等天下成为一家,然后再敬告答谢。"等到一举攻取楚国,认为其他各国一经安排,不需多久即可平定。魏岑陪侍宴饮,说:"臣下我年轻时游历过元城,喜爱那里的风土,等陛下平定了中原,乞求让我做魏博节度使。"南唐国主答应了他,魏岑快步上前,跪拜谢恩。南唐国主骄横、臣下谄佞到了这样的地步。

马希萼希望南唐人扶立自己为潭州统帅,但是潭州人厌恶马希萼,共同请求让边镐当统帅,南唐国主便任命边镐为武安节度使。

南唐边镐催促马希崇带着他的家族入京朝见,马氏全族聚在一起相对哭泣,想重重贿赂边镐,上奏乞求停留居住在长沙。边镐微笑着说:"唐国与您马家世代是仇敌,快六十年了,然而不曾敢有窥伺您国土的意图。如今您家兄弟起内讧互相争斗,艰难窘迫,主动归顺,如果还提这提那,怕是会有不测之忧患。"马希崇无言对答。十一月辛酉(初三),与全宗族以及将佐一千多人号哭着登上舟船,送行的人也都大哭,哭声震动山川河谷。

　　楚静江节度副使、知桂州马希隐，武穆王殷之少子也。楚王希广、希萼兄弟争国，南汉主以内侍使吴怀恩为西北招讨使，将兵屯境上，伺间密谋进取。希广遣指挥使彭彦晖将兵屯龙峒以备之。希萼自衡山遣使以彦晖为桂州都监、在城外内巡检使、判军府事，希隐恶之，潜遣人告蒙州刺史许可琼。可琼方畏南汉之逼，即弃蒙州，引兵趣桂州，与彦晖战于城中。彦晖败，奔衡山，可琼留屯桂州。吴怀恩据蒙州，进兵侵掠，桂管大扰，希隐、可琼不知所为，但相与饮酒对泣。

　　南汉主遗希隐书，言："武穆王奄有全楚，富强安靖五十馀年。正由三十五舅、三十舅兄弟寻戈，自相鱼肉，举先人基业，北面仇雠。今闻唐兵已据长沙，窃计桂林继为所取。当朝世为与国，重以婚姻，睹兹倾危，忍不赴救！已发大军水陆俱进，当令相公舅永拥节旄，常居方面。"希隐得书，与僚佐议降之，支使潘玄珪以为不可。丙寅，吴怀恩引兵奄至城下，希隐、可琼帅其众，夜斩关奔全州，桂州遂溃。怀恩因以兵略定宜、连、梧、严、富、昭、柳、象、龚等州，南汉始尽有岭南之地。

　　辛未，唐边镐遣先锋指挥使李承戬将兵如衡山，趣马希萼入朝。庚辰，希萼与将佐士卒万馀人自潭州东下。

　　十二月，唐主以镇南节度使兼中书令宋齐丘为太傅；以马希萼为江南西道观察使，守中书令，镇洪州，仍赐爵楚王；以马希崇为永泰节度使，兼侍中镇舒州。湖南将吏，位高者拜刺史、将军、卿监，卑者以次拜官。唐主嘉廖偃、彭师暠之忠，

楚国静江节度副使、知桂州马希隐是武穆王马殷的小儿子。楚王马希广、马希萼兄弟争夺国主之位，南汉国主任命内侍使吴怀恩为西北招讨使，率军驻扎在边境上，准备伺机秘密图谋进取楚地。马希广派遣指挥使彭彦晖带兵驻扎在龙峒，来防备他。马希萼从衡山县派遣使者任命彭彦晖为桂州都监、在城外内巡检使、判军府事，马希隐对此特别憎恶，偷偷派人告诉了蒙州刺史许可琼。许可琼正惧怕南汉的逼迫，立即丢弃蒙州，带兵直扑桂州，与彭彦晖在城中交战。彭彦晖失败，逃到衡山，许可琼留下来驻守桂州。吴怀恩占据蒙州，进兵侵扰抢掠，桂管地区大受惊扰，马希隐、许可琼不知如何是好，只是一起饮酒相对哭泣。

南汉国主送信给马希隐说："武穆王据有全部楚地，富强安宁已经五十多年了。正是因为三十五舅马希广、三十舅马希萼兄弟大动干戈，自相鱼肉，才拿着先人创下的基业，向仇敌称臣。如今听说唐国军队已经据有长沙，我私下估计桂林接下来也会被它夺走。本朝世代是楚国的友邦，又通婚联姻，目睹贵国这种倾覆危亡的局势，怎么忍心不去营救！如今已发动大军水陆并进，一定让相公舅您永远拥有节度使的旌节，长久坐镇一方。"马希隐接到书信，与部属将佐商讨投降南汉，支使潘玄珪认为不可行。丙寅(初八)，吴怀恩带兵突然杀到城下，马希隐、许可琼带领他们的部众，在夜里劈开关门逃往全州，桂州随即溃败。吴怀恩乘势带兵攻克平定了宜州、连州、梧州、严州、富州、昭州、柳州、象州、龚州等地，南汉从此完全据有了岭南之地。

辛未(十三日)，南唐边镐派遣先锋指挥使李承戬带兵到了衡山，催促马希萼入都朝见。庚辰(二十二日)，马希萼和将佐士卒一万多人从潭州向东而下。

十二月，南唐国主任命镇南节度使兼中书令宋齐丘为太傅；任命马希萼为江南西道观察使，守中书令，镇守洪州，同时赐爵为楚王；任命马希崇为永泰节度使，兼任侍中，镇守舒州。湖南的将领官吏，原来职位高的，就拜授刺史、将军、卿监，原来职位低的，也按次序拜授官职。南唐国主表彰廖偃、彭师暠的忠诚，

以偓为左殿直军使、莱州刺史，师嵩为殿直都虞候，赐予甚厚。湖南刺史皆入朝于唐，永州刺史王赟独后至，唐主毒杀之。

南汉主遣内侍省丞潘崇彻、将军谢贯将兵攻郴州，唐边镐发兵救之。崇彻败唐兵于义章，遂取郴州。边镐请除全、道二州刺史以备南汉。丙辰，唐主以廖偃为道州刺史，以黑云指挥使张峦知全州。

初，蒙城镇将咸师朗将部兵降唐，唐主以其兵为奉节都，从边镐平湖南。唐悉收湖南金帛、珍玩、仓粟乃至舟舰、亭馆花果之美者，皆徙于金陵，遣都官郎中杨继勋等收湖南租赋以赡戍兵。继勋等务为苛刻，湖南人失望。行营粮料使王绍颜减士卒粮赐，奉节指挥使孙朗、曹进怒曰："昔吾从咸公降唐，唐待我岂如今日湖南将士之厚哉！今有功不增禄赐，又减之，不如杀绍颜及镐，据湖南，归中原，富贵可图也！"

二年春正月庚申夜，孙朗、曹进帅其徒作乱，束藁潜烧府门，火不然。边镐觉之，出兵格斗，且命鸣鼓角，朗、进等以为将晓，斩关奔朗州。王逵问朗曰："吾昔从武穆王，与淮南战屡捷，淮南兵易与耳。今欲以朗州之众复取湖南，可乎？"朗曰："朗在金陵数年，备见其政事，朝无贤臣，军无良将，忠佞无别，赏罚不当，如此，得国存幸矣，何暇兼人！朗请为公前驱，取湖南如拾芥耳！"逵悦，厚遇之。

任命廖偃为左殿直军使、莱州刺史,任命彭师暠为殿直都虞候,给予优厚的赏赐。湖南刺史全到南唐去朝见,只有永州刺史王赟最后才到,南唐国主毒杀了他。

南汉国主派遣内侍省丞潘崇徹、将军谢贯带兵攻打郴州,南唐边镐发兵援救。潘崇徹在义章县打败南唐军,乘势攻克了郴州。边镐请求任命全、道两州的刺史,来防备南汉。丙辰(二十九日),南唐国主任命廖偃为道州刺史,任命黑云指挥使张峦为全州知州。

当初,蒙城镇将咸师朗率领属下士兵向南唐归降,南唐国主把这支军队改编为奉节都,跟着边镐去平定湖南。南唐收缴了湖南的全部金玉绢帛、珍宝古玩、仓库粮食,以致精美的舟船战舰、亭台楼馆中的上等花草果木,全部送到了金陵,还派遣都官郎中杨继勋等人征收湖南的租税来作为戍守在那里的南唐军队的军粮。杨继勋等人横征暴敛,湖南人很是失望。行营粮料使王绍颜削减士卒的粮饷与赏赐,奉节指挥使孙朗、曹进生气地说:"从前我们跟着咸公归降唐国,唐国对待我们哪里像今天对待湖南将士那样优厚呢!如今建有功劳不仅不增加俸禄赏赐,反而又减少它,不如杀掉王绍颜和边镐,占有湖南,归附中原,荣华富贵唾手可得。"

二年(952)春季正月庚申(初三)夜里,孙朗、曹进率领他们的徒众作乱,把藁草打成捆,偷偷焚烧府门,火却没有燃起来。边镐察觉了,派出士兵搏斗,并且命令鸣鼓吹号,孙朗、曹进等人以为天就要亮了,就劈开关门逃往朗州。王逵问孙朗说:"我从前跟着武穆王与淮南军队作战,屡屡获胜,淮南军队容易对付。如今想用朗州的部众再度攻取湖南,能做到吗?"孙朗说:"我孙朗在金陵有几年了,见过那里的政事,朝中没有贤能的大臣,军中没有能征善战的将领,忠诚和奸佞没有区别,奖赏和惩罚也不恰当,如此乱糟糟,能使国家存在就万幸了,哪有闲暇兼并他人!孙朗我请求担任您的先锋,攻下湖南就像拾起芥草那样容易!"王逵很高兴,待他很优厚。

唐主既克湖南，遣其将李建期屯益阳以图朗州，以知全州张峦兼桂州招讨使以图桂州，久之，未有功。唐主谓冯延己、孙晟曰："楚人求息肩于我，我未有以抚其疮痍而虐用其力，非所以副来苏之望。吾欲罢桂林之役，敛益阳之戍，以旌节授刘言，何如？"晟以为宜然。延己曰："吾出偏将举湖南，远近震惊，一旦三分丧二，人将轻我。请委边将察其形势。"唐主乃遣统军使侯训将兵五千自吉州路趣全州，与张峦合兵攻桂州。南汉伏兵于山谷，峦等始至城下，罢乏，伏兵四起，城中出兵夹击之，唐兵大败，训死，峦收散卒数百奔归全州。

唐武安节度使边镐，昏懦无断，在湖南，政出多门，不合众心。吉水人欧阳广上书，言："镐非将帅才，必丧湖南，宜别择良帅，益兵以救其败。"不报。

唐主使镐经略朗州，有自朗州来者，多言刘言忠顺，镐由是不为备。唐主召刘言入朝，言不行，谓王逵曰："唐必伐我，奈何？"逵曰："武陵负江湖之险，带甲数万，安能拱手受制于人！边镐抚驭无方，士民不附，可一战擒也。"言犹豫未决，周行逢曰："机事贵速，缓则彼为之备，不可图也。"言乃以逵、行逢及牙将何敬真、张倣、蒲公益、朱全琇、宇文琼、彭万和、潘叔嗣、张文表十人皆为指挥使，部分发兵。叔嗣、文表，皆朗州人也。行逢能谋，文表善战，叔嗣果敢，三人多相须成功，情款甚昵。

南唐国主攻克湖南以后,派遣他的部将李建期驻扎在益阳,以图谋朗州,任命全州知州张峦兼桂州招讨使来图谋桂州,过了很长时间,也没能成功。南唐国主对冯延己、孙晟说:"楚人乞求我卸去他们的负担,而我不但没有抚慰他们的创伤,反倒滥用民力,没有满足他们从疾苦中获得重生的期望。我想结束桂林之役,撤回益阳的守军,把节度使的旌节授给刘言,如何?"孙晟认为应该这么办。冯延己说:"我们派出偏将就攻下了整个湖南,远近都震动恐惧,一旦失掉湖南的三分之二,只剩下一个潭州,人们会看轻我们。请委派守边将领观察桂州、朗州的形势。"南唐国主于是派遣统军使侯训带领五千兵马从吉州路直奔全州,跟张峦合兵,攻打桂州。南汉在山谷间设伏,张峦等人刚刚来到桂州城下,十分疲乏,南汉伏兵从四面杀出,城中也出兵夹击张峦等人,南唐军队大败,侯训战死,张峦收拢了几百名溃散的士卒逃回全州。

南唐武安节度使边镐,昏庸懦弱,没有决断力,在湖南政令出自多个部门,不能符合众人的心愿。吉水人欧阳广向南唐朝廷上书,说:"边镐不是将帅之才,他肯定会丢掉湖南的,应该另外选择优秀的将帅代替边镐,增加军队来挽救边镐的危败。"朝廷没有答复。

南唐国主让边镐经营治理朗州,有从朗州来的人,大多都说刘言忠诚顺服,边镐因此不再防备。南唐国主宣召刘言入都朝见,刘言没去,对王逵说:"唐国一定会征伐我们,怎么办?"王逵说:"武陵郡有沅江、洞庭湖这样的天险,带甲兵士有几万人,怎能拱手受制于人? 边镐安抚驾驭不得法,士人和民众都不归附,可以一战擒获他。"刘言犹豫不决,周行逢说:"军机大事贵在神速,若是迟缓对方就做好准备了,那就不能再图谋了。"刘言于是任命王逵、周行逢以及牙将何敬真、张倣、蒲公益、朱全琇、宇文琼、彭万和、潘叔嗣、张文表十人为指挥使,部署发兵。潘叔嗣、张文表都是朗州人。周行逢擅长谋略,张文表善于作战,潘叔嗣果断勇敢,这三人常常互相配合取得成功,情谊深厚。

　　诸将欲召溆州酋长苻彦通为援,行逢曰:"蛮贪而无义,前年从马希萼入潭州,焚掠无遗。吾兵以义举,往无不克,乌用此物,暴殄百姓哉!"乃止。然亦畏彦通为后患,以蛮酋土团都指挥使刘瑶为群蛮所惮,补西境镇遏使以备之。

　　冬十月,逵等将兵分道趣长沙,以孙朗、曹进为先锋使,边镐遣指挥使郭再诚等将兵屯益阳以拒之。戊子,逵等克沅江,执都监刘承遇,裨将李师德帅众五百降之。壬辰,逵等命军士举小舟自蔽,直造益阳,四面斧寨而入,遂克之,杀戍兵二千人。边镐告急于唐。甲午,逵等克桥口及湘阴,乙未,至潭州。边镐婴城自守,救兵未至,城中兵少,丙申夜,镐弃城走,吏民俱溃。醴陵门桥折,死者万馀人,道州刺史廖偃为乱兵所杀。丁酉旦,王逵入城,自称武平节度副使、权知军府事,以何敬真为行军司马。遣敬真等追镐,不及,斩首五百级。蒲公益攻岳州,唐岳州刺史宋德权走,刘言以公益权知岳州。唐将守湖南诸州者,闻长沙陷,相继遁去。刘言尽复马氏岭北故地,惟郴、连入于南汉。

　　刘言遣使奉表来告,称:"湖南世事朝廷,不幸为邻寇所陷,臣虽不奉诏,辄纠合义兵,削平旧国。"

　　唐主削边镐官爵,流饶州。
　　十二月,王逵将兵及洞蛮五万攻郴州,南汉将潘崇彻救之,遇于蠔石。崇彻登高望湖南兵,曰:"疲而不整,可破也。"纵击,大破之,伏尸八十里。

众将想招用溆州蛮部首领符彦通为援兵,周行逢说:"蛮部贪婪不讲信义,前年跟着马希萼攻入潭州,烧杀抢掠,一无所剩。我军以正义出兵,所过皆能攻克,哪里需用这群东西,而残害灭绝百姓呢!"于是作罢。但同时也畏惧符彦通成为后方祸患,因群蛮畏惧蛮部首领土团都指挥使刘瑭,就补授刘瑭担任西境镇遏使来防备。

冬季十月,王逵等人率兵分路直扑长沙,以孙朗、曹进为先锋使,边镐派遣指挥使郭再诚等人带兵驻扎在益阳,以抵御对方。戊子(初五),王逵等人攻取了沅江县,擒获了都监刘承遇,副将李师德带着五百部下投降了。壬辰(初九),王逵等人命令军士划小船做好隐蔽,直接赶到益阳,从四面用斧子砍坏寨门冲进去,于是攻陷益阳,杀了守军两千人。边镐向南唐告急。甲午(十一日),王逵等人攻克了桥口和湘阴,乙未(十二日),来到潭州。边镐据城自守,救兵还没赶到,城中兵力少,丙申(十三日)夜里,边镐弃城池逃跑,官吏和百姓也全都溃散了。醴陵门桥折断了,死了一万多人,道州刺史廖偃也被乱兵杀死。丁酉(十四日)清晨,王逵进入长沙城,自称武平节度副使、权知军府事,任命何敬真为行军司马。派遣何敬真等人追赶边镐,没有追上,斩下五百颗敌兵首级。蒲公益进攻岳州,南唐岳州刺史宋德权逃跑,刘言任命蒲公益为岳州代理知州。南唐镇守湖南各州的将领们,听说长沙失陷,相继逃跑。刘言全部收复了马氏岭北旧地,只有郴州和连州落入南汉手中。

刘言派遣使者奉持章表向后周禀告,章表中说:"湖南世代事奉中原朝廷,不幸被相邻的敌寇所攻陷,臣下虽然没有奉诏,但聚集义兵,已经平定了旧日的封国。"

南唐国主削去了边镐的官职爵位,把他流放到了饶州。

十二月,王逵带领士兵和溪洞蛮兵五万人攻打郴州,南汉将领潘崇徹前去援救,双方在蟆石相遇。潘崇徹登上高处观望湖南士兵,说:"疲惫又军容不整,可以打败他们。"随即发兵攻打,大败他们,湖南军的尸体长达八十里。

刘言表称潭州残破，乞移使府治朗州，且请贡献、卖茶，悉如马氏故事，许之。

唐江西观察使楚王马希萼入朝，唐主留之，后数年，卒于金陵，谥曰恭孝。

三年春正月丙辰，以武平留后刘言为武平节度使、制置武安静江等军事、同平章事，以王逵为武安节度使，何敬真为静江节度使，周行逢为武安行军司马。

初，王逵既克潭州，以指挥使何敬真为静江节度副使，朱全琇为武安节度副使，张文表为武平节度副使，周行逢为武安行军司马。敬真、全琇各置牙兵，与逵分厅视事，吏民莫知所从。每宴集，诸将使酒，纷拿如市，无复上下之分，惟行逢、文表事逵尽礼，逵亲爱之。敬真与逵不协，辞归朗州，又不能事刘言，与全琇谋作乱。言素忌逵之强，疑逵使敬真伺己，将讨之。逵闻之，甚惧。行逢曰："刘言素不与吾辈同心，何敬真、朱全琇耻在公下，公宜早图之。"逵喜曰："与公共除凶党，同治潭、朗，夫复何忧！"会南汉寇全、道、永州，行逢请身至朗州说言，遣敬真、全琇南讨，俟至长沙，以计取之，如掌中物耳。逵从之。行逢至朗州，言以敬真为南面行营招讨使，全琇为先锋使，将牙兵百馀人会潭州兵以御南汉。二人至长沙，逵出郊迎，相见甚欢，宴饮连日，多以美妓饵之，敬真因淹留不进。朗州指挥使李仲迁部兵三千人久戍潭州，敬真使之先发，趣岭北，都头符会等因士卒思归，劫仲迁擅还朗州。逵乘敬真醉，使人诈为言使者，责敬真以"南寇深侵，不亟捍御而专务荒宴，

刘言向后周上表,说是潭州残破,乞求把军府治所迁到朗州,还请求朝贡进献、卖茶事宜,全都依照马氏的先例来办理,后周同意了。

南唐江西观察使楚王马希萼入京朝见,南唐国主扣留了他,几年后在金陵去世,谥号为恭孝。

三年(953)春季正月丙辰(初五),后周任命武平留后刘言为武平节度使、制置武安静江等军事、同平章事,任命王逵为武安节度使,何敬真为静江节度使,周行逢为武安行军司马。

当初,王逵攻取潭州后,任命指挥使何敬真为静江节度副使,任命朱全琇为武安节度副使,任命张文表为武平节度副使,任命周行逢为武安行军司马。何敬真、朱全琇各自设置亲兵,跟王逵分厅处理政事,官吏百姓不知道应该听谁的。每次宴饮聚会,诸位将领耍酒疯,乱糟糟得像集市一样,不再有上下之别,只有周行逢、张文表事奉王逵礼数周全,王逵十分亲近喜爱他们。何敬真与王逵不和,辞官回到朗州,又不能事奉刘言,就与朱全琇图谋发动叛乱。刘言一直忌惮王逵势力强大,怀疑王逵派遣何敬真来监视自己,准备讨伐王逵。王逵听说了讨伐的事,很是害怕。周行逢说:"刘言一直跟我们不同心,何敬真、朱全琇耻于位居您之下,您应该尽早对付他们。"王逵高兴地说:"我与您一起除掉逆党,共同治理潭州、朗州,还有什么可忧虑的?"正在这时,南汉侵犯全州、道州、永州,周行逢请求亲自到朗州去游说刘言派遣何敬真、朱全琇南下征伐,等来到长沙,再用计谋捉拿他俩,他俩就像掌中之物罢了。王逵听从了。周行逢来到朗州,刘言任命何敬真为南面行营招讨使,朱全琇为先锋使,率领卫兵一百多人跟潭州兵马会合一起去抵御南汉。二人来到长沙,王逵来到郊外迎接,相见甚欢,一连几日设宴畅饮,安排很多美妓诱惑他俩,何敬真因而滞留下来没有进发。朗州指挥使李仲迁带领三千士兵戍守潭州很久了,何敬真让他们先出发,直奔岭北,都头符会等人因为士兵思归故土,劫持李仲迁擅自返回朗州。王逵乘何敬真喝醉,派人谎称是刘言的使者,责备何敬真"在南汉敌寇大肆侵犯的危急关头,不赶快防守抵抗,却只是在荒淫宴乐,

太师命械公归西府”，因收系狱。全琇逃去，遣兵追捕之。二月辛亥朔，斩敬真以徇。未几，获全琇及其党十馀人，皆斩之。王逵遣使以斩何敬真告刘言，言不得已，庚申，斩符会等数人。周行逢恶武平节度副使张倣，言于王逵曰："何敬真，倣之亲戚，临刑以后事属倣，公宜备之。"夏四月庚申，逵召倣饮，醉而杀之。六月，王逵以周行逢知潭州，自将兵袭朗州，克之，杀指挥使郑玟，执武安节度使、同平章事刘言，幽于别馆。秋八月，王逵遣使上表，诬："刘言谋以朗州降唐，又欲攻潭州，其众不从，废而囚之，臣已至朗州抚安军府讫。"且请复移使府治潭州。甲戌，遣通事舍人翟光裔诣湖南宣抚，从其所请。逵还长沙，以周行逢知朗州事，又遣潘叔嗣杀刘言于朗州。

显德元年夏四月，王逵表请复徙使府治朗州。五月甲戌朔，王逵自潭州迁于朗州，以周行逢知潭州事，以潘叔嗣为岳州团练使。

是岁，湖南大饥，民食草木实。武清节度使、知潭州事周行逢开仓以赈之，全活甚众。行逢起于微贱，知民间疾苦，励精为治，严而无私，辟署僚属，皆取廉介之士，约束简要，吏民便之。其自奉甚薄，或讥其太俭，行逢曰："马氏父子穷奢极靡，不恤百姓，今子孙乞食于人，又足效乎？"

太师命令把你铐起来带回西府朗州"，随即，王逵抓捕了何敬真，把他关进狱中。朱全琇逃跑了，王逵派兵追捕他。二月辛亥是初一，斩杀了何敬真，通告全军。不久，又抓到了朱全琇和他的党羽十多人，全都杀了。王逵派遣使者把斩杀何敬真之事告诉了刘言，刘言不得已，在庚申（初十）这天，也斩杀了符会等几人。周行逢讨厌武平节度副使张仿，就对王逵说："何敬真是张仿的亲戚，他在临刑时把后事托付给了张仿，您应当防备他。"夏季四月庚申（十一日），王逵召张仿来喝酒，醉后杀了他。六月，王逵任命周行逢为潭州知州，自己率领士兵去袭击朗州，攻克了朗州，杀了指挥使郑珓，抓住武安节度使、同平章事刘言，把他幽禁在别馆。秋季八月，王逵派遣使者向后周上表，诬陷说："刘言密谋要以朗州归顺南唐，又想攻打潭州，因他的部属不同意，废掉并关押了他，臣下我已经来到朗州慰抚稳定好军府了。"并且请求把节度使的军府治所再次迁到潭州。甲戌（二十七日），后周派遣通事舍人翟光裔去湖南安抚军民，处置事宜，同意了王逵的请求。王逵回到长沙，任命周行逢为朗州知州，又派遣潘叔嗣在朗州杀了刘言。

显德元年（954）夏季四月，王逵上表，请求把节度使的军府治所再迁回朗州。五月甲戌这天是初一，王逵从潭州迁到朗州，任命周行逢为潭州知州，任命潘叔嗣为岳州团练使。

这一年，湖南遭遇严重饥荒，境内百姓吃草木的果实充饥。武清节度使、知潭州事周行逢打开官仓来赈济灾民，使很多人保全存活了下来。周行逢出身于社会底层，深知民间疾苦，励精图治，严正而无私，开办府衙征召属吏，都选取清廉耿直之人，施行法令很简要，官吏百姓都感到方便易行。他自己的生活供养很简单，有人讥笑他太节俭，周行逢说："马氏父子穷奢极欲，不体恤百姓，如今子孙向别人讨饭吃，又值得效仿吗？"

晋王灭燕

后梁太祖开平元年春三月,梁王以亳州刺史李思安为北路行军都统,将兵击幽州。

卢龙节度使刘仁恭,骄侈贪暴,常虑幽州城不固,筑馆于大安山,曰:"此山四面悬绝,可以少制众。"其栋宇壮丽,拟于帝者,选美女实其中。与方士炼丹药,求不死。悉敛境内钱,瘗于山巅,令民间用堇泥为钱。又禁江南茶商无得入境,自采山中草木为茶,鬻之。

仁恭有爱姜罗氏,其子守光通焉。仁恭杖守光而斥之,不以为子数。李思安引兵入其境,所过焚荡无馀。夏四月己酉,直抵幽州城下。仁恭犹在大安山,城中无备,几至不守。守光自外引兵入,登城拒守。又出兵与思安战,思安败退。守光遂自称节度使,令部将李小喜、元行钦将兵攻大安山。仁恭遣兵拒战,为小喜所败。虏仁恭以归,因于别室。仁恭将佐及左右,凡守光素所恶者皆杀之。

甲子,梁王即皇帝位。

晋王灭燕

后梁太祖开平元年(907)春季三月,梁王朱全忠任命亳州刺史李思安为北路行军都统,帅兵进攻幽州。

卢龙节度使刘仁恭骄横奢侈,贪婪凶残,常常担忧幽州城池不坚固,就在大安山建筑馆舍,说:"此山四面高悬陡峭,可以用少数人制服多数人。"馆舍的房屋壮观华丽,比得上帝王的宫室,还挑选美女充实在里面。他和方士炼丹制药,追求长生不死。刘仁恭把境内的铜钱全都聚敛起来,埋在山顶上,让民间用黏土制成钱币使用。刘仁恭还不让江南的茶商进入辖境内,采摘山中的草木作为茶叶出售。

刘仁恭有个爱妾罗氏,他的儿子刘守光与她私通。刘仁恭杖打刘守光并斥逐他,不再认他这个儿子。李思安带兵进入刘仁恭的辖境,所过之处皆烧个精光。夏季四月己酉(初三),李思安率兵直接抵达幽州城下。刘仁恭这时还在大安山,城中没有防备,差点失守。刘守光从外面领兵进来,登上城墙抵抗防守。又出兵与李思安交战,李思安被打败撤退。刘守光于是自称节度使,命令部将李小喜、元行钦带兵进攻大安山。刘仁恭派兵抵御迎战,被李小喜打败。李小喜俘虏了刘仁恭并把他带回幽州城,将他囚禁在别室。刘仁恭的将佐以及身边的人,凡是刘守光平时讨厌的,都被杀了。

甲子(十八日),梁王朱全忠即皇帝位。

刘守光既囚其父，自称卢龙留后，遣使请命。秋七月甲午，以守光为卢龙节度使、同平章事。

冬十一月，义昌节度使刘守文闻其弟守光幽其父，集将吏大哭曰："不意吾家生此枭獍！吾生不如死，誓与诸君讨之！"乃发兵击守光，互有胜负。天雄节度使邺王罗绍威谓其下曰："守光以窘急归国，守文孤立无援，沧州可不战服也。"乃遗守文书，谕以祸福。守文亦恐梁乘虚袭其后，戊子，遣使请降，以子延祐为质。帝拊手曰："绍威折简，胜十万兵！"加守文中书令，抚纳之。

二年冬十一月，刘守文举沧德兵攻幽州，刘守光求救于晋，晋王遣兵五千助之。丁亥，守文兵至芦台军，为守光所败，又战玉田，亦败。守文乃还。

三年夏五月，刘守文频年攻刘守光不克，乃大发兵，以重赂招契丹、吐谷浑之众，合四万屯蓟州。守光逆战于鸡苏，为守文所败。守文单马立于陈前，泣谓其众曰："勿杀吾弟。"守光将元行钦识之，直前擒之，沧德兵皆溃。守光囚之别室，楉以藜棘，乘胜进攻沧州。沧州节度判官吕兖、孙鹤推守文子延祚为帅，乘城拒守。兖，安次人也。

六月，刘守光遣使上表告捷，且言"俟沧德事毕，为陛下扫平并寇"。亦致书晋王，云欲与之同破伪梁。

秋七月甲子，以刘守光为燕王。

九月，刘守光奏遣其子中军兵马继威安抚沧州吏民。戊申，以继威为义昌留后。

刘守光囚禁他的父亲以后,自称卢龙留后,派遣使者请求正式任命。秋季七月甲午(十九日),后梁任命刘守光为卢龙节度使、同平章事。

冬季十一月,义昌节度使刘守文听说他的弟弟刘守光幽禁了自己的父亲,召集将领官吏大哭说:"想不到我家生了个像枭獍一样狠毒的禽兽! 我生不如死,发誓要与诸君讨伐他!"于是发兵进攻刘守光,双方互有胜负。后梁天雄节度使邺王罗绍威对他的部下说:"刘守光因为处境窘迫危急归附我国,刘守文孤立无援,沧州可以不战而胜了。"于是写信给刘守文,以祸福利害晓谕他。刘守文也担心后梁乘虚袭击他的后方,在戊子(十五日)这天,派遣使者请求归降,以自己的儿子刘延祐为人质。后梁太祖拍手说:"罗绍威一封书信,胜过十万兵马!"加授刘守文为中书令,慰抚接纳了他。

二年(908)冬季十一月,刘守文发动沧德军队攻打幽州,刘守光向晋国求救,晋王李存勖派了五千士兵援助他。丁亥(十九日),刘守文的军队到达芦台军,被刘守光打败,又在玉田交战,也吃了败仗。刘守文于是撤退回去了。

三年(909)夏季五月,刘守文连年攻打刘守光不能取胜,于是大举发兵,用重礼贿赂招来契丹、吐谷浑的部众,会合成四万人,屯驻在蓟州。刘守光在鸡苏迎战,被刘守文打败。刘守文独自一人骑马立在两军阵前,哭着对他的部众说:"不要杀我的弟弟。"刘守光的将领元行钦认识刘守文,直接冲上前去擒拿了他,沧德方面兵队全部溃散。刘守光把刘守文囚禁在别室,用荆棘埣围堵住,乘胜进攻沧州。沧州节度判官吕兖、孙鹤推举刘守文的儿子刘延祚当统帅,登城抗拒坚守。吕兖是安次人。

六月,刘守光派使者上表报捷,还说"等沧德战事结束,为陛下扫除并州敌寇"。还写信给晋王,说想跟他一起攻破伪梁。

秋季七月甲子(初一),后梁委任刘守光为燕王。

九月,刘守光上奏请求派遣他的儿子中军兵马刘继威去安抚沧州的官吏百姓。戊申(十六日),任命刘继威为义昌留后。

冬十二月，刘守光围沧州久不下，执刘守文至城下示之，犹固守。城中食尽，民食堇泥，军士食人，驴马相啖鬣尾。吕兖选男女羸弱者，饲以曲面而烹之，以给军食，谓之"宰杀务"。

四年春正月乙未，刘延祚力尽出降。时刘继威尚幼，守光使大将张万进、周知裕辅之镇沧州，以延祚及其将佐归幽州，族吕兖而释孙鹤。

刘守光为其父仁恭请致仕，丙午，以仁恭为太师，致仕。守光寻使人潜杀其兄守文，归罪于杀者而诛之。秋八月，以刘守光兼义昌节度使。

乾化元年春二月，卢龙、义昌节度使兼中书令燕王守光既克沧州，自谓得天助，淫虐滋甚。每刑人，必置诸铁笼，以火逼之；又为铁刷刷人面。闻梁兵败于柏乡，使人谓赵王镕及王处直曰："闻二镇与晋王破梁兵，举军南下，仆亦有精骑三万，欲自将之为诸公启行。然四镇连兵，必有盟主，仆若至彼，何以处之？"镕患之，遣使告于晋王，晋王笑曰："赵人告急，守光不能出一卒以救之。及吾成功，乃复欲以兵威离间二镇，愚莫甚焉！"诸将曰："云、代与燕接境，彼若扰我城戍，动摇人情，吾千里出征，缓急难应，此亦腹心之患也。不若先取守光，然后可以专意南讨。"王曰："善！"

夏六月，燕王守光尝衣赭袍，顾谓将吏曰："今天下大乱，英雄角逐，吾兵强地险，亦欲自帝，何如？"孙鹤曰："今内难新平，公私困竭，太原窥吾西，契丹伺吾北，遽谋自帝，

冬季十二月,刘守光围攻沧州很久都打不下来,就押着刘守文到城下示众,沧州依然坚守。城里的粮食吃光了,老百姓就吃黏土,士兵吃人,驴马互相啃食鬃尾。吕兖选出瘦弱的男女,给他们吃酒糟麦粉,然后煮熟他们,作为军粮,称作"宰杀务"。

四年(910)春季正月乙未(初四),刘延祚兵力耗尽,出城投降。此时刘继威年纪还小,刘守光让大将张万进、周知裕辅佐他镇守沧州,把刘延祚和他的将佐押回幽州,杀了吕兖全族,放了孙鹤。

刘守光替他的父亲刘仁恭请求退休,丙午(十五日),后梁让刘仁恭以太师身份退休。刘守光不久就派人暗杀了他的哥哥刘守文,又归罪于凶手头上而杀了凶手。秋季八月,后梁任命刘守光兼任义昌节度使。

乾化元年(911)春季二月,卢龙、义昌节度使兼中书令燕王刘守光攻克沧州以后,自认为得到了天助,越来越凶淫暴虐。每次处罚人,必定把人放在铁笼子里,用火烧烤;又制造铁刷,刷人面孔。听说后梁军队在柏乡战败,派人对赵王王镕和王处直说:"听说你们两镇与晋王攻破了梁军,要举兵南下,我也有三万精锐骑兵,想亲自带领他们为诸公打先锋。不过四镇连兵,必须要有盟主,我如果到了对方那里,用什么安置我呢?"赵王王镕发愁,派遣使者向晋王禀告,晋王笑着说:"赵人告急时,刘守光不能派出一兵一卒去援救。等我成功了,竟然又想用军队的威力来离间二镇,太愚蠢了!"众将说:"云州、代州与燕地边境相连,他们如果侵扰我们的城邑守卫,就会动摇人心,我军千里出征,遇到险情难以接应,这也是心腹之患。不如先攻取刘守光,然后可以专心向南征讨。"晋王说:"好!"

夏季六月,燕王刘守光曾经穿着唐代皇帝才能穿的赭色袍服,看着手下的将领官吏说:"如今天下大乱,英雄之间互相较量,我兵力强盛,地势险要,也打算自立为帝,怎么样?"孙鹤说:"如今内部的祸难刚刚平定,公家私人都困顿枯竭,太原方面窥探我们的西部,契丹方面侦伺我们的北部,突然谋划自立为帝,

未见其可。大王但养士爱民，训兵积谷，德政既修，四方自服矣。"守光不悦。又使人讽镇、定，求尊己为尚父，赵王镕以告晋王。晋王怒，欲伐之，诸将皆曰："是为恶极矣，行当族灭，不若阳为推尊以稔之。"乃与镕及义武王处直、昭义李嗣昭、振武周德威、天德宋瑶六节度使共奉册推守光为尚书令、尚父。守光不寤，以为六镇实畏己，益骄，乃具表其状曰："晋王等推臣，臣荷陛下厚恩，未之敢受。窃思其宜，不若陛下授臣河北都统，则并、镇不足平矣。"上亦知其狂愚，乃以守光为河北道采访使，遣阁门使王瞳、受旨史彦群册命之。守光命僚属草尚父、采访使受册仪。乙卯，僚属取唐册太尉仪献之，守光视之，问："何得无郊天、改元之事？"对曰："尚父虽贵，人臣也，安有郊天、改元者乎？"守光怒，投之于地，曰："我地方二千里，带甲三十万，直作河北天子，谁能禁我！尚父何足为哉！"命趣具即帝位之仪，械系瞳、彦群及诸道使者于狱，既而皆释之。

秋八月，燕王守光将称帝，将佐多窃议以为不可。守光乃置斧质于庭曰："敢谏者斩！"孙鹤曰："沧州之破，鹤分当死，蒙王生全，以至今日，敢爱死而忘恩乎！窃以为今日之帝未可也。"守光怒，伏诸质上，令军士剐而啖之。鹤呼曰："百日之外，必有急兵。"守光命以土窒其口，寸斩之。甲子，守光即皇帝位，国号大燕，改元应天。以梁使王瞳

看不出这样做能行得通。大王您只要养护士卒,爱护民众,训练军队,积蓄粮食,等德政修明以后,四方自然就来归顺了。"刘守光听了不高兴。他又派人暗示镇州王镕、定州王处直,希求他们尊自己为尚父,赵王王镕把此事告诉了晋王。晋王大怒,想要讨伐刘守光,众将都说:"这真是坏到极点了,应当诛灭他的宗族,但不如假意推尊他,让他坏到家。"于是同赵王王镕以及义武节度使王处直、昭义节度使李嗣昭、振武节度使周德威、天德节度使宋瑶共六位节度使,一起奉上表册,推举刘守光为尚书令、尚父。刘守光不明白,认为六镇确实惧怕自己,越发骄纵,于是向后梁呈上表章,讲述道:"晋王等推举臣下,臣下仰受陛下的厚恩,不敢接受。我私下考虑适宜的办法,不如由陛下授任我为河北都统,那并州、镇州很容易就能平定了。"后梁太祖也知道他狂妄愚蠢,于是任命刘守光为河北道采访使,派遣阁门使王瞳、崇政院受旨史彦群前去颁布册命。刘守光命令僚属草拟尚父、采访使接受册命的礼仪。乙卯(初三),僚属取唐朝册封太尉的礼仪呈献给他,刘守光看过后,问:"为什么没有郊祀上天、改变年号的事项呢?"僚属回答说:"尚父虽然尊贵,也是人臣,哪里会有郊祀上天、改变年号的事项呢?"刘守光听后勃然大怒,把册子扔到地上说:"我辖有方圆两千里的土地,有带甲兵士三十万,就是直接做河北天子,谁能禁止我?尚父有什么值得做的!"命令快速拟出即帝位的礼仪,把王瞳、史彦群和各道使者戴上枷锁关入狱中,不久又都放了他们。

秋季八月,燕王刘守光准备称帝,将佐大多私下议论,认为不行。刘守光于是在庭堂上放置刀斧砧板,说:"谁敢劝谏,斩首!"孙鹤说:"沧州被攻破时,我孙鹤本该死去,承蒙大王保全性命,才活到今天,岂敢贪生怕死而忘记恩典?我认为今日称帝是不可以的。"刘守光大怒,把孙鹤按倒在砧板上,命令军士剐下他的肉并吃掉。孙鹤大呼道:"百日以后,必有突发战乱。"刘守光命令用土塞住他的嘴,一寸一寸地斩了他。甲子(十三日),刘守光登上皇帝宝座,定国号为大燕,改年号为应天。任命后梁使者王瞳

为左相，卢龙判官齐涉为右相，史彦群为御史大夫。受册之日，契丹陷平州，燕人惊扰。

冬十月，晋王闻燕主守光称帝，大笑曰："俟彼卜年，吾当问其鼎矣。"张承业请遣使致贺以骄之，晋王遣太原少尹李承勋往。承勋至幽州，用邻藩通使之礼。燕之典客者曰："吾王帝矣，公当称臣庭见。"承勋曰："吾受命于唐朝为太原少尹，燕王自可臣其境内，岂可臣他国之使乎！"守光怒，囚之数日，出而问之曰："臣我乎？"承勋曰："燕王能臣我王，则我请为臣；不然，有死而已！"守光竟不能屈。

冬十一月，燕主守光集将吏谋攻易定，幽州参军景城冯道以为未可。守光怒，系狱，或救之，得免。道亡奔晋。戊申，燕主守光将兵二万寇易定，攻容城，王处直告急于晋。十二月甲子，晋王遣蕃汉马步总管周德威将兵三万攻燕，以救易定。

二年春正月，德威东出飞狐，与赵王将王德明、义武将程岩会于易水。丙戌，三镇兵进攻燕祁沟关，下之。戊子，围涿州，刺史刘知温遂降。先是，燕主守光籍境内丁壮，悉文面为兵，虽士人亦不免。〔赵〕凤诈为僧奔晋，〔刘〕守奇客之。丁酉，德威至幽州城下，守光来求救。二月，帝议自将击镇、定以救之。三月，周德威遣裨将李存晖等攻瓦桥〔关〕，其将吏及莫州刺史李严皆降。严，幽州人也。夏四月，周德威白晋王，以兵少不足以攻城，晋王遣李存审将吐谷浑、契苾骑兵会之。李嗣源攻瀛州，刺史赵敬降。

为左丞相,卢龙判官齐涉为右丞相,史彦群为御史大夫。接受册命的那天,契丹攻下平州,燕人惊慌扰乱。

冬季十月,晋王李存勖听说燕主刘守光称帝,大笑说:"等他占卜在位年数时,我就已经取而代之了。"张承业请求晋王派使者前去致贺以使他更骄纵,晋王就派了太原少尹李承勋前去。李承勋来到幽州,用相邻藩镇间交往通行的礼仪求见。大燕掌管接待使者的官员说:"我们大王已称帝了,您应当称臣,在朝堂上觐见。"李承勋说:"我受唐朝的任命担任太原少尹,燕王自可让他辖境内的百姓称臣,怎么可以让别国的使者称臣呢?"刘守光大怒,关押了李承勋,几天后,释放李承勋问他说:"你向我称臣吗?"李承勋说:"燕王如果能让我家晋王向你称臣,那我就请求称臣;不然的话,唯有一死而已!"刘守光最终没能让他屈服。

冬季十一月,大燕国主刘守光召集将领官吏商量攻打易州、定州,幽州参军景城人冯道认为不可行。刘守光生气了,把他拘禁在监牢,有人救他,得以释放。冯道逃奔到晋国。戊申(二十八日),大燕国主刘守光领军两万入侵易州、定州,攻打容城,王处直向晋王告急。十二月甲子(十四日),晋王派遣蕃汉马步总管周德威将兵三万攻打燕国,以援救易州、定州。

二年(912)春季正月,周德威东出飞狐口,跟赵王的将领王德明、义武将程岩在易水会师。丙戌(初七),三镇兵马攻打燕国祁沟关,攻下了它。戊子(初九),包围涿州,涿州刺史刘知温于是投降。此前,大燕国主刘守光登记了辖境内的丁壮,将他们脸上全部刺字让他们当兵,即便是读书人也不能免除。赵凤假扮成和尚逃奔到晋国,刘守奇以宾客之礼待他。丁酉(十八日),周德威来到幽州城下,刘守光向后梁求救。二月,后梁太祖计议,准备亲自带兵攻打镇州、定州以援救刘守光。三月,周德威派遣副将李存晖等攻打瓦桥关,瓦桥关的将领官吏和莫州刺史李严都投降了。李严是幽州人。夏季四月,周德威报告晋王,因为兵马少攻不下幽州城,晋王派遣李存审统领吐谷浑、契苾骑兵前去与周德威会师。李嗣源攻打瀛州,瀛州刺史赵敬投降。

五月，燕主守光遣其将单廷珪将精兵万人出战，与周德威遇于龙头冈。廷珪曰："今日必擒周杨五以献。"杨五，德威小名也。既战，见德威于陈，援枪单骑逐之，枪及德威背，德威侧身避之，奋棰反击廷珪坠马，生擒，置于军门。燕兵退走，德威引骑乘之，燕兵大败，斩首三千级。廷珪，燕骁将也，燕人失之，夺气。

均王乾化三年春正月丁巳，晋周德威拔燕顺州。晋周德威拔燕安远军，蓟州将成行言等降于晋。二月丙申，晋李存晖等攻燕檀州，刺史陈确以城降。三月甲辰朔，晋周德威拔燕芦台军。乙丑，晋将刘光濬克古北口，燕居庸关使胡令圭等奔晋。

燕主守光命大将元行钦将骑七千，牧马于山北，募山北兵以应契丹。又以骑将高行珪为武州刺史，以为外援。晋李嗣源分兵徇山后八军，皆下之。晋王以其弟存矩为新州刺史，使总之。以燕纳降军使卢文进为裨将。李嗣源进攻武州，高行珪以城降。元行钦闻之，引兵攻行珪，行珪使其弟行周为质于晋军以求救，李嗣源引兵救之，行钦解围去。嗣源与行周追至广边军，凡八战，行钦力屈而降。嗣源爱其骁勇，养以为子。嗣源进攻儒州，拔之，以行珪为代州刺史。行周留事嗣源，常与嗣源假子从珂分将牙兵以从。

夏四月，晋周德威进军逼幽州南门。壬辰，燕主守光遣使致书于德威以请和，语甚卑而哀。德威曰："大燕皇帝尚未郊天，何雌伏如是邪！予受命讨有罪者，结盟继好，非所闻也。"不答书。守光惧，复遣人祈哀，德威乃以闻于晋王。

五月，大燕国主刘守光派部将单廷珪统领一万精兵出战，跟周德威在龙头冈遭遇。单廷珪说："今天一定要把周杨五抓住进献。"周杨五是周德威的小名。交战后，单廷珪在阵前看见了周德威，持枪单人匹马去追他，枪尖刺到周德威后背，周德威侧身躲开，奋力挥椎反击，单廷珪掉下马来，被活捉，安置在军营门前。燕国军队撤退逃跑，周德威带领骑兵追逐，燕军大败，被斩首三千人。单廷珪是燕国的骁将，燕人失掉他，大丧士气。

后梁均王乾化三年（913）春季正月丁巳（十四日），晋将周德威攻陷燕国顺州。晋将周德威攻下燕国安远军，蓟州将领成行言等向晋投降。二月丙申（二十三日），晋将李存晖等进攻燕国檀州，檀州刺史陈确献城投降。三月甲辰是初一，晋将周德威攻下了燕国芦台军。乙丑（二十二日），晋将刘光濬攻克古北口，燕国居庸关使胡令圭等投奔晋军。

大燕国主刘守光命令大将元行钦率领七千骑兵，在山北牧马，招募山北士兵来接应契丹援兵。又以骑兵将领高行珪为武州刺史，作为外援。晋将李嗣源分兵攻打山后八军，全都取胜了。晋王任命他的弟弟李存矩为新州刺史，让他总领山后八军。任命燕国纳降军使卢文进为副将。李嗣源进攻武州，高行珪献城投降。元行钦听闻后，带兵攻打高行珪，高行珪让他的弟弟高行周到晋军当人质来请求援救，李嗣源带兵援救他，元行钦解围离去。李嗣源与高行周追到广边军，总共打了八仗，元行钦力竭投降。李嗣源爱他勇猛，收养他做义子。李嗣源进攻儒州，攻陷了，任命高行珪为代州刺史。高行周留下来事奉李嗣源，常常和李嗣源的养子李从珂分别带领亲兵跟着他。

夏季四月，晋将周德威进军直逼幽州南门。壬辰（二十日），大燕国主刘守光派遣使者给周德威送去书信以请和，用语卑微又哀切。周德威说："大燕皇帝还没有祭祀上天，为何如此屈居人下？我接受命令讨伐有罪之人，缔结盟约继续友好，不是我所知道的。"干脆不回信。刘守光害怕了，又派人乞请哀求，周德威才把此事报告给晋王。

己亥，晋刘光濬拔燕平州，执刺史张在吉。五月，光濬攻营州，刺史杨靖降。

六月壬申朔，晋王遣张承业诣幽州，与周德威议军事。辛卯，燕主守光遣使诣张承业，请以城降，承业以其无信，不许。秋七月甲子，晋五院军使李信拔莫州，擒燕将毕元福。八月乙亥，李信拔瀛州。晋王与赵王镕会于天长。

九月，燕主守光引兵夜出，复取顺州。

冬十月己巳朔，燕主守光帅众五千夜出，将入檀州。庚午，周德威自涿州引兵邀击，大破之。守光以百馀骑逃归幽州，其将卒降者相继。

卢龙巡属皆入于晋，燕主守光独守幽州城，求援于契丹。契丹以其无信，竟不救。守光屡请降于晋，晋人疑其诈，终不许。至是，守光登城谓周德威曰：“俟晋王至，吾则开门泥首听命。”德威使白晋王。十一月甲辰，晋王以监军张承业权知军府事，自诣幽州。辛酉，单骑抵城下，谓守光曰：“朱温篡逆，余本欲与公合河朔五镇之兵兴复唐祚。公谋之不臧，乃效彼狂僭。镇、定二帅皆俯首事公，而公曾不之恤，是以有今日之役。丈夫成败须决所向，公将何如？”守光曰：“今日俎上肉耳，惟王所裁。”王悯之，与折弓矢为誓，曰：“但出相见，保无他也。”守光辞以他日。

先是，守光爱将李小喜多赞成守光之恶，言听计从，权倾境内。至是，守光将出降，小喜止之。是夕，小喜逾城诣晋军降，且言城中力竭。壬戌，晋王督诸军四面攻城，克之，

己亥(二十七日),晋将刘光濬攻陷燕国平州,擒获平州刺史张在吉。五月,刘光濬进攻营州,营州刺史杨靖投降。

六月壬申是初一,晋王派遣张承业到幽州跟周德威商讨军事。辛卯(二十日),大燕国主刘守光派遣使者到张承业那里请求献城投降,张承业因为他不讲信用,不答应。秋季七月甲子(二十四日),晋国五院军使李信打下莫州,抓住燕将毕元福。八月乙亥(初六),李信又攻陷瀛州。晋王和赵王王镕在天长镇会面。

九月,大燕国主刘守光领兵在夜里出兵,又夺回了顺州。

冬季十月己巳是初一,大燕国主刘守光带领五千人在夜里出兵,将要攻入檀州。庚午(初二),周德威从涿州带兵前来拦击,大败刘守光。刘守光带领一百多名骑兵逃回幽州,他的部将兵卒不断投降晋军。

卢龙节度使统属的地方都并入了晋国,大燕国主刘守光独自据守幽州城,向契丹求援。契丹因他不讲信用,最终没去援救。刘守光屡次向晋国请求投降,晋人疑他有诈,始终不答应。到这时,刘守光登城对周德威说:"等晋王到了,我就打开城门,用泥涂首听候处置。"周德威让人禀告晋王。十一月甲辰(初六),晋王让监军张承业代理军府事务,亲自到幽州去。辛酉(二十三日),他单身匹马来到城下,对刘守光说:"朱温篡位叛逆,我本想跟您汇合河朔五镇的军队兴复唐朝国祚。您却图谋不善,效法朱温狂妄僭越。镇州和定州的统帅都俯首事奉您,而您竟然不抚恤他们,以致有了今天这场争战。大丈夫无论成功还是失败,必须决定去向,您将怎么办?"刘守光说:"如今我只是砧板上的肉,只听大王裁决。"晋王怜悯他,与他折断弓箭发誓,说,"只要出城相见,我保证没有其他事情。"刘守光用他日出城来推托。

此前,刘守光宠爱的将领李小喜多方面佐助促成刘守光的罪恶,刘守光对他言听计从,李小喜的权势倾动境内。到了这个时候,刘守光将要出城投降,李小喜阻止了他。这天晚上,李小喜翻过城墙前去晋军方面投降,并且告诉晋军城中兵力已经枯竭。壬戌(二十四日),晋王督促各军从四面进攻幽州城,攻陷了城池,

擒刘仁恭及其妻妾，守光帅妻子亡去。癸亥，晋王入幽州。冬十二月庚午，晋王以周德威为卢龙节度使兼侍中，以李嗣本为振武节度〔使〕。

燕主守光将奔沧州就刘守奇，涉寒，足肿，且迷失道，至燕乐之境，昼匿坑谷，数日不食，令妻祝氏乞食于田父张师造家。师造怪妇人异状，诘知守光处，并其三子擒之。癸酉，晋王方宴，将吏擒守光适至，王语之曰："主人何避客之深邪！"并仁恭置之馆舍，以器服膳饮赐之。王命掌书记王缄草露布，缄不知故事，书之于布，遣人曳之。

晋王欲自云、代归，赵王镕及王处直请由中山、真定趣井陉，王从之。庚辰，晋王发幽州，刘仁恭父子皆荷校于露布之下。守光父母唾其面而骂之曰："逆贼，破我家至此！"守光俯首而已。甲申，至定州，舍于关城。丙戌，晋王与王处直谒北岳庙。是日，至行唐，赵王镕迎谒于路。

四年春正月戊戌朔，赵王镕诣晋王行帐上寿置酒。镕愿识刘太师面，晋王命吏脱刘仁恭及守光械，引就席同宴。镕答其拜，又以衣服鞍马酒馔赠之。己亥，晋王与镕畋于行唐之西，镕送至境上而别。

壬子，晋王以练绗刘仁恭父子，凯歌入于晋阳，丙辰，献于太庙，自临斩刘守光。守光呼曰："守光死不恨，然教守光不降者，李小喜也。"王召小喜证之，小喜瞋目叱守光

捉拿了刘仁恭以及他的妻妾,刘守光带着妻子儿女已经逃走了。癸亥(二十五日),晋王进入幽州城。冬季十二月庚午(初三),晋王任命周德威为卢龙节度使兼侍中,还任命李嗣本为振武节度使。

大燕国主刘守光准备逃到沧州投靠刘守奇,蹚河时水凉受了寒,脚肿了起来,而且迷了路,走到了燕乐县境内,白天就躲藏在坑谷中,几天都没吃上饭,刘守光让妻子祝氏到农夫张师造家乞讨些食物。张师造觉得妇人的样子很特殊,追问后知道了刘守光藏身的地点,将刘守光连同他的三个儿子全都擒获了。癸酉(初六),晋王正在办宴会,将领官吏们捉拿刘守光恰好回来了,晋王对刘守光说:"你这主人为什么要这样畏避客人呢?"连同刘仁恭一起安置在馆舍中,拿来衣食器具赐给他们。晋王命令掌书记王缄起草报捷文书,王缄不懂露布的惯例,就把情况写在了布匹上,派人拉着它。

晋王想从云州、代州回晋阳,赵王王镕以及王处直请他由中山、真定取道井陉回去,晋王听从了。庚辰(十三日),晋王从幽州出发,刘仁恭父子都戴着枷锁站在露布下面。刘守光的父母把唾沫吐到他的脸上骂他说:"逆贼,把我家破败到这种地步!"刘守光只是低着头。甲申(十七日),晋王来到定州,住在关城里。丙戌(十九日),晋王与王处直拜谒北岳庙。这一天,来到行唐县,赵王王镕在路上迎接拜谒晋王。

四年(914)春季正月戊戌是初一,赵王王镕前往晋王的军帐中祝寿敬酒。王镕想见见刘仁恭这位太师,晋王就让官吏解下刘仁恭以及刘守光的械具,带他们入席一起宴饮。王镕回拜了这父子俩,又赠送给他们衣服、鞍马、酒食。己亥(初二),晋王与王镕在行唐的西面打猎,王镕一直送行到边境才告别。

壬子(十五日),晋王用白布带绑着刘仁恭父子,高奏凯歌进入晋阳,丙辰(十九日),向太庙献俘虏,晋王亲自监督斩杀刘守光。刘守光呼叫道:"我刘守光死而无恨,然而教我守光不投降的人是李小喜。"晋王召来李小喜对质,李小喜瞪圆眼睛斥责刘守光

曰："汝内乱禽兽行,亦我教邪!"王怒其无礼,先斩之。守光曰："守光善骑射,王欲成霸业,何不留之使自效!"其二妻李氏、祝氏让之曰："皇帝,事已如此,生亦何益! 妾请先死。"即伸颈就戮。守光至死号泣哀祈不已。王命节度副使卢汝弼等械仁恭至代州,刺其心血以祭先王墓,然后斩之。

说："你那乱伦的禽兽行为,也是我教的吗?"晋王恼怒李小喜的无礼,先杀了他。刘守光说："守光我擅长骑马射箭,大王您想成就霸业,为什么不留下我为您效力呢?"刘守光的两个妻子李氏、祝氏责备他说："皇帝,事已如此,活着又有什么好处? 妾请求先死。"随即伸出脖子接受杀戮。刘守光一直到死都在号哭哀求。晋王命令节度副使卢汝弼等人给刘仁恭戴上械具押送到代州,刺取他的心血来祭奠先王李克用的坟墓,然后杀了他。

后唐灭梁

唐昭宗天祐元年夏闰四月,更命魏博曰天雄军,进天雄节度使、长沙郡王罗绍威爵邺王。

昭宣帝天祐二年七月庚午夜,天雄牙将李公佺与牙军谋乱,罗绍威觉之,公佺焚府舍,剽掠,奔沧州。

三年。初,田承嗣镇魏博,选募六州骁勇之士五千人为牙军,厚其给赐以自卫,为腹心。自是父子相继,亲党胶固,岁久益骄横,小不如意,辄族旧帅而易之,自史宪诚以来皆立于其手。天雄节度使罗绍威心恶之,力不能制。朱全忠之围凤翔也,绍威遣军将杨利言密以情告全忠,欲借其兵以诛之。全忠以事方急,未暇如其请,阴许之。及李公佺作乱,绍威益惧,复遣牙将臧延范趣全忠。全忠乃发河南诸镇兵七万,遣其将李思安将之,会魏、镇兵屯深州乐城,声言击沧州,讨其纳李公佺也。会全忠女适绍威子廷规者卒,全忠遣客将马嗣勋实甲兵于橐中,选长直兵千人

后唐灭梁

唐昭宗天祐元年（904）夏季闰四月，朝廷把魏博镇另行命名为天雄军，将天雄节度使、长沙郡王罗绍威的爵位晋升为邺王。

唐昭宣帝天祐二年（905）七月庚午（十三日）这天夜里，天雄牙将李公佺与牙军密谋作乱，罗绍威觉察出这一行动，李公佺就焚烧节度使府衙官舍，打劫一番，逃向沧州。

三年（906）。起初，田承嗣坐镇魏博时，挑选募集六州的骁勇壮士五千人组成牙军，增加他们的军饷和赏赐用来自卫，当成心腹对待。从此以后，牙军父子相继，亲属党羽关系牢固，时间一长就越来越骄横，稍微有些不如意，就把旧统帅诛灭而改换新统帅，从史宪诚以来的节度使，都是由牙军一手拥立的。天雄节度使罗绍威憎恶这种状况，但仅凭自身力量又无法制服他们。在朱全忠围攻凤翔的时候，罗绍威就派军将杨利言把情势秘密禀告给朱全忠，希望借助他的兵马把牙军诛灭。朱全忠鉴于凤翔战事正紧急，顾不上依从他的请求立刻去干，但也暗地里应允下来。等到李公佺叛乱时，罗绍威越发恐惧，又派牙将臧延范去催促朱全忠快发兵。朱全忠于是调发河南各镇兵马七万人，派手下将领李思安统率他们，会同魏州、镇州的兵马驻扎在深州乐城，扬言要进击沧州，对它接纳李公佺的行径加以讨伐。恰逢此时，偏偏赶上朱全忠嫁给罗绍威儿子罗廷规的女儿去世，朱全忠就派客将马嗣勋在布袋里装满铠甲和兵器，挑选一千名长直兵

为担夫,帅之入魏,诈云会葬。全忠自以大军继其后,云赴行营,牙军皆不之疑。正月庚午,绍威潜遣人入库断弓弦、甲襻。是夕,绍威帅其奴客数百,与嗣勋合击牙军,牙军欲战而弓甲皆不可用,遂阖营殪之,凡八千家,婴孺无遗。诘旦,全忠引兵入城。

罗绍威既诛牙军,魏之诸军皆惧,绍威虽数抚谕之,而猜怨益甚。朱全忠营于魏州城东数旬,将北巡行营,会天雄牙将史仁遇作乱,聚众数万据高唐,自称留后,天雄巡内州县多应之。全忠移军入城,遣使召行营兵还攻高唐,至历亭,魏兵在行营者作乱,与仁遇相应。元帅府左司马李周彝、右司马苻道昭击之,所杀殆半,进攻高唐,克之,城中兵民无少长皆死。擒史仁遇,锯杀之。

先是,仁遇求救于河东及沧州,李克用遣其将李嗣昭将三千骑攻邢州以救之。时邢州兵才二百,团练使牛存节守之,嗣昭攻七日不克。全忠遣右长直都将张筠将数千骑助存节守城,筠伏兵于马岭,击嗣昭,败之,嗣昭遁去。

义昌节度使刘守文遣兵万人攻贝州,又攻冀州,拔蓨县,进攻阜城。时镇州大将王钊攻魏州叛将李重霸于宗城。全忠遣归救冀州,沧州兵去。四月丙午,重霸弃城走,汴将胡规追斩之。

五月丁巳,朱全忠如洺州,遂巡北边,视戎备,还,入于魏。

扮作挑夫,带领他们进入魏州,诈称前来参加葬礼。朱全忠亲自统领大军跟在这批人的后面,说是赶赴行营,魏州牙军对此都未产生怀疑。正月庚午(十六日)这一天,罗绍威暗地派人进入武器库,折断了库内的弓弦,铠甲的系带。当天夜里,罗绍威带领手下家奴数百人,与马嗣勋联合攻击牙军,牙军想迎战但弓箭铠甲根本无法使用,于是全营人都被消灭了,总共八千家,婴儿、小孩一个也没剩。次日清晨,朱全忠带兵进入魏州城。

罗绍威已将牙军全部诛灭,魏博镇各支部队由此都很畏惧,罗绍威尽管多次慰抚晓谕他们,但他们猜忌怨恨的情绪反倒越来越厉害。朱全忠在魏州城东扎营数十天,打算向北巡视行营,又赶上天雄牙将史仁遇发动叛乱,聚集部众数万人,占领了高唐县,自称留后,天雄管辖区内的州县大多响应他。朱全忠便移动部队,进入魏州城,派遣使者征召行营兵马返回来攻打高唐县,行至历亭县时,那些夹杂在行营中的魏州兵发动叛乱,与史仁遇相呼应。元帅府左司马李周彝、右司马符道昭攻击叛军,杀死将近一半人,又前进攻打高唐县,占据了县城,城中军民无论老人孩子全给杀死了。又活捉了史仁遇,用锯把他锯死了。

在此以前,史仁遇向河东以及沧州方面请求救援,李克用派遣手下部将李嗣昭率领三千名骑兵攻打邢州来解救史仁遇。当时邢州仅有二百名士兵,团练使牛存节负责守卫这座州城,李嗣昭连续攻打了七天,却未能攻下来。朱全忠派遣右长直都将张筠带领数千名骑兵援助牛存节守卫州城,张筠在马岭设下伏兵,袭击李嗣昭,击败了他,李嗣昭就逃走了。

义昌节度使刘守文派遣一万名部队攻打贝州,又攻打冀州,夺下了蓨县,继续前进攻打阜城。这时镇州大将王钊正在宗城攻打魏州叛将李重霸。朱全忠命他回兵营救冀州,于是沧州部队就离去了。四月丙午(十四日)这天,李重霸放弃城池逃走,汴州将领胡规追击并斩杀了他。

五月丁巳(初五)这天,朱全忠抵达洺州,随即巡视北部边境,察看战备状况,然后撤还,进入魏州。

秋七月，朱全忠克相州。时魏之乱兵散据贝、博、澶、相、卫州及魏之诸县，全忠分命诸将攻讨，至是悉平之，引兵南还。

全忠留魏半岁，罗绍威供亿，所杀牛羊豕近七十万，资粮称是，所赂遗又近百万，比去，蓄积为之一空。绍威虽去其逼，而魏兵自是衰弱。绍威悔之，谓人曰："合六州四十三县铁，不能为此错也！"壬申，全忠至大梁。

八月，朱全忠以幽、沧相首尾为魏患，欲先取沧州。甲辰，引兵发大梁。九月辛亥朔，朱全忠自白马渡河，丁卯，至沧州，军于长芦，沧人不出。罗绍威馈运，自魏至长芦五百里，不绝于路。又建元帅府舍于魏，所过驿亭供酒馔、幄幕、什器，上下数十万人，无一不备。

刘仁恭救沧州，战屡败，乃下令："境内男子十五以上，七十以下，悉自备兵粮诣行营，军发之后，有一人在闾里，刑无赦！"或谏曰："今老弱悉行，妇人不能转饷，此令必行，滥刑者众矣。"乃命胜执兵者尽行，文其面曰"定霸都"，士人则文其腕或臂曰"一心事主"，于是境内士民，稚孺之外身无不文者。得兵十万，军于瓦桥。

秋季七月，朱全忠攻下相州。当时魏州作乱的士兵分散开来占据着贝州、博州、澶州、相州、卫州以及魏州所属各县，朱全忠分头命令众将攻打讨伐，到本月这个时候全部平定了他们，朱全忠随后带领部队向南撤还。

朱全忠留驻魏州半年，罗绍威负责承担朱全忠部队的全部军事供应，所杀牛、羊、猪将近七十万头，其他物资和粮草也与这个数目差不多，所贿赂赠送的财物又将近百万，等到朱全忠率军离去，整个军镇的物资储备为之一空。罗绍威尽管消除了对他构成威胁的牙军势力，但是魏州的兵力从此也衰弱下去了。罗绍威十分悔恨自己的做法，对人说："聚合起六州四十三县的铁片，也不能铸成这样的大错啊！"壬申（二十一日）这天，朱全忠抵达大梁。

八月，朱全忠鉴于幽州和沧州两地首尾相连结构成魏州的大祸患，打算先夺取沧州。甲辰（二十三日）这天，朱全忠带领人马从大梁出发。九月辛亥这天是初一，朱全忠从白马津渡过黄河，丁卯（十七日）这天抵达沧州，驻扎在长芦县，沧州人避不出战。罗绍威负责运送军需，从魏州到长芦县五百里，一路上络绎不绝。又在魏州修建元帅府衙官舍，但凡大梁兵所经过的驿站都向他们提供酒食、帐幕、日用器具，上下动用几十万人，没有一样物品不配备。

卢龙节度使刘仁恭营救沧州，屡战屡败，于是下令："凡属十五岁以上、七十岁以下的幽州境内男子，全都自己配备好武器粮食到行营报到集合，部队开拔以后，如果发现有一个男子还在乡间里巷，就立刻处死，决不赦免！"有人对此进谏说："如今老弱丁男全都上战场，妇女则无力转运粮草，这道政令果真施行开来，那被滥杀的人也就太多了。"刘仁恭于是只命令那些拿得动兵器的男人全部上战场，并在他们的脸上刺下"定霸都"三个字，对读书人则在他们的手腕或手臂上刺下"一心事主"四个字，于是境内士人百姓除幼童以外，身上没有不被刺上字的。由此获得士兵十万人，驻扎在瓦桥关。

时汴军筑垒围沧州,鸟鼠不能通。仁恭畏其强,不敢战。城中食尽,丸土而食,或互相掠啖。朱全忠使人说刘守文曰:"援兵势不相及,何不早降?"守文登城应之曰:"仆于幽州,父子也。梁王方以大义服天下,若子叛父而来,将安用之?"全忠愧其辞直,为之缓攻。

冬十月,刘仁恭求救于河东,前后百馀辈。李克用恨仁恭返覆,竟未之许。其子存勖谏曰:"今天下之势,归朱温者什七八,虽强大如魏博、镇、定莫不附之。自河以北,能为温患者独我与幽、沧耳。今幽、沧为温所困,我不与之并力拒之,非我之利也。夫为天下者不顾小怨,且彼尝困我而我救其急,以德怀之,乃一举而名实附也!此乃吾复振之时,不可失也!"克用以为然,与将佐谋召幽州兵与攻潞州,曰:"于彼则可以解围,于我则可以拓境。"乃许仁恭和,召其兵。仁恭遣都指挥使李溥将兵三万诣晋阳,克用遣其将周德威、李嗣昭将兵与之共攻潞州。

十二月,朱全忠分步骑数万,遣行军司马李周彝将之,自河阳救潞州。

初,昭宗凶讣至潞州,昭义节度使丁会帅将士缟素流涕久之。及李嗣昭攻潞州,会举军降于河东。李克用以嗣昭为昭义留后。会见克用,泣曰:"会非力不能守也,

这时汴州军队修筑营垒围困沧州，严密得连飞鸟和老鼠都过不去。刘仁恭畏惧汴州军队强大，不敢出战。沧州城中的粮食已经吃光了，就把土搓成丸粒吞下，有的甚至相互人吃人。朱全忠派人劝导刘守文说："你们的援兵势必靠不近你们，为什么不及早投降呢？"刘守文登上城头对答说："我与幽州方面，形同父子。梁王您正在用大义来威服天下，如果儿子背叛父亲前来投降，您准备怎样任用他呢？"朱全忠因这番言辞正直而感到惭愧，就为他放慢了攻城的速度。

冬季十月，刘仁恭向河东方面求救，前后多达一百馀次。李克用痛恨刘仁恭反复无常，到最后也没应允他。李克用的儿子李存勖劝谏说："当今天下形势，归属朱温的藩镇已占十分之七八，即使像魏博、镇州、定州那样强大的藩镇，也无不依附他。自黄河以北，确能成为朱温心腹之患的藩镇，也只有我们和幽州、沧州罢了。如今幽州、沧州被朱温所围困，而我们却不与他们合力抗拒朱温，这可不是对我们有利的做法。身为打天下的人，决不顾及微小的恩怨，况且他们虽曾让我们陷入过困境，而我们却去解救他们的危难，用恩德去感化他们，这正属于一举而名实都已包括在内的好事情啊！恰恰也是我们重新振兴的时机，不能丧失掉啊！"李克用认为他讲得正确，就与将佐们谋议，召请幽州的军队同河东一起去攻打潞州，说道："对他们来讲，可以解除围困；对我们来讲，可以拓展辖境。"于是答应同刘仁恭和好，召请他手下部队前来。刘仁恭随后派遣都指挥使李溥带领三万名士兵抵达晋阳，李克用派遣部将周德威、李嗣昭领兵与李溥共同攻打潞州。

十二月，朱全忠分拨步兵和骑兵数万人，派遣行军司马李周彝统领他们，从河阳前去救援潞州。

当初，唐昭宗被朱温杀害的噩耗传到潞州，昭义节度使丁会率将士身穿白色丧服痛哭了很长时间。等到李嗣昭攻打潞州，丁会带领全军向河东归降。李克用把李嗣昭任命为昭义留后。丁会去拜见李克用，哭泣着说："我绝不是兵力不能固守潞州，

梁王陵虐唐室,会虽受其举拔之恩,诚不忍其所为,故来归命耳。"克用厚待之,位于诸将之上。

己巳,朱全忠命诸军治攻具,将攻沧州。壬申,闻潞州不守,甲戌,引兵还。先是,调河南北刍粮,水陆输军前,诸营山积,全忠将还,命悉焚之,烟炎数里,在舟中者凿而沈之。刘守文使遗全忠书曰:"王以百姓之故,赦仆之罪,解围而去,王之惠也!城中数万口,不食数月矣,与其焚之为烟,沈之为泥,愿乞其所馀以救之。"全忠为之留数困以遗之,沧人赖以济。

河东兵进攻泽州,不克而退。

后梁太祖开平元年春正月辛巳,梁王休兵于贝州。河东兵犹屯长子,欲窥泽州。王命保平节度使康怀贞悉发京兆、同、华之兵屯晋州以备之。

三月甲辰,唐昭宣帝禅位于梁。夏四月〔甲子〕梁王即皇帝位。乙亥,下制削夺李克用官爵。

五月壬辰,命保平节度使康怀贞将兵八万会魏博兵攻潞州。六月,康怀贞至潞州,晋昭义节度使李嗣昭、副使李嗣弼闭城拒守。怀贞昼夜攻之,半月不克,乃筑垒穿蚰蜒堑而守之,内外断绝。晋王以蕃汉都指挥使周德威为行营都指挥使,帅马军都指挥使李嗣本、马步都虞候李存璋、

但那梁王朱温竟然侵凌虐待唐室，我丁会虽然受过他朱温荐举提拔的恩德，但实在无法容忍他的所作所为，因此就主动前来归顺。"李克用厚待他，地位高居众将之上。

己巳（闰十二月二十一日）这天，朱全忠命令众军修造攻城器具，准备进攻沧州。壬申（闰十二月二十四日）这天却又听说潞州失守，甲戌（闰十二月二十六日）这天就带兵撤还了。在此之前，曾经征调黄河南北地区的粮草，从水路、陆路运送到部队面前，以致各个营寨都堆积如山，朱全忠准备撤还时，下令把这些粮草全部焚烧掉，烈火浓烟随之弥漫数里远，而对放置在船中的粮草就凿穿船底，沉没到水中。刘守文派人送给朱全忠书信说："大王您因为百姓的缘故，赦免我的罪过，解围离去，这正属于大王您的莫大恩惠呀！如今沧州城中数万人口，已经好几个月没吃饭了，与其把粮草全都焚烧化为烟尘，沉入水中变成烂泥，不如剩下一点点，希望能把这一点点粮草乞求到我们手中，用来救助城中的百姓。"朱全忠于是为刘守文留下了好几座谷仓那样多的粮食送给他，沧州人依赖这些粮食得以存活下来。

河东军队进攻泽州，未能攻下而退走。

后梁太祖开平元年（907）春季正月辛巳（初四）这天，梁王朱全忠在贝州休整军队。河东兵马仍旧屯驻在长子县，想找机会攻取泽州。梁王命令保平节度使康怀贞调发京兆、同州、华州的全部军队，屯驻在晋州，用来防备河东军。

三月甲辰（二十七日）这一天，唐昭宣帝把帝位禅让给梁。夏季四月甲子（十八日）这一天，梁王朱全忠登上皇帝宝座。乙亥（二十九日）这一天，下达制书，削夺李克用的官职爵位。

五月壬辰（十六日），后梁太祖命保平节度使康怀贞领兵八万联合魏博镇军队攻打潞州。六月，康怀贞抵达潞州，晋属昭义节度使李嗣昭、副使李嗣弼紧闭城门抗拒坚守。康怀贞昼夜攻城，半个月都没攻下来，于是修筑营垒，挖成蚰蜒形状的壕沟来做守护，使潞州内外隔绝开来。晋王任命蕃汉都指挥使周德威为行营都指挥使，统领马军都指挥使李嗣本、马步都虞候李存璋、

先锋指挥使史建瑭、铁林都指挥使安元信、横冲指挥使李嗣源、骑将安金全救潞州。嗣弼，克脩之子；嗣本，本姓张；建瑭，敬思之子；金全，代北人也。

晋兵攻泽州，帝遣左神勇军使范居实将兵救之。

秋八月，晋周德威壁于高河，康怀贞遣亲骑都头秦武将兵击之，武败。丁巳，帝以亳州刺史李思安代怀贞为潞州行营都统，黜怀贞为行营都虞候。思安将河北兵西上，至潞州城下，更筑重城，内以防奔突，外以拒援兵，谓之"夹寨"。调山东民馈军粮，德威日以轻骑抄之，思安乃自东南山口筑甬道，属于夹寨。德威与诸将互往攻之，排墙填堑，一昼夜间数十发，梁兵疲于奔命。夹寨中出刍牧者，德威辄抄之。于是梁兵闭壁不出。

冬十一月，晋王命李存璋攻晋州，以分上党兵势。十二月壬戌，诏河中、陕州发兵救之。

丁卯，晋兵寇洺州。

二年春正月，晋王疽发于首，病笃。周德威等退屯乱柳。晋王命其弟内外蕃汉都知兵马使、振武节度使克宁、监军张承业，大将李存璋、吴珙，掌书记卢质立其子晋州刺史存勖为嗣，曰："此子志气远大，必能成吾事，尔曹善教导之！"辛卯，晋王谓存勖曰："嗣昭厄于重围，吾不及见矣。俟葬毕，汝与德威辈速竭力救之！"又谓克宁等曰："以亚子累汝！"亚子，存勖小名也。言终而卒。克宁纲纪军府，中外无敢喧哗。

先锋指挥使史建瑭、铁林都指挥使安元信、横冲指挥使李嗣源、骑将安金全去援救潞州。李嗣弼是李克脩的儿子，李嗣本原来姓张，史建瑭是史敬思的儿子，安金全是代北人。

晋军攻打泽州，后梁太祖朱全忠派遣左神勇军使范居实率领军队前去救援。

秋季八月，晋将周德威在高河布下壁垒，康怀贞派遣亲骑都头秦武领兵进击对方，秦武战败。丁巳（十二日）这天，后梁太祖任命亳州刺史李思安代替康怀贞担当潞州行营都统，把康怀贞贬黜为行营虞候。李思安统率河北军队向西进发，抵达潞州城下，专门修筑起双重壁垒，对内用来防止城中突围奔逃，对外用来抗拒援兵，把这命名为"夹寨"。后梁调发崤山以东的百姓运送军粮，周德威每天都派轻骑兵进行劫掠，李思安于是从东南山口修筑甬道，连通到夹寨。周德威同各位将领轮流前去攻打夹寨，推倒壁垒，填平壕沟，在一昼夜内就出动数十次，后梁军队被搅扰得疲于奔命。夹寨中派出割草放牧的人，周德威就劫掠他们。后梁军队于是紧闭营垒，不再出战。

冬季十一月，晋王命令李存璋攻打晋州，以便分化上党敌军的进攻态势。十二月壬戌（十九日）这天，后梁下达诏书，命令河中、陕州发兵救助晋州。

丁卯（二十四日）这天，晋军进犯洺州。

二年（908）春季正月，晋王李克用头上生了大毒疮，病情相当严重。周德威等人撤退到乱柳屯驻。晋王命令弟弟内外蕃汉都知兵马使、振武节度使李克宁，监军张承业，大将李存璋、吴珙，掌书记卢质拥立自己的儿子晋州刺史李存勖作为王位继承人，嘱托说："这孩儿志气远大，必定能够成就我的事业，你们要好好教导他！"辛卯（十九日）这天，晋王对李存勖说："嗣昭他还困在重围中，我来不及见到他了。把我安葬完毕后，你就和周德威等人火速前去竭力援救他！"又对李克宁等人说："亚子拖累你们了！"亚子是李存勖的小名。说完这些话，晋王去世。李克宁随即加强军府掌控，从内到外没有敢喧哗闹事的人。

克宁久总兵柄,有次立之势。时上党围未解,军中以存勖年少,多窃议者,人情恟恟。存勖惧,以位让克宁。克宁曰:"汝冢嗣也,且有先王之命,谁敢违之!"将吏欲谒见存勖,存勖方哀哭,久未出。张承业入谓存勖曰:"大孝在不坠基业,多哭何为!"因扶存勖出,袭位为河东节度使、晋王。李克宁首帅诸将拜贺,王悉以军府事委之。以李存璋为河东军城使、马步都虞候。先王之时,多宠借胡人及军士,侵扰市肆,存璋既领职,执其尤暴横者戮之,旬月间城中肃然。

李思安等攻潞州,久不下,士卒疲弊,多逃亡。晋兵犹屯余吾寨,帝疑晋王克用诈死,欲召兵还,恐晋人蹑之,乃议自至泽州应接归师,且召匡国节度使刘知俊将兵趣泽州。三月壬申朔,帝发大梁,丁丑,次泽州。辛巳,刘知俊至,壬午,以知俊为潞州行营招讨使。

帝以李思安久无功,亡将校四十馀人,士卒以万计,更闭壁自守,遣使召诣行在。甲午,削思安官爵,勒归本贯充役,斩监押杨敏贞。

晋李嗣昭固守逾年,城中资用将竭,嗣昭登城宴诸将作乐。流矢中嗣昭足,嗣昭密拔之,座中皆不觉。帝数遣使赐嗣昭诏,谕降之,嗣昭焚诏书,斩使者。

李克宁长期统领兵权,早有一副兄死弟立的姿态。当时上党之围尚未解除,军中因为李存勖年纪轻,出现了许多私下议论的现象,军心不免躁动。李存勖对此感到很恐惧,要把王位让给李克宁。李克宁说:"你是嫡长子继位人,况且还有先王留下的命令,谁敢违抗呢?"将领官吏打算拜见李存勖,李存勖正处在悲哀哭泣的状态中,很长时间没出来。张承业入内对李存勖说:"大孝表现在不把前辈基业失掉,光哭有什么用!"随后便将李存勖搀扶出来,正式继位为河东节度使、晋王。李克宁第一个率领众将拜见道贺,晋王把军府事务全部交给他掌理。又任命李存璋担当河东军城使、马步都虞候。李克用在位时,总是包庇纵容胡族人以及军士侵扰集市店铺,李存璋任职以后,捉拿其中特别暴虐蛮横的人,公开处死他们,一个月内,城中的秩序就安稳下来。

李思安等人攻打潞州,长时间攻不下来,士兵疲惫不堪,很多人都逃走了。晋军依旧在余吾寨屯驻,后梁太祖怀疑晋王李克用纯粹是诈称身亡,打算召回部队,又担心晋人会跟在后面追击,于是议定亲自到泽州接应那些撤回的军队,并且征召匡国节度使刘知俊领兵直扑泽州。三月壬申这天是初一,后梁太祖从大梁出发,丁丑(初六)这天停驻在泽州。辛巳(初十)这天,刘知俊来到,壬午(十一日)这天,任命刘知俊为潞州行营招讨使。

后梁太祖鉴于李思安长久未取得战绩,丧失掉将校四十多人,死去士兵数以万计,再加上只知道紧闭营垒自我守卫,就派使者召他到御驾所在的临时住所。甲午(二十三日)这天,撤销李思安的官职爵位,勒令他回归原籍应差充役,并斩杀了监押杨敏贞。

晋将李嗣昭坚持守城已经超过一年,城中的物资用度眼看要枯竭,李嗣昭登城宴请众将饮酒作乐。在此过程中流箭射中了李嗣昭的脚部,李嗣昭悄悄把它拔下来,在座的人都没有察觉。后梁太祖屡次派遣使者赐给李嗣昭诏书,劝他归降,李嗣昭每次都烧毁诏书,并斩杀使者。

　　帝留澤州旬餘，欲召上黨兵還，遣使就與諸將議之。諸將以為李克用死，余吾兵且退，上黨孤城無援，請更留旬月以俟之。帝從之，命增運芻糧以饋其軍。劉知俊將精兵萬餘人擊晉軍，斬獲甚眾，表請自留攻上黨，車駕宜還京師。帝以關中空虛，慮岐人侵同、華，命知俊休兵長子旬日，退屯晉州，俟五月歸鎮。

　　初，晉王克用卒，周德威握重兵在外，國人皆疑之。晉王存勖召德威使引兵還。夏四月辛丑朔，德威至晉陽，留兵城外，獨徒步而入，伏先王樞，哭極哀；退，謁嗣王，禮甚恭。眾心由是釋然。

　　夾寨奏余吾晉兵已引去，帝以為援兵不能復來，潞州必可取，丙午，自澤州南還，壬子，至大梁。梁兵在夾寨者亦不復設備。晉王與諸將謀曰：“上黨，河東之藩蔽，無上黨，是無河東也。且朱溫所憚者獨先王耳，聞吾新立，以為童子未閑軍旅，必有驕怠之心。若簡精兵倍道趣之，出其不意，破之必矣。取威定霸，在此一舉，不可失也！”張承業亦勸之行。乃遣承業及判官王緘乞師於鳳翔，又遣使賂契丹王阿保機求騎兵。岐王衰老，兵弱財竭，竟不能應。晉王大閱士卒，以前昭義節度使丁會為都招討使。甲子，帥周德威等發晉陽。

后梁太祖在泽州停留了十多天,打算召回围攻上党的部队,就派遣使者前去和众将当面商议这件事。众将认为李克用已经死去,余吾寨的晋军也眼看要撤退,上党成为孤城,没有援兵,便请求再留下一个月来等待战局变化。后梁太祖采纳了这种意见,命令增运粮草来供应各军。刘知俊带领精兵一万多人攻击晋军,斩杀、俘获晋军非常多,他上表请求自己留下来攻取上党,而天子车驾理应回归京师。后梁太祖因为关中空虚,担心岐州人侵犯同州和华州,就命令刘知俊在长子县休整军队十天,退到晋州屯驻,等到五月再回归镇所。

　　当初,晋王李克用去世,周德威在外地手握重兵,国内之人都疑忌他。晋王李存勖征召周德威,命他带兵撤回来。夏季四月辛丑这天是初一,周德威抵达晋阳,把军队停留在城外,独自一个人徒步入内,趴在先王李克用的灵柩上痛哭悼念,极其悲哀;退下后,又去拜见新继位的晋王李存勖,施用礼节特别恭谨。众人的疑忌也就由此一扫而光了。

　　夹寨奏报余吾寨的晋军已经离去,后梁太祖认为晋国的援兵不会再来了,潞州必定可以夺占,丙午(初六)这天就从泽州向南返还,壬子(十二)这天抵达大梁。后梁军在夹寨驻守的那部分人马,也不持续布置防备事宜。晋王李存勖与众将谋议说:"上党形同河东的屏障,没有上党就等于没有河东。况且朱温所畏惧的人物,只有咱们先王罢了,他听说我新立为王,认为我只是个毛孩子,还不熟悉军旅要务,随之一定会产生骄傲懈怠的心理。如果我们挑选精兵,兼程直奔上党,出其不意,击破它必定无疑。获取威权,奠定霸业,恰恰在此一举,绝对不能丧失掉啊!"张承业也力劝晋王出征。于是派遣张承业以及判官王缄向凤翔李茂贞请求援军,又派使者贿赂契丹阿保机请求出动骑兵相助。岐王李茂贞已经衰老,兵力虚弱,财用枯竭,到最后也没应允。晋王李存勖大规模检阅士兵,将原昭义节度使丁会任命为都招讨使。甲子(二十四日)这天,晋王统领周德威等人从晋阳率兵出发。

己巳，晋王军于黄碾，距上党四十五里。五月辛未朔，晋王伏兵三垂冈下，诘旦大雾，进兵直抵夹寨。梁军无斥候，不意晋兵之至，将士尚未起，军中惊扰。晋王命周德威、李嗣源分兵为二道，德威攻西北隅，嗣源攻东北隅，填堑烧寨，鼓噪而入。梁兵大溃，南走，招讨使符道昭马倒，为晋人所杀，失亡将校士卒以万计，委弃资粮、器械山积。

周德威等至城下，呼李嗣昭曰："先王已薨，今王自来，破贼夹寨，贼已去矣，可开门！"嗣昭不信，曰："此必为贼所得，使来诳我耳。"欲射之，左右止之。嗣昭曰："王果来，可见乎？"王自往呼之。嗣昭见王白服，大恸几绝，城中皆哭，遂开门。

初，德威与嗣昭有隙，晋王克用临终谓晋王存勖曰："进通忠孝，吾爱之深。今不出重围，岂德威不忘旧怨邪？汝为吾以此意谕之，若潞围不解，吾死不瞑目。"进通，嗣昭小名也。晋王存勖以告德威，德威感泣，由是战夹寨甚力。既与嗣昭相见，遂欢好如初。

康怀贞以百馀骑自天井关遁归。帝闻夹寨不守，大惊，既而叹曰："生子当如李亚子，克用为不亡矣！至如吾儿，豚犬耳！"诏所在安集散兵。

周德威、李存璋乘胜进趣泽州，刺史王班素失人心，众不为用。龙虎统军牛存节自西都将兵应接夹寨溃兵，至天井关，谓其众曰："泽州要害地，不可失也。虽无诏旨，当救之。"

己巳（二十九日），晋王在黄碾驻扎部队，距离上党四十五里。五月辛未是初一，晋王在三垂冈下设下伏兵，次日清晨大雾弥漫，借机进军，直抵夹寨。后梁军未曾设置侦察瞭望人员，没想到晋兵会杀来，将士此时还没起床，军中一片惊慌纷扰。晋王命周德威、李嗣源兵分两路，周德威负责攻击西北角，李嗣源负责攻击东北角，径直填平壕沟，焚烧营寨，擂鼓呐喊冲进去。梁军大溃败，向南奔逃，招讨使符道昭所骑战马倒下，被晋兵杀死，丧命和逃跑的将校士兵数以万计，丢弃的军资粮草和器具堆积如山。

　　周德威等人来到潞州城下，呼叫李嗣昭说："先王已经逝世，当今继位新王亲自前来，攻破了贼军的夹寨，贼军已经逃走了，你可以打开城门！"李嗣昭不相信，说道："这一定是你们被贼军俘获，派来骗我罢了。"准备用箭射杀周德威，左右亲信阻止了他。李嗣昭说："继位新王果真来到这里，能够见到他吗？"晋王李存勖亲自前往呼唤他。李嗣昭见晋王身穿白色丧服，不禁号啕大哭，几乎晕了过去，城中人也全都哭泣，于是打开了城门。

　　起初，周德威与李嗣昭存在嫌隙，晋王李克用临终之前特意对晋王李存勖说："进通忠厚孝顺，我喜爱他特别深。如今他不能冲出重围，难道是周德威不忘记旧时的仇怨造成的吗？你替我把这个意思告诉给周德威，如果潞州的围困得不到解除，我死也闭不上眼睛。"进通是李嗣昭的小名。晋王李存勖把父王的遗言告诉给周德威，周德威感动得泣不成声，所以在夹寨作战中出力特别大。和李嗣昭相见之后，俩人欢悦和好，又跟从前一样。

　　康怀贞依靠一百多名骑兵从天井关逃回到后梁国都。后梁太祖听说夹寨失守，非常惊异，随后叹息道："生儿子就应像李亚子这个样，李克用家业可以不亡了！至于像我那儿子，只是猪狗罢了！"于是下达诏书，命令各地安抚召集溃散的士兵。

　　周德威、李存璋乘胜进军，直扑泽州，泽州刺史王班平时就丧失人心，众人不为他效力卖命。龙虎统军牛存节从西都带兵接应夹寨溃散的士兵，行至天井关时，对手下部众说："泽州属于要害地带，不能丧失掉。尽管我们没接到诏书，也应前去援救。"

众皆不欲,曰:"晋人胜气方锐,且众寡不敌。"存节曰:"见危不救,非义也;畏敌强而避之,非勇也。"遂举策引众而前。至泽州,城中人已纵火喧噪,欲应晋王,班闭牙城自守,存节至,乃定。晋兵寻至,缘城穿地道攻之,存节昼夜拒战,凡旬有三日。刘知俊自晋州引兵救之,德威焚攻具,退保高平。

晋王归晋阳,休兵行赏,以周德威为振武节度使、同平章事。命州县举贤才,黜贪残,宽租赋,抚孤穷,伸冤滥,禁奸盗,境内大治。以河东地狭兵少,乃训练士卒。令骑兵不见敌无得乘马;部分已定,无得相逾越,及留绝以避险;分道并进,期会无得差晷刻。犯者必斩。故能兼山东,取河南,由士卒精整故也。

潞州围守历年,士民冻饿死者太半,市里萧条。李嗣昭劝课农桑,宽租缓刑,数年之间,军城完复

壬辰,夹寨诸将诣阙待罪,皆赦之。帝赏牛存节全泽州之功,以为六军马步都指挥使。

六月,帝欲自将击潞州,丁卯,诏会诸道兵。

部众听后都不愿意这样做,说道:"晋人取胜的气势正猛锐,况且敌众我寡,我们不能抵挡他们。"牛存节说:"看到危难却不救助,这纯属不义;畏惧敌人强盛而回避他们,这纯属不勇。"于是挥动马鞭带领部众毅然前往。到达泽州时,城中人已经放起火来,喧哗哄闹,准备接应晋王,刺史王班紧闭牙城,自行防守,牛存节兵马来到,这才稳住局势。不久晋军杀到城下,沿城池挖地道攻打泽州,牛存节昼夜顽抗死战,一直坚守了十三天。刘知俊从晋州率领军队前来营救牛存节等人,周德威只好烧掉攻城器械,退兵保卫高平。

晋王李存勖回归晋阳,休整部队,论功行赏,把周德威任命为振武节度使、同平章事。命令各州县推举贤才,废黜贪婪残暴的官吏,放宽田租杂税,抚恤孤寡穷困的民众,申理冤案和受屈的人,禁遏奸徒盗贼,致使辖境内的治理大见成效。又鉴于河东管控区面积狭小,兵力较少,于是便大力训练士卒。命令骑兵未发现敌寇,就不准骑乘马匹;各军营区划拨分派已经确定之后,不得相互逾越或在某营区滞留下来躲避险情;需要分路并进,在约定会合的时间上不许相差片刻。但凡违犯的人员,必定斩首正法。晋国之所以能够兼并崤山以东地区,夺取河南,都是士兵精锐严整的缘故。

潞州面对围困,坚守历经一年,士人百姓挨冻受饿,死去的超过一大半,集市和里巷一片萧条冷落。李嗣昭针对这种情形,奖励督促人们务农植桑,宽免租赋,减缓刑罚,在几年时间内,又让潞州这座军城像当初那样完好坚固。

壬辰(二十二日)这天,从潞州夹寨败逃的后梁的各位将领到京城皇宫门外听候惩治,结果这些将领全被赦免了。后梁太祖朱全忠奖赏牛存节保全泽州的功劳,将他任命为六军马步都指挥使。

六月,后梁太祖打算亲自统领大军进击潞州,丁卯(二十八日)这天,下达诏书,命令会合集中各道的兵马。

秋九月，晋周德威、李嗣昭将兵三万出阴地关，攻晋州，刺史徐怀玉拒守，帝自将救之。丁丑，发大梁，乙酉，至陕州。周德威等闻帝将至，乙未，退保隰州。冬十月丁巳，帝还大梁。

三年春三月，以山南东道节度使杨师厚兼潞州行营四面招讨使。

秋八月，岐王约晋王使攻晋、绛。晋王引兵南下，先遣周德威等将兵出阴地关攻晋州，刺史边继威悉力固守。晋兵穿地道，陷城二十余步，城中血战拒之，一夕城复成。诏杨师厚将兵救晋州，周德威以骑扼蒙坑之险，师厚击破之，进抵晋州，晋兵解围遁去。

四年，镇、定自帝践阼以来，虽不输常赋，而贡献甚勤。会赵王镕母何氏卒，秋八月庚申，遣使吊之，且授起复官。时邻道吊客皆在馆，使者见晋使，归，言于帝曰：“镕潜与晋通，镇、定势强，恐终难制。”帝深然之。

冬十月，遣镇国节度使杨师厚、相州刺史李思安将兵屯泽州以图上党。十一月己丑，以宁国节度使、同平章事王景仁充北面行营都指挥招讨使，潞州副招讨使韩勍副之，以李思安为先锋将，趣上党。寻遣景仁等屯魏州，杨师厚还陕。

上疑赵王镕贰于晋，且欲因邺王绍威卒除移镇、定。会燕王守光发兵屯涞水，欲侵定州，上遣供奉官杜廷隐、

秋季九月,晋将周德威、李嗣昭率兵三万从阴地关出发,攻打晋州,晋州刺史徐怀玉抗拒坚守,后梁太祖亲自领兵去救援。丁丑(初九)这天,从大梁进发,乙酉(十七日)这天,抵达陕州。周德威等人听说朱温即将到来,就在乙未(二十七日)这天,退兵保卫隰州。冬季十月丁巳(十九日)这一天,后梁太祖返回到大梁。

三年(909)春季三月,后梁任命山南东道节度使杨师厚兼任潞州行营四面招讨使。

秋季八月,岐王李茂贞与晋王李存勖约定,由晋王去攻打晋州、绛州。晋王领兵南下,先派周德威等人带兵由阴地关出发攻打晋州,晋州刺史边继威全力固守。晋军挖地道,使城墙塌陷了二十多步远,城中人奋力血战,抗拒晋军,一夜之间又把城墙修复完整。后梁太祖下达诏书,命令杨师厚率兵救援晋州,周德威派遣骑兵在蒙坑这处天险加以扼守,杨师厚击破了他们,进军抵达晋州,晋军便解除包围逃走了。

四年(910),镇、定藩镇自从后梁太祖登上帝位以来,尽管不交纳法定的赋税,但进献物品却次数频繁。恰逢此时,赵王王镕的母亲何氏去世,秋季八月庚申(初三)这天,后梁派使者前去吊唁,并且授给王镕守丧未满、仍然起用的待遇和原封官职。当时邻近各道前来吊唁的客人都住在馆舍,后梁使者看见了晋国使者,回来后对后梁太祖禀报说:"王镕暗中与晋国串通,镇、定藩镇的势力如果强大起来,到最后恐怕难以掌控。"后梁太祖认为这一看法十分正确。

冬季十月,后梁派遣镇国节度使杨师厚、相州刺史李思安率兵屯驻在泽州,用来谋取上党。十一月己丑(初三)这天,又委派宁国节度使、同平章事王景仁担任北面行营都指挥招讨使,让潞州副招讨使韩勍作他的副手,又任命李思安为先锋将,直扑上党。不久又责成王景仁等人在魏州屯驻,命杨师厚返回陕州。

后梁太祖怀疑赵王王镕有串通依附晋的意向,而且想趁邺王罗绍威去世调动和委任镇、定方面的节度使。恰逢燕王刘守光发兵屯驻在涞水,准备侵犯定州,后梁太祖就派供奉官杜廷隐、

丁延徽监魏博兵三千分屯深、冀，声言恐燕兵南寇，助赵守御，又云分兵就食。赵将石公立戍深州，白赵王镕，请拒之。镕遽命开门，移公立于外以避之。公立出门指城而泣曰："朱氏灭唐社稷，三尺童子知其为人；而我王犹恃姻好，以长者期之。此所谓开门揖盗者也。惜乎！此城之人今为虏矣。"

梁人有亡奔真定，以其谋告镕者，镕大惧，又不敢先自绝，但遣使诣洛阳，诉称："燕兵已还，与定州讲和如故。深、冀民见魏博兵人，奔走惊骇，乞召兵还。"上遣使诣真定慰谕之。未几，廷隐等闭门尽杀赵戍兵，乘城拒守。镕始命石公立攻之，不克，乃遣使求援于燕、晋。

镕使者至晋阳，义武节度使王处直使者亦至，欲共推晋王为盟主，合兵攻梁。晋王会将佐谋之，皆曰："镕久臣朱温，岁输重赂，结以婚姻，其交深矣。此必诈也，宜徐观之。"王曰："彼亦择利害而为之耳。王氏在唐世犹或臣或叛，况肯终为朱氏之臣乎？彼朱温之女何如寿安公主！今救死不赡，何顾婚姻！我若疑而不救，正堕朱氏计中。宜趣发兵赴之，晋、赵叶力，破梁必矣。"乃发兵，遣周德威将之，出井陉，屯赵州。

丁延徽监督魏博镇兵三千人分别屯驻在深州、冀州，宣称这是害怕燕军南下侵犯，协助赵地防守抵御，又说这也是分拨军队到那里去解决军粮供应问题。赵将石公立正戍守深州，把情况禀报给赵王王镕，请求拒绝他们。王镕却急速命令打开深州城门，把石公立调到别处回避梁军。石公立走出城门，指着城池哭泣说："朱氏吞灭唐朝的江山社稷，连三尺高的小孩都知道他为人多么狠毒；可我们赵王却仍旧抱住联姻通好不放，把他看成长辈，对他充满期望。这就是常言所说的打开家门迎接强盗进来啊。太可惜了呀！这座城内的人们眼看要当俘虏了。"

后梁人有逃奔到真定的，就把朱温的图谋禀报给王镕，王镕听后十分恐惧，又不敢首先同后梁断绝关系，只好派遣使者到洛阳，婉转诉说道："燕军已经撤回去了，并且同定州讲和，关系恢复到从前那样。深州和冀州的民众看到魏博镇兵开进来，奔逃躲避，惊慌害怕，乞求把这些军队召回去。"后梁太祖派遣使者到真定慰抚劝解王镕。没过多长时间，杜廷隐等人就关闭深州城门，杀死了全部赵属的戍守士兵，并且登上城墙进行抵御防守。王镕这时候才命令石公立攻打城池，但没攻下来，于是派遣使者向燕、晋请求救助。

王镕的使者抵达晋阳，义武节度使王处直的使者也同时抵达，双方想共同推举晋王为盟主，联合兵力攻打后梁。晋王会集将佐商议对策，将佐都说："王镕长期臣服朱温，每年都献呈丰厚的财物，又结成婚姻关系，他们双方的交往已经相当深厚了。这次一定是欺诈举动，应该慢慢观察事态变化。"晋王回应说："他不过也只是择取利害这样做罢了。王氏在唐朝年代还有时臣服，有时叛逆呢，况且他肯永久甘当朱氏的臣属吗？他朱温的女儿，哪里比得上寿安公主？现今救死还办法有限，怎能顾及婚姻呢！我们如果心存疑虑而不去救助，恰恰就坠入了朱氏的诡计当中。应该快速发兵赶赴赵地，晋、赵协同兵力，击破梁国是毫无疑问的了。"于是发兵，派遣周德威统领，从井陉出发，屯驻在赵州。

镕使者至幽州，燕王守光方猎，幕僚孙鹤驰诣野谓守光曰："赵人来乞师，此天欲成王之功业也。"守光曰："何故？"对曰："比常患其与朱温胶固。温之志非尽吞河朔不已，今彼自为仇敌，王若与之并力破梁，则镇、定皆敛衽而朝燕矣。王不早出师，但恐晋人先我矣。"守光曰："王镕数负约，今使之与梁自相弊，吾可以坐承其利，又何救焉？"赵使者交错于路，守光竟不为出兵。自是镇、定复称唐天祐年号，复以武顺为成德军。

司天言："来月太阴亏，不利宿兵于外。"上召王景仁等还洛阳。十二月己未，上闻赵与晋合，晋兵已屯赵州，乃命王景仁等将兵击之。庚申，景仁等自河阳渡河，会罗周翰兵，合四万，军于邢、洺。

丁丑，王景仁等进军柏乡。赵王镕复告急于晋，晋王以蕃汉副总管李存审守晋阳，自将兵自赞皇东下，王处直遣将将兵五千以从。辛巳，晋王至赵州，与周德威合，获梁刍荛者二百人，问之曰："初发洛阳，梁主有何号令？"对曰："梁主戒上将云：'镇州反覆，终为子孙之患。今悉以精兵付汝，镇州虽以铁为城，必为我取之。'"晋王命送于赵。

壬午，晋王进军，距柏乡三十里，遣周德威等以胡骑迫梁营挑战，梁兵不出。癸未，复进，距柏乡五里，营于野河之北，又遣胡骑迫梁营驰射，且诟之。梁将韩勍等将步骑三万，

王镕的使者抵达幽州，正赶上燕王刘守光在打猎，幕僚孙鹤飞马赶到山野对刘守光说："赵人前来请求救兵，正是上天要成就大王的功业啊。"刘守光说："为什么这样讲？"孙鹤对答说："近来您常常忧虑王镕与朱温关系紧密。朱温的志向，若未吞并整个河朔决不罢休，如今他们自动构成仇敌，大王您如果与王镕合力击破梁国，镇、定那就都会收摄衣襟来朝拜燕国了。大王如果不尽早出兵，只怕晋人就抢在我们前头了。"刘守光说："王镕多次违背约定，现今让他与梁国自行争斗，相互疲惫凋敝，我就可以坐收其利，为什么还去救援他呢？"赵地使者在燕赵之间的道路上交错奔驰，刘守光到最后也不曾替赵地出兵。自此开始，镇、定藩镇重新称用唐朝的天祐年号，并将武顺改名为成德军。

后梁主管天象观察事务的官员奏报说："下个月会出现月食，这对在外驻扎军队很不吉利。"后梁太祖便征召王景仁等人撤回到洛阳来。十二月己未(初三)这天，后梁太祖听说赵与晋联合，晋军已经屯驻在赵州，就命令王景仁等人率兵去进击他们。庚申(初四)这天，王景仁等人从河阳渡过黄河，会合罗周翰的部下，合成四万人马，驻扎在邢州和洺州。

丁丑(二十一日)，王景仁等向柏乡进军。赵王王镕又向晋国告急，晋王委派蕃汉副总管李存审镇守晋阳，自己带兵从赞皇向东挺进，王处直也派将领率兵五千前来跟从。辛巳(二十五日)，晋王抵达赵州，与周德威会合一处，抓住后梁二百名割草打柴的士兵，问他们说："最初由洛阳出发时，你们梁主有什么号令？"回答道："梁主告诫高级将领们说：'镇州反复无常，终究会成为大梁子孙的祸患。现下把全部精兵交给你们，即便镇州用铁铸成，也一定给我把它拿下来。'"晋王命人把这些俘虏送到赵地。

壬午(二十六日)，晋王挥军前进，到距离柏乡三十里的地方，派遣周德威等驱动胡族骑兵，逼近后梁军营挑战，后梁军拒不出战。癸未(二十七日)这天，又挥军前进，距离柏乡仅仅五里地，在野河北面扎下营垒，又派遣胡族骑兵逼近后梁军营飞马射箭，而且辱骂他们。后梁将领韩勍等人率领步兵和骑兵三万人，

分三道追之，铠胄皆被缯绮，镂金银，光彩炫曜，晋人望之夺气。周德威谓李存璋曰："梁人志不在战，徒欲曜兵耳。不挫其锐，则吾军不振。"乃徇于军曰："彼皆汴州天武军，屠酤佣贩之徒耳，衣铠虽鲜，十不能当汝一。擒获一夫，足以自富，此乃奇货，不可失也。"德威自帅精骑千馀击其两端，左驰右突，出入数四，俘获百馀人，且战且却，距野河而止，梁兵亦退。

德威言于晋王曰："贼势甚盛，宜按兵以待其衰。"王曰："吾孤军远来，救人之急，三镇乌合，利于速战，公乃欲按兵持重，何也？"德威曰："镇、定之兵，长于守城，短于野战。且吾所恃者骑兵，利于平原广野，可以驰突。今压贼垒门，骑无所展其足，且众寡不敌，使彼知吾虚实，则事危矣。"王不悦，退卧帐中，诸将莫敢言。德威往见张承业曰："大王骤胜而轻敌，不量力而务速战。今去贼咫尺，所限者一水耳，彼若造桥以薄我，我众立尽矣。不若退军高邑，诱贼离营，彼出则归，彼归则出，别以轻骑掠其馈饷。不过逾月，破之必矣。"承业入，褰帐抚王曰："此岂王安寝时邪！周德威老将知兵，其言不可忽也。"王蹶然而兴曰："予方思之。"时梁兵闭垒不出，有降者，诘之，曰："景仁方多造浮桥。"

分成三路追击胡族骑兵，铠甲头盔上都披挂着绫罗绸缎，镶嵌着金银，光彩闪耀夺目，晋军望见这副装束就消减了士气。周德威对李存璋说："梁人的意图不在作战，只想炫耀武力强盛罢了。不挫败他们的锐气，我军斗志就振作不起来。"于是向全军通告说："那帮混蛋都是汴州天武军成员，原本就属于屠夫、酒家、佣工、商贩这类人，衣甲披挂虽鲜亮，但十个也顶不上你们一个。只要捉住他们当中的一个，把那衣甲披挂夺过来，自己也就富有了，这可是奇货，不能失去啊。"周德威亲自率领一千多名精锐骑兵攻击梁军的顶端和尾部，左右驰骋冲击，四次出入敌阵，俘获一百多人，一边激战，一边后退，直到野河才停下来，梁军也撤回了。

　　周德威向晋王李存勖建议说："贼军声势特别强盛，应该按兵不动来等待他们士气衰落。"晋王说："我们孤军从远道赶来，救助别人的危急处境，三镇只是像乌鸦那样临时凑集在一起，利在速战速决，明公您却打算按兵不动，稳妥处置，这是什么缘故呢？"周德威说："镇州、定州藩镇的士兵，在守城上占有优势，在野战上却处于劣势，况且我们所依靠的是骑兵，优势正建立在平原旷野上，可以驰骋冲击。现下却逼近贼军的营门，战马没有空间扬起它的四蹄，而且军队数量并不对等，假如让他们了解到我们的虚实，战事可就危险了。"晋王听后，非常不高兴，退入自己的营帐中，众将谁都不敢再讲话。周德威前去面见张承业说："大王突然间获胜因而轻视敌人，不自量力而务求速战速决。现下我们距离贼军非常近，所隔开的只是那条野河罢了，对方如果赶造浮桥来进击我军，我军立刻就全被消灭了。不如退兵到高邑，诱使贼军离开营寨，他们出击，我们就回城，他们回营，我们就出击，另外再派遣轻骑兵抄掠他们的粮饷。这样不超过一个月，必定会击破贼军。"张承业进入内帐，撩开帐帘抚慰晋王说："这关头哪里是大王安然入睡的时刻啊！周德威身为老将，熟悉军情，他的话可不能忽视啊。"晋王一下子挺起身来说："我正在考虑他那番话语。"这时梁军紧闭营垒不出战，遇有梁军中前来归降的人就盘问他们，都回答说："王景仁正在大量赶造浮桥。"

王谓德威曰:"果如公言。"是日,拔营,退保高邑。

　　乾化元年,柏乡比不储刍,梁兵刈刍自给,晋人以游军抄之,梁兵不出。周德威使胡骑环营驰射而诟之,梁兵疑有伏,愈不敢出,锉屋茅坐席以饲马,马多死。春正月丁亥,周德威与别将史建瑭、李嗣源将精骑三千压梁垒门而诟之,王景仁、韩勍怒,悉众而出。德威等转战而北,至高邑南。李存璋以步兵陈于野河之上,梁军横亘数里,竞前夺桥,镇、定步兵御之,势不能支。晋王谓匡卫都指挥使李建及曰:"贼过桥则不可复制矣。"建及选卒二百,援枪大噪,力战却之。建及,许州人,姓王,李罕之假子也。晋王登高丘以望曰:"梁兵争进而嚣,我兵整而静,我必胜。"战自巳至午,胜负未决。晋王谓周德威曰:"两军已合,势不可离,我之兴亡,在此一举。我为公先登,公可继之。"德威叩马而谏曰:"观梁兵之势,可以劳逸制之,未易以力胜也。彼去营三十馀里,虽挟糗粮,亦不暇食,日昳之后,饥渴内迫,矢刃外交。士卒劳倦,必有退志。当是时,我以精骑乘之,必大捷。于今未可也。"王乃止。

　　时魏、滑之兵陈于东,宋、汴之兵陈于西。至晡,梁军未食,士无斗志,景仁等引兵稍却,周德威疾呼曰:"梁兵走矣!"晋兵大噪争进,魏、滑兵先退,李嗣源帅众噪于西陈之前曰:

晋王对周德威说:"确实像明公您所说的那样啊。"于是当天就拔营,退守高邑。

乾化元年(911),柏乡近年来接连不储备饲草,梁军只好割草自给,晋人动用流动部队抄掠他们,梁军由此不再出营。周德威指派胡族骑兵环绕梁军营垒驰马射箭并且辱骂他们,梁军怀疑设有埋伏,愈发不敢出营,铡碎屋顶茅草和坐垫来喂战马,战马大多都死掉了。春季正月丁亥(初二)这天,周德威与配合主力作战的将领史建瑭、李嗣源率领精锐骑兵三千人逼近梁军营门并辱骂他们,王景仁、韩勍由此大怒,率领全部兵众出战。周德威等人辗转接战向北诱敌深入,一直到达高邑县南面。李存璋带领步兵在野河岸边设下战阵,梁军则排成几里长,竞相上前夺占河桥,镇、定方面的步兵抵御他们,但力量却支撑不住。晋王对匡卫都指挥使李建及说:"贼军过桥,那就不能再制服了。"李建及挑选士兵二百名,手持长枪大声呐喊,竭力奋战,击退了梁军。李建及是许州人,本姓王,是李军之的干儿子。晋王登上高高的山丘观察说:"梁兵争相前进却喧嚣杂乱,我军严整而肃静,我军必定会取胜。"战斗从上午一直持续到中午,胜负仍旧未见分晓。晋王对周德威说:"两军已经混战到一起,势必再难分开,我们兴盛败亡,就在此一举了。我为明公您打头阵,明公您可以随后跟上。"周德威勒住晋王的马首劝导说:"我看梁军的势头,可用以逸待劳来制服他们,不容易靠强力去战胜他们。他们离开营寨三十多里,虽然挟带着干粮,也没时间吃,日落以后,饥渴就会从体内涌动,刀箭在身外交加。士兵一旦疲劳困倦,必定会产生退缩的念头。这时候,我们用精锐骑兵掩杀他们,一定会大获全胜。但现下还不能这样做。"晋王于是停止了行动。

在这个时候,魏州、滑州的后梁兵在东边设下战阵,宋州、汴州的后梁兵在西边设下战阵。到了黄昏时候,后梁军尚未进食,将士们失去了斗志,王景仁等人领兵稍稍后退,周德威大声呼叫道:"梁军逃跑了!"晋兵就齐刷刷大声呐喊,争相前进,魏州和滑州的后梁军抢先撤退,李嗣源带领部众在西面敌军阵前呐喊说:

"东陈已走,尔何久留!"梁兵互相惊怖,遂大溃。李存璋引步兵乘之,呼曰:"梁人亦吾人也,父兄子弟饷军者勿杀。"于是战士悉解甲投兵而弃之,嚣声动天地。赵人以深、冀之憾,不顾剽掠,但奋白刃追之,梁之龙骧、神捷精兵殆尽,自野河至柏乡,僵尸蔽地。王景仁、韩勍、李思安以数十骑走。晋兵夜至柏乡,梁军已去,弃粮食、资财、器械不可胜计。凡斩首二万级。李嗣源等追奔至邢州,河朔大震。保义节度使王檀严备,然后开城纳败卒,给以资粮,散遣归本道。晋王收兵屯赵州。

杜廷隐等闻梁兵败,弃深、冀而去,悉驱二州丁壮为奴婢,老弱者坑之,城中存者坏垣而已。

癸巳,复以杨师厚为北面都招讨使,将兵屯河阳,收集散兵,旬馀,得万人。己亥,晋王遣周德威、史建瑭将三千骑趣澶、魏,张承业、李存璋以步兵攻邢州,自以大军继之,移檄河北州县,谕以利害。帝遣别将徐仁溥将兵千人,自西山夜入邢州,助王檀城守。己酉,罢王景仁招讨使,落平章事。

二月己未,晋王至魏州,攻之,不克。上以罗周翰年少,且忌其旧将佐,庚申,以户部尚书李振为天雄节度副使,命杜廷隐将兵千人卫之,自杨刘济河,间道夜入魏州,

"东面战阵的人马已经逃走了,你们为什么还久久停留不肯离去呢?"梁兵彼此都感到惊慌恐怖,于是后梁军队崩溃离散。李存璋率领步兵追击他们,呼喊道:"梁人其实也是我们自己人,作为父兄子弟运送军粮资助我军的,不要杀他们。"于是梁军士兵都解下铠甲,扔下武器,丢在那里不管了,喧嚣声震天动地。赵人因为深、冀二州同胞被梁军屠杀的那股仇恨,顾不上抢夺财物,只管挥动利刃追杀逃兵,后梁番号为龙骧军和神捷军的精锐士兵几乎被杀尽了,从野河一直到柏乡,僵尸铺满了地面。王景仁、韩勍、李思安带领数十个骑兵逃跑了。晋军夜间抵达柏乡,梁军已经离去,丢下的粮食、资财、器械多得无法计算。总共斩获梁兵首级两万颗。李嗣源等人追杀逃兵一直追到邢州,河朔地带大为震动。保义节度使王檀严加戒备,然后才打开城门接纳败归的士兵,向他们发放粮食和物资,分别遣散,各归本道。晋王收兵,屯驻在赵州。

杜廷隐等人听说后梁军队溃散失败,于是放弃深州、冀州,立刻离去,驱赶深州和冀州的全部青壮男子去充当奴婢,而对于两州中年老体弱的,就把他们埋在土坑中杀掉,城中剩存的只有断壁残垣而已。

癸巳(初八)这天,后梁太祖又把杨师厚任命为北面都招讨使,率兵屯驻在河阳,收拢汇集逃散的士兵,十多天内得到一万人。己亥(十四日)这天,晋王派遣周德威、史建瑭率领三千骑兵直扑澶、魏二州,张承业、李存璋带领步兵去攻打邢州,自己统领大军跟在后面行进,向黄河以北各州县传布军事文告,晓喻利害所在。后梁太祖派遣别将徐仁溥领兵一千人从西山在夜间进入邢州,协助王檀据城防守。己酉(二十四日)这天,罢免王景仁的招讨使职务,削除平章事高位。

二月己未(初四)这天,晋王抵达魏州,攻取州城但没攻下来。后梁太祖鉴于罗周翰年纪轻,而且猜忌他那帮旧将佐,庚申(初五)这天,就任命户部尚书李振为天雄节度副使,责成杜廷隐率兵一千人卫护他,从杨刘渡过黄河,抄小路在夜间进入魏州,

助周翰城守。癸亥,晋王观河于黎阳,梁兵万馀将渡河,闻晋王至,皆弃舟而去。

乙丑,周德威自临清攻贝州,拔夏津、高唐;攻博州,拔东武、朝城;攻澶州,刺史张可臻弃城走,帝斩之。德威进攻黎阳,拔临河、淇门;逼卫州,掠新乡、共城。庚午,帝帅亲军屯白司马阪以备之。

杨师厚自磁、相引兵救邢、魏,壬申,晋解围去。师厚追之,逾漳水而还,邢州围亦解。师厚留屯魏州。赵王镕自来谒晋王于赵州,大犒将士,自是遣其养子德明将三十七都常从晋王征讨。德明本姓张,名文礼,燕人也。壬午,晋王发赵州,归晋阳,留周德威等将三千人戍赵州。

夏六月,帝命杨师厚将兵三万屯邢州。秋七月,赵王镕以杨师厚在邢州,甚惧,会晋王于承天军。晋王谓镕父友也,事之甚恭。镕以梁寇为忧,晋王曰:“朱温之恶极矣,天将诛之,虽有师厚辈不能救也。脱有侵轶,仆自帅众当之,叔父勿以为忧。”镕捧卮为寿,谓晋王为四十六舅。镕幼子昭诲从行,晋王断衿为盟,许妻以女。由是晋、赵之交遂固。

九月,帝闻晋、赵谋入寇,自将拒之。戊戌,以张宗奭为西都留守。庚子,帝发洛阳。甲辰,至卫州。方食,军前奏晋军已出井陉,帝遽命辇北趣邢、洺,昼夜倍道兼行。

协助罗周翰据城守卫。癸亥(初八)这天,晋王在黎阳视察黄河,此时后梁军一万多人正准备渡过黄河,听说晋王来到,全都丢下船只离去。

乙丑(初十)这天,周德威从临清攻打贝州,夺取了夏津和高唐;又攻打博州,夺取了东武和朝城;再攻打澶州,澶州刺史张可臻丢弃州城逃走,后梁太祖斩杀了他。周德威进而攻打黎阳,夺取了临河与淇门;又进逼卫州,劫掠新乡和共城。庚午(十五日)这天,后梁太祖统领亲军屯驻在白司马阪,用来防备晋军。

杨师厚从磁州、相州率领部队救援邢州和魏州,壬申(十七日)这天,晋军解除围困离去。杨师厚追击晋军,越过漳水才撤还,邢州的包围也解除了。杨师厚留驻魏州。赵王王镕主动到赵州来谒见晋王,大力犒劳晋军将士,从这时起,派遣他的养子王德明统领三十七都,经常跟从晋王征战讨伐。王德明原本姓张,名叫文礼,是燕地人。壬午(二十七日)这天,晋王从赵州出发,回到晋阳,留下周德威等人率领三千人戍守赵州。

夏季六月,后梁太祖命令杨师厚领兵三万人屯驻在邢州。秋季七月,赵王王镕因为杨师厚兵在邢州,异常恐惧,便在承天军同晋王会面。晋王把王镕当成是先父的朋友,对他十分恭敬。王镕把梁军的进犯看成是极可忧虑的事情,晋王说:"朱温犯下的恶行已经达到了顶点,上天将要诛灭他,尽管他拥有杨师厚这群人,但也无法拯救他。万一他出现侵犯凌辱的举动,我会亲自率领部众抵挡他,叔父您不要把这当成忧虑事。"王镕手捧酒杯向他祝寿,把晋王称为四十六舅。王镕的小儿子王昭诲也跟从前来,晋王割断衣襟立下盟誓,许诺将女儿嫁给王昭诲为妻。从此晋、赵之间的交结就稳固下来了。

九月,后梁太祖听说晋、赵合谋入侵,亲自领兵去抗拒他们。戊戌(十八日)这天,将张宗奭任命为西都留守。庚子(二十日)这天,后梁太祖从洛阳出发。甲辰(二十四日)这天,抵达卫州。正在用饭时,先行官奏报晋军已从井陉出动,后梁太祖便急速命令车驾直接向北奔赴邢州、洺州,日夜兼程,快速加倍行进。

丙午,至相州,闻晋兵不出,乃止。冬十月甲寅夜,帝发相
州,乙卯,至洹水。是夜,边吏言晋、赵兵南下,帝即时进
军,丙辰,至魏县。或告云:"沙陀至矣!"士卒恟惧,多逃
亡,严刑不能禁。既而复告云无寇,上下始定。戊午,贝州
奏晋兵寇东武,寻引去。帝以夹寨、柏乡屡失利,故力疾北
巡,思一雪其耻,意郁郁,多躁忿,功臣宿将往往以小过被
诛,众心益惧。既而晋、赵兵竟不出。十一月壬午,帝南还。

二年春二月甲子,帝发洛阳,从官以帝诛戮无常,多惮
行,帝闻之,益怒。是日,至白马顿,赐从官食,多未至,遣
骑趣之于路。左散骑常侍孙骘、右谏议大夫张衍、兵部郎
中张俦最后至,帝命扑杀之。衍,宗奭之侄也。丙寅,帝至
武陟。段明远供馈有加于前。丁卯,至获嘉,帝追思李思
安去岁供馈有阙,贬柳州司户,告辞称明远之能曰:"观明
远之忠勤如此,见思安之悖慢何如!"寻长流思安于崖州,
赐死。明远后更名凝。乙亥,帝至魏州,命都招讨使宣义
节度使杨师厚、副使前河阳节度使李周彝围枣强,招讨应
接使平卢节度使贺德伦、副使天平留后袁象先围蓨县。德
伦,河西胡人;象先,下邑人也。戊寅,帝至贝州。

帝昼夜兼行,三月辛巳,至下博南,登观津冢。赵将符
习引数百骑出巡逻,不知是帝,遽前逼之。或告曰:"晋兵

丙午(二十六日),抵达相州,又听说晋军并未出动,这才停留下来。冬季十月甲寅(初四)夜里,后梁太祖从相州出发,乙卯(初五)到达洹水。当天夜里,边境官吏报告晋、赵军队南下,后梁太祖立刻进军,丙辰(初六)到达魏县。有人禀告说:"沙陀兵来到了!"士卒闻讯惊骇恐惧,大量逃亡,严刑惩罚也不能禁止住。过后又禀告说未发现敌寇,全军上下这才稳定下来。戊午(二十日),贝州奏报晋军进犯东武,不久又撤走了。后梁大祖鉴于夹寨、柏乡屡次失利,所以就全力快速巡视北方,期待一洗战败的耻辱,由此心情也郁郁不舒展,动不动就烦躁发怒,功臣、宿将往往因为小过失即遭诛杀,众人心里越发害怕。后来晋、赵的军队一直都未出动。十一月壬午(初二),后梁太祖向南返归。

二年(912)春季二月甲子(十五日),后梁大祖从洛阳出发,跟从的官员因太祖随意杀人,大多害怕随行,太祖知道后,越发恼怒。就在这一天,抵达白马津停驻,赐给随从官员们食物,但大部分人都没前来领受,太祖就派骑兵到路上去催促他们。左散骑常侍孙骘、右谏议大夫张衍、兵部郎中张儁最后来到,太祖下令将他们击杀。张衍是张宗奭的侄儿。丙寅(十七日),太祖抵达武陟县。段明远供应军需比从前更加充裕。丁卯(十八日),抵达获嘉,太祖回想李思安去年供应军需存在短缺问题,便将他贬降为柳州司户,而在告示文书中又特意赞赏段明远的才能,并进行对比说:"观看段明远忠诚勤勉到这等地步,也就更看出李思安悖逆怠慢究竟达到了什么程度!"不久又把李思安永久流放到崖州,赐他身死。段明远后来改名为段凝。乙亥(二十六日)这天,后梁太祖抵达魏州,命令都招讨使、宣义节度使杨师厚和副使、原河阳节度使李周彝围攻枣强,又命令招讨应接使、平卢节度使贺德伦和副使、天平留后袁象先围攻蓨县。贺德伦是河西胡族部落人,袁象先是下邑人。戊寅(二十九日),后梁太祖抵达贝州。

后梁太祖昼夜兼程,在三月辛巳(初二)这天抵达下博南部,登临观津冢。赵将符习率领数百名骑兵出来巡逻,不知碰上的竟是后梁太祖,猛然冲上前去逼近胁迫对方。这时有人禀报说:"晋军

大至矣!"帝弃行幄,亟引兵趣枣强,与杨师厚军合。习,赵州人也。

枣强城小而坚,赵人聚精兵数千守之,师厚急攻之,数日不下,城坏复修,死伤者以万数。城中矢石将竭,谋出降,有一卒奋曰:"贼自柏乡丧败以来,视我镇人裂眦,今往归之,如自投虎狼之口耳。困穷如此,何用身为!我请独往试之。"夜,缒城出,诣梁军诈降。李周彝召问城中之备,对曰:"非半月未易下也。"因请曰:"某既归命,愿得一剑,效死先登,取守城将首。"周彝不许,使荷担从军。卒得间举担击周彝首,踣地,左右救至,得免。帝闻之,愈怒,命师厚昼夜急攻,丙戌,拔之,无问老幼尽杀之,流血盈城。

初,帝引兵渡河,声言五十万。晋忻州刺史李存审屯赵州,患兵少,裨将赵行实请入土门避之,存审不可。及贺德伦攻蓚县,存审谓史建瑭、李嗣肱曰:"吾王方有事幽蓟,无兵此来,南方之事委吾辈数人。今蓚县方急,吾辈安得坐而视之!使贼得蓚县,必西侵深、冀,患益深矣。当与公等以奇计破之。"存审乃引兵扼下博桥,使建瑭、嗣肱分道擒生。建瑭分其麾下为五队,队各百人,一之衡水,一之南宫,一之信都,一之阜城,自将一队深入,与嗣肱遇梁军

大部队开到了!"后梁太祖便径行丢下行营帐幕,火速领兵赶赴枣强,与杨师厚的军队会合。符习是赵州人。

　　枣强县城虽然狭小,但是却非常坚固,赵人聚集数千名精兵守卫它,杨师厚加紧攻城,接连好几天也没有攻下来,城墙被毁坏了,赵人就再修好它,而因此死亡或受伤的人有上万名。城中的箭矢和石块快用光了,就商议出城去投降,有个士兵自告奋勇说:"贼军自从柏乡战败以来,看见我们镇州人就恨不得将眼眶迸裂开来,现今前去归降他们,就如同自行投入虎狼口中罢了。危困穷迫到这种地步,还拿自家身心性命做什么用! 我请求独自前往,试探一下贼军。"到夜晚,用绳索将他从城墙上缒下来,他跑到后梁军中假装投降。李周彝把他召到面前,询问他城中的守备情形,这名士兵回答说:"没有半个月,不容易攻下来。"并趁机请求道:"我把性命既然交给贵军了,希望能够获得一把利剑,拼死第一个去登城,取下枣强守城将领的脑袋。"李周彝不答应他的请求,让他挑担子随军。这名士兵猛然得到一个方便机会,就举起扁担狠狠击打李周彝的头部,李周彝被抢倒在地,左右的人赶来营救,才幸免一死。后梁太祖闻知这件事,越发恼怒,命令杨师厚昼夜加紧攻城,丙戌(初七)这天,终于攻下枣强城,不论老少,全都被杀死,鲜血流遍了全城。

　　当初,后梁太祖统领士兵渡过黄河,扬言大军五十万。晋国忻州刺史李存审屯驻在赵州,担心手下兵少,副将赵行实请求退入土门躲避梁军,李存审不允许。等到贺德伦进攻蓨县,李存审对史建瑭、李嗣肱说:"我们大王正对幽州、蓟州用兵,抽不出军队再派到我们这里来,南方的战事,都托付给我们几个人了。如今蓨县正处在危急当中,我们怎能坐视不救! 假如贼军得到蓨县,必定要向西进犯深州和冀州,祸患也就更深了。理应和明公等人采用奇特谋略击破他们。"李存审于是领兵扼守住下博桥,让史建瑭、李嗣肱分路抓活口。史建瑭把自己的部下分成五队,每队各一百人,一队去衡水,一队去南宫,一队去信都,一队去阜城,自己带领一队深入敌境,与李嗣肱密切配合,遇到后梁军

之樵刍者皆执之,获数百人。明日会于下博桥,皆杀之,留数人断臂纵去,曰:"为我语朱公,晋王大军至矣!"时蓨县未下,帝引杨师厚兵五万,就贺德伦共攻之。丁亥,始至县西,未及置营,建瑭、嗣肱各将三百骑,效梁军旗帜服色,与樵刍者杂行。日且暮,至德伦营门,杀门者,纵火大噪,弓矢乱发,左右驰突,既暝,各斩馘执俘而去。营中大扰,不知所为。断臂者复来曰:"晋军大至矣!"帝大骇,烧营夜遁,迷失道,委曲行百五十里,戊子旦乃至冀州。蓨之耕者皆荷锄奋梃逐之,委弃军资器械不可胜计。既而复遣骑觇之,曰:"晋军实未来,此乃史先锋游骑耳。"帝不胜惭愤,由是病增剧,不能乘肩舆。留贝州旬馀,诸军始集。

乙巳,帝发贝州;丁未,至魏州。夏四月乙卯,博王友文来朝,请帝还东都。丁巳,发魏州,己未,至黎阳,以疾淹留。乙丑,至滑州。己巳,帝至大梁。戊寅,帝发大梁。

五月甲申,帝至洛阳,疾甚。闰月壬戌,帝疾增甚,谓近臣曰:"我经营天下三十年,不意太原馀孽更昌炽如此!吾观其志不小,天复夺我年,我死,诸儿非彼敌也,吾无葬地矣!"因哽咽,绝而复苏。六月戊寅,郢王友珪弑帝。

打柴割草的士兵,就都抓起来,总共抓到好几百人。到次日便在下博桥会合,将这些俘虏一律杀掉,只留几个人,砍断他们的手臂,放他们回去,并且说道:"替我告诉你们那个姓朱的老家伙,晋王的大军开到了!"这时蓨县尚未被攻下,后梁太祖统领杨师厚的军队五万人赶到贺德伦的营地,一起攻打蓨县。丁亥(初八),史建瑭、李嗣肱抵达蓨县西部,还没来得及安营扎寨,就各自带领三百名骑兵,仿照梁军的旗帜和军装的颜色,与打柴割草的梁兵混杂行进。太阳快落山时,来到了贺德伦的营门前,杀死守门人,放火大声呐喊,弓箭胡乱发射,左右驰骋冲击,天黑后,分别割下梁兵死者的耳朵,押解着俘虏离去。后梁军营中大为惊扰,不知该怎样应对。被砍断手臂的士兵又回来禀报说:"晋军大部队开到了!"后梁太祖十分惊骇,烧毁营寨连夜逃跑,迷失了道路,辗转行走了一百五十里,戊子(初九)清晨才抵达冀州。蓨县的农夫全都扛铁锄、抢木棒去追逐后梁兵,后梁兵丢弃的军用物资和器械多得计算不过来。时隔不久,又派骑兵去侦察晋军的动静,回报说:"晋军实际上并未开到,这只是史先锋的流动骑兵罢了。"后梁太祖惭愧愤恨,简直无法承受,因此病情急剧恶化,以致无法乘轿。留驻贝州十多天,各路军队才汇集到一起。

乙巳(二十六日)这天,后梁太祖从贝州出发;丁未(二十八日)这天抵达魏州。夏季四月乙卯(初七)这天,博王朱友文前来朝见,敦请太祖返还东都。丁巳(初九)这天,太祖从魏州出发,己未(十一日)这天抵达黎阳,因疾病在此滞留。乙丑(十七日)这天,抵达滑州。己巳(二十一日)这天,太祖回到大梁。戊寅(三十日)这天,太祖从大梁出发。

五月甲申(初六),太祖回到洛阳,病情变得很严重。闰五月壬戌(十五日),太祖病情更加严重,于是对亲近的大臣说:"我经营天下三十年,想不到太原李克用的馀孽更为昌盛,竟达到这等地步!我看他志向不小,上天又夺去我的寿命,我死后,每个儿子都不是他的对手,我没有葬身的处所了!"随即哽咽不止,昏死过去又苏醒过来。六月戊寅(初二),郢王朱友珪杀死了后梁太祖。

冬十一月,赵将王德明将兵三万掠武城,至于临清,攻宗城,下之。癸丑,杨师厚伏兵唐店,邀击,大破之,斩首五千馀级。

均王乾化三年春二月,均王即位于大梁。三月庚戌,加杨师厚兼中书令,赐爵邺王;赐诏不名;事无巨细,必咨而后行。夏五月,杨师厚与博州刺史刘守奇将汴、滑、徐、兖、魏、博、邢、洺之兵十万,大掠赵境。师厚自柏乡入攻土门,趣赵州,守奇自贝州入趣冀州,所过焚掠。庚戌,师厚至镇州,营于南门外,燔其关城。壬子,师厚自九门退军下博,守奇引兵与师厚会攻下博,拔之。晋将李存审、史建瑭戍赵州,兵少,赵王告急于周德威,德威遣骑将李绍衡会赵将王德明同拒梁军。师厚、守奇自弓高渡御河而东,逼沧州,张万进惧,请迁于河南。师厚表徙万进镇青州,以守奇为顺化节度使。

四年,晋王既克幽州,乃谋入寇。克幽州事见《晋王灭燕》。秋七月,会赵王镕及周德威于赵州,南寇邢州,李嗣昭引昭义兵会之。杨师厚引兵救邢州,军于漳水之东。晋军至张公桥,裨将曹进金来奔。晋军退,诸镇兵皆引归。八月,晋王还晋阳。

贞明元年春三月,天雄节度使兼中书令邺王杨师厚卒。师厚晚年矜功恃众,擅割财赋,选军中骁勇,置银枪效节都数千人,给赐优厚,欲以复故时牙兵之盛。帝虽外加尊礼,内实忌之,及卒,私于宫中受贺。租庸使赵岩、判官邵赞

冬季十一月，赵将王德明带兵三万人劫掠武城，抵达临清，攻打宗城，占领了它。癸丑（初九）这天，杨师厚在唐店设下伏兵，进行截击，大破王德明的部众，砍下赵兵首级五千多颗。

后梁均王乾化三年（913）春季二月，均王朱友贞在大梁登上皇帝宝座。三月庚戌（初七）这天，加封杨师厚兼任中书令，赐爵邺王；向他颁发诏书，不直接称他名字；事无大小，一定要先征求他的意见，然后才施行。夏季五月，杨师厚与博州刺史刘守奇统领汴、滑、徐、兖、魏、博、邢、洺八个州的军队十万人，大规模攻掠赵辖地界。杨师厚从柏乡入攻土门，直扑赵州，刘守奇从贝州入境直扑冀州，所经过的地方无不焚烧劫掠。庚戌（初九）这天，杨师厚抵达镇州，在南门外布下营垒，焚烧了这里的关城。壬子（十一日）这天，杨师厚从九门撤军到下博，刘守奇带兵与杨师厚联合攻打下博，夺占了该城。晋将李存审、史建瑭戍守赵州，但兵马很少，赵王就向周德威告急，周德威派遣骑兵将领李绍衡会同赵将王德明共同抗拒后梁军。杨师厚、刘守奇从弓高渡过御河向东挺进，逼近沧州，顺化节度使张万进深感恐惧，就请求调任河南。杨师厚奏上章表，将张万进调任青州，任命刘守奇为顺化节度使。

四年（914），晋王攻克幽州以后，就谋划入侵后梁。攻克幽州事，详见《晋王灭燕》。秋季七月，晋王在赵州同赵王王镕以及晋将周德威会合，向南进犯邢州，李嗣昭率领昭义镇兵马又与主力会合在一起。杨师厚率军救援邢州，在漳水东岸摆下阵势。晋军行进到张公桥，副将曹进金却前去投降后梁军。晋军撤退，后梁军各镇部队也都返回本镇。八月，晋王回到晋阳。

贞明元年（915）春季三月，后梁天雄节度使兼中书令、邺王杨师厚去世。杨师厚晚年仰仗自己功劳大，依凭下属多，擅自截流资财赋税，选取部队中的骁勇将士，设置银枪效节都，多达数千人，军饷和赏赐都十分优厚，期望借此来恢复从前牙兵的强盛局面。后梁帝虽然在表面上对他尊崇礼遇，内心里其实特别忌恨他，等他一去世，就私下在宫中接受拜贺。租庸使赵岩、判官邵赞

言于帝曰："魏博为唐腹心之蠹,二百馀年不能除去者,以其地广兵强之故也。罗绍威、杨师厚据之,朝廷皆不能制。陛下不乘此时为之计,所谓'弹疽不严,必将复聚',安知来者不为师厚乎！宜分六州为两镇以弱其权。"帝以为然,以平卢节度使贺德伦为天雄节度使,置昭德军于相州,割澶、卫二州隶焉,以宣徽使张筠为昭德节度使,仍分魏州将士府库之半于相州。筠,海州人也。二人既赴镇,朝廷恐魏人不服,遣开封尹刘郭将兵六万自白马济河,以讨镇、定为名,实张形势以胁之。

魏兵皆父子相承数百年,族姻磐结,不愿分徙。德伦屡趣之,应行者皆嗟怨,连营聚哭。己丑,刘郭屯南乐,先遣澶州刺史王彦章将龙骧五百骑入魏州,屯金波亭。魏兵相与谋曰："朝廷忌吾军府强盛,欲设策使之残破耳。吾六州历代藩镇,兵未尝远出河门,一旦骨肉流离,生不如死。"是夕,军乱,纵火大掠,围金波亭,王彦章斩关而走。诘旦,乱兵入牙城,杀贺德伦之亲兵五百人,劫德伦置楼上。有效节军校张彦者,自帅其党,拔白刃,止剽掠。

夏四月,帝遣供奉官扈异抚谕魏军,许张彦以刺史。彦请复相、澶、卫三州如旧制。异还,言张彦易与,但遣刘郭加兵,立当传首。帝由是不许,但以优诏答之。使者再

向后梁帝进言说:"魏博镇属于唐室的心腹大患,二百多年不能除去它,是因为此镇地广兵强的缘故。罗绍威、杨师厚相继占据它,朝廷都无法控制住。陛下不趁此时此刻对该镇做出决断,也就正像常言所说的那样,'用针挑出毒疮脓血,却不严实彻底,一定还会重新长出来',谁能知道下一任节度使就不是第二个杨师厚呢?应该把魏博六州划分成两个藩镇,用来削弱本地区的权势。"后梁帝认为这样做非常正确,就把平卢节度使贺德伦任命为天雄节度使,又在相州设置昭德军,划拨出澶、卫二州隶属于该军,任命宣徽使张筠为昭德节度使,同时将魏州的将士、府库的储备,各分一半给相州。张筠是海州人。贺德伦、张筠二人到镇所就职后,朝廷担心魏州人拒不服从,就派遣开封尹刘鄩统领六万士兵从白马津渡过黄河,声称要去讨伐镇、定藩镇,实际上是造成大兵压境的形势来胁迫魏州人。

魏州兵都是父子世代当兵往下传,数百年来形成的宗族姻亲关系盘根错节,十分牢固,因而都不愿意被划分开,迁移到外地。贺德伦屡次督促他们动身,应该上路的人都嗟叹怨恨,一营接一营聚集起来痛哭。己丑(二十九日)这天,刘鄩屯驻在南乐,先派澶州刺史王彦章带领龙骧军五百名骑兵进入魏州,屯驻在金波亭。魏兵相互谋议说:"朝廷疑忌我们军府太强盛,想要设下计策叫它残破罢了。我们六个州,代代都是一个藩镇,镇兵未曾越过河门到那远处去,一旦骨肉流离,活着还不如死去。"当天夜里,魏军叛乱,放火并大肆抢掠,包围金波亭,王彦章劈开州城城门逃走了。次日清晨,叛乱的魏兵进入牙城,杀死贺德伦护卫亲兵五百人,劫持贺德伦,把他安置在城楼上。有个效节军校名叫张彦,主动带领自己的党羽,拔出利刃,阻止抢劫。

夏季四月,后梁帝派遣供奉官扈异抚慰劝谕魏军,把刺史职位许诺给张彦来担任。张彦请求恢复相、澶、卫三州的旧有关系。扈异回到洛阳,言称张彦非常容易对付,只需派遣刘鄩增加兵力,立刻就能把张彦的首级传送到京师来。后梁帝由此竟不委任张彦当刺史,只是用言辞动听的诏书酬答他。使者再次

返,彦裂诏书抵于地,戟手南向诟朝廷,谓德伦曰:"天子愚暗,听人穿鼻。今我兵甲虽强,苟无外援,不能独立,宜投款于晋。"遂逼德伦以书求援于晋。

晋王得贺德伦书,命马步副总管李存审自赵州引兵进据临清。五月,存审至临清,刘郡屯洹水。贺德伦复遣使告急于晋,晋王引大军自黄泽岭东下,与存审会于临清,犹疑魏人之诈,按兵不进。德伦遣判官司空颋犒军,密言于晋王曰:"除乱当除根。"因言张彦凶狡之状,劝晋王先除之,则无虞矣。王默然。颋,贝州人也。

晋王进屯永济,张彦选银枪效节五百人,皆执兵自卫,诣永济谒见。王登驿楼语之曰:"汝陵胁主帅,残虐百姓,数日中迎马诉冤者百馀辈。我今举兵而来,以安百姓,非贪人土地。汝虽有功于我,不得不诛以谢魏人。"遂斩彦及其党七人,馀众股栗。王召谕之曰:"罪止八人,馀无所问。自今当竭力为吾爪牙。"众皆拜伏,呼万岁。明日,王缓带轻裘而进,令张彦之卒擐甲执兵,翼马而从,仍以为帐前银枪都,众心由是大服。

刘郡闻晋军至,选兵万馀人,自洹水趣魏县。晋王留李存审屯临清,遣史建瑭屯魏县以拒之。王自引亲军至魏县,与郡夹河为营。

帝闻魏博叛,大悔惧,遣天平节度使牛存节将兵屯杨刘,为郡声援。会存节病卒,以匡国节度使王檀代之。

返回魏州时,张彦撕裂诏书,一脚踩在地上,用手指向南指点着怒骂朝廷,又对贺德伦说:"天子愚蠢暗昧,任凭别人牵着鼻子走。如今我们兵马器械虽然强劲,但如果没有外援,也不能单独立脚,应该向晋示好投诚。"于是逼迫贺德伦写信向晋求援。

晋王看到贺德伦的书信,命令马步副总管李存审从赵州领兵进发占据临清。五月,李存审抵达临清,而刘鄩正屯驻在洹水。贺德伦又派使者向晋告急,晋王统领大军从黄泽岭向东挺进,同李存审在临清会合,但依然怀疑魏人有诈,按兵不动。贺德伦派遣判官司空颋犒劳晋军,向晋王秘密进言说:"去除祸乱理应铲除根源。"随即讲明张彦凶残狡诈的情状,劝晋王首先除掉他,往后就不存在意想不到的祸患了。晋王则默默无语不表态。司空颋是贝州人。

晋王进兵,屯驻在永济,张彦挑选银枪效节五百人,都手持武器自我防卫,前往永济拜见晋王。晋王登上驿站的楼阁对他说:"你侵凌胁迫主帅,残害虐待百姓,几天之内拦住我马首告状诉冤的,就有一百多人。我现下领兵前来,为的是安抚百姓,绝不是贪图他人的土地。你对我虽然有功,但不得不诛杀你,来向魏州人谢罪。"于是斩杀了张彦以及他的七个同伙,其馀部众都吓得腿直发抖。晋王召见并晓谕他们说:"问罪斩杀的,只有这八个人,其他人一概不予追究。从今以后,应当竭尽全力作我的得力爪牙。"众人都跪拜在地,高呼万岁。第二天,晋王穿着轻软的皮袍,系着宽松的衣带,从容进军,命令张彦手下那些士兵披挂铠甲,手持武器,位于自己所乘战马的两侧,跟随行进,仍旧让他们充当帐前银枪都成员,众人内心由此大为信服。

刘鄩听说晋军开到,挑选精兵一万多人,从洹水直奔魏县。晋王留下李存审屯驻在临清,派遣史建瑭屯驻在魏县,用来抗拒梁军。晋王亲自率领亲军抵达魏县,与刘鄩隔着漳河布下营垒。

后梁帝听说魏博镇叛乱,极其懊悔恐惧,就派遣天平节度使牛存节带兵屯驻在杨刘,充当刘鄩的声援力量。此时偏偏赶上牛存节病故,就改派匡国节度使王檀代替他。

　　六月庚寅朔，贺德伦帅将吏请晋王入府城慰劳。既入，德伦上印节，请王兼领天雄军。王固辞，曰："比闻汴寇侵逼贵道，故亲董师徒，远来相救；又闻城中新罹涂炭，故暂入存抚。明公不垂鉴信，乃以印节见推，诚非素怀。"德伦再拜曰："今寇敌密迩，军城新有大变，人心未安。德伦腹心纪纲为张彦所杀殆尽，形孤势弱，安能统众！一旦生事，恐负大恩。"王乃受之。德伦帅将吏拜贺，王承制以德伦为大同节度使，遣之官。德伦至晋阳，张承业留之。时银枪效节都在魏城犹骄横，晋王下令："自今有朋党流言及暴掠百姓者，杀无赦！"以沁州刺史李存进为天雄都巡按使，有讹言摇众及强取人一钱已上者，存进皆枭首磔尸于市。旬日，城中肃然，无敢喧哗者。

　　张彦之以魏博归晋也，贝州刺史张源德不从，北结沧德，南连刘鄩以拒晋，数断镇、定粮道。或说晋王："请先发兵万人取源德，然后东兼沧景，则海隅之地皆为我有。"晋王曰："不然。贝州城坚兵多，未易猝攻。德州隶于沧州而无备，若得而戍之，则沧、贝不得往来，二垒既孤，然后可取。"乃遣骑兵五百，昼夜兼行，袭德州。刺史不意晋兵至，逾城走，遂克之，以辽州守捉将马通为刺史。

六月庚寅这天是初一，贺德伦带领将佐官吏请求晋王进入府城慰抚军民。进城以后，贺德伦献上节度使的印章和旌节，请求晋王兼领天雄军。晋王一再推辞，说道："近来听说汴梁的贼寇侵犯逼迫贵道辖区，因而才亲自部署率领军队，远路前来相救；又听说城中新近遭受摧残毁坏，所以才暂时入城体恤慰抚。明公您不留意我这明镜般的信义，竟把印章和旌节推让给我，这可的确不是我的平素心愿。"贺德伦又连连下拜说："现今敌寇离得非常近，军城新近又发生了大变乱，人心尚未安定下来。我的心腹将领和谋士几乎被张彦斩尽杀绝了，形势孤单，势力弱小，怎能统领众人呢？一旦发生事端，恐怕会辜负您的营救大恩。"晋王这才接受了他的推让。贺德伦率领将佐官吏去拜见祝贺，晋王依照代行皇帝授权的方式，任命贺德伦为大同节度使，派他到镇所就职。贺德伦到达晋阳，张承业留下了他。这时银枪效节都在魏州城内依旧骄纵蛮横，晋王下命："从今以后，凡有私结朋党、制造流言蜚语以及暴虐劫掠百姓的人，立刻斩杀，决不宽赦！"又任命沁州刺史李存进担当天雄都巡按使，只要发现谣言惑众以及强取他人一钱以上的人，李存进都在集市上把他们砍头裂尸示众。十天后，城中秩序稳定下来，没有敢再喧哗闹事的人了。

张彦献呈魏博镇归附晋国时，贝州刺史张源德拒不从命，在北面交结沧州、德州，在南面勾连刘郡，以此来抗拒晋国，多次切断镇州、定州方面的粮道。有人劝说晋王李存勖道："请先发兵一万人攻灭张源德，然后东进，兼并沧州和景州这两个州，这样一来，沿海这片地区就都归我们所有了。"晋王说："局势并非如此。贝州城池坚固，兵马众多，是不容易猛然攻下来的。德州归沧州管辖而且没有布设防备，倘若获取并戍守它，那么沧州、贝州两州就无法往来，两城形成孤立的状态，然后就可以夺取了。"于是派遣骑兵五百名，昼夜兼程，袭击德州。德州刺史没想到晋兵会到来，翻过城墙逃走了，于是晋军攻下了德州，晋王把辽州守捉将马通任命为德州刺史。

秋七月，晋人夜袭澶州，陷之。刺史王彦章在刘鄩营，晋人获其妻子，待之甚厚，遣间使诱彦章，彦章斩其使者，晋人尽灭其家。晋王以魏州将李岩为澶州刺史。

晋王劳军于魏县，因帅百馀骑循河而上，觇刘鄩营。会天阴晦，鄩伏兵五千于河曲丛林间，鼓噪而出，围王数重。王跃马大呼，帅骑驰突，所向披靡。裨将夏鲁奇等操短兵力战，自午至申乃得出，亡其七骑。鲁奇手杀百馀人，伤痍遍体，会李存审救兵至，乃得免。王顾谓从骑曰："几为虏噱。"皆曰："适足使敌人见大王之英武耳。"鲁奇，青州人也，王以是益爱之，赐姓名曰李绍奇。

刘鄩以晋兵尽在魏州，晋阳必虚，欲以奇计袭取之，乃潜引兵自黄泽西去。晋人怪鄩军数日不出，寂无声迹，遣骑觇之，城中无烟火，但时见旗帜循堞往来。晋王曰："吾闻刘鄩用兵，一步百计，此必诈也。"更使觇之，乃缚刍为人，执旗乘驴在城上耳。得城中老弱者诘之，云军去已二日矣。晋王曰："刘鄩长于袭人，短于决战，计彼行才及山下。"亟发骑兵追之。会阴雨积旬，黄泽道险，堇泥深尺馀。士卒援藤葛而进，皆腹疾足肿，或坠崖谷，死者什二三。晋将李嗣恩倍道先入晋阳，城中知之，勒兵为备。鄩至乐平，

秋季七月，晋人在夜间袭击澶州，攻占了它。澶州刺史王彦章当时正在刘郭的营垒中，晋人就将他妻子儿女抓起来，对待他们非常优厚，晋人派遣从事间谍活动的使者去诱导王彦章，王彦章斩杀了这位使者，晋人便诛灭了王氏的所有家属。晋王把魏州将领李岩任命为澶州刺史。

　　晋王在魏县慰劳军队，趁机带领一百多名骑兵沿黄河往上游移动，察看刘郭的营垒。正赶上天色阴暗，刘郭在河曲丛林间设下五千名伏兵，擂鼓呐喊猛然冲杀出来，把晋王包围了好几层。晋王跃马扬鞭，大声呼喊，率领骑兵左右驰骋，所向披靡。副将夏鲁奇等人手持短剑短刀，奋力苦战，从中午一直杀到下午才冲出重围，仅仅死去了七名骑兵。夏鲁奇亲手杀死了一百多人，自己也遍体鳞伤，恰逢李存审的救兵赶到，才脱离险境。晋王掉头对跟从的骑兵说："差点被贼虏嗤笑。"众人都说："这恰好能让敌人看见大王您的英勇威武。"夏鲁奇是青州人，晋王经此一战更加喜爱他，赐给他姓名李绍奇。

　　刘郭认为晋军全都汇合在魏州，晋阳必定空虚，打算采用奇计袭击并夺取对方的这座大本营，于是暗中带兵从黄泽向西奔去。晋人对刘郭接连几天不出战，毫无声响与行动轨迹感到很奇怪，就派骑兵去察看，只见城中没有烟火，仅仅看到旗帜沿着女墙每隔一段固定时间来回地移动。晋王得知情况后说："我听说刘郭用兵，一步百计，这必定是个骗局。"再派人去察看，竟然是把草扎成草人，手臂绑上旗帜，乘坐毛驴，在城上移动罢了。活捉到城中年老体弱的人追问他们，说是梁军离去已经两天了。晋王说："刘郭在袭击对手方面很有一套，在决战方面存在欠缺，估计他行进也就刚刚到达山下。"随即迅速调派骑兵去追击。这时恰逢阴雨接连下了十天，而黄泽道路艰险，那些粘泥一脚踩上去，会陷下一尺多深。后梁士兵攀缘藤葛向前行进，个个都肚子发痛脚发肿，有的还不慎坠落到山崖深谷当中，死去的人占到了十分之二三。晋将李嗣恩兼程抢先进入晋阳，城中从他口中了解到敌情，就布置好军队，实行防备。刘郭艰难地到达乐平，

糗粮且尽，又闻晋有备，追兵在后，众惧，将溃，郭谕之曰：
"今去家千里，深入敌境，腹背有兵，山谷高深，如坠井中，
去将何之？惟力战庶几可免，不则以死报君亲耳。"众泣而
止。周德威闻郭西上，自幽州引千骑救晋阳，至土门，郭已
整众下山，自邢州陈宋口逾漳水而东，屯于宗城。郭军往
还，马死殆半。时晋军乏食，郭知临清有蓄积，欲据之以绝
晋粮道。德威急追郭，再宿，至南宫，遣骑擒其斥候者数十
人，断腕而纵之，使言曰："周侍中已据临清矣！"郭军大骇。
诘朝，德威略郭营而过，入临清，郭引军趋贝州。时晋王出
师屯博州，刘郭军堂邑，周德威攻之，不克。翌日，郭军于
莘县，晋军蹑之。郭治莘城，堑而守之，自莘及河筑甬道以
通馈饷。晋王营于莘西三十里，烟火相望，一日数战。

　　绛州刺史尹皓攻晋之隰州，八月，又攻慈州，皆不克。
王檀与宣义留后贺瑰攻澶州，拔之，执李岩，送东都。帝以
杨师厚故将杨延直为澶州刺史，使将兵万人助刘郭，且招
诱魏人。

　　晋王遣李存审将兵五千击贝州。张源德有卒三千，每
夕分出剽掠，州民苦之，请堑其城以安耕耘。存审乃发八
县丁夫堑而围之。

　　刘郭在莘久，馈运不给，晋人数抵其寨下挑战，郭
不出。晋人乃攻绝其甬道，以千馀斧斩寨木，梁人惊扰

干粮却将要吃光了,又听说晋人已有防备,追兵就紧跟在后面,梁军兵众深感恐惧,准备溃散奔逃,这时刘鄩劝导他们说:"现在离家千里,深入敌人境内,腹背受敌,山高谷深,如同掉进了深井当中,溃散奔逃又能到哪里去呢? 只有奋力苦战,才有希望幸免一死,否则就用死来报答君王和父母。"众人听后,感动得痛哭流涕,就止息下来不散去了。周德威闻知刘鄩向西进发,便从幽州带领一千多名骑兵去援救晋阳,到达土门时,刘鄩已经整顿部众下山,并由邢州陈宋口越过漳水向东行进,屯驻在宗城。刘鄩的部队在此番往返途中,战马死掉将近一半。此时晋军缺乏粮食,刘鄩了解临清颇有蓄积,便想占据临清来切断晋军的粮道。周德威紧急追杀刘鄩,经过两天,抵达南宫,便派骑兵抓到刘鄩的数十名侦察兵,砍断这些人的手腕放他们回去,让他们捎话说:"周侍中已经占领临清了!"刘鄩的军队闻讯后十分惊骇。次日清晨,周德威率军劫掠刘鄩军营而过,进入临清,刘鄩便率军直奔贝州。此时晋王正出动军队屯驻在博州,刘鄩便在堂邑驻扎下来,周德威攻打堂邑,未能攻克。第二天,刘鄩驻扎在莘县,晋军紧随其后杀来。刘鄩整修莘城,挖掘壕沟来守城,从莘县到黄河修筑甬道来运送粮饷。晋王把营垒扎在莘县西边三十里的地方,两军之间烟火相望,每天要交战好多次。

后梁绛州刺史尹皓攻打晋属隰州,八月,又攻打慈州,但都未能拿下来。后梁王檀与宣义留后贺瓌攻打澶州,夺占了它,擒获了刺史李岩,送往东都。后梁帝把杨师厚的旧将杨延直任命为澶州刺史,派他率兵一万人援助刘鄩,并且招抚引诱魏州人。

晋王派遣李存审领兵五千进击贝州。贝州刺史张源德辖有士兵三千人,每天傍晚都分头出去抢掠,州民对此倍感苦楚,就请求挖掘壕沟,隔断贝州城,能让农活正常展开。李存审于是征发八个县的壮丁挖掘壕沟,围住了贝州城。

刘鄩在莘县驻扎很长时间,粮饷供应接济不上,晋军多次到他营寨前挑战,刘鄩拒不迎战。晋军于是攻击并切断了他的运粮甬道,安排一千多人手持利斧劈砍他的营寨木栅,梁军受到惊扰

而出,因俘获而还。

帝以诏书让郭老师费粮,失亡多,不速战。郭奏称:"臣比欲以奇兵捣其腹心,还取镇、定,期以旬时再清河朔。无何天未厌乱,淫雨积旬,粮竭士病。又欲据临清断其馈饷,而周杨五奄至,驰突如神。臣今退保莘县,享士训兵以俟进取。观其兵数甚多,便习骑射,诚为勍敌,未易轻也。苟有隙可乘,臣岂敢偷安养寇!"帝复问郭决胜之策,郭曰:"臣今无策,惟愿人给十斛粮,贼可破矣。"帝怒,责郭曰:"将军蓄米,欲破贼邪,欲疗饥邪?"乃遣中使往督战。

郭集诸将问曰:"主上深居禁中,不知军旅,徒与少年新进辈谋之。夫兵在临机制变,不可预度。今敌尚强,与战必不利,奈何?"诸将皆曰:"胜负须一决,旷日何待!"郭默然,不悦,退,谓所亲曰:"主暗臣谀,将骄卒惰,吾未知死所矣!"他日,复集诸将于军门,人置河水一器于前,令饮之,众莫之测。郭谕之曰:"一器犹难,滔滔之河,可胜尽乎?"众失色。后数日,郭将万馀人薄镇、定营,镇、定人惊扰。晋李存审以骑兵三千横击之,李建及以银枪千人助之,郭大败,奔还。晋人逐之,及寨下,俘斩千计。

就奔跑出来,晋军乘势把他们俘获,随即撤回来。

后梁帝下达诏书,责怪刘鄩拖垮部队,耗费粮食,伤亡逃跑人数多,而不速战速决。刘鄩上奏说:"臣下我近来想用奇兵直捣晋人的腹心重地,掉转头再攻取镇、定两州,计划在十天以内再次肃清河朔地区。但没过多久,皇天偏偏尚未厌弃乱贼,阴雨竟接连下了十多天,粮食吃光,士兵病倒。面对这种情况,又打算占据临清,断绝晋军的粮饷,可周杨五却突然杀到,驰骋冲击如神。臣下我现今退保莘县,休养士卒,训练兵马,以便等待时机进取。观察敌军情况,士兵数量非常多,个个熟悉骑马射箭,确实是劲敌,不能轻视啊。如果真有战机可以利用,臣下我怎敢苟且偷安,豢养敌寇?"后梁帝又向刘鄩询问决胜的对策,刘鄩说:"臣下我眼下尚无对策,只盼望能给军中每个人发放十斛粮食,贼军就能击破了。"后梁帝听后大怒,责问刘鄩说:"将军积蓄粮米,是想击破贼军呢?还是想解肚子饿呢?"于是派遣宦官使者前去督战。

刘鄩召集众将问道:"主上深居宫禁之内,不懂军旅战事,光是同那群骤得富贵的少年郎胡乱商量对策。打仗贵在随机应变,不能预先揣摩该怎么干。现今敌军还很强盛,同他们交战必定不利,究竟如何处理才好呢?"众将都说:"到底是胜是负,总该打一仗见分晓,白白耗费时日,又能等出个什么结果来呢?"刘鄩沉默不发话,显出一副不高兴的样子,退下后对所亲近的人说:"主上暗昧,臣下奉承,将领骄横,士兵懈怠,我不知道我那死地究竟在哪里了!"他日,刘鄩又在军门召集众将,在每人面前摆放了一盆黄河水,让大家一口气喝下去,众将都猜不透其中的用意。刘鄩晓谕他们说:"喝下一盆黄河水还这么难,面对滔滔黄河水,能够喝光它吗?"众将听后,都惭愧得改变了脸色。数日之后,刘鄩带领一万多人逼近镇、定方向扎下营寨,镇州、定州人深感惊慌纷扰。晋将李存审率领骑兵三千人拦腰截击梁军,李建及带领银枪效节都一千人协助他,刘鄩大败,逃回莘县。晋人追击刘鄩,一直追到营寨下,俘获斩杀后梁兵达千人。

冬十月，刘䃂遣卒诈降于晋，谋赂膳夫以毒晋王。事泄，晋王杀之，并其党五人。

二年春二月，帝屡趣刘䃂战，䃂闭壁不出。晋王乃留副总管李存审守营，自劳军于贝州，声言归晋阳。䃂闻之，奏请袭魏州，帝报曰："今扫境内以属将军，社稷存亡，系兹一举，将军勉之！"䃂令澶州刺史杨延直引兵万人会于魏州，延直夜半至城南，城中选壮士五百潜出击之，延直不为备，溃乱而走。诘旦，䃂自莘县悉众至城东，与延直馀众合，李存审引营中兵蹑其后，李嗣源以城中兵出战，晋王亦自贝州至，与嗣源当其前。䃂见之，惊曰："晋王邪！"引兵稍却，晋王蹑之，至故元城西，与李存审遇。晋王为方陈于西北，存审为方陈于东南，䃂为圆陈于其中间，四面受敌。合战良久，梁兵大败，䃂引数十骑突围走。梁步卒凡七万，晋兵环而击之，败卒登木，木枝为之折，追至河上，杀溺殆尽。䃂收散卒自黎阳渡河，保滑州。

匡国节度使王檀密疏请发关西兵袭晋阳，帝从之，发河中、陕、同、华诸镇兵合三万，出阴地关，奄至晋阳城下，昼夜急攻。城中无备，发诸司丁匠及驱市人乘城拒守，城几陷者数四，张承业大惧。代北故将安金全退居太原，往见承业曰："晋阳根本之地，若失之，则大事去矣。仆虽老病，

冬季十月，刘鄩派遣士兵向晋国假装投降，阴谋贿赂厨师来毒死晋王。事情败露后，晋王杀死诈降的士兵，连同他的五名同伙在内。

二年(916)春季二月，后梁帝多次督促刘鄩决战，刘鄩却紧闭营垒不出兵。晋王于是留下副总管李存审守卫营寨，亲自到贝州慰劳军队，声称要回归晋阳。刘鄩闻知这一消息，奏请袭击魏州，后梁帝答复说："现今把国境内一切力量都集中在一起，交付给将军您，社稷存亡，完全拴系在这一仗上，将军您只管勉力作战吧!"刘鄩命澶州刺史杨延直领兵一万人在魏州与他会合，杨延直在夜半时分到达魏州城南，魏州城中挑选五百名壮士悄悄出城袭击杨延直，杨延直预先并未采取防备措施，部众便溃散纷乱而逃跑。次日清晨，刘鄩从莘县统领全部人马到达魏州城东，与杨延直剩下的部众汇合，李存审率营中兵马紧跟在刘鄩后面，李嗣源带领城中兵马出城接战，晋王也从贝州赶到，同李嗣源一同挡在刘鄩的正前方。刘鄩看见晋王，惊异地说："这不是晋王吗?"便领兵步步后退，晋王则紧追不舍，一直追到旧元城城西，与李存审相遇。晋王在西北设下方阵，李存审在东南设下方阵，刘鄩在两个方阵中间设下圆阵而四面受敌。双方混战了很长时间，梁军大败，刘鄩带领数十骑兵突围逃走。梁军步兵总共七万人，晋军四面围住他们展开攻击，梁军败兵爬上树木，树枝都给压断了，晋军一直追击到黄河边上，梁军步兵几乎全被杀死、淹死。刘鄩收拢逃散的士兵，从黎阳渡过黄河，保卫滑州。

后梁匡国节度使王檀秘密上疏，请求调发关西的军队袭击晋阳，后梁帝同意了这一请求，调发河中、陕州、同州、华州各镇的兵士合计三万人，从阴地关进发，猛地杀到晋阳城下，不分昼夜，加紧攻城。晋阳城中此前并未布设防备，迅即征调各个官署的丁役工匠，以及驱使市井中人登城抗拒坚守，而城池险些失陷的危急情形也发生了好多次，张承业对此异常惊惧。代北旧将安金全退伍后居住在太原，前去拜见张承业说："晋阳是我们的根本重地，倘若失掉它，国家大事也就全完了。我虽然年老多病，

忧兼家国,请以库甲见授,为公击之。"承业即与之。金全帅其子弟及退将之家得数百人,夜出北门,击梁兵于羊马城内。梁兵大惊,引却。昭义节度使李嗣昭闻晋阳有寇,遣牙将石君立将五百骑救之。君立朝发上党,夕至晋阳。梁兵扼汾桥,君立击破之,径至城下大呼曰:"昭义侍中大军至矣!"遂入城。夜,与安金全等分出诸门击梁兵,梁兵死伤什二三。诘朝,王檀引兵大掠而还。晋王性矜伐,以策非己出,故金全等赏皆不行。

梁兵之在晋阳城下也,大同节度使贺德伦部兵多逃入梁军,张承业恐其为变,收德伦,斩之。帝闻刘鄩败,又闻王檀无功,叹曰:"吾事去矣!"

三月乙卯朔,晋王攻卫州,壬戌,刺史米昭降之。又攻惠州,刺史靳绍走,擒斩之,复以惠州为磁州。晋王还魏州。

上屡召刘鄩不至,己巳,即以鄩为宣义节度使,使将兵屯黎阳。

夏四月,晋人拔洺州,以魏州都巡检使袁建丰为洺州刺史。刘鄩既败,河南大恐,鄩复不应召,由是将卒皆摇心。

六月,晋人攻邢州,保义节度使阎宝拒守,帝遣捉生都指挥使张温将兵五百救之,温以其众降晋。

秋七月甲寅朔,晋王至魏州。

仍旧为国为家担忧,请把武器库中的铠甲兵器授付给我,我替明公您抗击敌军。"张承业当即就把武器发给了他。安金全带领自己的子弟以及退伍将领的家属共计数百人,在夜间从北门杀出,在羊马城内袭击梁军。梁军十分惊恐,因而退却。昭义节度使李嗣昭听说晋阳出现敌寇,就派牙将石君立带领五百名骑兵前去救援。石君立早晨从上党出发,傍晚就抵达晋阳。梁军扼守汾河桥,石君立击破了他们,直接闯到城下大叫说:"昭义侍中的大军来到了!"随即进入晋阳城内。到夜间,又与安金全等人分头由各座城门冲出去袭击梁军,梁军死伤的占到十分之二三。次日清晨,王檀带兵大抢一通,也就撤回去了。晋王喜好居功自夸,因为解围的对策不是由自己提出来的,所以对安金全等人的赏赐都没有施行。

后梁军在晋阳城下时,大同节度使贺德伦手下的士兵大多逃入后梁军中,张承业担心他叛变,就把贺德伦抓起来,杀掉了他。后梁帝听说刘鄩战败,又听说王檀无功而返,叹息道:"我的大事全完了!"

三月乙卯这天是初一,晋王攻打卫州,壬戌(初八)这天,卫州刺史米昭归降了晋王。又攻打惠州,惠州刺史靳绍随即逃跑,擒获后斩杀了他,又把惠州改为磁州。晋王回到魏州。

后梁帝多次宣召刘鄩入朝觐见,但刘鄩每次都不肯前来,己巳(十五日)这天,后梁帝便将刘鄩任命为宣义节度使,派他领兵屯驻在黎阳。

夏季四月,晋人夺占了洺州,就把魏州都巡检使袁建丰任命为洺州刺史。刘鄩兵败以后,河南地区特别恐慌,刘鄩又不应召入朝,由此将佐士兵的心都动摇了。

六月,晋人攻打邢州,保义节度使阎宝抗拒坚守,后梁帝派遣捉生都指挥使张温带兵五百人前去救援,而张温却率领手下部众投降了晋国。

秋季七月甲寅是初一,这天晋王抵达魏州。

八月,晋王自将攻邢州,昭德节度使张筠弃相州走,晋人复以相州隶天雄军,以李嗣源为刺史。晋王遣人告阎宝以相州已拔,又遣张温帅援兵至城下谕之,宝举城降。晋王以宝为东南面招讨使,领天平节度使、同平章事;以李存审为安国节度使,镇邢州。

九月,晋王还晋阳。晋人以兵逼沧州,顺化节度使戴思远弃城奔东都。沧州将毛璋据城降晋,晋王命李嗣源将兵镇抚之,嗣源遣璋诣晋阳。晋王徙李存审为横海节度使,镇沧州,以嗣源为安国节度使。嗣源以安重海为中门使,委以心腹,重海亦为嗣源尽力。重海,应州胡人也。

晋人围贝州逾年,张源德闻河北诸州皆为晋有,欲降。谋于其众,众以穷而后降,恐不免死,不从,共杀源德,婴城固守。城中食尽,啖人为粮,乃谓晋将曰:“出降惧死,请擐甲执兵而降,事定而释之。”晋将许之,其众三千人出降,既释甲,围而杀之,尽歼。晋王以毛璋为贝州刺史。于是河北皆入于晋,惟黎阳为梁守。

晋王如魏州。

冬十月,晋王遣使如吴,会兵以击梁。十一月,吴以行军副使徐知训为淮北行营都招讨使,及朱瑾等将兵趣宋、亳,与晋相应。既渡淮,移檄州县,进围颍州。

三年春正月,诏宣武节度使袁象先救颍州,既至,吴军〔引〕还。

八月,晋王亲自统兵攻打邢州,昭德节度使张筠丢弃相州逃跑了,晋人又把相州隶属于天雄军,任命李嗣源担当刺史。晋王派人把相州已被拿下的战况告知阎宝,又派遣张温率领援兵到城下劝谕他,阎宝于是献城归降。晋王任命阎宝担当东南面招讨使、兼天平节度使、同平章事;又任命李存审担当安国节度使,镇守邢州。

九月,晋王回到晋阳。晋人凭借武力威逼沧州,顺化节度使戴思远便丢下州城逃奔东都。沧州将领毛璋占据州城,归降晋国,晋王命令李嗣源带兵镇守安抚沧州,李嗣源遣送毛璋到晋阳去。晋王把李存审调任为横海节度使,镇守沧州,任命李嗣源担当安国节度使。李嗣源让安重诲担任中门使,把他倚作心腹来看待,安重诲也替李嗣源尽心尽力办事。安重诲是应州胡族部落人。

晋人围攻贝州已经超过一年时间,张源德听说河北各州都被晋国管辖,便打算投降。与手下部众商议此事,部众都认为毫无办法之后才投降,恐怕不能免除一死,因而拒不听从,并且一起杀死了张源德,据城坚守。城中粮食吃光了,就把人当粮食吃,于是对晋国将领说:“出城投降害怕被杀,请求披挂铠甲、手持武器归降,等事情确有结果定下来,就放下武器。”晋国将领答应了这一请求,贝州部众三千人就出城归降,等放下武器以后,即对这批降兵进行包围斩杀,全部予以歼灭。晋王任命毛璋担当贝州刺史。到这时,河北均已归入晋国辖区,只有黎阳仍替后梁据守。

晋王抵达魏州。

冬季十月,晋王派遣使者到吴国,议定联合出兵进击后梁。十一月,吴国把行军副使徐知训任命为淮北行营都招讨使,同朱瑾等人领兵直扑宋州、亳州,来与晋军相呼应。渡过淮河以后,向各州县传布军事讨伐文书,进击围攻颍州。

三年(917)春季正月,后梁帝下达诏书,命令宣武节度使袁象先救援颍州,兵到以后,吴军撤还。

二月甲申，晋王攻黎阳，刘鄩拒之，数日，不克而去。

刘鄩自滑州入朝，朝议以河朔失守责之，九月，落鄩平章事，左迁亳州团练使。

冬十月，晋王还晋阳。王连岁出征，凡军府政事一委监军使张承业，承业劝课农桑，畜积金谷，收市兵马，征租行法不宽贵戚，由是军城肃清，馈饷不乏。

十一月，晋王闻河冰合，曰："用兵数岁，限一水不得渡，今水自合，天赞我也。"亟如魏州。

十二月戊辰，晋王畋于朝城。是日，大寒，晋王视河冰已坚，引步骑稍渡。梁甲士三千戍杨刘城，缘河数十里，列栅相望。晋王急攻，皆陷之。进攻杨刘城，使步卒斩其鹿角，负葭苇塞堑，四面进攻，即日拔之，获其守将安彦之。

先是，租庸使、户部尚书赵岩言于帝曰："陛下践阼以来，尚未南郊，议者以为无异藩侯，为四方所轻。请幸西都行郊礼，遂谒宣陵。"敬翔谏曰："自刘鄩失利以来，公私困竭，人心惴恐。今展礼圜丘，必行赏赉，是慕虚名而受实弊也！且劲敌近在河上，乘舆岂宜轻动！俟北方既平，报本未晚。"帝不听。己巳，如洛阳，阅车服，饰宫阙。郊祀有日，闻杨刘失守，道路讹言"晋军已入大梁，扼汜水矣"，从官皆忧其家，相顾涕泣。帝惶骇失图，遂罢郊祀，奔归大梁。

二月甲申(初五)这天,晋王攻打黎阳,刘鄩率兵抗拒,接连好几天未能攻下来,于是撤兵离去。

刘鄩从滑州进京朝见,朝廷展开议论,都用河朔地区失守来怪罪他,九月,把刘鄩的平章事高位撤销,贬降为亳州团练使。

冬季十月,晋王回到晋阳。晋王连年出征,所有军府政事都委托给监军使张承业处置,张承业奖励督促务农植桑,积蓄储备钱财粮食,收购聚集武器战马,征收租赋,执行法令,对贵戚也不宽容,由此晋阳军城整肃清正,对前线的军需供应未曾缺乏。

十一月,晋王听说黄河结冰,便说:"用兵好多年,常常被一条河水所阻隔,不能渡过,现今黄河水自行结冰,这是上天在帮助我啊。"于是迅速赶赴魏州。

十二月戊辰(二十三日)这天,晋王在朝城打猎。这天天气十分寒冷,晋王察看黄河冰层已凝固坚硬,便带领步兵和骑兵渐次渡过。后梁三千名军士戍守杨刘城,沿河数十里布设栅栏,一道连一道。晋王紧急攻击,夺取了全部栅栏。继续向前攻打杨刘城,派步兵砍断对方设置的鹿角等障碍物,背扛芦苇填塞壕沟,从四个方向进攻,当天就占领了该城,活捉了该城守将安彦之。

在此之前,租庸使、户部尚书赵岩向后梁帝进说:"陛下自从登基以来,还没有举行过南郊祭天大礼,议论政事的人都认为这和藩镇王侯没什么区别,而被四方所轻视。请求驾临西都,举行祭天大礼,随后拜谒宣陵。"敬翔劝谏说:"自从刘鄩作战失利以来,公私都困乏枯竭,人心惴惴不安。如今登上圜丘高坛,展布大礼,必定要施行赏赐,这纯属招募虚名而实际承受弊害啊!况且强敌就近在黄河边上,帝王车驾哪能轻易就启动呢?等北方平定以后,再上告皇天也不算晚。"后梁帝拒不听从。己巳(二十四日)这天,抵达洛阳,检验车驾礼服,装修宫殿。郊祀日期原本已经确定下来了,但突然闻知杨刘城失守,路上又谣传"晋军已经攻入大梁,控制住汜水了",后梁帝的随行官员都担心自己的家庭安危,面对面哭泣流泪。后梁帝禁不住惶恐惊骇,失去了应对的办法,于是停止郊祀,转回大梁。

四年春正月，帝至大梁。晋兵侵掠至郓、濮而还。敬翔上疏曰："国家连年丧师，疆土日蹙。陛下居深宫之中，所与计事者皆左右近习，岂能量敌国之胜负乎！先帝之时，奄有河北，亲御豪杰之将，犹不得志。今敌至郓州，陛下不能留意。臣闻李亚子继位以来，于今十年，攻城野战，无不亲当矢石，近者攻杨刘，身负束薪为士卒先，一鼓拔之。陛下儒雅守文，宴安自若，使贺瓌辈敌之，而望攘逐寇仇，非臣所知也。陛下宜询访黎老，别求异策，不然，忧未艾也。臣虽驽怯，受国重恩，陛下必若乏才，乞于边垂自效。"疏奏，赵、张之徒言翔怨望，帝遂不用。

二月，河阳节度使、北面行营排陈使谢彦章将兵数万攻杨刘城。甲子，晋王自魏州轻骑诣河上。彦章筑垒自固，决河水，弥浸数里，以限晋兵，晋兵不得进。彦章，许州人也。安彦之散卒多聚于兖、郓山谷为群盗，以观二国成败，晋王招募之，多降于晋。

夏六月壬戌，晋王自魏州劳军于杨刘，自泛舟测河水，其深没枪。王谓诸将曰："梁军非有战意，但欲阻水以老我师，当涉水攻之。"甲子，王引亲军先涉，诸军随之，褰甲横枪，结陈而进。是日水落，深才及膝。匡国节度使、北面行营排陈使谢彦章帅众临岸拒之，晋兵不得进，乃稍引却，

四年(918)春季正月，后梁帝回到大梁。晋军一直侵犯劫掠到郓州、濮州才撤兵。敬翔奏呈章疏说："国家连年战败毁损军队，疆土一天比一天缩小。陛下居住在深宫之中，与您计议政事的人都是您身边那些亲昵宠幸的人，哪里能够估量出与敌国之间的胜负呢？先帝在位时，拥有整个河北地区，亲身驾驭那些豪杰将领，还不能实现志向。现今敌军已经到达郓州，陛下仍旧不加以注意。臣下我听说李亚子继位以来，到现在已经十年了，无论攻城还是野战，他都亲身承受箭矢滚石，在最近攻打杨刘城时，自己身背草捆充当士兵的带头人，一鼓作气夺占了该城。陛下您温文尔雅，奉守文教，安享太平仍像从前一样，然而责成贺瑰这类人去抵抗晋军，还希望能够驱逐仇敌，这是臣下我实在闹不清楚的事情。陛下应该垂询探访老臣宿将，另外求取奇特的对策，否则忧患就不会停止啊。臣下我虽然愚钝怯弱，但身受国家的重恩，陛下如果确实缺乏人才，臣下我乞请到边疆效力。"这道章疏奏上以后，赵岩、张汉杰这班人却说敬翔心怀怨恨，后梁帝于是索性不起用他。

二月，后梁河阳节度使、北面行营排阵使谢彦章统领数万士兵进攻杨刘城。甲子(二十一日)这天，晋王从魏州率领轻骑兵抵达黄河边上。谢彦章修筑壁垒坚守，挖开黄河水，河水溢出淹没好几里地，用来钳制晋军，晋军于是无法行进。谢彦章是许州人。安彦之手下溃散的士卒大多聚集在兖州、郓州一带的山谷中，组成强盗团伙，坐观梁、晋两国谁胜谁败，晋王招募他们，他们大多向晋国归降。

夏季六月壬戌(二十一日)，晋王从魏州到杨刘城犒劳军队，自己乘船测试黄河水的深度，深度也就淹没长枪。晋王对众将说："梁军并没有交战的意图，只想凭借河水拖垮我军，应当渡越河水去攻击他们。"甲子(二十三日)，晋王率亲军领先渡越河水，其他各军跟随在后面，撩起铠甲，横握长枪，结成阵式行进。这天水位下降，深度仅抵膝盖。匡国节度使、北面行营排阵使谢彦章统领部众临岸抵御晋军，晋军无法前进，于是渐次往后退，

梁兵从之。及中流，鼓噪复进，彦章不能支，稍退登岸。晋兵因而乘之，梁兵大败，死伤不可胜纪，河水为之赤，彦章仅以身免。是日，晋人遂陷滨河四寨。

秋七月，晋王谋大举入寇，周德威将幽州步骑三万，李存审将沧景步骑万人，李嗣源将邢洺步骑万人，王处直遣将将易定步骑万人，及麟、胜、云、蔚、新、武等州诸部落奚、契丹、室韦、吐谷浑，皆以兵会之。八月，并河东、魏博之兵，大阅于魏州。

晋王自魏州如杨刘，引兵略郓、濮而还，循河而上，军于麻家渡。贺瑰、谢彦章将梁兵屯濮州北行台村，相持不战。

晋王好自引轻骑迫敌营挑战，危窘者数四，赖李绍荣力战翼卫之，得免。赵王镕及王处直皆遣使致书曰："元元之命系于王，本朝中兴系于王，奈何自轻如此！"王笑谓使者曰："定天下者，非百战何由得之！安可但深居帷房以自肥乎！"一旦，王将出营，都营使李存审扣马泣谏曰："大王当为天下自重。彼先登陷陈，将士之职也，存审辈宜为之，非大王之事也。"王为之揽辔而还。他日，伺存审不在，策马急出，顾左右曰："老子妨人戏！"王以数百骑抵梁营，谢彦章伏精甲五千于堤下。王引十馀骑度堤，伏兵发，围王数十重，王力战于中，后骑继至者攻之于外，仅得出。会李存审救至，

梁军则紧紧追击晋军。晋军退到河中心，又擂鼓呐喊，重新行进，谢彦章招架不住，渐次后撤，登上河岸。晋兵乘机追击，梁军大败，死伤的人无法计算，连黄河水都被染红了，仅谢彦章一人幸免于死。这一天，晋军乘势攻占了后梁紧靠黄河的四座营寨。

秋季七月，晋王谋划大举入侵后梁，周德威带领幽州步兵和骑兵三万人，李存审带领沧、景两州的步兵和骑兵一万人，李嗣源带领邢、洺二州的步兵和骑兵一万人，王处直也派遣部将带领易、定方面的步兵和骑兵一万人，以及麟州、胜州、云州、蔚州、新州、武州等州各部落的奚人、契丹人、室韦人和吐谷浑人，全都与晋王汇合。八月，组合起河东、魏博镇的军队，在魏州进行大规模检阅。

晋王从魏州抵达杨刘城，领兵进犯郓、濮两州而撤还，沿着黄河向上游进发，驻扎在麻家渡。后梁贺瓌、谢彦章率兵屯驻在濮州北面的行台村，双方相持，并不交战。

晋王喜好亲自带领轻骑兵逼近敌营挑战，好几次陷入危急窘迫的境地，依靠李绍荣拼力死战，在他身边紧紧护卫才得以脱险。赵王王镕以及王处直都派使者送信给晋王说："黎民的性命维系在大王的身上，本朝的中兴大业维系在大王的身上，您为什么竟这样不把自己当回事呢？"晋王笑着对使者说："平定天下的人，若不身经百战从哪里得到它呢？怎能一味深居帷房，而让自己肥胖发福呢！"一天早晨，晋王准备出营，都营使李存审勒住晋王的马匹流泪劝谏说："大王您应当为天下着想，自我珍重。那些冲锋陷阵的事，属于将士们的职责，像我李存审这样的人应当去做，绝不是大王您该做的事情。"晋王为他收揽住战马缰头，转回了营帐。他日，晋王打探到李存审不在，就策马飞奔出营，掉头对左右亲兵说："那个糟老头子净是妨碍别人嬉戏！"晋王带领数百名骑兵抵临后梁军营，而谢彦章早在河堤下埋伏了五千精兵。晋王带领十多名骑兵越过河堤，后梁伏兵冲出来，把晋王包围了好几十层，晋王在中间拼力死战，从后面赶上来的骑兵在包围圈外猛烈攻击，晋王这才杀出重围。恰逢李存审的救兵赶到，

梁兵乃退，王始以存审之言为忠。

晋王欲趣大梁，而梁军扼其前，坚壁不战百馀日。十二月庚子朔，晋王进兵，距梁军十里而舍。

初，北面行营招讨使贺瑰善将步兵，排陈使谢彦章善将骑兵，瑰恶其与己齐名。一日，瑰与彦章治兵于野，瑰指一高地曰："此可以立栅。"至是，晋军适置栅于其上，瑰疑彦章与晋通谋。瑰屡欲战，谓彦章曰："主上悉以国兵授吾二人，社稷是赖。今强寇压吾门，而逗遛不战，可乎？"彦章曰："强寇凭陵，利在速战。今深沟高垒，据其津要，彼安敢深入！若轻与之战，万一蹉跌，则大事去矣。"瑰益疑之，密谮之于帝，与行营马步都虞候、曹州刺史朱珪谋，因享士，伏甲，杀彦章及濮州刺史孟审澄、别将侯温裕，以谋叛闻。审澄、温裕，亦骑将之良者也。丁未，以朱珪为匡国留后；癸丑，又以为平卢节度使兼行营马步副指挥使以赏之。

晋王闻彦章死，喜曰："彼将帅自相鱼肉，亡无日矣。贺瑰残虐，失士卒心，我若引军直指其国都，彼安得坚壁不动！幸而一与之战，蔑不胜矣。"王欲自将万骑直趣大梁，周德威曰："梁人虽屠上将，其军尚全，轻行徼利，未见其福。"不从。戊午，下令军中老弱悉归魏州，起师趋汴。庚申，

后梁军不得不退走,晋王这时才认定李存审的那番劝谏话语是出自忠心。

晋王打算直扑大梁,而梁军在前面挡住去路,把营垒修造得相当坚固却不出战,长达一百多天。十二月庚子这天是初一,晋王择日进军,在距离梁军十里的地方扎下营寨。

起初,后梁北面行营招讨使贺瑰善于统领步兵,排阵使谢彦章善于统领骑兵,而贺瑰讨厌谢彦章与自己齐名。有一天,贺瑰与谢彦章在野外练兵,贺瑰手指一处高地说:"这里可以竖立营栅。"正当此时,晋军恰好在那块高地上设置了营栅,贺瑰不禁怀疑谢彦章与晋军串通勾结。贺瑰多次想出战,对谢彦章说:"主上把国家军队全都交付给我们两个人了,江山社稷就全靠这些军队了。现下强大的敌寇就紧紧压在我们军门前,而我们却逗留不出战,这样行吗?"谢彦章说:"强大的敌寇前来侵凌进逼,对他们最有利的是速战速决。如今我们深挖壕沟,高筑营垒,据守着渡口和要害地段,他们怎敢深入?如果轻率与他们交战,万一出现闪失,大事就终结了。"贺瑰更加怀疑他,秘密向后梁帝诬告他,并与行营马步都虞候、曹州刺史朱珪密谋,趁宴享将士之机,埋伏下武士,杀死了谢彦章以及濮州刺史孟审澄、别将侯温裕,然后用阴谋反叛的罪名奏报给朝廷。孟审澄、侯温裕也都是骑兵将领中的优秀人才。丁未(初八)这天,后梁帝将朱珪任命为匡国留后;癸丑(十四日)这天,又让他担当平卢节度使兼行营马步副指挥使,以此奖赏他。

晋王听说谢彦章死去,高兴地说:"他们将帅自相残杀,败亡没有几天了。贺瑰凶残暴虐,失去了兵士们的拥护,我如果统兵直捣朱梁国都,他怎能依旧加固营垒不出动呢?有幸与他展开决战,没有不大获全胜的了。"晋王准备亲自率领一万骑兵直扑大梁,周德威说:"梁人尽管虐杀了高级将帅,但他们的部队尚且完整,轻率进兵,只取得微小的战果,我还看不出这其中包含的福分来。"晋王拒不听从。戊午(十九日)这天,下令军中老弱士兵一律返归魏州,主力部队进发,直奔大梁。庚申(二十一日),

毁营而进，众号十万。

　　贺瓌闻晋王已西，亦弃营而踵之。晋王发魏博白丁三万从军，以供营栅之役，所至，营栅立成。壬戌，至胡柳陂。癸亥旦，候者言梁兵自后至矣。周德威曰："贼倍道而来，未有所舍，我营栅已固，守备有馀，既深入敌境，动须万全，不可轻发。此去大梁至近，梁兵各念其家，内怀愤激，不以方略制之，恐难得志。王宜按兵勿战，德威请以骑兵扰之，使彼不得休息，至暮营垒未立，樵爨未具，乘其疲乏，可一举灭也。"王曰："前在河上恨不见贼，今贼至不击，尚复何待，公何怯也！"顾李存审曰："敕辎重先发，吾为尔殿后，破贼而去！"即以亲军先出。德威不得已，引幽州兵从之，谓其子曰："吾无死所矣。"

　　贺瓌结陈而至，横亘数十里。王帅银枪都陷其陈，冲荡击斩，往返十馀里。行营左厢马军都指挥使、郑州防御使王彦章军先败，西走趣濮阳。晋辎重在陈西，望见梁旗帜，惊溃，入幽州陈，幽州兵亦扰乱，自相蹈藉。周德威不能制，父子皆战死。魏博节度副使王缄与辎重俱行，亦死。晋兵无复部伍，梁兵四集，势甚盛。晋王据高丘收散兵，至日中，军复振。陂中有土山，贺瓌引兵据之。晋王谓将士曰："今日得此山者胜，吾与汝曹夺之。"即引骑兵先登，李从珂与银枪大将李建及以步卒继之，梁兵纷纷而下，遂夺其山。

晋军毁掉营寨挺进，部众号称十万。

　　贺瓌听说晋王已经向西进兵，也丢弃营寨追踪晋军。晋王调发了魏博镇三万平民从军，专门承担修筑营寨的差役，大军所到之处，营寨立刻就能修好。壬戌（二十三日）这天，抵达胡柳陂。癸亥（二十四日）这天清晨，侦察兵报告梁军从后面追上来了。周德威说："贼军兼程赶来，还没有驻扎的处所，我们营寨已经牢固设置，守备绰绰有余，既已深入敌境，行动就必须万无一失，决不能轻率行动。这里距离大梁非常近，梁兵各自挂念家室，内心充满愤怒激昂的情绪，如果不用谋略制服他们，恐怕难以实现我们的目标。大王您应该按兵不交战，德威我请求率领骑兵骚扰他们，叫他们无法休息，等到傍晚，他们的营寨仍未竖立，柴火炊具也没配备好，我们趁敌军疲乏突击猛攻，就能一举歼灭他们。"晋王说："以前在黄河边上，就恨见不到贼军，如今贼军来到面前却不进击，还要等待什么，明公您为什么这样胆小害怕呢？"掉头便对李存审说："命令后勤部队先进发，我为你殿后，击破贼军就凯旋！"晋王随即率领亲军抢先出战。周德威不得已，带领幽州部队跟从在后面，对他儿子说："我这次会死无葬身之地了。"

　　贺瓌结成战阵赶到，绵延数十里。晋王率领银枪都杀入后梁战阵中，冲击斩杀，往返十多里。行营左厢马军都指挥使、郑州防御使王彦章的军队首先战败，向西逃跑，直奔濮阳。晋军后勤部队处在战阵西侧，望见梁军的旗帜就惊骇溃散，跑入幽州的军阵中，幽州兵也纷扰慌乱，自相践踏。周德威无法制止住，父子二人都战死了。魏博节度副使王缄与后勤部队一起行进，也战死了。晋军已经溃不成军，而梁军四面集结，攻势特别猛烈。晋王占据高地收拢溃散的士兵，到中午时，军队又振作起来。胡柳陂中有座土山，贺瓌带兵占据了这一制高点。晋王对将士们说："今天能夺占这座土山的一方，便会获胜，我与你们夺占它。"随即率领骑兵抢先登山，李从珂与银枪都大将李建及带领步兵紧跟在后面，梁军纷纷跑下山去，于是晋军夺占了这座土山。

日向晡，贺瓌陈于山西，晋兵望之有惧色。诸将以为诸军未尽集，不若敛兵还营，诘朝复战。天平节度使、东南面招讨使阎宝曰："王彦章骑兵已入濮阳，山下惟步卒，向晚皆有归志，我乘高趣下击之，破之必矣。今王深入敌境，偏师不利，若复引退，必为所乘。诸军未集者闻梁再克，必不战自溃。凡决胜料敌，惟观情势，情势已得，断在不疑。王之成败，在此一战。若不决力取胜，纵收馀众北归，河朔非王有也。"昭义节度使李嗣昭曰："贼无营垒，日晚思归，但以精骑扰之，使不得夕食，俟其引退，追击可破也。我若敛兵还营，彼归整众复来，胜负未可知也。"李建及擐甲横槊而进曰："贼大将已遁，王之骑军一无所失，今击此疲乏之众，如拉朽耳。王但登山，观臣为王破贼。"王愕然曰："非公等言，吾几误计。"嗣昭、建及以骑兵大呼陷陈，诸军继之，梁兵大败。元城令吴琼，贵乡令胡装，各帅白丁万人，于山下曳柴扬尘，鼓噪以助其势。梁兵自相腾藉，弃甲山积，死亡者几三万人。装，证之曾孙也。是日，两军所丧士卒各三之二，皆不能振。

晋王归营，闻周德威父子死，哭之恸，曰："丧吾良将，是吾罪也！"以其子幽州中军兵马使光辅为岚州刺史。

天近黄昏时，贺瓌在土山西面布成战阵，晋兵望见敌阵便露出惧怕的神色。众位将领认为各支军队尚未全部集结，不如暂且收兵回营，等到第二天清晨再交战。天平节度使、东南面招讨使阎宝说："王彦章的骑兵已经败入濮阳，山下梁军只剩下步兵了，到了晚上他们都有撤回去的念头，我们从高处直扑下去攻击敌军，击破他们必定无疑。现今大王深入敌境，周德威那支辅助部队失利，如果再带领军队撤退，必定会遭敌军追杀。我们尚未集结的各支军队听说梁军又获胜，必定会不战自溃。但凡决胜而估量对手，只需察看当前的情状态势，情状态势已经准确掌握，做出决断在于毫不迟疑。大王的成败，就在这次大决战了。如果不倾尽全力获取胜利，即使收拢剩馀的部众回到北方，河朔地区依然不归大王辖领呀。"昭义节度使李嗣昭说："贼军未设营垒，天一黑就想撤回去，只需要用精锐骑兵骚扰他们，叫他们吃不上晚饭，等他们领兵撤退时，我们展开追击，就能击破他们了。我们如果收兵回营，他们撤回去后，整顿部众再杀回来，胜负也就无法知晓了。"李建及披挂铠甲、横持长矛近前说："贼军大将已经逃跑了，大王的骑兵一个人也没受到损失，现下进击这些疲惫不堪的士兵，如同摧枯拉朽罢了。大王只管登上山顶，观看臣下我替大王击破那些贼军。"晋王惊愕地说："不是明公你等这样讲，我几乎耽误了大计。"李嗣昭、李建及带领骑兵高声呐喊，插入敌阵，其他各军随后冲杀，梁军大败。元城县令吴琼、贵乡县令胡装各自带领从军平民一万多人，在山下拖动柴草，扬起飞尘，呼叫大喊，增强晋军的声势。梁军自相践踏，丢弃的武器装备堆积如山，死亡的部众接近三万人。胡装是胡证的曾孙。这一天，双方军队所损丧的士兵各占三分之二左右，都不能重新振作起来。

晋王李存勖回到营垒后，听说了周德威父子战死的消息，痛哭起来，十分伤心，说道："丧失我那能征善战的将领，纯属我的罪过啊！"特意把周德威的小儿子、幽州中军兵马使周光辅任命为岚州刺史。

李嗣源与李从珂相失，见晋军挠败，不知王所之，或曰："王已北渡河矣。"嗣源遂乘冰北渡，将之相州。是日，从珂从王夺山，晚战皆有功。甲子，晋王进攻濮阳，拔之。李嗣源知晋军之捷，复来见王于濮阳，王不悦，曰："公以吾为死邪？渡河安之？"嗣源顿首谢罪。王以从珂有功，但赐大钟酒以罚之。然自是待嗣源稍薄。

晋军至德胜渡，王彦章败卒有走至大梁者，曰："晋人战胜，将至矣。"顷之，晋兵有先至大梁问次舍者，京城大恐。帝驱市人登城，又欲奔洛阳，遇夜而止。败卒至者不满千人，伤夷逃散，各归乡里，月馀仅能成军。

五年春正月，晋李存审于德胜南北夹河筑两城而守之。晋王以存审代周德威为内外蕃汉马步总管。晋王还魏州，遣李嗣昭权知幽州军府事。

三月，晋王自领卢龙节度使，以中门使李绍宏提举军府事，代李嗣昭。绍宏，宦者也，本姓马，晋王赐姓名，使与知岚州事孟知祥俱为河东魏博中门使。知祥又荐教练使雁门郭崇韬能治剧，王以为中门副使。崇韬倜傥有智略，临事敢决，王宠待日隆。先是，中门使吴珪、张虔厚相继获罪，及绍宏出幽州，知祥惧祸，称疾辞位，王乃以知祥为河东马步都虞候，自是崇韬专典机密。

夏四月，贺瑰攻德胜南城，百道俱进，以竹笮联艨艟十馀艘，蒙以牛革，设睥睨、战格如城状，横于河流，以断晋

李嗣源与李从珂在混战中失去了联系，他见晋军受挫战败，不清楚晋王到了什么地方，有人说："大王已经向北渡过黄河了。"李嗣源于是踏着冰层向北渡过黄河，准备赶到相州。此日李从珂随从晋王夺取土山，并在傍晚作战，都立下了功劳。甲子（二十五日）这天，晋王进攻濮阳，夺占了它。李嗣源得知晋军告捷，又来到濮阳拜见晋王，晋王很不高兴，说道："明公你认为我战死了吗？渡过黄河能够到哪里去呢？"李嗣源叩头谢罪。晋王因为李从珂立有功劳，只赐给一大盅酒来罚他喝。然而从此以后，对待李嗣源就渐渐淡薄了。

晋军抵达德胜渡，王彦章的败兵有跑到大梁去的，散布说："晋人交战获胜，就要杀到这里了。"没过多久，晋兵有先到大梁询问驻扎场所的，京城由此异常恐慌。后梁帝驱使市井中人登城防守，又想逃奔到洛阳，赶上是夜间才作罢。后梁败兵逃回去的不够一千人，受伤的又四处逃散，各自回归乡里，一个多月后才勉强集结成军。

五年（919）春季正月，晋将李存审在德胜渡口南北夹着黄河修筑了两座城池来扼守。晋王让李存审代替周德威担当内外蕃汉马步总管。晋王回到魏州，派遣李嗣昭暂时主持幽州军府事务。

三月，晋王自己兼任卢龙节度使，让中门使李绍宏提举军府事，代替李嗣昭。李绍宏是宦官，原本姓马，晋王赐给他姓名，让他与知岚州事孟知祥共同担任河东魏博中门使。孟知祥又推荐教练使雁门人郭崇韬善于处理繁难事务，晋王把他任命为中门副使。郭崇韬豪爽洒脱，富有智谋韬略，遇事敢作决断，晋王宠信优待他越发隆盛。此前，中门使吴珪、张虔厚相继获罪，等到李绍宏出知幽州，孟知祥害怕大祸临头，借口有病，辞去官位，晋王便任命孟知祥为河东马步都虞候，从此郭崇韬独掌机密政务。

夏季四月，贺瓌攻打德胜渡南城，从各个方向共同推进，用竹索联结十多艘艨艟战舰，用牛皮盖住外层，在战舰上设置短墙和防御栅栏，构成城池的样子，横布在黄河河心，用来切断晋国

之救兵,使不得渡。晋王自引兵驰往救之,陈于北岸,不能进,遣善游者马破龙入南城,见守将氏延赏,延赏言矢石将尽,陷在顷刻。晋王积金帛于军门,募能破艨艟者,众莫知为计。亲将李建及曰:"贺瑰悉众而来,冀此一举。若我军不渡,则彼为得计。今日之事,建及请以死决之。"乃选效节敢死士得三百人,被铠操斧,帅之乘舟而进。将至艨艟,流矢雨集,建及使操斧者入艨艟间,斧其竹笮,又以木罂载薪,沃油然火,于上流纵之,随以巨舰实甲士,鼓噪攻之。艨艟既断,随流而下,梁兵焚溺者殆半,晋兵乃得渡。瑰解围走,晋兵逐之,至濮州而还。瑰退屯行台村。

秋七月,晋王归晋阳,以巡官冯道为掌书记。中门使郭崇韬以诸将陪食者众,请省其数。王怒曰:"孤为效死者设食,亦不得专!可令军中别择河北帅,孤自归太原。"即召冯道令草词以示众。道执笔逡巡不为,曰:"大王方平河南,定天下,崇韬所请未至太过。大王不从可矣,何必以此惊动远近,使敌国闻之,谓大王君臣不和,非所以隆威望也。"会崇韬入谢,王乃止。

八月乙未朔,宣义节度使贺瑰卒。以开封尹王瓒为北面行营招讨使。瓒将兵五万,自黎阳渡河掩击澶、魏,至顿丘,遇晋兵而旋。瓒为治严,令行禁止。据晋人上游十八

的救兵,使他们无法渡过黄河。晋王亲自率兵飞驰前往救援,在黄河北岸布下战阵,但已不能再前进,就派水性出众的马破龙潜入南城,面见守将氏延赏,氏延赏说箭矢和滚石快要用尽,城池陷落就在片刻之间。晋王在军门前堆满金银绢帛,招募能够损毁艨艟战舰的人,但众人都不知道损毁方法。亲兵将领李建及说:"贺瓌带领所有部众杀来,把全部希望都寄托在这场硬仗上了。我军如果渡不过去,那他正以为得计。今天的战事,建及我请求用自身一死来决出个胜负。"于是挑选银枪效节都中的敢死壮士,得到三百人,都身披铠甲,手持利斧,率领他们乘坐快船进击。快到艨艟战舰时,飞箭像雨点一样密集射来,李建及让手持利斧的人冲入艨艟战舰之间,砍断联结的竹索,又用木制酒桶装载柴草,浇上油,点着火,从上游往下游放,随即又利用巨舰装载武士,大喊呼叫,攻击敌军。艨艟战舰已被砍断竹索,就顺流朝下漂走,梁兵烧死、淹死的,将近一半,晋军于是得以渡过黄河。贺瓌解除包围圈逃走,晋军追击他,一直追到濮州才撤回来。贺瓌退到行台村屯驻。

秋季七月,晋王回到晋阳,将巡官冯道任命为掌书记。中门使郭崇韬认为众将陪同晋王用饭喝酒的人太多了,请求减少人数。晋王发怒说:"孤家我为拼死效力的人摆设酒食,也无权自己做主定名额! 既然如此,可以命令军中另外选择一位河北统帅,孤家我自行返回太原。"随即召来冯道,让他起草文书向众人公布。冯道拿着笔,一直迟疑不写,说道:"大王您正在扫平河南,安定天下,郭崇韬所奏请的,也没达到太过分的那种程度。大王您不听从就可以了,何必拿这件事来惊动远近各地,要是让敌国闻知此事,还会认为大王您君臣不和睦,这可不是扩大威望的好做法。"适逢郭崇韬也入内谢罪,晋王这才作罢。

八月乙未是初一,宣义节度使贺瓌在当日去世。后梁帝任命开封尹王瓒为北面行营招讨使。王瓒统兵五万,从黎阳渡过黄河突然袭击澶、魏二州,在抵达顿丘时,遇到晋军,便撤兵归还。王瓒治军严厉,有令即行,有禁即止,他据守在晋人上游十八

里杨村，夹河筑垒，运洛阳竹木造浮梁，自滑州馈运相继。晋蕃汉马步副总管、振武节度使李存进亦造浮梁于德胜，或曰："浮梁须竹笮、铁牛、石囷，我皆无之，何以能成？"存进不听，以苇笮维巨舰，系于土山巨木，逾月而成，人服其智。

冬十月，晋王如魏州，发徒数万，广德胜北城，日与梁人争，大小百馀战，互有胜负。左射军使石敬瑭与梁人战于河壖，梁人击敬瑭，断其马甲，横冲兵马使刘知远以所乘马授之，自乘断甲者徐行为殿。梁人疑有伏，不敢迫，俱得免，敬瑭以是亲爱之。敬瑭、知远，其先皆沙陀人。敬瑭，李嗣源之婿也。

十一月辛卯，王瓒引兵至戚城，与李嗣源战，不利。

梁筑垒贮粮于潘张，距杨村五十里。十二月，晋王自将骑兵自河南岸西上，邀其饷者，俘获而还。梁人伏兵于要路，晋兵大败。晋王以数骑走，梁数百骑围之，李绍荣识其旗，单骑奋击救之，仅免。戊戌，晋王复与王瓒战于河南，瓒先胜，获晋将石君立等。既而大败，乘小舟渡河，走保北城，失亡万计。帝闻石君立勇，欲将之，系于狱而厚饷之，使人诱之。君立曰："我晋之败将，而为用于梁，虽竭诚效死，谁则信之！人各有君，何忍反为仇雠用哉！"帝犹惜之，尽杀所获晋将，独置君立。晋王乘胜遂拔濮阳。帝召王瓒还，

里处的杨村，夹着黄河修筑营垒，把洛阳的竹木运来建造浮桥，从滑州持续输送粮饷。晋国蕃汉马步副总管、振武节度使李存进也在德胜渡建造浮桥，有人说："建造浮桥需要竹索、铁牛、条石这些材料，我们一样也不具备，凭什么能够建造起来呢？"李存进不信这类话，用苇索联结大战舰，拴系在土山大树上，一个多月就竣工了，人们都佩服他的才智。

冬季十月，晋王抵达魏州，调发囚徒数万人，扩建德胜北城，每天与后梁军队争强，打了大小一百多仗，互有胜负。晋国左射军使石敬瑭与梁军在黄河边的空地上交战，梁军刺击石敬瑭，砍断了他坐下马的铠甲，横冲兵马使刘知远便把自己所乘的战马让给石敬瑭骑，他骑石敬瑭那匹战马缓慢行进来殿后。梁军怀疑设有伏兵，不敢逼近，二人都幸免于难，石敬瑭由此而亲近喜爱刘知远。石敬瑭、刘知远的祖先都是沙陀人。石敬瑭是李嗣源的女婿。

十一月辛卯（二十七日）这天，王瓒率兵抵达戚城，同李嗣源交战，但未取得优势。

梁人在潘张修筑营垒储存粮食，距离杨村五十里地。十二月，晋王亲率骑兵从黄河南岸向西进发，截击运送军粮的梁人，俘获他们后就往回撤。梁人在要害道路上设下伏兵，晋军大败。晋王依靠数名骑兵逃走，后梁好几百名骑兵围住了他，李绍荣认识晋王的旗帜，单枪匹马奋力冲击营救晋王，这才侥幸脱险。戊戌（初五），晋王又与王瓒在黄河南岸交战，王瓒先取胜，活捉了晋将石君立等人。不长时间又大败，被迫乘坐小船渡过黄河，逃到北城进行自保，而损丧和逃亡的梁兵则数以万计。后梁帝听说石君立勇猛，打算收为自己的将领，把他关在监狱里又优厚对待他，派人诱导他归降。石君立说："我是晋国的败将，却在梁朝被任用，即使竭尽忠诚，死命效力，谁又能真正相信我呢！世人各有自己的君主，怎会忍心掉过来被那仇敌所任用呢？"后梁帝依旧爱惜他，把所俘获的晋军将领全都斩杀，唯独留下了石君立。晋王打败王瓒后，乘胜夺占了濮阳。后梁帝征召王瓒回朝，

以天平节度使戴思远代为北面招讨使，屯河上以拒晋人。

六年夏四月，河中节度使、冀王友谦以兵袭取同州，逐忠武节度使程全晖，全晖奔大梁。友谦以其子令德为忠武留后，表求节钺，帝怒，不许。既而惧友谦怨望，己酉，以友谦兼忠武节度使。制下，友谦已求节钺于晋王，晋王以墨制除令德忠武节度使。

六月，帝以泰宁节度使刘郭为河东道招讨使，帅感化节度使尹皓、静胜节度使温昭图、庄宅使段凝攻同州。闰月，刘郭等围同州，朱友谦求救于晋。秋七月，晋王遣李存审、李嗣昭、李建及、慈州刺史李存质将兵救之。九月，李存审等至河中，即日济河。梁人素轻河中兵，每战必穷追不置。存审选精甲二百，杂河中兵，直压刘郭垒。郭出千骑逐之，知晋人已至，大惊，自是不敢轻出。晋人军于朝邑。

河中事梁久，将士皆持两端。诸军大集，刍粟踊贵，友谦诸子说友谦且归款于梁，以退其师。友谦曰："昔晋王亲赴吾急，秉烛夜战。今方与梁相拒，又命将星行，分我资粮，岂可负邪！"

晋人分兵攻华州，坏其外城。李存审等按兵累旬，乃进逼刘郭营，郭等悉众出战，大败，收馀众退保罗文寨。又旬馀，存审谓李嗣昭曰："兽穷则搏，不如开其走路，然后击之。"乃遣人牧马于沙苑。郭等宵遁，追击至渭水，又破之，

让天平节度使戴思远代替他担任北面招讨使，屯驻在黄河岸边来抵御晋人。

六年（920）夏季四月，后梁河中节度使、冀王朱友谦带兵袭击并夺取了同州，赶走忠武节度使程全晖，程全晖逃奔大梁。朱友谦任命自己的儿子朱令德担当忠武留后，上表朝廷，请求赐予旌节和斧钺，后梁帝大怒，根本不应允。过后又担心朱友谦怨恨，便在己酉（十七日）这一天，任命朱友谦兼任忠武节度使。当制书下达时，朱友谦已向晋王请求赐予旌节和斧钺，晋王便用皇帝亲笔手令的形式封拜朱令德为忠武节度使。

六月，后梁帝任命泰宁节度使刘鄩担当河东道招讨使，统领感化节度使尹皓、静胜节度使温昭图、庄宅使段凝攻打同州。闰六月，刘鄩等人围攻同州，朱友谦向晋请求救援。秋季七月，晋王派遣李存审、李嗣昭、李建及、慈州刺史李存质领兵救援朱友谦。九月，李存审等人抵达河中镇，当天就渡过黄河。梁人一向瞧不起河中镇兵，每次交战都必定要穷追不舍。李存审挑选精锐武士二百人，夹杂在河中士兵当中，直逼刘鄩的营垒。刘鄩派出一千名骑兵驱逐他们，驱逐中知道晋军已经开到，十分吃惊，从此不敢轻易出战。晋人驻扎在朝邑。

河中奉事后梁已经很长时间了，将士们都脚踩两只船。随着各支军队大规模集结，致使粮价和柴草价钱上涨昂贵，朱友谦的儿子们劝说朱友谦暂且向后梁归诚，以便让后梁退兵。朱友谦说："从前晋王亲自赶来解救我们的急难，手持火把连夜作战。如今我们刚同梁军对抗，晋王又命将士星夜兼程赶来救援，还分给我们军资粮食，怎能背叛他呢？"

晋军分兵攻打华州，毁坏了华州的外城。李存审等一连几十天按兵不动，然后才进军逼近刘鄩营寨，刘鄩等率领所有部众出战，结果大败，于是收拢剩馀的人员退到罗文寨进行自保。又过去十多天，李存审对李嗣昭说："野兽陷入绝境就会搏斗，不如放开一条让梁军逃走的路线，然后再追击他们。"于是派人到沙苑去放牧马群。刘鄩等连夜逃走，晋军追击到渭水，又击破他们，

杀获甚众。存审等移檄告谕关右，引兵略地至下邽，谒唐帝陵，哭之而还。河中兵进攻崇州。

龙德元年春正月，蜀主、吴主屡以书劝晋王称帝，晋王以书示僚佐曰："昔王太师亦尝遗先王书，劝以唐室已亡，宜自帝一方。先王语余云：'昔天子幸石门，吾发兵诛贼臣，当是之时，威振天下，吾若挟天子据关中，自作九锡禅文，谁能禁我！顾吾家世忠孝，立功帝室，誓死不为耳。汝他日当务以复唐社稷为心，慎勿效此曹所为！'言犹在耳，此议非所敢闻也。"因泣。

既而将佐及藩镇劝进不已，乃令有司市玉造法物。黄巢之破长安也，魏州僧传真之师得传国宝，藏之四十年。至是，传真以为常玉，将鬻之。或识之，曰："传国宝也！"传真乃诣行台献之，将佐皆奉觞称贺。

张承业在晋阳闻之，亟诣魏州谏曰："吾王世世忠于唐室，救其患难，所以老奴三十馀年为王掊拾财赋，召补兵马，誓灭逆贼，复本朝宗社耳。今河北甫定，朱氏尚存，而王遽即大位，殊非从来征伐之意，天下其谁不解体乎！王何不先灭朱氏，复列圣之深仇，然后求唐后而立之，南取吴，西取蜀，汛扫宇内，合为一家。当是之时，虽使高祖、太宗复生，谁敢居王上者？让之愈久则得之愈坚矣。老奴之志无他，

斩杀俘获非常多。李存审等人传布军事文告晓谕关西各地,领兵攻占州县,抵达下邽时,拜谒唐帝的陵墓,哀伤悼念这些亡灵,然后撤还。河中军队进攻崇州。

龙德元年(912)春季正月,前蜀国主和吴国国主多次用书信劝晋王称帝,晋王把书信拿给僚佐看,说道:"从前王太师也曾送给我们先王书信,拿唐室已经灭亡,应在一方重地自当皇帝来做劝导。先王对我说:'过去天子驾临石门,我发兵诛灭了乱臣贼子,在那个时候,兵威震动天下,我如果挟持天子占据关中,自行起草赐予九锡殊礼和禅让的文告,谁能禁止我呢!但我李家,世代忠孝,意在为帝室立功,誓死不干那类事情罢了。你日后务必把兴复大唐江山作为志向,切莫效法那些篡位人所干的勾当!'先王这番话,至今还在我耳边回响,称帝这类动议绝不是我敢听到的。"随后竟哭泣不止。

时隔不久,晋王的将佐以及各藩镇不断劝他称帝,于是命令相关部门选购美玉雕造传国宝印。早在黄巢攻破长安时,魏州和尚传真的师父得到了传国宝印,收藏了四十年。时间到这节骨眼上,传真和尚还把它当成一块平常无奇的玉石,准备卖掉它。有人识货,说道:"这可是传国宝印啊!"传真和尚就到魏州行台献上它,将佐们都举杯向晋王表示庆贺。

张承业在晋阳闻知此事,急速赶赴魏州劝谏说:"我们晋王世世代代忠于唐室,解救唐室的祸患危难,老奴我三十多年来替大王家族设法征收财赋,招募补充兵马,发誓诛灭逆贼,都是出自恢复李氏本朝的宗庙社稷这一目的而已。现今河北刚刚平定,朱氏依然存在,而大王您却急忙要登上皇帝宝座,这可绝不是我们兴兵以来进行征伐的原本用意,果真如此,天下有谁不会背离而使我们崩溃解体呢?大王您为什么不先灭掉朱氏,痛报大唐历代圣君的深仇,然后求取唐室后裔,立他为帝,向南攻取吴国,向西扫灭蜀国,廓清寰宇,合为一家。真到那个时候,即使是唐高祖、唐太宗重生,有谁还敢身居大王您的上面呢?辞让的时间越长久,实际获取的江山就越牢固。老奴我那志向没有别的,

但以受先王大恩,欲为王立万年之基耳。"王曰:"此非余所愿,奈群下意何?"承业知不可止,恸哭曰:"诸侯血战,本为唐家,今王自取之,误老奴矣!"即归晋阳,邑邑成疾,不复起。

二月,赵王镕养子张文礼使亲军杀镕,尽灭王氏之族,独置其子昭祚之妻普宁公主以自托于梁。三月,文礼遣使告乱于晋王,且奉笺劝进,固求节钺。晋王欲讨之,僚佐以为:"吾方与梁争,不可更立敌于肘腋,且从其请以安之。"王不得已,夏四月,承制授文礼成德留后。

初,刘鄩与朱友谦为婚。鄩之受诏讨友谦也,至陕州,先遣使移书,谕以祸福。待之月馀,友谦不从,然后进兵。尹皓、段凝素忌鄩,因谮之于帝曰:"鄩逗遛养寇,俾俟援兵。"帝信之。鄩既败归,以疾请解兵柄,诏听于西都就医,密令留守张宗奭鸩之,五月丁亥,卒。

秋七月,晋王既许藩镇之请,求唐旧臣,欲以备百官。朱友谦遣前礼部尚书苏循诣行台,循至魏州,入牙城,望府廨即拜,谓之"拜殿"。见王呼万岁舞蹈,泣而称臣。翌日,又献大笔三十枝,谓之"画日笔"。王大喜,即命循以本官为河东节度副使,张承业深恶之。

张文礼虽受晋命,内不自安,复遣间使因卢文进求援于契丹,又遣间使来告曰:"王氏为乱兵所屠,公主无恙。

只因蒙受先王的大恩,想替大王您奠立起万年的基业罢了。"晋王回答说:"这不是我本心所愿意做的事,可对各个属下的意愿又该怎样处置呢?"张承业知道无法劝止住,便痛哭说:"诸侯浴血征战,本来是为唐室,现今大王却要自己取代它,这可害苦老奴了!"随即回归晋阳,郁郁成疾,不再起身供职。

二月,赵王王镕的养子张文礼派亲军杀死了王镕,诛灭了王氏所有宗族,唯独留下了王镕儿子王昭祚的妻子普宁公主,以便自己托身后梁。三月,张文礼派使者向晋王禀报境内发生祸乱,同时奉上公文劝晋王称帝,并坚持请求赐予旌节和斧钺。晋王打算讨伐他,僚佐们认为:"我们正与梁国争战,不能再在自己胳膊肘下树立对手,不妨暂且答应他,以便安抚住他。"晋王不得已,夏季四月,按照代行皇帝授权的方式,委任张文礼为成德留后。

起初,刘郭与朱友谦结为亲家。刘郭承接诏书前去讨伐朱友谦,抵达陕州时,先派使者转交信件,用祸福所在劝导朱友谦。等了一个多月,朱友谦拒不听从,刘郭随后进兵。尹皓、段凝一向忌恨刘郭,便向后梁帝诬告说:"刘郭逗留不进,放纵姿养敌寇,故意让敌寇等待援兵。"后梁帝对此诬告深信不疑。刘郭战败回朝后,专拿本人有病作借口请求解除兵权,后梁帝下达诏书,任凭他到西都去治病,同时秘密命令西都留守张宗奭用毒酒毒死他,五月丁亥(初二)这天,刘郭去世。

秋季七月,晋王应允藩镇请他称帝的要求以后,就访求唐朝旧臣,准备配齐文武百官。朱友谦派遣原礼部尚书苏循到魏州行台去拜见晋王,苏循抵达魏州进入牙城时,朝着府衙就跪拜,把这举动称作"拜殿"。看到晋王就口呼万岁,按礼仪手舞足蹈,流泪而称臣。第二天,又献上大笔三十支,把这叫作"画日笔"。晋王对此深感喜悦,当场就任命苏循依凭礼部尚书的原职充当河东节度副使,张承业深深憎恶苏循的所作所为。

张文礼尽管接受了晋王的任命,但内心自感不安,又派专门从事间谍活动的使者通过卢文进向契丹求援,并派同类使者来向后梁帝禀报说:"王氏被乱兵所屠灭,但普宁公主安然无恙。

今臣已北召契丹,乞朝廷发精甲万人相助,自德、棣渡河,则晋人遁逃不暇矣。"帝疑未决。敬翔曰:"陛下不乘此衅以复河北,则晋人不可复破矣。宜徇其请,不可失也。"赵、张辈皆曰:"今强寇近在河上,尽吾兵力以拒之,犹惧不支,何暇分万人以救张文礼乎!且文礼坐持两端,欲以自固,于我何利焉!"帝乃止。

晋人屡于塞上及河津获文礼蜡丸绢书,晋王皆遣使归之,文礼惭惧。文礼忌赵故将,多所诛灭。赵将符习将兵万人从晋王在德胜,文礼请召归,以他将代之,且以习子蒙为都督府参军,遣人赍钱帛劳行营将士以悦之。习见晋王,泣涕请留,晋王曰:"吾与赵王同盟讨贼,义犹骨肉,不意一旦祸生肘腋,吾诚痛之。汝苟不忘旧君,能为之复仇乎?吾以兵粮助汝。"习与部将三十馀人举身投地恸哭曰:"故使授习等剑,使之攘除寇敌。自闻变故以来,冤愤无诉,欲引剑自刭,顾无益于死者。今大王念故使辅佐之勤,许之复冤,习等不敢烦霸府之兵,愿以所部径前搏取凶竖,以报王氏累世之恩,死不恨矣!"

八月庚申,晋王以习为成德留后,又命天平节度使阎宝、相州刺史史建瑭将兵助之,自邢洺而北。文礼先病腹疽。甲子,晋兵拔赵州,刺史王铤降,晋王复以为刺史。

如今臣下我已到北部延请契丹，乞请朝廷派精兵一万人相助，从德州、棣州渡过黄河，那么晋人连逃跑都来不及了。"后梁帝疑虑，未做决断。敬翔说："陛下不利用这一矛盾收复河北地区，晋人就再也无法击破了。应该顺从他的请求，决不可失去机会啊。"赵岩、张汉杰都说："现下强大的敌寇就近在黄河边上，动用我们全部兵力来做抵抗，恐怕还招架不住，哪里顾得上分出一万人马去援救张文礼呢？况且张文礼坐山观虎斗，脚踩两只船，只想借此来巩固他自己的地位，对我们又有什么好处呢？"后梁帝于是作罢。

晋人在边塞以及黄河渡口多次缴获到张文礼用蜡丸密封、用白绢书写的密信，晋王都派遣使者送还给他，张文礼深感惭愧和畏惧。张文礼猜忌赵地的旧有将领，大多都给诛灭了。赵将符习带兵一万人跟随晋王在德胜渡作战，张文礼请求召他返回，用其他将领代替他，并且把符习的儿子符蒙任命为都督府参军，还派人持带钱财绢帛慰劳行营的将士，用来讨取他们的欢心。符习拜见晋王，泪流满面请求留下，晋王说："我与赵王王镕订立约盟，讨伐贼子，情义如同亲骨肉，没想到突然在肘腋下生出祸乱来，我实在痛惜他。你如果不忘记旧君主，能够为他报仇吗？我用兵马和粮草帮助你。"符习与部将三十多人听完后，伏下身躯，拜倒在地上痛哭说："原任节度使赵王授予符习等人利剑，让我们用它驱逐剪除敌寇。自从得知变故以来，深冤积愤无处申诉，真想拔剑自杀，但这对死者并没有什么好处。现今大王您顾念原任节度使辅助您所付出的辛勤劳苦，许诺为他报仇申冤，但符习等人却不敢烦劳霸府的人马，甘愿带领手下部众径直前去，搏击攻杀那个凶狠恶毒的坏小子，用来报答王氏世世代代对我们的恩惠，纵然死去，也没有什么遗憾的了！"

八月庚申（初七），晋王任命符习担当成德留后，又命天平节度使阎宝、相州刺史史建瑭率兵协助他，从邢、洺二州向北进发。在此之前，张文礼腹部长了一个毒疮。甲子（十一）这天，晋军夺占了赵州，赵州刺史王铤归降，晋王仍把他任命为刺史。

文礼闻之，惊惧而卒。其子处瑾秘不发丧，与其党韩正时谋悉力拒晋。九月，晋兵渡滹沱，围镇州，决漕渠以灌之，获其深州刺史张友顺。壬辰，史建瑭中流矢卒。

晋王欲自分兵攻镇州，北面招讨使戴思远闻之，谋悉杨村之众袭德胜北城，晋王得梁降者，知之。冬十月己未，晋王命李嗣源伏兵于戚城，李存审屯德胜，先以骑兵诱之，伪示羸怯。梁兵竞进，晋王严中军以待之。梁兵至，晋王以铁骑三千奋击，梁兵大败，思远走趣杨村，士卒为晋兵所杀伤及自相蹈藉、坠河陷冰，失亡二万馀人。晋王以李嗣源为蕃汉内外马步副总管、同平章事。

十一月，晋王使李存审、李嗣源守德胜，自将兵攻镇州。张处瑾遣其弟处琪、幕僚齐俭谢罪请服，晋王不许，尽锐攻之，旬日不克。处瑾使韩正时将千骑突围出，趣定州，欲求救于王处直，晋兵追至行唐，斩之。

二年，晋王之北攻镇州也，李存审谓李嗣源曰："梁人闻我在南兵少，不攻德胜，必袭魏州。吾二人聚于此何为？不若分军备之。"遂分军屯澶州。戴思远果悉杨村之众趣魏州，嗣源引兵先之，军于狄公祠下，遣人告魏州，使为之备。思远至魏店，嗣源遣其将石万全将骑兵挑战。思远知有备，乃西渡洹水，拔成安，大掠而还。又将兵五万攻德胜北城，重堑复垒，断其出入，昼夜急攻之，李存审悉力拒守。晋王闻德胜势危，二月，自幽州赴之，五日至魏州。

张文礼听说这一消息,惊惧死去。他的儿子张处瑾秘不发丧,同他的党羽韩正时谋划全力抗拒晋军。九月,晋军渡过滹沱河,围攻镇州,打开漕渠水猛灌州城,活捉了深州刺史张友顺。壬辰(初十)这天,史建瑭身中流箭死去。

晋王打算亲自分兵攻打镇州,后梁北面招讨使戴思远听说这一消息,就谋划出动屯驻在杨村的所有部众,前去袭击德胜北城,晋王得到后梁归降的人,了解到这一动向。冬季十月己未(初七)这天,晋王命令李嗣源在戚城设下伏兵,让李存审屯驻在德胜,先用骑兵引诱梁军,故意装出软弱怯懦的样子给对方看。梁军竞相前进,晋王让中军严阵以待。梁军刚一抵达阵前,晋王就率领铁甲骑兵三千人奋力进击,梁军大败,戴思远逃奔杨村,所率士兵被晋军杀死击伤,以及自相践踏、坠入黄河、陷进冰窟而损失丧亡的,多达两万馀人。晋王将李嗣源任命为蕃汉内外马步副总管、同平章事。

十一月,晋王责成李存审、李嗣源扼守德胜,自己带兵去攻打镇州。张处瑾派他弟弟张处琪、幕僚齐俭前来谢罪,请求归服,晋王拒不答应,指挥全部精兵攻取镇州,一连十天,未能拿下。张处瑾派韩正时带领一千骑兵突围出去,奔赴定州,想向王处直求救,晋军一直追击到行唐县,斩杀了韩正时。

二年(922),晋王北进攻打镇州时,李存审对李嗣源说:“梁人得知我们部署在南部的兵马少,倘若不来攻打德胜,就一定会去袭击魏州。我们两人聚集在这里有什么用处呢?不如分开兵力,预防他们。”于是二人分开兵力,屯驻在澶州。戴思远果然统领杨村的所有部众直扑魏州,李嗣源领兵抢在戴思远的前面,驻扎在狄公祠下,并派人告知魏州,让他们做好防备。戴思远抵达魏店,李嗣源派遣手下部将石万全率领骑兵挑战。戴思远知道对方已有防备,就向西渡过洹水,攻下了成安,大肆抢劫一番撤还。又率士兵五万攻打德胜北城,挖掘两道壕沟,修筑双层壁垒,阻断晋军的出入,昼夜加紧攻城,李存审全力抗拒坚守。晋王听说德胜情势危急,就在二月从幽州赶往那里,五天便到达魏州。

思远闻之,烧营遁还杨村。

晋天平节度使兼侍中阎宝筑垒以围镇州,决滹沱水环之。内外断绝,城中食尽,丙午,遣五百馀人出求食。宝纵其出,欲伏兵取之。其人遂攻长围,宝轻之,不为备,俄数千人继至。诸军未集,镇人遂坏长围而出,纵火攻宝营,宝不能拒,退保赵州。镇人悉毁晋之营垒,取其刍粟,数日不尽。晋王闻之,以昭义节度使兼中书令李嗣昭为北面招讨使,以代宝。

夏四月甲戌,张处瑾遣兵千人迎粮于九门,李嗣昭设伏于故营,邀击之,杀获殆尽,馀五人匿于墙墟间,嗣昭环马而射之,镇兵发矢中其脑,嗣昭箙中矢尽,拔矢于脑以射之,一发而瘗。会日暮,还营,创流血不止,是夕卒。晋王闻之,不御酒肉者累日。嗣昭遗命,悉以泽、潞兵授节度判官任圜,使督诸军攻镇州,号令如一,镇人不知嗣昭之死。圜,三原人也。晋王以天雄马步都指挥使、振武节度使李存进为北面招讨使。

阎宝惭愤,疽发于背,甲戌卒。

五月乙酉,晋李存进至镇州,营于东垣渡,夹滹沱水为垒。

晋卫州刺史李存儒,本姓杨,名婆儿,以俳优得幸于晋王。颇有膂力,晋王赐姓名,以为刺史,专事掊敛,防城卒皆征月课纵归。八月,庄宅使段凝与步军都指挥使张朗引兵

戴思远闻知这一消息,烧毁营寨,逃回到杨村。

晋国天平节度使兼侍中阎宝修筑壁垒来围困镇州,打开滹沱河水从四面堵住州城。镇州内外被阻断隔绝,城中的粮食也吃光了,丙午这天就派五百多人出城寻找食物。阎宝放他们往外走,想设伏兵活捉他们。他们出城后便攻打晋军的合围工事,阎宝最初小看了这批人,未曾加以防备,转眼间又有数千人跟着杀到。晋军各支部队尚未集结,镇州人乘势捣毁合围工事冲出来,放火进攻阎宝的军营,阎宝抵挡不住,退到赵州自保。镇州人摧毁了晋军的所有营垒,搬取他们丢弃的粮草,好几天都没搬运完。晋王闻知这种状况,便将昭义节度使兼中书令李嗣昭任命为北面招讨使,用来代替阎宝。

夏季四月甲戌(二十四日)这天,张处瑾派遣士兵一千人到九门接运粮草,李嗣昭在旧的营地设下伏兵,截击他们,几乎把他们全部斩杀或俘虏,只剩下五个人躲藏在墙壁废墟当中,李嗣昭骑马绕圈射他们,他们也发箭回射,其中有支箭射中了李嗣昭的脑袋,李嗣昭箭袋里的箭已经射光了,便从脑袋上拔下那支箭回射,一箭射死了那个镇州兵。时近黄昏,李嗣昭返回军营,伤口流血不止,当天夜里就去世了。晋王听说这件事,接连好几天不食用酒肉。李嗣昭留下遗令,把泽、潞两州的全部兵马交给节度判官任圜指挥,让他督率各军攻打镇州,号令仍和从前一样,镇州人因此不知道李嗣昭已经死去。任圜是三原人。晋王委派天雄马步都指挥使、振武节度使李存进担任北面招讨使。

阎宝对自己战败既惭愧又愤恨,毒疮在背部发作,甲戌(二十四日)这天去世。

五月乙酉(初六)这天,晋将李存进挺进到镇州,在东垣渡安下营寨,夹着滹沱河修筑壁垒。

晋国卫州刺史李存儒原本姓杨,名字叫婆儿,靠会唱戏在晋王那里得到宠爱。他体力强壮,晋王赐给他李氏姓名,让他出任刺史,但他一味搜刮聚敛,对防守州城的士兵全都征收月课钱,放他们回家。八月,后梁庄宅使段凝与步军都指挥使张朗率兵

夜渡河袭之，诘旦登城，执存儒，遂克卫州。戴思远又与凝攻陷淇门、共城、新乡，于是澶州之西，相州之南，皆为梁有。晋人失军储三之一，梁军复振。帝以张朗为卫州刺史。朗，徐州人也。

九月戊寅朔，张处瑾使其弟处球乘李存进无备，将兵七千人奄至东垣渡。时晋之骑兵亦向镇州城下，两不相遇。镇兵及存进营门，存进狼狈引十馀人斗于桥上，镇兵退，晋骑兵断其后，夹击之，镇兵殆尽，存进亦战没。晋王以蕃汉马步总管李存审为北面招讨使。

镇州食竭力尽，处瑾遣使诣行台请降，未报，存审兵至城下。丙午夜，城中将李再丰为内应，密投缒以纳晋兵，比明毕登，执处瑾兄弟家人及其党高濛、李翥、齐俭送行台，赵人皆请而食之，磔张文礼尸于市。赵王故侍者得赵王遗骸于灰烬中，晋王命祭而葬之。以赵将符习为成德节度使，乌震为赵州刺史，赵仁贞为深州刺史，李再丰为冀州刺史。震，信都人也。

符习不敢当成德，辞曰："故使无后而未葬，习当斩衰以葬之，俟礼毕听命。"既葬，即诣行台。赵人请晋王兼领成德节度使，从之。晋王割相、卫二州置义宁军，以习为节度使。习辞曰："魏博霸府，不可分也，愿得河南一镇，习自取之。"乃以为天平节度使、东南面招讨使。加李存审兼侍中。

在夜间渡过黄河,袭击卫州,次日清晨,登临城头,活捉了李存儒,于是夺占了卫州。戴思远又同段凝攻陷了淇门、共城、新乡三地,自此澶州以西,相州以南,全被后梁所辖领。晋人丧失了三分之一的军需储备,梁军又振作起来。后梁帝任命张朗担当卫州刺史。张朗是徐州人。

九月戊寅这天是初一,张处瑾派他弟弟张处球趁李存进尚无防备,率兵七千人突然杀到东垣渡。当时晋军的骑兵也在奔往镇州城下,两军途中未曾相遇。镇州兵逼近李存进的营门前,李存进十分狼狈,带领十多个人同对方在桥上激战,镇州兵撤退,晋军的骑兵切断了他们的后路,经过前后夹击,镇州兵几乎全被歼灭了,但李存进也战死了。晋王任命蕃汉马步总管李存审担当北面招讨使。

镇州城内粮草枯竭,兵力耗尽,张处瑾派遣使者到魏州行台请求投降,在尚未答复之际,李存审已经率领军队到达城下。丙午(二十九日)这天夜里,城中将领李再丰充当内应,秘密顺着城墙投下绳索来接应晋军,晋军到拂晓时全部登上城头,捉住了张处瑾兄弟、家属以及他的党羽高漤、李翥、齐俭等人,把他们押往魏州行台,赵人都请求生吃活剥这些人,在集市上把张文礼的尸体车裂示众。赵王原来的贴身侍从在灰烬中得到赵王的遗骸,晋王让备礼祭奠,然后安葬了赵王。任命赵将符习担当成德节度使,乌震担当赵州刺史,赵仁贞担当深州刺史,李再丰担当冀州刺史。乌震是信都人。

符习不敢担当成德节度使一职,辞谢说:"原任节度使没有后嗣,尚未安葬,我符习应当身穿重孝服来安葬他,等丧礼完毕再接受大王的命令。"安葬之后,符习就去魏州行台报到。赵人请求晋王兼领成德节度使,晋王答应了这一请求。晋王把相、卫二州划拨出来设置义宁军,任命符习担当节度使。符习辞谢说:"魏博是藩王府邸,不能再分割了,只愿得到黄河南面朱氏的一个藩镇,让我符习自己去夺取它。"于是任命符习担当天平节度使、东南面招讨使。加授李存审兼任侍中。

　　后唐庄宗同光元年春三月，晋王筑坛于魏州牙城之南，夏四月己巳，升坛，祭告上帝，遂即皇帝位，国号大唐。大赦，改元。以魏州为兴唐府，建东京。又于太原府建西京，又以镇州为真定府，建北都。时唐国所有凡十三节度、五十州。

　　时契丹屡入寇，抄掠馈运，幽州食不支半年，卫州为梁所取，潞州内叛，人情岌岌，以为梁未可取，帝患之。会郓州将卢顺密来奔。先是，梁天平节度使戴思远屯杨村，留顺密与巡检使刘遂严、都指挥使燕颙守郓州。顺密言于帝曰："郓州守兵不满千人，遂严、颙皆失众心，可袭取也。"郭崇韬等皆以为"悬军远袭，万一不利，虚弃数千人，顺密不可从"。帝密召李嗣源于帐中谋之曰："梁人志在吞泽潞，不备东方，若得东平，则溃其心腹。东平果可取乎？"嗣源自胡柳有渡河之惭，常欲立奇功以补过，对曰："今用兵岁久，生民疲弊，苟非出奇取胜，大功何由可成！臣愿独当此役，必有以报。"帝悦。壬寅，遣嗣源将所部精兵五千自德胜趣郓州，比及杨刘，日已暮，阴雨道黑，将士皆不欲进。高行周曰："此天赞我也，彼必无备。"夜，渡河至城下，郓人不知。李从珂先登，杀守卒，启关纳外兵，进攻牙城，城中大扰。癸卯旦，嗣源兵尽入，遂拔牙城，刘遂严、燕颙奔大梁。嗣源禁焚掠，抚吏民，执知州事节度副使崔笃、判官赵凤送兴唐。

后唐庄宗同光元年(923)春季三月,晋王在魏州牙城的南面修筑高坛,夏季四月己巳(二十五日),登上高坛祭告皇天上帝,然后即皇帝位,定国号大唐。大赦天下,改年号为同光。把魏州设为兴唐府,建成东京。又在太原府建成西京,将镇州改作真定府,建成北都。当时唐国共有十三个节度使管辖区、五十个州。

在这期间,契丹多次入侵进犯,抄掠后唐所运送的军用物资,致使幽州的粮食供应连半年都支撑不下来,卫州被后梁攻占,潞州内部也发生叛乱,人们都产生了岌岌可危的感觉,认为梁国还无法消灭,后唐庄宗李存勖对此也特别忧虑。恰逢这时郓州将领卢顺密前来归降。在此之前,后梁天平节度使戴思远屯驻在杨村,留下卢顺密与巡检使刘遂严、都指挥使燕颙守卫郓州。卢顺密特向庄宗进言说:"郓州守兵不足一千人,刘遂严、燕颙都得不到众人拥护,可以袭击夺取它。"郭崇韬等人都认为"孤军远路袭击,万一失利,白白损失数千人,卢顺密的建议不能采纳"。庄宗在内帐中秘密召见李嗣源和他谋议说:"梁人的目标在于吞并泽、潞两州,但对东方却未设防备,如果拿下东平,也就击溃了他们的核心地带。然而东平果真能够拿下来吗?"李嗣源自从胡柳一战盲目渡过黄河而深感惭愧,常想建立奇功来弥补过失,就回答说:"如今用兵年头很久了,黎民疲惫凋敝,如果不出奇制胜,大功可借助什么得以建立呢? 臣下我愿独自去打这一仗,一定会有战绩来禀报。"庄宗听后很高兴。壬寅(闰四月二十八日)这天,派遣李嗣源带领手下精兵五千人从德胜直扑郓州,等到抵达杨刘城时,已是傍晚时分,天降阴雨,道路很黑,将士们都不想再继续前进。高行周说道:"这可是上天在佑助我们啊,敌人必定未设防备。"晋军便趁夜间渡过黄河,杀到郓州城下,郓州人根本就没发觉。李从珂率先登上城头,杀死守城的士兵,打开城门放进外面的军队,直接攻打牙城,城中大为惊扰。癸卯(二十九日)这天清晨,李嗣源的军队全部杀入城内,随即攻克牙城,刘遂严、燕颙逃奔大梁。李嗣源禁止焚烧抢掠,安抚官吏居民,活捉了郓州知州、节度副使崔笃和判官赵凤,押往兴唐府。

帝大喜曰："总管真奇才,吾事集矣。"即以嗣源为天平节度使。

梁主闻郓州失守,大惧,斩刘遂严、燕颙于市,罢戴思远招讨使,降授宣化留后。遣使诘让北面诸将段凝、王彦章等,趣令进战。敬翔知梁室已危,以绳内靴中,入见梁主曰："先帝取天下,不以臣为不肖,所谋无不用。今敌势益强,而陛下弃忽臣言,臣身无用,不如死。"引绳将自经。梁主止之,问所欲言,翔曰："事急矣,非用王彦章为大将,不可救也。"梁主从之,以彦章代思远为北面招讨使,仍以段凝为副。帝闻之,自将亲军屯澶州,命蕃汉马步都虞候朱守殷守德胜,戒之曰："王铁枪勇决,乘愤激之气,必来唐突,宜谨备之!"

梁主召问王彦章以破敌之期,彦章对曰："三日。"左右皆失笑。彦章出,两日,驰至滑州。辛酉,置酒大会,阴遣人具舟于杨村。夜,命甲士六百,皆持巨斧,载冶者,具韛炭,乘流而下。会饮尚未散,彦章阳起更衣,引精兵数千循河南岸趋德胜。天微雨,朱守殷不为备,舟中兵举锁烧断之,因以巨斧斩浮桥,而彦章引兵急击南城。浮桥断,南城遂破,斩首数千级,时受命适三日矣。守殷以小舟载甲士济河救之,不及。彦章进攻潘张、麻家口、景店诸寨,皆拔之,声势大振。

庄宗十分喜悦，赞叹说："总管真是奇才，我的大事完全成功了。"当下便将李嗣源任命为天平节度使。

后梁帝听说郓州失守，深感恐惧，便在集市上公开斩杀了刘遂严、燕颙，撤销了戴思远招讨使的职务，把他贬降为宣化留后。派遣使者究诘责备北面各个将领段凝、王彦章等人，督促命令他们进击出战。敬翔知道梁室已经很危急了，就把绳索塞在朝靴中，入宫拜见后梁帝，说道："先帝夺取天下时，不把臣下我看成是无用的人，臣下我提出的计谋没有不加以采纳的。现今敌人的态势越来越强盛，而陛下不听臣下我的话，臣下我这副身躯已经毫无用处了，还不如死去。"说罢就掏出绳索，要上吊自杀。后梁帝阻止住他，问他想要说的话，敬翔说："事态很紧急了，不任用王彦章担任大将，就无法挽救了。"后梁帝听从了他的意见，让王彦章代替戴思远担任北面招讨使，同时任命段凝充当副手。庄宗闻知此事，亲自统领亲军屯驻在澶州，命令蕃汉马步都虞候朱守殷扼守德胜，告诫他说："王铁枪勇猛果决，趁着他胸中那口愤激的闷气，必定会前来冒犯，应当谨慎防备他！"

后梁帝召见王彦章，并询问王彦章击破敌军的具体日期，王彦章对答说："三天。"左右亲近人员听后都哑然失笑。王彦章从大梁出发，历时两天，就飞速抵达滑州。辛酉（五月十八日）这天，摆设酒宴大会将士，暗中派人在杨村备齐船只。待至夜间，命令六百名武士全都手持巨斧，在船上装好冶炼用具，配齐鼓风吹火的皮囊和点火的木炭，顺流而下。宴会聚饮尚未散席，王彦章假装起身要去厕所，率领精兵数千人沿着黄河南岸直扑德胜。此时天正下小雨，朱守殷未作防备，船中士兵扯起连结浮桥的锁链烧断了它，随后用巨斧用力劈砍浮桥，而王彦章率领军队紧急攻击德胜南城。浮桥被劈断，德胜南城也被攻破了，砍下后唐兵首级数千颗，这时距离接受后梁帝诏命也刚好三天。朱守殷用小船装载全副武装的士兵渡过黄河援救德胜南城，但已经来不及了。王彦章进而攻打潘张、麻家口、景店各座营寨，都夺占了它们，声势由此大振。

帝遣宦者焦彦宾急趣杨刘，与镇使李周固守，命守殷弃德胜北城，撤屋材为筏，载兵械浮河东下，助杨刘守备，徙其刍粮薪炭于澶州，所耗失殆半。王彦章亦撤南城屋材浮河而下，各行一岸，每遇湾曲，辄于中流交斗，飞矢雨集，或全舟覆没，一日百战，互有胜负。比及杨刘，殆亡士卒之半。己巳，王彦章、段凝以十万之众攻杨刘，百道俱进，昼夜不息，连巨舰九艘，横亘河津以绝援兵。城垂陷者数四，赖李周悉力拒之，与士卒同甘苦，彦章不能克，退屯城南，为连营以守之。

杨刘告急于帝，请日行百里以赴之。帝引兵救之，曰："李周在内，何忧！"日行六十里，不废畋猎，六月乙亥，至杨刘。梁兵堑垒重复，严不可入，帝患之，问计于郭崇韬，对曰："今彦章据守津要，意谓可以坐取东平。苟大军不南，则东平不守矣。臣请筑垒于博州东岸以固河津，既得以应接东平，又可以分贼兵势。但虑彦章诇知，径来薄我，城不能就。愿陛下募敢死之士，日令挑战以缀之，苟彦章旬日不东，则城成矣。"时李嗣源守郓州，河北声问不通，人心渐离，不保朝夕。会梁右先锋指挥使康延孝密请降于嗣源。延孝者，太原胡人，有罪，亡奔梁，时隶段凝麾下。嗣源遣押牙临漳范延光送延孝蜡书诣帝，延光因言于帝曰："杨刘控扼已固，

庄宗派遣宦官焦彦宾火速赶赴杨刘城，与镇使李周坚持防守，命令朱守殷放弃德胜北城，拆下房屋的木材制成木筏，载运士兵和器械顺着黄河向东进发，协助杨刘城防守戒备，同时把粮草、薪炭转运到澶州，结果消耗损失将近一半。王彦章也拆下德胜南城的房屋木材制成木筏顺着黄河向东进发，两军各沿河岸一侧行进，每次遇到转弯处，就在河心中流展开激战，飞箭像雨点一样密集，有的整艘船都沉没了，一天中要激战好多次，双方互有胜负。等一起赶到杨刘城时，亡失士兵都几乎达到一半。己巳（二十六日）这天，王彦章、段凝统领十万部众攻打杨刘城，从各个方向齐头并进，昼夜不停，还连结起九艘大战舰横布在黄河渡口，用来切断后唐的援兵。杨刘城险些陷落的场景出现了好几次，全凭李周全力拒敌，与士卒同甘共苦奋战，王彦章才没能攻下来，之后王彦章退到城南屯驻，设置连营来进行封锁。

杨刘方面向庄宗告急，请求每天行进一百里来解救危难。庄宗领兵去救援杨刘，说道："李周在杨刘城内，有什么值得忧虑的呢？"每天只行进六十里，路上还不放弃打猎，六月乙亥（初二）这天，抵达了杨刘。梁军设置的壕沟壁垒一道接一道，严密得无法进入，庄宗对此很伤脑筋，便向郭崇韬询问计策，对答说："现今王彦章据守渡口要地，意下是认为可以坐取东平。如果我们大军不再向南行进，东平就守不住了。臣下我请求在博州东岸修筑堡垒，用来增固黄河渡口，既可以接应东平，又能够分散贼军的力量。只是忧虑王彦章刺探到消息，径直前来进逼我等，城就无法筑成了。愿请陛下招募敢死壮士，每天让他们挑战，以便牵制住王彦章，王彦章如果十天以内不向东行进，城就筑成了。"这时候，李嗣源正守卫郓州，河北方向的音讯传不到他那里，人心逐渐在离散，郓州有些朝不保夕。偏巧赶上后梁右先锋指挥使康延孝秘密向李嗣源请求归降。康延孝是太原胡族人，因为有罪逃奔到后梁，此时隶属在段凝手下。李嗣源派遣押牙临漳人范延光到庄宗那里去送康延孝用蜡丸封裹的密信，范延光趁机便对庄宗说："杨刘城的控制扼守现下已经相当坚固，

梁人必不能取,请筑垒马家口以通郓州之路。"帝从之,遣崇韬将万人夜发,倍道趣博州,至马家口渡河,筑城昼夜不息。帝在杨刘,与梁人昼夜苦战。崇韬筑新城凡六日,王彦章闻之,将兵数万人驰至,戊子,急攻新城,连巨舰十馀艘于中流以绝援路。时板筑仅毕,城犹卑下,沙土疏恶,未有楼橹及守备。崇韬慰谕士卒,以身先之,四面拒战,遣间使告急于帝。帝自杨刘引大军救之,陈于新城西岸,城中望之增气,大呼叱梁军,梁人断绁敛舰。帝舣舟将渡,彦章解围,退保邹家口,郓州奏报始通。李嗣源密表请正朱守殷覆军之罪,帝不从。

秋七月丁未,帝引兵循河而南,彦章等弃邹家口,复趋杨刘。甲寅,游弈将李绍兴败梁游兵于清丘驿南。段凝以为唐兵已自上流渡,惊骇失色,面数彦章,尤其深入。戊午,帝遣骑将李绍荣直抵梁营,擒其斥候,梁人益恐,又以火筏焚其连舰。王彦章等闻帝引兵已至邹家口,己未,解杨刘围,走保杨村。唐兵追击之,复屯德胜。梁兵前后急攻诸城,士卒遭矢石、溺水、渴死者且万人,委弃资粮、铠仗、锅幕,动以千计。杨刘比至围解,城中无食已三日矣。

王彦章疾赵、张乱政,及为招讨使,谓所亲曰:"待我成功还,当尽诛奸臣以谢天下!"赵、张闻之,私相谓曰:"我辈

梁人肯定不能够攻取它,请在马家口修筑堡垒,用来打通去往郓州的道路。"庄宗采纳了这一建议,派遣郭崇韬率领一万人趁夜出发,兼程赶赴博州,抵达马家口即渡过黄河,昼夜不停地来修筑城堡。庄宗在杨刘,也与梁军昼夜苦战。郭崇韬修筑新城才六天,王彦章就听到消息,飞速带领数万名部队赶到,戊子(十五日)这天,紧急攻打新城,还在黄河河心连结起十多艘大战舰,用来切断唐军救援的通道。当时新城城墙才刚刚筑成,城堡仍很低下,所用沙土疏松质劣,尚未建成瞭望城楼以及守备设施。郭崇韬慰抚劝导士兵,亲自打头阵,四面抗拒迎战,同时派遣从事秘密活动的使者向庄宗告急。庄宗从杨刘亲率大军前来救援,在新城西岸布下战阵,新城中的士兵望见援军,士气大增,高声呼叫,呵斥梁军,梁军砍断锁链,收住战舰。庄宗命船靠岸,准备登船渡河,王彦章被迫解除包围,退守邹家口,郓州与河北的公文往来由此才通畅无阻。李嗣源秘密上表,请求惩办朱守殷使全军覆没的罪过,庄宗拒不听从。

秋季七月丁未(初五)这天,庄宗领兵沿黄河向南进发,王彦章等人放弃邹家口,又扑向杨刘。甲寅(十二日)这天,游弈将李绍兴在清丘驿南面击败后梁的游击部队。段凝以为唐兵已从黄河上游渡过,大惊失色,当面数落王彦章,责怪他擅自深入。戊午(十六日)这天,庄宗派遣骑兵将领李绍荣直抵梁军军营,擒获了对方的侦察兵,梁人更加恐惧,唐军又用着火的木筏焚烧后梁连在一起的战舰。王彦章等人听说庄宗领兵已经到达邹家口,就在己未(十七日)这天解除对杨刘城的包围,逃回杨村自保。唐兵追击梁军,重新屯驻在德胜。梁军自从出师以来,前后紧急攻打各座城堡,士兵遭受箭石、落水或中暑而死的将近上万人,所丢弃的军资粮草、铠甲兵仗、锅炊幕帐,动辄就用千计算。杨刘城等到包围解除,城中断粮已经三天了。

王彦章痛恨赵岩、张汉杰搅乱朝政,等到出任招讨使,对亲近的人说:"等我大功告成回朝,一定诛杀所有奸臣来向天下谢罪!"赵岩、张汉杰闻知这番话,私下里相互商议说:"我们这班人

宁死于沙陀,不可为彦章所杀。"相与协力倾之。段凝素疾彦章之能而诏附赵、张,在军中与彦章动相违戾,百方沮挠之,惟恐其有功,潜伺彦章过失以闻于梁主。每捷奏至,赵、张悉归功于凝,由是彦章功竟无成。及归杨村,梁主信谗,犹恐彦章旦夕成功难制,征还大梁,使将兵会董璋攻泽州。

甲子,帝至杨刘劳李周曰:"微卿善守,吾事败矣。"八月甲戌,帝自杨刘还兴唐。

梁主命于滑州决河,东注曹、濮及郓以限唐兵。

初,梁主遣段凝监大军于河上,敬翔、李振屡请罢之。梁主曰:"凝未有过。"振曰:"俟其有过,则社稷危矣。"至是,凝厚赂赵、张求为招讨使,翔、振力争以为不可。赵、张主之,竟代王彦章为北面招讨使,于是宿将愤怒,士卒亦不服。天下兵马副元帅张宗奭言于梁主曰:"臣为副元帅,虽衰朽,犹足为陛下扞御北方。段凝晚进,功名未能服人,众议讻讻,恐贻国家深忧。"敬翔曰:"将帅系国安危,今国势已尔,陛下岂可尚不留意邪!"梁主皆不听。戊子,凝将全军五万营于王村,自高陵津济河,剽掠澶州诸县,至于顿丘。梁主又命王彦章将保銮骑士及他兵合万人,屯兖、郓之境,谋复郓州,以张汉杰监其军。

庚寅,帝引兵屯朝城。戊戌,康延孝帅百馀骑来奔,帝解

宁肯死在沙陀人手中,也不能被王彦章所诛杀。"彼此随即约定,同心协力倾轧王彦章。段凝一向嫉妒王彦章的才能,谄媚趋附赵岩和张汉杰,在军中与王彦章一有行动就违抗背离,百般阻挠王彦章,唯恐他立下功劳,暗中还侦伺王彦章的过失来向后梁帝密奏。每次捷报传到朝廷,赵岩、张汉杰都把功绩归在段凝名下,因此王彦章的功绩最终也没建成。等到王彦章退归杨村,后梁帝还听信谗言,一味担心王彦章旦夕之间取得成功难以控制,就把他调回大梁,让他带兵会同董璋攻打泽州。

甲子(二十二日)这天,庄宗到杨刘城慰劳李周说:"要不是爱卿你善于防守,我的大事就毁败了。"八月甲戌(初三)这天,庄宗从杨刘回到兴唐府。

后梁帝命令在滑州打开黄河,向东灌注曹州、濮州以及郓州,借此来阻隔后唐军。

当初,后梁帝派遣段凝在黄河边上监督大军作战,敬翔、李振屡次请求罢免他。后梁帝说:"段凝没有过失。"李振说:"等他有了过失,江山社稷就危险了。"到这时,段凝重金贿赂赵岩和张汉杰,请求担任招讨使,敬翔、李振极力争辩,认为不行。赵岩、张汉杰共做主张,最终让段凝代替王彦章担任北面招讨使,从此老将都愤恨不平,士兵也不服气。天下兵马副元帅张元瑰对后梁帝说:"臣下我身为副元帅,尽管衰弱老朽,还足够用来为陛下捍卫守御北方。段凝属于后进臣僚,功勋和名望都不能使人折服,众人议论喧扰不安,恐怕会给国家留下深重的祸患。"敬翔说:"将帅维系着国家的安危,当前国家情势已经这副模样了,陛下哪能还不往心里去呢?"后梁帝一概不听。戊子(十七日)这天,段凝统率全军五万人在王村扎营,从高陵津渡过黄河,劫掠澶州所属各县,一直到达顿丘。后梁帝又命王彦章带领保銮骑士以及其他部队合计一万多人,屯驻在兖、郓二州交界的地方,力图收复郓州,并派张汉杰监督这支部队。

庚寅(十九日)这天,庄宗统领部队屯驻在朝城。戊戌(二十七日)这天,康延孝带领一百多名骑兵前来归降,庄宗解下

所御锦袍玉带赐之，以为南面招讨都指挥使，领博州刺史。帝屏人问延孝以梁事，对曰："梁朝地不为狭，兵不为少，然迹其行事，终必败亡。何则？主既暗懦，赵、张兄弟擅权，内结宫掖，外纳货赂，官之高下惟视赂之多少，不择才德，不校勋劳。段凝智勇俱无，一旦居王彦章、霍彦威之右，自将兵以来，专率敛行伍以奉权贵。梁主每出一军，不能专任将帅，常以近臣监之，进止可否动为所制。近又闻欲数道出兵，令董璋引陕、虢、泽、潞之兵自石会关趣太原，霍彦威以汝、洛之兵自相、卫、邢、洺寇镇、定，王彦章、张汉杰以禁军攻郓州，段凝、杜晏球以大军当陛下，决以十月大举。臣窃观梁兵聚则不少，分则不多，愿陛下养勇蓄力以待其分兵，帅精骑五千自郓州直抵大梁，擒其伪主，旬月之间，天下定矣。"帝大悦。

九月，帝在朝城，梁段凝进至临河之南，澶西、相南，日有寇掠。自德胜失利以来，丧刍粮数百万，租庸副使孔谦暴敛以供军，民多流亡，租税益少，仓廪之积不支半岁。泽、潞未下，卢文进、王郁引契丹屡过瀛、涿之南，传闻俟草枯冰合，深入为寇，又闻梁人欲大举数道入寇，帝深以为忧，召诸将会议。宣徽使李绍宏等皆以为："郓州城门之外皆为寇境，孤远难守，有之不如无之，请以易卫州及黎阳于梁，与之约和，以河为境，休兵息民，俟财力稍集，更图后举。"

自己的锦袍和玉带赏赐给他,封他为南面招讨都指挥使,暂兼博州刺史。庄宗屏退众人特向康延孝询问梁朝之事,对答说:"梁朝辖地不狭小,军队数量也不少,但考察它旧有的事例,最终必定会败亡。这是为什么呢?君主既已暗昧懦弱,而赵岩、张汉杰兄弟又专擅朝权,对内勾结后宫,对外收受财货贿赂,官位的高低,只看贿赂的多少,根本不考察品德才能,不考核功劳大小。段凝智谋勇力都不具备,但在一天之间就位居王彦章、霍彦威之上,自从他统兵以来,专门搜刮聚敛各军钱物来供奉权贵。后梁帝每派出一支部队,做不到全权责成将帅指挥调动,常派身边佞臣监督他们,有关前进或驻守是否可行这类重要军务,动辄就被佞臣掌控。最近又听说准备分几路出动部队,命董璋统率陕、虢、泽、潞四州人马从石会关直扑太原,命霍彦威统率汝、洛两州人马从相州、卫州、邢州、洺州进犯镇州和定州,命王彦章、张汉杰统率禁军攻打郓州,命段凝、杜晏球统率大军直接针对陛下您决战,确定在十月大举行动。臣下我私自观察,梁军聚集起来确实不少,分散开来并不众多,只盼望陛下养精蓄锐,等待梁朝的分兵行动,届时统领精锐骑兵五千名从郓州直达大梁,擒获梁朝假皇帝,一个月之内,天下也就平定了。"庄宗听后十分高兴。

九月,庄宗身在朝城,后梁段凝进军到临河县南部,在澶州西部和相州南部,每天都有梁军进犯抢掠。后唐自从德胜一战失利以来,丧失粮草数百万,租庸副使孔谦靠横征暴敛供应军需,民众大多流离逃亡,因而租赋税收越来越少,仓库里的积蓄连半年都不够用。泽州和潞州仍未攻下,卢文进、王郁又勾结契丹多次骚扰瀛州、涿州的南部地段,风传他们等草枯结冰之后,就深入内地进行劫掠,又从康延孝那里听说梁人准备大举用兵,分成多路入侵进犯,庄宗对此深感忧虑,召集众将聚会商议。宣徽使李绍宏等都认为:"郓州城门外边都是敌寇的辖境,郓州孤单又离大唐遥远,很难守住,有它不如没它,请拿它向梁朝交换卫州以及黎阳,同梁朝定约讲和,把黄河作为两国分界,休整士兵,养育百姓,等财力逐渐积聚,再重新谋划下一步的重大行动。"

帝不悦,曰:"如此吾无葬地矣。"乃罢诸将,独召郭崇韬问之。对曰:"陛下不栉沐,不解甲,十五馀年,其志欲以雪家国之仇耻也。今已正尊号,河北士庶日望升平,始得郓州尺寸之地,不能守而弃之,安能尽有中原乎!臣恐将士解体,将来食尽众散,虽画河为境,谁为陛下守之!臣尝细询康延孝以河南之事,度已料彼,日夜思之,成败之机决在今岁。梁今悉以精兵授段凝,据我南鄙,又决河自固,谓我猝不能渡,恃此不复为备。使王彦章侵逼郓州,其意冀有奸人动摇,变生于内耳。段凝本非将材,不能临机决策,无足可畏。降者皆言大梁无兵,陛下若留兵守魏,固保杨刘,自以精兵与郓州合势,长驱入汴,彼城中既空虚,必望风自溃。苟伪主授首,则诸将自降矣。不然,今秋谷不登,军粮将尽,若非陛下决志,大功何由可成!谚曰:'当道筑室,三年不成。'帝王应运,必有天命,在陛下勿疑耳。"帝曰:"此正合朕志。丈夫得则为王,失则为虏,吾行决矣!"司天奏:"今岁天道不利,深入必无功。"帝不听。

　　王彦章引兵逾汶水,将攻郓州,李嗣源遣李从珂将骑兵逆战,败其前锋于递坊镇,获将士三百人,斩首二百级,彦章退保中都。戊辰,捷奏至朝城,帝大喜,谓郭崇韬曰:

庄宗听后很恼火，表态说："果真这样做，我就没有葬身的处所了。"于是让众将退下，单独召见郭崇韬询问对策。郭崇韬回答说："陛下您不沐浴梳洗，不解下铠甲，已经不止十五个年头了，您的志向是要洗刷家国的深仇奇耻。而现下已经名正言顺地登基称帝，黄河以北的士人百姓每天都在盼望天下太平，如今刚夺得郓州这块极小的地方，却无法守住而要放弃它，往后怎能全部握有中原呢？臣下我担心将士会分崩离析，过些天粮食用光，部众溃散，即使划分黄河作为国界，谁又能替陛下守卫它呢？臣下我曾向康延孝仔细询问过河南方面的事体，估量我方，预测对方，日夜思索过相应的对策，而成败的机缘，就取决于今年。梁朝现今把全部精兵都交付给段凝，占据我国南部边境，又打开黄河河堤，进行自我稳固，认定我们不能一下子渡过黄河，依仗这种布局也不再严加防备。至于派遣王彦章入侵进逼郓州，意图只是希望能有奸恶之人蛊惑动摇人心，使我国内部发生变乱罢了。段凝本来就算不上将才，没能力临机做出决策来，不具备值得畏惧的地方。归降的人都说大梁城中没有军队，陛下您如果留下一部分兵力守护魏州，坚决保有杨刘城，亲自率领精兵与郓州会合，长驱直入汴梁，对方城中既已空虚，必定会望风自行溃散。如果那个假皇帝投降，手下众将也就自动投降了。我们若不这样采取行动，今年秋粮已经歉收了，军粮眼看快用光了，要是不由陛下您下定决心，大功通过什么可以成就呢？谚语说：'正对道路盖屋室，三年成不了。'帝王应合时运，必定拥有天命，这全在陛下对此毫不怀疑罢了。"庄宗说："你所讲的这一切，恰恰切合我的志向。大丈夫赢得天命就成为帝王，失掉天命就成为俘虏，我要采取行动确定无疑了！"掌管天象观测的部门上奏说："今年天道不吉利，深入敌境必会无功而返。"庄宗拒不听从。

　　王彦章率领军队越过汶水，准备攻打郓州，李嗣源派遣李从珂率领骑兵前去迎战，在递坊镇击败了王彦章的前锋部队，擒获后梁将士三百人，砍下首级二百颗，王彦章退到中都自保。戊辰（二十七日）这天，捷报传到朝城，庄宗特别高兴，对郭崇韬说道：

"郓州告捷,足壮吾气。"己巳,命将士悉遣其家属归兴唐。

　　冬十月,帝遣魏国夫人刘氏、皇子继岌归兴唐,与之诀曰:"事之成败,在此一决。若其不济,当聚吾家于魏宫而焚之。"仍命豆卢革、李绍宏、张宪、王正言同守东京。壬申,帝以大军自杨刘济河;癸酉,至郓州。中夜,进军逾汶,以李嗣源为前锋,甲戌旦,遇梁兵,一战败之,追至中都,围其城。城无守备,少顷,梁兵溃围出,追击,破之。王彦章以数十骑走,龙武大将军李绍奇单骑追之,识其声,曰:"王铁枪也!"拔稍刺之,彦章重伤,马踬,遂擒之,并擒都监张汉杰、曹州刺史李知节、裨将赵廷隐、刘嗣彬等二百馀人,斩首数千级。廷隐,开封人;嗣彬,知俊之族子也。

　　彦章尝谓人曰:"李亚子斗鸡小儿,何足畏!"至是,帝谓彦章曰:"尔常谓我小儿,今日服未?"又问:"尔名善将,何不守兖州?中都无壁垒,何以自固?"彦章对曰:"天命已去,无足言者。"帝惜彦章之材,欲用之,赐药傅其创,屡遣人诱谕之。彦章曰:"余本匹夫,蒙梁恩,位至上将,与皇帝交战十五年。今兵败力穷,死自其分,纵皇帝怜而生我,我何面目见天下之人乎!岂有朝为梁将,暮为唐臣!此我所不为也。"帝复遣李嗣源自往谕之,彦章卧谓嗣源曰:"汝非邈佶烈乎?"彦章素轻嗣源,故以小名呼之。于是诸将称贺,帝举酒属李嗣源曰:"今日之功,公与崇韬之力也。

"郓州告捷,足以使我军士气更加雄壮。"己巳(二十八日)这天,命令将士把他们的家属全都送回到兴唐府。

冬季十月,庄宗送魏国夫人刘氏、皇子李继岌回归兴唐府,与母子二人诀别说:"事情的成败,就在这一次定下来了。倘若未成功,就把咱们全家聚集在魏宫全都烧死。"同时命令豆卢革、李绍宏、张宪、王正言共同守卫东京。壬申(初二)这天,庄宗统领大军从杨刘城渡过黄河;癸酉(初三)这天,抵达郓州。半夜时分,继续进军,越过汶水,任命李嗣源充当前锋,甲戌(初四)这天清晨,遇到梁军,一战就击败了他们,一直追杀到中都,包围了该城。城中不曾布设守备,很短时间内,梁兵就冲破包围圈出逃,唐军追击,击破了他们。王彦章带领数十名骑兵逃走,龙武大将军李绍奇单枪匹马去追赶他,能识别他的声音,于是喊道:"这是王铁枪!"随即拔出长矛刺去他,王彦章身受重伤,战马跌倒,于是擒获了他,同时又擒获了都监张汉杰、曹州刺史李知节、副将赵廷隐、刘嗣彬等二百多人,砍下敌兵首级数千颗。赵廷隐是开封人,刘嗣彬是刘知俊同族兄弟的儿子。

王彦章曾经对人说:"李亚子是个斗鸡小儿,哪里值得畏惧!"到这时被活捉,庄宗对他说:"你平常总说我是小儿,今天服不服?"又问道:"你号称良将,为什么不守卫兖州?中都未设壁垒,又靠什么来巩固?"王彦章对答说:"天命已经离开梁朝,没有什么再说的了。"庄宗怜惜王彦章的才干,打算任用他,赐给药物治疗他的伤口,多次派人劝诱开导他。王彦章说:"我原本是个匹夫,蒙受大梁恩典,官位做到上将,与皇帝您作战十五年。如今兵败力竭,死去纯属命里注定,纵使皇帝您怜惜我,让我活下来,我又有什么面目去见天下人呢?哪有早晨还在担任梁朝的将领,晚上就变成了大唐的臣子?这类丑事我是绝对不干的。"庄宗又派遣李嗣源亲自前去劝导他,王彦章躺着对李嗣源说:"你不就是邈佶烈吗?"王彦章一向看不起李嗣源,所以用小名来称呼他。在这胜利时刻,众将向庄宗表示祝贺,庄宗举起酒杯递给李嗣源说:"今天这番战绩,得自明公你和郭崇韬的力量啊。

向从绍宏辈语,大事去矣。"帝又谓诸将曰:"向所患惟王彦章,今已就擒,是天意灭梁也!段凝犹在河上,进退之计,宜何向而可?"诸将以为:"传者虽云大梁无备,未知虚实。今东方诸镇兵皆在段凝麾下,所馀空城耳;以陛下天威临之,无不下者。若先广地,东傅于海,然后观衅而动,可以万全。"康延孝固请亟取大梁。李嗣源曰:"兵贵神速。今彦章就擒,段凝必未之知,就使有人走告之,疑信之间尚须三日。设若知吾所向,即发救兵,直路则阻决河,须自白马南渡,数万之众,舟楫亦难猝办。此去大梁至近,前无山险,方陈横行,昼夜兼程,信宿可至,段凝未离河上,友贞已为吾擒矣。延孝之言是也,请陛下以大军徐进,臣愿以千骑前驱。"帝从之。令下,诸军皆踊跃愿行。是夕,嗣源帅前军倍道趣大梁。

乙亥,帝发中都,舁王彦章自随,遣中使问彦章曰:"吾此行克乎?"对曰:"段凝有精兵六万,虽主将非材,亦未肯遽尔倒戈,殆难克也。"帝知其终不为用,遂斩之。丁丑,至曹州,梁守将降。

王彦章败卒有先至大梁,告梁主以彦章就擒,唐军长驱且至者,梁主聚族哭曰:"运祚尽矣!"召群臣问策,

前些日子要是听从李绍宏那些人的话,大事就落空了。"庄宗又对众将说:"从前所担忧的,只是王彦章,如今他已经被我们擒获,这是天意要消灭梁国啊!段凝还盘踞在黄河边上,有关进退的计策,应该把兵锋指向哪里才正确呢?"众位将领认为:"风传消息的人尽管都说大梁没有布设守备,但还不知道虚实。如今东部各镇的兵马都集中在段凝的指挥之下,留在它们那里的只是空城罢了;凭借陛下您的天威亲临这些地方,没有不能攻占下来的。如果先拓展疆土,向东一直濒临大海,然后察看梁国的内部矛盾,再采取行动,可以万无一失了。"康延孝坚持请求火速攻取大梁。李嗣源说:"兵贵神速。目前王彦章战败被擒,段凝必定还不知道这件事情,纵使有人跑去告诉他,他半信半疑到做出决断,起码还需要三天时间。假设他已经知道我们的去向,立刻出动救兵,那么直通的大路已经被黄河水阻隔住了,就必须从白马津向南渡过黄河,而那好几万人的部众,光是所需要的船只也很难一下子办齐。这里距离大梁最近,前方也不存在山川天险,我军列成方阵横排行进,昼夜兼程,两天就能到达,而在段凝尚未离开黄河边上的时候,朱友贞已经被我们生擒活捉了。康延孝的主张很正确,请陛下您统领大军缓慢推进,臣下我愿意带领一千名骑兵打先锋。"庄宗采纳了李嗣源的意见。进击命令下达后,众军都相当踊跃,愿意前行。这天夜里,李嗣源率领前军兼程直扑大梁。

乙亥(初五)这天,庄宗从中都出发,让人抬着王彦章跟随自己前行,庄宗派遣宦官使者问王彦章说:"我这次出征,能够取胜吗?"对答说:"段凝拥有精兵六万,尽管这位主将不是太优秀,但也不肯猛然间就倒戈归降,恐怕难以取胜。"庄宗很清楚王彦章到最后也不会替自己效力,于是斩杀了他。丁丑(初七)这天,抵达曹州,曹州的后梁守将投降。

王彦章的败兵有先逃回到大梁的,就把王彦章已经被擒获,唐军长驱直入快要抵达的消息禀告给后梁帝,后梁帝聚集全宗族的成员哭着说:"国运到头了!"接下来召集群臣询问对策,

皆莫能对。梁主谓敬翔曰:"朕居常忽卿所言,以至于此。今事急矣,卿勿以为怼,将若之何?"翔泣曰:"臣受先帝厚恩,殆将三纪,名为宰相,其实朱氏老奴,事陛下如郎君。臣前后献言,莫匪尽忠。陛下初用段凝,臣极言不可,小人朋比,致有今日。今唐兵且至,段凝限于水北,不能赴救。臣欲请陛下出居避狄,陛下必不听从;欲请陛下出奇合战,陛下必不果决。虽使良、平更生,谁能为陛下计者?臣愿先赐死,不忍见宗庙之亡也。"因与梁主相向恸哭。

梁主遣张汉伦驰骑追段凝军。汉伦至滑州,坠马伤足,复限水不能进。时城中尚有控鹤军数千,朱珪请帅之出战,梁主不从,命开封尹王瓒驱市人乘城为备。

初,梁陕州节度使、邵王友诲,全昱之子也,性颖悟,人心多向之。或言其诱致禁军欲为乱,梁主召还,与其兄友谅、友能并幽于别第。及唐师将至,梁主疑诸兄弟乘危谋乱,并皇弟贺王友雍、建王友徽尽杀之。

梁主登建国楼,面择亲信厚赐之,使衣野服,赍蜡诏,促段凝军,既辞,皆亡匿。或请幸洛阳,收集诸军以拒唐,唐虽得都城,势不能久留。或请幸段凝军,控鹤都指挥使皇甫麟曰:"凝本非将材,官由幸进,今危窘之际,望其临机

没有谁能作对答。后梁帝对敬翔说："朕平常忽视爱卿你所发表的言论，以致陷到这般地步。如今事态很危急了，爱卿你不要怨恨过去，请讲眼下该怎么办呢？"敬翔流泪说："臣下我蒙受先帝厚恩将近三十年，名义上是宰相，实际上是朱氏的老奴才，事奉陛下您如同对待主人的贵公子一样。臣下我前后献纳的意见，没有一条不是出于尽献忠心。陛下开始要任用段凝，臣下我极力争辩这可不行，随后小人便朋比为奸，以致造成今天的局面。目前唐军眼看就要杀来，段凝还在黄河北岸遭到阻隔，不能赴难救急。臣下我打算请求陛下您出奔到北方狄族那里避难，陛下您肯定不会依从；想请陛下您亮出奇兵与唐军鏖战，陛下您必定不会果断做出决定。即使张良、陈平再生，谁能为陛下您筹划谋虑呢？臣下我愿意先被赐死，我不忍心看到梁室宗庙的毁灭啊。"于是同后梁帝面对面痛哭。

后梁帝派遣张汉伦飞马调回段凝的军队。张汉伦到达滑州时，却从马上掉下来，摔坏了脚，又被黄河水阻隔，无法再前进。这时大梁城中还有数千名控鹤军，朱珪请求率领他们出战，后梁帝不答应，命令开封尹王瓒驱赶市井中人登城进行防备。

当初，后梁陕州节度使、邵王朱友诲是朱全昱的儿子，天性聪颖灵敏，人心大都归向他。有人说他引诱招徕禁军打算叛乱，后梁帝把他召回京师，与他兄长朱友谅、朱友能一起被幽禁在另外设置的府第中。待至后唐军队眼看杀到，后梁帝怀疑自己的各位兄弟会乘危难图谋作乱，连同皇弟贺王朱友雍、建王朱友徽全部都给杀掉了。

后梁帝登上建国楼，当面挑选亲信，厚重赏赐他们，让他们穿上普通百姓的服装，带上封在蜡丸里的诏书，前去催促段凝的军队急速回撤，这些人辞行以后，全都逃亡躲藏起来。有人敦请后梁帝移驾洛阳，再收拢各路军队抗拒后唐，后唐即使占领了都城大梁，也势必无法久留。还有人请求后梁帝直接驾临段凝军中，但控鹤都指挥使皇甫麟说："段凝本来就不是将才，官位因他妹妹受宠才步步高升，现今正值危急窘迫之际，指望他临机决断，

制胜,转败为功,难矣。且凝闻彦章军败,其胆已破,安知能终为陛下尽节乎?"赵岩曰:"事势如此,一下此楼,谁心可保!"梁主乃止。复召宰相谋之,郑珏请自怀传国宝诈降以纾国难,梁主曰:"今日固不敢爱宝,但如卿此策,竟可了否?"珏俯首久之,曰:"但恐未了。"左右皆缩颈而笑。梁主日夜涕泣,不知所为,置传国宝于卧内,忽失之,已为左右窃之迎唐军矣。

戊寅,或告唐军已过曹州,尘埃涨天。赵岩谓从者曰:"吾待温许州厚,必不负我。"遂奔许州。

梁主谓皇甫麟曰:"李氏吾世仇,理难降首,不可俟彼刀锯。吾不能自裁,卿可断吾首。"麟泣曰:"臣为陛下挥剑死唐军则可矣,不敢奉此诏。"梁主曰:"卿欲卖我邪?"麟欲自刭,梁主持之曰:"与卿俱死。"麟遂弑梁主,因自杀。梁主为人温恭俭约,无荒淫之失,但宠信赵、张,使擅威福,疏弃敬、李旧臣,不用其言,以至于亡。

己卯旦,李嗣源军至大梁,攻封丘门,王瓒开门出降。嗣源入城,抚安军民。是日,帝入自梁门,百官迎谒于马首,拜伏请罪,帝慰劳之,使各复其位。李嗣源迎贺,帝喜不自胜,手引嗣源衣,以头触之曰:"吾有天下,卿父子之功也,天下与尔共之。"帝命访求梁主,顷之,或以其首献。

克敌制胜,变失败为成功,那可太困难了。况且段凝听说王彦章兵马败亡,早已吓破胆,怎么能知道他最终真会替陛下尽守臣节呢?"赵岩说:"事态情势落到了这般地步,一走下这座楼,哪个人的心里还能抱定忠诚呢!"后梁帝于是作罢。又召来宰相谋议对策,郑珏请求让自己怀揣传国宝印向后唐假装投降来纾解国家的危难,后梁帝说:"到眼下固然不敢爱惜传国宝印了,但照爱卿你这条计策行事,最终能够解决问题吗?"郑珏把头低下很久,说道:"只怕还不能解决。"左右侍从都缩起脖子发笑。后梁帝日夜痛哭流涕,不知该怎么办好,特意把传国宝印放在卧室内存放,突然间却丢失了,原来已被左右侍从偷走,拿去迎接唐军了。

戊寅(初八)这天,有人禀报唐军已经跨过曹州,尘土飞满天。赵岩对跟从的人说:"我对待温许州一向优厚,他必定不会辜负我。"于是逃往许州。

后梁帝对皇甫麟说:"李氏是我朱氏的世代仇敌,按理实难向他投降,决不能等着挨他刀砍锯割。我做不到自杀,爱卿你可以砍断我的头颅。"皇甫麟流泪说:"臣下我替陛下挥剑在唐军那里战死是做得到的,但却不敢奉受这道诏令。"后梁帝说:"爱卿你想出卖我吗?"皇甫麟准备自刎,表示尽忠,后梁帝拉住他说:"我与爱卿你一块死。"皇甫麟于是杀死后梁帝,紧接着自杀。后梁帝为人温良恭谨,生活节俭,没有荒淫方面的过失,只是宠信赵岩、张汉杰,让他们专擅朝政,作威作福,疏远并抛弃敬翔、李振等老臣,不采用他们的意见,以至于国灭身亡。

己卯(初九)这天早晨,李嗣源的先头部队抵达大梁,攻打封丘门,王瓒打开城门出城投降。李嗣源进入城内,安抚后梁军民。这一天,庄宗从梁门入城,后梁文武百官在庄宗所乘战马前迎接拜见,跪伏在地上请罪,庄宗慰劳他们,让他们各自恢复原任的职位。李嗣源前来迎接祝贺,庄宗喜不自胜,用手扯起李嗣源的衣襟,拿头碰他说:"我据有天下,都是爱卿你们父子的功劳,这整个天下,我和你们父子共同统领它。"庄宗命人访求后梁帝的下落,不一会儿,有人把他首级献上。

李振谓敬翔曰:"有诏洗涤吾辈,相与朝新君乎?"翔曰:"吾二人为梁宰相,君昏不能谏,国亡不能救,新君若问,将何辞以对?"是夕未曙,或报翔曰:"崇政李太保已入朝矣。"翔叹曰:"李振谬为丈夫!朱氏与新君世为仇雠,今国亡君死,纵新君不诛,何面目入建国门乎!"乃缢而死。庚辰,梁百官复待罪于朝堂,帝宣敕赦之。

赵岩至许州,温昭图迎谒归第,斩首来献,尽没岩所赍之货。昭图复名韬。辛巳,诏王瓒收朱友贞尸,殡于佛寺,漆其首,函之,藏于太社。

段凝自滑州济河入援,以诸军排陈使杜晏球为前锋。至封丘,遇李从珂,晏球先降。壬午,凝将其众五万至封丘,亦解甲请降。凝帅诸大将先诣阙待罪,帝劳赐之,慰谕士卒,使各复其所。凝出入公卿间,扬扬自得无愧色,梁之旧臣见者皆欲龁其面,抶其心。丙戌,诏贬梁中书侍郎、同平章事郑珏为莱州司户,萧顷为登州司户,翰林学士刘岳为均州司马,任赞为房州司马,姚顗为复州司马,封翘为唐州司马,李怿为怀州司马,窦梦徵为沂州司马,崇政学士刘光素为密州司户,陆崇为安州司户,御史中丞王权为随州司户:以其世受唐恩而仕梁贵显故也。岳,崇龟之从子;顗,万年人;翘,敖之孙;怿,京兆人;权,龟之孙也。

李振对敬翔说:"唐帝颁布诏书,说是可以洗刷我们这些人的罪过,一起去朝拜新君主好吗?"敬翔说:"我们俩是大梁宰相,君主昏庸不能够劝谏,国家灭亡不能够挽救,新君主倘若问起这两条,将用什么话来做对答呢?"这天夜里尚未破晓时,有人向敬翔禀告说:"崇政使李太保已经入朝拜见去了。"敬翔叹息道:"李振枉为男子汉大丈夫! 朱氏与新君主世世代代是仇敌,现今国家灭亡,君主死去,纵使新君主不杀你我,你我还有什么面目进入建国门呢?"于是自缢身死。庚辰(初十)这天,后梁文武百官又在朝堂等待降罪,庄宗宣布敕令,赦免他们。

赵岩跑到许州,许州刺史温昭图迎接拜谒并把他安置在府第内,随后砍下他的脑袋前去献给庄宗,并且私吞了赵岩所携带的全部财物。温昭图恢复了自己的原名温韬。辛巳(十一日)这天,庄宗下达诏书,命令王瓒收敛朱友贞的尸体,停放在佛寺中,用漆涂黑他的头部,装入匣子里,收藏在祖庙内。

段凝从滑州渡过黄河回京救援,委派诸军排阵使杜晏球担任先锋。到达封丘时,遇到李从珂,杜晏球最先归降。壬午(十二日)这天,段凝统领手下部众五万人到达封丘,也脱下铠甲请求归降。段凝带领各位大将先到宫门外等待降罪,庄宗慰劳并赏赐他们,又慰抚劝导士兵,让他们各自回家仍旧去干原来谋生的老本行。段凝在公卿大臣之间出来进去,依旧洋洋自得,毫无羞愧的神色,后梁旧臣只要是看到他的,没有一个人不想狠咬他的脸,再挖他的心。丙戌(十六日)这天,庄宗下达诏书,把后梁中书侍郎、同平章事郑珏贬降为莱州司户,把萧顷贬降为登州司户,把翰林学士刘岳贬降为均州司马,把任赞贬降为房州司马,把姚觊贬降为复州司马,把封翘贬降为唐州司马,把李怿贬降为怀州司马,把窦梦徵贬降为沂州司马,把崇政学士刘光素贬降为密州司户,把陆崇贬降为安州司户,把御史中丞王权贬降为随州司户:这是由于他们世代蒙受李唐恩典却又在后梁做高官的缘故。刘岳是刘宗龟的侄子,姚觊是万年人,封翘是封敖的孙子,李怿是京兆人,王权是王龟的孙子。

段凝、杜晏球上言:"伪梁要人赵岩、赵鹄、张希逸、张汉伦、张汉杰、张汉融、朱珪等,窃弄威福,残蠹群生,不可不诛。"诏:"敬翔、李振首佐朱温,共倾唐祚;契丹撒剌阿拨叛兄弃母,负恩背国,宜与岩等并族诛于市;自馀文武将吏一切不问。"又诏追废朱温、朱友贞为庶人,毁其宗庙神主。

帝之与梁战于河上也,梁拱宸左厢都指挥使陆思铎善射,常于笴上自镂姓名,射帝,中马鞍,帝拔箭藏之。至是,思铎从众俱降,帝出箭示之,思铎伏地待罪,帝慰而释之,寻授龙武右厢都指挥使。

以豆卢革尚在魏,命枢密使郭崇韬权行中书事。

梁诸藩镇稍稍入朝,或上表待罪,帝皆慰释之。宋州节度使袁象先首来入朝,陕州留后霍彦威次之。象先辇珍货数十万,遍赂刘夫人及权贵、伶官、宦者,旬日,中外争誉之,恩宠隆异。己丑,诏伪庭节度、观察、防御、团练使、刺史及诸将校,并不议改更;将校官吏先奔伪庭者一切不问。

庚寅,豆卢革至自魏。甲午,加崇韬守侍中,领成德节度使。崇韬权兼内外,谋猷规益,竭忠无隐,颇亦荐引人物,豆卢革受成而已,无所裁正。丙申,赐滑州留后段凝姓名曰李绍钦,耀州刺史杜晏球曰李绍虔。乙酉,梁西都留守

段凝、杜晏球上奏说："伪梁的朝廷要员赵岩、赵鹄、张希逸、张汉伦、张汉杰、张汉融、朱珪等人窃取要弄朝权,作威作福,残害众生,不能不予以诛杀。"庄宗下达诏书:"敬翔、李振带头辅佐朱温,共同倾覆大唐国统;契丹人撒剌阿拨叛离兄长,抛弃母亲,辜负皇恩,背叛国家,应该与赵岩等人一起在集市上诛灭全宗族;其馀文武将吏一概不问罪。"又下达诏书,追废朱温、朱友贞的生前身份,变成普通老百姓,同时毁掉了他们在梁朝宗庙里所供奉的神主牌位。

起先庄宗与梁军在黄河边上交战的时候,梁朝拱宸左厢都指挥使陆思铎擅长射箭,常常在箭杆上刻上自己的姓名,有一次直射庄宗,射中了庄宗战马的马鞍,庄宗拔下这支箭收藏起来。到此时,陆思铎随从众人一起归降,庄宗拿出箭给他看,陆思铎跪伏在地上等待降罪,庄宗慰抚并宽恕了他,不久又任命他担当龙武右厢都指挥使。

鉴于豆卢革仍在魏州,庄宗就责成枢密使郭崇韬暂且掌领中书事务。

后梁原属各藩镇陆续入见朝拜,有的还上表等待降罪,庄宗一概慰抚宽恕他们。宋州节度使袁象先第一个入见朝拜,陕州留后霍彦威第二个来到。袁象先用车装载珍宝奇货数十万,一个不漏地向刘夫人以及权贵、伶官、宦官进行贿赂,十天后,朝廷内外都争相赞誉他,庄宗对他的恩宠既隆盛又与众不同。己丑(十九日)这天,庄宗下达诏书,凡属后梁朝廷的节度使、观察使、防御使、团练使、刺史以及众将校,一律不改派更换;将校官吏率先投靠后梁朝廷的,一概不追究责任。

庚寅(二十日),豆卢革从魏州回到大梁。甲午(二十四日),加封郭崇韬守侍中,兼成德节度使。内外权力都在郭崇韬的掌控之中,他锐意筹划长远大计,规正补益,竭尽忠心,没有隐私,也很注重引荐人才,豆卢革只管接受既成事实罢了,没有什么需要裁定匡正的事情。丙申(二十六日),庄宗赐给滑州留后段凝姓名叫李绍钦,耀州刺史杜晏球叫李绍虔。乙酉,后梁西都留守、

河南尹张宗奭来朝，复名全义，献币马千计，帝命皇子继岌、皇弟存纪等兄事之。帝欲发梁太祖墓，斫棺焚其尸，全义上言："朱温虽国之深仇，然其人已死，刑无可加，屠灭其家，足以为报，乞免焚斸以存圣恩。"帝从之，但铲其阙室，削封树而已。

戊戌，加天平节度使李嗣源兼中书令，以北京留守继岌为东京留守、同平章事。

帝遣使宣谕诸道，梁所除节度使五十馀人皆上表入贡。郭崇韬上言："河南节度使、刺史上表者但称姓名，未新除官，恐负忧疑。"十一月，始降制以新官命之。

癸卯，河中节度使朱友谦入朝。张全义请帝迁都洛阳，从之。乙巳，赐朱友谦姓名曰李继麟，命继岌兄事之。以康延孝为郑州防御使，赐姓名曰李绍琛。废北都，复为成德军。赐宣武节度使袁象先姓名曰李绍安。匡国节度使温韬入朝，赐姓名曰李绍冲。绍冲多赍金帛赂刘夫人及权贵伶宦，旬日，复遣还镇。郭崇韬曰："国家为唐雪耻，温韬发唐山陵殆遍，其罪与朱温相埒耳，何得复居方镇？天下义士其谓我何？"上曰："入汴之初，已赦其罪。"竟遣之。

初，梁均王将祀南郊于洛阳，闻杨刘陷而止，其仪物具在。

河南尹张宗奭前来朝见，又恢复使用自己的本名张全义，他所献纳的钱币、马匹数以千计，庄宗让皇子李继岌、皇弟李存纪等人像对待兄长那样对待他。庄宗打算发掘梁太祖的陵墓，捅破棺材，焚烧他的尸体，张全义启奏说："朱温尽管是国家的大仇人，但他本人已经死去，刑罚对他没有可以再施用的地方了，屠灭他的家族，也就足以用来报仇了，乞请免予焚尸破棺，这也恰好显现出圣上您的盛恩。"庄宗同意了这一奏请，仅仅铲除了朱温陵墓的阙门宫室，削平了坟头和种植的树木而已。

戊戌（二十八日）这天，加授天平节度使李嗣源兼中书令，任命北京留守李继岌担当东京留守、同平章事。

庄宗派遣使者到各道宣达谕旨，后梁所任命的五十多名节度使全都上表入贡。郭崇韬启奏说："黄河以南节度使和刺史上表的人只称自己的姓名，还未被授予新官职，这恐怕仍会让他们心怀忧惧和疑虑。"十一月，后唐首次颁降制书，用新官职任命这些人。

癸卯（初三）这天，河中节度使朱友谦入见朝拜。张全义请求庄宗迁都洛阳，庄宗听从了张全义的这一请求。乙巳（初五）这天，庄宗赐给朱友谦姓名叫李继麟，责成皇子李继岌像对待兄长那样对待他。将康延孝任命为郑州防御使，赐给姓名叫李绍琛。罢废北都，仍称成德军。赐给宣武节度使袁象先姓名叫李绍安。匡国节度使温韬入见朝拜，赐给他姓名叫李绍冲。李绍冲携带大量金玉绢帛，贿赂刘夫人以及权贵、伶人和宦官，十天以后，又送他回归本镇。郭崇韬说："我们国家为唐朝洗刷耻辱，温韬盗掘唐室皇陵几乎一处也没给剩下，他那罪过同朱温不相上下，凭什么又能坐镇一方呢？天下义士对我们又会怎么看呢？"庄宗说："进入汴梁当初，就已经赦免了他的罪过。"到最后依然送他回归本镇。

起初，后梁均王朱友贞准备在洛阳举行南郊祭天大礼，听说杨刘城失陷后也就作罢了，但那些礼仪用品都还完整地保存着。

张全义请上亟幸洛阳，谒庙毕即祀南郊，从之。丙辰，复以梁东京为宣〔武〕军。诏文武官先诣洛阳。甲子，帝发大梁；十二月庚午，至洛阳。

二年春二月己巳朔，上祀南郊，大赦。

张全义奏报庄宗快速驾临洛阳,拜谒太庙完毕,迅即举行南郊祭天大礼,庄宗批准了这一奏报。丙辰(十六日)这天,又把后梁东京改为宣武军,下达诏书让文武百官先到洛阳集合。甲子(二十四日)这天,庄宗从大梁出发;十二月庚午(初一)这天,抵达洛阳。

二年(924)春季二月己巳是初一,庄宗在当天举行南郊祭天大礼,大赦天下。

庄宗灭蜀

后梁均王乾化三年。蜀太子元膺，猥喙龃齿，目视不正，而警敏知书，善骑射，性狷急猜忍。蜀主命杜光庭选纯静有德者使侍东宫，光庭荐儒者许寂、徐简夫。太子未尝与之交言，日与乐工群小嬉戏无度，僚属莫敢谏。秋七月，蜀主将以七夕出游。丙午，太子召诸王大臣宴饮，集王宗翰、内枢密使潘峭、翰林学士承旨高阳毛文锡不至，太子怒曰：“集王不来，必峭与文锡离间也。”大昌军使徐瑶、常谦，素为太子所亲信，酒行，屡目少保唐道袭，道袭惧而起。丁未旦，太子入白蜀主曰：“潘峭、毛文锡离间兄弟。”蜀主怒，命贬逐峭、文锡，以前武泰节度使兼侍中潘炕为内枢密使。太子出，道袭入，蜀主以其事告之。道袭曰：“太子谋作乱，欲召诸将、诸王，以兵锢之，然后举事耳。”蜀主疑焉，遂不出。道袭请召屯营兵入宿卫，许之。内外戒严。

庄宗灭蜀

后梁均王乾化三年(913)。前蜀太子王元膺长着一副公猪嘴,牙齿露在外面,看人时眼睛歪斜乱转,但却机警敏捷,通晓书文,擅长骑马射箭,性情则褊狭急躁、猜忌残忍。蜀主王建责成杜光庭选取纯正沉静、具有道德修养的人,让他们供职东宫,杜光庭推荐了儒士许寂、徐简夫。太子未曾与他两个人搭过话,成天同乐工下人嬉戏耍闹,没有限度,他的僚属谁都不敢劝谏。秋季七月,蜀主准备在七夕出游。而丙午(初六)当天,太子召集诸王大臣举行宴饮,但集王王宗翰、内枢密使潘峭、翰林学士承旨高阳人毛文锡却未到场,太子勃然大怒,说:"集王今天不来,一定是潘峭与毛文锡从中挑拨离间造成的结果。"大昌军使徐瑶、常谦一向被太子所亲信,在喝酒劝饮的过程中,他俩屡次对少保唐道袭瞧来瞧去,唐道袭惊惧恐慌,十分害怕,便起身离席。丁未(初七)这天清晨,太子入宫向蜀主禀告说:"潘峭、毛文锡挑拨离间我们兄弟。"蜀主大怒,下令把潘峭、毛文锡贬斥放逐,任命原武泰节度使兼侍中潘炕担当内枢密使。太子出宫以后,恰逢唐道袭入宫,蜀主把这件事情告诉了他。唐道袭说道:"太子图谋作乱,打算召集众位将领和诸王,用武力把他们禁锢起来,然后再采取行动罢了。"蜀主听后,心生疑虑,于是不再出游。唐道袭请求召集屯驻在军营的兵马入宫值班守卫,蜀主予以应允,成都内外戒严。

太子初不为备，闻道袭召兵，乃以天武甲士自卫，捕潘峭、毛文锡至，树之几死，囚诸东宫。又捕成都尹潘峤，囚诸得贤门。戊申，徐瑶、常谦与怀胜军使严璘等各帅所部兵奉太子攻道袭。至清风楼，道袭引屯营兵出拒战，道袭中流矢，逐至城西，斩之。杀屯营兵甚众，中外惊扰。

潘炕言于蜀主曰："太子与唐道袭争权耳，无他志也。陛下宜面谕大臣以安社稷。"蜀主乃召兼中书令王宗侃、王宗贺、前利州团练使王宗鲁等，使发兵讨为乱者徐瑶、常谦等。宗侃等陈于西毬场门，兼侍中王宗黯自大安门梯城而入，与瑶、谦战于会同殿前，杀数十人，馀众皆溃。瑶死，谦与太子奔龙跃池，匿于舰中。及暮，稍定。己酉旦，太子出就舟人丐食，舟人以告蜀主，遣集王宗翰往慰抚之。比至，太子已为卫士所杀。蜀主疑宗翰杀之，大恸不已。左右恐事变，会张格呈慰谕军民榜，读至"不行斧钺之诛，将误社稷之计"，蜀主收涕曰："朕何敢以私害公！"于是下诏废太子元膺为庶人。宗翰奏诛手刃太子者，元膺左右坐诛死者数十人，贬窜者甚众。庚戌，赠唐道袭太师，谥忠壮，复以潘峭为枢密使。

冬十月，蜀潘炕屡请立太子，蜀主以雅王宗辂类己，信王宗杰才敏，欲择一人立之。郑王宗衍最幼，其母徐贤妃有宠，欲立其子，使飞龙使唐文扆讽张格上表请立

太子起初未作防备,听说唐道袭召集兵马,就率领天武甲士进行自卫,把潘峭、毛文锡抓到东宫,用马鞭抽打他二人,就差一点儿便丧命了,然后囚禁在东宫。又逮捕了成都尹潘峤,囚禁在得贤门。戊申(初八)这天,徐瑶、常谦与怀胜军使严璘等人各自带领手下部众,奉从太子攻打唐道袭。抵达清风楼时,唐道袭率领屯驻军营的士兵赶出来抵御交战,唐道袭身中流箭,太子等人一直追击到成都城西,斩杀了他。而且杀死了大量屯驻军营的士兵,朝廷内外一片惊慌纷扰。

潘炕向蜀主王建进言说:"太子不过是与唐道袭争权罢了,并没有什么其他野心。陛下应该当面晓谕大臣,以便安定社稷。"蜀主于是召集太保兼中书令王宗侃、王宗贺、原利州团练使王宗鲁等人,派他们发兵讨伐作乱的徐瑶、常谦等人。王宗侃等人在西毬场门布下战阵,行营兵马使兼侍中王宗黯从大安门用梯子登城入内,与徐瑶、常谦在会同殿前交战,杀死数十人,其馀部众都逃散了。徐瑶战死,常谦与太子跑到龙跃池,藏匿在舰船中。等到傍晚,局势才慢慢平定下来。己酉(初九)这天清晨,太子出来到船夫那里讨饭吃,船夫把情况举报上去,蜀主派遣集王王宗翰前去慰抚太子。等赶到时,太子已经被卫士杀死了。蜀主怀疑是王宗翰动的手,痛哭不已。蜀主身边的人恐怕事情再发生激变,而恰逢张格呈递安慰劝谕军民的榜文,其中写有"若不施用斧钺斩刑,将会耽误国家大计"这样两句话,蜀主读到这两句榜文后,便止住眼泪说:"朕哪敢因私害公!"于是下达诏书,把太子王元膺废黜为普通百姓。王宗翰奏请诛杀亲手杀死太子王元膺的人,王元膺左右亲信因此获罪而被处死的有数十人,被贬斥放逐的也相当多。庚戌(初十)这天,追赠唐道袭为太师,谥号为忠壮,又任命潘峭担当内枢密使。

冬季十月,前蜀枢密使潘炕屡次请求册立新太子,蜀主认为雅王王宗辂像自己,信王王宗杰才思敏捷,打算在他俩中选择一人立为太子。郑王王宗衍最小,其母徐贤妃很受宠爱,想立自己的儿子为太子,就让飞龙使唐文扆暗示张格奏呈章表,请求册立

宗衍。格夜以表示功臣王宗侃等,诈云受密旨,众皆署名。蜀主令相者视诸子,亦希旨言:"郑王相最贵。"蜀主以为众人实欲立宗衍,不得已许之,曰:"宗衍幼懦,能堪其任乎?"甲午,立宗衍为太子。

四年春正月丙子,蜀主命太子判六军,开崇勋府,置僚属,〔后更谓之天策府〕。

秋八月戊子,以内枢密使潘峭为武泰军节度使、同平章事,翰林学士承旨毛文锡为礼部尚书、判枢密院。

贞明三年秋七月,蜀飞龙使唐文扆居中用事,张格附之,与司徒、判枢密院事毛文锡争权。文锡将以女适左仆射兼中书侍郎、同平章事庾传素之子,会亲族于枢密院用乐,不先表闻,蜀主闻乐声,怪之,文扆从而谮之。八月庚寅,贬文锡茂州司马,其子司封员外郎询流维州,籍没其家;贬文锡弟翰林学士文晏为荣经尉。传素罢为工部尚书,以翰林学士承旨庾凝绩权判内枢密院事。凝绩,传素之再从弟也。

四年。蜀太子衍好酒色,乐游戏。蜀主尝自夹城过,闻太子与诸王斗鸡击毬喧呼之声,叹曰:"吾百战以立基业,此辈其能守之乎!"由是恶张格,而徐贤妃为之内主,竟不能去也。信王宗杰有才略,屡陈时政,蜀主贤之,有废立意。二月癸亥,宗杰暴卒,蜀主深疑之。

王宗衍。张格连夜把章表拿给功臣王宗侃等人观看，并诈称恭奉蜀主密旨而撰写，众人就都签上了自己的姓名。蜀主让擅长相面的术士察视各个皇子，术士也迎合所谓的密旨说："郑王面相最尊贵。"蜀主觉得众人事实上想拥立王宗衍，自己拗不过大家，不得已只好答应下来，但同时提醒说："宗衍幼小懦弱，他真能够承担起太子的重任吗？"甲午（二十六日）这天，把王宗衍册立为太子。

四年（914）春季正月丙午（初九）这天，蜀主下令，让太子王宗衍掌管六军，开设崇勋府，设置僚属，后又把它改称天策府。

秋季八月戊子（二十四日）这天，蜀主任命内枢密使潘峭担当武泰军节度使、同平章事，翰林学士承旨毛文锡担当礼部尚书、判枢密院。

后梁均王贞明三年（917）秋季七月，前蜀飞龙使唐文扆在朝中当权，张格依附他，与司徒、判枢密院事毛文锡争权。毛文锡打算把女儿嫁给左仆射兼中书侍郎、同平章事庾传素的儿子，便在枢密院会集亲朋同族，演奏音乐，但未事先上表申请，蜀主王建听到音乐声，感到很奇怪，唐文扆就趁机诋毁毛文锡。八月庚寅（十三日）这一天，直接将毛文锡贬斥为茂州司马，他儿子司封员外郎毛询也被流放到维州，并且登记、没收了他家的全部财产；又把毛文锡的弟弟翰林学士毛文晏贬斥为荣经县尉。庾传素也被降职为工部尚书，任命翰林学士承旨庾凝绩暂且判领内枢密院事。庾凝绩是庾传素的同曾祖堂弟。

四年（918），前蜀太子王宗衍沉溺饮酒，贪恋美色，对游戏特别感兴趣。蜀主王建曾经从夹城经过，听到太子与诸位王侯斗鸡击球的喧嚣呼叫声，不禁叹息道："我身经百战创立基业，这些人能够守护住我的基业吗？"由此憎恶张格，但是因为有徐贤妃在宫内为他做主，终究不能斥逐他。信王王宗杰具有才干谋略，多次陈述时政得失，蜀主认为他贤能，产生了废除和重新册立太子的念头。二月癸亥（二十日）这天，王宗杰突然暴死，蜀主对他的死因深感怀疑。

蜀主自永平末得疾，昏瞀，至是增剧。以北面行营招讨使兼中书令王宗弼沈静有谋，五月，召还，以为马步都指挥使。乙亥，召大臣入寝殿，告之曰："太子仁弱，朕不能违诸公之请，逾次而立之。若其不堪大业，可置诸别宫，幸勿杀之。但王氏子弟，诸公择而辅之。徐妃兄弟，止可优其禄位，慎勿使之掌兵预政，以全其宗族。"

内飞龙使唐文扆久典禁兵，参预机密，欲去诸大臣，遣人守宫门。王宗弼辈三十馀人日至朝堂，不得入见，文扆屡以蜀主之命慰抚之，伺蜀主殂，即作难。遣其党内皇城使潘在迎侦察外事，在迎以其谋告宗弼等。宗弼等排闼入，言文扆之罪，以天册府掌书记崔延昌权判六军事，召太子入侍疾。丙子，贬唐文扆为眉州刺史。翰林学士承旨王保晦坐附会文扆，削官爵，流泸州。在迎，炕之子也。

丙申，蜀主诏中外财赋、中书除授、诸司刑狱案牍专委庾凝绩，都城及行营军旅之事委宣徽南院使宋光嗣。丁酉，削唐文扆官爵，流雅州。辛丑，以宋光嗣为内枢密使，与兼中书令王宗弼、宗瑶、宗绾、宗夔并受遗诏辅政。初，蜀主虽因唐制置枢密使，专用士人，及唐文扆得罪，蜀主以诸将多许州故人，恐其不为幼主用，故以光嗣代之。自是宦者始用事。

蜀主王建自从永平末年患病以来，就昏乱迷惑，到这时愈发严重。鉴于北面行营招讨使兼中书令王宗弼沉稳冷静，富有谋略，便在五月将他召回成都，任命为马步都指挥使。乙亥（三月初二）这天，蜀主召集大臣进入自己的寝殿，嘱告他们说："太子仁慈懦弱，朕无法违背你们诸位明公的请求，才超越长幼次序而册立了他。如果他不能承担起帝王大业，可以把他安置在另外的宫室，千万不要杀他。只要是王氏子弟，诸位明公都不妨选择一位辅佐他。徐妃的兄弟们，只能对他们的俸禄爵位加以优崇，切莫让他们执掌兵权参与朝政，借此来保全住他们的宗族。"

内飞龙使唐文扆长时间掌领禁兵，参与机密事务，打算除去众位大臣，就派人严守宫门。王宗弼这批臣僚三十多人，每天都要到朝堂去看望蜀主，但却无法入内面见，而唐文扆屡次借用蜀主命令的名义慰劳安抚他们，只等蜀主一离世，立刻就发动叛乱。他派党羽内皇城使潘在迎侦察宫外的动静，潘在迎却把唐文扆的图谋告诉了王宗弼等人。王宗弼等人推开宫门闯进去，揭露了唐文扆的罪行，蜀主便任命天册府掌书记崔延昌暂且判领六军事，宣召太子入内侍候。丙子（三月初三）这天，把唐文扆贬斥为眉州刺史。翰林学士承旨王保晦因附会唐文扆而获罪，也削去了他的官职爵位，流放到泸州。潘在迎是潘炕的儿子。

丙申（三月二十三日）这天，蜀主王建下达诏书，把朝廷内外的财赋收支、中书的官职任免、各司的刑狱案牍等事务，专门交付给庾凝绩负责料理，把都城以及行营军旅的事务交付给宣徽南院使宋光嗣负责处置。丁酉（三月二十四日）这天，削去唐文扆的官职爵位，流放到雅州。辛丑（三月二十八日）这天，又任命宋光嗣担当内枢密使，让他与马步都指挥使兼中书令王宗弼、王宗瑶、王宗绾、王宗夔一起承受遗诏，辅佐朝政。起初，蜀主王建尽管承袭唐朝的制度设置了枢密使，但专门选用读书人来担任这一职务，等到唐文扆犯罪后，蜀主鉴于众将大多是许州时的老部下，担心他们不为幼主效力，所以就选用宋光嗣代替唐文扆，从此宦官开始当权。

六月壬寅朔，蜀主殂。癸卯，太子即皇帝位。尊徐贤妃为太后，徐淑妃为太妃。以宋光嗣判六军诸卫事。乙卯，杀唐文扆、王保晦。命西面招讨副使王宗昱杀天雄节度使唐文裔于秦州，免左保胜军使、领右街使唐道崇官。

蜀唐文扆既死，太傅、门下侍郎、同平章事张格内不自安。或劝格称疾俟命，礼部尚书杨玢自恐失势，谓格曰："公有援立大功，不足忧也！"庚午，贬格为茂州刺史，玢为荣经尉。吏部侍郎许寂、户部侍郎潘峤皆坐格党贬官。格寻再贬维州司户。

秋七月壬申朔，蜀主以兼中书令王宗弼为钜鹿王，宗瑶为临淄王，宗绾为临洮王，宗播为临颍王，宗裔、宗夔及兼侍中宗黯皆为琅邪郡王。甲戌，以王宗侃为乐安王。丙子，以兵部尚书庾传素为太子少保兼中书侍郎、同平章事。蜀主不亲政事，内外迁除皆出于王宗弼。宗弼纳贿多私，上下咨怨。宋光嗣通敏善希合，蜀主宠任之，蜀由是遂衰。

蜀诸王皆领军使，彭王宗鼎谓其昆弟曰："亲王典兵，祸乱之本。今主少臣强，才间将兴，缮甲训士，非吾辈所宜为也。"因固辞军使，蜀主许之，但营书舍、植松竹自娱而已。

乙丑，蜀主以内给事王廷绍、欧阳晃、李周辂、宋光葆、宋承蕴、田鲁俦等为将军及军使，皆干预政事，骄纵贪暴，大为蜀患。周庠切谏，不听。晃患所居之隘，夜，因风纵火，焚西邻军营数百间，明旦，召匠广其居。蜀主亦不之问。

六月壬寅是初一，蜀主王建去世。癸卯（初二）这天，太子王宗衍登上皇帝宝座。尊奉徐贤妃为太后，徐淑妃为太妃。任命宋光嗣判领六军诸卫事。乙卯（十四日）这天，斩杀唐文扆、王保晦。命令西面招讨副使王宗昱在秦州杀死天雄节度使唐文裔，免除左保胜军使、领右街使唐道袭的官职。

前蜀唐文扆死后，太傅、门下侍郎、同平章事张格心里惶恐不安。有人劝张格宣称自己有病在身，等待命令，礼部尚书杨玢唯恐自己失去权势，便对张格说："尊公您有扶立太子的大功劳，没必要忧虑啊！"庚午（二十九日）这天，把张格贬斥为茂州刺史，把杨玢贬斥为荣经县尉。吏部侍郎许寂、户部侍郎潘峤都因属于张格的同党而获罪贬官。张格不久再度被贬斥为维州司户。

秋季七月壬申是初一，蜀主王宗衍在当日加封兼中书令王宗弼为钜鹿王，王宗瑶为临淄王，王宗绾为临洮王，王宗播为临颍王，王宗裔、王宗夔以及兼侍中王宗黯均为琅邪郡王。甲戌（初三），加封王宗侃为乐安王。丙子（初五），任命兵部尚书庾传素担当太子少保兼中书侍郎、同平章事。蜀主王宗衍并不亲自处理政事，朝廷内外官员的授职和升迁都由王宗弼一手操纵。王宗弼收受贿赂，徇私舞弊，上下都叹息怨恨。宋光嗣则圆通聪敏，善于迎合，蜀主宠信重用他，前蜀于是由此而衰落下去。

前蜀各位亲王都兼任军使，彭王王宗鼎对他兄弟们说："亲王掌管部队，属于祸乱的根源。现今主上年少，大臣强悍，谗毁离间将会兴行，而修缮武器和训练士兵，不是我们这些人所应去做的。"随后坚持辞掉军使职务，蜀主应允了他这请求，他从此只是修饰书房斋舍，种植青松翠竹，用来自我娱乐而已。

乙丑（八月二十五日），蜀主把内给事王廷绍、欧阳晃、李周辂、宋光葆、宋承蕴、田鲁俦等人任命为将军或军使，这帮人都干预政事，骄横放纵，贪婪残暴，成为前蜀的祸患。周庠就此激切劝谏，蜀主拒不听从。欧阳晃不满自己住所狭窄，竟在夜里趁着风势放火，焚毁了西侧与之相邻近的好几百间军营，次日清晨便召集工匠扩建自己的住所。蜀主对他这等行径也不问罪。

光葆,光嗣之从弟也。

五年,蜀主奢纵无度,日与太后、太妃游宴于贵臣之家,及游近郡名山,饮酒赋诗,所费不可胜纪。仗内教坊使严旭强取士民女子内宫中,或得厚赂而免之,以是累迁至蓬州刺史。太后、太妃各出教令卖刺史、令、录等官,每一官阙,数人争纳赂,赂多者得之。

六年秋七月乙卯,蜀主下诏北巡。以礼部尚书兼成都尹长安韩昭为文思殿大学士,位在翰林承旨上。昭无文学,以便佞得幸,出入宫禁,就蜀主乞通、渠、巴、集数州刺史卖之以营居第,蜀主许之。识者知蜀之将亡。

八月戊辰,蜀主发成都,被金甲,冠珠帽,执弓矢而行,旌旗兵甲,亘百馀里。雒令段融上言:"不宜远离都邑,当委大臣征讨。"不从。九月,次安远城。冬十月辛酉,蜀主如武定军,数日,复还安远。十一月庚戌,蜀主发安远城;十二月庚申,至利州。阆州团练使林思谔来朝,请幸所治,从之。癸亥,泛江而下,龙舟画舸,辉映江渚,州县供办,民始愁怨。壬申,至阆州。州民何康女色美,将嫁,蜀主取之,赐其夫家帛百匹,夫一恸而卒。癸未,至梓州。

龙德元年春正月甲午,蜀主还成都。

宋光葆是宋光嗣的堂弟。

五年(919),蜀主奢侈放纵,毫无限度,每天同太后、太妃在权贵大臣的家中游乐宴饮,以及游逛附近郡县的名山,饮酒赋诗,所耗费的财物多得无法计算。仗内教坊使严旭强行选取士人平民的女子纳入宫中,而只要得到某户人家送上的厚重礼物,就放过这家女子,他竟凭借这种手段步步高升到蓬州刺史。太后、太妃也各自下达本人的命令,售卖刺史、县令、录事参军等官位,每逢出现一个空缺官位,好几个人就争相行贿,而行贿数量最多的人就获取这个官位。

六年(920)秋季七月乙卯(二十六日)这天,蜀主下达诏书,决定去北方巡视。任命礼部尚书兼成都尹长安人韩昭为文思殿大学士,地位在翰林承旨之上。韩昭并不具备文章学问,但却依靠逢迎谄媚得到蜀主的宠幸,可以出入宫禁,乃至近前向蜀主讨要通州、渠州、巴州、集州的刺史职位,再把这四个职位高价卖出去,用来营造自己的府第,蜀主居然答应了他。富有见识的人知道前蜀很快就要灭亡了。

八月戊辰(初十)这一天,蜀主从成都出发,身披黄金铠甲,头戴珍珠帽子,手持弓箭行进,随行的旌旗兵甲绵延一百多里。雒县县令段融上奏说:"君主不该远离都城,应当委派大臣前去征讨。"蜀主拒不听从。九月,驻扎在安远城。冬季十月辛酉(初三)这天,蜀主前往武定军,几天之后,又回到安远城。十一月庚戌(二十三日)这天,蜀主从安远城出发;十二月庚申(初三)这天,抵达利州。阆州团练使林思谔前来朝拜,请求驾临他的治所,蜀主答应了这一请求。癸亥(初六)这天,浮泛长江,特向下游进发,龙舟彩船熠熠生辉,映照江心小岛,沿途州县供奉承办各种物品,百姓开始发愁怨恨。壬申(十五日)这天,抵达阆州。州中居民何康的女儿容貌俊美,将要出嫁,但蜀主却霸占了她,赐给她夫家一百匹绢帛,她那未婚夫大哭一声,闷绝死去。癸未(二十六日)这天,蜀主抵达梓州。

龙德元年(921)春季正月甲午(初七)这天,蜀主回到成都。

初，蜀主之为太子，高祖为聘兵部尚书高知言女为妃，无宠，及韦妃入宫，尤见疏薄，至是遣还家。知言惊仆，不食而卒。韦妃者，徐耕之孙也，有殊色，蜀主适徐氏，见而悦之，太后因纳于后宫。蜀主不欲聚于母族，托云韦昭度之孙。初为婕妤，累加元妃。

蜀主常列锦步障，击毬其中，往往远适而外人不知。爇诸香，昼夜不绝，久而厌之，更爇皂荚以乱其气。结缯为山，及宫殿楼观于其上，或为风雨所败，则更以新者易之。或乐饮缯山，涉旬不下。山前穿渠通禁中，或乘船夜归，令宫女秉蜡炬千馀居前船，却立照之，水面如昼。或酣饮禁中，鼓吹沸腾，以至达旦。以是为常。

二年春二月，蜀主好为微行，酒肆、倡家靡所不到。恶人识之，乃下令士民皆著大裁帽。夏四月，蜀军使王承纲女将嫁，蜀主取之入宫。承纲请之，蜀主怒，流于茂州。女闻父得罪，自杀。

后唐庄宗同光元年秋八月，蜀主以文思殿大学士韩昭、内皇城使潘在迎、武勇军使顾在珣为狎客，陪侍游宴，与宫女杂坐，或为艳歌相唱和，或谈嘲谑浪，鄙俚亵慢，无所不至，蜀主乐之。在珣，彦朗之子也。时枢密使宋光嗣等专断国事，恣为威虐，务徇蜀主之欲以盗其权。宰相王锴、庾传素等各保宠禄，无敢规正。潘在迎每劝蜀主诛谏者，无使谤国。嘉州司马刘赞献陈后主《三阁图》，

起初,蜀主王宗衍在当太子时,高祖王建为他聘娶兵部尚书高知言的女儿作为正妃,但不受宠爱,等到韦妃入宫,更被疏远冷落,到这时,干脆打发她回娘家。高知言惊愕得倒在地上,吃不下饭而死去。韦妃是徐耕的孙女,长得特别艳丽,蜀主到徐耕家去,看见她就喜爱得不得了,太后于是把她接入后宫。蜀主不想让人说他迎娶和母亲同族的人,便假称她是韦昭度的孙女。最初封她为婕好,逐渐升成了正妃。

　　蜀主王宗衍常用锦帛围成屏障,在里面打球玩,往往脱身到远处去而屏障外的人还不知晓。炷燃各种香料,昼夜不息,时间一长却又厌恶它,就改成炷燃皂荚来搅乱香气。用缯帛堆成山形,又在上面扎成宫殿楼观,有时被风吹雨淋毁坏,就用新的把坏的换掉。有时在所谓缯山上饮酒作乐,接连十多天不下来。在缯山前方又开凿水渠,直通宫禁之中,有时乘船在夜晚从缯山回宫,让宫女手持蜡烛一千多支聚集在前面的船只上,脸朝后站着,拿着蜡烛以照明,水面随之如同白昼一般。有时在宫禁中尽情饮酒,鼓乐喧天,以致通宵达旦。并把这类举动当成是寻常事。

　　二年(922)春季二月,蜀主王宗衍喜欢改装独自出行,酒店、娼家没有他不到的地方。他怕人们认出他来,就下令士人平民都戴大檐帽。夏季四月,前蜀军使王承纲的女儿将要出嫁,蜀主把她夺取到宫中。王承纲请求放还他女儿,蜀主勃然大怒,竟把王承纲流放到茂州。王承纲的女儿听说父亲获罪,自杀身亡。

　　后唐庄宗同光元年(923)秋季八月,蜀主把文思殿大学士韩昭、内皇城使潘在迎、武勇军使顾在珣当成狎客,陪伴侍候自己游乐宴饮,常和宫女混坐一起,有时制作艳歌彼此唱和酬答,有时相互取笑,戏谑放浪,粗俗下流,猥亵放纵而无所不至,蜀主对此十分快意。顾在珣是顾彦朗的儿子。这时枢密使宋光嗣等擅自决断国家政事,任意施展威势暴力,务求迎合顺从蜀主的欲望来窃取他的权力。宰相王锴、庾传素等各自只求保全住高位厚禄,不敢规劝纠正。潘在迎每每怂恿蜀主诛杀进谏的人,声称决不让他们诽谤国家。嘉州司马刘赞献呈陈后主《三阁图》,

并作歌以讽；贤良方正蒲禹卿对策语极切直。蜀主虽不罪，亦不能用也。九月庚戌，蜀主以重阳宴近臣于宣华苑，酒酣，嘉王宗寿乘间极言社稷将危，流涕不已。韩昭、潘在迎曰："嘉王好酒悲。"因谐笑而罢。

冬十月，彗星见舆鬼，长丈馀，蜀司天监言国有大灾。蜀主诏于玉局化设道场，右补阙张云上疏，以为："百姓怨气上彻于天，故彗星见。此乃亡国之征，非祈禳可弭。"蜀主怒，流云黎州，卒于道。

二年春三月己亥朔，蜀主宴近臣于怡神亭，酒酣，君臣及宫人皆脱冠露髻，喧哗自恣。知制诰京兆李龟祯谏曰："君臣沈湎，不忧国政，臣恐启北敌之谋。"不听。夏四月，帝遣客省使李严使于蜀，严盛称帝威德，有混一天下之志。且言朱氏篡窃，诸侯曾无勤王之举。王宗俦以其语侵蜀，请斩之，蜀主不从。宣徽北院使宋光葆上言："晋王有凭陵我国家之志，宜选将练兵，屯戍边鄙，积糗粮，治战舰以待之。"蜀主乃以光葆为梓州观察使，充武德节度留后。

五月戊申，蜀主遣李严还。初，帝因严入蜀，令以马市宫中珍玩，而蜀法禁锦绮珍奇不得入中国，其粗恶者乃听入中国，谓之"入草物"。严还，以闻，帝怒曰："王衍宁免为入草之人乎！"严因言于帝曰："衍童骏荒纵，不亲政务，

并写诗歌进行讽喻;贤良方正蒲禹卿对答朝廷提问,言辞极为激切正直。蜀主尽管不惩罚他们,但也不能采用施行。九月庚戌(初九)这天,蜀主因此日是重阳节而在宣华苑宴请近臣,喝到高兴时,嘉王王宗寿便趁机极力陈说江山社稷将面临危亡,以致痛哭流泪不止。韩昭、潘在迎却取笑他说:"嘉王喜好在喝酒时大放悲声。"随后谈笑罢宴。

冬季十月,彗星在舆鬼五星附近出现,长度一丈有馀,前蜀司天监奏称国家将有大灾降临。蜀主下诏,在玉局化设置道场消灾,右补阙张云奏呈章疏认为:"百姓的怨气往上散布到皇天天际,所以彗星才出现。这是亡国的征兆,绝非祈祷禳除就能消弭止息的。"蜀主阅罢大怒,把张云流放到黎州,张云死在半路上。

二年(924)春季三月己亥是初一,蜀主这天在怡神亭宴享近臣,喝到高兴时,君臣以及宫人都脱下帽子露出发髻,喧哗吵闹,任意胡来。知制诰京兆人李龟祯劝谏说:"君臣沉溺在酒色当中,根本不忧虑国家政务,臣下我担心会诱发北方敌国的图谋。"蜀主拒不听从。夏季四月,后唐庄宗派遣客省使李严出使蜀国,李严当面盛赞庄宗的威势恩德,称其一向怀有统一天下的志向。还说朱氏篡位窃国,诸侯竟然没有谁采取过起兵救援王室的行动。王宗俦认为李严的话语侵犯凌辱了蜀国,请求斩杀他,蜀主拒不听从。宣徽北院使宋光葆上书说:"晋王具有侵扰欺凌我们国家的意向,我国应该选择将领,训练部队,屯驻戍守边境,积蓄粮草,修治战舰来对付他。"蜀主于是任命宋光葆担当梓州观察使,充任武德节度留后。

五月戊申(十一日)这天,蜀主遣送李严回国。起初,后唐庄宗利用李严入蜀,命他用马匹来换取蜀国宫中的奇珍异宝,但是前蜀法令有规定,锦绮这类上等丝织品和奇珍异宝,不得流入中原地区,只有那些粗劣的丝织品才任凭流入中原地区,并把这些东西叫作"入草物"。李严回国后,便把这一情况奏报上去,后唐庄宗恼怒地说:"王宗衍难道不是入草之人吗?"李严乘势向后唐庄宗进言说:"王宗衍年纪较轻,荒淫放纵,不亲自料理政务,

斥远故老,昵比小人。其用事之臣王宗弼、宋光嗣等,谄谀专恣,黩货无厌。贤愚易位,刑赏紊乱,君臣上下专以奢淫相尚。以臣观之,大兵一临,瓦解土崩,可翘足而待也。"帝深以为然。

秋八月戊辰,蜀主以右定远军使王宗锷为招讨马步使,帅二十一军屯洋州;乙亥,以长直马军使林思谔为昭武节度使,戍利州,以备唐。

帝复遣使者李彦稠入蜀,九月己亥,至成都。

蜀前山南节度使兼中书令王宗俦以蜀主失德,与王宗弼谋废立,宗弼犹豫未决。庚戌,宗俦忧愤而卒。宗弼谓枢密使宋光嗣、景润澄等曰:"宗俦教我杀尔曹,今日无患矣。"光嗣辈俯伏泣谢。宗弼子承班闻之,谓人曰:"吾家难乎免矣。"

乙卯,蜀主以前镇江节度使张武为峡路应援招讨使。

蜀宣徽北院使王承休请择军骁勇者万二千人,置驾下左、右龙武步骑四十军,兵械给赐皆优异于他军,以承休为龙武军马步都指挥使,以裨将安重霸副之,旧将无不愤耻。重霸,云州人,以狡佞贿赂事承休,故承休悦之。

冬十一月,蜀主遣其翰林学士欧阳彬来聘。彬,衡山人也。又遣李彦稠东还。

排斥疏远故旧老臣，狎昵亲近小人。在他手下掌权的大臣王宗弼、宋光嗣等人都阿谀谄媚，独断专行，贪污受贿，压根就没有满足的时候。在蜀国，贤能和愚昧颠倒了位置，刑罚和赏赐出现了紊乱，君臣上下专用奢侈荒淫来比高低。依凭臣下我的观察，只要大兵一到，蜀国就会土崩瓦解，这是短时间内就能等到的。"后唐庄宗认为他讲得正确。

秋季八月戊辰（初二）这天，蜀主任命右定远军使王宗锷担当招讨马步使，统率二十一个军屯驻在洋州；乙亥（初九）这天，任命长直马军使林思谔担当昭武节度使，戍守利州，以便防备后唐军。

后唐庄宗又派遣使者李彦稠入蜀，九月己亥（初三）这天，李彦稠抵达成都。

前蜀原山南节度使兼中书令王宗俦，鉴于蜀主王宗衍丧失仁德，便与王宗弼密谋废掉他，再立新君，王宗弼对此犹豫不决。庚戌（十四日）这天，王宗俦因为忧郁愤慨而死去。王宗弼对枢密使宋光嗣、景润澄等人说："王宗俦教唆我杀掉你们这些人，今天他已死去，就不存在祸患了。"宋光嗣等人跪在地上向王宗弼流泪致谢。王宗弼的儿子王承班闻知此事，对人说："我们家很难免除祸难了。"

乙卯（十九日）这天，蜀主任命原镇江节度使张武担当峡路应援招讨使。

前蜀宣徽北院使王承休请求选择军中骁勇善战的士兵一万两千人，设置驾下左、右龙武步兵和骑兵四十个军，新成立的军队武器装备和军饷赏赐都比其他部队优异丰厚，随即任命王承休本人担当龙武军马步都指挥使，同时任命他手下的副将安重霸担当他的副手，老将领们对此无不感到气愤和耻辱。安重霸是云州人，专门施展狡诈谄媚和贿赂的手段事奉王承休，所以王承休非常喜欢他。

冬季十一月，蜀主派遣翰林学士欧阳彬前往后唐聘问。欧阳彬是衡山人。蜀主又遣送李彦稠返回东方后唐。

蜀以唐修好，罢威武城戍，召关宏业等二十四军还成都。戊申，又罢武定、武兴招讨刘潜等三十七军。辛酉，蜀主罢天雄军招讨，命王承骞等二十九军还成都，蜀主罢金州屯戍，命王承勋等七军还成都。

初，唐僖、昭之世，宦官虽盛，未尝有建节者。蜀安重霸劝王承休求秦州节度使，承休言于蜀主曰："秦州多美妇人，请为陛下采择以献。"蜀主许之。庚午，以承休为天雄节度使，封鲁国公，以龙武军为承休牙兵。乙亥，蜀主以前武德节度使兼中书令徐延琼为京城内外马步都指挥使。延琼以外戚代王宗弼居旧将之右，众皆不平。

三年夏六月，帝将伐蜀，辛卯，诏天下括市战马。

秋九月，蜀主与太后、太妃游青城山，历丈人观、上清宫，遂至彭州阳平化、汉州三学山而还。

丁酉，帝与宰相议伐蜀。威胜节度使李绍钦素谄事宣徽使李绍宏，绍宏荐绍钦有盖世奇才，虽孙、吴不如，可以大任。郭崇韬曰："段凝亡国之将，奸谄绝伦，不可信也。"众举李嗣源，崇韬曰："契丹方炽，总管不可离河朔。魏王地当储副，未立殊功，请依故事，以为伐蜀都统，成其威名。"帝曰："儿幼，岂能独往？当求其副。"既而曰："无以易卿。"庚子，以魏王继岌充西川四面行营都统，崇韬充东北面行营都招讨、制置等使，军事悉以委之。又以荆南节度使

前蜀因为已经和后唐建立起良好关系，就取消了威武城的戍卫，宣召关宏业等二十四个军回到成都。戊申（十四日），又撤除了武定、武兴招讨使刘潜等三十七个军。辛酉（二十七日），蜀主撤销天雄军招讨使，命令王承骞等二十九个军回到成都，蜀主还取消了金州的屯驻戍守，命令王承勋等七个军回到成都。

起初，在唐僖宗、唐昭宗年代，宦官尽管势力炽盛，但也未曾出现过出任节度使的现象。前蜀安重霸劝导王承休求取秦州节度使这一职务，王承休为此特向蜀主表示说："秦州那里美貌妇人多得很，请让我为陛下选取进献上来。"蜀主便应允了这一请求。庚午（十二月初六）这天，任命王承休担当天雄节度使，爵位封赐鲁国公，并把龙武军作为王承休的牙兵卫队。乙亥（十二月十一日）这天，蜀主任命原武德节度使兼中书令徐延琼担当京城内外马步都指挥使。徐延琼依仗外戚的身份取代了王宗弼的职权，位居旧将之上，众人都愤愤不平。

三年（925）夏季六月，后唐庄宗准备讨伐前蜀，在辛卯（三十日）这天下达诏书，命令各地统计并购买战马。

秋季九月，蜀主与太后、太妃游览青城山，经过丈人观、上清宫，径直转到彭州境内的阳平化、汉州管理的三学山，这才返回来。

丁酉（初七）这天，后唐庄宗与宰相商议讨伐前蜀。威胜节度使李绍钦一向谄媚事奉宣徽使李绍宏，李绍宏就推荐被赐名为李绍钦的段凝，说他具有盖世奇才，即使孙武、吴起也赶不上他，可以担当大任。郭崇韬说："段凝是亡国将领，奸诈谄媚，无与伦比，不能信任他。"众人又推举李嗣源，郭崇韬说："契丹正猖狂嚣张，总管不能离开河朔重地。魏王处在君主继承人的地位，尚未建立卓异的功勋，请依照前代惯例，把他任命为伐蜀都统，成就他的威名。"后唐庄宗说："这孩子还年纪轻，怎么能够独自前往？应当为他选取副手。"过一会儿又说："没有谁能够代替郭爱卿你来当副手。"庚子（初十）这天，后唐庄宗任命魏王李继岌担当西川四面行营都统，任命郭崇韬担当东北面行营都招讨、制置等使，一切军政事务全部交给他处置。又任命荆南节度使

高季兴充东南面行营都招讨使,凤翔节度使李继曮充都供军转运、应接等使,同州节度使李令德充行营副招讨使,陕州节度使李绍琛充蕃汉马步军都排陈斩斫使兼马步军都指挥使,西京留守张筠充西川管内安抚、应接使,华州节度使毛璋充左厢马步都虞候,邠州节度使董璋充右厢马步都虞候,客省使李严充西川管内招抚使,将兵六万伐蜀。仍诏季兴自取夔、忠、万三州为巡属。都统置中军,以供奉官李从袭充中军马步都指挥监押,高品李廷安、吕知柔充魏王牙通谒。辛丑,以工部尚书任圜、翰林学士李愚并参预都统军机。

蜀安重霸劝王承休请蜀主东游秦州。承休到官,即毁府署,作行宫,大兴力役,强取民间女子教歌舞,图形遗韩昭,使言于蜀主。又献花木图,盛称秦州山川土风之美。蜀主将如秦州,群臣谏者甚众,皆不听。王宗弼上表谏,蜀主投其表于地。太后涕泣不食,止之,亦不能得。前秦州节度判官蒲禹卿上表几二千言,其略曰:"先帝艰难创业,欲传之万世。陛下少长富贵,荒色惑酒。秦州人杂羌、胡,地多瘴疠,万众困于奔驰,郡县罢于供亿。凤翔久为仇雠,必生衅隙。唐国方通欢好,恐怀疑贰。先皇未尝无故盘游,陛下率意频离宫阙。秦皇东狩,銮驾不还;炀帝南巡,龙舟不返。蜀都强盛,雄视邻邦,边亭无烽火之虞,境内有腹心之疾,百姓失业,盗贼公行。昔李势屈于桓温,刘禅降于邓艾,山河险固,不足凭恃。"韩昭谓禹卿曰:"吾收汝表,

高季兴担当东南面行营都招讨使,凤翔节度使李继曊担当都供军转运、应接等使,同州节度使李令德担当行营副招讨使,陕州节度使李绍琛担当蕃汉马步军都排阵斩斫使兼马步军都指挥使,西京留守张筠担当西川管内安抚、应接使,华州节度使毛璋担当左厢马步都虞候,邠州节度使董璋担当右厢马步都虞候,客省使李严担当西川管内招抚使,领兵六万征伐前蜀。同时诏令高季兴自行攻取夔州、忠州和万州,作为他辖领的对象。都统设置中军,任命供奉官李从袭担当中军马步都指挥监押,高品内侍官李廷安、吕知柔担当魏王的牙通谒。辛丑(十一日)这天,委派工部尚书任圜、翰林学士李愚一起参与魏王都统的军机事务。

前蜀安重霸劝导王承休恭请蜀主东行,游历秦州。王承休到任后,立即拆毁了节度使的办公处所,修建行宫,大规模驱使民众服劳役,强行夺取民间的女子,教她们唱歌跳舞,并画出这些女子的图像送给韩昭,让他告知蜀主。王承休又献呈花草树木图,盛赞秦州山川风土的秀美。蜀主打算到秦州去,群臣中进行劝谏的人相当多,蜀主一概不听。王宗弼呈递章表谏阻,蜀主把他的章表甩到地上。太后流泪抽泣不吃饭,以便阻止蜀主,也不能改变蜀主的想法。原秦州节度判官蒲禹卿上表将近两千字,其中主要强调:"先帝历尽艰难创下大业,想把它传续到万世。陛下您从小就一直富贵安乐,纵情声色,迷恋美酒。秦州居民有胡羌混杂在里面,当地大量流行恶性疟疾等传染病,万众为生计奔波感到困苦不堪,郡县为满足供奉感到十分疲乏。凤翔与秦州长期相互仇视,必然会生出事端来。唐国正与我们建立和谐友好的关系,但恐怕他们也心怀鬼胎。我们先皇未曾无缘无故出外去盘桓游玩,陛下您却任意多次离开宫殿。秦始皇向东巡视,銮驾并没有归还;隋炀帝南下巡游,龙舟也没有返回。蜀国国都强劲盛大,雄视相邻藩邦,边境亭台没有烽火连绵的忧患,境内却存在着心腹大患,百姓失业,盗贼横行。从前李势向桓温屈服,刘禅向邓艾投降,正表明山河地势的险要牢固,决不足以供人一味依仗和凭借。"韩昭对蒲禹卿说:"我收好你这章表,

俟主上西归,当使狱吏字字问汝!"王承休妻严氏美,蜀主私焉,故锐意欲行。

冬十月,排陈斩斫使李绍琛与李严将骁骑三千、步兵万人为前锋。招讨判官陈乂至宝鸡,称疾乞留,李愚厉声曰:"陈乂见利则进,惧难则止。今大军涉险,人心易摇,宜斩以徇!"由是军中无敢顾望者。乂,蓟州人也。

癸亥,蜀主引兵数万发成都,甲子,至汉州。武兴节度使王承捷告唐兵西上,蜀主以为群臣同谋沮己,犹不信,大言曰:"吾方欲耀武!"遂东行。在道与群臣赋诗,殊不为意。

丁丑,李绍琛攻蜀威武城,蜀指挥使唐景思将兵出降。城使周彦禋等知不能守,亦降。景思,秦州人也。得城中粮二十万斛。绍琛纵其败兵万馀人逸去,因倍道趣凤州。李严飞书以谕王承捷。李继曮竭凤翔蓄积以馈军,不能充,人情忧恐。郭崇韬入散关,指其山曰:"吾辈进无成功,不复得还此矣。当尽力一决。今馈运将竭,宜先取凤州,因其粮。"诸将皆言蜀地险固,未可长驱,宜按兵观衅。崇韬以问李愚,愚曰:"蜀人苦其主荒淫,莫为之用。宜乘其人情崩离,风驱霆击,彼皆破胆,虽有险阻,谁与守之!兵势不可缓也。"是日李绍琛告捷,崇韬喜,谓愚曰:"公料敌如此,吾复何忧!"乃倍道而进。戊寅,王承捷以凤、兴、文、扶四州印节迎降,得兵八千,粮四十万斛。崇韬曰:"平蜀

等主上从西归来,会让狱吏一个字一个字地审问你!"王承休的妻子严氏长得很美,蜀主跟她私通,所以执意要去秦州。

冬季十月,后唐排阵斩斫使李绍琛与李严带领骁勇善战的骑兵三千、步兵一万人充当伐蜀先锋。招讨判官陈义在到达宝鸡时,假称有病,乞求留下,李愚厉声说道:"你陈义看到利益就向前,害怕危险就止步。如今大军涉历险地,人心容易动摇,正该斩杀你示众!"由此唐军中没有敢再回头观望不前进的人。陈义是蓟州人。

癸亥(初四)这天,蜀主率领数万人从成都出发,甲子(初五)这天到达汉州。武兴节度使王承捷禀报后唐军正在向西开进,蜀主还以为这是群臣在合谋阻止他去秦州,依旧不相信,借机夸口说:"我正想耀武扬威呢!"于是向东行进。在路上,仍然同群臣赋诗取乐,根本不把后唐军放在心上。

丁丑(十八日)这天,李绍琛攻打前蜀武威城,前蜀指挥使唐景思带兵出城投降。城使周彦祎等人知道守不住,也投降了。唐景思是秦州人。后唐军缴获了武威城中二十万斛粮食。李绍琛听任前蜀一万多名战败的士兵逃跑离去,趁势兼程直扑凤州。李严飞速向前蜀王承捷送去书信,劝导他归降。李继曮拿出凤翔的全部积蓄来供应军需,仍不够用,人心忧虑恐慌。郭崇韬进入散关,手指山峰说:"我们进军不成功,就不能再回到这里了。应当竭尽全力,决一死战。现下军需供应快要枯竭了,应先夺取凤州,利用那里的粮食充军。"众将都说蜀地险要坚固,不能长驱直入,应该按兵不动,观察对方内部的变化。郭崇韬以此询问李愚,李愚说:"蜀国民众对蜀主荒淫无道深深痛恨,没人替他效力。应趁对方人心分崩离析,像疾风那样奋进,像雷霆一般猛击,对方都会吓破胆,尽管有天险阻隔,谁能替他守卫呢!兵势决不可延缓。"这一天,李绍琛获胜告捷,郭崇韬大喜,对李愚说:"明公您料敌如此神明,我还有什么忧虑呢!"于是兼程进发。戊寅(十九)这天,王承捷献上凤、兴、文、扶四州的印信符节出迎归降,由此得到八千降兵,四十万斛粮食。郭崇韬说:"平定蜀国,

必矣。"即以都统牒命承捷摄武兴节度使。

己卯，蜀主至利州，威武败卒奔还，始信唐兵之来。王宗弼、宋光嗣言于蜀主曰："东川、山南兵力尚完，陛下但以大军扼利州，唐人安敢悬兵深入?"从之。庚辰，以随驾清道指挥使王宗勋、王宗俨、兼侍中王宗昱为三招讨，将兵三万逆战。从驾兵自绵、汉至深渡，千里相属，皆怨愤，曰："龙武军粮赐倍于他军，他军安能御敌!"

李绍琛等过长举，兴州都指挥使程奉琏将所部兵五百来降，且请先治桥栈以俟唐军，由是军行无险阻之虞。辛巳，兴州刺史王承鉴弃城走，绍琛等克兴州，郭崇韬以唐景思摄兴州刺史。乙酉，成州刺史王承朴弃城走。李绍琛等与蜀三招讨战于三泉，蜀兵大败，斩首五千级，馀众溃走。又得粮十五万斛于三泉，由是军食优足。

蜀主闻王宗勋等败，自利州倍道西走，断桔柏津浮梁。命中书令、判六军诸卫事王宗弼将大军守利州，且令斩王宗勋等三招讨。

李绍琛昼夜兼行趣利州。蜀武德留后宋光葆遗郭崇韬书，请唐兵不入境，当举巡属内附。苟不如约，则背城决战以报本朝。崇韬复书抚纳之。己丑，魏王继岌至兴州，光葆以梓、绵、剑、龙、普五州，武定节度使王承肇以洋、蓬、壁三州，山南节度使兼侍中王宗威以梁、开、通、渠、麟五州，阶州刺史王承岳以阶州，皆降。承肇，宗侃之子也。自馀城镇皆望风款附。

必定无疑了。"当即用都统的文书任命王承捷代理武兴节度使。

己卯(二十日)这天,蜀主到达利州,威武城的败兵逃回来,他才相信后唐军杀来了。王宗弼、宋光嗣向蜀主进言说:"东川、山南的兵力还完整,陛下只要动用大军扼守住利州,唐人怎敢孤军深入呢?"蜀主采纳了他们的建议。庚辰(二十一日)这天,蜀主任命随驾清道指挥使王宗勋、王宗俨、兼侍中王宗昱为三招讨,领兵三万迎战。随驾的士兵从绵、汉两州一直到深渡,千里相连接,全都抱怨愤恨,说道:"龙武军的粮饷赏赐超过其他军队一整倍,其他军队怎么能抵御住敌人!"

李绍琛等人经过长举县,兴州都指挥使程奉琏带领手下部众五百人前来归降,并且请求在前方修整桥梁栈道来等唐军通过,自此唐军行进,也就去除天险阻隔的忧虑了。辛巳(二十二日)这天,兴州刺史王承鉴丢下城池逃跑了,李绍琛等人攻克了兴州,郭崇韬任命唐景思代理兴州刺史。乙酉(二十六日)这天,成州刺史王承朴也丢下城池逃跑了。李绍琛等人与前蜀三个招讨使在三泉交战,前蜀军队大败,被砍下首级五千颗,其馀兵众都溃散逃跑了。后唐军又在三泉缴获十五万斛粮食,从此后唐军队粮食充足。

蜀主听说王宗勋等人战败,便从利州兼程向西逃跑,特地拆毁了桔柏津的浮桥。命令中书令、判六军诸卫事王宗弼率领大军扼守利州,并且下令斩杀王宗勋等三个招讨使。

李绍琛昼夜兼程直扑利州。前蜀武德留后宋光葆送给郭崇韬一封书信,请求后唐军不要进入辖境之内,遵守约定就献上全部领辖地段归附后唐。如果不按这一约定行事,那就背城决一死战,以此报效蜀国。郭崇韬回信安抚并接纳了他。己丑(三十日)这天,魏王李继岌抵达兴州,宋光葆献上梓、绵、剑、龙、普五个州,武定节度使王承肇献上洋、蓬、壁三个州,山南节度使兼侍中王宗威献上梁、开、通、渠、麟五个州,阶州刺史王承岳献上阶州,全部投降后唐。王承肇是王宗侃的儿子。其馀城镇也都望风投诚归附。

天雄节度使王承休与副使安重霸谋掩击唐军，重霸曰："击之不胜，则大事去矣。蜀中精兵十万，天下险固，唐兵虽勇，安能直度剑门邪！然公受国恩，闻难不可不赴，愿与公俱西。"承休素亲信之，以为然。重霸请赂羌人买文、扶州路以归，承休从之，使重霸将龙武军及所募兵万二千人以从。将行，州人饯于城外。承休上道，重霸拜于马前曰："国家竭力以得秦、陇，若从开府还朝，谁当守之？开府行矣，重霸请为公留守。"承休业已上道，无如之何，遂与招讨副使王宗沺自文、扶而南。其地皆不毛，羌人抄之，且战且行，士卒冻馁，比至茂州，馀众二千而已。重霸遂以秦、陇来降。

郭崇韬遗王宗弼等书，为陈利害。李绍琛未至利州，宗弼弃城引兵西归。王宗勋等三招讨追及宗弼于白芳，宗弼怀中探诏书示之曰："宋光嗣令我杀尔曹。"因相持而泣，遂合谋送款于唐。

十一月丙申，蜀主至成都，百官及后宫迎于七里亭。蜀主入妃嫔中作回鹘队入宫。丁酉，出见群臣于文明殿，泣下沾襟，君臣相视，竟无一言以救国患。

戊戌，李绍琛至利州，修桔柏浮梁。昭武节度使林思谔先弃城奔阆州，遣使请降。甲辰，魏王继岌至剑州，蜀武信节度使兼中书令王宗寿以遂、合、渝、泸、昌五州降。

天雄节度使王承休与副使安重霸图谋袭击后唐军,安重霸说:"袭击唐军若不获胜,那么大事就全都完结了。蜀国拥有精兵十万,处于天下最险要、最坚固的地带,唐兵尽管勇猛,怎能径直越过剑门呢?然而尊公您身受国家重恩,听说国有大难不能不赶上前去,我愿同尊公您一起向西挺进。"王承休一向亲近信任他,认为他说得有理。安重霸请先贿赂羌人买通经由文州和扶州的通道以便退归,王承休采用了这个办法,责成安重霸带领龙武军以及所招募的一万两千名士兵跟从。将要出发时,州人在城外饯行。王承休上路之际,安重霸在他马前拜请说:"国家竭尽全力才获取到秦、陇二州,倘若跟从节度使您回朝,谁会守护这片地区呢?节度使您已开拔了,重霸我请求为尊公您留守这里。"王承休既已上路,没有办法应对安重霸的突然变卦举动,只得与招讨副使王宗讷从文州、扶州向南进发。这里都是不毛之地,羌人又抄掠他们,无奈一边迎战,一边行进,士卒挨饿受冻,向北抵达茂州时,只剩下两千部众而已。安重霸于是献上秦、陇二州来向后唐归降。

郭崇韬送给王宗弼等人书信,向他们陈说利害所在。李绍琛尚未抵达利州,王宗弼就丢下州城带兵向西返归。王宗勋等三位招讨使在白芀追上王宗弼,王宗弼从怀中抽出诏书给他们看,说道:"宋光嗣让我杀掉你们。"随后相互抱持,哭泣不止,于是四人共同谋划向后唐投诚。

十一月丙申(初七)这天,蜀主回到了成都,文武百官以及后宫嫔妃都到七里亭迎接蜀主。蜀主进入嫔妃们中间,摆成回鹘队形入宫。丁酉(初八)这天,蜀主在文明殿出面会见群臣,泪下沾襟,君臣你看着我,我看着你,到最后也没人吐出一个字来拯救国家危难。

戊戌(初九)这天,李绍琛抵达利州,修复了桔柏津的浮桥。昭武节度使林思谔抢先丢下城池逃到阆州,派遣使者请求归降。甲辰(十五日)这天,魏王李继岌抵达剑州,前蜀武信节度使兼中书令王宗寿献上遂、合、渝、泸、昌五个州归降。

　　王宗弼至成都，登大玄门，严兵自卫。蜀主及太后自往劳之，宗弼骄慢无复臣礼。乙巳，劫迁蜀主及太后、后宫、诸王于西宫，收其玺绶。使亲吏于义兴门邀取内库金帛，悉归其家。其子承涓杖剑入宫，取蜀主宠姬数人以归。丙午，宗弼自称权西川兵马留后。

　　李绍琛进至绵州，仓库、居民已为蜀兵所燔，又断绵江浮梁，水深，无舟楫可渡。绍琛谓李严曰："吾悬军深入，利在速战。乘蜀人破胆之时，但得百骑过鹿头关，彼且迎降不暇。若俟修缮桥梁，必留数日，或教王衍坚闭近关，折吾兵势，傥延旬浃，则胜负未可知矣。"乃与严乘马浮渡江，从兵得济者仅千人，溺死者亦千馀人，遂入鹿头关。丁未，进据汉州，居三日，后军始至。

　　王宗弼遣使以币马牛酒劳军，且以蜀主书遗李严曰："公来吾即降。"或谓严曰："公首建伐蜀之策，蜀人怨公深入骨髓，不可往。"严不从，欣然驰入成都，抚谕吏民，告以大军继至。蜀君臣后宫皆恸哭。蜀主引严见太后，以母妻为托。宗弼犹乘城为守备，严悉命撤去楼橹。

　　己酉，魏王继岌至绵州。蜀主命翰林学士李昊草降表，又命中书侍郎、同平章事王锴草降书，遣兵部侍郎欧阳彬奉之以迎继岌及郭崇韬。
　　王宗弼称蜀君臣久欲归命，而内枢密使宋光嗣、景润澄、宣徽使李周辂、欧阳晃荧惑蜀主，皆斩之，函首送继岌。

王宗弼回到成都，登上大玄门，严密布置好军队进行自卫。蜀主和太后主动前去慰劳他，他骄横傲慢，不再行用做人臣子的礼节。乙巳(十六日)这天，王宗弼劫持蜀主以及太后、后宫嫔妃和诸王，把他们转移到西宫，收缴了他们的玺印。指使亲近官吏在义兴门劫取内库的金银绢帛，全部送到他家中。他的儿子王承涓持剑闯入宫中，择取蜀主宠爱的美姬好几个人带回家去。丙午(十七日)这天，王宗弼自称代理西川兵马留后。

李绍琛进军到绵州，当地仓库和民房已经被前蜀兵所烧毁，又拆除了绵江浮桥，绵江水深，没有船只可供渡江。李绍琛对李严说："我们孤军深入，利在速战速决。抓住当前蜀人吓破胆的这个时机，只要能有一百名骑兵跨过鹿头关，蜀人连出迎归降都来不及。如果等待修整桥梁，势必会耽误好几天，要是此时有人让王宗衍紧闭距离成都较近的关隘，遏制我军进攻的势头，这样又拖延上十多天，那么胜负就难以确定了。"于是同李严乘马浮水，强渡绵江，而跟在后面渡过去的士兵，仅有一千多人，淹死的也有一千多人，随即乘势杀进鹿头关。丁未(十八日)这天，继续进击，占领了汉州，过去三天，后面的军队才赶到。

王宗弼派使者用钱物、牛马和美酒慰劳后唐军，并借蜀主名义送信给李严说："您只要前来，我就归降。"有人对李严说："您最先提出征伐蜀国的计策，蜀国人恨您深入骨髓，不能前往。"李严不听，高兴地骑马飞奔，进入成都，安抚劝导官吏百姓，并把大军随后就到的动态通告给他们。前蜀君臣和后宫群妃都痛哭不已。蜀主引领李严去见太后，并把母亲和妻子托付给他。王宗弼依然登上城墙防守戒备，李严命令撤去上面的全部防御设施。

己酉(二十日)，魏王李继岌抵达绵州。蜀主命翰林学士李昊起草归降表，又命中书侍郎、同平章事王锴起草归降书，派遣兵部侍郎欧阳彬奉持这两道公文前去迎接李继岌和郭崇韬。

王宗弼言称前蜀君臣早就想把性命交给唐室处置，而内枢密使宋光嗣、景润澄、宣徽使李周辂、欧阳晃却迷惑蜀主倒行逆施，于是便全部斩杀了他们，并把首级装在盒子里送给李继岌。

又责文思殿大学士、礼部尚书、成都尹韩昭佞谀，枭于金马坊门。内外马步都指挥使兼中书令徐延琼，果州团练使潘在迎，嘉州刺史顾在珣及诸贵戚皆惶恐，倾其家金帛妓妾以赂宗弼，仅得免死。凡素所不快者，宗弼皆杀之。

辛亥，继岌至德阳。宗弼遣使奉笺，称已迁蜀主于西第，安抚军城，以俟王师。又使其子承班以蜀主后宫及珍玩赂继岌及郭崇韬，求西川节度使。继岌曰："此皆我家物，奚以献为！"留其物而遣之。

李绍琛留汉州八日以俟都统。甲寅，继岌至汉州，王宗弼迎谒。乙卯，至成都。丙辰，李严引蜀主及百官仪卫出降于升迁桥，蜀主白衣、衔璧、牵羊、草绳萦首，百官衰绖、徒跣、舆榇，号哭俟命。继岌受璧，崇韬解缚，焚榇，承制释罪，君臣东北向拜谢。丁巳，大军入成都。崇韬禁军士侵掠，市不改肆。自出师至克蜀，凡七十日。得节度十，州六十四，县二百四十九，兵三万，铠仗、钱粮、金银、缯锦共以千万计。

高季兴闻蜀亡，方食，失匕箸，曰："是老夫之过也！"梁震曰："不足忧也。唐主得蜀益骄，亡无日矣，安知其不为吾福！"

又斥责文思殿大学士、礼部尚书、成都尹韩昭谄媚阿谀，就在金马坊门将他斩首示众。内外马步都指挥使兼中书令徐延琼，果州团练使潘在迎，嘉州刺史顾在珣以及各个权贵外戚，无不惊慌恐惧，全都倾尽家中的金玉绢帛和家妓姬妾，用来贿赂王宗弼，结果仅免一死。凡属自己平时所讨厌的人，王宗弼一律斩杀了他们。

辛亥（二十二日）这天，李继岌抵达德阳。王宗弼派遣使者呈上信件，言称已把蜀主转移到西宫处所，同时安抚军府全城，专等天子军队降临。又派他儿子王承班用蜀主的后宫嫔妃以及珍宝古玩贿赂李继岌和郭崇韬，求取西川节度使一职。李继岌说："这都是我家的物品，为什么还要进行所谓的献纳活动！"说完留下这些物品，把王承班打发走了。

李绍琛在汉州停留了八天，专门等待都统李继岌的到来。甲寅（二十五日）这天，魏王李继岌抵达汉州，王宗弼出迎拜见。乙卯（二十六日）这天，李继岌抵达成都。丙辰（二十七日）这天，李严引领蜀主以及前蜀文武百官仪仗卫队在升迁桥出迎归降，蜀主王宗衍身穿白衣，口中衔璧，手上牵羊，用草绳缠绕着脑袋；百官都穿重孝服，光着脚，把棺木装在车子上，连喊带叫地大声哭，等待降罪受处罚。李继岌接受了蜀主的玉璧，郭崇韬给他松绑，焚毁了棺木，按照代行皇帝授权的方式免除了他们的罪过，前蜀君臣都面向东北跪拜谢恩。丁巳（二十八日）这天，后唐的大军开进成都。郭崇韬禁止军士侵扰抢掠，集市上没有店铺改变位置的现象。后唐从出兵到灭掉前蜀，总共用时七十天。占领了十个节度使辖区，六十四个州，二百四十九个县，俘获了前蜀士兵三万人，而缴获的铠甲兵仗、钱粮、金银、缯帛锦缎合起来要用千万加以计算。

高季兴闻知前蜀灭亡时，正在用饭，止不住掉下了手中的勺筷，懊悔地叹息说："这是老夫我失策啊！"谋士梁震说："这不值得忧虑。唐主得到蜀国，肯定会更加骄纵，他灭亡的结局也就近在眼前了，怎么就知道这不是我们的福分呢？"

　　楚王殷闻蜀亡,上表称:"臣已营衡、麓之间为菟裘之地,愿上印绶,以保馀龄。"上优诏慰谕之。

　　十二月癸酉,王承休、王宗汭至成都,魏王继岌诘之曰:"居大镇,拥强兵,何以不拒战?"对曰:"畏大王神武。"曰:"然则何不降?"对曰:"王师不入境。"曰:"所俱入羌者几人?"对曰:"万二千人。"曰:"今归者几人?"对曰:"二千人。"曰:"可以偿万人之死矣。"皆斩之,并其子。

　　闰十二月丁酉,诏蜀朝所署官四品以上降授有差,五品以下才地无取者悉纵归田里。其先降及有功者,委崇韬随事奖任。又赐王衍诏,略曰:"固当裂土而封,必不薄人于险。三辰在上,一言不欺。"

　　明宗天成元年春正月庚申,魏王继岌遣李继曤、李严部送王衍及其宗族百官数千人诣洛阳。〔二〕月乙巳,王衍至长安,有诏止之。

　　三月,伶人景进等言于帝曰:"魏王未至,康延孝初平,西南犹未安。王衍族党不少,闻车驾东征,恐其为变,不若除之。"帝乃遣中使向延嗣赍敕往诛之,敕曰:"王衍一行,并从杀戮。"已印画,枢密使张居翰覆视,就殿柱揩去"行"字,改为"家"字,由是蜀百官及衍仆役获免者千馀人。延嗣至长安,

楚王马殷闻知前蜀灭亡，献呈章表说："臣下我已经把衡麓地区建成告老退居的地方，愿意上交印章，用来保全我那剩余的寿命。"后唐庄宗下达诏书，好言慰抚劝导他。

十二月癸酉（十四日）这天，王承休、王宗泗到达成都，魏王李继岌责问他们说："你们身居大镇，手握强兵，为什么不抵抗迎战？"对答说："畏惧大王您的神威勇武。"又问："既然如此，那又为什么不归降？"对答说："天子的军队尚未跨入属国的境内。"又问："你们一起进入羌地的共有多少人？"对答说："一万两千人。"又问："现今回来的还有多少人？"对答说："两千人。"李继岌说："这就可以抵偿那一万人惨死的命运了。"于是一起斩杀了他们，连同他们的儿子也在内。

闰十二月丁酉（初九）这天，后唐庄宗下达诏书，对蜀国所任命的四品以上官员都降级留用，互有区别；对五品以下而才能和门第都一无可取的官员，全部解职，放归原籍。那些率先归降以及立有功劳的人，交由郭崇韬依照具体情况予以奖励和任用。又赐给王宗衍诏书，主要强调说："按事理应当划分出疆土，对你进行分封，决不在人身陷险境时还去逼迫人。日月星三辰在上，一句话也没有骗人的。"

后唐明宗天成元年（926）春季正月庚申（初三）这天，魏王李继岌派遣李继曮、李严各率本部人马押送王宗衍以及他的宗族、百官数千人到洛阳去。二月乙巳（十八日）这天，王宗衍一行到达长安，负责押送的唐军接到诏书，得令停止前行。

三月，戏子景进等人对处在兵变危局中的后唐庄宗说："魏王还没有回朝，康延孝刚刚被平定，西南尚未安定下来。王宗衍的宗族党羽不在少数，听说您的天子车驾即将向东征伐，恐怕他们会制造变乱，不如除掉他们。"后唐庄宗于是派遣宦官使者向延嗣持带敕令前去诛杀他们，敕令中说："王衍一行，全都处死。"本来已经盖上玺印画好押了，枢密使张居翰在复审时，将敕令贴在殿堂柱子上蹭去了"行"字，改成了"家"字，因而前蜀百官以及王宗衍的仆役侥幸获免的，多达一千余人。向延嗣抵达长安，

尽杀衍宗族于秦川驿。衍母徐氏且死,呼曰:"吾儿以一国迎降,不免族诛,信义俱弃,吾知汝行亦受祸矣!"

夏六月,蜀百官至洛阳,永平节度使兼侍中马全曰:"国亡至此,生不如死!"不食而卒。以平章事王锴等为诸州府刺史、少尹、判官、司马,亦有复归蜀者。

三年夏六月,陕州行军司马王宗寿表请葬故蜀主王衍。秋七月乙巳,赠衍顺正公,以诸侯礼葬之。

在秦川驿杀死了王宗衍的所有宗族成员。王宗衍的母亲徐氏临死时，呼叫道："我儿拿一个国家出迎归降，还遭宗族诛灭，诚信和仁义在你皇帝那里全被丢弃，我晓得你们也快遭大祸了！"

夏季六月，前蜀百官到达洛阳，其中永平节度使兼侍中马全说："国家灭亡，竟到这般地步，活着还不如死去！"结果绝食而死。后唐新朝廷任命前蜀平章事王锴等人担当内地各个州府的刺史、少尹、判官、司马等职务，也有重新回到蜀地的。

三年（928）夏季六月，陕州行军司马王宗寿上表请求安葬去世的蜀主王宗衍。秋季七月乙巳（初二）这天，追赠王宗衍为顺正公，特用诸侯的礼节安葬了他。

卷第四十一

邺都之变 李绍琛之叛附

后唐庄宗同光元年冬十月,帝遣使以灭梁告吴、蜀,二国皆惧。吴扬州司马严可求笑曰:"闻唐主始得中原,志气骄满,御下无法,不出数年,将有内变。吾但当卑辞厚礼,保境安民以待之耳。"

滑州留后李绍钦因伶人景进纳货于宫掖,除泰宁节度使。帝幼善音律,故伶人多有宠,常侍左右。帝或时自傅粉墨,与优人共戏于庭,以悦刘夫人,优名谓之"李天下"。尝因为优,自呼曰"李天下,李天下",优人敬新磨遽前批其颊。帝失色,群优亦骇愕,新磨徐曰:"理天下者只有一人,尚谁呼邪?"帝悦,厚赐之。诸伶出入宫掖,侮弄搢绅,群臣愤嫉,莫敢出气,亦有反相附托以希恩泽者,四方藩镇争以货赂结之。其尤蠹政害人者,景进为之首。进好采间阎鄙细事闻于上,上亦欲知外间事,遂委进以耳目。进每奏事,常屏左右问之,由是进得施其谗慝,干豫政事。

邺都之变 李绍琛之叛附

后唐庄宗同光元年(923)冬季十月,庄宗派人出使吴、蜀两国,通报消灭梁国的消息,两国都很恐惧。吴国扬州司马严可求笑着说:"听说唐主刚占领中原,就骄傲自满,统治无方,要不了几年,内部将会发生变乱。我们现在只该送上厚礼,说些恭敬的话表示祝贺,守好国土,安定百姓,等待这一天到来罢了。"

滑州留后李绍钦通过宫中乐人景进向宫中贿赂,被任命为泰宁节度使。庄宗小时候就喜爱音乐,所以乐人大多受宠,常跟随在他身边侍候。庄宗有时亲自粉墨化妆,与舞人一起在庭堂演戏,讨刘夫人欢心,当时他演戏的名字为李天下。有次庄宗扮成戏子,自己称呼"李天下,李天下",旁边的舞人敬新磨突然上前打了他一个耳光。庄宗脸色大变,众戏子也惊呆了,敬新磨慢慢解释说:"治理天下的只有一人,能随便呼喊别的人吗?"庄宗听了很高兴,赏给他很多东西。所有乐人在宫中进出时,遇到大臣都敢狎侮戏弄,群臣愤慨嫉恨,但没有人敢说话,也有的大臣反而顺从托附他们,以求获得恩赏和提拔,四方的藩镇将领争相贿赂他们,交结他们。景进是乐人中损坏朝政、陷害别人最严重的人。景进喜欢从街道上搜集一些琐碎的小事报告庄宗,庄宗也想听到社会上的事情,于是就指派景进作为自己的耳目。景进每次向庄宗报告事情时,庄宗常命其他人退出,然后询问他,这样,景进就有机会施展伎俩,陷害别人,插手干预朝中政事。

自将相大臣皆惮之。

荆南节度使高季兴在洛阳,帝左右伶宦求货无厌,季兴忿之。归谓将佐曰:"新朝百战方得河南,乃对功臣举手,云'吾于十指上得天下',矜伐如此,则他人无功矣,其谁不解体?又荒于禽色,何能长久?吾无忧矣。"

二年春正月,敕:"内官不应居外,应前朝内官及诸道监军并私家先所畜者,不以贵贱,并遣诣阙。"时在上左右者已五百人,至是殆及千人,皆给赡优厚,委之事任,以为腹心。内诸司使,自天祐以来以士人代之,至是复用宦者,浸干政事。既而复置诸道监军,节度使出征或留阙下,军府之政皆监军决之,陵忽主帅,怙势争权,由是藩镇皆愤怒。

二月己巳朔,上祀南郊,大赦。租庸副使孔谦欲聚敛以求媚,凡赦文所蠲者,谦复征之。自是每有诏令,人皆不信,百姓愁怨。

郭崇韬初至汴、洛,颇受藩镇馈遗,所亲或谏之,崇韬曰:"吾位兼将相,禄赐巨万,岂籍外财?但以伪梁之季,贿赂成风,今河南藩镇,皆梁之旧臣,主上之仇雠也,若拒,其意能无惧乎?吾特为国家藏之私室耳。"及将祀南郊,崇韬首献劳军钱十万缗。先是,宦官劝帝分天下财赋为内外府,州县上供者入外府,充经费;方镇贡献者入内府,充宴游及给赐左右。于是外府常虚竭无馀而内府山积。

朝中自将领、宰相到普通大臣都害怕他。

荆南节度使高季兴住在洛阳时,庄宗身边的乐人、宦官向他求取财物,无有满足,高季兴对此很愤恨,他回到荆南对自己的将佐说:"新立的王朝经过百战才打下河南,而皇上却对着功臣举手说:'我用十个指头获得天下',如此居功夸耀,那别人就都没有功劳了,这样,什么人不会叛离他?又整天打猎玩美女,怎么能长久?我没有忧虑了。"

二年(924)春季正月,庄宗下令:"宦官不要留居外地,凡是前朝的宦官流落在外,被私家收养,以及在诸道当监军的,不论贵贱,全部送他们回到宫中。"当时庄宗身边已有宦官五百人,下令回返以后,宦官将近千人,庄宗都给他们以优厚的待遇,视为心腹之人,任用他们处理事务。自唐昭宗天祐以来,宫中各司头领都用文官代替,这时,又恢复任用宦官,他们渐渐地干预政事。接着,重新设置诸道监军,由宦官充任,节度使领兵出征,或者驻守京城,军中的政事都由监军决定,监军压制主帅,依势争权,由此藩镇将领都感到愤怒。

二月己巳这天是初一,庄宗在南郊举行祭天典礼,下令大赦罪犯。租庸副使孔谦想多收取一些赋税,以便向上讨功,凡是赦文所宣布免除的赋税,孔谦重新征收。从此,庄宗每次下达诏书命令,下面的人都不相信,百姓愁苦怨恨。

郭崇韬初到汴梁、洛阳,大量接受藩镇将领的馈赠,他的亲信中有人劝阻,郭崇韬说:"我身兼将、相二职,俸钱赏赐达巨万,难道还依靠外财?只是想到伪梁后期,贿赂成风,今天河南一带藩镇将领都是梁朝的旧臣,原属皇上的仇敌,我若拒绝他们,能叫他们不心怀忧惧吗?我暂且代表国家收下那些钱物吧。"到了将要举行南郊祭典的时候,郭崇韬第一个为筹办大典献钱十万缗,作为劳军费。早先,宦官劝说庄宗,将天下上缴的财赋分开,由内外两府管理,由州县上缴的归入外府,作为国家财政经费;由藩镇将领贡献上来的归入内府,作为皇上宴会、游玩和赏赐的开销。于是外府钱财经常空虚无馀,而内府钱财却堆积如山。

及有司办郊祀,乏劳军钱,崇韬言于上曰:"臣已倾家所有以助大礼,愿陛下亦出内府之财以赐有司。"上默然久之,曰:"吾晋阳自有储积,可令租庸辇取以相助。"于是取李继韬私第金帛数十万以益之,军士皆不满望,始怨恨,有离心矣。

郭崇韬位兼将相,复领节旄,以天下为己任,权侔人主,旦夕车马填门。性刚急,遇事辄发,嬖倖侥求,多所摧抑,宦官疾之,朝夕短之于上,崇韬扼腕,欲制之不能。豆卢革、韦说尝问之曰:"汾阳王本太原人徙华阴,公世家雁门,岂其枝派邪?"崇韬因曰:"遭乱,亡失谱谍,尝闻先人言,上距汾阳四世耳!"革曰:"然则固从祖也。"崇韬由是以膏粱自处,多甄别流品,引拔浮华,鄙弃勋旧。有求官者,崇韬曰:"深知公功能,然门地寒素,不敢相用,恐为名流所嗤。"由是嬖倖疾之于内,勋旧怨之于外。崇韬屡请以枢密使让李绍宏,上不许。又请分枢密院事归内诸司以轻其权,而宦官谤之不已。

崇韬郁郁不得志,与所亲谋赴本镇以避之,其人曰:"不可。蛟龙失水,蝼蚁足以制之。"先是,上欲以刘夫人为皇后,而有正妃韩夫人在,太后素恶刘夫人,崇韬亦屡谏,上以是不果。于是所亲说崇韬曰:"公若请立刘夫人为皇后,上必喜。内有皇后之助,则伶宦辈不能为患矣。"崇韬从之,与宰相帅百官共奏刘夫人宜正位中宫。癸未,

到了祠部筹办郊典时,缺少劳军钱,郭崇韬向庄宗说:"臣已拿出所有的家财,帮助举办大礼,愿您也从内府中拿出钱财交给筹办官员。"庄宗沉默了很久,说:"我在晋阳有自己的积蓄,可以让运租赋的租庸车去取来相助。"于是到晋阳取了反臣李继韬私府中已被没收的数十万金银绸缎,作为增加的经费,下面士卒对赏赐都觉得同预期的有距离,心生怨恨,出现了叛离的念头。

郭崇韬身兼枢密使和侍中两职,又兼任成德军节度使,视天下为己任,权力可比皇帝,从早到晚,门前车马不断。他性情刚强急躁,遇事就发脾气,在宫中献媚取宠的小人,企图求取官职,大多被他压下去,宦官非常恨他,早早晚晚在庄宗面前说他的坏话,郭崇韬对此扼腕叹息,想制服他们却没有办法。豆卢革、韦说曾经问他说:"汾阳王郭子仪本是太原人,后来迁居华阴,您家世代住在雁门,难道是他的后代吗?"郭崇韬顺着话茬说:"经历世乱国亡,家谱丢失,曾经听先父说过,往上与汾阳王相隔四代呀。"豆卢革说:"那么原本是伯祖父了。"郭崇韬由此以高门富贵自居,引荐提拔官员时,区别门第,任用浮华之人,而鄙弃那些有功的旧部下。有人求官,郭崇韬回答说:"深知您有功劳、有才能,然而门第贫寒,不敢任用,担心被有名望的人笑话。"由此,内有宫中小人恨他,外有有功之臣怨他。郭崇韬多次请求把军机要职枢密使让给李绍宏,庄宗不批准。郭崇韬又请求将枢密院中的事务分给宫中各司主管,以求减轻自己的权力,而宦官仍然对他不断地毁谤。

郭崇韬郁郁不得志,与他的亲信人员商量,打算住到自己统领的节镇去,逃避小人的毁谤,他的亲信说:"不行。蛟龙离开了水,蝼蚁足可以控制它。"开始,庄宗想立刘夫人为皇后,因为正宫韩夫人健在,母后平常又厌恶刘夫人,郭崇韬又多次劝阻,庄宗因此没有坚持。这时,郭崇韬的亲信出主意说:"您若提出立刘夫人为皇后,皇上必定喜欢。内宫有皇后援助,那乐人、宦官之辈就无法做坏事了。"郭崇韬接受了这个主意,和宰相一同率领百官共同奏请立刘夫人为皇后。癸未(十五日),

立魏国夫人刘氏为皇后。皇后生于寒微，既贵，专务蓄财，其在魏州，至于薪苏果茹皆贩鬻之。及为后，四方贡献皆分为二，一上天子，一上中宫。以是宝货山积，惟用写佛经、施尼师而已。是时皇太后诰，皇后教，与制敕交行于藩镇，奉之如一。

勋臣畏伶宦之谗，皆不自安，蕃汉内外马步副总管李嗣源求解兵柄，帝不许。

夏四月，孔谦贷民钱，使以贱估偿丝，屡檄州县督之。翰林学士承旨、权知汴州卢质上言："梁赵岩为租庸使，举贷诛敛，结怨于人。今陛下革故鼎新，为人除害，而有司未改其所为，是赵岩复生也。今春霜害桑，茧丝甚薄，但输正税，犹惧流移，况益以称贷，人何以堪？臣惟事天子，不事租庸，敕旨未颁，省牒频下，愿早降明命。"帝不报。

初，胡柳之役，伶人周匝为梁所得，帝每思之。入汴之日，匝谒见于马前，帝甚喜。匝涕泣言曰："臣所以得生全者，皆梁教坊使陈俊、内园栽接使储德源之力也，愿就陛下乞二州以报之。"帝许之。郭崇韬谏曰："陛下所与共取天下者，皆英豪忠勇之士。今大功始就，封赏未及一人，而先以伶人为刺史，恐失天下心。"以是不行。逾年，伶人屡以为言，帝谓崇韬曰："吾已许周匝矣，使吾惭见此三人。公言虽正，然当为我屈意行之。"五月壬寅，以俊为景州刺史，德源为宪州刺史。时亲军有从帝百战未得刺史者，莫不愤叹。

正式立魏国夫人刘氏为皇后。皇后出身寒微,身价变贵后,专门想办法蓄财,她早在魏州时,连柴、草、果、菜都贩卖。当上皇后,各地贡献朝廷的财物,都分为两份,一份给天子,一份给中宫皇后。这样,皇后的宝货堆积如山,只用来抄写佛经、施舍尼姑而已。当时,皇太后的诰令、皇后的教令,与皇上下达的命令都并行于藩镇中,藩镇将领全都同等看待,予以执行。

有功官员们都畏惧乐人、宦官的陷害,惴惴不安,统领蕃汉内外马步兵副总管李嗣源请求解除兵权,庄宗不批准。

夏季四月,孔谦向民间贷钱收息,要求以低价丝偿还,屡次传令州县官吏督办。翰林学士承旨、代理汴州长官卢质上书批评说:"梁朝赵岩任租庸使,发放高利贷搜刮,引起人民怨恨。当今皇上革故鼎新,为民除害,然而有关部门没有改变以往的所作所为,这像是赵岩复活。现在春霜冻坏了桑树,茧丝收获甚少,光缴纳正税,还担心人民逃避,何况增加放贷,百姓怎么能承受?我们认为只为皇上办事,不是为租庸使办事,皇上命令未下达,租庸使文书却不断发下来,希望早日下达明确的命令。"庄宗没有回答这份意见书。

当初,胡柳战役中,乐人周匝被梁兵俘虏了,庄宗每每思念他。庄宗打入汴梁那天,周匝拜见在马前,庄宗十分欢喜。周匝哭着向庄宗诉说:"我之所以能保全生命,是依赖梁朝教坊使陈俊、内园栽接使储德源的保护,现在请求皇上给两个州,让两人当刺史,以报答他们的恩情。"庄宗答应了。郭崇韬劝阻说:"与皇上共同夺取天下的人,都是英雄、豪杰、忠诚勇敢之士,现在大功刚刚告成,一个人也没有封官奖赏,而先任乐人为刺史,恐怕会失去天下人心。"这件事由此没有执行。过了一年,乐人屡次向庄宗提出这件事,庄宗就对郭崇韬说:"我已经答应周匝了,你不执行,使我很惭愧见这三人。你的话虽然很有道理,然而应当为我着想,委屈落实这件事情。"五月壬寅(初五),任命周俊为景州刺史,储德源为宪州刺史。当时皇家亲军当中,有人跟随庄宗身经百战,尚未得刺史一职,这些人无不愤慨。

乙巳，右谏议大夫薛昭文上疏，以为："今诸道僭窃者尚多，征伐之谋，未可遽息。又，士卒久从征伐，赏给未丰，贫乏者多，宜以四方贡献及南郊羡馀，更加颁赉。又，河南诸军皆梁之精锐，恐僭窃之国潜以厚利诱之，宜加收抚。又，户口流亡者，宜宽徭薄赋以安集之。又，土木不急之役，宜加裁省。又请择隙地牧马，勿使践京畿民田。"皆不从。

六月壬辰，以天平节度使李嗣源为宣武节度使。

秋八月癸酉，以副使、卫尉卿孔谦为租庸使，右威卫大将军孔循为副使。循即赵殷衡也，梁亡，复其姓名。谦自是得行其志，重敛急征以充帝欲，民不聊生。癸未，赐谦号丰财赡国功臣。

三年。初，李嗣源北征，过兴唐，东京库有供御细铠，嗣源牒副留守张宪取五百领，宪以军兴，不暇奏而给之。帝怒曰："宪不奉诏，擅以吾铠给嗣源，何意也？"罚宪俸一月，令自往军中取之。帝以义武节度使王都将入朝，欲辟毬场，宪曰："比以行宫阙廷为毬场，前年陛下即位于此，其坛不可毁，请辟毬场于宫西。"数日，未成，帝命毁即位坛。宪谓郭崇韬曰："此坛，主上所以礼上帝，始受命之地也，若之何毁之？"崇韬从容言于帝，帝立命两虞候毁之。宪私于崇韬曰："忘天背本，不祥莫大焉！"春二月庚辰，徙李嗣源为成德节度使。帝性刚好胜，不欲权在臣下，入洛

乙巳（初八），右谏议大夫薛昭文上书，提出意见："当今各地不遵唐制、自立国号的人还很多，战争的谋算，不能马上停止。另外，军队士卒长期跟随打仗，至今奖赏发放的物质不丰裕，贫穷的人是多数，应当用四方贡献的钱财和举办南郊祭典的馀财，给士卒加赏。再者，河南各路军队都是原先梁朝的精锐部队，要防止那些自立帝号的小国暗中用厚利引诱他们，我们应当采取措施安抚，收取军心。还有，全家都流亡的人们，应当减轻徭役赋税来招集安定他们。又有，不是急需的土木建筑工程，应当取消减省。此外，请选择空闲草地牧马，不要让马群践踏京、畿各县的民田。"这些意见，庄宗全没听从。

六月壬辰（二十五日），任命天平节度使李嗣源为宣武节度使。

秋季八月癸酉（初七），提拔租庸副使、卫尉卿孔谦为租庸使，右威卫大将军孔循为租庸副使。孔循，就是赵殷衡，梁朝灭亡，恢复这个姓名。孔谦自此得以按自己的意愿办事，他加重赋税、火急征收，以满足庄宗的欲望，致使民不聊生。癸未（十七日），庄宗赐号孔谦为丰财赡国功臣。

三年（925）。当初，李嗣源北征，经过兴唐府，知道东京武库中有供皇上用的精细铠甲，李嗣源由军中发文书给主管武库的副留守张宪，要求领取五百套，张宪认为军情正急，来不及报请批准就发放了。庄宗知道后大怒说："张宪没接到我的命令，擅自将我的铠甲发给李嗣源，什么用意？"处罚张宪停发俸禄一个月，命张宪自己到李嗣源军中取回铠甲。庄宗因为义武军节度使王都将进京入朝，打算建个毬场。张宪说："近来要在行宫大门前建毬场，这里有皇上前年登位时建筑的神坛，不能毁坏，请求在行宫西面建毬场。"数日，宫西毬场未建成，庄宗下令在宫门前建，毁掉即位神坛。张宪对郭崇韬说："此坛，是皇上用来向上帝行礼、接受天命的地方，干吗要毁掉？"郭崇韬从容劝说庄宗，庄宗不听，并立即命马、步军中两位虞候毁坛。张宪私下向郭崇韬说："忘天背本，莫大的不祥啊！"春季二月庚辰（十七日），调任李嗣源为成德军节度使。庄宗性格刚强好胜，不愿大权落入臣手，进入洛阳

之后，信伶宦之谗，颇疏忌宿将。李嗣源家在太原，三月丁酉，表卫州刺史李从珂为北京内牙马步都指挥使以便其家。帝怒曰："嗣源握兵权，居大镇，军政在手，安得为其子奏请？"乃黜从珂为突骑指挥使，帅数百人戍石门镇。嗣源忧恐，上章申理，久之方解。辛丑，嗣源乞至东京朝觐，不许。郭崇韬以嗣源功高位重，亦忌之，私谓人曰："总管令公非久为人下者，皇家子弟皆不及也。"密劝帝召之宿卫，罢其兵权，又劝帝除之，帝皆不从。

洛阳宫殿宏邃，宦者欲上增广嫔御，诈言宫中夜见鬼物，上欲使符咒者攘之。宦者曰："臣昔逮事咸通、乾符天子，当是时，六宫贵贱不减万人。今掖庭太半空虚，故鬼物游之耳！"上乃命宦者王允平、伶人景进采择民间女子。远至太原、幽、镇，以充后庭，不啻三千人，不问所从来。上还自兴唐，载以牛车，累累盈路。张宪奏："诸营妇女亡逸者千馀人，虑扈从诸军挟匿以行。"其实皆入宫矣。

庚辰，帝至洛阳。辛酉，诏复以洛阳为东都，兴唐府为邺都。

夏六月，帝苦溽暑，于禁中择高凉之所，皆不称旨。宦者因言："臣见长安全盛时，大明、兴庆宫楼观以百数。今日宅家曾无避暑之所，宫殿之盛曾不及当时公卿第舍耳。"帝乃命宫苑使王允平别建一楼以清暑。宦者曰："郭崇韬常不伸眉，为孔谦论用度不足，恐陛下虽欲营缮，终不可得。"

之后,听信乐人、宦官的坏话,很忌恨并疏远原有的将领。李嗣源家住太原,三月丁酉(初五),上表请求将卫州刺史李从珂调为北京内牙马步军都指挥使,以便照顾家人。庄宗发怒,说:"李嗣源手握兵权,身居大镇,军政大权在手,怎么能为自己的儿子上表求官?"于是降李从珂为突骑军指挥使,率数百人驻戍石门镇。李嗣源对此忧虑恐惧,上章申述情理,很久才缓解了关系。辛丑(初九),李嗣源请求到东京来朝见皇上,庄宗不批准。郭崇韬因为李嗣源功高位重,也忌怕他,私下对人说:"李嗣源不是久为人下的人,皇家子弟都赶不上他。"密劝庄宗召李嗣源入京负责宿卫,罢掉他手中的兵权,又劝庄宗除掉他,庄宗都没有听从。

洛阳宫殿宏大深邃,宦官们想让庄宗增加嫔妃御女,就编造谣言说宫中夜晚出现鬼怪,庄宗准备派道士用符咒去除邪。宦官说:"臣过去侍候过咸通朝、乾符朝的懿宗和僖宗天子,那时候,六宫中贵人贱人加起来不少于万人。现在后宫大半是空屋,没有人住,所以有鬼物进来作祟呀!"庄宗于是命令宦官王允平、乐人景进两人到外面挑选民间女子入宫。两人最远挑选到太原府、幽州、镇州等地,选来的美女不止三千人,让她们住进后宫,根本不问是从哪里来的。庄宗从兴唐府返回洛阳,用牛车运载着许多女子,一辆接一辆填满了道路。张宪向朝廷报告:"魏州各军营中妇女失踪了一千多人,恐怕是随从皇上的各军队把她们挟带跑了。"其实这些妇女都被带回洛阳充入后宫了。

庚辰(二十八日),庄宗抵达洛阳。辛酉(二十九日),下诏恢复原制,以洛阳为东都,以兴唐府为邺都。

夏季六月,天气湿热,庄宗热得很苦,便在宫中寻找地势高凉爽的地方,没发现满意的。宦官从旁说道:"臣见长安最兴盛的时候,大明宫、兴庆宫中的高楼数以百计。今日皇上居住连避暑的场所竟都没有,宫殿建筑的规模竟赶不上当时高级官员居住的府第私舍。"庄宗于是命令宫苑使王允平另外建筑一幢楼专门用来避暑。宦官说道:"郭崇韬经常皱着眉头,来和孔谦讨论经费不够用的问题,恐怕皇上虽然想建筑,最后不能成功。"

帝曰:"吾自用内府钱,无关经费。"然犹虑崇韬谏,遣中使语之曰:"今岁盛暑异常,朕昔在河上,与梁人相拒,行营卑湿,被甲乘马,亲当矢石,犹无此暑。今居深宫之中而暑不可度,奈何?"对曰:"陛下昔在河上,劲敌未灭,深念仇耻,虽有盛暑,不介圣怀。今外患已除,海内宾服,故虽珍台闲馆犹觉郁蒸也。陛下傥不忘艰难之时,则暑气自消矣。"帝默然。宦者曰:"崇韬之第,无异皇居,宜其不知至尊之热也。"帝卒命允平营楼,日役万人,所费巨万。崇韬谏曰:"今两河水旱,军食不充,愿且息役,以俟丰年。"帝不听。

秋七月甲午,成德节度使李嗣源表求入朝,帝不许。

九月乙未,立皇子继岌为魏王。

丁酉,帝与宰相议伐蜀。庚子,以魏王继岌充西川四面行营都统,郭崇韬充东北面行营都招讨、制置等使,军事悉以委之。

郭崇韬以北都留守孟知祥有荐引旧恩,将行,言于上曰:"孟知祥信厚有谋,若得西川而求帅,无逾此人者。"又荐邺都副留守张宪谨重有识,可为相。戊申,大军西行。冬十一月乙卯,大军至成都,蜀主出降。事见《庄宗灭蜀》。

平蜀之功,李绍琛为多,位在董璋上。而璋素与郭崇韬善,崇韬数召璋与议军事。绍琛心不平,谓璋曰:"吾有平蜀之功,公等朴樕相从,反咕嗫于郭公之门,谋相倾害。

庄宗说："我使用自己内府中的钱,与国家经费无关。"然而庄宗仍怕郭崇韬劝阻,就派遣宫中宦官对郭崇韬说："今年盛暑特别热,我过去带兵驻在黄河边上,与梁军对峙,军营又低又潮湿,身上穿着一层铠甲,乘马出入在敌人的箭石之中,尚且没有这么热。今天居住在深宫之中反而热得不能过,怎么办?"郭崇韬解释说："皇上往日驻河上,强敌未灭,心中只想到仇恨和耻辱,那时虽然也有非常热的天气,但您不放在心上。现在外患已消除,海内豪强都表示恭敬服从,所以虽然住在美好的高台和空旷的馆阁之中,仍然感到郁闷蒸热。皇上倘若不忘记过去艰难的时刻,暑气就自然消失了。"庄宗听了沉默无语。宦官乘机挑动说:"郭崇韬的府第,无异于皇宫,当然他不知道皇上多么热啊!"庄宗最后还是下令,让王允平造楼,每天一万人上工,花费巨万。郭崇韬劝阻说:"今年河南、河北遭受水、旱灾害,军队饭都吃不饱,但愿暂时停工,等候丰年再建。"庄宗不听。

秋季七月甲午(初三),成德节度使李嗣源上表请入京看望太后,庄宗不批准。

九月乙未(初五),立皇子李继岌为魏王。

丁酉(初七),庄宗与宰相商议出兵征讨蜀国。庚子(初十),以魏王李继岌充任西川四面行营都统,郭崇韬充任东北面行营都招讨、制置使等职,军机大事全部交付郭崇韬统管。

郭崇韬因为北都留守孟知祥过去对自己有引荐之恩,将要出征之前,对庄宗说:"孟知祥忠厚可靠有谋略,如果这次打下西川而要选拔西川的节帅,没有人超过此人。"郭崇韬又推荐邺都副留守张宪担任宰相,说张宪谨慎、稳重、有见识。戊申(十八日),后唐大军向西开拔。冬季十一月乙卯(二十六日),郭崇韬大军打下成都,蜀主投降。事见《庄宗灭蜀》。

平蜀战役中,数李绍琛的功劳多,他的地位也在董璋之上。但董璋平常和郭崇韬关系密切,郭崇韬几次召董璋一起商量军事。李绍琛感到内心不平,对董璋说:"我有平蜀之功,你等小人物跟从在我的后面,反而到郭公门中说小话,盘算着压制我。

吾为都将，独不能以军法斩公邪？"璋诉于崇韬。十二月，崇韬表璋为东川节度使，解其军职。绍琛愈怒，曰："吾冒白刃，陵险阻，定两川，璋乃坐有之邪！"乃见崇韬言："东川重地，任尚书有文武才，宜表为帅。"崇韬怒曰："绍琛反邪？何敢违吾节度？"绍琛惧而退。

初，帝遣宦者李从袭等从魏王继岌伐蜀，继岌虽为都统，军中制置补署一出郭崇韬。崇韬终日决事，将吏宾客趋走盈庭，而都统府惟大将晨谒外，牙门索然，从袭等固耻之。及破蜀，蜀之贵臣大将争以宝货、妓乐遗崇韬及其子廷诲，魏王所得，不过匹马、束帛、唾壶、麈柄而已，从袭等益不平。

王宗弼之自为西川留后也，赂崇韬求为节度使，崇韬阳许之，既而久未得，乃帅蜀人列状见继岌，请留崇韬镇蜀。从袭等因谓继岌曰："郭公父子专横，今又使蜀人请己为帅，其志难测，王不可不为之备。"继岌谓崇韬曰："主上倚侍中如山岳，不可离庙堂，岂肯弃元老于蛮夷之域乎？且此非余之所敢知也，请诸人诣阙自陈。"由是继岌与崇韬互相疑。

丙子，以知北都留守事孟知祥为西川节度使、同平章事，促召赴洛阳。帝议选北都留守，枢密承旨段徊等恶邺都留守张宪，不欲其在朝廷，皆曰："北都非张宪不可。宪虽有宰相器，今国家新得中原，宰相在天子目前，事有得失，可以改更，比之北都独系一方安危，不为重也。"

我身为都将,就不能按照军法来斩你吗?"董璋将这话告诉了郭崇韬。十二月,郭崇韬上表推荐董璋为东川节度使,并解除了董璋的现任军职,听候皇上任命。李绍琛对此更加发怒,说:"我冒死和敌人白刃相拼,跨越险阻,平定东西两川,董璋反而坐享其成,获得官职呀!"于是进见郭崇韬说:"东川是军事重地,尚书任圜有文武才干,应当推荐他当节帅。"郭崇韬听了发怒说:"李绍琛你要造反吗?怎么敢违抗我的安排?"李绍琛惧怕,退下了。

当初,庄宗派遣宦官李从袭等人跟随魏王李继岌伐蜀,李继岌虽然是总指挥,但军中的一切调度安排都出自郭崇韬。郭崇韬整天处理决断军务,将吏进出不断,庭上宾客满座,而李继岌的都统府只有大将按例早晨来拜见一次外,军门寂静无声,李从袭等人对此本来就感到羞辱冷落。等到打败蜀国,蜀中显贵官员大将争相把金银财宝、美女歌童送给郭崇韬和他的儿子郭廷诲,而魏王李继岌得到的馈赠只不过是一匹马、十匹帛、一只唾壶、一柄拂尘而已,李从袭等宦官更加不服气。

王宗弼自称西川留后以后,便贿赂郭崇韬请求任节度使,郭崇韬表面上答应他,后来很久未获结果,王宗弼就带领蜀中一批人拜见李继岌,列举了理由,请求留下郭崇韬镇守蜀地。李从袭等人乘机对李继岌说:"郭公父子很专横,现在指使蜀人为自己请求要当节帅,他的志趣很难预测,大王不能不对他们做好防备。"李继岌对郭崇韬说:"皇上倚重您如同依靠山岳,根本就不能离开朝廷,又哪里肯放弃您这样的元老丢在这蛮夷之地呢?况且这样的大事也不是我所敢管的,请大家到朝廷自己向皇上说吧。"由此,李继岌和郭崇韬相互猜疑。

丙子(十七日),庄宗任命主管北都留守事务的孟知祥为西川节度使、同平章事,快速召孟知祥赴洛阳受官。庄宗在朝中议论选拔北都留守人选,枢密承旨段徊等人嫉恶邺都留守官张宪,不想让他留在朝廷,都说:"北都非张宪不可。张宪虽有宰相的才干器度,但是当今国家刚刚占领中原,宰相在天子眼前,有什么事做错了,可以更改,与北都关系到一方的安危相比,宰相反不重要。"

乃徙宪为太原尹,知北都留守事。以户部尚书王正言为兴唐尹,知邺都留守事。正言昏耄,帝以武德使史彦琼为邺都监军。彦琼,本伶人也,有宠于帝。魏、博等六州军旅金谷之政皆决于彦琼,威福自恣,陵忽将佐,自正言以下皆谄事之。

初,帝得魏州银枪效节都近八千人,以为亲军,皆勇悍无敌。夹河之战,实赖其用,屡立殊功,常许以灭梁之日大加赏赍。既而河南平,虽赏赍非一,而士卒恃功,骄恣无厌,更成怨望。是岁大饥,民多流亡,租赋不充,道路涂潦,漕辇艰涩,东都仓廪空竭,无以给军士。租庸使孔谦日于上东门外望诸州漕运,至者随以给之。军士乏食,有雇妻鬻子者,老弱采蔬于野,百十为群,往往馁死,流言怨嗟,而帝游畋不息。己卯,猎于白沙,皇后、皇子、后宫毕从。庚辰,宿伊阙。辛巳,宿潭泊。壬午,宿龛涧。癸未,还宫。时大雪,吏卒有僵仆于道路者。伊、汝间饥尤甚,卫兵所过,责其供饷,不得,则坏其什器,撤其室庐以为薪,甚于寇盗,县吏皆窜匿山谷。

帝以军储不足,谋于群臣,豆卢革以下皆莫知为计。吏部尚书李琪上疏,以为:"古者量入以为出,计农而发兵,故虽有水旱之灾而无匮乏之忧。近代税农以养兵,未有农富给

于是庄宗调张宪为太原府尹，主管北都留守事。以户部尚书王正言为兴唐府尹，主管邺都留守事。王正言年老糊涂，庄宗以武德使史彦琼为邺都监军。史彦琼，原是宫中乐人，有宠于庄宗。魏、博等六州军队，钱、粮方面的政事都由史彦琼来决定，史彦琼任意作威作福，欺压凌辱部下，自王正言以下官员都谄媚讨好听从他。

当初，庄宗打下梁朝魏州时，得到一支银枪效节都军，将近八千人，编入自己的亲军，这支军队士卒都骁勇强悍、善战无敌。夹河战役，主要依靠发挥这支军队的作用，他们多次建立特殊的战功，庄宗经常表示灭梁之后，要大大奖赏。接着，河南被平定了，庄宗对这支军队虽然多次奖赏，但士卒自恃有功，骄横放肆不知满足，形成怨恨。同光三年（925）这一年，发生了大饥荒，百姓多流亡在外，国家租税收入不足，交通阻水，漕运和陆运都很艰难，东都洛阳的国家粮仓没有粮食，无法供给军粮。租庸使孔谦每天都在洛阳上东门外码头等候各州漕运来的租粮，粮船一到，就随时把粮食发给军队。军士缺少粮食，有的人让妻子出去为人生孩子，有的卖子女，年老体弱的人就到野外采野菜，百十人结成一群，常常被饿死，流言怨恨之声四起，而庄宗却不断在外游玩狩猎。乙卯（二十日），庄宗围猎于白沙，皇后、皇子、后宫妃嫔全部跟从着。庚辰（二十一日），驻宿在伊阙。辛巳（二十二日），驻宿在潭泊。壬午（二十三日），驻宿在龛涧。癸未（二十四日），返回宫中。当时天下大雪，有的官吏、士兵冻僵倒在道路上。从伊水到汝水一带饥荒最严重，庄宗的卫兵所经过的地方，命令当地官员供应伙食，得不到供应，就打坏东西，撤掉他们的房屋当作柴烧，比强盗还凶狠，县吏都逃到山谷中躲藏起来。

庄宗因军队储粮不足，把问题提出来和群臣商量对策，自豆卢革以下的官员都没有人知道该怎么办。吏部尚书李琪上书，认为："古代根据收取赋税多少来安排财政支出，统计农民人口而决定征兵的人数，所以虽然有水灾、旱灾而没有穷困的忧虑。近代，向农民收税用来供养军队，可从来没有见过农民富有了

而兵不足,农捐瘠而兵丰饱者也。今纵未能蠲省租税,苟除折纳、纽配之法,农亦可以小休矣。"帝即敕有司如琪所言,然竟不能行。

郭崇韬素疾宦者,尝密谓魏王继岌曰:"大王他日得天下,骡马亦不可乘,况任宦官?宜尽去之,专用士人。"吕知柔窃听,闻之,由是宦官皆切齿。

时成都虽下,而蜀中盗贼群起,布满山林。崇韬恐大军既去,更为后患,命任圜、张筼分道招讨,以是淹留未还。帝遣宦者向延嗣促之,崇韬不出郊迎,及见,礼节又倨,延嗣怒。李从袭谓延嗣曰:"魏王,太子也;主上万福,而郭公专权如是。郭廷诲拥徒出入,日与军中骁将、蜀土豪杰狎饮,指天画地。近闻白其父请表己为蜀帅,又言'蜀地富饶,大人宜善自为谋。'今诸军将校皆郭氏之党,王寄身于虎狼之口,一朝有变,吾属不知委骨何地矣!"因相向垂涕。延嗣归,具以语刘后,后泣诉于帝,请早救继岌之死。前此帝闻蜀人请崇韬为帅,已不平,至是闻延嗣之言,不能无疑。帝阅蜀府库之籍,曰:"人言蜀中珍货无算,何如是之微也?"延嗣曰:"臣闻蜀破,其珍货皆入于崇韬父子,崇韬有金万两,银四十万两,钱百万缗,名马千匹,他物称是,廷诲所取,复在其外。故县官所得不多耳。"帝遂怒形于色。及孟知祥将行,帝语之曰:"闻郭崇韬有异志,卿到,为朕诛之。"

而军队粮食不足，农民贫穷交纳少而军队能丰足饱暖的现象。当今，即使不能减租税，倘若能够免除折纳、纽配等税外之税，农民也可以获得小小的休养生息啊！"庄宗随即下令有关部门按照李琪提出的意见去做，免除税外之税，然而最后未能执行下去。

郭崇韬一贯疾恨宦官，曾经密对魏王李继岌说："大王他日当皇帝，骟马尚不可骑，何况任用宦官？应当全部去掉他们，专门任用士人。"吕知柔偷听到了这番话，说给宦官听，由此，宦官对郭崇韬都切齿痛恨。

当时，成都虽然占领了，但是蜀中盗贼群起，布满山林。郭崇韬担心大军离开以后，又成为后患，便命令任圜、张筠分道招降讨伐，因此拖延没有即时回京。庄宗派遣宦官向延嗣到成都催促郭崇韬回京，郭崇韬没有到郊外远迎，等到见面时，礼节上又很傲慢，向延嗣心中生怒。李从袭对向延嗣说："魏王是太子，皇上的重大希望，而郭公却专权到如此地步。郭廷诲进出前呼后拥，每天与军中骁将、蜀中豪杰在一起饮酒作乐，谈论天下。近来听说郭廷诲要求他的父亲上表，请求让他留在蜀中任节帅。郭廷诲又说：'蜀地富饶，父亲应当好好为自己谋划一下。'现在各军队中将校官都是郭氏党羽，魏王如同身在虎狼之口，一旦有兵变，我们这些人不知尸骨抛到哪里啊！"两人随后相对流泪。向延嗣回到京城，把成都的事情一条条地说给刘皇后听，刘皇后向庄宗泣诉，请求早一天挽救李继岌的死祸。这之前，庄宗已听说蜀中有人请求让郭崇韬留蜀任节帅，当时心中已不满意，至此听过向延嗣之言，不能不对郭崇韬产生怀疑。庄宗检查蜀中上供国家府库的账簿，说："别人都说蜀中珍宝货物无数，为什么账簿上登录这么少呢？"向延嗣说："臣听说攻破蜀国的时候，那里珍宝货物都流入郭崇韬父子手中。郭崇韬有金万两，有银四十万两，钱百万缗，名马千匹，其他宝物都和这些数目差不多，郭廷诲所收取的货物还除在外。所以天子收到的财物就不多了。"庄宗听了，怒形于色。等到孟知祥将要出发到成都就任时，庄宗对他说："听说郭崇韬有谋反的打算，你到任后，为我杀掉他。"

知祥曰："崇韬，国之勋旧，不宜有此。俟臣至蜀察之，苟无他志则遣还。"帝许之。

壬子，知祥发洛阳。帝寻复遣衣甲库使马彦珪驰诣成都观崇韬去就，如奉诏班师则已，若有迁延跋扈之状，则与继岌图之。彦珪见皇后，说之曰："臣见向延嗣言蜀中事势忧在朝夕，今主上当断不断。夫成败之机，间不容发，安能缓急禀命于三千里外乎？"皇后复言于帝，帝曰："传闻之言，未知虚实，岂可遽尔果决？"皇后不得请，退，自为教与继岌，令杀崇韬。知祥行至石壕，彦珪夜叩门宣诏，促知祥赴镇，知祥窃叹曰："乱将作矣！"乃昼夜兼行。

明宗天成元年，河中节度使李继麟恃与帝故旧，且有功，帝待之厚，苦诸伶宦求丐无厌，遂拒不与。大军之征蜀也，继麟阅兵，遣其子令德将之以从。景进与宦官谮之曰："继麟闻大军起，以为讨己，故惊惧，阅兵自卫。"又曰："崇韬所以敢倔强于蜀者，与河中阴谋，内外相应故也。"继麟闻之惧，欲身入朝以自明，其所亲止之，继麟曰："郭侍中功高于我。今事势将危，吾得见主上，面陈至诚，则谗人获罪矣。"正月癸亥，继麟入朝。

魏王继岌将发成都，令任圜权知留事，以俟孟知祥。诸军部署已定，是日，马彦珪至，以皇后教示继岌，继岌曰：

孟知祥回答说:"郭崇韬是国家有功勋的老臣,不会有这种举动。等我到蜀中考察一下,倘若他没有谋反的意向,就让他回京。"庄宗同意了。

壬子(闰十二月二十四日),孟知祥由洛阳出发。庄宗接着又派衣甲库使马彦珪快马驰往成都观察郭崇韬的动向,如果能听从诏命班师回京就算了,若有拖延专横跋扈的迹象,就和李继岌共同消灭他。马彦珪到刘皇后面前游说道:"臣见向延嗣讲蜀中事态,忧虑就在早晚,现在皇上当断不断。成败之机,微细得连一根头发丝都容不下,怎么能在紧急的时刻从三千里外回来禀报再执行命令呢?"刘皇后又向庄宗吹风,庄宗说:"传闻之言,不知虚实,哪能突然决断?"皇后的请求未获批准,退下后,以自己的名义下了一道教令给李继岌,令他杀掉郭崇韬。孟知祥到达石壕村时,马彦珪赶上,连夜敲门会见孟知祥,宣布皇上的命令,催促他加紧赶路,到成都就任。孟知祥暗叹说:"将要发生动乱了!"只好昼夜兼行。

后唐明宗天成元年(926),河中节度使李继麟自恃与庄宗原有老交情,且在战场上立过功,庄宗对待他很厚,但是对于宫中众乐人、宦官无限制地向他乞讨财物,感到苦恼,于是拒绝不给。在朝廷调兵征蜀时,李继麟挑选了自己的一部分军队,派他的儿子李令德率领着跟从征蜀大军。景进与宦官以此说他的坏话:"李继麟听到调动征蜀大军时,误以为是讨伐自己,所以惊慌害怕,检阅军队准备自卫。"又说:"郭崇韬之所以敢在蜀中那么强硬嚣张,就是因为他与河中节度使之间阴谋勾结,内外相应。"李继麟听到这话很害怕,想亲自入朝向庄宗表白没有这回事,他的亲近人员阻止了他,李继麟说:"郭崇韬侍中功劳比我大。现在事态发展将很危险,我要争取面见皇上,当面说明我的赤胆忠心,那样说坏话的小人就要定罪了。"正月癸亥(初六),李继麟入京朝见。

魏王李继岌即将从成都出发,命令任圜暂留成都代理留守事务,以等待孟知祥前来接任。各路军马部署已完成,这一天,马彦珪到成都,把刘皇后的教令拿给李继岌看,李继岌说道:

"大军垂发,彼无衅端,安可为此负心事?公辈勿复言。且主上无救,独以皇后教杀招讨使,可乎?"李从袭等泣曰:"既有此迹,万一崇韬闻之,中涂为变,益不可救矣。"相与巧陈利害,继岌不得已从之。甲子旦,从袭以继岌之命召崇韬计事,继岌登楼避之。崇韬方升阶,继岌从者李环挝碎其首,并杀其子廷诲、廷信,外人犹未之知。都统推官饶阳李崧谓继岌曰:"今行军三千里外,初无敕旨,擅杀大将,大王奈何行此危事?独不能忍之至洛阳邪?"继岌曰:"公言是也,悔之无及。"崧乃召书吏数人,登楼去梯,矫为敕书,用蜡印宣之,军中粗定。崇韬左右皆窜匿,独掌书记滏阳张砺诣魏王府恸哭久之。继岌命任圜代崇韬总军政。

马彦珪还洛阳,乃下诏暴郭崇韬之罪,并杀其子廷说、廷让、廷议,于是朝野骇愕,群议纷然,帝使宦官潜察之。保大节度使睦王存乂,崇韬之婿也,宦官欲尽去崇韬之党,言:"存乂对诸将攘臂垂泣,为崇韬称冤,言辞怨望。"庚辰,幽存乂于第,寻杀之。景进言:"河中人有告变,言李继麟与郭崇韬谋反,崇韬死,又与存乂连谋。"宦官因共劝帝速除之,帝乃徙继麟为义成节度使,是夜,遣蕃汉马步使朱守殷以兵围其第,驱继麟出徽安门外杀之,复其姓名曰朱友谦。友谦二子,令德为武信节度使,令锡为忠武节度使。

"大军即将启程，他们没有事端，怎么能做这种亏心的事情？您们不要再说这事了。况且皇上没有下命令，仅仅凭皇后一纸教令就杀招讨使，行得通吗？"李从袭等人哭着说："既然这事已经有了迹象，万一被郭崇韬听到了，中途发生叛变，更加无法挽救了。"马、李两人相互巧言利舌，陈述其中利害关系，李继岌不得已，依从了他们的主张。甲子（初七）早晨，李从袭以李继岌的命令召郭崇韬商量事情，李继岌登楼避开了。郭崇韬进入李继岌军府刚刚踏上台阶，李继岌的随从侍卫李环一锤打碎了郭崇韬的头，接着又杀了他的儿子郭廷诲、郭廷信，外面的人尚且不知道这事的发生。都统推官饶阳县人李崧对李继岌说："现在正在三千里外行军，一直没有皇上的命令，擅自杀掉大将，大王您为什么做出这样危险的事情？难道不能忍耐一下到洛阳再说吗？"李继岌说："您的话很对，我现在后悔来不及了。"李崧于是招来几名起草文书的官吏，一道上楼，搬开楼梯，在楼上伪造一份皇上的诏命，用蜡刻出玺印盖在上面，拿出来向军队宣布，军中的情绪暂时平定。郭崇韬身边的将佐都逃跑躲藏起来，只有军中掌书记滏阳县人张砺跑到魏王府中为郭崇韬放声痛哭了很长时间。李继岌命令任圜代替郭崇韬总领军中政务。

马彦珪回到洛阳后，庄宗下诏书公布郭崇韬的罪状，一起杀了郭崇韬另外几个儿子郭廷说、郭廷让、郭廷议，这时朝廷上下乃至社会上都震惊、惋惜，议论纷纷，庄宗派宦官暗中观察动向。保大军节度使睦王李存乂，是郭崇韬的女婿，宦官想要消灭郭崇韬的全部党羽，说："李存乂挥臂对众将领哭着为郭崇韬喊冤，言辞带怨恨。"庚辰（二十三日），将李存乂幽禁于府中，不久就杀了他。景进说："河中地带有人上报事态变化，说李继麟与郭崇韬勾结谋反，郭崇韬死了，又和李存乂连结谋反。"宦官因此同劝庄宗迅速除掉李继麟，庄宗就将李继麟调为义成节度使，当夜，派遣蕃汉马步使朱守殷带兵包围了李继麟的府第，把李继麟赶出徽安门外杀掉了，恢复他原来的姓名叫朱友谦。朱友谦有两个儿子，其一李令德是武信节度使，其二李令锡是忠武节度使。

诏魏王继岌诛令德于遂州，郑州刺史王思同诛令锡于许州，河阳节度使李绍奇诛其家人于河中。绍奇至其家，友谦妻张氏帅家人二百馀口见绍奇曰："朱氏宗族当死，愿无滥及平人。"乃别其婢仆百人，以其族百口就刑。张氏又取铁券以示绍奇曰："此皇帝去年所赐也，我妇人，不识书，不知其何等语也？"绍奇亦为之惭。友谦旧将史武等七人，时为刺史，皆坐族诛。

时洛中诸军饥窘，妄为谣言，伶官采之以闻于帝，故郭崇韬、朱友谦皆及于祸。成德节度使兼中书令李嗣源亦为谣言所属，帝遣朱守殷察之。守殷私谓嗣源曰："令公勋业振主，宜自图归藩以远祸。"嗣源曰："吾心不负天地，祸福之来，无所可避，皆委之于命耳。"时伶宦用事，勋旧人不自保，嗣源危殆者数四，赖宣徽使李绍宏左右营护，以是得全。

魏王继岌留马步都指挥使陈留李仁罕、马军都指挥使东光潘仁嗣、左厢都指挥使赵廷隐、右厢都指挥使浚仪张业、牙内指挥使文水武漳、骁锐指挥使平恩李延厚成成都。甲申，继岌发成都，命李绍琛帅万二千人为后军，行止常差中军一舍。

二月，魏博指挥使杨仁晸将所部兵戍瓦桥，逾年代归，至贝州，以邺都空虚，恐兵至为变，敕留屯贝州。

庄宗下诏，命魏王李继岌在遂州杀死李令德，郑州刺史王思同到许州诛杀李令锡，河阳节度使李绍奇在河中杀掉他的家小。李绍奇到达朱友谦家中，朱友谦的妻子张氏率领家人两百多口，面对李绍奇说："朱氏宗族的人应当死，希望不要滥杀到府中不是朱家人的平民百姓。"李绍奇就将朱家的婢女、仆人一百人分开，把朱氏宗族的一百人杀了。临刑之前，张氏又取出皇上特赐永远不杀的铁券文契给李绍奇看，并说："这是皇上去年赐给我们的东西，我是妇人，不识字，不知道这上面说了什么？"李绍奇也为此感到羞惭。朱友谦旧部将史武等七人，当时任刺史，都牵连被杀了全族。

当时，洛中地区各军队中饥饿窘迫，乱编谣言，宫中乐人把搜集来的谣言报告给庄宗听，所以郭崇韬、朱友谦都祸害临身。那些谣言也涉及成德节度使兼中书令李嗣源，庄宗即派朱守殷观察李嗣源的动静。朱守殷私下里对李嗣源说道："您的功勋和业绩很大，令皇上不安，您应当为自己打算，回到藩镇去保护好自己，以便远离祸患。"李嗣源说："我的心不负天地，祸福的到来，没有地方能够躲避，都听从命运的安排吧。"当时乐人和宦官受到重用，个个有功劳的旧臣不能够自保安全，李嗣源濒于危险的时候有好几次，全依赖宣徽使李绍宏多方面援救保护，才获得保全。

魏王李继岌留下马步都指挥使陈留县人李仁罕、马军都指挥使东光县人潘仁嗣、左厢都指挥使赵廷隐、右厢都指挥使浚仪县人张业、牙内指挥使文水县人武漳、骁锐指挥使平恩县人李延厚驻戍成都。甲申（二十七日），李继岌率领征蜀大军从成都回师，命令李绍琛率一万二千人为后军，无论行军、休息，要与主力军保持三十里的距离。

二月，魏博指挥使杨仁晸带领自己统领的军队驻戍瓦桥，一年期已过，由别的军队替代，这支军队在返回魏州，途经贝州时，接到命令，停止前进，朝廷因为邺都兵力空虚，担心杨仁晸的军队到达邺都后会叛变，因而下令让这支军队留在贝州驻戍。

时天下莫知郭崇韬之罪,民间讹言云:"崇韬杀继岌,自王于蜀,故族其家。"朱友谦子建徽为澶州刺史,帝密敕邺都监军史彦琼杀之。门者白留守王正言曰:"史武德夜半驰马出城,不言何往。"又讹言云:"皇后以继岌之死归咎于帝,已弑帝矣,故急召彦琼计事。"人情愈骇。

杨仁晟部兵皇甫晖与其徒夜博不胜,因人情不安,遂作乱,劫仁晟曰:"主上所以有天下者,吾魏军力也。魏军甲不去体,马不解鞍者十馀年,今天下已定,天子不念旧劳,更加猜忌。远戍逾年,方喜代归,去家咫尺,不使相见。今闻皇后弑逆,京师已乱,将士愿与公俱归,仍表闻朝廷。若天子万福,兴兵致讨,以吾魏博兵力足以拒之,安知不更为富贵之资乎?"仁晟不从,晖杀之。又劫小校,不从,又杀之。效节指挥使赵在礼闻乱,衣不及带,逾垣而走,晖追及,曳其足而下之,示以二首,在礼惧而从之。乱兵遂奉以为帅,焚掠贝州。晖,魏州人;在礼,涿州人也。诘旦,晖等拥在礼南趣临清、永济、馆陶,所过剽掠。

壬辰晚,有自贝州来告军乱将犯邺都者,都巡检使孙铎等亟诣史彦琼,请授甲乘城为备。彦琼疑铎等有异志,曰:"告者云今日贼至临清,计程须六日晚方至,为备未晚。"孙铎曰:"贼既作乱,必乘吾未备,昼夜倍道,安肯计程而行? 请仆射帅众乘城,铎募劲兵千人伏于王莽河逆击之,

当时天下没有人知道郭崇韬死的罪名是什么，民间传言说："郭崇韬杀了李继岌，自己在蜀中称王，所以全家被杀。"朱友谦的儿子朱建徽任澶州刺史，庄宗密令邺都监军史彦琼把他杀了。把守城门的人告诉留守官王正言说："史武德（即史彦琼）夜半飞马出城，没有说到何处去。"又传言说："刘皇后把李继岌的死归咎于庄宗，已经把庄宗杀了，所以紧急召请史彦琼回去商量大事。"人心不安，愈为害怕。

杨仁晸的部兵皇甫晖与他的徒众夜晚赌博，输了，他就趁社会上人心不安而作乱，捉住杨仁晸说："皇上之所以有天下，是依靠我们魏军的力量。魏军身不卸甲，马不解鞍，打了十几年仗，今天下已定，天子不思念我们过去的功劳，反而对我们更加疑心忌恨。我们老远地在外面戍守一年多，刚刚为替代回来而欢喜，眼见离家不远，却不让我们回魏州和亲人相见。现在听说皇后叛逆，杀了皇上，京城已经大乱，将士们愿意和您一同回家，同时上表报告朝廷。若天子健在，我们就起兵去讨伐那些作乱的人，凭我们魏博镇的兵力足以抵抗他们，怎能知道这不是换取富贵的时机呢？"杨仁晸不肯听从，皇甫晖杀了他。又捉住小校官，小校官也不从，又杀了小校官。效节指挥使赵在礼听到军中叛乱，披上衣服，来不及系带，翻墙逃跑，皇甫晖追到，拖住他的脚拉下来，把两颗人头给他看，赵在礼恐惧而后听从了。皇甫晖等乱兵于是推他为帅，在贝州城中焚烧抢劫。皇甫晖是魏州人，赵在礼是涿州人。第二天天亮，皇甫晖等人拥持赵在礼率军向南前进，奔向临清、永济、馆陶，沿途所过之地，都杀人抢劫。

壬辰（初五）晚上，有从贝州来的人报告贝州军乱，即将进犯邺都，邺都都巡检使孙铎等忙拜见史彦琼，请求发给兵器盔甲，登城防备。史彦琼猜疑孙铎等有叛变意图，说："报告消息的人说今天贼军到达临清，计算路程，需要到六天后的晚上才能到这里，到时再作防备不晚。"孙铎说："贼人已作乱，必然乘我们没防备，昼夜加倍赶路，哪里会按常规速度行走呢？请仆射您率领众人巡城，孙铎我选募强劲的兵士一千人埋伏到王莽河那里迎击他们，

贼既势挫，必当离散，然后可扑灭也。必俟其至城下，万一有奸人为内应，则事危矣！"彦琼曰："但严兵守城，何必逆战？"是夜，贼前锋攻北门，弓弩乱发。时彦琼将部兵宿北门楼，闻贼呼声，即时惊溃。彦琼单骑奔洛阳。癸巳，贼入邺都，孙铎等拒战不胜，亡去。赵在礼据宫城，署皇甫晖及军校赵进为马步都指挥使，纵兵大掠。进，定州人也。

王正言方据案召吏草奏，无至者，正言怒，其家人曰："贼已入城，杀掠于市，吏皆逃散，公尚谁呼？"正言惊曰："吾初不知也。"又索马，不能得，乃帅僚佐步出府门谒在礼，再拜请罪。在礼亦拜，曰："士卒思归耳，尚书重德，勿自卑屈！"慰谕遣之。

众推在礼为魏博留后，具奏其状。北京留守张宪家在邺都，在礼厚抚之，遣使以书诱宪，宪不发封，斩其使以闻。

丙申，史彦琼至洛阳。帝问可为大将者于枢密使李绍宏，绍宏复请用李绍钦，帝许之，令条上方略。绍钦所请偏裨，皆梁旧将，己所善者，帝疑之而止。皇后曰："此小事，不足烦大将，绍荣可办也。"帝乃命归德节度使李绍荣将骑三千诣邺都招抚，亦征诸道兵，备其不服。

郭崇韬之死也，李绍琛谓董璋曰："公复欲咕嗫谁门乎？"璋惧，谢罪。魏王继岌军还至武连，遇敕使，谕以朱友

贼人的气势被挫败之后,必定离散逃跑,然后可以一举扑灭他们。假如一定要等到他们来到城下,万一再有奸人在城里作为他们的内应,那么事情就危险了!"史彦琼说:"只要严兵守城,何必去迎战?"这天夜里,贼军前锋攻打北城门,弓箭乱发。当时史彦琼带领自己的部下住宿在北门楼,听到贼军呼喊声,立即惊慌溃散。史彦琼单身骑马奔向洛阳。癸巳(初六),贼军进入邺都,孙铎等抵抗不住逃走了。赵在礼占据了宫城,任命皇甫晖和军校赵进为马步都指挥使,放纵兵士大肆抢掠。赵进是定州人。

王正言正手撑书案召唤书吏来起草奏书,没有人来,王正言发火了,他的家人告诉他说:"贼人进入城中,正在街上杀人抢劫,衙吏们都逃跑走散,您还能喊谁?"王正言吃惊地说:"我原不知道呀!"他又要人把马牵来,也要不到,于是就带领僚佐步行出府门去拜见赵在礼,拜两拜并请求恕罪。赵在礼也回拜,说:"士卒思念回家乡才有这件事啊,尚书是个有名望的人,不要这样降低了身份。"赵在礼安慰他一番,打发他走了。

众人推举赵在礼为魏博留后,把情况详尽地向朝廷奏报。北京留守张宪的家在邺都,赵在礼厚重安抚了他的家人,派遣使者送书信给张宪,劝诱张宪投降,张宪不拆信封,斩了他的使者,然后把叛乱的消息报告给朝廷。

丙申(初九),史彦琼逃至洛阳。庄宗询问枢密使李绍宏谁能担任大将,李绍宏再次提出请用李绍钦,庄宗同意了,令李绍钦将作战的部署一条条写出呈上来。李绍钦在制定的作战方略中,请求使用的一些将领,都是梁朝的旧将和他的好友,庄宗产生猜疑,因而不用李绍钦。皇后说:"这是小事一桩,不需要麻烦大将,李绍荣可以办好它。"庄宗于是命令归德军节度使李绍荣带领三千骑兵到邺都去招降安抚,庄宗又征发诸道的军队,作为防备,如果邺都赵在礼不肯投降,就去镇压。

郭崇韬被害的时候,李绍琛向董璋威胁说:"您打算再到谁人门下说小话呢?"董璋惧怕,向李绍琛赔礼,请求恕罪。魏王李继岌回师到达武连,遇到传达庄宗命令的特使,向他宣布朱友

谦已伏诛,令董璋将兵之遂州诛朱令德。时绍琛将后军在魏城,闻之,以帝不委己杀令德而委璋,大惊。俄而璋过绍琛军,不谒。绍琛怒,乘酒谓诸将曰:"国家南取大梁,西定巴、蜀,皆郭公之谋而吾之战功也;至于去逆效顺,与国家掎角以破梁,则朱公也。今朱、郭皆无罪族灭,归朝之后,行及我矣。冤哉!天乎!奈何?"绍琛所将多河中兵,河中将焦武等号哭于军门曰:"西平王何罪,阖门屠脍?我辈归则与史武等同诛,决不复东矣!"是日,魏王继岌至泥溪,绍琛至剑州遣人白继岌云:"河中将士号哭不止,欲为乱。"丁酉,绍琛自剑州拥兵西还,自称西川节度、三川制置等使,移檄成都,称奉诏代孟知祥。招谕蜀人,三日间众至五万。

己亥,魏王继岌至利州,李绍琛遣人断桔柏津。继岌闻之,以任圜为副招讨使,将步骑七千,与都指挥使梁汉颙、监军李延安追讨之。

庚子,邢州左右步直兵赵太等四百人据城自称安国留后。诏东北面招讨副使李绍真讨之。

辛丑,任圜先令别将何建崇击剑门关,下之。

李绍荣至邺都,攻其南门,遣人以敕招谕之。赵在礼以羊、酒犒师,拜于城上曰:"将士思家擅归,相公诚善为敷奏,得免于死,敢不自新?"遂以敕遍谕军士。史彦琼戟手

谦已经伏罪被杀，现在命令董璋带兵到遂州去杀朱友谦的儿子朱令德。当时李绍琛率领后军走到魏城，听说这件事，由于庄宗不委派自己去杀朱令德，而委派董璋，心中大惊。不一会儿，董璋经过李绍琛的军队，也不停下拜见李绍琛。李绍琛发怒，乘酒力对各将领说："国家南下攻取大梁，西征平定巴蜀，都是郭公（郭崇韬）的谋略以及我们的战功；至于背弃梁朝、投奔我军、与国家形成掎角之势，最后打败梁朝，则数朱公（友谦）的力量大啊。现在，朱、郭两人都无罪而被全家诛杀，回到朝廷后，就要临到我了。冤哪！我的老天！怎么办？"李绍琛带领的军队大多是河中人，河中镇将领焦武等在军门前号哭说："西平王（朱友谦）有什么罪，全家遭屠杀？我们这些人回去就要和史武等一样，同被诛杀，我们决不会再东回了！"当天，魏王李继岌到达泥溪，李绍琛到达剑州时派人告诉李继岌，说："河中将士号哭不停，想作乱。"丁酉（初十），李绍琛从剑州率兵向西回成都，自称西川节度使、三川制置使等，传布檄文到成都，称说接到庄宗的诏命，让他代替孟知祥。他向蜀人晓谕并招募军队，三天之中军队达五万人。

己亥（十二日），魏王李继岌到达利州，李绍琛派人阻断桔柏津渡口。李继岌听到这一情况，任命任圜为副招讨使，带领步兵、骑兵七千人，与都指挥使梁汉颙、监军李延安共同追击讨伐他们。

庚子（十三日），邢州左右长直步兵赵太等四百人占据了邢州城，自称安国留后。庄宗下诏，令东北面招讨副使李绍真讨伐他们。

辛丑（十四日），任圜先派非主力将领何建崇攻打剑门关，剑门关被攻下。

李绍荣到达邺都，攻打南门，派人拿出庄宗的命令向他们宣谕招降。赵在礼用羊、酒犒劳李绍荣的军队，在城楼上叩拜说："将士们思念家乡，擅自回来，相公您如真的好好地为我们向皇上解释奏明情由，使我们能免于一死，我们怎敢不改过自新？"于是把庄宗的命令讲给全军将士听。史彦琼叉开食指和中指指着城楼，

大骂曰："群死贼，城破万段！"皇甫晖谓众曰："观史武德之言，上不赦我矣。"因聚噪，掠敕书，手坏之，守陴拒战。绍荣攻之不利，以状闻，帝怒曰："克城之日，勿遗噍类！"大发诸军讨之。壬寅，绍荣退屯澶州。

甲辰夜，从马直军士王温等五人杀军使，谋作乱，擒斩之。从马直指挥使郭从谦，本优人也，优名郭门高。帝与梁相拒于得胜，募勇士挑战，从谦应募，俘斩而还，由是益有宠。帝选诸军骁勇者为亲军，分置四指挥，号从马直，从谦自军使积功至指挥使。郭崇韬方用事，从谦以叔父事之，睦王存乂以从谦为假子。及崇韬、存乂得罪，从谦数以私财飨从马直诸校，对之流涕，言崇韬之冤。及王温作乱，帝戏之曰："汝既负我附崇韬、存乂，又教王温反，欲何为也？"从谦益惧。既退，阴谓诸校曰："主上以王温之故，俟邺都平定，尽坑若曹。家之所有宜尽市酒肉，勿为久计也。"由是亲军皆不自安。

丁未，李绍荣以诸道兵再攻邺都。庚戌，裨将杨重霸帅众数百登城，后无继者，重霸等皆死。贼知不赦，坚守无降意。朝廷患之，日发中使促魏王继岌东还。继岌以中军精兵皆从任圜讨李绍琛，留利州待之，未得还。

李绍荣讨赵在礼久无功，赵太据邢州未下。沧州军乱，小校王景戡讨定之，因自为留后。河朔州县告乱者相继。

大骂说："你们这群死贼,城破了,要将你们碎尸万段!"皇甫晖对大家说:"观看史武德的样子和听他的话,皇上是不能赦免我们的罪过了。"随后聚众起哄,大吵大嚷,抢夺皇上的令书,将它撕毁,据守城上的女墙抵抗拒战。李绍荣攻城,攻不下,把情况报告给庄宗听,庄宗发怒说:"克城之日,不留一个活人!"大举调发各路军马前来讨伐。壬寅(十五日),李绍荣退驻澶州。

甲辰(十七日)夜,庄宗身边的从马直兵士王温等五人杀害军使,谋划作乱,被擒拿斩首。从马直指挥使郭从谦,原来是宫中舞人,艺名叫郭门高。庄宗和梁朝军队在得胜渡交战相持不下时,在军中募选勇士出阵挑战,郭从谦当时应募,斩杀并俘虏了敌兵而还,由此更加受到宠爱。庄宗从各军队选出骁勇的士兵编成自己的亲军,分编成四指挥,号为从马直,郭从谦从一个军使不断立功,一直当上了指挥使。正当郭崇韬执掌大权的时候,郭从谦把他当叔父来对待,睦王李存乂认郭从谦为义子。郭崇韬、李存乂得罪遇害的时候,郭从谦好几次拿出自己的私财交结从马直军中的诸校官,对他们流泪,诉说郭崇韬的冤屈。等到王温作乱的时候,庄宗开玩笑似的对他说:"你已经背叛我,依附郭崇韬、李存乂,又教王温谋反,你想做什么?"郭从谦更加害怕。退下来后,暗中对众校官说:"皇上因为王温造反的缘故,等到邺都平定,把你们全部坑杀。你们现在应把家中所有的钱财,拿出来买酒买肉吃,不要再作长久的打算了。"由此,庄宗的亲军都情绪不安。

丁未(二十日),李绍荣率各道调来的兵马再次攻打邺都。庚戌(二十三日),偏将杨重霸带领数百人登城,后面没有人跟着往上冲,杨重霸等人全都战死。城中贼知道不能免罪,都坚守着没有投降的意向。朝廷对此担忧,每天派出宦官使者催促魏王李继岌迅速东还。李继岌因为主力军中的精锐部队都抽调跟从任圜去讨伐李绍琛了,就留在利州等待,未能及时回还。

李绍荣讨伐赵在礼长久没有成效,赵太占据邢州没有被攻下。沧州军队发生叛乱,小校王景戡举兵讨伐平定了叛乱,乘势自任为沧州留后。河朔一带州县相继不断派人往京城报告有人叛乱。

帝欲自征邺都，宰相、枢密使皆言京师根本，车驾不可轻动，帝曰："诸将无可使者。"皆曰："李嗣源最为勋旧。"帝心忌嗣源，曰："吾惜嗣源，欲留宿卫。"皆曰："他人无可者。"忠武节度使张全义亦言："河朔多事，久则患深，宜令总管进讨。若倚绍荣辈，未见成功之期。"李绍宏亦屡言之，帝以内外所荐，久乃许之。甲寅，命嗣源将亲军讨邺都。

董璋将兵二万屯绵州，会任圜讨李绍琛。帝遣中使崔延琛至成都，遇绍琛军，绐之曰："吾奉诏召孟郎，公若缓兵，自当得蜀。"既至成都，劝孟知祥为战守备。知祥浚壕树栅，遣马步都指挥使李仁罕将四万人，骁锐指挥使李延厚将二千人讨绍琛。延厚集其众询之曰："有少壮勇锐欲立功求富贵者东！衰疾畏懦厌行陈者西！"得选兵七百人以行。是日，任圜军追及绍琛于汉州，绍琛出兵逆战。招讨掌书记张砺请伏精兵于后，以羸兵诱之，圜从之，使董璋以东川羸兵先战而却。绍琛轻圜书生，又见其兵羸，极力追之，伏兵发，大破之，斩首数千级，自是绍琛入汉州，闭城不出。

三月丁巳朔，李绍真奏克邢州，擒赵太等。庚申，绍真引兵至邺都，营于城西北，以太等徇于邺都城下而杀之。

壬戌，李嗣源至邺都，营于城西南。甲子，嗣源下令军中，诘旦攻城。是夜，从马直军士张破败作乱，帅众大噪，杀都将，

庄宗想亲自出征邺都,宰相、枢密使都说京城是根本,皇上的车马不可以轻易离开,庄宗说道:"众大将中没有能够派去出征的人了。"大家都回答说:"李嗣源是最有功劳的旧臣。"庄宗心中猜忌李嗣源,说:"我爱惜李嗣源,想留下他来宿卫。"大家都说:"其他人没有人能担当此任。"忠武军节度使张全义也说:"河朔多事,时间拖久了祸患就加深,应当让李总管(李嗣源)领兵进讨,若倚仗李绍荣这类人,就看不到成功的日期。"李绍宏也多次提议让李嗣源出兵,庄宗因为内外大臣都推荐李嗣源,考虑了很久才同意了。甲寅(二十七日),命令李嗣源率领皇上的亲军去进讨邺都。

董璋带兵两万屯驻绵州,会同任圜进讨李绍琛。庄宗派宦官使者崔延琛到达成都,遇到李绍琛的军队,骗他说:"我奉皇上命令到成都召孟郎,你若延缓战事,自然会得到蜀中的大权。"崔延琛到成都城中之后,劝说孟知祥做好战守的准备。孟知祥挖深壕沟、树立营栅,派马步都指挥使李仁罕带领四万人、骁锐指挥使李延厚带领两千人进讨李绍琛。李延厚把两千骁锐兵集中起来,问询道:"有少壮勇锐想立功求富贵的人站到东边!衰弱有病畏惧胆小不想行军打仗的人站到西边!"这样,选出了七百精兵出发。当天,任圜军在汉州追上了李绍琛的军队,李绍琛出兵迎战。招讨掌书记张砺提议,埋伏精兵于后,前面用老弱兵引诱对方作战,任圜听从了这一意见,派董璋率东川的老弱兵先出战而后退却。李绍琛轻视任圜是个书生,又见他兵士都是老弱,极力追击,进入埋伏圈后,伏兵发动反攻,大破李绍琛,斩首数千,从此,李绍琛躲入汉州城,闭城不出。

三月丁巳这天是初一,李绍真向朝廷报告,攻克了邢州,擒拿了赵太等人。庚申(初四),李绍真引兵到邺都,在邺都西北面扎营,把赵太等人绑赴邺都城下示众,斩杀了。

壬戌(初六),李嗣源的军马到达邺都,在城西南方向扎营。甲子(初八),李嗣源向军中下令,第二天天亮攻城。这天夜里,从马直军士张破败在军中作乱,带领众人大声喧嚷,杀都将,

焚营舍。诘旦,乱兵逼中军,嗣源帅亲军拒战,不能敌,乱兵益炽。嗣源叱而问之曰:"尔曹欲何为?"对曰:"将士从主上十年,百战以得天下。今主上弃恩任威,贝州戍卒思归,主上不赦,云克城之后,当尽坑魏博之军。近从马直数卒喧竞,遽欲尽诛其众。我辈初无叛心,但畏死耳。今众议欲与城中合势击退诸道之军,请主上帝河南,令公帝河北,为军民之主。"嗣源泣谕之,不从。嗣源曰:"尔不用吾言,任尔所为,我自归京师。"乱兵拔白刃环之,曰:"此辈虎狼也,不识尊卑,令公去欲何之?"因拥嗣源及李绍真等入城,城中不受外兵,皇甫晖逆击张破败,斩之,外兵皆溃。赵在礼帅诸校迎拜嗣源,泣谢曰:"将士辈负令公,敢不惟命是听?"嗣源诡说在礼曰:"凡举大事,须藉兵力,今外兵流散无所归,我为公出收之。"在礼乃听嗣源、绍真俱出城,宿魏县,散兵稍有至者。

汉州无城堞,树木为栅。乙丑,任圜进攻其栅,纵火焚之。李绍琛引兵出战于金雁桥,兵败,与十馀骑奔绵竹,追擒之。孟知祥自至汉州犒军,与任圜、董璋置酒高会,引李绍琛槛车至座中,知祥自酌大卮饮之,谓曰:"公已拥节旄,又有平蜀之功,何患不富贵,而求入此槛车邪?"绍琛曰:"郭侍中佐命功第一,兵不血刃取两川,一旦无罪族诛,如绍琛辈安保首领?以此不敢归朝耳。"魏王继岌既获绍琛,乃引兵倍道而东。

焚烧营舍。第二天天亮，这批叛乱的军士进逼中军，李嗣源率领亲军抵挡，挡不住，跟从作乱的兵士越来越多。李嗣源大声斥问道："你们想干什么？"乱兵回答说："将士们跟从皇上十年，身经百战打下江山。现在皇上不施恩情，专用刑罚，贝州戍卒思归家乡，皇上不肯免除他们的罪，还说攻克邺城之后，要全部坑杀魏博之军。近来，从马直军中有数名士卒喧闹，皇上竟然想把从马直军全部杀掉。我辈原来没有背叛的心思，只是害怕被杀死。现在大家商议，想与邺都城中兵力配合共同击退诸道的军队，让皇上在河南当皇帝，让您在河北当皇帝，成为这里的军民之主。"李嗣源流着眼泪，说明道理，劝阻大家，大家不听从。李嗣源说："你们不听我的话，任凭你们怎么做，我自己回京城去。"乱兵拔出利刃环围李嗣源说："我们可都是一群虎狼，不知尊卑，您要去又能到哪里去？"随后拥着李嗣源以及李绍真等人入城，谁知城中人不肯接纳城外的兵士，皇甫晖出城迎击张破败，斩了张破败，城外的兵士都溃散了。赵在礼率众校官迎拜李嗣源，哭着谢罪说："将士们背弃您，我们怎么敢不听从您的命令？"李嗣源谎骗赵在礼说："凡是做大事业，必须依靠兵力。现在外面士兵流散无处可归，我出城为您把他们收聚起来。"赵在礼于是听凭李嗣源、李绍真都出了邺都城，李嗣源他们出城后，住宿在魏县，有一部分散兵回到他们这里。

汉州没护城河，四周竖立了些木杆构成栅栏。乙丑（初九），任圜攻打汉州的木栅，纵火烧毁了它。李绍琛引兵到金雁桥出战，失败了，与十多名骑兵奔向绵竹县，任圜军追上，擒拿了他们。孟知祥亲自到汉州犒赏军队，与任圜、董璋一起设酒宴庆贺。他们把李绍琛的囚车带到宴会上，孟知祥亲自倒了一大杯酒让他喝，并对李绍琛说："您已经拥有节帅大旗，又有平蜀之功，何愁不富贵，而寻求坐这囚车呢？"李绍琛说："郭侍中（郭崇韬）佐助皇上夺天下，功居第一，兵不血刃拿下两川，一早上就无辜被诛杀全家，像我李绍琛之辈怎么能保全头颅？因此不敢回朝啊！"魏王李继岌业已俘获李绍琛，于是引兵加倍赶路东还洛阳。

李嗣源之为乱兵所逼也，李绍荣有众万人，营于城南，嗣源遣牙将张虔钊、高行周等七人相继召之，欲与共诛乱者。绍荣疑嗣源之诈，留使者，闭壁不应。及嗣源入邺都，遂引兵去。嗣源在魏县，众不满百，又无兵仗。李绍真所将镇兵五千，闻嗣源得出，相帅归之，由是嗣源兵稍振。嗣源泣谓诸将曰："吾明日当归藩，上章待罪，听主上所裁。"李绍真及中门使安重诲曰："此策非宜。公为元帅，不幸为凶人所劫。李绍荣不战而退，归朝必以公藉口。公若归藩，则为据地邀君，适足以实谗慝之言耳。不若星行诣阙，面见天子，庶可自明。"嗣源曰："善！"丁卯，自魏县南趣相州，遇马坊使康福，得马数千匹，始能成军。福，蔚州人也。

平卢节度使符习将本军攻邺都，闻李嗣源军溃，引兵归。至淄州，监军使杨希望遣兵逆击之，习惧，复引兵而西。青州指挥使王公俨攻希望，杀之，因据其城。时近侍为诸道监军者，皆恃恩与节度使争权，及邺都军变，所在多杀之。安义监军杨继源谋杀节度使孔勍，勍先诱而杀之。武宁监军以李绍真从李嗣源，谋杀其元从，据城拒之，权知留后淳于晏帅诸将先杀之。晏，登州人也。

戊辰，以军食不足，敕河南尹豫借夏秋税，民不聊生。

忠武节度使、尚书令齐王张全义闻李嗣源入邺都，忧惧不食，辛未，卒于洛阳。

当李嗣源被乱兵所逼的时候，李绍荣有兵万人，驻扎在城南。李嗣源派身边的牙将张虔钊、高行周等七人接连不断去召请他们，想与他们联合消灭叛乱的人。李绍荣猜疑李嗣源有诈，扣留使者，关闭营门不理睬。等到李嗣源被拥入邺都城中，李绍荣就引兵离去了。李嗣源住在魏县，兵士不满百人，又无军械粮草。李绍真原先所统领的藩镇兵五千人，听说李嗣源得以出城，陆续来到李嗣源、李绍真面前，由此李嗣源兵力逐渐振兴起来。李嗣源哭着对各位将领说："我明天应当回到藩镇去，上书等待治罪，听从皇上裁夺。"李绍真以及中门使安重诲说："此策不适合。您身为元帅，不幸被暴徒劫持。李绍荣不战而退，回到朝廷必然拿您作为借口搪塞。您若回藩镇，则等于占据一方来要挟皇上，正好为坏人陷害您提供了证据。您不如星夜赶回朝廷，面见天子，差不多可以为自己说明情况。"李嗣源说："好！"丁卯（十一日），李嗣源率众从魏县出发向南奔向相州，在相州遇到马坊使康福，得马数千匹，这才配备成为一支军队。康福是蔚州人。

平卢节度使符习带领本部军队攻打邺都，听说李嗣源的军队溃散，就引兵返回。到达淄州，监军使杨希望派兵迎击符习军，符习惧怕，又引兵向西行进。青州指挥使王公俨领军攻打杨希望，杀了杨希望，乘势占据了淄州城。当时，宦官被任为诸道监军的，都恃仗皇上宠信他们而与节度使争权，等到邺都军事哗变发生后，各地节度使大多把监军杀掉了。安义镇监军杨继源企图谋杀节度使孔勍，孔勍先下手引诱他中了自己的圈套而把他杀了。武宁镇监军因李绍真跟从李嗣源，阴谋杀害李绍真的元从卫士，想占据城池抵抗，武宁镇代理留后淳于晏率领诸将先下手杀了监军。淳于晏是登州人。

戊辰（十二日），庄宗因为军中粮食不足，下令给河南尹提前在境内征收夏秋两税，作为预借，弄得民不聊生。

忠武节度使、尚书令齐王张全义听说李嗣源身入邺都，忧虑恐惧吃不进饭，辛未（十五日），死于洛阳。

　　租庸使以仓储不足，颇朘刻军粮，军士流言益甚。宰相惧，帅百官上表言："今租庸已竭，内库有馀，诸军室家不能相保，傥不赈救，惧有离心。俟过凶年，其财复集。"上即欲从之，刘后曰："吾夫妇君临万国，虽藉武功，亦由天命。命既在天，人如我何？"宰相又于便殿论之，后属耳于屏风后，须臾，出妆具及三银盆、皇幼子三人于外曰："人言宫中蓄积多，四方贡献随以给赐，所馀止此耳，请鬻以赡军！"宰相惶惧而退。

　　李绍荣自邺都退保卫州，奏李嗣源已叛，与贼合。嗣源遣使上章自理，一日数辈。嗣源长子从审为金枪指挥使，帝谓从审曰："吾深知尔父忠厚，尔往谕朕意，勿使自疑。"从审至卫州，绍荣因，欲杀之。从审曰："公等既不亮吾父，吾亦不能至父所，请复还宿卫。"乃释之。帝怜从审，赐名继璟，待之如子。是后嗣源所奏，皆为绍荣所遏，不得通，嗣源由是疑惧。石敬瑭曰："夫事成于果决而败于犹豫，安有上将与叛卒入贼城，而他日得保无恙乎？大梁，天下之要会也，愿假三百骑先往取之。若幸而得之，公宜引大军亟进，如此始可自全。"突骑指挥使康义诚曰："主上无道，军民怨怒，公从众则生，守节必死。"嗣源乃令安重诲移檄会兵。义诚，代北胡人也。

　　时齐州防御使李绍虔、泰宁节度使李绍钦、贝州刺史李绍英屯瓦桥，北京右厢马军都指挥使安审通屯奉化军，嗣源皆遣使召之。绍英，瑕丘人，本姓房，名知温；

租庸使因为国家仓库储备粮不多，发放军粮时，削减很多，军士流言更加激烈。宰相对此恐惧，带百官上表："今年的租庸赋税已经用空，皇上内库中还有积馀，现在各路军队中连将士的家室都不能保全吃饱，倘若不赈救，恐怕产生叛离之心。等过了灾年，内库的钱财会重新聚积起来。"庄宗当时打算听从宰相的意见，刘皇后说："我们夫妇统治万国，虽然依靠军队的力量，但也是由于天命。命运既然在天，人能把我们怎么样？"宰相又在便殿上向庄宗讲论这事的利害，刘皇后藏在屏风后偷听，不一会儿，拿出梳妆的头饰以及三只银盆和皇帝的三个幼子，到殿上说："别人都说宫中积蓄的钱财多，四方贡献的物品都随时奖赏给人了，所剩馀的就这些，请卖掉用去供养军队。"宰相见此状，惶恐而退。

李绍荣从邺都撤退，保据卫州，派人向庄宗报告说李嗣源已经背叛，与贼军连合。李嗣源派使者向朝廷上呈章表，说明自己的情况，一天连派好几批。李嗣源的长子李从审为金枪指挥使，庄宗对李从审说："我深知你父亲忠厚，你去向他说明我的意思，不要让他疑虑。"李从审到卫州，李绍荣把他囚禁起来，准备杀掉他。李从审说："你们既然不信任我父亲，我也不想到我父亲那里去了，请让我重新回京城宿卫。"于是李绍荣放了他。庄宗怜爱李从审，赐给他一个名字叫继璟，待他如同儿子。这以后，李嗣源派人呈送的奏章，都被李绍荣阻挡了，到不了庄宗手上，李嗣源由此疑虑恐惧。石敬瑭说："事情成功于果决而失败于犹豫，哪有高级将领与叛卒同入贼城，日后能保证平安无恙呢？大梁是天下一座重要城市，我愿意借三百骑兵先去夺下这座城市。倘若侥幸拿下了，您应当引大军急速前进，这样才可以保全自己。"突骑都指挥使康义诚说："皇上残暴无道，军民怨怒，您顺从众心就能活，固守节操必然死亡。"李嗣源于是命令安重诲传布檄文集中兵马。康义诚是代北郡的胡人。

当时齐州防御使李绍虔、泰宁节度使李绍钦、贝州刺史李绍英军屯驻瓦桥，北京右厢马军都指挥使安审通军屯驻奉化军，李嗣源都派使者去召请他们。李绍英是瑕丘县人，原姓房，名知温；

审通，金全之侄也。嗣源家在真定，虞候将王建立先杀其监军，由是获全。建立，辽州人也。李从珂自横水将所部兵由盂县趣镇州，与王建立军合，倍道从嗣源。嗣源以李绍荣在卫州，谋自白皋济河，分三百骑使石敬瑭将之前驱，李从珂为殿，于是军势大盛。嗣源从子从璋自镇州引军而南，过邢州，邢人奉为留后。

癸酉，诏怀远指挥使白从晖将骑兵扼河阳桥，帝乃出金帛给赐诸军，枢密宣徽使及供奉内使景进等皆献金帛以助给赐。军士负物而诟曰："吾妻子已殍死，得此何为？"甲戌，李绍荣自卫州至洛阳，帝如鹗店劳之。绍荣曰："邺都乱兵已遣其党翟建白据博州，欲济河袭郓、汴，愿陛下幸关东招抚之。"帝从之。

乙亥，帝发洛阳。丁丑，次汜水。戊寅，遣李绍荣将骑兵循河而东。李嗣源亲党从帝者多亡去。或劝李继璟宜早自脱，继璟终无行意。帝屡遣继璟诣嗣源，继璟固辞，愿死于帝前以明赤诚。帝闻嗣源在黎阳，强遣继璟渡河召之，道遇李绍荣，绍荣杀之。

庚辰，帝发汜水。辛巳，李嗣源至白皋，遇山东上供绢数船，取以赏军。安重诲从者争舟，行营马步使陶玘斩以徇，由是军中肃然。玘，许州人也。嗣源济河，至滑州，遣人招符习，习与嗣源会于胙城，安审通亦引兵来会。知汴州孔循遣使奉表西迎帝，亦遣使北输密款于嗣源，曰：

安审通是安全全的侄儿。李嗣源家在真定府,虞候将领王建立先下手杀了他的监军,李嗣源家属由此获得平安。王建立是辽州人。李从珂从横水县带领自己的军队由盂县奔向镇州,与王建立的军队联合,加倍赶路投奔李嗣源。李嗣源因为李绍荣据守在卫州,便谋划从白皋县渡黄河,分出三百骑兵派石敬瑭率领在前面开路,李从珂率军殿后,至此军势大盛。李嗣源的侄子李从璋从镇州引军向南攻打,经过邢州,邢州人推他为节度留后。

癸酉(十七日),庄宗下诏,令怀远军指挥使白从晖带领骑兵控制河阳桥,庄宗拿出金银布帛发放给各军队,枢密宣徽使及供奉内使景进等人都献出金帛,用来赞助发放给军队。军士背着发放的物品痛骂说:"我的妻子儿女都已饿死,得这东西有什么用?"甲戌(十八日),李绍荣从卫州回到洛阳,庄宗赶到鹞店慰劳他。李绍荣说:"邺城乱兵已派他们的同党翟建白占据了博州,打算渡过黄河,袭击郓州、汴州,希望皇上亲自到关东去招降安抚他们。"庄宗听从了这个意见。

乙亥(十九日),庄宗从洛阳出发。丁丑(二十一日),到达汜水县。戊寅(二十二日),派李绍荣带领骑兵沿黄河向东前进。这时跟从在庄宗身边的人中,一些人原属李嗣源的亲密同党,大多逃走了。有人劝李继璟应当早日脱身逃走,李继璟最终没有离开的意思。庄宗多次派李继璟去拜见李嗣源,李继璟坚决拒绝,表示愿意死在庄宗面前,以表明自己的赤胆忠心。庄宗听说李嗣源在黎阳县,强行派遣李继璟渡黄河去召请他,途中遇到李绍荣,李绍荣杀了他。

庚辰(二十四日),庄宗从汜水县出发。辛巳(二十五日),李嗣源到达白皋县,遇上从山东运来贡献朝廷的数船绢帛,李嗣源拦截了这些船,将物资用来犒赏军队。安重诲身边随从争夺船中物资,被行营马步使陶玘斩首示众,由此军纪严肃。陶玘是许州人。李嗣源渡黄河到达滑州,派人招降符习,符习和李嗣源在胙城县会合,安审通也领兵来会合李嗣源。汴州知州孔循按上面命令,派人向西迎接庄宗,同时派人向北秘密献殷勤给李嗣源,说:

“先至者得之。”先是，帝遣骑将满城西方邺守汴州，石敬瑭使裨将李琼以劲兵突入封丘门，敬瑭踵其后，自西门入，遂据其城，西方邺请降。敬瑭使人趣嗣源。壬午，嗣源入大梁。

是日，帝至荥泽东，命龙骧指挥使姚彦温将三千骑为前军，曰：“汝曹汴人也，吾入汝境，不欲使他军前驱，恐扰汝室家。”厚赐而遣之。彦温即以其众叛归嗣源，谓嗣源曰：“京师危迫，主上为元行钦所惑，事势已离，不可复事矣。”嗣源曰：“汝自不忠，何言之悖也？”即夺其兵。指挥使潘环守王村寨，有刍粟数万，帝遣骑视之，环亦奔大梁。

帝至万胜镇，闻嗣源已据大梁，诸军离叛，神色沮丧，登高叹曰：“吾不济矣！”即命旋师。是夜，复至汜水。帝之出关也，扈从兵二万五千，及还，已失万馀人，乃留秦州都指挥使张唐以步骑三千守关。癸未，帝还过罂子谷，道狭，每遇卫士执兵仗者，辄以善言抚之曰：“适报魏王又进西川金银五十万，到京当尽给尔曹。”对曰：“陛下赐已晚矣，人亦不感圣恩！”帝流涕而已。又索袍带赐从官，内库使张容哥称颁给已尽，卫士叱容哥曰：“致吾君失社稷，皆此阉竖辈也。”抽刀逐之，或救之，获免。容哥谓同类曰：“皇后吝财致此，今乃归咎于吾辈。事若不测，吾辈万段，吾不忍待也。”因赴河死。

"先到者就能得到这座城。"开始时,庄宗派骑兵将领、满城县人西方邺守卫汴州,石敬瑭派偏将李琼用劲兵突击攻入封丘门,石敬瑭紧跟在后,自西门攻入,于是占据了这座城,西方邺请求投降。石敬瑭派人奔告李嗣源。壬午(二十六日),李嗣源率大军进入大梁。

这一天,庄宗到达荥泽县东,命令龙骧指挥使姚彦温带领三千骑兵作为前锋,并说:"你们是汴州人,我来到你们境内,不想让其他军队作前锋,担心扰乱你们的家室。"说完厚赐将士很多东西,派遣他们启程。姚彦温就带领这三千骑兵叛离庄宗,投归李嗣源,对李嗣源说:"京城危险紧迫,皇上被元行钦(李绍荣)所迷惑,现在的形势已经到了众叛亲离的地步,不能再侍奉他了。"李嗣源说:"你自己不忠,怎说出这种悖逆的话?"随即吞并他的军队。指挥使潘环守卫王村寨,那里有粮草数万石,庄宗派骑兵去探看,潘环也投奔大梁。

庄宗到达万胜镇,听说李嗣源已占据大梁,各军队都已叛变,神色沮丧,登上高处感叹说:"我不能达到目的了。"立即命令回师。这天夜里,重又回到汜水县。庄宗出关时,护从兵两万五千人,等回师时,已少了一万多人,于是留下泰州都指挥使张唐,带领三千步兵、骑兵守关。癸未(二十七日),庄宗经过嬰子谷,这一带道路狭窄,庄宗每次遇到拿着兵器仪仗的卫士,就用好言好语来安抚他们,说:"刚才有人报告说魏王又进贡西川来的金银五十万两,等到达京城,我应当全部分给你们。"兵士们回答说:"皇上现在赐给我们已经晚了,人们也不感激皇上的恩情。"庄宗听了只是流泪而已。庄宗又索取锦袍玉带赐给随从的官员,内库使张容哥说已经全部颁发完了,卫士叱责张容哥说:"导致我们君主失去了江山,都是你们阉竖之流干的呀!"说完抽刀追赶他,幸好有人救了一把,才使他免死。张容哥对同类宦官说:"皇后吝惜钱财招致此祸,现在都把过失归到我们身上。形势如果变化,我们将要被碎尸万段,我们不忍等待这样的结局。"随后投河而死。

甲申，帝至石桥西，置酒悲涕，谓李绍荣等诸将曰："卿辈事吾以来，急难富贵靡不同之，今致吾至此，皆无一策以相救乎？"诸将百馀人，皆截发置地，誓以死报，因相与号泣。是日晚，入洛城。

李嗣源命石敬瑭将前军趣汜水收抚散兵，嗣源继之。李绍虔、李绍英引兵来会。

丙戌，宰相、枢密使共奏："魏王西军将至，车驾宜且控汜水，收抚散兵以俟之。"帝从之，自出上东门阅骑兵，戒以诘旦东行。

夏四月丁亥朔，严办将发，骑兵陈于宣仁门外，步兵陈于五凤门外。从马直指挥使郭从谦不知睦王存乂已死，欲奉之以作乱，帅所部兵自营中露刃大呼，与黄甲两军攻兴教门。帝方食，闻变，帅诸王及近卫骑兵击之，逐乱兵出门。时蕃汉马步使朱守殷将骑兵在外，帝遣中使急召之，欲与同击贼。守殷不至，引兵憩于北邙茂林之下。乱兵焚兴教门，缘城而入，近臣宿将皆释甲潜遁，独散员都指挥使李彦卿及宿卫军校何福进、王全斌等十馀人力战。俄而帝为流矢所中，鹰坊人善友扶帝自门楼下，至绛霄殿庑下抽矢，渴懑求水，皇后不自省视，遣宦者进酪，须臾，帝殂。李彦卿等恸哭而去，左右皆散，善友敛庑下乐器覆帝尸而焚之。彦卿，存审之子；福进、全斌皆太原人也。刘后囊金宝系马鞍，与申王存渥及李绍荣引七百骑，焚嘉庆殿，自师子门出走。

甲申(二十八日),庄宗到达石桥西,摆了酒宴,悲伤流涕,对着李绍荣等众位将领说:"你们侍奉我以来,危急、苦难、富贵无不共同承担,现在我到了这一步,都没有一个办法救救我吗?"众将领一百多人,都截断头发放到地上,发誓以死相报,随后相对号啕哭泣。当天晚上,进入洛阳城。

李嗣源命石敬瑭带领前头军队直扑汜水县,收容安抚从庄宗那里散逃出来的兵士,李嗣源率军跟在后面。李绍虔、李绍英引兵来与李嗣源会合。

丙戌(三十日),宰相、枢密使共同上奏说:"魏王的西路大军将要到达,皇上的车马应当暂且控制汜水,收聚安抚逃散的兵士,以等待魏王的军队。"庄宗听从这个意见,亲自出上东门外,检阅骑兵,告诫大家说第二天早上向东行进。

夏季四月丁亥这天是初一,内外整装即将出发,骑兵队伍在宣仁门外列阵,步兵在五凤门外列阵。从马直指挥使郭从谦不知道睦王李存乂已死,打算推他为主起兵叛乱。他率领手下的士兵出营,亮出兵刃大喊着,与黄甲军一起攻打兴教门。庄宗正在进餐,听到有人叛变,就率领诸王以及近卫骑兵迎击,将乱兵驱逐出门,当时,蕃汉马步使朱守殷带领骑兵在城外,庄宗派宦官使者急召朱守殷,要和他共同出击贼军。朱守殷没有应召而来,把军队带到北邙山茂密树林之中歇息,乱兵焚烧兴教门,攀缘城墙而入,庄宗面前的大臣和旧将领都丢下武器暗暗逃遁,只有散员都指挥使李彦卿及宿卫军校何福进、王全斌等十多人留在庄宗身边奋力战斗。一会儿,庄宗身中流箭,鹰坊人善友扶住庄宗从门楼下退到绛霄殿的庑廊下,拔出箭,庄宗口渴心闷要喝水,刘皇后没有亲自出来省视庄宗,指使宦官送来乳浆给庄宗喝,片刻之后,庄宗死了。李彦卿等人伤心地大哭而去,左右人员都逃散,善友把庑廊下的乐器集中来覆盖在庄宗尸体上焚烧了。李彦卿是李存审的儿子,何福进、王全斌,都是太原人。刘皇后用袋子装满金银财宝系在马鞍上,与申王李存渥及李绍荣带领七百骑兵从狮子门出逃,临逃之前,放火烧了嘉庆殿。

通王存确、雅王存纪奔南山。宫人多逃散,朱守殷入宫,选宫人三十馀人,各令自取乐器珍玩,内于其家。于是,诸军大掠都城。

是日,李嗣源至罂子谷,闻之,恸哭,谓诸将曰:"主上素得士心,正为群小蔽惑至此,今吾将安归乎?"

戊子,朱守殷遣使驰白嗣源,以京城大乱,诸军焚掠不已,愿亟来救之。己丑,嗣源入洛阳,止于私第,禁焚掠,拾庄宗骨于灰烬之中而殡之。

嗣源之入邺都也,前直指挥使平遥侯益脱身归洛阳,庄宗抚之流涕。至是,益自缚请罪。嗣源曰:"尔为臣尽节,又何罪也?"使复其职。

嗣源谓朱守殷曰:"公善巡徼,以待魏王。淑妃、德妃在宫,供给尤宜丰备。吾俟山陵毕,社稷有奉,则归藩为国家扞御北方耳。"是日,豆卢革帅百官上笺劝进,嗣源面谕之曰:"吾奉诏讨贼,不幸部曲叛散,欲入朝自诉,又为绍荣所隔,披猖至此。吾本无他心,诸君遽尔见推,殊非相悉,愿勿言也!"革等固请,嗣源不许。

李绍荣欲奔河中就永王存霸,从兵稍散。庚寅,至平陆,止馀数骑,为人所执,折足送洛阳。存霸亦帅众千人弃镇奔晋阳。

辛卯,魏王继岌至兴平,闻洛阳乱,复引兵而西,谋保据凤翔。

向延嗣至凤翔,以庄宗之命诛李绍琛。

通王李存确、雅王李存纪奔向南山。宫女大多逃散了，这时，朱守殷进入宫中，挑选宫女三十多人，让她们各拿乐器和珍宝古玩，纳入自己家中。这时，各军队乘机在都城中大肆抢劫。

这一天，李嗣源到达郑州的罂子谷，听说庄宗死的消息，伤心地大哭，对诸将领说："皇上一贯赢得下面将士的拥护，正是由于一群小人蒙蔽迷惑了他，才出现如此结局，现在我们将回到哪里去呢？"

戊子(初二)，朱守殷派遣使者快马报告李嗣源，鉴于京城大乱，各军队放火抢劫不已，希望李嗣源快来救救京城。己丑(初三)，李嗣源进入洛阳，他住在自己的私人府第，宣布禁止放火抢劫，在灰烬中拾取庄宗的遗骨殡殓起来。

在李嗣源被拥入邺都的时候，前直指挥使平遥县人侯益脱身返归洛阳，庄宗抚慰他流下眼泪。到这时，侯益将自己捆绑起来，到李嗣源面前请罪。李嗣源说："你作为臣子尽自己忠君之节，又有什么罪呢？"让他恢复了原来的官职。

李嗣源对朱守殷说："您好好巡逻保护好皇宫、京城，以等待魏王。淑妃、德妃住在宫中，您供给她们的物品应当特别丰盛充足一些。我等到皇陵修完了，国家有了君主，就回到藩镇去，为国家守卫北方领土。"这一天，豆卢革率百官上文书劝李嗣源进位当皇帝，李嗣源当面告诉他们说："我接受皇上命令去讨贼，不幸由于部下士兵叛乱离散，想入朝亲自同皇上说明情况，又因为李绍荣阻挡，任意妄为到现在这一步。我本来就没有别的心思，各位突然推我当皇帝，太不了解我，希望不要说了。"豆卢革等坚持请求，李嗣源仍不答应。

李绍荣想奔河中府投永王李存霸，随从他的士兵逐渐逃散。庚寅(初四)，李绍荣到达平陆县，身边只剩下几名骑兵，李绍荣被人捉住，打折了脚送到洛阳。李存霸也率上千人马弃镇奔晋阳。

辛卯(初五)，魏王李继岌到达兴平县，听说洛阳叛乱，又引兵向西行进，谋划据守凤翔府。

向延嗣到凤翔，以庄宗的命令杀掉李绍琛。

初，庄宗命吕、郑二内养在晋阳，一监兵，一监仓库，自留守张宪以下皆承应不暇。及邺都有变，又命汾州刺史李彦超为北都巡检。彦超，彦卿之兄也。庄宗既殂，推官河间张昭远劝张宪奉表劝进，宪曰："吾一书生，自布衣至服金紫，皆出先帝之恩，岂可偷生而不自愧乎？"昭远泣曰："此古人所行，公能行之，忠义不朽矣。"有李存沼者，庄宗之近属，自洛阳奔晋阳，矫传庄宗之命，阴与二内养谋杀宪及彦超，据晋阳拒守。彦超知之，密告宪，欲先图之。宪曰："仆受先帝厚恩，不忍为此。徇义而不免于祸，乃天也。"彦超谋未决，壬辰夜，军士共杀二内养及存沼于牙城，因大掠达旦。宪闻变，出奔忻州。会嗣源移书至，彦超号令士卒，城中始安，遂权知太原军府。

百官三笺请嗣源监国，嗣源乃许之。甲午，入居兴圣宫，始受百官班见。下令称教，百官称之曰殿下。庄宗后宫存者犹千馀人，宣徽使选其美少者数百献于监国，监国曰："奚用此为？"对曰："宫中职掌不可阙也。"监国曰："宫中职掌宜谙故事，此辈安知之？"乃悉用老旧之人补之，其少年者皆出归其亲戚，无亲戚者任其所适。蜀中所送宫人亦准此。

监国令所在访求诸王。通王存确、雅王存纪匿民间，或密告枢密使安重海，重海与李绍真谋曰："今殿下既监国典丧，

当初，庄宗命吕、郑两名宦官留在晋阳，一人监察军队，一人监管仓库，从留守官张宪以下的官员都受这两人指使，应接不暇。等邺都发生事变的时候，庄宗又任命汾州刺史李彦超为北都巡检。李彦超是李彦卿的哥哥。庄宗死后，推官河间县人张昭远劝说张宪奉送表文，表态劝李嗣源进位当皇帝，张宪说："我是一名书生，从布衣百姓到做高官披金戴紫，都是由于先皇帝的恩情，现在哪能苟且偷生跟着别人跑而不感到惭愧呢？"张昭远听后哭着说："这是古人做事的行为风格，您能按古风去做，忠义之名将永远不朽！"有一个叫李存沼的人，是庄宗的近亲，从洛阳奔向晋阳，假传庄宗的命令，暗中和两个宦官阴谋杀害张宪和李彦超，然后占据晋阳守据一方。李彦超知道这事后，密告张宪，打算先下手杀掉他们。张宪说："我受过先皇帝的厚恩，不忍心这样做。我奉行忠义的原则而不能避免祸害，那是上天的安排。"李彦超谋划没作最后决定，壬辰（初六日）夜，下面军士在牙城中杀了两个宦官和李存沼，乘势大肆抢劫直到天亮。张宪听说事变，出城奔向忻州。这时，恰逢李嗣源传令到达晋阳，李彦超于是号令士卒，加以整顿，晋阳城才安定下来，于是他来代理掌管太原镇的军政大权。

朝中百官三次上表请求李嗣源出任监国，代理国政，李嗣源于是同意。甲午（初八），李嗣源住进兴圣宫，开始接受百官分班拜见。他下达的命令称教，百官称呼他为殿下。庄宗后宫中幸存者还有一千多人，宣徽使挑选其中年轻美丽的数百人献给监国。监国说："要这些人有什么用？"回答说："宫中各机构的官职不能空缺啊。"监国说："宫中主管应当是熟悉宫中事务的人，这批人哪懂得旧例？"于是全部选用老的旧人补充宫中的职务，那些年轻的人都让她们出宫回到亲戚那里去，没有亲戚的人就任凭她到哪里去。从蜀中送到宫中来的人也按这个规定来处理。

监国下令给地方官们，要他们访问和寻找诸王。通王李存确、雅王李存纪躲藏在民间，有人密告给枢密使安重诲，安重诲和李绍真谋划说道："现在殿下已经任监国并主持国丧，

诸王宜早为之所,以壹人心。殿下性慈,不可以闻。"乃密遣人就田舍杀之。后月馀,监国乃闻之,切责重海,伤惜久之。

刘皇后与申王存渥奔晋阳,在道与存渥私通。存渥至晋阳,李彦超不纳,走至风谷,为其下所杀。明日,永王存霸亦至晋阳,从兵逃散俱尽,存霸削发、僧服谒李彦超:"愿为山僧,幸垂庇护。"军士争欲杀之,彦超曰:"六相公来,当奏取进止。"军士不听,杀之于府门之碑下。刘皇后为尼于晋阳,监国使人就杀之。薛王存礼及庄宗幼子继嵩、继潼、继蟾、继峣,遭乱皆不知所终。惟邕王存美以病风偏枯得免,居于晋阳。

戊戌,李绍荣至洛阳,监国责之曰:"吾何负于尔,而杀吾儿?"绍荣瞋目直视曰:"先帝何负于尔?"遂斩之,复其姓名曰元行钦。

监国恐征蜀军还为变,以石敬瑭为陕州留后。己亥,以李从珂为河中留后。

监国下教,数租庸使孔谦奸佞侵刻穷困军民之罪而斩之。凡谦所立苛敛之法皆罢之,因废租庸使及内句司,依旧为盐铁、户部、度支三司,委宰相一人专判。又罢诸道监军使。以庄宗由宦官亡国,命诸道尽杀之。

魏王继岌自兴平退至武功,宦者李从袭曰:"祸福未可知,退不如进,请王亟东行以救内难。"继岌从之。还,至渭水,权西都留守张篯已断浮梁。循水浮渡,是日至渭南,腹心吕知柔等皆已窜匿。从袭谓继岌曰:"时事已去,王宜自图。"

诸王应当及早做处置，以便统一人心。殿下性格仁慈，不能把这事告诉他。"于是秘密派人到通、雅二王的住处杀了他们。一个多月后，监国才知道这事，痛切责备安重诲，伤心惋惜了很久。

刘皇后与申王李存渥逃奔晋阳，在途中与李存渥私通。李存渥到达晋阳，李彦超不收容，李存渥跑到凤谷县，被他的部下杀了。第二天，永王李存霸也到了晋阳，随从兵士全部逃散光了，李存霸剃发，穿上僧服拜见李彦超，表示："愿意作一名山僧，希望得到庇护。"下面兵士争着想杀他，李彦超说："六相公到来，应当向上报告听从朝廷指示。"军士不听，在府门前的石碑下杀了李存霸。刘皇后在晋阳当了尼姑，监国派人就地杀了她。薛王李存礼及庄宗的幼子李继嵩、李继潼、李继蟾、李继峣遭遇兵叛后，都不知他们的最后下落。唯有邕王李存美因得了风偏枯病，得免于一死，居住在晋阳。

戊戌(十二日)，李绍荣到洛阳，监国责问他说："我有什么对不起你，你却杀了我的儿子？"李绍荣怒目直视说："先皇帝有什么对不起你？"于是斩了李绍荣，恢复他的姓名叫元行钦。

监国担心征蜀的军队返回洛阳要叛变，任命石敬瑭任陕州留后。己亥(十三日)，任命李从珂任河中镇留后。

监国下教令，列举租庸使孔谦奸佞、侵刻，致使军队百姓穷困的罪状而处斩。凡是孔谦所制定的苛刻的聚敛法令都废除，同时又撤销租庸使一职及内勾司机构，依旧设立盐铁、户部、度支三司机构，由宰相一人专门管理。又撤销诸道军队中的监军使一职。由于庄宗重用宦官导致亡国，所以命令诸道把监军全部杀掉。

魏王李继岌从兴平县退到武功县，宦官李从袭对他说道："祸福还没有显出来，退不如进，请大王火速向东前进以救国家内难。"李继岌听从了他的话。向回走，到达渭水，代理西都留守张篯已将浮桥拆断，李继岌的军队沿渭水浮游渡河，当天到达渭水南面，心腹将领吕知柔等都已逃跑躲藏起来了。李从袭对李继岌说："当今情事已经完结了，大王应当替自己谋划。"

继岌徘徊流涕，乃自伏于床，命仆夫李环缢杀之。任圜代将其众而东。监国命石敬瑭慰抚之，军士皆无异言。

先是，监国命所亲李冲为华州都监，应接西师。冲擅逼华州节度使史彦镕入朝。同州节度使李存敬过华州，冲杀之，并屠其家。又杀西川行营都监李从袭。彦镕泣诉于安重诲，重诲遣彦镕还镇，召冲归朝。

自监国入洛，内外机事皆决于李绍真。绍真擅收威胜节度使李绍钦、太子少保李绍冲下狱，欲杀之。安重诲谓绍真曰："温、段罪恶皆在梁朝，今殿下新平内难，冀安万国，岂专为公报仇邪？"绍真由是稍沮。辛丑，监国教，李绍冲、绍钦复姓名为温韬、段凝，并放归田里。

壬寅，以孔循为枢密使。

有司议即位礼。李绍真、孔循以为唐运已尽，宜自建国号。监国问左右："何谓国号？"对曰："先帝赐姓于唐，为唐复仇，继昭宗后，故称唐。今梁朝之人不欲殿下称唐耳。"监国曰："吾年十三事献祖，献祖以吾宗属，视吾犹子。又事武皇垂三十年，先帝垂二十年，经纶攻战，未尝不预。武皇之基业则吾之基业也，先帝之天下则吾之天下也，安有同家而异国乎？"令执政更议。吏部尚书李琪曰："若改国号，则先帝遂为路人，梓宫安所托乎？不惟殿下不忘三世旧君，吾曹为人臣者能自安乎？前代以旁支入继多矣，宜用嗣子枢前即位之礼。"众从之。丙午，监国自兴圣宫

李继岌来回走着流眼泪,然后自己伏在床上,命仆从李环把自己勒死。任圜代替他率领军队东行。监国命石敬瑭慰问安抚他们,军士都没有反抗的话。

原先,监国曾命令亲信李冲为华州都监,接应西部魏王的军队。李冲擅自强迫华州节度使史彦镕回到朝廷。同州节度使李存敬经过华州,李冲把他杀了,并屠杀了他的家人。李冲又杀了西川行营都监李从袭。史彦镕回到朝廷哭着把情况告诉安重诲,安重诲派史彦镕回到藩镇,而把李冲召归朝廷。

自从监国进入洛阳,内外机要事务都由李绍真决断。李绍真擅自收捕威胜节度使李绍钦、太子少保李绍冲下狱,想杀掉他们两人。安重诲对李绍真说:"温韬、段凝两人的罪恶都是在梁朝时期犯下的,现在殿下刚刚平定内难,希望安定全国,哪能专门考虑为您报私仇呢?"李绍真因此才逐渐有所收敛。辛丑(十五日),监国下教令,李绍冲、李绍钦恢复原来的姓名为温韬、段凝,两人免职放归田里。

壬寅(十六日),任命孔循任枢密使。

朝廷主管部门请议定监国即位称帝的礼仪,李绍真、孔循认为大唐的气运已到尽头,应当重新自建国号。监国问身边的人什么叫国号,回答说:"先皇帝早在唐朝受赐姓李,为唐朝报仇,所以继承唐昭宗之后,建国号称唐。现在梁朝留下来的人不愿意殿下称唐呀!"监国说:"我十三岁的时候开始侍奉献祖(指李国昌),献祖认为我是同宗,视我犹同儿子。后又侍奉武皇(指李克用)近三十年,侍奉先皇帝(庄宗)近二十年,筹谋策划,冲锋陷阵,没一次不参加。武皇的基业就是我的基业,先帝的天下就是我的天下,哪有同一家而国不同的道理?"令朝中执政大臣重新议定。吏部尚书李琪说:"如果改国号,先帝就成了不相干的人,他的棺柩安葬在哪里呢?不只是殿下不能忘记三代皇帝,我们作为人臣的人能心安理得吗?前代帝王凭旁系宗室子孙继承王位的人多得很,现在应当用嗣子的身份在先皇帝灵柩前即位的典礼。"大家都听从了这个意见。丙午(二十日),监国从兴圣宫

赴西宫，服斩衰，于柩前即皇帝位，百官缟素。既而御衮冕受册，百官吉服称贺。

有司劾奏太原尹张宪委城之罪，庚戌，赐宪死。

任圜将征蜀兵二万六千人至洛阳，明宗慰抚之，各令还营。

甲寅，大赦，改元。量留后宫百人，宦官三十人，教坊百人，鹰坊二十人，御厨五十人，自馀任从所适。诸司使务有名无实者皆废之。分遣诸军就食近畿，以省馈运。除夏、秋税省耗。节度、防御等使，正、至、端午、降诞四节听贡奉，毋得敛百姓。刺史以下不得贡奉。选人先遭涂毁文书者，令三铨止除诈伪，馀复旧规。

宦官数百人窜匿山林，或落发为僧，至晋阳者七十馀人。五月，诏北都指挥使李从温悉诛之。从温，帝之侄也。

丙子，听郭崇韬归葬，复朱友谦官爵，两家货财、田宅，前籍没者皆归之。

秋七月丙子，葬光圣神闵孝皇帝于雍陵，庙号庄宗。

二年春二月丙申，以从马直指挥使郭从谦为景州刺史，既至，遣使族诛之。

到西宫,身穿粗麻布制的最重的"斩缞"丧服,在庄宗灵柩前登皇帝位,百官都穿着白色丧服。然后换上龙袍皇冠接受册命,百官改穿吉庆的官服向新皇帝祝贺。

主管部门弹劾太原尹张宪弃城出逃之罪,庚戌(二十四日),赐张宪身死。

任圜带领征蜀军两万六千人回到洛阳,明宗李嗣源慰劳安抚他们,让他们各自回到自己的军营。

甲寅(二十八日),下令大赦罪犯,改用新年号天成。计算后留用后宫女子一百人,宦官三十人,教坊一百人,鹰坊二十人,皇宫的厨人五十人,其馀人员任从自己选择去处。各司使的职务,有名无实的都废除。分别派遣军队到京城郊区畿县就地解决军粮问题,减省运输开支。取消夏、秋税中的省耗税。规定在正月初一、冬至、端午、皇帝出生日四个节日,听凭节度使、防御使向朝廷贡献礼物,不得搜刮百姓。刺史以下的官员不要向朝廷贡献礼物。对参加铨选的选人,命令负责选举的尚书铨、中铨、东铨这"三铨"机构停止选举那些涂改假造文书的人,其馀都按照旧的规定办理。

宦官数百人逃跑躲藏到山林之中,有的人剃发做和尚,其中到晋阳去的有七十多人。五月,皇上下诏书,令北都指挥使李从温把逃到晋阳的宦官全部杀了。李从温是明宗的侄儿。

丙子(二十一日),听凭郭崇韬的遗体归葬,恢复朱友谦的官职爵位,两家被查抄的财物、房屋、田地都归还给他们。

秋季七月丙子(二十三日),在雍陵安葬"光圣神闵孝皇帝"李存勖,庙号为庄宗。

二年(927)春季二月丙申(十五日),任命从马直指挥使郭从谦为景州刺史,等他到职后,明宗派使者前去诛灭了他的全宗族。

安重海专权

后唐明宗天成元年夏四月乙未,以中门使安重海为枢密使,镇州别驾张延朗为副使。延朗,开封人也,仕梁为租庸吏,性纤巧,善事权贵,以女妻重海之子,故重海引之。

五月丙辰朔,以太子宾客郑珏、工部尚书任圜并为中书侍郎、同平章事,圜仍判三司。圜忧公如家,简拔贤俊,杜绝侥倖,期年之间,府库充实,军民皆足,朝纲粗立。圜每以天下为己任,由是安重海忌之。

帝目不知书,四方奏事皆令安重海读之,重海亦不能尽通,乃奏称:"臣徒以忠实之心事陛下,得典枢机,今事粗能晓知,至于古事,非臣所及。愿仿前朝侍讲、侍读、近代直崇政、枢密院,选文学之臣与之共事,以备应对。"乃置端明殿学士。乙亥,以翰林学士冯道、赵凤为之。

安重诲专权

后唐明宗天成元年(926)夏季四月乙未(初九),明宗任用中门使安重诲为枢密使,镇州别驾张延朗为副使。张延朗是开封人,原在梁朝担任租庸使,为人卑劣灵巧,喜欢侍奉有权有势的人,将自己的女儿嫁与安重诲的儿子为妻,所以安重诲引用他为副使。

五月丙辰是初一,明宗任用太子宾客郑珏、工部尚书任圜两人为中书侍郎、同平章事,任圜同时主管三司的事务。任圜忧虑国事如同家事,选拔贤能人物,杜绝任用耍弄手腕的小人,一年之内,国家钱府仓库聚满钱财粮食,军队和百姓都有吃有用,朝廷纲纪法令初步建立起来。任圜一心为国,常常以天下为己任,由此而遭受安重诲的忌妒。

明宗李嗣源不识字,四面八方送上来的文书,他都让安重诲读给自己听,安重诲也不能完全读通,于是向明宗建议说道:"我只凭一颗忠实的心侍奉您,得以主管军政机要大事,现代的事情能粗略懂得一些,至于历史上的事情,那不是我所能明白的。希望能仿效唐朝设立侍讲、侍读官,仿效近代梁朝设立崇政院值日官和枢密院值日官,选用有文章学问的大臣担任,与他们共同商量政事,以便您随时咨询。"于是设立端明殿学士一职。乙亥(二十日),任命翰林学士冯道、赵凤两人担任这一职务。

　　戊寅，以安重诲领山南东道节度使。重海以襄阳要地，不可乏帅，无宜兼领，固辞。许之。

　　六月，安重诲恃恩骄横，殿直马延误冲前导，斩之于马前，御史大夫李琪以闻。秋七月，重海白帝下诏，称延陵突重臣，戒谕中外。

　　二年春二月，安重海以孔循少侍宫禁，谓其谙练故事，知朝士行能，多听其言。朝廷议置相，循意不欲用河北人，先已荐郑珏，又荐太常卿崔协。任圜欲用御史大夫李琪。郑珏素恶琪，故循力沮之，谓重海曰："李琪非无文学，但不廉耳。宰相但得端重有器度者，足以仪刑多士矣。"他日议于上前，上问谁可相者，重海以协对。圜曰："重海未悉朝中人物，为人所卖。协虽名家，识字甚少。臣既以不学忝相位，奈何更益以协，为天下笑乎？"上曰："宰相重任，卿辈更审议之。吾在河东时见冯书记多才博学，与物无竞，此可相矣。"既退，孔循不揖，拂衣径去，曰："天下事一则任圜，二则任圜，圜何者？使崔协暴死则已，不死会须相之。"因称疾不朝者数日，上使重海谕之，方入。重海私谓圜曰："今方乏人，协且备员，可乎？"圜曰："明公舍李琪而相崔协，是犹弃苏合之丸，取蜣蜋之转也。"循与重海共事，日短琪而誉协，癸亥，竟以端明殿学士冯道及崔协并为

戊寅(二十三日),任命安重诲兼任山南东道节度使。安重诲认为襄阳是军事要地,不能缺少节帅,不适合兼任,坚持拒绝兼任。明宗批准了他的要求。

六月,安重诲恃仗皇上恩宠,骄傲专横,明宗的侍宫殿直马延没有注意,冲撞了他出门时开路的仪仗队,安重诲在马前斩了马延,御史大夫李琪向明宗报告这事。秋季七月,安重诲禀请皇上下诏,指出马延冒犯朝中重要大臣,告诫内外官员要在这方面多注意。

二年(927)春季二月,安重诲因孔循从年轻时起就在宫中侍奉,认为他对朝廷的旧例十分熟悉,了解官员的品行才能,遇事多听从他的意见。朝廷讨论设置宰相,孔循的态度是不想任用河北人,开始已经推荐了郑珏,接着又推荐了太常卿崔协。任圜想任用御史大夫李琪,郑珏平常厌恨李琪,所以孔循极力阻止用李琪,他对安重诲说:"李琪不是没有文章学问,只是不廉正罢了。作为宰相,只要找到品行端正、处事稳重而且有器量有胸怀的人,足可以为朝廷百官做出表率来啊!"后来有一天,在明宗面前讨论这件事,明宗问谁能当宰相,安重诲回答说崔协可以。任圜说:"安重诲不完全了解朝廷上的人物,被别人耍弄了。崔协虽出身名门,但识字很少。我已经因为没有学问充数当宰相,怎么能再增加崔协而被天下人笑话呢?"明宗说:"宰相责任重大,你们再慎重讨论一下。我在河东时觉得冯书记多才博学,与人无争,这种人可以当宰相。"退朝时,孔循不拱手行礼,起身拂衣而去,说:"天下事情,一件依任圜,二件也是依任圜,任圜是什么人? 假使崔协突然死了就作罢,不死的话,有机会一定要让他当宰相。"孔循借此称说有病,数日不上朝。明宗让安重诲去安慰他,才又进宫。安重诲私下对任圜说:"当今正缺人用,让崔协充个数可以吗?"任圜说:"您舍弃李琪而让崔协当宰相,就如同丢弃苏合草制作的香丸,而拣取了蛄蜣虫所搬运的粪球呀!"孔循与安重诲同在枢密院任事,每天都在安重诲面前说李琪的坏话而赞誉崔协。癸亥(十一日),终于决定以端明殿学士冯道以及崔协两人同为

中书侍郎、同平章事。协，邠之曾孙也。

己卯，加枢密使安重诲兼侍中，孔循同平章事。

任圜性刚急，且恃与帝有旧，勇于敢为，权倖多疾之。旧制，馆券出于户部。夏五月，安重诲请从内出，与圜争于上前，往复数四，声色俱厉。上退朝，宫人问上："适与重诲论事为谁？"上曰："宰相。"宫人曰："妾在长安宫中，未尝见宰相、枢密奏事敢如是者，盖轻大家耳！"上愈不悦，卒从重诲议。圜因求罢三司，诏以枢密承旨孟鹄充三司副使权判。鹄，魏州人也。

六月丙戌，门下侍郎、同平章事任圜罢，守太子少保。

秋七月，任圜请致仕，居磁州，许之。

九月丙寅，以枢密使孔循兼东都留守。

冬十月，或谓安重诲曰："失职任外之人，乘贼未破，或能为患，不如除之。"重诲以为然，奏遣使赐任圜死。端明殿学士赵凤哭谓重诲曰："任圜义士，安肯为逆？公滥刑如此，何以赞国？"使者至磁州，圜聚其族酣饮，然后死，神情不挠。

三年，枢密使、同平章事孔循，性狡佞，安重诲亲信之。帝欲为皇子娶重诲女，循谓重诲曰："公职居近密，不宜复与皇子为婚。"重诲辞之。久之，或谓重诲曰："循善离间人，不可

中书侍郎、同平章事。崔协是崔邠的曾孙。

己卯（二十七日），枢密使安重诲加官兼任侍中，孔循为同平章事。

任圜性情刚强急躁，而且依仗与皇上有旧交，遇事敢作敢为，得宠于皇上的权势者大多恨他。原有制度规定，使臣外出住宿驿馆的证券，由户部发给。夏季五月，安重诲请求明宗批准由内府发给，他与任圜为这事在明宗面前争论，反复多次，声色俱厉。明宗退朝，宫女问明宗说："刚才和安重诲争论的人是谁？"明宗说："是宰相。"宫女说："妾往日在长安宫中，未曾见过宰相、枢密使向皇上奏请政事敢像这样的，这是轻慢皇上啊！"明宗愈加不高兴，最后听从安重诲的意见。任圜随后请求罢免自己三司使的职务，皇上即下诏任用枢密承旨孟鹄为三司副使，代理主持三司事务。孟鹄是魏州人。

六月丙戌（初七），罢免任圜门下侍郎、同平章事职务，让他试任太子少保。

秋季七月，任圜请求退休，居住磁州养老，明宗批准了他的要求。

九月丙寅（十八日），委任枢密使孔循兼东都留守。

冬季十月，有人对安重诲说："失去官职住在外地的人，乘国家没有破灭寇贼的时机，有的人能够和他们勾结起来成为祸患，不如除掉他们。"安重诲认为有道理，向明宗提议派使者赐任圜死。端明殿学士赵凤哭着对安重诲说："任圜是一名义士，怎么会做叛逆造反的事情？您滥用刑法到如此地步，如何能佐助国家？"前去向任圜传令赐死的使者到达磁州，任圜召集全宗族的人在一起痛饮了一次酒，然后从容自尽，神情不屈不挠。

三年（928），枢密使、同平章事孔循性格狡诈并且喜欢谄媚别人，安重诲亲近并信任孔循。明宗想为皇子娶安重诲的女儿做媳妇，孔循对安重诲说道："您所居的职位与皇上亲近密切，不适合再与皇子联姻。"于是安重诲就拒绝了这门亲事。很久之后，有人对安重诲说道："孔循特会挑拨离间，不能

置之密地。”循知之，阴遣人结王德妃，求纳其女。德妃请娶循女为从厚妇，帝许之。重诲大怒。二月乙未，以循同平章事，充忠武节度使兼东都留守。

重诲性强愎。秦州节度使华温琪入朝，请留阙下，帝嘉之，除左骁卫上将军，月别赐钱谷。岁馀，帝谓重诲曰：“温琪旧人，宜择一重镇处之。”重诲对以无阙。他日，帝屡言之，重诲愠曰：“臣累奏无阙，惟枢密使可代耳。”帝曰：“亦可。”重诲无以对。温琪闻之惧，数月不出。

重诲恶成德节度使、同平章事王建立，奏建立与王都交结，有异志。建立亦奏重诲专权，求入朝面言其状。帝召之，既至，言重诲与宣徽使判三司张延朗结婚，相表里，弄威福。三月辛亥，帝见重诲，气色甚怒，谓曰：“今与卿一镇自休息，以王建立代卿，张延朗亦除外官。”重诲曰：“臣披荆棘事陛下数十年，值陛下龙飞，承乏机密，数年间天下幸无事。今一旦弃之外镇，臣愿闻其罪。”帝不怿而起，以语宣徽使朱弘昭，弘昭曰：“陛下平日待重诲如左右手，奈何以小忿弃之？愿垂三思。”帝寻召重诲慰抚之。明日，建立辞归镇，帝曰：“卿比奏欲入分朕忧，今复去何之？”会门下侍郎兼刑部尚书、同平章事郑珏请致仕，己未，以珏为左仆射致仕。

放在机密的位置上。"孔循知道了这事，就暗中派人交结王德妃，恳求收纳自己的女儿，德妃就向明宗请求把孔循的女儿娶为李从厚媳妇，明宗同意了这门亲事。安重诲知道了大怒。二月乙未（十九日），任命孔循凭仗同平章事，充任忠武军节度使，兼任东都留守。

安重诲性格倔强执拗。秦州节度使华温琪进京拜见明宗，请求留任朝廷，明宗嘉许他，安排他任左骁卫上将军，每月除俸禄外，还赐给他钱和粮食。一年多之后，明宗对安重诲说："温琪是旧人，应当选择一个重要的藩镇来安排他。"安重诲回答说没有空缺。另一天，明宗不断和安重诲说这事，安重诲怨怒说："我累次报告您没有空位，只有枢密使的位置可以代替。"皇上说："这也可以。"安重诲无话可答。华温琪听说这一情况，心中惧怕，数月不出门。

安重诲憎恨成德军节度使、同平章事王建立，在明宗面前劾奏王建立与王都交结，有谋反企图。王建立也劾奏安重诲专权，请求进京上朝当面揭露事实。明宗召王建立前来，王建立到京后，说安重诲与宣徽使、主管三司的张延朗结为儿女亲家，两人互为表里，在朝中弄权作威作福。三月辛亥（初五），明宗看到安重诲时，一脸怒气说："现在给您一个藩镇，您自己去休息，让王建立代替您，张延朗也安排外地任官。"安重诲说："我披荆斩棘侍奉您数十年，现在正当您做皇帝事业兴盛的时候，我在您的面前承担了一时没有合适人选的机要职务，数年之中侥幸天下没有出乱子。现在突然把我抛弃到外面藩镇去，我希望能听听我的罪过。"皇上不高兴地起身走了，把事情告诉给宣徽使朱弘昭，朱弘昭说："您平时对待安重诲像自己的左右手一样，为什么因这么点小小的怨恨就抛弃他？希望您再三思而行。"明宗接着又召见安重诲安慰他。第二天，王建立请求辞职返回藩镇，明宗问他："您近日奏请想入朝廷为我分担忧愁，现在又为什么要回去？"这时正逢门下省侍郎兼刑部尚书、同平章事郑珏要求退休，己未（十三日），给郑珏以左仆射的官衔退休。

癸亥，以建立为右仆射兼中书侍郎、同平章事、判三司。

冬十一月庚寅，皇子从厚纳孔循女为妃，循因之得之大梁，厚结王德妃之党，乞留。安重诲具奏其事，力排之，礼毕，促令归镇。

四年，皇子右卫大将军从璨性刚，安重诲用事，从璨不为之屈。帝东巡，以从璨为皇城使。从璨与客宴于会节园，酒酣，戏登御榻，重诲奏请诛之。三月丙戌，赐从璨死。

初，朔方节度使韩洙卒，弟澄为留后。未几，定远军使李匡宾聚党据保静镇作乱，朔方不安。冬十月丁酉，韩澄遣使赍绢表乞朝廷命帅。前磁州刺史康福，善胡语，上退朝，多召入便殿，访以时事，福以胡语对。安重诲恶之，常戒之曰："康福，汝但妄奏事，会当斩汝！"福惧，求外补。重诲以灵州深入胡境，为帅者多遇害，戊戌，以福为朔方、河西节度使。福见上，涕泣辞之。上命重诲为福更他镇，重诲曰："福自刺史无功建节，尚复何求？且成命已行，难以复改。"上不得已，谓福曰："重诲不肯，非朕意也。"福辞行，上遣将军牛知柔、河中都指挥使卫审峤等将兵万人卫送之。审峤，徐州人也。

长兴元年。初，王德妃因安重诲得进，常德之。帝性俭约，及在位久，宫中用度稍侈，重诲每规谏。妃取外库锦造地衣，

癸亥(十七日),任命王建立为右仆射兼中书侍郎、同平章事、主管三司。

冬季十一月庚寅(十九日),皇子李从厚娶孔循的女儿为妃,孔循因此得以有机会回到大梁参加婚礼,乘机用厚礼交结王德妃的党羽,请求留任朝廷。安重诲一条条奏明他的事情,极力排斥他入京,婚礼结束,催促孔循回藩镇。

四年(929),皇子、右卫将军李从璨性情刚硬,安重诲掌权,李从璨不肯屈服于他。明宗到东方巡察,命李从璨为皇城使。李从璨与门客在洛阳会节园饮宴,喝到酣畅的时候,开着玩笑躺到园中的龙床上,安重诲以此事上奏诛杀李从璨。三月丙戌(十六日),皇帝下令赐李从璨死。

当初,朔方节度使韩洙死时,他的弟弟韩澄为朔方镇留后。没过多时,定远军使李匡宾聚集党徒占据保静镇谋反作乱,朔方不安定。冬季十月丁酉(初二),韩澄派使者带着写在绢上的表文,向朝廷请求任命新节帅。前任磁州刺史康福懂得胡人的语言,明宗退朝后,常召康福到宫中小殿内,向他询问时事政治,康福用胡人的语言向明宗回答问题。安重诲讨厌他,经常警告他说:"康福,你胆敢乱说,就该杀掉你!"康福害怕,请求到外地补充一个官缺。安重诲因为灵州是远在胡人境内的一个地方,在那里当节度使的人大多遭受残害。戊戌(初三),以康福为朔方、河西节度使。康福拜见明宗,流着眼泪辞行。明宗命令安重诲为康福改派到其他藩镇。安重诲说:"康福从一个刺史升为节度使,又没什么功劳,还想求什么?况且任命公文已颁行,难以再改变。"明宗没办法,只得告诉康福说:"安重诲不肯改变命令,这事不是我的主意。"康福向明宗辞行,明宗派将军牛知柔、河中都指挥使卫审峻等带领军队一万人沿途保卫护送他。卫审峻是徐州人。

长兴元年(930)。当初,王德妃通过安重诲的帮助得以侍奉明宗,她因此常常感激安重诲。明宗的性格俭朴节约,等到他在皇帝的宝座上坐久了,宫中的用费便渐渐地奢侈起来,安重诲每每进行规劝阻止。王德妃从国家仓库中提取锦造地毯,

重海切谏，引刘后为戒，妃由是怨之。

宣武节度使符习，自恃宿将，论议多抗安重海，重海求其过失，奏之。夏四月丁酉，诏习以太子太师致仕。

初，帝在真定，李从珂与安重海饮酒争言，从珂殴重海，重海走免。既醒，悔谢，重海终衔之。至是，重海用事，自皇子从荣、从厚皆敬事不暇。时从珂为河中节度使、同平章事，重海屡短之于帝，帝不听。重海乃矫以帝命谕河东牙内指挥使杨彦温使逐之。是日，从珂出城阅马，彦温勒兵闭门拒之，从珂使人扣门，诘之曰："吾待汝厚，何为如是？"对曰："彦温非敢负恩，受枢密院宣耳。请公入朝。"从珂止于虞乡，遣使以状闻。使者至，壬寅，帝问重海曰："彦温安得此言？"对曰："此奸人妄言耳，宜速讨之。"帝疑之，欲诱致彦温讯其事，除彦温绛州刺史。重海固请发兵击之，乃命西都留守索自通、步军都指挥使药彦稠将兵讨之。帝令彦稠："必生致彦温，吾欲面讯之。"召从珂诣洛阳。从珂知为重海所构，驰入自明。

加安重海兼中书令。
李从珂至洛阳，上责之使归第，绝朝请。

辛亥，索自通等拔河中，斩杨彦温，癸丑，传首来献。上怒药彦稠不生致，深责之。安重海讽冯道、赵凤奏

安重诲激切地劝阻她,并举刘皇后的下场为例来告诫她,王德妃由此怨恨安重诲。

宣武节度使符习自以为是一员老将,讨论事务时总是对抗安重诲。安重诲寻求他的过失向明宗报告。夏季四月丁酉(初四),皇上下诏书,让符习以太子太师的身份退休。

当初,明宗在真定镇时,李从珂与安重诲在饮酒时发生争吵,李从珂殴打安重诲,安重诲逃跑才免遭殴打。李从珂酒醒后,懊悔并向安重诲道歉,但安重诲始终衔恨在心。现在,安重诲掌权,自皇子李从荣、李从厚以下,都恭敬地听从他,唯恐来不及侍奉他。这时,李从珂是河中节度使、同平章事,安重诲屡次在明宗面前说他的缺点,明宗不听。安重诲于是假造了一道皇上的命令,指示河东牙内指挥使杨彦温,让他赶走李从珂。这一天,李从珂出城检阅马匹,杨彦温布设军队关闭城门拒绝李从珂回城,李从珂派人扣门责问他说:"我待您很厚重,为何这样做?"回答说:"我杨彦温不敢负恩背叛,因为接到枢密院的命令啊。请您到朝廷上去。"李从珂行至虞乡县住下,派人把情况报告给皇帝听。使者到京城后,壬寅(初九),明宗问安重诲说:"杨彦温怎么会冒出这种话?"回答说:"这是奸人瞎说吧,应当迅速派兵讨伐他。"明宗怀疑这件事,想引诱杨彦温到京来当面查问这事,便宣布任命杨彦温为绛州刺史。安重诲坚持请求发兵攻打杨彦温,于是决定命西都留守索自通、步兵都指挥使药彦稠带兵讨伐杨彦温。明宗命令药彦稠:"一定要生擒杨彦温带回来,我要当面查讯此事。"皇上召李从珂到洛阳见自己。李从珂知道自己被安重诲所陷害,快马回京,自己向皇上说明情况。

明宗加官安重诲兼任中书令。

李从珂到达洛阳,明宗责备他,让他回到自己府第,拒绝他上朝参见。

辛亥(十八日),索自通等人马攻下河中,斩了杨彦温,癸丑(二十日),把他的首级传送进京献给皇上看。明宗对药彦稠不能活捉并带回杨彦温发怒,狠狠地骂了他。安重诲暗示冯道、赵凤劾奏

从珂失守，宜加罪。上曰："吾儿为奸党所倾，未明曲直，公辈何为发此言，意不欲置之人间邪？此皆非公辈意也。"二人惶恐而退。他日，赵凤又言之，上不应。明日，重诲自言之，上曰："朕昔为小校，家贫，赖此小儿拾马粪自赡，以至今日为天子，曾不能庇之邪？卿欲如何处之于卿为便！"重诲曰："陛下父子之间，臣何敢言？惟陛下裁之。"上曰："使闲居私第亦可矣，何用复言？"丙辰，以索自通为河中节度使。自通至镇，承重诲旨，籍军府甲仗数上之，以为从珂私造。赖王德妃居中保护，从珂由是得免。士大夫不敢与从珂往来，惟礼部郎中、史馆修撰吕琦居相近，时往见之，从珂每有奏请，皆咨琦而后行。

安重诲言昭义节度使王建立过魏州有摇众之语，五月丙寅，制以太傅致仕。

秋八月乙未，捧圣军使李行德、十将张俭引告密人边彦温告："安重诲发兵，云欲自讨淮南；又引占相者问命。"帝以问侍卫都指挥使安众进、药彦稠，二人曰："此奸人欲离间陛下勋旧耳。重诲事陛下三十年，幸而富贵，何苦谋反？臣等请以宗族保之。"帝乃斩彦温，召重诲慰抚之，君臣相泣。壬寅，赵凤奏："窃闻近有奸人，诬陷大臣，摇国柱石，行之未尽。"帝乃收李行德、张俭，皆族之。

安重诲久专大权，中外恶之者众。王德妃及武德使孟汉琼浸用事，数短重诲于上。九月，重诲内忧惧，表解机务，

李从珂失守藩镇之职，应当加罪。明宗说："我的儿子被奸党所陷害，事情的曲直还不明白，你们为何说出这种话，意下是不想留他在人间吗？我知道这都不是你们的主意。"两人惶恐退下。另一天，赵凤又向明宗说起这事，皇上不答话。第二天，安重诲自己向皇上说这件事，明宗说："我过去做小校官的时候，家里贫穷，曾依赖这个小儿在外面拾马粪来养活我们，这才捱到今天做了皇帝，竟不能保护他吗？您想怎样处置他，随您的意好了。"安重诲说："这是皇上父子之间的事，我怎么敢说话？一切由您裁决。"皇上说："让他赋闲住在自己家中也就行了，何必再说个没完呢？"丙辰（二十三日），任命索自通为河中节度使。索自通到达藩镇就任，按照安重诲的旨意，查点军府中的盔甲兵器数字造册上报，认为是李从珂私造兵器。李从珂依靠王德妃从中保护，这才得以免祸。官员都不敢与李从珂往来，只有礼部郎中、史馆修撰吕琦和他居住很近，经常去看他，李从珂每当有什么事情要报告皇帝，都先向吕琦咨询然后再做。

安重诲向明宗说昭义节度使王建立在路过魏州的时候有动摇军心的言论。五月丙寅（初三），下制书让他以太傅的身份退休。

秋季八月乙未（初四），明宗的捧圣军使李行德、担任十将之职的张俭为明宗带来一个告密的人叫边彦温，边彦温报告说："安重诲发兵，说要亲自讨伐淮南，又引看相的人为自己卜算天命。"明宗向侍卫都指挥使安从进、药彦稠询问这件事。两人回答说："这是奸人想离间皇上与有功勋的旧臣之间的关系罢了。安重诲侍奉皇上三十年，受到宠幸而富贵，何苦谋反？我们请求以全宗族的性命为他担保。"明宗于是斩了边彦温，召见安重诲安慰他，君臣两人相对流泪痛哭。壬寅（十一日），赵凤劾奏说："私下听说近来有坏人诬陷大臣，动摇国家的柱石，这些坏人还没有完全清除。"明宗于是收捕李行德、张俭，诛杀他们全族。

安重诲长久把持大权，朝廷内外官员憎恨他的人很多。王德妃以及武德使孟汉琼渐渐参与政事，多次在明宗面前说安重诲的缺点。九月，安重诲内心忧虑害怕，上表请求解除枢密院职务，

上曰："朕无间于卿,诬罔者朕既诛之矣,卿何为尔?"甲戌,重诲复面奏曰："臣以寒贱,致位至此,忽为人诬以反,非陛下至明,臣无种矣。由臣才薄任重,恐终不能镇浮言,愿赐一镇以全馀生。"上不许,重诲求之不已,上怒曰："听卿去,朕不患无人!"前成德节度使范延光劝上留重诲,且曰："重诲去,谁能代之?"上曰："卿岂不可?"延光曰："臣受驱策日浅,且才不逮重诲,何敢当此?"上遣孟汉琼诣中书议重诲事,冯道曰："诸公果爱安令,宜解其枢务为便。"赵凤曰:"公失言!"乃奏大臣不可轻动。甲申,以范延光为枢密使,安重诲如故。

十二月,天雄节度使石敬瑭征蜀,安重诲请自督战。既行,石敬瑭累表奏论蜀不可伐,上颇然之。

二年。初,凤翔节度使朱弘昭谄事安重诲,连得大镇。重诲过凤翔,弘昭迎拜马首,馆于府舍,延入寝室,妻子罗拜,奉进酒食,礼甚谨。重诲为弘昭泣言:"谗人交构,几不免,赖主上明察,得保宗族。"重诲既去,弘昭即奏:"重诲怨望,有恶言,不可令至行营,恐夺石敬瑭兵柄。"又遗敬瑭书,言"重诲举措孟浪,若至军前,恐将士疑骇,不战自溃,宜逆止之"。敬瑭大惧,即上言:"重诲至,恐人情有变,宜急征还。"宣徽使孟汉琼自西方还,亦言重诲过恶,有诏召重诲还。

明宗答复说:"我没有猜忌您,诬陷您的人我已经杀掉了,您为什么这样?"甲戌(十四日),安重诲又当面向明宗请求说:"我从一个贫寒卑贱的人,到达现在这样的地位,忽然有人诬告我谋反,若不是皇上英明,我家已经没有一个传宗接代的人了。由于我才能浅薄责任重大,恐怕最终难以压住流言蜚语,希望皇上赐给我一个藩镇的职务,让我保全馀生。"明宗不批准。安重诲不断请求,明宗发怒说:"听凭您走,我不怕没有人!"前成德军节度使范延光劝说明宗挽留安重诲,并且说:"安重诲走了,谁能代替他?"明宗说:"您难道不可以?"范延光回答说:"我受皇上驱使任用的时间很浅,而且才能不如安重诲,怎么敢担当这个重任?"明宗派孟汉琼会见中书省官员,讨论安重诲的事情,冯道说:"各位如果真的爱护安中书令,应当解除他的枢密院使职务比较妥当。"赵凤说:"您说错了!"于是向皇上回奏,认为大臣不可轻易变动位置。甲申(二十四日),以范延光为枢密使,安重诲的职务保留不动。

十二月,天雄节度使石敬瑭征讨蜀中,安重诲请求让自己去督战。安重诲出发后,石敬瑭连着上表论述形势,认为不能伐蜀,明宗认为很有道理。

二年(931)。当初,凤翔节度使朱弘昭迎合讨好安重诲,接连获得在几个大镇节帅任上升迁。安重诲经凤翔,朱弘昭远迎到马前拜见,在帅府安排歇宿,请入自己寝室中,让妻子儿女出来挨个拜见,恭敬地侍奉酒食,礼节很周全恭谨。安重诲对朱弘昭流泪说:"小人说坏话交相陷害,我几乎难免一死,依赖皇上明察是非,才得以保全宗族。"安重诲走后,朱弘昭立即向明宗报告:"安重诲心怀怨恨不满,说了坏话,现在不能让他到行营去,去了恐怕会夺石敬瑭的兵权。"又给石敬瑭写信说:"安重诲举止卤莽行动放纵,如果到军前,恐怕将士会疑虑惊骇,不战自溃,应当阻止他。"石敬瑭大为恐惧,立即向明宗报告说:"安重诲到来,担心军队情绪不稳定,应该紧急下令召他回京。"这时,宣徽使孟汉琼从西方回到京城,也说了安重诲的过失和罪恶,于是明宗下诏,召安重诲返回。

春二月，安重诲至三泉，得诏亟归。过凤翔，朱弘昭不内，重诲惧，驰骑而东。

辛丑，以枢密使兼中书令安重诲为护国节度使。赵凤言于上曰："重诲陛下家臣，其心终不叛主，但以不能周防，为人所诪。陛下不察其心，重诲死无日矣。"上以为朋党，不悦。

三月，帝既解安重诲枢务，乃召李从珂，泣谓曰："如重诲意，汝安得复见吾？"丙寅，以从珂为左卫大将军。

护国节度使兼中书令安重诲内不自安，表请致仕。闰五月庚寅，制以太子太师致仕。是日，其子崇赞、崇绪逃奔河中。

壬辰，以保义节度使李从璋为护国节度使。甲午，遣步军指挥使药彦稠将兵趣河中。

安崇赞等至河中，重诲惊曰："汝安得来？"既而曰："吾知之矣，此非渠意，为人所使耳。吾以死徇国，夫复何言？"乃执二子表送诣阙。

明日，有中使至，见重诲，恸哭久之。重诲问其故，中使曰："人言令公有异志，朝廷已遣药彦稠将兵至矣。"重诲曰："吾受国恩，死不足报，敢有异志？更烦国家发兵，贻主上之忧，罪益重矣。"崇赞等至陕，有诏系狱。皇城使翟光邺素恶重诲，帝遣诣河中察之，曰："重诲果有异志则诛之。"光邺至河中，李从璋以甲士围其第，自入见重诲，拜于庭下。重诲惊，降阶答拜，从璋奋挝击其首。妻张氏惊救，亦挝杀之。

春季二月，安重诲行至三泉县，接到诏书，命他速回。安重诲回来路过凤翔时，朱弘昭不叫他进城，安重诲害怕，快马向东奔驰前进。

辛丑（十三日），明宗安排枢密使兼中书令安重诲为护国节度使。赵凤向明宗进言说："安重诲是皇上的家臣，他的心最终不会背叛主人，只是因为无法周密防范，被人攻击。皇上不洞察他的心，安重诲离死没有几天了。"明宗认为赵凤是安重诲的朋党，不高兴。

三月，明宗解除安重诲枢密院职务后，就召见李从珂，哭着对他说："按照安重诲的心思，你怎能再见到我？"丙寅（初八），任用李从珂为左卫大将军。

护国节度使兼中书令安重诲内心惶恐不安，上表请求退休。闰五月庚寅（初三），下制书批准他以太子太师身份退休。这一天，他的儿子安崇赞、安崇绪逃奔河中。

壬辰（初五），调遣保义节度使李从璋为护国节度使。甲午（初七日），派遣步军指挥使药彦稠领兵向河中进军。

安崇赞等到达河中，安重诲吃惊说："你们怎么来了？"后来又说："我知道了，这不是你们的主意，被别人指使罢了。我以死报国，还有什么话说？"于是拿下二子，上表送往朝廷。

第二天，宦官使者到，见到安重诲，痛心地大哭了很久。安重诲问他原因，回答说："有人说您有谋反的意图，朝廷已派遣药彦稠带兵来了。"安重诲说："我受到国家的恩惠，死不足以报答，哪里敢有谋反的想法？又给国家添上发兵征讨我的麻烦，给皇上留下忧虑，罪过更加重了。"安崇赞等到达陕州，有诏书到达，把他们逮捕下狱。皇城使翟光邺一贯憎恨安重诲，明宗派遣他到河中观察安重诲的情况，嘱咐他说："安重诲真有谋反的意图就杀掉他。"翟光邺到达河中，李从璋派全副武装的士兵包围了安重诲的府第，自己入府去见安重诲，在庭院中叩拜。安重诲惊讶，赶忙下阶答拜，李从璋猛地棰击他的头。安重诲妻张氏受惊上前援救，也被击杀了。

奏至,己亥,下诏,以重诲离间孟知祥、董璋、钱镠为重海罪,又诬其欲自击淮南以图兵柄,遣元随窃二子归本道,并二子诛之。

六月乙丑,复以李从珂同平章事,充西都留守。

杀死安重诲的奏书到达朝廷,己亥(十二日),朝廷下诏书,宣布安重诲的罪名是离间孟知祥、董璋、钱镠,又捏造说安重诲想自己攻打淮南以图夺取兵权,并派遣元随卫士暗中将两个儿子接回自己的身边,所以连同他的两个儿子也斩杀了。

　　六月乙丑(初九),又任用李从珂为同平章事,充任西都留守。

秦王之乱 两王篡弑附

后唐明宗天成元年冬十二月庚子，以皇子从荣为天雄节度使、同平章事。

二年春正月癸酉，以皇子从厚同平章事，充河南尹，判六军诸卫事。从厚，从荣之母弟也。从荣闻之不悦。

秋九月，帝谓枢密使安重诲曰："从荣左右有矫宣朕旨，令勿接儒生，恐弱人志气者。朕以从荣年少临大藩，故择名儒使辅导之，今奸人所言乃如此！"欲斩之。重诲请严戒而已。

三年夏四月，以邺都留守从荣为河东节度使、北都留守，以客省使太原冯赟为副留守，夹马都指挥使新平杨思权为步军都指挥使以佐之。丙戌，以枢密使安重诲兼河南尹，以河南尹从厚为宣武节度使，仍判六军诸卫事。

冬十二月，河东节度使、北都留守从荣，年少骄很，不亲政务，帝遣左右素与从荣善者往与之处，使从容讽导之。其人私谓从荣曰："河南相公恭谨好善，亲礼端士，有老成之风。相公齿长，宜自策励，勿令声问出河南之下。"

秦王之乱 　潞王篡弑附

后唐明宗天成元年(926)冬季十二月庚子(十七日),任命皇子李从荣为天雄节度使、同平章事。

二年(927)春季正月癸酉(二十一日),任命皇子李从厚为同平章事,充任河南尹,主持六军各卫的事务。李从厚是李从荣的同母弟弟。李从荣听说李从厚的职务后,很不高兴。

秋季九月,明宗对枢密使安重诲说:"李从荣身边有人假传我的旨意,让他不要接触儒生,以免减弱人的志气。我因为李从荣年纪轻,掌管统领着大藩镇,所以选择名儒,让他们辅导李从荣,现在奸人反而说出这样的话。"明宗想下令斩掉他们。安重诲提出严厉警告一下就算了。

三年(928)夏季四月,任命邺都留守李从荣为河东节度使、北都留守,任命客省使太原人冯赟为副留守,夹马都指挥使新平县人杨思权为步军都指挥使,让他们佐助李从荣。丙戌(十一日),任命枢密使安重诲兼任河南尹,任命河南尹李从厚为宣武节度使,继续主持六军各卫的事务。

冬季十二月,河东节度使、北都留守李从荣年轻又骄傲凶狠,不理政务,明宗派身边平日和李从荣友好的人去跟随他,让他们相处,慢慢开导李从荣。那些人私下对李从荣说:"河南相公李从厚恭敬谨慎,亲近并礼貌地对待品行端正的人,有年少老成的风范。您比他年长,应激励自己向上,不要让名声落在河南那位弟弟之下。"

从荣不悦,退,告步军都指挥使杨思权曰:"朝廷之人皆推从厚而短我,我其废乎?"思权曰:"相公手握强兵,且有思权在,何忧?"因劝从荣多募部曲,缮甲兵,阴为自固之备。又谓帝左右曰:"君每誉弟而抑其兄,我辈岂不能助之邪?"其人惧,以告副留守冯赟,赟密奏之,帝召思权诣阙,以从荣故,亦弗之罪也。

四年春正月,冯赟入为宣徽使,谓执政曰:"从荣刚僻而轻易,宜选重德辅之。"

夏四月壬子,以皇子从荣为河南尹、判六军诸卫事,从厚为河东节度使、北都留守。

长兴元年秋八月,立皇子从荣为秦王。丙辰,立从厚为宋王。

三年,秦王从荣喜为诗,聚浮华之士高辇等于幕府,与相唱和,颇自矜伐。每置酒,辄命僚属赋诗,有不如意者面毁裂抵弃。冬十月壬子,从荣入谒,帝语之曰:"吾虽不知书,然喜闻儒生讲经义,开益人智思。吾见庄宗好为诗,将家子文非素习,徒取人窃笑,汝勿效也。"

秦王从荣为人鹰视,轻佻峻急。既判六军诸卫事,复参朝政,多骄纵不法。初,安重诲为枢密使,上专属任之。从荣及宋王从厚自襁褓与之亲狎,虽典兵,常为重诲所制,畏事之。重诲死,王淑妃与宣徽使孟汉琼宣传帝命,范延光、赵延寿为枢密使,从荣皆轻侮之。河阳节度使、同平章事石敬瑭

李从荣不高兴,退下来告诉步军都指挥使杨思权说:"朝廷来的人都推崇李从厚而贬低我,我将要被抛弃吗?"杨思权说:"相公您手中掌握强兵,而且有我杨思权在,愁什么?"杨思权趁机劝李从荣多招募兵士,打造盔甲兵器,暗中为巩固自己的地位加强实力做准备。杨思权又对明宗身边来的人说:"您们常常赞誉弟弟而贬抑他哥哥,我们这些人难道不能协助他呀?"那些人害怕,把情况告诉副留守冯赟,冯赟秘密奏报给明宗,明宗就把杨思权召回朝廷,因为李从荣的缘故,也没有治他罪。

四年(929)春季正月,冯赟调回朝廷任宣徽使,他对执政的大臣说:"李从荣刚硬邪僻,而且轻率易动,应当选派有威信的人辅佐他。"

夏季四月壬子(十三日),调任皇子李从荣为河南尹,主持六军各卫的事务,调李从厚为河东节度使、北都留守。

长兴元年(930)秋季八月,立皇子李从荣为秦王。丙辰(二十五日),立李从厚为宋王。

三年(932),秦王李从荣喜欢作诗,常在幕府中聚集浮华之士如高辇等人互相唱和,颇以此自我夸耀。每次设酒宴,就让自己的僚属赋诗,遇有不如意的诗稿,就当面撕毁抛掉。冬季十月壬子(初四),李从荣入宫拜见明宗,明宗和他谈话,说:"我虽然不识字,然而喜欢听儒生讲论经义,开启人的思路,增加智慧。我看到庄宗好写诗,将门子弟一贯不大学习诗文,白白被人背后笑话,你不要仿效这种事。"

秦王李从荣长着一对鹰眼,看人带有凶光,性格轻佻而又严厉急躁,他主管六军诸卫事务之后,又参与朝中政事,处理事务大多骄横任意而不遵循法度。当初,安重诲任枢密使的时候,明宗把军中事务交给他专管,李从荣及宋王李从厚自襁褓时期开始就与他亲近密切,后来虽然统领军队,经常被安重诲制服,因而能畏惧地听从安重诲的指挥。安重诲死后,王淑妃和宣徽使孟汉琼宣布传达皇帝命令,由范延光、赵延寿任枢密使,都受到李从荣的轻视侮辱。河阳节度使、同平章事石敬瑭

兼六军诸卫副使,其妻永宁公主与从荣异母,素相憎疾。从荣以从厚声名出己右,尤忌之。从厚善以卑弱奉之,故嫌隙不外见。石敬瑭不欲与从荣共事,常思外补以避之。范延光、赵延寿亦虑及祸,屡辞机要,请与旧臣迭为之,上不许。会契丹欲入寇,上命择帅臣镇河东,延光、延寿皆曰:"当今帅臣可往者独石敬瑭、康义诚耳。"敬瑭亦愿行,上即命除之。既受诏,不落六军副使,敬瑭复辞,上乃以宣徽使朱弘昭知山南东道,代义诚诣阙。

四年春正月戊子,加秦王从荣守尚书令兼侍中。

夏四月,言事者请为亲王置师傅,宰相畏秦王从荣,不敢除人,请令王自择。秦王府判官、太子詹事王居敏荐兵部侍郎刘赞于从荣,从荣表请之。癸丑,以赞为秘书监、秦王傅,前襄州支使山阳鱼崇远为记室。赞自以左迁,泣诉,不得免。王府参佐皆新进少年,轻脱谄谀,赞独从容规讽,从荣不悦。赞虽为傅,从荣一概以僚属待之,赞有难色。从荣觉之,自是戒门者勿为通,月听一至府,或竟日不召,亦不得食。

五月戊寅,立皇子从珂为潞王。
秋八月,太仆少卿致仕何泽见上寝疾,秦王从荣权势方盛,冀己复进用,表请立从荣为太子。上览表泣下,私谓左右曰:"群臣请立太子,朕当归老太原旧第耳。"不得已,

兼任六军诸卫副使，他的妻子永宁公主是李从荣的异母姐姐，姐弟俩一贯互相憎恨。李从厚的声名在李从荣之上，李从荣因而对他更忌恨。李从厚善于在他面前表现得卑微弱小，所以两人之间的矛盾冲突没有表面化。石敬瑭不想与李从荣共事，常想补一个外地的官职，以便避开李从荣。范延光、赵延寿也怕祸事临身，屡次要求辞去枢密院的职务，请求与旧臣轮换着干，明宗不批准。这时，正碰上契丹进犯边境，明宗命令选择大帅镇守河东，范延光、赵延寿都说："当今节帅当中可以到河东去领兵的人，只有石敬瑭、康义诚。"石敬瑭也表示愿意去，明宗立即命令任用石敬瑭。石敬瑭接受诏书任命后，六军副使的职务仍然保留不去掉，石敬瑭又提出辞去这个职务，于是皇上命宣徽使朱弘昭任山南东道节度使，代替康义诚，让康义诚回到朝廷来。

四年（933）春季正月戊子（十一日），明宗增授秦王李从荣职务，让他试任尚书令、又兼侍中。

夏季四月，讨论政事的人提议为各亲王设置师傅，宰相畏惧秦王李从荣，不敢为他派人，请求让秦王自己选择。秦王府判官太子詹事王居敏向李从荣推荐兵部侍郎刘瓒，李从荣上表请求任命刘瓒为秦王府师傅。癸丑（初七），任命刘瓒为秘书监、秦王师傅，前襄州支使、山阳县人鱼崇远为秦王府记室。刘瓒自认为是降职，哭着诉苦，却不能改变。秦王府的僚佐都是新任用的少年人，举止轻率，谄媚阿谀，只有刘瓒耐心从容地规劝开导李从荣，李从荣不高兴。刘瓒虽然是师傅，李从荣却把他当僚佐部下来同样对待，刘瓒很感难堪。李从荣发觉这一点后，自此告诫门卫不要为他通报，一个月听凭他到府中来一次，有时到后一整天不召见他，也不让府中供给他饭吃。

五月戊寅（初三），立皇子李从珂为潞王。

秋季八月，由太仆少卿身份退休的何泽见明宗病情况重，而秦王李从荣权势正在兴盛，他希望自己能重新被任用，就上表请求立李从荣为太子。明宗览表流下眼泪，私下对身边的人说："群臣要求立太子，我应当回太原老家养老了。"不得已，

壬戌，诏宰相枢密使议之。丁卯，从荣见上，言曰："窃闻有奸人请立臣为太子，臣幼少，且愿学治军民，不愿当此名。"上曰："群臣所欲也。"从荣退，见范延光、赵延寿曰："执政欲以吾为太子，是欲夺我兵柄，幽之东宫耳。"延光等知上意，且惧从荣之言，即具以白上。辛未，制以从荣为天下兵马大元帅。

九月，秦王从荣请严卫、捧圣步骑两指挥为牙兵。每入朝，从数百骑，张弓挟矢，驰骋衢路。令文士试草《檄淮南书》，陈己将廓清海内之意。从荣不快于执政，私谓所亲曰："吾一旦南面，必族之。"范延光、赵延寿惧，屡求外补以避之。上以为见己病而求去，甚怒，曰："欲去自去，奚用表为？"齐国公主复为延寿言于禁中，云："延寿实有疾，不堪机务。"丙申，二人复言于上曰："臣等非敢惮劳，愿与勋旧迭为之。亦不敢俱去，愿听一人先出。若新人不称职，复召臣，臣即至矣。"上乃许之。戊戌，以延寿为宣武节度使，以山南东道节度使朱弘昭为枢密使、同平章事。制下，弘昭复辞，上叱之曰："汝辈皆不欲在吾侧，蓄养汝辈何为？"弘昭乃不敢言。

辛丑，诏大元帅从荣位在宰相上。

冬十月，范延光屡因孟汉琼、王淑妃以求出。庚申，以延光为成德节度使，以冯赟为枢密使。帝以亲军都指挥使、河阳节度使、同平章事康义诚为朴忠，亲任之。时要近之官多求出以避秦王之祸，义诚度不能自脱，乃令其

壬戌(十八日),下诏命宰相、枢密使讨论这件事。丁卯(二十三日),李从荣面见明宗说:"私下听说有奸人向皇上提出立我为太子,我年纪小,而且愿意学习治理军民,不愿接受这个名分。"明宗说:"这是群臣所想的事。"李从荣退出,面见范延光、赵延寿说:"执政者想让我当太子,是想夺我的兵权,把我幽闭在东宫罢了。"范延光等人知道皇上的心意,而且又惧怕李从荣说的话,就如实把情况报告明宗。辛未(二十七日),下制书,任命李从荣为天下兵马大元帅。

九月,秦王李从荣请求调番号为严卫、捧圣的两个指挥一级的步兵、骑兵作为自己帅府的牙兵。每次上朝,跟从数百骑兵,张弓挟箭,奔驰在大路上。李从荣又命令文人试验起草《檄淮南书》,陈述自己将要廓清海内的意向。李从荣不喜欢朝中执政的官员,私下对身边亲近的人员说:"我一旦坐北朝南登上皇位,一定把他们全族杀掉。"范延光、赵延寿惧怕,屡次请求到外地补官,以求避祸。明宗认为他们看到自己生病而请求离开,很生气,说:"想走自己走,哪里用得着上表?"齐国公主又在内宫为赵延寿请求说:"赵延寿确实有病,经不住枢密院繁重的机务。"丙申(二十三日),两人又向明宗说:"我等不敢怕劳累,只希望与有功勋的旧臣们轮换做做。也不敢都走,愿意听凭您让哪一个人先出去。如果新任命的人不称职,重新召我们,我们立即就到。"于是明宗批准了他们的请求。戊戌(二十五日),调赵延寿为宣武节度使,调任山南东道节度使朱弘昭为枢密使、同平章事。制文下达,朱弘昭又要求辞去。明宗呵斥他们说:"你们都不想在我身边,蓄养你们做什么用?"朱弘昭这才不敢说话。

辛丑(二十八日),下诏宣布大元帅李从荣职位在宰相之上。

冬季十月,范延光屡次通过孟汉琼、王淑妃帮助请求让他到外地任官。庚申(十七日),任命范延光为成德军节度使,任命冯赟为枢密使。明宗认为亲军都指挥使、河阳节度使、同平章事康义诚为人忠诚纯朴,就亲近信任他。当时皇上身边重要的官员大多要求出京以躲避秦王的灾祸,康义诚忖度自己走不掉,于是令他的

子事秦王,务以恭顺持两端,冀得自全。

十一月甲戌,上饯范延光,酒罢,上曰:"卿今远去,事宜尽言。"对曰:"朝廷大事,愿陛下与内外辅臣参决,勿听群小之言。"遂相泣而别。时孟汉琼用事,附之者共为朋党以蔽惑上听,故延光言及之。

戊子,帝疾复作,己丑,大渐。秦王从荣入问疾,帝俯首不能举。王淑妃曰:"从荣在此。"帝不应。从荣出,闻宫中皆哭,从荣意帝已殂。明旦,称疾不入。是夕,帝实小愈,而从荣不知。

从荣自知不为时论所与,恐不得为嗣,与其党谋,欲以兵入侍,先制权臣。辛卯,从荣遣都押牙马处钧谓朱弘昭、冯赟曰:"吾欲帅牙兵入宫中侍疾,且备非常,当止于何所?"二人曰:"王自择之。"既而私于处钧曰:"主上万福,王宜竭心忠孝,不可妄信人浮言。"从荣怒,复遣处钧谓二人曰:"公辈殊不爱家族邪?何敢拒我?"二人患之,入告王淑妃及宣徽使孟汉琼,咸曰:"兹事不得康义诚不可济。"乃召义诚谋之,义诚竟无言,但曰:"义诚将校耳,不敢预议,惟相公所使。"弘昭疑义诚不欲众中言之,夜,邀至私第问之,其对如初。

壬辰,从荣自河南府常服将步骑千人陈于天津桥。是日黎明,从荣遣马处钧至冯赟第,语之曰:"吾今日决入,且居兴圣宫。公辈各有宗族,处事亦宜详允,祸福在须臾耳!"又遣处钧诣康义诚,义诚曰:"王来则奉迎。"

儿子到秦王身边侍奉，尽力恭敬顺从两面应付，以求留有后路保全自己。

十一月甲戌（初二），明宗为范延光饯行，饮酒后，明宗说："您今天远去，有什么事情应当全部说出来。"回答说："朝廷大事，但愿皇上与内外辅佐大臣商议决定，不要听小人们的话。"然后相互洒泪而别。当时孟汉琼受到任用掌权，迎合他的人共同结成朋党，蒙蔽迷惑明宗的视听，所以范延光说到这一点。

戊子（十六日），明宗病情复发，己丑（十七日），病势加重。秦王李从荣入宫看望询问病情，明宗俯首抬不起头来。王淑妃说："李从荣在这儿。"明宗不应声。李从荣出来，听到宫中一片哭声，李从荣意料皇上已死。第二天天明，李从荣称说有病不入宫。这一天晚上明宗的病情实际上小有好转，但是李从荣不知道。

李从荣知道自己得不到当时的舆论支持，恐怕不得继位，就与他的同党谋划，想带兵入宫侍卫，先控制住重要有权的大臣。辛卯（二十日），李从荣派遣都押牙马处钧去向朱弘昭、冯赟说："我想率领牙兵入宫中侍候皇上的病，并且防备意外情况，应当驻扎在什么地方？"两人说："秦王自己选择地点。"接着又私下告诉马处钧说："皇上多福，病情正常，秦王应当尽心表示忠孝，不可随便听信别人乱说。"李从荣发怒，又派马处钧对两人说："你们这些人难道不爱惜自己的家族吗？怎么敢抗拒我？"两人忧虑此事，入宫告诉王淑妃及宣徽使孟汉琼，大家都说："这件事不靠康义诚，无法解决。"于是召康义诚谋划对策，康义诚始终不拿主张，只是说："义诚我只是个将校，不敢参予议论，唯听丞相指使。"朱弘昭怀疑康义诚不想在众人面前说出自己的主张，夜晚邀请康义诚到自己家中问他这事怎么办，康义诚回答如初。

壬辰（二十一日），李从荣穿着平时的军装自河南府带领步兵、骑兵千人在天津桥列阵。这天黎明，李从荣派马处钧到冯赟家中，对他说："我今天决定入宫，暂且居住在兴圣宫。你们这些人各有宗族，处理事情也应当周详允当，祸福都在片刻之间啊！"又派马处钧去见康义诚，康义诚说："秦王来了，就侍奉迎接。"

赟驰入右掖门，见弘昭、义诚、汉琼及三司使孙岳方聚谋于中兴殿门外，赟具道处钧之言，因让义诚曰："秦王言'祸福在须臾'，其事可知，公勿以儿在秦府，左右顾望！主上拔擢吾辈，自布衣至将相，苟使秦王兵得入此门，置主上何地？吾辈尚有遗种乎？"义诚未及对，监门白秦王已将兵至端门外。汉琼拂衣起曰："今日之事，危及君父，公犹顾望择利邪？吾何爱馀生，当自帅兵拒之耳。"即入殿门，弘昭、赟随之，义诚不得已，亦随之入。

汉琼见帝曰："从荣反，兵已攻端门，须臾入宫，则大乱矣！"宫中相顾号哭，帝曰："从荣何苦乃尔？"问弘昭等："有诸？"对曰："有之，适已令门者阖门矣。"帝指天泣下，谓义诚曰："卿自处置，勿惊百姓！"控鹤指挥使李重吉，从珂之子也，时侍侧，帝曰："吾与尔父冒矢石定天下，数脱吾于厄从荣辈得何力？今乃为人所教，为此悖逆！我固知此曹不足付大事，当呼尔父授以兵柄耳。汝为我部闭诸门。"重吉即帅控鹤兵守宫门。孟汉琼被甲乘马，召马军都指挥使朱洪实，使将五百骑讨从荣。

从荣方据胡床，坐桥上，遣左右召康义诚。端门已闭，叩左掖门，从门隙中窥之，见朱洪实引骑兵北来，走白从荣。从荣大惊，命取铁掩心擐之，坐调弓矢。俄而骑兵大至，从荣走归府，僚佐皆窜匿，牙兵掠嘉善坊溃去。从荣与妃刘氏匿床下，皇城使安从益就斩之，并杀其子，以其

冯赟快马进入皇宫右掖门，碰见朱弘昭、康义诚、孟汉琼以及三司使孙岳，正聚集在中兴殿门外谋划，冯赟一字不遗讲述马处钧的话，随后责备康义诚说："秦王说'祸福在片刻'，可以知道这事很严重，你不要因为儿子在秦府，就左顾右望！皇上提拔我们这些人，从布衣到将相，倘若让秦府兵马进入这道门，该把皇上置于何地？我们这些人还有遗种吗？"康义诚未来得及回答，监门官上来说秦王已带兵到达宫城正南端门外。孟汉琼拂衣而起说："今日之事，危难延及皇上、父母，您还观望投机取利呀？我的馀生有何值得爱惜，应当亲自率兵抵抗他们。"说完即进入殿门，朱弘昭、冯赟跟随他进去，康义诚不得已也随他们入殿。

孟汉琼参见明宗说："李从荣造反，兵马已攻到端门，一会儿入宫，就要大乱了！"宫中人员相互看着呼号大哭，明宗说："李从荣何苦这样啊？"转问朱弘昭等人："有这事吗？"回答说："有这事，刚才已令守门官关闭宫门了。"明宗以手指天流出眼泪，对康义诚说："你自己做主处理这事，不要惊动百姓！"控鹤军指挥李重吉，是李从珂的儿子，当时在明宗身旁侍候，明宗对他说："我和你父亲冒着敌人的矢石，平定了天下，他好几次为我解脱了危难。李从荣这些人，我得过他什么力？现在反而被别人教唆，做出这种悖逆的事情！我本来就知道这些大臣不足以向他们托付国家大事，应当叫你父亲来，我要把兵权交给他呀。你为我部署关闭各道宫门。"李重吉立即率领控鹤兵守卫宫门。孟汉琼披上盔甲乘马，召来马军都指挥使朱洪实，让他带领五百骑兵讨伐李从荣。

李从荣正在桥上，坐着一把折叠交椅，派遣身边的人去召康义诚。端门已经关闭，又叩端门东边的左掖门，从门缝中偷看里面，见朱洪实引骑兵由北边赶来，赶忙跑回报告李从荣。李从荣大惊，命令拿来掩心铁甲披挂好，坐在那里调整弓箭。一会儿，骑兵大批冲到，李从荣跑回河南府，僚佐都逃奔躲藏，卫兵们掳掠嘉善坊的财宝溃退而去。李从荣与妃子刘氏躲藏在床下，皇城使安从益赶到就地把他杀了，并且杀了他的儿子，拿着他们的

首献。初，孙岳颇得预内廷密谋，冯、朱患从荣狼伉，岳尝为之极言祸福之归。康义诚恨之，至是，乘乱密遣骑士射杀之。帝闻从荣死，悲骇，几落御榻，绝而复苏者再，由是疾复剧。从荣一子尚幼，养宫中，诸将请除之，帝泣曰："此何罪？"不得已，竟与之。癸巳，冯道帅群臣入见帝于雍和殿，帝雨泣呜咽，曰："吾家事至此，惭见卿等。"

时宋王从厚为天雄节度使。甲午，遣孟汉琼征从厚，且权知天雄军府事。丙申，追废从荣为庶人。执政共议从荣官属之罪，冯道曰："从荣所亲者高辇、刘陟、王说而已。任赞到官才半月，王居敏、司徒诩在病告已半年，岂豫其谋？居敏尤为从荣所恶，昨举兵向阙之际，与辇、陟并辔而行，指日景曰：'来日及今，已诛王詹事矣。'自非与之同谋者，岂得一切诛之乎？"朱弘昭曰："使从荣得入光政门，赞等当如何任使，而吾辈犹有种乎？且首、从差一等耳，今首已孥戮而从皆不问，主上能不以吾辈为庇奸人乎？"冯赟力争之，始议流贬。时谄议高辇已伏诛。丁酉，元帅府判官、兵部侍郎任赞、秘书监兼王傅刘瓒、友苏瓒、记室鱼崇远、河南少尹刘陟、判官司徒诩、推官王说等八人并长流；河南巡官李瀚、江文蔚等六人勒归田里；六军判官、太子詹事王居敏、推官郭晙并贬官。瀚，回之族曾孙；诩，贝州人；文蔚，建安人也。文蔚奔吴，徐知诰厚礼之。

人头向上献功。当初,孙岳经常得以参与内廷中密谋大事,冯、朱两人担心李从荣目无皇上,孙岳曾经为他们详尽地讲述祸福的下场,康义诚因此恨孙岳。这时候,康义诚乘乱,密派骑士射死了孙岳。明宗听说李从荣死了,悲痛惊骇,几乎从御榻上掉下来,昏绝而又苏醒了两次,由此病情又加剧。李从荣有一儿子还小,养在宫中,诸将领请求杀掉他,明宗流泪说:"他有什么罪?"没办法,最后还是将小孩交给大臣杀了。癸巳(二十二日),冯道率领群臣入宫在雍和殿拜见明宗,明宗呜咽痛哭,泪如雨下,说:"我的家事闹到这一步,惭愧见你们。"

　　当时宋王李从厚担任天雄军节度使。甲午(二十三日),派孟汉琼去征召李从厚,并且让孟汉琼代理天雄军府事务。丙申(二十五日),下诏书撤除李从荣的官职,降为普通百姓。朝中执政者共同议论如何给李从荣部下的官员定罪,冯道说:"李从荣的亲信官员只有高辇、刘陟、王说罢了。任赞到任才半个月,王居敏、司徒诩正在病中,请假已经有半年,哪能参预他们的逆谋?王居敏最受李从荣憎恨,昨天举兵攻打皇宫门的时候,他和高辇、刘陟骑马并辔而行,指着日影说:'明天的现在,已经杀了我王詹事了。'自然不是与他们同谋的人,怎么能一概都杀呢?"朱弘昭说:"假使李从荣得以进入光政门,任赞等人将会怎样任用驱使?而我们这些人还有种吗?而且首犯、从犯罪过只差一等啊,现在首犯已经杀了,而从犯都不追究,皇上能够不认为我们这些人在庇护坏人吗?"冯赟极力争辩,这才开始议定流放贬官。当时元帅麻谂议高辇已经伏法被杀。丁酉(二十六日),宣布元帅府判官兵部侍郎任赞、秘书监兼秦王师傅刘瓒、任"友"之职的苏瓒、记室鱼崇远、河南少尹刘陟、判官司徒诩、推官王说等八人一并处以长流罪;勒令河南巡官李澣、江文蔚等六人解职归田;六军判官、太子詹事王居敏、推官郭畯一并贬官。李澣是唐武宗时期的宰相李回的同族曾孙,司徒诩是贝州人,江文蔚是建安县人。江文蔚这时投奔吴国,徐知诰厚重礼遇他。

初，从荣失道，六军判官、司谏郎中赵远谏曰："大王地居上嗣，当勤修令德，奈何所为如是？勿谓父子至亲为可恃，独不见恭世子、戾太子乎？"从荣怒，出为泾州判官。及从荣败，远以是知名。远，字上交，幽州人也。

戊戌，帝殂。帝性不猜忌，与物无竞，登极之年已逾六十，每夕于宫中焚香祝天曰："某胡人，因乱为众所推，愿天早生圣人，为生民主。"在位年谷屡丰，兵革罕用，校于五代，粗为小康。

辛丑，宋王至洛阳。

十二月癸卯朔，始发明宗丧，宋王即皇帝位。

秦王从荣既死，朱洪实妻入宫，司衣王氏与之语及秦王，王氏曰："秦王为人子，不在左右侍疾，致人归祸，是其罪也。若云大逆，则厚诬矣。朱司徒最受王恩，当时不为之辨，惜哉！"洪实闻之，大惧，与康义诚以其语白闵帝，且言：王氏私于从荣，为之诇宫中事。"辛亥，赐王氏死。事连王淑妃，淑妃素厚于从荣，帝由是疑之。

潞王清泰元年春正月戊寅，闵帝大赦，改元应顺。壬午，加河阳节度使兼侍卫都指挥使康义诚兼侍中，判六军诸卫事。

朱弘昭、冯赟忌侍卫马军都指挥使、宁国节度使安彦威、侍卫步军都指挥使、忠正节度使张从宾，甲申，出彦威护国节度使，以捧圣马军都指挥使朱洪实代之；出从宾为彰义

当初，李从荣行为无道，六军判官、司谏郎中赵远向他劝说："大王处在年龄最大的皇子地位，应当不断修养自己的美德，为什么行为却如此？不要认为父子之间关系最亲密，可以依赖，独不看见晋献公时期杀了恭世子、汉武帝时期杀了戾太子吗？"李从荣听了发火，把他调出去充任泾州判官。到李从荣失败的时候，赵远由此而出名。赵远，字上交，是幽州人。

戊戌（二十七日），明宗死了。明宗的性格不猜忌别人，与人无争，当皇帝那年已经过了六十岁，每次晚上在宫中焚香祝天，说："我是一个胡人，因为世道乱，被众人推为皇帝，但愿皇天早日诞生圣人，代替我为百姓的皇帝。"他在位期间，每年粮食不断丰收，很少发动战争，在五代时期，与其他帝王相比，勉强称得上为小康。

辛丑（三十日），宋王李从厚到达洛阳。

十二月癸卯这天是初一，朝廷开始向朝野公布明宗驾崩的消息，宋王即位当皇帝。

秦王李从荣死后，朱洪实之妻有次入皇宫，主管宫中服装的司衣王氏与她谈心时提到秦王，王氏说："秦王作为儿子，不在皇上身边侍候病情，导致大祸临身，是他的罪过。如果说他大逆犯上，就是大大诬陷他了。朱司徒最受秦王恩宠，当时不为他分清辨明，太可惜了！"朱洪实听到这些话，大为恐惧，和康义诚一起把王氏说的话告诉闵皇帝李从厚，并且说："王氏与李从荣通奸，为他刺探宫中的事情。"辛亥（初九），下令赐王氏自尽。这件事牵连到王淑妃，淑妃一向与李从荣关系密切，闵帝由此猜疑她。

后唐潞王清泰元年（934）春季正月戊寅（初七），闵皇帝发布大赦令，改年号为应顺。壬午（十一日），加拜河阳节度使兼侍卫都指挥使康义诚兼任侍中，主管六军各卫的事务。

朱弘昭、冯赟嫉妒侍卫马军都指挥使、宁国军节度使安彦威和侍卫步军都指挥使、忠正军节度使张从宾两人，甲申（十三日）这天，调安彦威出京担任护国军节度使，任用捧圣马军都指挥使朱洪实代替他的职务；调张从宾出京担任彰义军

节度使,以严卫步军都指挥使皇甫遇代之。彦威,嶂人;遇,真定人也。

戊子,枢密使、同平章事朱弘昭、同中书门下二品冯赟、河东节度使兼侍中石敬瑭并兼中书令。赟以超迁太过,坚辞不受。己丑,改兼侍中。

凤翔节度使兼侍中潞王从珂,与石敬瑭少从明帝征伐,有功名,得众心。朱弘昭、冯赟位望素出二人下远甚,一旦执朝政,皆忌之。明宗有疾,潞王屡遣其夫人入省侍。及明宗殂,潞王辞疾不来,使臣至凤翔者或自言伺得潞王阴事。时潞王长子重吉为控鹤都指挥使,朱、冯不欲其典禁兵,己亥,出为亳州团练使。潞王有女惠明为尼,在洛阳,亦召入禁中。潞王由是疑惧。

闰月丙午,尊皇后为皇太后。甲寅,以王淑妃为太妃。

二月,朱弘昭、冯赟不欲石敬瑭久在太原,且欲召孟汉琼。己卯,徙成德节度使范延光为天雄节度使,代汉琼;徙潞王从珂为河东节度使,兼北都留守;徙石敬瑭为成德节度使。皆不降制书,但各遣使臣持宣监送赴镇。

潞王既与朝廷猜阻,朝廷又命洋王从璋权知凤翔。从璋性粗率乐祸,前代安重诲镇河中,手杀之。潞王闻其来,尤恶之,欲拒命则兵弱粮少,不知所为。谋于将佐,皆曰:“主上富于春秋,政事出于朱、冯。大王功名震主,离镇必无全理,不可受也。”王问观察判官滴河马胤孙曰:

节度使,任用严卫步军都指挥使皇甫遇代替他的职务。安彦威是崞县人,皇甫遇是真定府人。

戊子(十七日),枢密使、同平章事朱弘昭、同中书门下二品官冯赟、河东节度使兼侍中石敬瑭三人都兼中书令。冯赟认为自己越级升迁太过分,坚决拒绝不接受。己丑(十八日),冯赟改为兼任侍中。

凤翔节度使兼侍中、潞王李从珂与石敬瑭自年轻时就跟从明宗李嗣源征战,建有战功,名声四传,很得人心。朱弘昭、冯赟的地位和名望一贯远在两人之下,一旦执掌朝政,都忌妒这两人。明宗有病的时候,潞王屡次派自己的夫人入宫省视侍奉。等到明宗死后,潞王称说有病不到京城奔丧,朝廷的使臣到凤翔去的人中,有人主动说察看到了潞王在暗中所做的不轨之事。当时潞王的长子李重吉任控鹤军都指挥使,朱、冯两人不想让他统领宫廷的禁卫军,己亥(二十八日),调李重吉出京城,任亳州团练使。潞王有个女儿叫惠明,在洛阳当尼姑,也被召入宫中。潞王由此疑虑恐惧。

闰正月丙午(初五),尊奉明宗的曹皇后为皇太后。甲寅(十三日),把王淑妃称为太妃。

二月,朱弘昭、冯赟不想让石敬瑭长期地留在太原,并且想召回孟汉琼。己卯(初九),调移成德军节度使范延光为天雄军节度使,代替孟汉琼;调移潞王李从珂为河东节度使兼北都留守;调移石敬瑭为成德军节度使。都不下达制书,只是各派使者携带枢密院宣文,监送他们到各藩镇就任。

潞王已与朝廷有了疑忌与隔阂,朝廷又命洋王李从璋代理凤翔行府事务。李从璋性格卤莽草率,且幸灾乐祸,上次代替安重诲镇守河中,亲手杀了安重诲。潞王听说他来,十分厌恶,想抗拒朝廷命令,又觉得自己兵弱粮少,不知怎么办好。潞王和部下将领商讨,大家都说:"皇上正年轻,政事都由朱弘昭、冯赟决策。大王的功劳名声令君主担心妒忌,离开藩镇必定没有保全自己的道理,这次不能接受命令。"潞王问观察判官滴河人马胤孙说:

“今道过京师，当何向为便？”对曰：“君命召，不俟驾。临丧赴镇，又何疑焉？诸人凶谋，不可从也。”众哂之。王乃移檄邻道，言：“朱弘昭等乘先帝疾亟，杀长立少，专制朝权，别疏骨肉，动摇藩垣，惧倾覆社稷。今从珂将入朝以清君侧之恶，而力不能独办，愿乞灵邻藩以济之。”

潞王以西都留守王思同当东出之道，尤欲与之相结，遣推官郝诩、押牙朱廷义等相继诣长安，说以利害，饵以美妓，不从则令就图之。思同谓将吏曰：“吾受明宗大恩，今与凤翔同反，借使事成而荣，犹为一时之叛臣，况事败而辱，流千古之丑迹乎？”遂执诩等，以状闻。时潞王使者多为邻道所执，不则依阿操两端，惟陇州防御使相里金倾心附之，遣判官薛文遇往来计事。金，并州人也。

朝廷议讨凤翔。康义诚不欲出外，恐失军权，请以王思同为统帅，以羽林都指挥使侯益为行营马步都虞候。益知军情将变，辞疾不行。执政怒之，出为商州刺史。辛卯，以王思同为西面行营马步军都部署，前静难节度使药彦稠副之，前绛州刺史苌从简为马步都虞候，严卫步军左厢指挥使尹晖、羽林指挥使杨思权等皆为偏裨。晖，魏州人也。

丁酉，加王思同同平章事，知凤翔行府，以护国节度使安彦威为西面行营都监。思同虽有忠义之志，而御军无法。潞王

"我这次走,路途要经过京城,应当做出什么选择才合适?"回答说:"君主下令召请,不要等套好车马就应出发。参加丧事,到藩镇就任,又有什么可怀疑的呢? 他们那些可怕的意见,不能听从呀。"众人讥笑他书生气。于是潞王向邻近各道送去檄文,说:"朱弘昭等人乘先帝病重之时,杀死长子,立年轻的皇子为皇帝,自己独揽大权,离间皇家的骨肉兄弟,动摇藩镇墙基,恐怕他们要推倒唐室江山。现在我李从珂将要入京上朝,清除皇上身边的坏人,然而力量有限,不能单独办好这件事,希望请求神灵让相邻的藩镇出兵帮助我成功。"

潞王因为西都留守王思同正处在自己向东出兵的道路上,因此尤其想和他联合,便派推官郝诩、押牙将朱廷义等人相继到长安,向王思同陈述形势,说明事情的利害,并送美妓引诱他,如果王思同不肯顺从就在当地设法消灭他。王思同对将领官吏们说:"我受明宗皇帝的大恩,现在与凤翔方面一同谋反,假使事情成功而获取荣耀的高官,仍然是一时间的叛臣,何况事情失败而要遭受耻辱,留下千古的丑恶行迹呢?"于是他捉住郝诩等人,把情况报告给朝廷。当时潞王派出去的使者大多被邻道扣压,否则不予扣压,也是心怀两种打算等待观望,只有陇州防御使相里金诚心附从潞王,派判官薛文遇往返联络商量办法。相里金是并州人。

朝廷讨论出兵讨伐凤翔。康义诚不想离开京城,担心丢失军权,便提议命王思同担任这次讨伐的统帅,命羽林军都指挥使侯益为行营马步军都虞候。侯益深知军情将会发生异常的变化,称说有病不肯出发。执政官员恼怒他,把他调出京城,任商州刺史。辛卯(二十一日),朝廷任命王思同为西面行营马步军都部署,前静难军节度使药彦稠作为他的副将,前绛州刺史苌从简为马步都虞候,严卫步军左厢指挥使尹晖、羽林指挥使杨思权等都受任为各种偏将。尹晖是魏州人。

丁酉(二十七日),加封王思同为同平章事,掌管凤翔行府的事务,任命护国军节度使安彦威为西面行营都监。王思同虽然有忠义的志气,但是指挥军队却没有法度可言。潞王

老于行陈,将士徼幸富贵者心皆向之。诏遣殿直楚匡祚执亳州团练使李重吉,幽于宋州。洋王从璋行至关西,闻凤翔拒命而还。

三月,安彦威与山南西道张虔钊、武定孙汉韶、彰义张从宾、静难康福等五节度使奏合兵讨凤翔。汉韶,李存进之子也。乙卯,诸道兵大集于凤翔城下攻之,克东西关城,城中死者甚众。丙辰,复进攻城,期于必取。凤翔城堑卑浅,守备俱乏,众心危急,潞王登城泣谓外军曰:"吾未冠从先帝百战,出入生死,金创满身,以立今日之社稷。汝曹从我,目睹其事。今朝廷信任谗臣,猜忌骨肉,我何罪而受诛乎?"因恸哭。闻者哀之。

张虔钊性褊急,主攻城西南,以白刃驱士卒登城。士卒怒,大诟,反攻之,虔钊跃马走免。杨思权因大呼曰:"大相公,吾主也!"遂帅诸军解甲投兵,请降于潞王。自西门入,以幅纸进潞王曰:"愿王克京城日,以臣为节度使,勿以为防、团。"潞王即书"思权可邠宁节度使"授之。王思同犹未之知,趣士卒登城,尹晖大呼曰:"城西军已入城受赏矣!"众争弃甲投兵而降,其声震地。日中,乱兵悉入,外军亦溃,思同等六节度使皆遁去。潞王悉敛城中将吏士民之财以犒军,至于鼎釜皆估直以给之。丁巳,王思同、药彦稠等走至长安,西京副留守刘遂雍闭门不内,乃趣潼关。遂雍,郭之子也。

是有经验的军事老将,怀有侥幸心理希望获取富贵的那些将士们都一心向着他。朝廷派遣殿直楚匡祚捉拿了亳州团练使李重吉,关押在宋州。洋王李从璋在途中走到函谷关西的时候,听说凤翔李从珂抗拒朝廷命令,自己就回来了。

三月,安彦威与山南西道的张虔钊、武定军的孙汉韶、彰义军的张从宾、静难军的康福共五位节度使向朝廷上奏,要求合兵讨伐凤翔李从珂军。孙汉韶,是李存进的养子。乙卯(十五日),诸道兵马大会于凤翔府城下,攻打凤翔府,拿下东西两面关城,城中死了很多人。丙辰(个六日),又整军攻城,约定一定要攻下。凤翔府城的城墙低,壕沟浅,守备器械又缺乏,大家感到危险紧急,潞王登上城楼流着泪对城外的军人说:"我从未成年的时候起就跟随先皇帝身经百战,出生入死,创伤满身,为的是建立现在的国家。你们这些人跟着我,亲眼看到这些事实。现在朝廷信任邪恶大臣,猜疑忌恨我们骨肉同胞,我有什么罪而要受到诛杀呢?"随后悲痛地大哭,听的人为之哀伤同情。

张虔钊性情急躁,气量狭窄,负责攻打城西南,用利刃对着兵士,驱赶他们攀登城墙。士卒被逼火了,大骂,反过来攻打张虔钊,张虔钊跳上马逃跑才免于一死。杨思权乘势大声呼喊:"大相公,是我们的主子!"于是率各军脱下衣甲,放下兵器,向潞王请降。潞王让他从西城门进入,杨思权用宽纸写了几句话给潞王:"希望潞王攻克京城的那一天,要用我为节度使,不要只给防御使、团练使之类小官。"潞王当即写下字据给他,字为:"杨思权可任邠宁节度使。"王思同还不知城西南的这些情况,继续督促兵士登攀城墙,尹晖大呼说:"城西的军队已经进城接受奖赏了!"这一喊,下面兵士都争着脱去衣甲,抛掉兵器投降,呼喊声震地。中午,投降的士兵全部入城,城外的军队也溃退了,王思同等六个节度使都偷偷地逃跑了。潞王收取城中将士、官吏、市民的全部钱财,用来犒赏军队,直到把做饭的鼎釜都估价折钱发给军士。丁巳(十七日),王思同、药彦稠等人逃到长安,西京副留守刘遂雍关闭城门不接纳,于是他们奔向潼关。刘遂雍是刘郡的儿子。

潞王建大将旗鼓，整众而东。以孔目官虞城刘延朗为腹心。潞王始忧王思同等并力据长安拒守，至岐山，闻刘遂雍不内思同，甚喜，遣使慰抚之。遂雍悉出府库之财于外，军士前至者即给赏令过。比潞王至，前军赏遍，皆不入城。庚申，潞王至长安，遂雍迎谒，率民财以充赏。

是日，西面步军都监王景从等自军前奔还，中外大骇。帝不知所为，谓康义诚等曰："先帝弃万国，朕外守藩方，当是之时，为嗣者在诸公所取耳，朕实无心与人争国。既承大业，年在幼冲，国事皆委诸公。朕于兄弟间不至榛梗，诸公以社稷大计见告，朕何敢违？军兴之初，皆自夸大，以为寇不足平。今事至于此，何方可以转祸？朕欲自迎潞王，以大位让之，若不免于罪，亦所甘心。"朱弘昭、冯赟大惧，不敢对。义诚欲悉以宿卫兵迎降为己功，乃曰："西师惊溃，盖主将失策耳。今侍卫诸军尚多，臣请自往扼其冲要，招集离散以图后效，幸陛下勿为过忧。"帝遣使召石敬瑭，欲令将兵拒之。义诚固请自行，帝乃召将士慰谕，空府库以劳之，许以平凤翔，人更赏二百缗，府库不足，当以宫中服玩继之。军士益骄，无所畏忌，负赐物，扬言于路曰："至凤翔更请一分！"

潞王建置大将的旗号和鼓令,整顿军马向东进军。以衙前孔目官虞城县人刘延朗作为自己的心腹之人。潞王开始主要担心王思同等人合力占据长安死守抵抗,当进军到岐山县时,听说刘遂雍不接纳王思同的军队入城,十分欢喜,立即派使者慰问安抚他。刘遂雍拿出府库的全部钱财放在外面,潞王的先头军队到达长安的人,就发给赏钱,让他们过去。等到后面潞王到达时,前锋军队都已经赏遍了,大家都没有进城。庚申(二十日),潞王到达长安,刘遂雍迎接拜见,按比例收取城中百姓的钱财犒赏军队。

这一天,西面步军都监王景从等人从前线奔回京城洛阳,朝廷内外大受震惊。闵帝不知道怎么办好,对康义诚等人说:"先皇帝丢下国家而去,我本来在外地据守藩镇,那时,继承人在于你们选择,我确实没有与人争夺国家的想法。既然让我承继大业做了皇帝,我现在年纪尚小,国家事情都委托你们各位处理。我和兄弟之间没有达到隔阂、不通的程度,你们当时拿国家大计劝告我,要我继位,我怎么敢违抗?起兵之初,都自己夸耀力量大,认为平定乱寇不在话下。现在事情到了这一步。用什么方法可以转移灾祸?我想自己去迎接潞王,把皇帝的位置让给他,倘若不能免罪,我也心甘情愿。"朱弘昭、冯赟听了大为惊惧,不敢回答。康义诚想带领全部宿卫兵去迎接投降潞王作为自己的一功,于是他说:"西征的军队惊散溃退,大概是主将失策的结果。现在各侍卫军还很多,我请求让我自己带兵去把守控制要害之地,招集离散的士兵,以图后效,请皇上不要过分忧虑。"闵帝派使者召石敬瑭入京,想让石敬瑭统领军队抵抗潞王的人马。康义诚坚持要自己带兵前往,于是闵帝召见将士慰问,倾府库之所有,拿出全部钱财,慰劳赏赐将士,并答应平定凤翔之后,每人再赏两百缗钱,府库的钱不够,就用宫中的服装古玩等加进去作为赏钱。军中士兵因此增长了骄纵情绪,变得无所畏惧顾忌,背着赏赐的东西在路上扬言说:"到凤翔时,再请一份赏!"

遣楚匡祚杀李重吉于宋州。匡祚榜棰重吉，责其家财。又杀尼惠明。

初，马军都指挥使朱洪实为秦王从荣所厚，及朱弘昭为枢密使，洪实以宗兄事之。从荣勒兵天津桥，洪实首为孟汉琼击从荣，康义诚由是恨之。辛酉，帝亲至左藏，给将士金帛。义诚、洪实共论用兵利害，洪实欲以禁军固守洛阳，曰："如此，彼亦未敢径前，然后徐图进取，可以万全。"义诚怒曰："洪实为此言，欲反邪！"洪实曰："公自欲反，乃谓谁反？"其声渐厉。帝闻，召而讯之，二人讼于帝前，帝不能辨其是非，遂斩洪实，军士益愤怒。

壬戌，潞王至昭应，闻前军获王思同，王曰："思同虽失计，然尽心所奉，亦可嘉也。"癸亥，至灵口，前军执思同以至，王责让之，对曰："思同起行间，先帝擢之，位至节将，常愧无功以报大恩，非不知附大王立得富贵，助朝廷自取祸殃，但恐死之日无面目见先帝于泉下耳！败而衅鼓，固其所也。请早就死！"王为之改容，曰："公且休矣。"王欲宥之，而杨思权之徒耻见其面。王之过长安，尹晖尽取思同家资及妓妾，屡言于刘延朗曰："若留思同，虑失士心。"属王醉，不待报，擅杀思同及其妻子。王醒，怒延朗，嗟惜者累日。

朝廷派楚匡祚到宋州去杀在押的李重吉。楚匡祚拷打李重吉，要他拿出家财来献纳。朝廷又下令杀了尼姑惠明。

当初，马军都指挥使朱洪实受到秦王李从荣的厚待，等到朱弘昭任枢密使时，朱洪实像对待宗族兄长那样侍奉他。李从荣统领兵马列阵在天津桥上的时候，朱洪实带头听从孟汉琼的指挥，攻击李从荣，康义诚由此恨他。辛酉（二十一日），闵帝亲自到左藏府库房，拿出金银丝绸，发给将士。康义诚、朱洪实在一起共同讨论出兵的部署和利害得失，朱洪实想利用禁卫军坚守洛阳，说："这样，他们也不敢直接前来攻打，可以缓和一步，然后，我们慢慢考虑进攻，可以万无一失。"康义诚发火说："朱洪实说这种话，想谋反呀！"朱洪实说："您自己想反，还说谁反？"他们的声音渐渐大起来。闵帝听到了，召他们询问情况，两人在闵帝面前争辩，闵帝不能分清是非，于是下令斩了朱洪实，军士愈加愤怒。

壬戌（二十二日），潞王到达昭应县，听说前锋部队捉住了王思同，潞王说："王思同虽然谋划失策，然而他侍奉主子能尽心尽力，也是值得嘉奖的。"癸亥（二十三日），潞王到达灵口镇，前锋军队把王思同押到潞王面前，潞王责怪他，王思同回答说："思同出身于行伍之间，先皇帝提拔我，地位到了节度使将领的高职，我常常惭愧没有功劳能报答先皇帝的大恩，并非不知依附大王可立刻变得富贵，帮助朝廷就会自取灾祸，但是，到我死的那一天，只怕在九泉之下没有脸面去见先皇帝呀！失败了，大王用我的血来祭鼓，本来是预料的下场。现在请早一点把我杀死！"潞王听了，改变了严厉的面孔，和缓地说："您暂且不要这样。"潞王打算宽大他，而杨思权之徒却感到和他见面很羞耻。在潞王经过长安城的时候，尹晖夺占了王思同的全部家财和所有的妻妾美女，多次在刘延朗面前说："若留下王思同，恐怕在军队中会失去人心。"当潞王酒醉的时候，不等待向潞王报告，就擅自杀了王思同以及他的妻子儿女。潞王酒醒后，对刘延朗发了脾气，连着嗟叹、惋惜了好几天。

癸亥，制以康义诚为凤翔行营都招讨使，以王思同副之。甲子，潞王至华州，获药彦稠，因之。乙丑，至阌乡。朝廷前后所发诸军，遇西军皆迎降，无一人战者。丙寅，康义诚引侍卫兵发洛阳。诏以侍卫马军指挥使安从进为京城巡检，从进已受潞王书，潜布腹心矣。

是日，潞王至灵宝，护国节度使安彦威、匡国节度使安重霸皆降，惟保义节度使康思立谋固守陕城以俟康义诚。先是，捧圣五百骑戍陕西，为潞王前锋，至城下，呼城上人曰："禁军十万已奉新帝，尔辈数人奚为？徒累一城人涂地耳！"于是捧圣卒争出迎，思立不能禁，不得已亦出迎。

丁卯，潞王至陕，僚佐说王曰："今大王将及京畿，传闻乘舆已播迁，大王宜少留于此，先移书慰安京城士庶。"王从之，移书谕洛阳文武士庶，惟朱弘昭、冯赟两族不赦外，自馀勿有忧疑。

康义诚军至新安，所部将士自相结，百什为群，弃甲兵，争先诣陕降，累累不绝。义诚至乾壕，麾下才馀数十人，遇潞王候骑十馀人，义诚解所佩弓剑为信，因候骑请降于潞王。

戊辰，闵帝闻潞王至陕，义诚军溃，忧骇不知所为，急遣中使召朱弘昭谋所向，弘昭曰："急召我，欲罪之也！"赴井死。安从进闻弘昭死，杀冯赟于第，灭其族，

癸亥(二十三日),朝廷下制书,任命康义诚为凤翔行营都招讨使,任命王思同作康义诚的副手。甲子(二十四日),潞王到达华州,俘获了药彦稠,把他囚禁起来。乙丑(二十五日),潞王到达阌乡。朝廷前后派遣的各路讨伐大军,遇到潞王的军队,都迎接投降,无一人交战。丙寅(二十六日),康义诚率领侍卫兵从洛阳出发。闵帝下诏书,命令侍卫马军指挥使安从进为京城巡检,安从进已经接受潞王的书信,并暗中向潞王表达了心腹之言。

这一天,潞王到达灵宝县,护国军节度使安彦威、匡国军节度使安重霸都投降潞王,只有保义军节度使康思立打算坚守陕州城,等待康义诚的援军。一开始,有捧圣军五百骑兵戍守在陕西。这次潞王起兵充当前锋部队到达陕州城下面,向城上人大声呼喊说:"十万禁军已经听从新皇帝命令了,你们这几个人能做什么事情?白白地连累一城百姓肝脑涂地呀!"于是捧圣军的士卒争相出城迎接潞王的军队,康思立阻挡不了,没办法,只好也随着大家一道出城迎接潞王的军队。

丁卯(二十七日),潞王到达陕州,身边的僚佐劝潞王说:"如今,大王即将到达京城郊区,听传说皇上已经乘车马转移,大王应当在这里稍微停留一下,先传送书信进京,安慰城中的士民百姓。"潞王听从了僚佐的意见,便传送书信向洛阳的文武百官和普通百姓宣布,只有朱弘昭、冯赟两族不能赦免罪行之外,其馀的人不要害怕疑虑。

康义诚的军队到达新安县,他部下的将士自己相互结合,有一百人、有十多人为一群,抛弃衣甲兵器,争先恐后地到陕州投降潞王,投降的人群连连不断。康义诚领军行到乾壕镇时,部下只剩下数十人,路上遇到潞王的侦察骑兵十多人,康义城解下自己所佩戴的弓、剑作为信物,通过侦察兵向潞王请求投降。

戊辰(二十八日),闵皇帝听说潞王到陕州,康义诚军队溃散,忧虑惊骇不知怎么办,急派宦官召请朱弘昭商量向什么地方逃跑,朱弘昭说:"紧急召我,是想加罪于我呀!"朱弘昭投井自杀。安从进听说朱弘昭死了,就跑到冯赟府中,杀了冯赟,灭了他的家族,

传弘昭、赟首于潞王。帝欲奔魏州,召孟汉琼使诣魏州为先置,汉琼不应召,单骑奔陕。

初,帝在藩镇,爱信牙将慕容迁。及即位,以为控鹤指挥使。帝将北渡河,密与之谋,使帅部兵守玄武门。是夕,帝以五十骑出玄武门,谓迁曰:"朕且幸魏州,徐图兴复,汝帅有马控鹤从我。"迁曰:"生死从大家。"乃阳为团结,帝既出,即阖门不行。

己巳,冯道等入朝,及端门,闻朱、冯死,帝已北走,道及刘昫欲归,李愚曰:"天子之出,吾辈不预谋。今太后在宫,吾辈当至中书,遣小黄门取太后进止,然后归第,人臣之义也。"道曰:"主上失守社稷,人臣惟君是奉;无君而入宫城,恐非所宜。潞王已处处张榜,不若归俟教令。"乃归。至天宫寺,安从进遣人语之曰:"潞王倍道而来,且至矣,相公宜帅百官至穀水奉迎。"乃止于寺中,召百官。中书舍人卢导至,冯道曰:"俟舍人久矣,所急者劝进文书,宜速具草。"导曰:"潞王入朝,百官班迎可也;设有废立,当俟太后教令,岂可遽议劝进乎?"道曰:"事当务实。"导曰:"安有天子在外,人臣遽以大位劝人者邪?若潞王守节北面,以大义见责,将何辞以对?公不如帅百官诣宫门,进名问安,取太后进止,则去就善矣。"道未及对,从进屡遣人

安从进把朱弘昭、冯赟的头颅传送到潞王面前。闵帝想逃奔魏州，召孟汉琼，命令他先到魏州安置，孟汉琼不应闵帝的召请，单骑奔向陕州。

当初，闵帝在藩镇的时候，喜爱并信任身边的牙将慕容迁。等到即皇帝位的时候，任命慕容迁为控鹤军指挥使。闵帝打算北渡黄河，秘密与慕容迁谋划，让他率领自己的军队守住玄武门。这天夜里，闵帝带领五十骑兵出玄武门，对慕容迁说："我暂且到魏州，慢慢再想办法兴复国家，你率领马军控鹤军跟从我。"慕容迁说："生和死都跟皇上您在一起。"于是慕容迁假装划分组织军队，闵帝出城后，慕容迁却关门不走了。

己巳（二十九日），冯道等人入朝，走到端门时，听说朱弘昭、冯赟已死，皇上已向北逃跑，冯道与刘昫就想回府，李愚说："天子出行之事，我们没参与商量。现在太后在宫中，我们这些人应当到中书省去，派宦官小黄门到后宫领取太后的指示而行动，然后才能回家，这是作为人臣的一种大义呀！"冯道说："君主失去国家，人臣只有侍奉君主，听国君的命令；没有国君，我们到宫城里去，恐怕不合适。潞王已派人到处张贴榜文，不如回家等候潞王的教令。"于是他们都回家了。在回家路上，走到天宫寺时，安从进派人来告诉他们说："潞王日夜兼程而来，将要到京了，你们应当率领百官到毂水边去侍奉迎接。"于是冯道等人就停在天宫寺中，召集百官。中书舍人卢导来了，冯道说："等候舍人您很久了，现在最紧急的是要有劝新皇帝进位的文书，应当迅速写出来。"卢导说："潞王进入朝廷，百官分班次迎接就行了；假设要废除旧皇帝，拥立新皇帝，应当等候太后的教令，怎么能突然议论劝进皇位的事情呢？"冯道说："事情应当讲究实际。"卢导说："哪有天子在外面，而大臣突然拿皇帝的位置来劝别人去坐的道理呀？假若潞王遵守臣节，愿意北面为臣，并以君臣之间的大义来责怪我们，我们将用什么话来回答？您不如率领百官到太后宫门，列写名单送进宫中，向太后问安，领取太后的指示，那样不管怎么做都比较好哇。"冯道未来得及回答，安从进几次派人

趣之曰："潞王至矣,太后、太妃已遣中使迎劳矣,安得百官无班?"道等即纷然而去。既而潞王未至,三相息于上阳门外。卢导过于前,道复召而语之,导对如初。李愚曰："舍人之言是也。吾辈之罪,擢发不足数。"康义诚至陕待罪,潞王责之曰："先帝晏驾,立嗣在诸公,今上亮阴,政事出诸公,何为不能终始,陷吾弟至此乎?"义诚大惧,叩头请死。王素恶其为人,未欲遽诛,且宥之。马步都虞候苌从简、左龙武统军王景戡皆为部下所执,降于潞王,东军尽降。潞王上笺于太后取进止,遂自陕而东。

夏四月庚午朔,未明,闵帝至卫州东数里,遇石敬瑭。帝大喜,问以社稷大计,敬瑭曰："闻康义诚西讨,何如? 陛下何为至此?"帝曰："义诚亦叛去矣!"敬瑭俯首长叹数四,曰："卫州刺史王弘贽,宿将习事,请与图之。"乃往见弘贽问之,弘贽曰："前代天子播迁多矣,然皆有将相、侍卫、府库、法物,使群下有所瞻仰。今皆无之,独以五十骑自随,虽有忠义之心,将若之何?"敬瑭还,见帝于卫州驿,以弘贽之言告。弓箭库使沙守荣、奔洪进前责敬瑭曰："公明宗爱婿,富贵相与共之,忧患亦宜相恤。今天子播越,委计于公,冀图兴复,乃以此四者为辞,是直欲附贼卖天子耳!"守荣抽佩刀欲刺之,敬瑭亲将陈晖救之。守荣与晖斗死,

催促他们说:"潞王到了,太后、太妃已派宫中宦官去迎接慰劳了,哪能缺少百官去迎接的班次呢?"冯道等人就一窝蜂地去迎接了。过了一会儿,潞王没有到达,三个宰相在洛阳城西上阳宫门外休息。卢导经过门前,冯道又召请卢导,和他说起劝进皇位的事,卢导回答和刚才的一样。李愚说:"卢舍人之言是对的。我们这些人的罪过之多,像拔光头发一样数不清。"康义诚到陕州等待治罪,潞王责怪他说:"先皇帝死后,立皇子继位的事在于你们几位大臣,现在皇上正处在守丧尽孝期间,国家的政事都由你们几位大臣安排,为何不能善始善终地维护政局,反而让我的皇帝弟弟陷入这样的境地?"康义诚大为恐惧,下跪叩头请求处死。潞王一贯憎恨康义诚的为人,但不想立即杀他,暂且宽大免罪。马步都虞候苌从简、左龙武统军王景戡都被自己的部下捉住,投降潞王。所有朝廷派遣由东而来的军队全部投降了。潞王上表给太后,领取太后的指示,于是从陕州向东而来。

夏季四月庚午是初一,天还没亮,闵皇帝行至卫州东面数里地的地方,遇到石敬瑭。闵帝大喜,向他询问安定国家的大计,石敬瑭说:"听说康义诚向西征讨,怎么样?皇上为什么到这里?"闵帝说:"康义诚也叛逃了哇!"石敬瑭俯首长叹数次,说:"卫州刺史王弘贽,是一员旧将,熟悉军情,请让我去与他共同商量办法。"于是石敬瑭到卫州去见王弘贽,问他有什么办法,王弘贽回答说:"以前历代皇帝转移出京的事很多,然而都有将相、侍卫军、运载着府库的钱财、车驾仪仗等跟随,使群下能够观看他们的威风而尊敬。现在这些都没有,只有五十骑兵跟随,我们虽有忠义之心,又有什么用呢?"石敬瑭回来,在卫州驿馆面见闵帝,把王弘贽的话告诉闵帝。弓箭库使沙守荣、奔洪进上前责备石敬瑭说:"你是明宗皇帝心爱的女婿,皇帝的富贵和你共同分享,忧患也应互相体谅。如今皇帝流离在外,委托你筹划大事,希望重新兴复国家,你却以没有将相等四个事情为托辞,是成心想依附贼人出卖皇帝罢了!"沙守荣说完抽出佩刀想刺石敬瑭,石敬瑭亲密随身将领陈晖救下石敬瑭。沙守荣与陈晖拼斗而死,

洪进亦自刭。敬瑭牙内指挥使刘知远引兵入,尽杀帝左右及从骑,独置帝而去。敬瑭遂趣洛阳。

是日,太后令内诸司至乾壕迎潞王,王亟遣还洛阳。

初,潞王罢河中,归私第,王淑妃数遣孟汉琼存抚之。汉琼自谓于王有旧恩,至渑池西,见王大哭,欲有所陈,王曰:"诸事不言可知。"仍自预从臣之列,王即命斩于路隅。

壬申,潞王至蒋桥,百官班迎于路。传教以未拜梓宫,未可相见。冯道等皆上笺劝进。王入谒太后、太妃,诣西宫,伏梓宫恸哭,自陈诣阙之由。冯道帅百官班见,拜,王答拜。道等复上笺劝进,王立谓道等曰:"予之此行,事非获已。俟皇帝归阙,园寝礼终,当还守藩服。群公遽言及此,甚无谓也!"

癸酉,太后下令废少帝为鄂王,以潞王知军国事,权以书诏印施行。百官诣至德宫门待罪,王命各复其位。甲戌,太后令潞王宜即皇帝位。乙亥,即位于柩前。

帝之发凤翔也,许军士以入洛人赏钱百缗。既至,问三司使王玫,以府库之实,对有数百万在。既而阅实,金、帛不过三万两、匹,而赏军之费计应用五十万缗。帝怒,玫请率京城民财以足,数日,仅得数万缗,帝谓执政曰:"军不可不赏,

奔洪进也自刎。石敬瑭的牙内指挥使刘知远带着兵进来，杀死闵帝身边的所有人员和随从的骑兵，单独留下闵帝而去。于是石敬瑭奔向洛阳。

这一天，太后命令内宫各司的人都到乾壕镇去迎接潞王，潞王急忙令他们回洛阳。

当初，潞王在河中被罢免官职、回私第闲居的时候，王淑妃数次派遣孟汉琼到府上问候关心他。孟汉琼自认为与潞王有旧恩，到达渑池县西，拜见潞王大哭，想有所陈述，潞王说："一切事情不必说了，我知道。"孟汉琼便自己站到潞王身边的大臣之中，潞王立即命令将孟汉琼拖到大路拐角斩首。

壬申（初三），潞王到达蒋桥，百官排列在路口迎接。潞王传下教令，因为未先拜皇上的灵柩，不能和百官相见。冯道等人都上表劝潞王进位做皇帝。潞王入宫拜太后、太妃，又到西宫，伏在皇上灵柩上悲痛地大哭，自己陈诉这次进京入宫的理由。冯道率领百官排列拜见，叩头，潞王答拜。冯道等人又上表劝潞王进位做皇帝，潞王起身对冯道等人说："我这次行动，是形势所迫，不得已。等到皇帝回到宫门，把先帝安葬完毕，我应回到藩镇去遵守我的职责。你们大家突然说起这件事，实在没有意思呀！"

癸酉（初四），太后下令废除闵帝为鄂王，令潞王主管国家军政大事，暂时以书写"诏"字代替玺印发布各种文件。百官到至德宫门前等候问罪，潞王命令大家各自恢复原有的官位。甲戌（初五），太后令潞王应当登位做皇帝。乙亥（初六），潞王在皇上的灵柩前即位称帝。

末帝在凤翔府发兵的时候，曾经答应士兵进入洛阳以后，每人赏钱一百缗。军队到达洛阳之后，向三司使王玫查问国家府库的钱财数字，回答说有数百万。之后，查阅实际钱财，只有金、帛不到三万两、匹，而赏军的费用计算需要五十万缗。末帝发火，王玫请求在京城按比例搜取民财来凑足这个数字，好几天里仅得到数万缗，末帝对执政官员说："军队不能不赏，

人不可不恤，今将奈何？"执政请据屋为率，无问士庶自居及傃者，预借五月傃直，从之。

王弘贽迁闵帝于州廨，帝遣弘贽之子殿直峦往鸩之。戊寅，峦至卫州谒见。闵帝问来故，不对。弘贽数进酒，闵帝知其有毒，不饮，峦缢杀之。

闵帝性仁厚，于兄弟敦睦，虽遭秦王忌疾，闵帝坦怀待之，卒免于患。及嗣位，于潞王亦无嫌，而朱弘昭、孟汉琼之徒横生猜间，闵帝不能违，以至祸败焉。

孔妃尚在宫中，王峦既还，潞王使人谓之曰："重吉辈何在？"遂杀妃，并其四子。
闵帝之在卫州也，惟磁州刺史宋令询遣使问起居，闻其遇害，恸哭半日，自经死。

己卯，石敬瑭入朝。乙酉，改元，大赦。戊子，斩河阳节度使、判六军诸卫兼侍中康义诚，灭其族。己丑，诛药彦稠。庚寅，释王景戡、苌从简。

有司百方敛民财，仅得六万。帝怒，下军巡使狱。昼夜督责，囚系满狱，贫者至自经、赴井。而军士游市肆皆有骄色，市人聚诟之曰："汝曹为主力战，立功良苦，反使我辈鞭胸杖背，出财为赏，汝曹犹扬扬自得，不愧天地乎？"

人不能不抚恤,现在应当怎么办?"执政官员提出按房屋计算,无论官员百姓自己的住房还是租赁的住房,向每间房屋的主人预借五个月租钱,末帝接受了这个意见。

王弘赟将闵皇帝迁居在州府的官舍中,末帝派遣王弘赟的儿子殿直官王峦到卫州官府将闵皇帝毒死。戊寅(初九),王峦到达卫州拜见闵皇帝。闵皇帝问他来做什么,他不回答。王弘赟数次进酒,闵皇帝知道酒中有毒,不肯饮,王峦将闵皇帝用带子勒死了。

闵皇帝性格仁慈宽厚,和兄弟相处友好和睦,虽然遭受秦王李从荣的嫉恨,闵皇帝仍以坦荡的胸怀对待他,终于避免了灾祸。等到继位当了皇帝,和潞王也没有隔阂,而朱弘昭、孟汉琼这伙人突然制造猜疑,从中离间,闵皇帝在中间又不能违抗他们,导致灾祸而失败。

孔妃还在宫中,王峦回洛阳之后,潞王派人问孔妃说:"李重吉他们现在哪里?"于是杀了孔妃,同时杀了他们的四个儿子。

闵皇帝住在卫州的时候,只有磁州刺史宋令询派人向闵帝问候饮食住行等情况,听说闵皇帝已经被杀,悲痛地大哭了半天,然后上吊自杀。

己卯(初十),石敬瑭回到朝廷。乙酉(十六日),末帝改年号为清泰,发布大赦令。戊子(十九日),河阳节度使、主管六军各卫兼侍中康义诚被斩首,他的全宗族也被杀。己丑(二十日),又诛杀药彦稠。庚寅(二十一日),释放王景戡、苌从简。

主管财政的官员千方百计搜取民财,仅仅得到了六万缗。末帝发怒,凡是缴纳钱财延误时间的人都下到军巡使的监狱中去。昼夜督促搜取,逮捕囚禁的人已挤满了监狱,贫穷的人被逼上吊、投井自杀。而那些军士们在市井店铺中游逛时却显露骄傲蛮横的脸色,街上的人聚在一起就骂他们说:"你们为主子出力打仗,立功确实很辛苦,但是,反而让我们胸口挨鞭背上挨杖,出钱给你们作为赏钱,你们却还洋洋自得,难道不有愧于天地吗?"

是时，竭左藏旧物及诸道贡献，乃至太后、太妃器服簪珥皆出之，才及二十万缗，帝患之。李专美夜直，帝让之曰："卿名有才，不能为我谋此，留才安所施乎？"专美谢曰："臣驽劣，陛下擢任过分，然军赏不给，非臣之责也。窃思自长兴之季，赏赉亟行，卒以是骄。继以山陵及出师，帑藏遂涸。虽有无穷之财，终不能满骄卒之心，故陛下拱手于危困之中而得天下。夫国之存亡，不专系于厚赏，亦在修法度，立纪纲。陛下苟不改覆车之辙，臣恐徒困百姓，存亡未可知也。今财力尽于此矣，宜据所有均给之，何必践初言乎？"帝以为然。壬辰，诏禁军在凤翔归命者，自杨思权、尹晖等各赐二马、一驼、钱七十缗，下至军人钱二十缗，其在京者各十缗。军士无厌，犹怨望，为谣言曰："除去菩萨，扶立生铁。"以闵帝仁弱，帝刚严，有悔心故也。

丙申，葬圣德和武钦孝皇帝于徽陵，庙号明宗。帝衰经护从至陵所，宿焉。

当时,末帝已经拿出左藏府中所有的旧东西以及各道贡献上来的钱财,直至太后、太妃的各种宝器、服装、头簪、耳环之类,都拿出来,才达二十万缗钱,末帝为此而忧虑。李专美夜晚值班,末帝责怪他说:"你号称有才能,却不能为我的这件事想想办法,留着才能在什么地方施展啊?"李专美谢罪说:"我愚笨迟钝,皇上提拔任用我过分了,然而没有钱给军队发赏,这不是我的责任呀。我私下考虑,自长兴年代末期开始,赏赐不断地发放,最终反而由此滋长了军队的骄横。接着因为营造山陵和出兵打仗,国家钱库用空了。虽然有无穷的钱财,最终不能满足骄兵的心愿,所以皇上在危急困难之中拱手就取得了天下。国家的存在和灭亡,不专门依靠厚赏,也在修订法令制度,建立纪纲。皇上倘若不改变前人翻车的轨道,我担心白白地让百姓困苦,而国家的存亡却难以预料啊。现在所有的财力全部在此,应当根据现有的钱财平均分赏给大家,何必要按当初说的话去做呢?"末帝认为他的话很有道理。壬辰(二十三日),下诏给禁军,凡是在凤翔府投降过来的人,自杨思权、尹晖等人,各赐两匹马、一匹骆驼、钱七十缗,下至士兵,每人钱二十缗,其中在京城的人各十缗。军士没有满足,仍然怨恨,编造谣言,说:"除掉了菩萨,扶立了生铁。"这是说闵皇帝的性格仁慈软弱,而末帝刚强严厉,士兵们流露出后悔心情。

丙申(二十七日),在徽陵安葬了圣德和武钦孝皇帝,庙号为明宗。末帝披麻戴孝护送灵柩到达陵墓地,并在那里住了一晚上。

契丹入寇

后梁太祖开平元年夏五月,契丹遣其臣袍笏梅老来通好,帝遣太府少卿高颀报之。

初,契丹有八部,部各有大人,相与约,推一人为王,建旗鼓以号令诸部,每三年则以次相代。咸通末,有习尔者为王,土宇始大。其后钦德为王,乘中原多故,时入盗边。及阿保机为王,尤雄勇,五姓奚及七姓室韦、达靼咸役属之。阿保机姓邪律氏,恃其强,不肯受代。久之,阿保机击黄头室韦还,七部劫之于境上,求如约。阿保机不得已,传旗鼓,且曰:"我为王九年,得汉人多,请帅种落居古汉城,与汉人守之,别自为一部。"七部许之。汉城者,故后魏滑盐县也。地宜五谷,有盐池之利。其后阿保机稍以兵击灭七部,复并为一国。又北侵室韦、女真,西取突厥故地,击奚

契丹入寇

后梁太祖开平元年（907）夏季五月，契丹族派一位穿袍执笏的大臣，名叫梅老，到梁王朝建立友好关系，梁朝太祖皇帝派太府少卿高颀到契丹去回访。

当初，契丹有八个部落，每一个部落各有一名首领叫大人，这八个部落的大人相互约定，推选一人为王，建立旗帜、鼓令来指挥统领各个部落，每三年一次，按次序轮换做王。咸通末年（873），有一个名叫习尔的人做王，他们占领的土地开始扩大。其后，钦德当王，乘着中原地区政局动荡多变，时常进入唐王朝的边境抢劫。到了阿保机当王的时候，由于他特别雄壮勇猛，五个奚姓部落和七个室韦、达靼的部落都归属于契丹，受契丹役使。阿保机姓邪律氏，依仗自己强大，不肯让出王位轮换给别人。时间久了，阿保机领兵攻打黄头室韦部落返回，另外七个部落联合在境内拦截了他，要求他遵守当初的盟约。阿保机没办法，移交旗鼓，并且说："我做王九年，俘虏了很多汉人，请让我带领我自己的种族部落居住到古汉城县，和汉人一起守住汉城县，单独成为一个部落。"那七个部落答应了。汉城县，就是过去后魏时期的滑盐县。汉城县地带，适宜生产五谷庄稼，并出产池盐可以收利。后来，阿保机逐步地出兵攻打并消灭了那七个部落，把他们兼并成一国。阿保机又向北侵略室韦、女真族部落，向西攻取突厥旧有的地区，攻打奚姓部落

灭之，复立奚王而使契丹监其兵。东北诸夷皆畏服之。

是岁，阿保机帅众三十万寇云州。晋王与之连和，面会东城，约为兄弟。延之帐中，纵酒，握手尽欢，约以今冬共击梁。或劝晋王："因其来，可擒也。"王曰："仇敌未灭而失信夷狄，自亡之道也。"阿保机留旬日乃去，晋王赠以金缯数万。阿保机留马三千匹，杂畜万计以酬之。阿保机既归而背盟，更附于梁，晋王由是恨之。

二年夏五月己丑，契丹王阿保机遣使随高颀入贡，且求册命。帝复遣司农卿浑特赐以手诏，约共灭沙陀，乃行封册。

均王贞明二年。初，燕人苦刘守光残虐，军士多亡归契丹。及守光被围于幽州，其北边士民多为契丹所掠，契丹日益强大。契丹王阿保机自称皇帝，国人谓之天皇王，以妻述律氏为皇后，置百官。至是，改元神册。述律后勇决多权变，阿保机行兵御众，述律后常预其谋。阿保机尝度碛击党项，留述律后守其帐。黄头、臭泊二室韦乘虚合兵掠之，述律后知之，勒兵以待其至，奋击，大破之，由是名震诸夷。述律后有母有姑，皆踞榻受其拜，曰："吾惟拜天，不拜人也。"晋王方经营河北，欲结契丹为援，常以叔父事阿保机，以叔母事述律后。

并消灭了他们，重新在奚族设立奚王，让契丹人去监察他们的军事。东北地区各夷族都畏惧并服从阿保机的统领。

这一年(907)，阿保机率领三十万人马侵犯云州。晋王李克用与阿保机联络和好，两人在东城会见，相互约定结拜为兄弟。晋王把阿保机请入营帐中，纵情饮酒，握手尽兴欢乐，约定今年冬季共同攻打梁朝。有人劝晋王说："乘阿保机来的时候，可以擒拿他。"晋王说："仇敌还没有消灭，而我却失信于夷狄之人，是自取灭亡的做法啊。"阿保机在晋王军中住了十天然后告别，晋王向他赠送了金钱、绸缎数万。阿保机留下三千匹马，其他牲畜也留下数万头，表示酬答。阿保机回去以后背弃盟约，改为依附梁朝，晋王由此恨他。

二年(908)夏季五月己丑(十九日)，契丹王阿保机派使者随同高顼一起回京贡献礼物，并且要梁朝为他册封官职。太祖皇帝又派司农卿浑特到契丹，把亲手写的诏书赐给阿保机，诏书上约定共同消灭沙陀族的时候，就进行册封。

后梁均王贞明二年(916)。当初，燕地人民苦于刘守光的残酷暴虐，下面的兵士大多逃归契丹族。等到刘守光在幽州被围困的时候，住在北边的读书人和老百姓大多被契丹抢走，契丹族的势力日益强大。契丹王阿保机自己称皇帝，建立政权，国内的人称呼他为天皇王，把他的妻子述律氏立为皇后，设置百官。到这时(916)，改年号为神册。述律皇后勇敢果决，能随机应变，阿保机统领军队打仗，述律皇后常参予其中，帮助谋划。阿保机曾经向西横渡沙漠攻打党项族，把述律皇后留在后方，坐守在大本营的军帐中。黄头、臭泊两个室韦部落乘虚联合出兵攻打掳掠契丹大本营，述律皇后知道这事后，带领兵马出阵等待他们到来，英勇奋击，大破来偷袭的室韦人，由此，述律皇后威名震动各少数族。述律皇后有母亲有婆婆，她们都端坐榻上想接受述律皇后的叩拜，她说："我只是拜天，不知拜人。"晋王当时正在河北地区采取军事行动，想联结契丹作为自己的援助力量，因而总是把阿保机当作叔父一样对待，像对待叔母一样对待述律皇后。

刘守光末年衰困，遣参军韩延徽求援于契丹，契丹主怒其不拜，留之，使牧马于野。延徽，幽州人，有智略，颇知属文。述律后言于契丹主曰："延徽能守节不屈，此今之贤者，奈何辱以牧圉？宜礼而用之。"契丹主召延徽与语，悦之，遂以为谋主，举动访焉。延徽始教契丹建牙开府，筑城郭，立市里，以处汉人，使各有配偶，垦艺荒田。由是汉人各安生业，逃亡者益少。契丹威服诸国，延徽有助焉。

顷之，延徽逃奔晋阳。晋王欲置之幕府，掌书记王缄疾之。延徽不自安，求东归省母，过真定，止于乡人王德明家。德明问所之，延徽曰："今河北皆为晋有，当复诣契丹耳。"德明曰："叛而复往，得无取死乎？"延徽曰："彼自吾来，如丧手目。今往诣之，彼手目复完，安肯害我？"既省母，遂复入契丹。契丹主闻其至，大喜，如自天而下，拊其背曰："向者何往？"延徽曰："思母，欲告归，恐不听，故私归耳。"契丹主待之益厚。及称帝，以延徽为相，累迁至中书令。

晋王遣使至契丹，延徽寓书于晋王，叙所以北去之意，且曰："非不恋英主，非不思故乡，所以不留，正惧王缄之谗耳。"因以老母为托，且曰："延徽在此，契丹必不南牧。"故终同光之世，契丹不深入为寇，延徽之力也。

刘守光晚年衰微困顿,派参军韩延徽向契丹求援,契丹国主对韩延徽见面不肯下拜发怒,留下他,让他到外面草地上牧马。韩延徽是幽州人,有智谋,颇会写文章。述律皇后在契丹国主面前说:"韩延徽能够守住气节,不肯屈服,这是当今的贤人,为什么要让他养马困辱他? 应当以礼相待,任用他。"契丹主把韩延徽召来和他谈话,对他很满意,于是以韩延徽作为谋主,做什么事情都询问他,请教他。韩延徽这才在契丹国教他们建立牙帐,设置帅府,修筑城郭,设立街市和居住区,安置汉人,让他们结婚成家,开垦荒田,种植庄稼。由此,汉人各自安定,经营生产本业,逃跑的人越来越少了。契丹国威力强大,征服各国,与韩延徽的帮助分不开。

不久,韩延徽逃跑奔回晋阳城。晋王李存勖想把他安置在自己的幕府中,但是掌书记王缄妒忌他。韩延徽内心忧虑不安,要求东归家乡看望母亲,经过真定府的时候,住在同乡友人王德明的家中。王德明问他打算到哪里去,韩延徽说:"现在河北全部被晋王占领,我应当重新回到契丹啊。"王德明说:"背叛他们又重新回去,不是自己找死吗?"韩延徽说:"他们自从我出来后,如同失去双手和眼睛。现在去拜见他们,他们的手和眼睛又恢复完好了,怎么能害我?"韩延徽回家省母之后,重又投奔契丹国。契丹国主听说他回来了,大喜,好像他是从天上掉下来的,拍着他的背说:"这一段您到哪里去了?"韩延徽说:"想念母亲,想向您请假回去,恐怕您不让我回去,所以私自回去了。"契丹国主对待他更加优厚。到了契丹国主称皇帝的时候,任用韩延徽为宰相,不断升迁到中书令的位置。

晋王派使者到契丹,韩延徽托使者寄信给晋王,叙述自己为什么北投契丹的想法,且说:"我并非不留恋您这位英明的主子,并非不思故乡,之所以不留下来,正因为惧怕王缄的坏话陷害呀。"韩延徽又在信中托付晋王照顾一下自己的老母,且说:"我韩延徽在此,契丹一定不向南牧马。"所以直到后唐同光时期(923—925),契丹军队不深入侵犯唐境,这是由于韩延徽的力量。

三年，晋王使其弟威塞军防御使存矩募兵，存矩得五百骑，自部送之，以寿州刺史卢文进为裨将。兵叛，杀存矩，文进帅其众奔契丹。

初，幽州北七百里有渝关，下有渝水通海。自关东北循海有道，道狭处才数尺，旁皆乱山，高峻不可越。北至进牛口，旧置八防御军，募土兵守之。田租皆供军食，不入于蓟，幽州岁致缯纩以供战士衣。每岁早获，清野坚壁以待契丹。契丹至，则闭壁不战；俟其去，选骁勇据隘邀之，契丹常失利走。土兵皆自为田园，力战有功则赐勋加赏，由是契丹不敢轻入寇。及周德威为卢龙节度使，恃勇不修边备，遂失渝关之险，契丹每刍牧于营、平之间。德威又忌幽州旧将有名者，往往杀之。

吴王遣使遗契丹主以猛火油，曰："攻城，以此油然火焚楼橹，敌以水沃之，火愈炽。"契丹主大喜，即选骑三万欲攻幽州，述律后哂之曰："岂有试油而攻一国乎？"因指帐前树谓契丹主曰："此树无皮，可以生乎？"契丹主曰："不可。"述律后曰："幽州城亦犹是矣。吾但以三千骑伏其旁，掠其四野，使城中无食，不过数年，城自困矣。何必如此躁动轻举？万一不胜，为中国笑，吾部落亦解体矣！"契丹主乃止。

三年(917)，晋王派他的弟弟威塞军防御使李存矩招募兵士，李存矩募得五百骑兵，自己率领送交晋王，并以寿州刺史卢文进作为副将。途中，这支骑兵叛变，杀了李存矩，卢文进率领人马投奔契丹。

　　当初，在幽州北面七百里处有一个渝关，渝关下面有渝水直通大海。自渝关东北沿海边有一条道路，道路狭窄的地方才数尺宽，旁边都是乱山，山高而陡险，无法通过。等走到进牛口这个地方，过去设置了八个防御军，招募兵士在这里戍守。这一带的田租都直接供给这一部分军队作为军粮，不再输运到蓟州，幽州每年都送来绸布丝绵供给战士们做军衣穿。这里每年都提早收割庄稼，然后把粮食收藏起来，加固防御工事，以对付契丹兵的骚扰。契丹军队到来的时候，就关闭营塞不出战；等他们离开的时候，就挑选骁勇的士兵占据险要的地段拦击他们，契丹军队常常失利而逃。驻守在这里的士兵们都自己耕田种菜，努力战斗，建立战功的人就封赐爵位，发给奖赏，这样，契丹军队不敢轻易举兵侵犯。到了周德威担任卢龙军节度使的时候，依仗打仗勇猛，不肯修筑边境防御工事，于是渝关这一险要的军事重地丢失，契丹人经常直入营州、平州之间骚扰、放牧。周德威又妒忌那些幽州来的老将，其中有名气的人常常被他杀掉。

　　吴国国王派使者向契丹国主赠送猛火油，说："攻打城池时，使用这种油燃火，以焚烧敌人的楼台设施。敌人用水浇，火势反而更加炽猛。"契丹国主大喜，立即挑选骑兵三万想攻打幽州，述律皇后讥笑他说："哪有为了试验一下油，就攻打一个国家的道理？"她顺手指着营帐前的树对契丹主说："这棵树如果没有皮，能够活吗？"契丹主回答说："不能活。"述律皇后又说："幽州城也和这棵树一样呀！我们只要用三千骑兵埋伏在它的旁边，在这座城的四周地带掳掠，使城中没有粮食，不过数年，城中自然穷困。何必如此急躁大规模地轻易兴兵呢？万一不能取胜，反而被中原国家笑话，我们的部落也将瓦解了呀！"于是契丹国主停止了攻打幽州的计划。

三月,卢文进引契丹兵急攻新州,刺史安金全不能守,弃城走。文进以其部将刘殷为刺史,使守之。晋王使周德威合河东、镇、定之兵攻之,旬日不克。契丹主帅众三十万救之,德威众寡不敌,大为契丹所败,奔归。

契丹乘胜进围幽州,声言有众百万,毡车毳幕弥漫山泽。卢文进教之攻城,为地道,昼夜四面俱进,城中穴地然膏以邀之。又为土山以临城,城中熔铜以洒之。日杀千计,而攻之不止。周德威遣间使诣晋王告急,王方与梁相持河上,欲分兵则兵少,欲勿救恐失之,忧形于色。谋于诸将,独李嗣源、李存审、阎宝劝王救之。王喜曰:"昔太宗得一李靖犹擒颉利,今吾有猛将三人,复何忧哉?"存审、宝以为虏无辎重,势不能久,俟其野无所掠,食尽自还,然后蹑以击之。李嗣源曰:"周德威社稷之臣,今幽州朝夕不保,恐变生于中,何暇待虏之衰?臣请身为前锋以赴之。"王曰:"公言是也。"即日,命治兵。

夏四月,晋王命嗣源将兵先进,军于涞水,阎宝以镇、定之兵继之。秋七月,晋王以李嗣源、阎宝兵少,未足以敌契丹,辛未,更命李存审将兵益之。八月,契丹围幽州且二百日,城中危困。李嗣源、阎宝、李存审步骑七万会于易州。存审曰:"虏众吾寡,虏多骑,吾多步,若平原相遇,虏以万骑蹂吾陈,吾无遗类矣。"嗣源曰:"虏无辎重,

三月，卢文进带领契丹兵急攻新州，新州刺史安金全守不住，弃城逃跑。卢文进用他的部将刘殷担任新州刺史，让他守在新州。晋王派周德威会合河东、镇州、定州的兵力共同攻打新州，十天都没有打下来。契丹主率领三十万人马援救新州，周德威兵少，寡不敌众，被契丹兵打得大败，撤退奔回。

契丹军乘胜进攻包围幽州，声言有百万人马，军用的毡车和毛制幕帐漫山遍野。卢文进指教他们攻城的战术，挖地道，不分白天黑夜从四面逼进，幽州城内军队挖地洞燃膏油拦截他们。契丹兵又在城外堆起土山对着城楼进攻，城中溶化铜水洒向他们。每天被杀的人数以千计，仍然攻城不止。周德威派遣秘密使者向晋王告急，晋王正领兵与梁朝的军队在黄河边相持不下，想分出兵力援救幽州，则自己的兵力就弱了；想不救幽州又担心丢失幽州，脸上显露忧虑不安的神色。晋王和诸将领商量，只有李嗣源、李存审、阎宝劝晋王援救幽州。晋王欢喜地说："昔日唐太宗得一大将李靖犹能擒拿突厥颉利可汗，我现在有猛将三人，还有什么忧愁呢？"李存审、阎宝认为契丹兵没有运载充足的粮草和军用物资，他们的形势不能持久，等到他们在野外没有东西可以掳掠的时候，粮食断绝就会自动退兵，然后我们跟在后面追击他。李嗣源说："周德威是国家的重要大臣，现在幽州朝夕不保，十分危险，恐怕意外的变化会在中途发生，我们哪有时间等待虏兵的衰弱自退？我请求让我亲身作为先锋部队奔赴那个战场。"晋王说："您说得对！"当天，下命令整顿部署兵力。

夏季四月，晋王命李嗣源带军队先出发，在涞水县驻扎，阎宝带领镇州、定州兵力随后跟上。秋季七月，晋王鉴于李嗣源、阎宝所统领的兵力少，不足以和契丹对阵，辛未（二十四日），再命李存审带兵去增援他们。八月，契丹兵围困幽州将近两百天，城中人危急困乏。李嗣源、阎宝、李存审率步兵、骑兵共计七万，会集在易州。李存审说："虏兵多，我们兵力少，虏兵骑兵多，我们步兵多，若在平原交战，虏兵出动一万骑兵，冲入我们阵营，践踏我军，我们的人将要死光。"李嗣源说："虏兵没有粮草和军用物资的拖累，

吾行必载粮食自随，若平原相遇，虏抄吾粮，吾不战自溃矣！不若自山中潜行趣幽州，与城中合势，若中道遇虏，则据险拒之。"甲午，自易州北行。庚子，逾大房岭，循涧而东。嗣源与养子从珂将三千骑为前锋，距幽州六十里，与契丹遇，契丹惊却，晋兵翼而随之。契丹行山上，晋兵行涧下，每至谷口，契丹辄邀之，嗣源父子力战，乃得进。至山口，契丹以万馀骑遮其前，将士失色。嗣源以百馀骑先进，免胄扬鞭，胡语谓契丹曰："汝无故犯我疆场，晋王命我将百万众直抵西楼，灭汝种族！"因跃马奋挝，三入其陈，斩契丹酋长一人。后军齐进，契丹兵却，晋兵始得出。李存审命步兵伐木为鹿角，人持一枝，止则成寨。契丹骑环寨而过，寨中发万弩射之，流矢蔽日，契丹人马死伤塞路。将至幽州，契丹列陈待之。存审命步兵陈于其后，戒勿动，先令羸兵曳柴然草而进，烟尘蔽天，契丹莫测其多少。因鼓噪合战，存审乃趣后陈起乘之，契丹大败，席卷其众自北山去，委弃车帐铠仗羊马满野，晋兵追之，俘斩万计。辛丑，嗣源等入幽州，周德威见之，握手流涕。

契丹以卢文进为幽州留后，其后又以为卢龙节度使。文进常居平州，帅奚骑岁入北边，杀掠吏民。晋人自瓦桥运粮输蓟城，虽以兵援之，不免抄掠。契丹每

我们行动必须运载粮食跟随自身，若在平原地带和他们交战，虏兵抄掠我们的粮食，我们将不战自溃呀！不如从山中潜藏进军，奔向幽州，与幽州城中的兵力联合夹击，假如中途遇到虏兵，我们也可以据险抵抗他们。"甲午（十七日），李嗣源等率军从易州向北前进。庚子（二十三日），越过大房岭，沿着涧水向东前进。李嗣源与养子李从珂带领三千骑兵为先锋，在距离幽州六十里的地方，与契丹军相遇。契丹军惊恐退却，晋兵分为两翼追击。契丹兵在山上面前进，晋兵在下面涧水边行进，每到山谷路口，契丹兵就冲出来截击晋兵，李嗣源父子拼力死战，才能前进。到了一个山口，契丹用一万多骑兵阻挡了前面的道路，晋军将士惊恐得变了脸色。李嗣源带领一百多名骑兵冲在前面，摘下头盔扬鞭催马，用胡语对契丹兵说："你们无故侵犯我们的疆场，晋王命令我带领一百万人马直攻你们老家西楼，消灭你们种族！"李嗣源一边说一边跃马挥鞭，三次冲入契丹军的阵营，斩契丹酋长一人。后面的军队一齐前进攻打，契丹兵退却，晋兵这才得以冲出山口。李存审命令步兵砍伐树木，削成尖状，每人拿一枝，行军时作掩护，停下来的时候扎成寨子。契丹骑兵环绕寨子而过，寨中晋兵发出万箭射他们，流箭遮蔽日光，契丹死伤的人马堵塞了道路。晋兵将要到达幽州的时候，契丹兵排列阵势等待迎击他们。李存审命令步兵在契丹军的后面列阵，告诫他们暂不准动。命令老弱兵士先拖着柴木，烧草向前进，烟火尘土遮蔽天空，契丹军无法估计他们有多少兵力。然后李存审的军队乘势大声呼喊，合力出战，李存审这时又促令伏在后阵的步兵配合进攻，于是契丹兵大败，收起他们的全部人马从北山逃走，丢下车帐、铠甲兵器、羊马满野，晋兵乘胜追击，俘虏斩首契丹兵数以万计。辛丑（二十四日），李嗣源等人进入幽州，周德威见到他们，激动得握手流涕。

契丹国主命卢文进为幽州留后，后来又任他为卢龙节度使。卢文进常住在平州，率奚族骑兵每年进入晋王的北部边境、杀掠那里的官吏百姓。晋人自瓦桥关运粮到蓟州城供应军需，虽然有晋兵沿途保护，仍然难免被卢文进包抄抢走。契丹军每次

入寇,则文进帅汉卒为乡导,卢龙巡属诸州为之残弊。

四年。初,契丹主之弟撒剌阿拨号北大王,谋作乱于其国。事觉,契丹主数之曰:"汝与吾如手足,而汝兴此心,我若杀汝,则与汝何异?"乃因之期年而释之。撒剌阿拨帅其众奔晋,晋王厚遇之,养为假子,任为刺史。胡柳之战,以其妻子来奔。

龙德元年,赵王镕养子张文礼既杀赵王,遣间使因卢文进求援于契丹。事见《后唐灭梁》。

契丹主既许卢文进出兵,王郁又说之曰:"镇州美女如云,金帛如山,天皇王速往,则皆己物也,不然,为晋王所有矣。"契丹主以为然,悉发所有之众而南。述律后谏曰:"吾有西楼羊马之富,其乐不可胜穷也,何必劳师远出以乘危徼利乎?吾闻晋王用兵,天下莫敌,脱有危败,悔之何及?"契丹主不听。十二月辛未,攻幽州,李绍宏婴城自守。契丹长驱而南,围涿州,旬日拔之,擒刺史李嗣弼,进寇定州。王都告急于晋,晋王自镇州将亲军五千救之,遣神武都指挥使王思同将兵戍狼山之南以拒之。

二年春正月甲午,晋王至新城南,候骑白:"契丹前锋宿新乐,涉沙河而南。"将士皆失色,士卒有亡去者,主将斩之不能止。诸将皆曰:"虏倾国而来,吾众寡不敌。又闻梁寇内侵,宜且还师魏州以救根本。"或请释镇州之围,西入井陉避之,

入境侵犯，则由卢文进率领汉族士兵为向导，晋王的卢龙节度使辖管的各州都因为契丹的侵犯而残破凋敝。

四年(918)。当初，契丹主的弟弟撒剌阿拨，号称北大王，阴谋在国内叛乱。事情被发觉，契丹主数落说："你和我如同手足，而你兴起作乱的念头，我如果杀你，那么和你有什么不同？"于是把他囚禁了一年然后释放了。撒剌阿拨率领自己的人马投奔晋王，晋王非常优厚地对待他，收养为自己的义子，任命他为刺史。十一月梁、晋胡柳陂战役中，撒剌阿拨带领他的妻子儿女来投奔梁朝。

龙德元年(921)，赵王王镕的养子张文礼谋杀赵王之后，派秘密使者通过卢文进向契丹国求援。事见《后唐灭梁》。

契丹国主答应让卢文进出兵援助之后，王郁又向契丹主建议说："镇州美女如云，金银丝绸如山，天皇王迅速到那里，这些美女、钱财就都属于自己的，否则，就被晋王所有了。"契丹主认为有道理，发动全部兵马南下出战。述律皇后劝阻说："我们拥有西楼羊马的财富，其快乐无人可比，无穷无尽，何必劳师远征，乘人之危侥幸取利呢？我听说晋王用兵，天下无敌，假设您有危险、失败，后悔怎么来得及？"契丹主不听。十二月辛未(二十日)，契丹军攻打幽州，李绍宏据城自守，只防不攻。契丹军丢下幽州城，长驱向南，围攻涿州，十天攻下了涿州，捉住涿州刺史李嗣弼，然后又驱兵进犯定州。王都向晋王紧急求援，晋王亲自带领侍卫亲军五千，从镇州赶向定州援救王都，又派遣神武军都指挥使王思同带领兵马戍守狼山之南，抵抗契丹军。

二年(922)春季正月甲午(十三日)，晋王率军到达新城南面，侦察骑兵报告说："契丹军的前锋住宿在新乐县，准备过沙河向南。"晋王的将士听了脸上变色，士兵当中有人逃跑，被主将抓回斩首，但仍然制止不住士兵逃跑。将领们都说："契丹带领全国的兵力攻来，我们众寡悬殊大，打不赢。又听说梁朝的军队向纵深侵犯，应当调回头到魏州，挽救自己的根据地。"有人请求放弃包围镇州，向西进入井陉县避开契丹军的主力，

晋王犹豫未决。中门使郭崇韬曰："契丹为王郁所诱，本利货财而来，非能救镇州之急难也。王新破梁兵，威振夷、夏，契丹闻王至，心沮气索，苟挫其前锋，遁走必矣。"李嗣昭自潞州至，亦曰："今强敌在前，吾有进无退，不可轻动以摇人心。"晋王曰："帝王之兴，自有天命，契丹其如我何？吾以数万之众平定山东，今遇此小虏而避之，何面目以临四海？"乃自帅铁骑五千先进。至新城北，半出桑林，契丹万馀骑见之，惊走。晋王分军为二逐之，行数十里，获契丹主之子。时沙河桥狭冰薄，契丹陷溺死者甚众。是夕，晋王宿新乐。契丹主车帐在定州城下，败兵至，契丹举众退保望都。晋王至定州，王都迎谒于马前，宴于府第，请以爱女妻王子继岌。

戊戌，晋王引兵趣望都，契丹逆战。晋王以亲军千骑先进，遇奚酋秃馁五千骑，为其所围。晋王力战，出入数四，自午至申不解。李嗣昭闻之，引三百骑横击之，虏退，王乃得出。因纵兵奋击，契丹大败，逐北至易州。会大雪弥旬，平地数尺，契丹人马无食，死者相属于道。契丹主举手指天，谓卢文进曰："天未令我至此！"乃北归。晋王引兵蹑之，随其行止。见其野宿之所，布藁于地，回环方正，皆如编翦，虽去，

晋王犹豫不决。中门使郭崇韬说:"契丹军因为受王郁的诱惑,本意是贪图钱财货物而来,并不能解救镇州的危急和祸难。大王刚刚打败梁朝的军队,威名震动中外,契丹主听说大王到来,心中沮丧,志气萧索,倘若挫败他的前锋部队,他们主力必定偷偷逃跑。"李嗣昭的军队从潞州赶到,也说:"现在强敌在眼前,我们只有进,不能退,不可轻易移动,使军心不稳。"晋王说:"帝王的兴起,自有天命,契丹将会把我怎么样? 我以数万兵力平定了山东,现在遇到这些小虏就避开,有何面目来统治四海?"于是晋王亲自率领铁骑五千,先出发。晋王的军队到达新城北面,一半人马走出桑林的时候,遇到契丹军的一万多骑兵,契丹骑兵发现他们后,惊慌地逃跑了。晋王把军队分为两路追赶他们,行至数十里的地方,抓获契丹主的儿子。当时,沙河桥面狭窄,下面的冰又薄。契丹军在逃跑中,从桥上掉下来陷入冰河中,淹死的人很多。当天晚上,晋王的军队住宿在新乐县。契丹主的车帐驻扎在定州城下,败兵逃回来报告情况,契丹全军后退,据守望都县。晋王到达定州,王都在马前迎拜,并在府第中宴请晋王,请求把自己心爱的女儿许配晋王的儿子李继岌。

戊戌(十七日),晋王领兵奔向望都县,契丹军迎战。晋王率亲军中一千骑兵先行,途中遇到奚族酋长秃馁带领的五千骑兵,晋王的骑兵被他们包围。晋王拼力作战,冲出冲入数次,从日中午时打到太阳偏西申时,两军仍难解难分。李嗣昭得知这一情况,带领三百骑兵横冲过来,内外夹击,虏兵退走,晋王这才在围困中解脱出来。他们乘势指挥军队奋力追击攻打,契丹军大败,晋军追击败兵一直追到易州。遇到天降大雪,足足下了十天,平地积雪数尺高,契丹人马没有粮草,冻饿而死的人尸体相连于道路。契丹主举手指天,对卢文进说:"天不许我到这儿来!"于是契丹主领兵北归。晋王引兵暗暗追随他们,契丹军前进,晋王兵也前进;契丹兵驻下,晋王兵也驻下。晋王查看契丹兵走过之处留在野外住宿的踪迹,见他们用禾草铺在地上,铺得回环方正,如同编织一样整齐,人马虽然离去,

无一枝乱者。叹曰：“虏用法严乃能如是，中国所不及也。”晋王至幽州，使二百骑蹑契丹之后，曰：“虏出境即还。”骑恃勇追击之，悉为所擒，惟两骑自他道走免。

契丹主责王郁，縶之以归，自是不听其谋。

晋代州刺史李嗣肱将兵定妫、儒、武等州，授山北都团练使。

是岁，契丹改元天赞。

后唐庄宗同光元年春三月，契丹寇幽州，晋王问帅于郭崇韬，崇韬荐横海节度使李存审。时存审卧病，己卯，徙存审为卢龙节度使，舆疾赴镇。以蕃汉马步副总管李嗣源领横海节度使。

夏闰四月甲午，契丹寇幽州，至易定而还。

二年春正月甲辰，幽州奏契丹入寇，至瓦桥。以天平军节度使李嗣源为北面行营都招讨使，陕州留后霍彦威副之，宣徽使李绍宏为监军，将兵救幽州。契丹出塞。召李嗣源旋师，命泰宁节度使李绍钦、泽州刺史董璋戍瓦桥。李存审奏契丹去，复得新州。

三月乙巳，镇州言契丹将犯塞，诏横海节度使李绍斌、北京左厢马军指挥使李从珂帅骑兵分道备之，天平节度使李嗣源屯邢州。绍斌本姓赵，名行实，幽州人也。庚戌，幽州奏契丹寇新城。

夏五月，幽州言契丹将入寇。甲寅，以横海节度使李绍斌充东北面行营招讨使，将大军渡河而北。契丹屯幽州东南

这些草铺却无一根草是乱的。晋王感叹地说："虏兵的军法严厉，才能达到这样的程度啊！中原国家不如他们。"晋王到达幽州，派两百骑兵追随在契丹大军之后，说："虏兵走出我们的边境，你们就回来。"这两百骑兵依恃勇猛而追击契丹兵，结果全部被他们捉住，只有两名骑兵从别的道路逃跑，才免于被俘。

契丹主责怪王郁，把他捆绑带回，从此不听他的计谋。

晋王的代州刺史李嗣肱带兵平定了妫、儒、武等州，晋王授命他为北山都团练使。

这一年（922），契丹国改年号为天赞。

后唐庄宗同光元年（923）春季三月，契丹军进犯幽州，晋王向郭崇韬请教谁能担任元帅，郭崇韬推荐横海军节度使李存审。当时，李存审正生病躺在床上，己卯（初五），调任李存审为卢龙军节度使，李存审带病躺在车子上赶赴卢龙藩镇就任。晋王任用蕃汉马步副总管李嗣源担任横海军节度使。

夏季闰四月甲午（二十日），契丹军进犯幽州，攻到易州、定州就返回了。

同光二年（924）春季正月甲辰（初五），幽州向朝廷报告，契丹军进犯，已攻到瓦桥关。朝廷命天平军节度使李嗣源为北面行营都招讨使，命陕州留后霍彦威作为李嗣源的副将，命宣徽使李绍宏为军中的监军，带领兵马援救幽州。契丹军退出边塞，朝廷又召李嗣源领军回归，命令泰宁节度使李绍钦、泽州刺史董璋戍守瓦桥关。李存审向朝廷报告，契丹军已经离去，又收回了新州。

三月乙巳（初七），镇州方面朝廷报告说，契丹军将要进犯边塞，朝廷发诏书，命横海军节度使李绍斌、北京左厢马军指挥使李从珂率领骑兵分道防备契丹，命天平节度使李嗣源带军屯驻邢州。李绍斌，原姓赵，名行实，是幽州人。庚戌（十二日），幽州向朝廷报告，说契丹军进犯新城。

夏季五月，幽州来人到朝廷报告，说契丹将要入境侵犯。甲寅（十七日），朝廷命横海军节度使李绍斌充任东北面行营招讨使，带领大军渡过黄河向北挺进。契丹军屯驻在幽州东南

城门之外,虏骑充斥,馈运多为所掠。

秋七月,契丹恃其强盛,遣使就帝求幽州以处卢文进。时东北诸夷皆役属契丹,惟勃海未服。契丹主谋入寇,恐勃海掎其后,乃先举兵击勃海之辽东,遣其将秃馁及卢文进据营、平等州以扰燕地。九月,契丹攻渤海,无功而还。丁巳,幽州言契丹入寇。冬十月,易定言契丹入寇。十二月己巳,命宣武节度使李嗣源将宿卫兵三万七千人赴汴州,遂如幽州御契丹。

三年春正月,契丹寇幽州。

二月,上以契丹为忧,与郭崇韬谋,以威名宿将零落殆尽,李绍斌位望素轻,欲徙李嗣源镇真定,为绍斌声援,崇韬深以为便。

明宗天成元年春正月,契丹主击女真及勃海,恐唐乘虚袭之。戊寅,遣梅老鞋里来修好。秋七月,契丹主攻勃海,拔其夫馀城,更命曰东丹国。命其长子突欲镇东丹,号人皇王;以次子德光守西楼,号元帅太子。

帝遣供奉官姚坤告哀于契丹。契丹主闻庄宗为乱兵所害,恸哭曰:"我朝定儿也!吾方欲救之,以勃海未下,不果往,致吾儿及此。"哭不已。虏言朝定,犹华言朋友也。又谓坤曰:"今天子闻洛阳有急,何不救?"对曰:"地远不能及。"曰:"何故自立?"坤为言帝所以即位之由,

城门之外,那里布满了虏兵的骑兵,朝廷运输来的粮食物资大多被他们抢劫。

秋季七月,契丹国依仗他们强大兴盛,派使者到朝廷向庄宗要求把幽州割让给他们来安置卢文进的去处。当时东北各少数族都服从契丹,听从契丹国役使,只有渤海国没有被征服。契丹谋划进犯后唐,又担心渤海国在背后进攻,和后唐形成犄角之势,于是先举兵攻打渤海国的辽东地带,契丹国主派遣他的将领秃馁以及卢文进占据营州、平州等地,骚扰燕地。九月,契丹军攻打渤海国,没有收获而回。丁巳(二十一日),幽州来人向朝廷报告说有契丹军侵犯边境。冬季十月,易定藩镇来人报告,说有契丹军侵犯。十二月己巳(初五),朝廷命宣武军节度使李嗣源带领宿卫军三万七千人奔赴汴州,然后到幽州去抵御契丹军。

三年(925)春季正月,契丹军侵犯幽州。

二月,庄宗认为契丹是一个忧患,就与郭崇韬一起谋划,鉴于有威名的老将都已经损失得差不多了,李绍斌的地位和声望一贯轻微,想调遣李嗣源镇守真定府,作为李绍斌的声援力量,郭崇韬深深表示这样做很妥当。

明宗天成元年(926)春季正月,契丹主派兵攻打女真族和渤海国,担心后唐派兵乘虚袭击他们。戊寅(二十一日),派遣梅老鞋里来后唐重建友好关系。秋季七月,契丹主攻打渤海国,拔掉渤海国的夫馀城,命令将这里改名为东丹国。契丹主又命他的长子突欲镇守东丹,称号为人皇王;命他的次子德光守西楼,称号为元帅太子。

后唐明宗派供奉官姚坤向契丹国通报庄宗死亡的国哀。契丹主听说庄宗皇帝被乱兵杀死,悲痛大哭,说:"他是我的朝定李克用的儿子呀!我正要去救他,由于渤海国没打下来,结果没去成,以致我儿落得这个下场。"契丹主痛哭不止。契丹语朝定,犹如华语朋友的意思。契丹主又问姚坤:"当今的天子听到洛阳有危急情况,为何不救?"姚坤回答说:"路远,来不及救。"契丹主又问:"他为什么自立为皇帝?"姚坤向他说了皇帝为什么即位的理由,

契丹主曰:"汉儿喜饰说,毋多谈!"突欲侍侧,曰:"牵牛以蹊人之田而夺之牛,可乎?"坤曰:"中国无主,唐天子不得已而立。亦犹天皇王初有国,岂强取之乎?"契丹主曰:"理当然。又闻吾儿专好声色游畋,不恤军民,宜其及此。我自闻之,举家不饮酒,散遣伶人,解纵鹰犬。若亦效吾儿所为,行自亡矣!"又曰:"吾儿与我虽世旧,然屡与我战争。于今天子则无怨,足以修好。若与我大河之北,吾不复南侵矣。"坤曰:"此非使臣之所得专也。"契丹主怒,囚之,旬馀,复召之,曰:"河北恐难得,得镇、定、幽州亦可也。"给纸笔趣令为状,坤不可,欲杀之,韩延徽谏,乃复囚之。

辛巳,契丹主阿保机卒于夫馀城,述律后召诸将及酋长难制者之妻,谓曰:"我今寡居,汝不可不效我。"又集其夫泣问曰:"汝思先帝乎?"对曰:"受先帝恩,岂得不思?"曰:"果思之,宜往见之。"遂杀之。

八月丁亥,契丹述律后使少子安端少君守东丹,与长子突欲奉契丹主之丧,将其众发夫馀城。

庚子,幽州言契丹寇边,命齐州防御使安审通将兵御之。

九月,契丹述律后爱中子德光,欲立之。至西楼,命与突欲俱乘马立帐前,谓诸酋长曰:"二子吾皆爱之,莫知所立,汝曹择可立者执其辔。"酋长知其意,争执德光辔,

契丹主说:"汉族儿子说话喜欢掩饰,你不要多说了。"突欲侍奉在契丹主身边,说:"牵牛践踏别人的田地,就把他的牛夺过来,这样做可以吗?"姚坤说:"中国无主,唐天子不得已而当皇帝,也如同天皇王最初获得国主的位置,难道是强求取到的吗?"契丹主说:"道理应当是这样。我又听说我儿专门喜好歌舞美女游玩打猎,不关心军士和百姓,当然会落这个下场。我自从听说这事后,全家不饮酒,疏散打发了乐舞人,放走苍鹰猎犬。如果我也仿效我儿的所作所为,行将自取灭亡啊!"契丹主又说:"我儿和我虽然是世交故旧,然而他屡次和我战争。当今的天子和我则没有怨恨,有足够的理由可以建立友好关系。假若能把黄河以北的土地割让给我,我就不再向南侵扰了。"姚坤说:"这件事不是我一个使臣的地位所能独自决定的。"契丹主发怒,囚禁了姚坤,过了十多天,契丹主又召姚坤说:"河北地盘恐怕难以得到,能得到镇、定、幽三州也可以。"说完,递给姚坤纸笔,促令他写下文书为凭,姚坤拒绝写,契丹主想杀掉他,韩延徽劝阻,于是又囚禁了姚坤。

辛巳(二十七日),契丹主阿保机在夫馀城死了,述律皇后把各位将领和那些难以控制的酋长的妻子召集起来,对她们说:"我现在一个人寡居,你们不可不报效我。"然后又把她们的丈夫召集起来,哭着问大家说:"你们思念先皇帝吗?"他们回答说:"我们受到先皇帝的恩宠,哪能不思念?"述律皇后说:"你们果真思念先皇帝,应当去见他。"于是把他们杀了。

八月丁亥(初三),契丹述律后派小儿子安端少君驻守东丹国,自己和长子突欲一同侍奉契丹主的灵柩,率领自己的人马从夫馀城出发。

庚子(十六日),幽州来人报告,说契丹军侵犯边境,朝廷命令齐州防御使安审通带兵抵御契丹兵。

九月,契丹述律后喜爱次子德光,想立德光做契丹主。她到西楼,命德光和突欲都乘马立在帐前,然后对各部落酋长说:"这两个儿子我都喜爱,不知立谁来做国主好,你们选择可立的一个,就去抓住他的马缰。"酋长们知道她的意思,争着去抓德光的马缰,

欢跃曰:"愿事元帅太子。"后曰:"众之所欲,吾安敢违?"
遂立之为天皇王。突欲愠,帅数百骑欲奔唐,为逻者所遏。
述律后不罪,遣归东丹。天皇王尊述律后为太后,国事皆
决焉。太后复纳其侄为天皇王后。天皇王性孝谨,母病不
食亦不食,侍于母前应对或不称旨,母扬眉视之,辄惧而
趋避,非复召不敢见也。以韩延徽为政事令。听姚坤归复
命,遣其臣阿思没骨馁来告哀。

　　冬十月庚子,幽州奏契丹卢龙节度使卢文进来奔。
初,文进为契丹守平州,帝即位,遣间使说之,以易代之后,
无复嫌怨。文进所部皆华人,思归,乃杀契丹戍平州者,帅
其众十馀万、车帐八千乘来奔。十二月癸巳,以卢文进为
义成节度使、同平章事。

　　二年秋九月壬申,契丹来请修好,遣使报之。

　　三年春正月,契丹陷平州。
　　初,义武节度使兼中书令王都镇易定十馀年,自除刺
史以下官,租赋皆赡本军。及安重海用事,稍以法制裁
之。帝亦以都篡父位,恶之。时契丹数犯塞,朝廷多屯兵
于幽、易间,大将往来,都阴为之备,浸成猜阻。都恐朝廷
移之他镇,腹心和昭训劝都为自全之计,都乃求婚于卢龙
节度使赵德钧。又知成德节度使王建立与安重海有隙,遣
使结为兄弟,阴与之谋复河北故事,建立阳许而密奏之。

欢跃地说:"我们愿意侍奉元帅太子。"述律后说:"众人所向,我们怎么敢违背?"于是立德光为天皇王。突欲气愤不平,率领数百名骑兵想投奔后唐,被巡逻的兵士所阻挡。述律后不治突欲罪,派遣他回东丹。天皇王尊奉述律后为太后,国家大事都由太后决定。太后又把自己的侄女纳为天皇王后。天皇王的性格孝顺谨慎,母亲生病不吃东西,他也陪着不吃东西,他侍候在母亲面前,处理和回答问题有时不合太后的心意,母亲竖起眉毛看着他,他就害怕而赶忙避开,不等到母亲再次召见就不敢进来拜见。契丹命韩延徽为政事令。听凭姚坤返回后唐回答完成使命,派遣他们的臣子阿思没骨馁来朝廷报告阿保机的死讯。

冬季十月庚子(十七日),幽州来人报告,说契丹的卢龙节度使卢文进来投奔。当初,卢文进为契丹国驻守平州时,明宗即位,曾派遣秘密使者劝说他,说皇帝更换之后,不再有隔阂仇怨。卢文进所统领的部下都是汉人,思念着归乡,于是杀了在平州戍守的契丹士兵,率领他的人马十多万、车帐八千乘来投奔后唐。十二月癸巳(初十),朝廷任命卢文进为义成军节度使、同平章事。

二年(927)秋季九月壬申(二十日),契丹国有使者来朝廷请求建立友好关系,朝廷派使者回访契丹。

三年(928)春季正月,契丹军攻陷平州。

当初,义武军节度使兼中书令王都镇守易定军镇十多年,自己委派刺史级以下官员,辖境内的租赋都作为本军的军饷。到了安重诲被重用的时候,渐渐地用法令制度来裁夺这些旧规。明宗也因为王都篡夺了他父亲的节帅位置而憎恨他。当时,契丹军数次侵犯边塞,朝廷大多在幽州、易州之间屯兵抵御,大将往来频繁,王都总是暗中防备他们,逐渐地和朝廷之间有了猜疑、隔阂。王都担心朝廷把他调换到其他藩镇去,他的心腹将领和昭训劝王都要制定一个保全自己的计划,于是王都向卢龙节度使赵德钧求婚。王都又了解成德军节度使王建立与安重诲之间有矛盾,就派使者联络王建立,要和他结拜为兄弟,暗中与他谋划恢复河北地区过去的权限,王建立表面上答应而秘密地派人报告朝廷。

都又以蜡书遗青、徐、潞、益、梓五帅，离间之。又遣人说北面副招讨使归德节度使王晏球，晏球不从。乃以金遗晏球帐下，使图之，不克。

四月癸巳，晏球以都反状闻，诏宣徽使张延朗与北面诸将议讨之。庚子，诏削夺王都官爵。壬寅，以王晏球为北面招讨使，权知定州行州事，以横海节度使安审通为副招讨使，以郑州防御使张虔钊为都监，发诸道兵会讨定州。是日，晏球攻定州，拔其北关城。都以重赂求救于奚酋秃馁，五月，秃馁以万骑突入定州，晏球退保曲阳，都与秃馁就攻之。晏球与战于嘉山下，大破之，秃馁以二千骑奔还定州。晏球追至城门，因进攻之，得其西关城。定州城坚，不可攻，晏球增修西关城以为行府，使三州民输税供军食而守之。

王晏球闻契丹发兵救定州，将大军趣望都，遣张延朗分兵退保新乐。延朗遂之真定，留赵州刺史朱建丰将兵修新乐城。契丹已自他道入定州，与王都夜袭新乐，破之，杀建丰。乙丑，王晏球、张延朗会于行唐，丙寅，至曲阳。王都乘胜，悉其众与契丹五千骑合万馀人，邀晏球等于曲阳。丁卯，战于城南。晏球集诸将校令之曰："王都轻而骄，可一战擒也。今日，诸君报国之时也。悉去弓矢，以短兵击之，

王都又向青州、徐州、潞州、益州、梓州五个藩镇的节度使暗送蜡封的秘密书信，离间他们和朝廷的关系。王都又派人去向北面副招讨使、归德军节度使王晏球游说、勾结，王晏球不顺从他。于是王都用金钱收买王晏球帐下的人，让他杀掉王晏球，但没有成功。

　　四月癸巳(十八日)，王晏球把王都谋反的情况报告给朝廷，朝廷下诏，令宣徽使张延朗和北面的众将领商议讨伐王都的办法。庚子(二十五日)，朝廷下诏，撤销王都的官职爵位。壬寅(二十七日)，朝廷命王晏球为北面招讨使、临时代理定州刺史，处理定州事务，命横海军节度使安审通为副招讨使，命郑州防御使张虔钊为军中都监，调发诸道的兵力会合讨伐定州。这一天，王晏球攻定州，占领了它的北关城。王都用很厚的财物贿赂奚族酋长秃馁，向他请求救援，五月，秃馁带领一万骑兵突击进入定州，王晏球退兵到曲阳县据守，王都与秃馁领军就势攻打王晏球。王晏球在嘉山下与他们交战，把他们打得大败，秃馁只剩下两千骑兵逃奔回定州。王晏球领兵追到定州城门，乘势进攻定州城，占领了定州的西关城。定州城池坚固，不易攻，王晏球就扩大修筑西关城，作为自己身兼二职的行府，命令三个州的人民缴纳租税供应军队粮食，坚守在这里。

　　王晏球听说契丹国发兵救援定州，就带领大军奔向望都县，派遣张延朗分领一部兵马退保新乐县。于是张延朗到了真定府，留下赵州刺史朱建丰带领兵马修筑新乐县城的防御工事。契丹军已经从其他道路攻入定州，与王都军联合，夜晚袭击新乐县，攻破了新乐县的留守军，杀了朱建丰。乙丑(二十一日)，王晏球、张延朗两支军队会合于行唐县，丙寅(二十二日)，两军到达曲阳县。王都乘胜，带领自己的全部人马，与契丹军五千骑兵合在一起计一万多人，截击王晏球等人于曲阳县。丁卯(二十三日)，两军在曲阳县城南交战。王晏球召集诸将、校，下令说："王都轻率而且骄傲，可一战擒拿他。今天，是各位报效国家的时候，我要求大家全部放下弓箭，用短兵器攻打敌军，

回顾者斩！"于是骑兵先进，奋梃挥剑，直冲其陈，大破之，僵尸蔽野。契丹死者过半，馀众北走，都与秃馁得数骑，仅免。卢龙节度使赵德钧邀击契丹，北走者殆无孑遗。

秋七月壬戌，契丹复遣其酋长惕隐将七千骑救定州，王晏球逆战于唐河北，大破之。甲子，追至易州。时久雨水涨，契丹为唐所俘斩及陷溺死者，不可胜数。

契丹北走，道路泥泞，人马饥疲，入幽州境。八月甲戌，赵德钧遣牙将武从谏将精骑邀击之，分兵扼险要，生擒惕隐等数百人。馀众散投村落，村民以白梃击之，其得脱归国者不过数十人。自是契丹沮气，不敢轻犯塞。

初，庄宗徇地河北，获小儿，畜之宫中，及长，赐姓名曰李继陶。帝即位，纵遣之。王都得之，使衣黄袍坐堞间，谓王晏球曰："此庄宗皇子也，已即帝位。公受先朝厚恩，曾不念乎？"晏球曰："公作此小数竟何益？吾今教公二策，不悉众决战，则束手出降耳！自馀无以求生也。"

闰月戊申，赵德钧献契丹俘惕隐等，诸将皆请诛之，帝曰："此曹皆虏中骁将，杀之则虏绝望，不若存之以纾边患。"乃赦惕隐等酋长五十人，置之亲卫，馀六百人悉斩之。

契丹遣梅老季素等入贡。

有人回头退却就斩首!"于是王晏球的骑兵先行,扬鞭挥剑,直冲敌军阵营,大破契丹、王都军,僵尸蔽野。契丹军死亡人数超过一半,其馀人马向北逃跑,王都与秃馁只有数名骑兵跟在身边,仅仅幸免一死。卢龙节度使赵德钧拦击契丹军,这样契丹军向北逃跑的那些人马,几乎不留一人。

秋季七月壬戌(十九日),契丹又派遣他们的部落酋长和掌管族属事务的惕隐官带领七千骑兵救定州,王晏球在唐河县北面迎战,大破契丹国的骑兵。甲子(二十一日),追击契丹兵,到达易州。当时,接连降雨,水势猛涨,契丹军被唐军俘虏、斩首以及落水淹死的人,无法计数。

契丹兵向北逃跑,道路泥泞,人马又饿又疲劳,进入了幽州境地。八月甲戌(初二),赵德钧派遣自己的牙将武从谏,带领精锐骑兵拦击契丹兵,他们分开兵力,控制把守险要地带,活捉契丹惕隐官等头目数百人。其馀的契丹人马都散乱地投向各个村落,村民们以光木杖打击他们,最后他们能够得以脱逃回国的不过数十人。从此,契丹军沮丧泄气,不敢轻易进犯后唐边塞。

当初,后唐庄宗攻占河北,捡到一个小孩,把他收养在宫中,到小孩长大了,赐给他一个名字叫李继陶。明宗即位做皇帝后,就把李继陶放出宫,不要了。王都得到了李继陶,让他穿上黄袍坐在城楼的女墙之间,对王晏球说:"这是庄宗的皇子,已经即位做皇帝了。您受先皇帝的厚恩,竟不思念吗?"王晏球说:"您玩这样的小把戏究竟有什么好处?我现在教您两条计策,不带领全部人马作一决战,那就束手出来投降吧!此外,没有其他办法可以得到生路。"

闰八月戊申(初六),赵德钧向朝廷进献俘虏来的契丹军头目惕隐等人,朝廷将领都请求杀掉这些俘虏,明宗说:"这批人都是虏兵中的骁勇将领,杀了他们,虏兵就绝望了,不如让他们活着,用来缓解边境上的战争患祸。"于是赦免惕隐等酋长五十人,安置在亲卫军中,其馀六百名俘虏全部杀了。

契丹国派遣梅老季素等人到朝廷来贡献礼物。

初,卢文进来降,契丹以蕃汉都提举使张希崇代之为卢龙节度使,守平州,遣亲将以三百骑监之。希崇本书生,为幽州牙将,没于契丹,性和易,契丹将稍亲信之,因与其部曲谋南归。部曲泣曰:"归固寝食所不忘也,然虏众我寡,奈何?"希崇曰:"吾诱其将杀之,兵必溃去。此去虏帐千馀里,比其知而征兵,吾属去远矣。"众曰:"善!"乃先为阱,实以石灰,明日,召虏将饮,醉,并从者杀之,投诸阱中。其营在城北,亟发兵攻之,契丹众皆溃去。希崇悉举其所部二万馀口来奔,诏以为汝州刺史。

冬十月,王都据定州,守备固,伺察严,诸将屡有谋翻城应官军者,皆不果。帝遣使者促王晏球攻城,晏球与使者联骑巡城,指之曰:"城高峻如此,借使主人听外兵登城,亦非梯冲所及。徒多杀精兵,无损于贼,如此何为?不若食三州之租,爱民养兵以俟之,彼必内溃。"帝从之。

四年春正月,王都、秃馁欲突围走,不得出。二月癸丑,定州都指挥使马让能开门纳官军,都举族自焚,擒秃馁及契丹二千人。辛亥,以王晏球为天平节度使,与赵德钧并加兼侍中。秃馁至大梁,斩于市。夏四月,契丹寇云州。五月,契丹寇云州。

当初，卢文进到后唐来投降，契丹国以蕃汉都提举使张希崇代替卢文进为卢龙节度使，驻守平州，并派遣一名亲密将领带领三百骑兵留在张希崇军中监察他。张希崇本是一名书生，是幽州藩镇幕府的一名牙将，在战争中被契丹俘虏，由于他性情温和平易近人，契丹将领渐渐亲近信任他，他乘机与自己的部下士兵谋划向南归家乡。他的部下哭着说："回去，本来是我们吃饭睡觉所从来没有忘记的事情，然而虏兵多，我们人少，有什么办法呢？"张希崇说："我来引诱他们的将领，把他们杀掉，下面的兵士必然溃散离去。这里离虏兵营帐一千多里，等他们知道情况再调兵来，我们已经走得远了。"大家说："好主意！"于是他们先挖一个陷阱，里面放一些石灰，第二天，召集虏将饮酒，酒醉的时候，连同随从卫士一并杀了，尸体投放陷阱中。契丹兵的军营在城北面，张希崇赶忙发兵攻打他们，契丹兵马都溃散离去。张希崇带领他所统领的军队两万人全部来投奔后唐，朝廷下诏，以张希崇为汝州刺史。

冬季十月，王都据守定州，防守工事很坚固，巡逻侦察很严密，诸将领中不断有人设法倒献城池来响应官军，都没有成功。明宗派遣使者催促王晏球攻打定州城，王晏球与使者骑马并行巡察定州城，指着城墙对使者说："城墙这样高峻，假使城中主人不管，听凭外面军队登攀城墙，也不是用云梯冲车所能成功的。只是白白地牺牲很多精兵，而无损于贼军，这样还攻个啥劲呢？不如在此让三州供给军粮，爱护人民养好兵士等待着，他们必然内部溃灭。"明宗接受了这一意见。

四年（929）春季正月，王都、秃馁想突破包围逃跑，但是冲不出来。一月癸丑（十三日），定州都指挥使马让能打开城门，迎接王晏球的官军进入定州城，王都全族自焚而死，官军擒获秃馁及契丹兵两千人。辛亥（十一日），朝廷任王晏球为天平军节度使，并让他和赵德钧两人都加封兼任侍中。秃馁被押到大梁城，公开斩于街市。夏季四月，契丹军侵犯云州。五月，契丹军侵犯云州。

长兴元年冬十一月，契丹东丹王突欲自以失职，帅部曲四十人越海自登州来奔。

二年春三月辛酉，赐契丹东丹王突欲姓东丹，名慕华，以为怀化节度使、瑞慎等州观察使。其部曲及先所俘契丹将惕隐等，皆赐姓名。惕隐姓狄，名怀惠。秋九月己亥，更赐东丹慕华姓名曰李赞华。

三年。初，契丹舍利荝剌与惕隐皆为赵德钧所擒，契丹屡遣使请之。上谋于群臣，德钧等皆曰："契丹所以数年不犯边、数求和者，以此辈在南故也，纵之则边患复生。"上以问冀州刺史杨檀，对曰："荝剌，契丹之骁将，向助王都谋危社稷，幸而擒之。陛下免其死，为赐已多。契丹失之如丧手足。彼在朝廷数年，知中国虚实，若得归，为患必深，彼才出塞，则南向发矢矣，恐悔之无及。"上乃止。檀，沙陀人也。

上欲授李赞华以河南藩镇，群臣皆以为不可，上曰："吾与其父约为昆弟，故赞华归我。吾老矣，后世继体之君，虽欲招之，其可致乎？"夏四月癸亥，以赞华为义成节度使，为选朝士为僚属辅之。赞华但优游自奉，不豫政事。上嘉之，虽时有不法亦不问，以庄宗后宫夏氏妻之。赞华好饮人血，姬妾多刺臂以吮之。婢仆小过，或抉目，或刀剒火灼；夏氏不忍其残，奏离婚为尼。

长兴元年(930)冬季十一月,契丹国东丹王突欲自认为失去了应有的天皇王的地位,率领部下四十人渡过大海从登州来投奔后唐。

二年(931)春季三月辛酉(初三),朝廷赐契丹来归的东丹王突欲姓东丹,名慕华,任命他为怀化军节度使,瑞、慎等州观察使。他的部下以及先前所俘虏的契丹惕隐等官员都赐给了姓名。惕隐姓狄,名怀惠。秋季九月己亥(十五日),改赐东丹慕华的姓名叫李赞华。

三年(932)。当初,契丹军的头目舍利蔺刺与惕隐都被赵德钧所擒获,契丹屡次派使者到唐朝请求放还他们。明宗和群臣商量如何答复,赵德钧等人都说:"契丹之所以数年不来侵犯边境,而且数次要求和好,就是因为这批人被我们扣在南边的缘故,放了他们就会边患重生。"明宗又为这件事谘询冀州刺史杨檀,杨檀回答说:"蔺刺,是契丹的一员骁将,从前帮助王都谋划危害我们国家,幸亏擒获了他。皇上赦免他的死罪,给他的赏赐已经很多。契丹失去了他,如同断了手足。他在朝廷生活数年,知道我国的内情,如果得以归去,造成祸患必定很深。我认为他这边刚出塞,那边就要回头向南发箭,那样,恐怕后悔也来不及。"于是明宗便留住这些契丹首领不放归。杨檀是沙陀族人。

明宗要授予李赞华河南藩镇节帅的职务,群臣都认为不能这样做,明宗说:"我和他的父亲结盟约为兄弟,所以赞华才来投奔我。我已经老了,后代继承我的国君,虽然想招他来,他会来吗?"夏季四月癸亥(十一日),明宗任命李赞华为义成军节度使,并且在朝中挑选了官员作为他幕府中的僚属辅佐他。李赞华在藩镇任上只是过着优裕舒适的生活,不参予政事。明宗称赞他,虽然他有时做了一些违法的事,明宗也不责问,明宗还把原来庄宗皇帝后宫中的嫔妃夏氏配给他做妻子。李赞华平时好饮人血,对他的美姬妻妾们大多刺破手臂,由他吮臂吸血。他的奴婢、仆人有一点小过错,有的被挖掉眼睛,有的被用刀割,有的被用火烧,夏氏不能忍受他这样残暴,向明宗报告,离婚去做尼姑。

五月，契丹使者迭罗卿辞归国，上曰："朕志在安边，不可不少副其求。"乃遣荝骨舍利与之俱归。契丹以不得荝刺，自是数寇云州及振武。

初，契丹既强，寇抄卢龙诸州皆遍，幽州城门之外，虏骑充斥。每自涿州运粮入幽州，虏多伏兵于阎沟，掠取之。及赵德钧为节度使，城阎沟而戍之，为良乡县，粮道稍通。幽州东十里之外，人不敢樵牧，德钧于州东五十里城潞县而戍之，近州之民始得稼穑。至是，又于州东北百馀里城三河县以通蓟州运路，虏骑来争，德钧击却之。九月庚辰朔，奏城三河毕。边人赖之。

五月，契丹使者迭罗卿辞别回国，明宗说："我的心愿在于安定边境，因此不能不多少满足一下契丹的要求。"于是明宗便让剪骨舍利与契丹使者一同回国。契丹因为未得到剪剌，从此多次侵犯云州和振武节度使的藩镇。

当初，契丹国强大起来之后，就侵犯骚扰、抢劫卢龙藩镇，卢龙藩镇统辖的诸州都被抢遍了，幽州城门之外，充满了契丹的骑兵。朝廷每次从涿州运粮到幽州，契丹大多在阎沟埋伏士兵，抢取路过的粮食。到了赵德钧当卢龙节度使的时候，就在阎沟修建了一座城守卫运粮要道，并且设置良乡县，把阎沟城作县治，从此，运粮道路逐渐畅通。幽州之东十里路以外的地方，百姓就不敢打柴放牧，赵德钧在幽州城东五十里的地方筑城，设置潞县戍守这个地方，靠近幽州一带的农民才能耕作收获庄稼。到这时，赵德钧又在幽州东北一百多里外修筑县城，设置三河县，目的在于沟通通往蓟州的运粮道路，契丹骑兵来争夺这座城，赵德钧打退了他们。九月庚辰是初一，在这天向朝廷报告，三河县城修筑完毕。边地人民依赖它获得安宁。

孟知祥据蜀

后唐明宗天成元年秋七月,孟知祥阴有据蜀之志,阅库中,得铠甲二十万,置左右牙等兵十六营,凡万六千人,营于牙城内外。

初,郭崇韬以蜀骑兵分左、右骁锐等六营,凡三千人；步兵分左、右宁远等二十营,凡二万四千人。八月,孟知祥增置左、右冲山等六营,凡六千人,营于罗城内外；又置义宁等二十营,凡万六千人,分戍管内州县就食；又置左、右牢城四营,凡四千人,分戍成都境内。

秋九月壬戌,孟知祥置左、右飞棹兵六营,凡六千人,分戍滨江诸州,习水战以备夔、峡。

初,魏王继岌、郭崇韬率蜀中富民输犒赏钱五百万缗,听以金银缯帛充,昼夜督责,有自杀者。给军之馀,犹二百万缗。至是,任圜判三司,知成都富饶,遣盐铁判官、太仆卿赵季良为孟知祥官告国信兼三川都制置转运使。冬十月,季良

孟知祥据蜀

后唐明宗天成元年（926）秋季七月，孟知祥暗中怀有割据蜀地自立为王的心思，在检查武器库时，得到铠甲二十万套，建立了左右牙等军队十六营，共计一万六千人，驻扎在牙城内外。

当初，郭崇韬把前蜀留下的骑兵，分为左右骁锐军等，有六个营，共计三千人；把步兵分为左右宁远军等，有二十个营，共计两万四千人。八月，孟知祥增加设置左右冲山军等，有六个营，共计六千人，他让这些军队驻扎在牙城外凸出形小城圈内外；又建立义宁军等，有二十个营，共计一万六千人，分别驻守节镇所属的州、县之中，由所在州县向驻军提供粮食；又建立左右牢城军，有四个营，共计四千人，分别驻守成都境内。

秋季九月壬戌（初八），孟知祥建立左右飞棹军，有六个营，共计六千人，分别驻守在沿长江的各个州中，让他们练习水战，来防备夔州、峡州的对手。

当初，魏王李继岌、郭崇韬按照比例征收蜀中富裕民户犒赏军队钱五百万缗，听凭他们用金银缯帛折换价值充数，官吏昼夜督促征收，有的人被逼自杀。这些钱除了供给军队开支以外，还馀下了两百万缗。到这时，后唐朝廷中，任圜担任三司财政官，他知道成都富饶，于是派遣盐铁判官、太仆卿赵季良到成都去，向孟知祥送交皇上加封他为侍中的委任状和信物，就便让赵季良兼任三川都制置、转运使。冬季十月，赵季良

至成都。蜀人欲皆不与,知祥曰:"府库他人所聚,输之可也。州县租税,以赡镇兵十万,决不可得。"季良但发库物,不敢复言制置转运职事矣。安重诲以知祥及东川节度使董璋皆据险要,拥强兵,恐久而难制;又知祥乃庄宗近姻,阴欲图之。客省使、泗州防御使李严自请为西川监军,必能制知祥。己酉,以严为西川都监,文思使太原朱弘昭为东川副使。李严母贤明,谓严曰:"汝前启灭蜀之谋,今日再往,必以死报蜀人矣。"

二年春正月,孟知祥闻李严来监其军,恶之。或请奏止之,知祥曰:"何必然?吾有以待之。"遣吏至绵、剑迎候。会武信节度使李绍文卒,知祥自言尝受密诏许便宜从事。壬戌,以西川节度副使、内外马步都指挥使李敬周为遂州留后,促之上道,然后表闻。严先遣使至成都,知祥自以于严有旧恩,冀其惧而自回,乃盛陈甲兵以示之,严不以为意。

孟知祥礼遇李严甚厚,一日谒知祥,知祥谓曰:"公前奉使王衍,归而请兵伐蜀,庄宗用公言,遂致两国俱亡。今公复来,蜀人惧矣!且天下皆废监军,公独来监吾军,何也?"严惶怖求哀,知祥曰:"众怒不可遏也!"遂揖下,斩之。

到达成都。蜀中人试图都不给,孟知祥说:"府库中的钱财是人家收集起来的,交出去可以。州县收上来的租税,是用来供给十万镇兵开支的,决不能让朝廷得到。"因此,赵季良只运出府库中的钱物,不敢再提及自己兼任制置、转运使的官职这件事了。安重诲鉴于孟知祥和东川节度使董璋都占据在险要的地区,拥有强大的军队,恐怕日子久了就难以控制他们;再加上孟知祥又是庄宗皇帝亲近的姻亲,便打算杀掉他们。客省使、泗州防御使李严自己提出请求出任西川监军,一定能够制服孟知祥。己酉(二十六日),后唐朝廷任命李严为西川都监,任命文思使太原人朱弘昭为东川副使。李严的母亲很贤明,她对李严说:"你以往引出了消灭蜀国的谋划,现在你再去那里,必然拿命遭受蜀国人的报复了。"

二年(927)春季正月,孟知祥听说李严来监察他的军队,心中憎恨他。有人提出向朝廷报告,让他半路回京城,孟知祥说:"何必要这样做呢?我有办法来对待他。"于是孟知祥派官吏到绵州、剑州等地一路迎接等候李严。正巧这时武信军节度使李绍文死了,孟知祥自称曾经接到过皇上的秘密诏书,允许他在紧急时候,自行决策处理问题,不必请示。壬戌(初十),孟知祥任命西川节度副使、内外马步都指挥使李敬周为遂州留后,并催促他出发赴任,然后上表向朝廷报告这件事。李严首先派使者到达成都,孟知祥自己认为过去对李严有恩情,希望他能有所畏惧然后自动返回,于是大规模地陈列披盔戴甲的武士给李严看,但李严不在意这些。

孟知祥对李严以礼相待,各方面安排很优厚,有一天,李严拜见孟知祥,孟知祥对他说:"您以前奉命出使到王衍这里,完成任务后回到朝廷就请求出兵讨伐蜀国,庄宗采纳了您的意见,于是庄宗朝和蜀国都灭亡了。现在您再次来到成都,蜀中人民非常害怕啊!而且天下都已经撤销了监军,您却专门来监察我的军队,这是为什么呢?"李严听后,惶恐变色,向孟知祥哀求宽大,孟知祥说:"众怒不可阻挡!"李严拜辞离去,孟知祥派人杀了他。

又召左厢马步都虞候丁知俊，知俊大惧，知祥指严尸谓曰："昔严奉使，汝为之副，然则故人也，为我瘗之。"因诬奏："严诈宣口敕，云代臣赴阙，又擅许将士优赏，臣辄已诛之。"内八作使杨令芝以事入蜀，至鹿头关，闻严死，奔还。朱弘昭在东川，闻之，亦惧，谋归洛。会有军事，董璋使之入奏，弘昭伪辞然后行，由是得免。

三月，帝遣客省使李仁矩如西川，传诏安谕孟知祥及吏民。甲戌，至成都。

先是，孟知祥遣牙内指挥使文水武漳迎其妻琼华长公主及子仁赞于晋阳，及凤翔，李从曮闻知祥杀李严，止之，以闻，帝听其归蜀。丙申，至成都。

盐铁判官赵季良与孟知祥有旧，知祥奏留季良为副使。朝廷不得已，四月，以季良为西川节度副使。李昊归蜀，知祥以为观察推官。

三年春三月，孟知祥屡与董璋争盐利，璋诱商旅贩东川盐入西川，知祥患之，乃于汉州置三场重征之，岁得钱七万缗，商旅不复之东川。

先是，诏发西川兵戍夔州，孟知祥遣左肃边指挥使毛重威将三千人往。顷之，知祥奏夔、忠、万三州已平，请召戍兵还，以省馈运，帝不许。知祥阴使人诱之。夏六月，重威帅其

孟知祥又召见左厢马步都虞候丁知俊,丁知俊大为惊吓,孟知祥指着李严的尸体对他说:"过去李严奉命出使蜀国的时候,你是他的副手,然而他毕竟是老朋友,你为我把他埋葬掉。"孟知祥就此向朝廷谎报说:"李严假冒宣布皇上的口头命令,说要代替我的职务,让我到朝廷去,他又擅自许愿要优厚地奖赏将士,我已经把他杀了。"掌管宫内八种工匠的内八作使杨令芝,因为有事情到蜀中去,走到鹿头关的时候,听说李严死了就逃奔回来。朱弘昭在东川,听到消息也十分害怕,便谋划回洛阳。正巧碰上有军事活动,董璋派他回朝廷报告情况,朱弘昭借此装作辞别,然后就离开了,他由此得以免死。

三月,明宗派遣客省使李仁矩到西川去,传达皇帝的诏书,稳定安抚孟知祥及那里的官员百姓。甲戌(二十三日),李仁矩到达成都。

此前,孟知祥派遣牙内指挥使文水县人武漳到晋阳去迎接妻子琼华长公主和儿子孟仁赞,人马到达凤翔县的时候,李从曒听说孟知祥杀了李严,就拦住留下了他们,并向朝廷报告情况,明宗答复说任凭他们回蜀,丙申(十六日),他们到达成都。

盐铁判官赵季良与孟知祥有旧交,孟知祥就向朝廷报告,请求留下赵季良担任自己的副使。朝廷不得已,四月,任命赵季良为西川节度副使。李昊回到蜀中,孟知祥任命他为观察推官。

三年(928)春季三月,孟知祥屡次与董璋争夺盐税之利,董璋引诱盐商们贩运东川的盐到西川孟知祥的辖境去出售,孟知祥担心这样会影响本境的盐利,于是就在汉州设置三个征税的场所,向来往盐商征收重税,一年获得盐税钱七万缗,从此盐商们不再到东川贩盐了。

此前,明宗曾下诏书,调发西川的军队去戍守夔州,孟知祥派左肃边指挥使毛重威带领三千兵士驻守那里。不久,孟知祥向朝廷报告说夔、忠、万三州已经平定,请求召回戍守夔州的军队回成都,以便减省粮食运输的费用,明宗不批准。孟知祥暗暗派人引诱夔州的戍军。夏季六月,毛重威率领他的

众鼓噪逃归。帝命按其罪，知祥请而免之。

四年夏五月，帝将祀南郊，遣客省使李仁矩以诏谕两川，令西川献钱一百万缗，东川五十万缗。皆辞以军用不足，西川献五十万缗，东川献十万缗。仁矩，帝在藩镇时客将也，为安重诲所厚，恃恩骄慢。至梓州，董璋置宴召之，日中不往，方拥妓酣饮。璋怒，从卒徒执兵入驿，立仁矩于阶下而诟之曰："公但闻西川斩李客省，谓我独不能邪？"仁矩流涕拜请，仅而得免。既而厚赂仁矩以谢之。仁矩还，言璋不法。未几，帝复遣通事舍人李彦珣诣东川，入境，失小礼，璋拘其从者，彦珣奔还。

秋九月，鄜州兵戍东川者归本道，董璋擅留其壮者，选羸老归之，仍收其甲兵。

冬十月辛亥，割阆、果二州置保宁军。壬子，以内客省使李仁矩为节度使。先是，西川常发刍粮馈峡路，孟知祥辞以本道兵自多，难以奉他镇，诏不许，屡督之。甲寅，知祥奏称财力乏，不奉诏。

十二月，安重诲既以李仁矩镇阆州，使与绵州刺史武虔裕皆将兵赴治。虔裕，帝之故吏，重诲之外兄也。重诲使仁矩诇董璋反状，仁矩增饰而奏之。朝廷又使武信节度使夏鲁奇治遂州城隍，缮甲兵，益兵戍之。璋大惧。

人马起哄喧闹逃回西川。明宗下令审问毛重威并治罪,孟知祥为毛重威说情后明宗才放过他。

四年(929)夏季五月,明宗将要在南郊举行祭天大礼,派遣客省使李仁矩带着诏书,到蜀中去颁布,令西川献钱一百万缗,东川献钱五十万缗。但两川都推辞说军中费用不足,因此,西川只献出五十万缗,东川献出十万缗。李仁矩,早在明宗担任藩镇节度使时,就是身边的一员外籍将领,现在他正受安重诲的重视和厚待,因而依仗恩宠而骄横傲慢。李仁矩到达梓州时,董璋设宴召请他,他一直到中午还没有赴宴,正抱着美妓在酣饮。董璋非常恼火,让兵士跟在自己后面,拿着武器进入了李仁矩住的驿馆,把李仁矩罚站在石阶下面然后骂他说:"你只听说西川那儿斩了客省使李严,以为我不敢杀人吗?"李仁矩痛哭流泪叩头求饶,才得以免死。之后董璋又以厚礼贿赂李仁矩,对这件事表示道歉。李仁矩回到朝廷,说董璋不遵守法令制度。不久,明宗又派通事舍人李彦珣到东川,李彦珣到达东川境内时,礼节上有些欠缺,董璋就拘禁了他的随从人员,李彦珣吓得逃回朝廷。

秋季九月,戍守东川的郎州兵,到期要返回本道,董璋擅自留下其中身强力壮的士兵,只挑选一些老弱的士兵,让他们返回郎州,并且收缴了他们的铠甲和武器。

冬季十月辛亥(十六日),朝廷划分出阆州、果州,单独建立保宁军。壬子(十七日),朝廷任命内客省使李仁矩为保宁军节度使。这之前,西川经常调拨粮草供给峡路军,孟知祥借口说本道自己的军队人马多,难以继续向别的藩镇供给粮草,明宗下诏不批准,多次督促他继续调拨。甲寅(十九日),孟知祥报告明宗说自己财力不足,拒不奉受诏书。

十二月,安重诲任李仁矩镇守阆州之后,让他和绵州刺史武虔裕都带军队去治所赴任。武虔裕是皇帝身边旧官吏,安重诲的异姓表兄。安重诲指使李仁矩侦察董璋谋反的迹象,李仁矩就把察看情况添油加醋地报告朝廷。朝廷又派武信军节度使夏鲁奇去遂州,修治护城壕沟,打造铠甲武器,增兵力戍守遂州。董璋大感恐惧。

时道路传言，又将割绵、龙为节镇，孟知祥亦惧。璋素与知祥有隙，未尝通问，至是，璋遣使诣成都，请为其子娶知祥女。知祥许之，谋并力以拒朝廷。

长兴元年春正月，董璋遣兵筑七寨于剑门。辛巳，孟知祥遣赵季良如梓州修好。二月乙未朔，赵季良还成都，谓孟知祥曰："董公贪残好胜，志大谋短，终为西川之患。"都指挥使李仁罕、张业欲置宴召知祥。先二日，有尼告二将谋以宴日害知祥，知祥诘之，无状。丁酉，推始言者军校都延昌、王行本，腰斩之。戊戌，就宴，尽去左右，独诣仁罕第，仁罕叩头流涕曰："老兵惟尽死以报德。"由是诸将皆亲附而服之。壬子，孟知祥、董璋同上表言："两川闻朝廷于阆中建节，绵、遂益兵，无不忧恐。"上以诏书慰谕之。

董璋恐绵州刺史武虔裕窥其所为，夏四月甲午朔，表兼行军司马，囚之府廷。戊戌，加孟知祥兼中书令。五月，董璋阅集民兵，皆鬄发黥面。复于剑门北置永定关，布列烽火。

孟知祥累表请割云安等十三盐监隶西川，以盐直赡宁江屯兵。辛卯，许之。

当时,道路上的人传说,又要划出绵州、龙州建立新的节镇,孟知祥听到这些也很恐惧。董璋一贯和孟知祥关系不好,相互之间根本没来往,到了这个时候,董璋派遣使者到成都,请求为他的儿子娶孟知祥的女儿为妻。孟知祥答应了这门亲事,并且和他谋划如何同心合力来抗拒朝廷。

长兴元年(930)春季正月,董璋派兵在剑门修筑七个营寨。辛巳(十六日),孟知祥派遣赵季良到梓州和董璋加强友好关系。二月乙未是初一,赵季良回到成都,对孟知祥说:"董璋这个人贪婪残忍好胜心强,志气大,但是没有长谋远虑,最终将是我们西川的祸害。"孟知祥军中的都指挥使李仁罕和张业两人想设置酒宴,邀请孟知祥饮酒。在这以前两天,有个尼姑送信报告,说这两个将领密谋在宴请的那一天谋害孟知祥,孟知祥追查情况,没有迹象和根据。丁酉(初三),孟知祥审讯带头传说这件事情的军校都延昌和王行本两人,按军法腰斩了这两人。戊戌(初四),孟知祥应邀赴宴,把身边的卫士全部打发离开,独自一人到李仁罕的家中,李仁罕叩头流泪说:"我这个老兵今后唯有尽死命来报答您的恩情和信任。"由于这样,孟知祥的将领都靠近追随他,对他心悦诚服。壬子(十八日),孟知祥、董璋两人共同上表给明宗说:"两川这里听说朝廷在阆州建立节度使藩镇,向绵州、遂州增加兵力,无不感到忧愁和恐惧。"明宗下达诏书来安慰和劝导他们。

董璋害怕绵州刺史武虔裕偷探他所做的事情,夏季四月甲午这天是初一,董璋以上表推荐武虔裕兼任行军司马为诱饵,把武虔裕引诱到东川幕府中,拘禁起来。戊戌(初五),朝廷加封孟知祥兼任中书令。五月,董璋调集百姓和士兵训练检阅,全都剪去头发并在脸上以墨刺上记号。董璋又在剑门北建立永定关,沿途布设烽火信号台。

孟知祥屡次上表请求朝廷将永安等十三个盐监划归西川节镇,以所收的盐税钱来供养宁江军驻兵。辛卯(二十八日),朝廷批准了他的要求。

董璋遣兵掠遂、阆镇戍。秋七月戊辰，两川以朝廷继遣兵屯遂、阆，复有论奏。自是东北商旅少敢入蜀。

董璋之子光业为宫苑使，在洛阳，璋与书曰："朝廷割吾支郡为节镇，屯兵三千，是杀我必矣。汝见枢要为吾言：如朝廷更发一骑入斜谷，吾必反，与汝诀矣！"光业以书示枢密承旨李虔徽。未几，朝廷又遣别将荀咸乂将兵戍阆州，光业谓虔徽曰："此兵未至，吾父必反。吾不敢自爱，恐烦朝廷调发，愿止此兵，吾父保无他。"虔徽以告安重海，重海不从。璋闻之，遂反。利、阆、遂三镇以闻，且言已聚兵将攻三镇。重海曰："臣久知其如此，陛下含容不讨耳！"帝曰："我不负人，人负我则讨之。"

九月癸亥，西川进奏官苏愿白孟知祥，云朝廷欲大发兵讨两川。知祥谋于副使赵季良，季良请以东川先取遂、阆，然后并兵守剑门，则大军虽来，吾无内顾之忧矣。知祥从之，遣使约董璋同举兵。璋移檄利、阆、遂三镇，数其离间朝廷，引兵击阆州。庚午，知祥以都指挥使李仁罕为行营都部署，汉州刺史赵廷隐副之，简州刺史张业为先锋指挥使，将兵三万攻遂州。别将牙内都指挥使侯弘实、先登指挥使孟思恭将兵四千会璋攻阆州。

董璋派兵到阆州、遂州藩镇戍守的地区抢劫。秋季七月戊辰(初七),两川节度使因为朝廷继续派兵屯驻阆州、遂州一事,再次上表向朝廷议论这件事。自这时起,东北方向的商客们很少敢入蜀交易。

董璋的儿子董光业是朝廷的宫苑使,人在洛阳,董璋写信给他说:"朝廷把我藩镇下面的州郡切割出去,另建藩镇,在那里屯兵三千,这毫无疑问是要杀我。你去见枢密院的主要官员,为我向他们说明,如果朝廷再增加一个人马进入斜谷道,我一定起兵造反,与你诀别了!"董光业把这封书信给枢密承旨李虔徽看了。不久,朝廷又派遣非主力将领荀咸义率领兵马戍守阆州,董光业对李虔徽说:"不等这支兵马到达,我的父亲一定造反。我不敢爱惜自己的生命,只是害怕给朝廷增加调遣兵马的麻烦,希望能够停止派遣这支兵马,我的父亲保证不会有其他的举动。"李虔徽把董光业的话报告安重诲,安重诲不接受董光业的意见。董璋听到这些消息,就起兵造反了。利州、阆州、遂州三个藩镇都向朝廷报告了情况,并说董璋已经集中兵力,将要进攻三镇。安重诲说:"我很早就知道他要这样,皇上包含容忍他,不肯讨伐啊!"明宗说:"我不亏待人家,人家亏待我,那就讨伐他。"

九月癸亥(初三),西川长住京城的进奏官苏愿转告孟知祥,说朝廷打算大规模发兵攻打两川。孟知祥向节度副使赵季良请教对策,赵季良提出,利用东川的兵马先打下遂州、阆州,然后我们西川与董璋配合,共守剑门,那样,虽然朝廷有大军过来,我们已经无后顾之忧了。孟知祥听从了赵季良的主意,派使者联络董璋,相约共同起兵。董璋向利、阆、遂三镇地区传发檄文,列举他们离间朝廷与两川的关系,同时引兵攻打阆州。庚午(初十),孟知祥任用都指挥使李仁罕为行营都部署,任用汉州刺史赵廷隐做他的副手,任用简州刺史张业为先锋指挥使,率兵三万攻打遂州。又派非主力将领牙内都指挥使侯弘实、先登指挥使孟思恭带领士兵四千,会合董璋攻打阆州。

东川兵至阆州，诸将皆曰："董璋久蓄反谋，以金帛啖其士卒，锐气不可当，宜深沟高垒以挫之，不过旬日，大军至，贼自走矣。"李仁矩曰："蜀兵懦弱，安能当我精卒？"遂出战，兵未交而溃归。董璋昼夜攻之，庚辰，城陷，杀仁矩，灭其族。初，璋为梁将，指挥使姚洪尝隶麾下，至是，将兵千人戍阆州，璋密以书诱之，洪投诸厕。城陷，璋执洪而让之曰："吾自行间奖拔汝，今日何相负？"洪曰："老贼！汝昔为李氏奴，扫马粪，得馂炙，感恩无穷。今天子用汝为节度使，何负于汝而反邪？汝犹负天子，吾受汝何恩？而云相负哉？汝奴材，固无耻；吾义士，岂忍为汝所为乎？吾宁为天子死，不能与人奴并生！"璋怒，然镬于前，令壮士十人刲其肉自啖之，洪至死骂不绝声。帝置洪二子于近卫，厚给其家。

丙戌，下制削董璋官爵，兴兵讨之。丁亥，以孟知祥兼西南面供馈使，以天雄节度使石敬瑭为东川行营都招讨使，以夏鲁奇为之副。璋使孟思恭分兵攻集州，思恭轻进，败归。璋怒，遣还成都，知祥免其官。戊子，以石敬瑭权知东川事。庚寅，以右武卫上将军王思同为西都留守兼行营马步都虞候，为伐蜀前锋。

冬十月癸巳，李仁罕围遂州，夏鲁奇婴城固守。孟知祥命都押牙高敬柔帅资州义军二万人筑长城环之。鲁奇遣马军都指挥使康文通出战，文通闻阆州陷，遂以其众降于仁罕。

东川兵马抵阆州，阆州将领都说："董璋很早就蓄意谋反，用金帛钱财引诱他的士兵，锐气不可阻挡，我们最好用深沟高垒的战术来挫伤他们的锐气，不过十天，朝廷大军到来，贼军就会自动逃跑了。"李仁矩说："蜀兵怯懦软弱，哪是我们精兵强卒的对手？"于是出兵迎战，两兵还没交锋，阆州镇兵就溃退回城。董璋驱兵昼夜不停地攻打，庚辰(二十日)，攻陷阆州城，杀了李仁矩，诛灭了他的全族。当初，董璋身为梁朝将领时，指挥使姚洪曾隶属于他统领的部队，到这时，姚洪正带兵千人戍守在阆州，董璋秘密写信诱降姚洪，姚洪把诱降信扔到厕所。阆州城攻陷后，董璋捉住姚洪，责骂他说："我把你从行伍之间奖掖提拔起来，今天你为何辜负我？"姚洪说："老贼！你过去在李氏人家当奴仆，扫马粪，得一片烤肉就感恩无穷。现在天子任用你为节度使，哪儿亏负你？而你却要造反呀！你尚且这样辜负天子，我得到你的什么恩德？而你却说相负于你这样的话！你是个奴才，本来就无耻；我是个义士，怎能忍心干你干的那种事呢？我宁可为天子而死，不能和人家奴才一块活着！"董璋勃然大怒，在他面前支起一只大锅燃烧起来，命令十名壮士割他的肉自己煮着吃掉，姚洪至死骂声不绝。明宗把姚洪的两个儿子安排到近卫军中，优厚地抚恤他的家人。

丙戌(二十六日)，朝廷下制书，削去董璋的官爵，兴兵讨伐他。丁亥(二十七日)，朝廷任用孟知祥兼西南面供馈使，又任用天雄节度使石敬瑭为东川行营都招讨使，调遣夏鲁奇作为石敬瑭的副手。董璋派孟思恭分领一支兵马攻打集州，孟思恭轻率进兵，吃了败仗回来。董璋发火，遣他返回成都，孟知祥免了他的职务。戊子(二十八日)，朝廷任命石敬瑭临时代理东川的事务。庚寅(三十日)，朝廷任命右武卫上将军王思同为西都留守兼行营马步都虞候，作为伐蜀的前锋军队。

冬季十月癸巳(初三)，李仁罕围攻遂州，夏鲁奇死守州城。孟知祥命令都押牙高敬柔率领资州义军两万人环绕遂州城筑一道长城进行包围。夏鲁奇派遣马军都指挥使康文通出战，康文通听说阆州已经被攻陷，就带领他的人马投降李仁罕。

戊戌，董璋引兵趣利州，遇雨，粮运不继，还阆州。知祥闻之，惊曰："比破阆中，正欲径取利州，其帅不武，必望风遁去。吾获其仓廪，据漫天之险，北军终不能西救武信。今董公僻处阆州，远弃剑阁，非计也！"欲遣兵三千助守剑门，璋固辞曰："此已有备。"丁未，族诛董光业。

孟知祥以故蜀镇江节度使张武为峡路行营招收讨伐使，将水军趣夔州，以左飞棹指挥使袁彦超副之。癸丑，东川兵陷徵、合、巴、蓬、果五州。十一月戊辰，张武至渝州，刺史张环降之，遂取泸州，遣先锋将朱偓分兵趣黔、涪。

石敬瑭入散关，阶州刺史王弘贽、泸州刺史冯晖与前锋马步都虞候王思同、步军都指挥使赵在礼引兵出人头山后，过剑门之南，还袭剑门。壬申，克之，杀东川兵三千人，获都指挥使齐彦温，据而守之。晖，魏州人也。甲戌，弘贽等破剑州，而大军不继，乃焚其庐舍，取其资粮，还保剑门。

乙亥，诏削孟知祥官爵。

己卯，董璋遣使至成都告急。知祥闻剑门失守，大惧，曰："董公果误我！"庚辰，遣牙内都指挥使李肇将兵五千赴之，戒之曰："尔倍道兼行，先据剑州，北军无能为也。"又遣使诣遂州，令赵廷隐将万人会屯剑州。又遣故蜀永平节度使李筠将兵四千趣龙州，守要害。时天寒，士卒

戊戌(初八),董璋带领军队进攻利州,途中遇到天下雨,粮食运输接应不上,董璋回师阆州。孟知祥听到董璋回师阆州的消息,为之一惊,说:"近来攻破阆州,正要直取利州,那里的主帅不会打仗,必然望风逃跑。我们获得那里的仓库,有了粮食,就可以占据漫天寨,凭借天险,北军西来最终救不了遂州武信军。现在董公僻居阆州被动留守,远弃剑阁,这不是长久之计啊!"孟知祥打算派三千兵马帮助守卫剑门,董璋坚决地推辞说:"这事已经有了准备。"丁未(十七日),朝廷诛杀了董光业全家。

孟知祥任用原先蜀国镇江节度使张武为峡路行营招收讨伐使,带领水军攻向夔州,任用左飞棹指挥使袁彦超作为张武的副手。癸丑(二十三日),东川军队攻陷徵、合、巴、蓬、果五州。十一月戊辰(初九),张武领军到达渝州,渝州刺史张环投降了他,于是张武领兵继续攻取了泸州,又派先锋将领朱偓分领一支人马向黔州、涪州进军。

石敬瑭进入散关,阶州刺史王弘贽、泸州刺史冯晖和前锋马步都虞候王思同、步军都指挥使赵在礼引兵从人头山后进发,绕过剑门之南,再返回攻打剑门。壬申(十三日),攻下剑门,杀死东川兵三千人,擒获都指挥使齐彦温,占据了剑门而凭险防守。冯晖是魏州人。甲戌(十五日),王弘贽等人领军攻破剑州,然而后面大军没有跟上来,于是就焚烧了剑州城的房屋宅舍,拿走了他们的物资、粮食,撤退,回军保剑门。

乙亥(十六日),明宗下诏书,宣布削去孟知祥的所有官职、爵号。

己卯(二十日),董璋派使者到成都告急。孟知祥听说剑门失守,十分恐惧,说:"董公果然贻误我的大事!"庚辰(二十一日),孟知祥派牙内都指挥使李肇带五千兵马奔赴剑门,临行前,孟知祥告诫李肇说:"你加倍速度,日夜兼行,先占据剑州,北军就对我们无计可施了。"孟知祥又派使者到遂州,传令赵廷隐带一万人马与李肇会师,同守剑门。又派原前蜀永平节度使李筠带领四千兵马奔向龙州,扼守要害之地。当时,天气寒冷,士卒

恐惧，观望不进，廷隐流涕谕之曰："今北军势盛，汝曹不力战却敌，则妻子皆为人有矣。"众心乃奋。董璋自阆州将两川兵屯木马寨。

先是，西川牙内指挥使太谷庞福诚、昭信指挥使谢锽屯来苏村，闻剑门失守，相谓曰："使北军更得剑州，则二蜀势危矣。"遽引部兵千馀人间道趣剑州。始至，官军万馀人自北山大下，会日暮，二人谋曰："众寡不敌，逮明则吾属无遗矣。"福诚夜引兵数百升北山，大噪于官军营后，锽帅馀众操短兵自其前急击之。官军大惊，空营遁去，复保剑门，十馀日不出。孟知祥闻之，喜曰："吾始谓弘赟等克剑门，径据剑州，坚守其城，或引兵直趣梓州，董公必弃阆州奔还，我军失援，亦须解遂州之围。如此则内外受敌，两川震动，势可忧危。今乃焚毁剑州，运粮东归剑门，顿兵不进，吾事济矣。"

官军分道趣文州，将袭龙州，为西川定远指挥使潘福超、义胜都头太原沙延祚所败。甲申，张武卒于渝州，知祥命袁彦超代将其兵。朱偓将至涪州，武泰节度使杨汉宾弃黔南，奔忠州，偓追至丰都，还取涪州。知祥以成都支使崔善权武泰留后。董璋遣前陵州刺史王晖将兵三千会李肇等分屯剑州南山。

十二月壬辰，石敬瑭至剑门。乙未，进屯剑州北山。赵廷隐陈于牙城后山，李肇、王晖陈于河桥。敬瑭引步兵

都恐慌惧怕，观望形势不愿前进。赵廷隐流着眼泪劝说大家，说："现在北方军队气势旺盛，你们如不拼力应战打退敌人，那么妻子儿女都被人家占为己有了。"广大士兵的情绪这才被鼓舞激奋起来。董璋从阆州带领两川兵马屯驻木马寨。

在这之前，西川牙内指挥使太谷县人庞福诚、昭信军指挥使谢锽，领军驻扎在来苏村，他们听说剑门丢入敌手，相互商量说："假使北军再取下剑州，那么二蜀的局势就危险了。"他们立即带领部下兵马一千多人从小路奔向剑州。刚刚到达，只见一万多官军从北山大批压下来，正好天色已晚，两人商议说："现在众寡不相匹敌，如果等待到天亮，那我们这些人马就一个也留不下来了。"庞福诚当夜带领数百士兵登上北山，在官军军营后面大声呐喊，谢锽则带领剩余兵马拿着短武器从官军前面迅疾攻入。官军大惊，全部逃跑而去，营寨顿时一空，他们返回剑门死守，十几天不敢出战。孟知祥听说这个消息，欢喜地说："当初我认为王弘赞他们攻下剑门，要直取剑州，坚守剑州城，或者领兵直接攻打梓州，董璋公必定放弃阆州回师守卫梓州，这样，我们的军队就失去援助，也要解除对遂州的围攻。如果是这样的话，那就会内外受敌，两川动摇不稳，形势会令人忧愁、危急。现在他们焚毁剑州，运了一批粮食东回剑门，兵马停顿不进，我们的事情就顺利了。"

官军分头取道奔向文州，打算袭击龙州，被西川军中定远指挥使潘福超的兵马和义胜军的都头太原人沙延祚的兵马打败。甲申（二十五日），张武在渝州死了，孟知祥命令袁彦超代替他的职务指挥他的军队。朱倔领兵将要到达涪州，武泰军节度使杨汉宾放弃黔南，逃奔忠州，朱倔领兵追赶他们到达丰都县，又回头占据涪州。孟知祥命令成都支使崔善临时代理武泰留后。董璋派遣前任陵州刺史王晖带领三千兵马与李肇等军会师，分别驻扎剑州南山。

十二月壬辰（初三），石敬瑭率主力军到达剑门。乙未（初六），石敬瑭军进驻剑州北山。赵廷隐的兵力布置在剑州牙城的后山，李肇、王晖等人的兵力布置在河桥。石敬瑭带领步兵

进击廷隐，廷隐择善射者五百人伏敬瑭归路，按甲待之，矛稍欲相及，乃扬旗鼓噪击之，北军退走，颠坠下山，俘斩百馀人。敬瑭又使骑兵冲河桥，李肇以强弩射之，骑兵不能进。薄暮，敬瑭引去，廷隐引兵蹑之，与伏兵合击，败之。敬瑭还屯剑门。

石敬瑭征蜀未有功，使者自军前来，多言道险狭，进兵甚难。关右之人疲于转饷，往往窜匿山谷，聚为盗贼。上忧之，壬子，谓近臣曰："谁能办吾事者？吾当自行耳。"安重诲曰："臣职忝机密，军威不振，臣之罪也。臣请自往督战。"上许之。重诲即拜辞，癸丑，遂行，日驰数百里。西方藩镇闻之，无不惶骇。钱帛、刍粮昼夜辇运赴利州，人畜毙踣于山谷者不可胜纪。时上已疏重诲，石敬瑭本不欲西征，及重诲离上侧，乃敢累表奏论，以为蜀不可伐，上颇然之。

西川兵先戍夔州者千五百人，上悉纵归。

二年春正月壬戌，孟知祥奉表谢。

庚午，李仁罕陷遂州，夏鲁奇自杀。癸酉，石敬瑭复引兵至剑州，屯于北山。孟知祥枭夏鲁奇首以示之。鲁奇二子从敬瑭在军中，泣请往取其首葬之，敬瑭曰："知祥长者，必葬而父，岂不愈于身首异处乎？"既而知祥果

进攻赵廷隐的军队,赵廷隐挑选优秀射箭手五百人埋伏在石敬瑭军队的归路上,按持武器等待,直到两军的刀枪将要能够相碰时,这才挥旗击鼓呐喊出击,北军后退逃跑,跌翻、坠落连滚带爬地下了山,被俘被杀达一百多人。石敬瑭又派骑兵冲杀河桥,李肇军用强弩射击他们,骑兵无法前进。接近天黑,石敬瑭带领兵马退去,赵廷隐领兵暗暗追随他们,与埋伏的军队联合袭击,打败了石敬瑭的军队。石敬瑭引兵回剑门驻扎。

石敬瑭征讨蜀地的战役没有什么进展,使者从军事前线来到朝廷,大多诉说道路艰险狭窄,行军极其困难。关西的人们为军队转运粮食物资,疲乏困苦,常常逃窜躲藏到山谷中去,聚集起来当盗贼。明宗对此感到忧愁,壬子(二十三日),明宗对亲近的大臣说:“有谁能够办成我的大事呢?看来我应当自己往前线去。”安重诲说:“我惭愧地被任用在执掌军事机密的重要职位上,现在军威不振,这是我的罪过。我请求让我去督战。”明宗批准他的要求。安重诲立叩拜辞别明宗,癸丑(二十四日),便出发了,他每天奔驰数百里。西方的藩镇听说这个消息,无不惊惶骇惧。供给官军的钱财、布帛、粮草昼夜用车运送到利州,人畜累死躺倒在山谷中的不可统计。当时,明宗已经疏远安重诲,石敬瑭本来不愿意西征,等到安重诲离开了明宗的身旁之后,才敢不断地上表议论形势,提出不能攻打蜀地,明宗很同意他的看法。

西川兵中早先派往夔州担任戍守任务的人有一千五百名,明宗全部放他们回去。

二年(931)春季正月壬戌(初三),孟知祥上表朝廷,感谢放还西川的戍兵。

庚午(十一日),李仁罕军攻陷遂州,夏鲁奇自杀。癸酉(十四日),石敬瑭再次引兵到剑州,在剑州北山驻扎。孟知祥割下夏鲁奇的头让石敬瑭的军队看。夏鲁奇有两个儿子随从石敬瑭在军中作战,他们哭着请求让他们去取回夏鲁奇的头回来安葬,石敬瑭说:“孟知祥是一个有年纪的人了,一定会安葬你们的父亲,难道不比把身体和头分开两处安葬好些吗?”后来孟知祥果然

收葬之。敬瑭与赵廷隐战不利,复还剑门。

凤翔节度使朱弘昭奏安重诲怨望,不可令至行营。又遗石敬瑭书,使逆止之。敬瑭上言:"重诲至,恐人情有变。"宣徽使孟汉琼亦言重诲过恶,有诏召还。事见《安重诲专权》。

二月己丑朔,石敬瑭以遂、阆既陷,粮运不继,烧营北归。军前以告孟知祥,知祥匿其书,谓赵季良曰:"北军渐进,奈何?"季良曰:"不过绵州,必遁。"知祥问其故,曰:"我逸彼劳,彼悬军千里,粮尽,能无遁乎?"知祥大笑,以书示之。

两川兵追石敬瑭至利州。壬辰,昭武节度使李彦琦弃城走。甲午,两川兵入利州。孟知祥以赵廷隐为昭武留后,廷隐遣使密言于知祥曰:"董璋多诈,可与同忧,不可与同乐,他日必为公患。因其至剑州劳军,请图之。并两川之众,可以得志于天下。"知祥不许。璋入廷隐营,留宿而去。廷隐叹曰:"不从吾谋,祸难未已!"

庚子,孟知祥以武信留后李仁罕为峡路行营招讨使,使将水军东略地。乙巳,赵廷隐、李肇自剑州引还,留兵五千戍利州。丙午,董璋亦还东川,留兵三千戍果、阆。丁巳,李仁罕陷忠州。三月己未朔,李仁罕陷万州。庚申,陷

把夏鲁奇收葬了。石敬瑭出兵与赵廷隐军交战,未能获得胜利,就又引兵回到剑门。

凤翔节度使朱弘昭向明宗报告,说安重诲有埋怨不满的情绪,不能命令他到军队行营中去指挥打仗。朱弘昭又写信给石敬瑭,让他拦住安重诲,阻止安重诲督战。石敬瑭向明宗上书,说明:"安重诲到达军中,恐怕会引起人心变化。"宣徽使孟汉琼也诉说安重诲的过错和坏事,于是明宗有诏书,召安重诲还京。事见《安重诲专权》。

二月己丑是初一,石敬瑭认为遂州、阆州已经被敌军攻陷,粮食运输又接应不上,就在这天烧毁营寨引军北归。前线将士把这一情况写信报告孟知祥,孟知祥掩藏了这封信,对赵季良说:"北军渐渐向前推进,怎么办?"赵季良回答说:"不等他们过绵州,一定偷偷地逃回。"孟知祥问这是什么原因,他回答说:"我们安逸,他们劳苦,他们孤军远隔在千里之外,粮食吃完了,能不偷逃吗?"孟知祥大笑,把前线传回的书信给赵季良看。

两川军队跟着追赶石敬瑭的军队,一直追到利州。壬辰(初四),昭武军节度使李彦琦放弃利州城逃跑。甲午(初六),两川的军队占领了利州。孟知祥任命赵廷隐为昭武军留后,赵廷隐派人密告孟知祥说:"董璋为人多诈,可以与人同忧患,不能与人共欢乐,将来一定会成为您的祸害。乘他现在到剑州慰劳军队,建议消灭他。这样,我们可以合并两川的兵马,实现在天下称雄的心愿。"孟知祥不允许。董璋进入赵廷隐的军营,留住一夜而去。赵廷隐叹息说:"不依我的主张,患难将要接连不断地到来了。"

庚子(十二日),孟知祥任用武信留后李仁罕为峡路行营招讨使,让他带领水军向东扩大地盘。乙巳(十七日),赵廷隐、李肇领军从剑州回成都,留下五千兵力戍守利州。丙午(十八日),董璋也领兵回到东川府梓州,留下三千兵力戍守果州、阆州。丁巳(二十七日),李仁罕的军队攻陷了忠州。三月己未这天是初一,李仁罕军又攻陷万州。庚申(初二),李仁罕攻陷了

云安监。李仁罕至夔州，宁江节度使安崇阮弃镇，与杨汉宾自均、房逃归。壬戌，仁罕陷夔州。

夏四月己酉，以天雄节度使、同平章事石敬瑭兼六军诸卫副使。五月己亥，下诏，以重诲离间孟知祥、董璋、钱镠为重诲罪。

丙午，帝遣西川进奏官苏愿、东川军将刘澄各还本镇，谕以安重诲专命，兴兵致讨。今已伏辜。

冬十一月癸巳，苏愿至成都，孟知祥闻甥姓在朝廷者皆无恙，遣使告董璋，欲与之俱上表谢罪。璋怒曰："孟公亲戚皆完，固宜归附。璋已族灭，尚何谢为？诏书皆在苏愿腹中，刘澄安得豫闻，璋岂不知邪？"由是复为怨敌。

乙未，李仁罕自夔州引兵还成都。
十二月，昭武留后赵廷隐白孟知祥以："利州城堑已完，顷在剑州与牙内都指挥使李肇同功，愿以昭武让肇。"知祥褒谕，不许。廷隐三让，癸酉，知祥召廷隐还成都，以肇代之。

三年春正月，孟知祥以朝廷恩意优厚，而董璋塞绵州路，不听遣使入谢，与节度副使赵季良等谋，欲发使自峡江上表。掌书记李昊曰："公不与东川谋而独遣使，则异日负约之责在我矣。"乃复遣使语之，璋不从。二月，赵季良与诸将议遣昭武都监太原高彦俦将兵攻取壁州，以绝山南兵转入山后

云安盐监。然后，李仁罕领军打到夔州，住在夔州的宁江军节度使安崇阮放弃藩镇，与杨汉宾一道从均州、房州取道逃回洛阳。壬戌（初四），李仁罕攻陷夔州。

夏季四月己酉（二十一日），朝廷任命天雄军节度使、同平章事石敬瑭兼任六军诸卫副使。闰五月己亥（十二日），明宗下诏书，宣布安重诲离间孟知祥、董璋、钱镠与朝廷之间的关系，这是他犯下的大罪。

丙午（十九日），明宗派西川进奏官苏愿、东川军将刘澄各自回本道藩镇，宣达朝廷的新决定，由于安重诲专权，导致兴兵讨伐川蜀。现在安重诲已经伏罪处死。

冬季十一月癸巳（初十），苏愿抵达成都，孟知祥听说他的外甥、侄儿等身在朝廷的亲戚都平安无恙，就派使者通告董璋，要和他一起上表向朝廷谢罪。董璋发火说："孟公的亲戚都完好，当然应该归附朝廷。我董璋的宗族已经被诛灭，还有什么可谢罪的？皇上的诏书都在苏愿的肚子里，刘澄怎么能听到，我董璋难道不知道吗？"由于这样，又和西川方面形成怨恨、对立。

乙未（十二日），李仁罕领兵从夔州返回成都。

十二月，昭武留后赵廷隐报告孟知祥说："利州的城池壕沟已经修筑完毕，前不久，在剑州作战时，牙内都指挥使李肇与我有同等战功，我愿把昭武军镇让给李肇。"孟知祥赞扬了他，但是不同意。赵廷隐三次向孟知祥表示让位，癸酉（二十日），孟知祥召赵廷隐回成都，命李肇代替赵廷隐的职务。

三年（932）春季正月，孟知祥认为朝廷对他的恩情非常优厚，然而董璋的军队阻挡了绵州的道路，不让他派使遣者入京上表谢罪，他就和节度副使赵季良等人商量办法，想派使者从峡江取道入京上表。掌书记李昊说道："您不和东川那边商量而独自派人入京，将来不守盟约的责任就落在我们这一边了。"于是孟知祥又派使者去和董璋说，董璋不肯听从。二月，赵季良与各位将领一起计议，打算派遣昭武军都监太原人高彦俦带兵攻占壁州，这样可以断绝山南的士兵转入山后

诸州者。孟知祥谋于僚佐，李昊曰："朝廷遣苏愿等西归，未尝报谢，今遣兵侵轶，公若不顾坟墓、甥姪，则不若传檄举兵直取梁、洋，安用壁州乎？"知祥乃止。季良由是恶昊。

孟知祥三遣使说董璋，以主上加礼于两川，苟不奉表谢罪，恐复致讨，璋不从。三月辛丑，遣李昊诣梓州，极论利害。璋见昊，诟怒，不许。昊还，言于知祥曰："璋不通谋议，且有窥西川之志，公宜备之。"

夏四月，东川节度使董璋会诸将谋袭成都，皆曰必克。前陵州刺史王晖曰："剑南万里，成都为大，时方盛夏，师出无名，必无成功。"璋不从。孟知祥闻之，遣马军都指挥使潘仁嗣将三千人诣汉州诇之。璋入境，破白杨林镇，执成将武弘礼，声势甚盛。知祥忧之，赵季良曰："璋为人勇而无恩，士卒不附，城守则难克，野战则成擒矣。今不守巢穴，公之利也。璋用兵精锐皆在前锋，公宜以赢兵诱之，以劲兵待之，始虽小衄，后必大捷。璋素有威名，今举兵暴至，人心危惧，公当自出御之，以强众心。"赵廷隐以季良言为然，曰："璋轻而无谋，举兵必败，当为公擒之。"辛巳，以廷隐为行营马步军都部署，将三万人拒之。

各州的人们。孟知祥把这个计划提交给自己的僚佐们一起进行讨论,李昊说:"朝廷派苏愿等人西归成都,还没有向朝廷答谢,现在又派兵扩大地盘,您若不顾自己家的祖宗坟墓和外甥侄儿,那就不如传布檄文,宣布举兵,直取梁州、洋州,哪用得着去攻打壁州呢?"于是孟知祥停止攻取壁州。赵季良由此憎恨李昊。

孟知祥三次派使者到董璋那里劝说上表,认为皇上对两川以礼相待,倘若不上表谢罪,恐怕又要招致朝廷兴兵讨伐的灾难,董璋不听从。三月辛丑(十九日),孟知祥又派李昊到梓州去拜见董璋,极力向他论述利害关系。董璋见李昊,辱骂发火,不答应上表。李昊回成都,向孟知祥诉说:"董璋不容人商量,而且有偷袭西川的意图,您应当防备他。"

夏季四月,东川节度使董璋聚集诸位将领,计议袭击成都,大家都说一定能够攻克。前任陵州刺史王晖说:"剑南万里之地,以成都为首要的地区,现在又正值盛夏季节,出师又无理由,一定不能成功。"董璋不肯听从。孟知祥听说董璋要打成都,派马军都指挥使潘仁嗣带领三千人马到汉州侦察情况。董璋带兵进入西川之境,攻破白杨林镇,捉住戍守在这里的将领武弘礼,声势很大。孟知祥对此忧愁,赵季良说:"董璋为人勇猛而没有恩德,下面士兵心中不依附他。如果他依城防守,那就难以攻克,如果在野外交战,就成为我们擒获的俘虏了。现在他不守卫自己的巢穴,对您是有利的。董璋打仗,习惯把精锐部队放在前锋,您最好以年老体弱的士兵引诱他们,以身强力壮的军队等待他们,开始虽然有些小的伤亡挫折,最后一定能大获全胜。董璋平常很有威名,现在突然举兵到来,人心都有些害怕畏惧,您应当亲自出战,领兵抵抗他,来增强我们士兵的士气信心。"赵廷隐认为赵季良的话有道理,说:"董璋为人轻率而缺少谋略,这次兴兵必败,我应当为您去擒获他。"辛巳(二十九日),孟知祥任命赵廷隐为行营马步军都部署,带领三万人马抵挡董璋。

五月壬午朔，廷隐入辞。董璋檄书至，又有遗季良、廷隐及李肇书，诬之云季良、廷隐与己通谋，召己令来。知祥以书授廷隐，廷隐不视，投之于地，曰："不过为反间，欲令公杀副使与廷隐耳。"再拜而行。知祥曰："事必济矣。"肇素不知书，视之，曰："璋教我反耳。"囚其使者，然亦拥众为自全计。

璋兵至汉州，潘仁嗣与战于赤水，大败，为璋所擒，璋遂克汉州。癸未，知祥留赵季良、高敬柔守成都，自将兵八千趣汉州，至弥牟镇，赵廷隐陈于镇北。甲申，迟明，廷隐陈于鸡踪桥，义胜定远都知兵马使张公铎陈于其后，俄而璋望西川兵盛，退陈于武侯庙下，璋帐下骁卒大噪曰："日中曝我辈何为？何不速战？"璋乃上马。前锋始交，东川右厢马步都指挥使张守进降于知祥，言："璋兵尽此，无复后继，当急击之。"知祥登高冢督战，左明义指挥使毛重威、左冲山指挥使李瑭守鸡踪桥，皆为东川兵所杀。赵廷隐三战不利，牙内都指挥副使侯弘实兵亦却。知祥惧，以马棰指后陈。张公铎帅众大呼而进，东川兵大败，死者数千人，擒东川中都指挥使元瓌、牙内副指挥使董光演等八十馀人。璋拊膺曰："亲兵皆尽，吾何依乎？"与数骑遁去，馀众七千人降，复得潘仁嗣。知祥引兵追璋至五侯津，东川马步都指挥使元璙降。西川兵入汉州府第，求璋不得，士卒争璋军资，故璋走

五月壬午这天是初一，赵廷隐入见孟知祥辞别。董璋发檄书到达成都，又写信给赵季良、赵廷隐及李肇，信中诬陷说，赵季良、赵廷隐与他串通策划，召他带兵来攻打成都。孟知祥把信交给赵廷隐，赵廷隐不看，把信扔到地上，说："这不过是一个反间的伎俩，想让您杀掉节度副使赵季良和我赵廷隐罢了。"便两次向孟知祥拜别而后登程。孟知祥说："事情一定能成功了。"李肇不认识字，一看这个情形，说："这是董璋教我反叛罢了。"他把送信的使者拘禁起来，然而也聚集了兵马作了自我保全的打算。

董璋的军队打到汉州，潘仁嗣与他在赤水河交战，潘仁嗣大败，并被董璋军生擒，于是董璋攻克了汉州。癸未（初二），孟知祥留下赵季良、高敬柔守卫成都，亲自带领八千人马奔向汉州，孟知祥军到达弥牟镇的时候，赵廷隐的军队正布置在弥牟镇北面。甲申（初三），天没亮，赵廷隐在鸡踪桥布置兵力，义胜定远都知兵马使张公铎的兵力布置在他的后面，过了一会儿，董璋看到西川兵势盛大，就引军后退，把兵力布置在武侯庙下，董璋军中骁勇强壮的士兵大声嚷叫说："中午太阳当头，把我们放在太阳下晒干什么？为什么不快点开战？"董璋这才上马指挥前进。前锋部队刚刚交战，东川右厢马步都指挥使张守进就领兵投降孟知祥，说："董璋的兵马全部在这儿，后面没有兵力增援，你们应当快速攻打他们。"孟知祥登上高坟坡督战，左明义指挥使毛重威、左冲山指挥使李瑭两人防守鸡踪桥，都被东川兵杀了。赵廷隐三次出击都没有取胜，牙内都指挥副使侯弘实的兵也退了下来。孟知祥恐惧，用马鞭指示后面的兵力。张公铎率领人马大呼而进，东川兵被打得大败，死亡数千人，并擒获东川兵中都指挥使元璝、牙内副指挥使董光演等八十多人。董璋拍打着胸口说："亲近的兵士都死光了，我依靠什么呢？"他同几个骑兵偷着离去，其馀七千人投降了，西川兵又救出了被俘的潘仁嗣。孟知祥领兵追赶董璋，一直追到五侯津，东川马步都指挥使元瑰投降。西川兵马攻入汉州城内的府第，搜寻董璋，没有找到；士兵们争相抢劫董璋的军用物资，所以让董璋跑了，

得免。赵廷隐追至赤水，又降其卒三千人。是夕，知祥宿雒县，命李昊草榜谕东川吏民，及草书劳问璋，且言将如梓州，询负约之由，请见伐之罪。乙酉，知祥会廷隐于赤水，遂西还，命廷隐将兵攻梓州。

璋至梓州，肩舆而入，王晖迎问曰："太尉全军出征，今还者无十人，何也？"璋涕泣不能对。至府第，方食，晖与璋从子牙内都虞候延浩帅兵三百大噪而入。璋引妻子登城，子光嗣自杀。璋至北门楼，呼指挥使潘稠使讨乱兵，稠引十卒登城，斩璋首，及取光嗣首以授王晖，晖举城迎降。赵廷隐入梓州，封府库以待知祥。李肇闻璋败，始斩其使以闻。

丙戌，知祥入成都。丁亥，复将兵八千如梓州。至新都，赵廷隐献董璋首。己丑，发玄武，赵廷隐帅东川将吏来迎。

壬辰，孟知祥有疾。癸巳，疾甚。中门副使王处回侍左右，庖人进食，必空器而出，以安众心。李仁罕自遂州来，赵廷隐迎于板桥。仁罕不称东川之功，侵侮廷隐，廷隐大怒。乙未，知祥疾瘳。丁酉，入梓州。戊戌，犒赏将士，既罢，知祥谓李仁罕、赵廷隐曰："二将谁当镇此？"仁罕曰："令公再与蜀州，亦行耳。"廷隐不对。知祥愕然，退，命李昊草牒，俟二将有所推则命一人为留后，昊曰：

得以幸免被俘。赵廷隐追赶到赤水河，又俘虏了董璋的士兵三千人。当天夜晚，孟知祥住宿在雒县，命令李昊起草榜文，劝导安抚东川的官吏和人民，同时又起草书信慰劳问候董璋，并且表示将要到梓州去，询问不守盟约的理由，请教被讨伐的罪名是什么。乙酉（初四），孟知祥在赤水和赵廷隐的军队会师，便领军向西回成都，孟知祥命令赵廷隐领兵攻打梓州。

董璋逃回梓州，乘着肩扛的轿子回到府中，王晖迎上来问道："太尉统领全部人马出征，现在随同回来的不到十人，怎么回事？"董璋涕泪俱下，无言回答。董璋回到自己的住宅，刚刚吃饭，王晖和董璋的侄儿牙内都虞候董延浩率领三百士兵大叫大嚷地进来。董璋领妻子登上城楼，儿子董光嗣自杀。董璋跑到北门城楼，呼喊指挥使潘稠，让他领兵镇压乱兵，潘稠领十名士兵登上城楼，斩下董璋的头，又割取董光嗣的头，一并交给王晖，王晖带领全城人出城迎接西川兵，投降了。赵廷隐进入梓州城，查封了府库的财物，等待孟知祥到来。李肇听说董璋失败，这才斩了董璋派来送信的使者，并把这事报告给孟知祥。

丙戌（初五），孟知祥返回成都。丁亥（初六），又带领八千兵马到梓州。孟知祥的人马前进到新都县时，赵廷隐派人向他献上董璋的人头。己丑（初八），孟知祥从玄武县出发，赵廷隐率领东川的将领官吏来迎接。

壬辰（十一日），孟知祥生病。癸巳（十二日），孟知祥的病加重。中门副使王处回在孟知祥身边侍候，厨师送食物进来，拿出去的所有食器全是空的，以安定众人之心。李仁罕从遂州来，赵廷隐在板桥迎接。李仁罕不提攻取东川的功劳，侵凌侮辱赵廷隐，赵廷隐大怒。乙未（十四日），孟知祥病好。丁酉（十六日），进入梓州。戊戌（十七日），孟知祥犒赏将士，犒赏结束后，孟知祥对李仁罕、赵廷隐说："你们两位将领，谁应留下来镇守？"李仁罕说："您如果再交给我一个蜀州，我也去镇守。"赵廷隐不回答。孟知祥感到吃惊，回来之后，命令李昊起草公文，等这两位将领相互之间有个人能推让的时候，就任命这个人为留后。李昊说：

"昔梁祖、庄宗皆兼领四镇,今二将不让,惟公自领之为便耳。公宜亟还府,更与赵仆射议之。"

孟知祥命李仁罕归遂州,留赵廷隐东川巡检,以李昊行梓州军府事。昊曰:"二虎方争,仆不敢受命,愿从公还。"乃以都押牙王彦铢为东川监押。癸卯,知祥至成都,赵廷隐寻亦引兵西还。

知祥谓李昊曰:"吾得东川,为患益深。"昊请其故,知祥曰:"自吾发梓州,得仁罕七状,皆云'公宜自领东川,不然诸将不服'。廷隐言'本不敢当东川,因仁罕不让,遂有争心耳'。君为我晓廷隐,复以阆州为保宁军,益以果、蓬、渠、开四州,往镇之。吾自领东川,以绝仁罕之望。"廷隐犹不平,请与仁罕斗,胜者为东川,昊深解之,乃受命。六月,以廷隐为保宁留后。戊午,赵季良帅将吏请知祥兼镇东川,许之。季良等又请知祥称王,权行制书,赏功臣,不许。

董璋之起兵攻知祥也,山南西道节度使王思同以闻,范延光言于上曰:"若两川并于一贼,抚众守险,则取之益难,宜及其交争,早图之。"上命思同以兴元之兵密规进取。未几,闻璋败死,延光曰:"知祥虽据全蜀,然士卒皆东方人,知祥恐其思归为变,亦欲倚朝廷之重以威其众,陛下不屈意抚之,彼则无从自新。"上曰:"知祥吾故人,

"过去梁朝太祖、前皇帝庄宗都亲自兼领四镇，现在两位将领互不相让，只有您自己兼领比较妥当。您最好赶快回成都府，再和赵季良仆射商量一下这件事。"

孟知祥命李仁罕回遂州，把赵廷隐留下当东川巡检，任用李昊兼代掌理梓州军府的事务。李昊说："两虎正在争斗，我不敢接受这个职务，希望跟随您一道回成都。"于是孟知祥就任用都押牙王彦铢为东川监押。癸卯（二十二日），孟知祥领军回到成都，赵廷隐接着也领兵向西撤还。

孟知祥对李昊说："我得到东川地盘，带给我的忧愁更多了。"李昊问是什么缘故，孟知祥说："自从我在梓州出发，至今已经接到李仁罕的七次报告，都说'您最好自己兼管东川藩镇，不然各位将领心中不服'。赵廷隐说'本来不敢要求担任东川藩镇的职务，因为李仁罕不谦让，才有了与他争一争的想法'。请您为我去向赵廷隐说明白，我想再把阆州建为保宁军，并增加果州、蓬州、渠州、开州四地，让他去镇守。我自己兼领东川，断绝李仁罕的念头。"赵廷隐仍然心中不服，要求与李仁罕决斗，谁胜了谁去镇守东川，李昊努力地劝解他，他这才接受了命令。六月，孟知祥任命赵廷隐为保宁军留后。戊午（初七），赵季良率领将吏请求孟知祥自己兼任东川节度使，孟知祥答应了。赵季良等人又请求孟知祥称王，暂时代行朝廷的制书，封赏有功劳的大臣，孟知祥没有同意。

董璋起兵攻打孟知祥时，山南西道节度使王思同把消息传送给朝廷，范延光对明宗分析说："假如两川合并落入一个贼臣手中，贼臣安抚大众，凭借天险坚守，那我们要攻取他就更加困难了，最好趁两个贼臣相互交战时，早做安排，消灭他们。"明宗命王思同统领驻扎在兴元的兵力，秘密做好进攻的方案和准备。不久，听说董璋失败身死，范延光说："孟知祥虽然占据全部蜀中地盘，但是他的士兵都是东方人，孟知祥害怕这些人思念家乡而叛变，也想依靠朝廷的力量来震慑他的人马，皇上如果不屈意委婉地安抚他，他就没有机会悔过自新。"明宗说："孟知祥是我旧交，

为人离间至此,何屈意之有?"乃遣供奉官李存瓌赐知祥诏曰:"董璋狐狼,自贻族灭。卿丘园亲戚皆保安全,所宜成家世之美名,守君臣之大节。"存瓌,克宁之子,知祥之甥也。

秋七月庚寅,李存瓌至成都,孟知祥拜泣受诏。乙未,孟知祥遣李存瓌还,上表谢罪,且告福庆公主之丧。自是复称藩,然益骄倨矣。

八月甲子,孟知祥令李昊为武泰赵季良等五留后草表,请以知祥为蜀王,行墨制,仍自求旌节。昊曰:"比者诸将攻取方镇,即有其地,今又自求朝廷节钺及明公封爵,然则轻重之权皆在群下矣。借使明公自请,岂不可邪?"知祥大悟,更令昊为己草表,请行墨制,补两川刺史已下,又表请以季良等五留后为节度使。

初,安重诲欲图两川,自知祥杀李严,每除刺史,皆以东兵卫送之,小州不减五百人,夏鲁奇、李仁矩、武虔裕各数千人,皆以牙队为名。及知祥克遂、阆、利、夔、黔、梓六镇,得东兵无虑三万人。恐朝廷征还,表请其妻子。

九月,孟知祥命其子仁赞摄行军司马,兼都总辖两川牙内马步都军事。

被别人离间到这一步,安抚他还有什么愿意呢?"于是明宗派遣供奉官李存瓌到成都向孟知祥颁赐诏书,写道:"董璋是狐狸和豺狼之人,自己留下诛灭家族的耻辱。您的祖坟园陵和亲戚都平安健在,您现在应当造就家族世代流传的美名,遵守君臣之间应有的大节。"李存瓌,是李克宁的儿子,是孟知祥的外甥。

秋季七月庚寅(初十),李存瓌到达成都,孟知祥叩拜流泪接受了明宗赐给他的诏书。乙未(十五日),孟知祥派李存瓌回京城,带上自己的表文,向明宗谢罪,并且报告了福庆公主已死的消息。从此,孟知祥又向朝廷称藩镇,然而更加骄横傲慢。

八月甲子(十五日),孟知祥命令李昊替武泰赵季良等五位留后起草表文,让他们向朝廷请求,表示拥戴孟知祥为蜀王,行使亲笔下达制书命令的特权,还让他们向朝廷请求赐给他们节度使的旗号和符节斧物。李昊说:"近来诸将每攻取一个藩镇,就占据藩镇的地盘,现在又让他们自己向朝廷要求旗号符节斧钺以及您的封赏爵号,那样的话,职位轻重的权衡都落在一群部下之手了。假使您自己直接向朝廷提出这样的请求,难道不更好吗?"孟知祥立刻明白了其中的道理,改为命令李昊为自己起草表文,请求朝廷授予他亲笔下达制书的权力,让自己有权在两川境内选补刺史以下的官员,又上表请求任用赵季良等五个留后为节度使。

当初,安重诲想占据两川,自从孟知祥杀死李严,每次任命刺史时,都用东边的军队护送新刺史前去赴任,到小州赴任的刺史,护送军队不少于五百人,夏鲁奇、李仁矩、武虔裕等赴任时,护送的军队各有数千人,都以刺史的卫队为名义。到了孟知祥攻克遂州、阆州、利州、夔州、黔州、梓州这六个藩镇的时候,共计获得这些当年护从而来的东兵,至少有三万人。孟知祥害怕朝廷征召这批东兵返回,就上表请求允许他们的妻子到军队中来。

九月,孟知祥命令他的儿子孟仁赞代理行军司马的职务、兼任都总辖两川牙内马步都军事。

冬十月己酉朔，帝复遣李存瓌如成都，凡剑南自节度使、刺史以下官，听知祥差署讫奏闻，朝廷更不除人；唯不遣戍兵妻子，然其兵亦不复征也。

四年春二月，孟知祥墨制以赵季良等为五镇节度使。癸亥，以孟知祥为东西川节度使、蜀王。秋七月，以卢文纪、吕琦为蜀王册礼使，并赐蜀王一品朝服。知祥自作九旒冕、九章衣，车服旌旗皆拟王者。八月乙巳朔，文纪等至成都。戊申，知祥服衮冕，备仪卫诣驿，降阶北面受册。升玉辂，至府门，乘步辇以归。文纪，简求之孙也。

冬十二月，孟知祥闻明宗殂，谓僚佐曰："宋王幼弱，为政者皆胥史小人，其乱可坐俟也。"

潞王清泰元年闰正月，蜀将吏劝蜀王知祥称帝。己巳，知祥即皇帝位于成都。二月癸酉，蜀主以武泰节度使赵季良为司空兼门下侍郎、同平章事，领节度使如故。蜀主以中门使王处回为枢密使。

秋七月，蜀主得风疾逾年，至是增剧。甲子，立子东川节度使、同平章事、亲卫马步都指挥使仁赞为太子，仍监国。召司空、同平章事赵季良、武信节度使李仁罕、保宁节度使赵廷隐、枢密使王处回、捧圣控鹤都指挥使张公铎、奉銮肃卫指挥副使侯弘实受遗诏辅政。是夕殂，秘不发丧。

冬季十月己酉这天是初一，明宗又派遣李存瓌到成都，宣布凡是剑南境内，自节度使、刺史以下的官员，任凭孟知祥差遣安排，事后向朝廷报告一声，朝廷不再另行任用别人；只是不遣送那些东兵的妻子到戍所来，然而也不再征召那批东兵东回。

四年（933）春季二月，孟知祥用皇帝亲笔诏书的名义，任用赵季良等人为五镇的节度使。癸亥（十七日），朝廷任命孟知祥为东、西川节度使，封他为蜀王。秋季七月，朝廷委任卢文纪、吕琦作为蜀王孟知祥的册礼使，并让他们向孟知祥送交明宗赐给蜀王的一品朝服一套。孟知祥自己制作了九旒王冠、九章花纹的王袍，所有的车马、服装、旌旗都模仿王的规格。八月乙巳是初一，卢文纪等人到达成都。戊申（初四），孟知祥穿着王袍、戴着王冠，排列隆重的仪仗卫队到驿馆拜见卢文纪等人，并站在阶下，面向北，接受站在上面的卢文纪等人宣颁的诏书、朝服等。然后乘坐王用专车，回到自己的王府大门，再换乘轿子入内。卢文纪，是卢简求的孙子。

冬季十二月，孟知祥听说明宗死了，便和自己的僚佐说："宋王年纪小，为人软弱，当政的人都是一些原来管理文书笔墨的小人，朝廷的乱子可以坐着不动就能等到。"

后唐潞王清泰元年（934）闰正月，蜀中将领、官吏劝说孟知祥进位称皇帝。己巳（二十八日），孟知祥在成都登上皇帝宝座。二月癸酉（初三），蜀国皇帝孟知祥任命武泰节度使赵季良为司空兼门下侍郎、同平章事，仍然兼领节度使。孟知祥任命中门使王处回为枢密使。

秋季七月，蜀主孟知祥患风疾已经一年了，此时病情加重。甲子（二十六日），他立儿子东川节度使、同平章事、亲卫马步都指挥使孟仁赞为太子，同时为监国。孟知祥召来司空同平章事赵季良、武信节度使李仁罕、保宁节度使赵廷隐、枢密使王处回、捧圣控鹤军都指挥使张公铎、奉銮肃卫指挥副使侯弘实，让他们接受遗诏辅佐太子即位执政。当天夜里，孟知祥死了，对外封锁消息，不办丧事。

王处回夜启义兴门告赵季良,处回泣不已,季良正色曰:"今强将握兵,专伺时变。宜速立嗣君以绝觊觎,岂可但相泣邪?"处回收泪谢之。季良教处回见李仁罕,审其词旨然后告之。处回至仁罕第,仁罕设备而出,遂不以实告。

丙寅,宣遗制,命太子仁赞更名昶。丁卯,即皇帝位。

冬十二月甲申,蜀葬文武圣德英烈明孝皇帝于和陵,庙号高祖。

二年春二月戊寅,蜀主尊母李氏为皇太后。太后,太原人,本庄宗后宫也,以赐蜀高祖。

王处回连夜开了皇宫的义兴门,奔告赵季良,王处回痛哭流泪不止,赵季良严肃地对他说:"现在强将手握重兵,专门在观望形势的变化。应当迅速拥立新国君,以便断绝别人觊觎君位的念头,怎么能够只是相对哭泣呢?"王处回止住眼泪向赵季良表示道歉。赵季良教王处回去见李仁罕,考察他的言谈意图,然后才能告诉他孟知祥已死的消息。王处回赶到李仁罕家中,见李仁罕布置好防备措施后,才出来会见他,王处回便没有把实情告诉他。

丙寅(二十八日),宣布孟知祥的遗命,命太子孟仁赞改名为孟昶。丁卯(二十九日),孟昶即位当皇帝。

冬季十二月甲申(十八日),蜀国在和陵安葬文武圣德英烈明孝皇帝孟知祥,定立他的庙号为高祖。

二年(935)春季二月戊寅(十三日),蜀主孟昶尊奉母亲李氏为皇太后。太后是太原人,原来是唐庄宗后宫的嫔妃,庄宗在世时把她赐给孟知祥为妻。

石晋篡唐

后唐潞王清泰元年，帝与石敬瑭皆以勇力善斗，事明宗为左右，然心竞，素不相悦。帝即位，敬瑭不得已入朝，山陵既毕，不敢言归。时敬瑭久疾羸瘠，太后及魏国公主屡为之言；而凤翔旧将佐多劝帝留之，惟韩昭胤、李专美以为赵延寿在汴，不宜猜忌敬瑭。帝亦见其骨立，不以为虞，乃曰："石郎不惟密亲，兼自少与吾同艰难，今我为天子，非石郎尚谁托哉？"乃复以为河东节度使。

二年夏六月，河东节度使、北面总管石敬瑭既还镇，阴为自全之计。帝好咨访外事，常命端明殿学士李专美、翰林学士李崧、知制诰吕琦、薛文遇、翰林天文赵延乂等更直于中兴殿庭，与语或至夜分。时敬瑭二子为内使，曹太后则晋国长公主之母也，敬瑭赂太后左右，令伺帝之密

石晋篡唐

后唐潞王李从珂清泰元年(934),后唐末帝李从珂与石敬瑭都是凭借勇猛有力善于作战,侍奉在明宗李嗣源的左右,然而两人内心都在比试谁强,彼此一贯不友好。现在末帝即位,石敬瑭无可奈何地入京朝拜,随同末帝一起到皇陵中安葬明宗完毕,不敢提出要回到自己的藩镇去。当时,石敬瑭处于久病之后,身体衰弱枯瘦,曹太后和魏国公主屡次为他向末帝说明身体状况,让他回镇所去将养;然而随同末帝从凤翔起兵的将领们大多劝说末帝留住石敬瑭,只有韩昭胤、李专美认为,赵延寿正在汴州,此时不应当猜疑妒忌石敬瑭。末帝也看到石敬瑭瘦得皮包骨头,不认为他对自己有什么不利,便说:"石郎不仅是亲密的亲戚,而且从少年时代就与我共同经受艰难,现在我做了天子,不依托石郎这样的人,我还依托谁呀?"于是末帝又任用石敬瑭为河东节度使。

二年(935)夏季六月,河东节度使、北面总管石敬瑭返回自己的藩镇之后,暗中开始做保全自己的打算和准备。末帝喜欢咨询访问民间和社会上的事情,常常命令端明殿学士李专美、翰林学士李崧、知制诰吕琦、薛文遇、翰林天文赵延义等人轮换在中兴殿内庭中值班,和他们谈论,有时候谈论到深夜。当时,石敬瑭的两个儿子在朝廷担任内使,曹太后则是石敬瑭的妻子晋国长公主的母亲,石敬瑭贿赂太后左右的人员,让他们察探末帝的秘密

谋,事无巨细皆知之。敬瑭多于宾客前自称羸瘠不堪为帅,冀朝廷不之忌。

时契丹屡寇北边,禁军多在幽、并,敬瑭与赵德钧求益兵运粮,朝夕相继。甲申,诏借河东人有蓄积者菽粟。乙酉,诏镇州输绢五万匹于总管府,籴军粮,率镇冀人车千五百乘运粮于代州。又诏魏博市籴。时水旱民饥,敬瑭遣使督趣严急,山东之民流散,乱始兆矣。敬瑭将大军屯忻州,朝廷遣使赐军士夏衣,传诏抚谕,军士呼万岁者数四。敬瑭惧,幕僚河内段希尧请诛其唱首者,敬瑭命都押衙刘知远斩挟马都将李晖等三十六人以徇。希尧,怀州人也。帝闻之,益疑敬瑭。秋七月乙巳,以武宁节度使张敬达为北面行营副总管,将兵屯代州,以分石敬瑭之权。

后晋高祖天福元年春正月癸丑,唐主以千春节置酒,晋国长公主上寿毕,辞归晋阳。帝醉,曰:"何不且留,遽归,欲与石郎反邪?"石敬瑭闻之,益惧。

三月,石敬瑭尽收其货之在洛阳及诸道者归晋阳,托言以助军费,人皆知其有异志。唐主夜与近臣从容语曰:"石郎于朕至亲,无可疑者。但流言不息,万一失欢,何以解之?"皆不对。端明殿学士、给事中李崧退谓同僚吕琦曰:

计划,事情不论大小都知道。石敬瑭常常在宾客面前诉说自己衰弱枯瘦,不能胜任独据一方的节度使,这样说的目的是希望朝廷不猜疑妒忌他。

当时契丹国不断地侵犯后唐北部的边境,中央主力军大多驻扎在幽州、并州,石敬瑭和赵德钧向朝廷请求增加兵力运粮,早晚相继不断。甲申(二十一日),朝廷下诏书,在河东向有粮食蓄积的富户借用菽粟,输送给驻军。乙酉(二十二日),朝廷下诏书,命令镇州向石敬瑭的总管府输绢五万匹,让他们购买军粮,并率领镇州、冀州的人力车一千五百辆把购买的军粮运往代州。又下诏书,令魏博镇开市购买粮食。当时,水灾、旱灾交加,百姓正处饥荒时期,石敬瑭派遣使者严厉紧急地督促购粮、运粮,太行山和常山以东的人民流离分散,叛乱开始显示出苗头了。石敬瑭带领大军驻扎到忻州,朝廷派使者来向军士颁赐夏天的衣服,传达诏书安抚兵士,兵士多次呼喊万岁。石敬瑭惧怕,他的幕僚河内人段希尧建议杀掉那些带头呼喊的人,石敬瑭命都押衙刘知远斩杀挟马都将李晖等三十六人用来示众。段希尧是怀州人。末帝听说了这件事,更加怀疑石敬瑭。秋季七月乙巳(十三日),末帝任命武宁节度使张敬达为北面行营副总管,带领兵马驻扎代州,以此削弱石敬瑭的兵权。

后晋高祖石敬瑭天福元年(936)春季正月癸丑(二十三日),后唐末帝在自己的生日千春节这天,设置酒宴庆贺,晋国长公主拜见祝寿完毕,辞别返回晋阳。末帝当时喝醉了,说:"何不暂且留住一些时日,这么急着回去,想和石郎一起谋反吗?"石敬瑭听说这件事,更加惧怕。

三月,石敬瑭把自己在洛阳和诸道的财产货物全部收归晋阳,托言说用来赞助军费,人们都知道他有异常的打算。后唐末帝夜间与自己亲近的大臣们从容谈论说:"石郎和我是非常亲的亲戚,我对他没有什么猜疑的事情。只是流言蜚语不断传来,万一我和他失去了和睦关系,用什么办法可以解决呢?"大家都不回答。端明殿学士、给事中李崧退下来,在背后与同僚吕琦说:

"吾辈受恩深厚,岂得自同众人,一概观望邪?计将安出?"
琦曰:"河东若有异谋,必结契丹为援。契丹母以赞华在中
国,屡求和亲,但求觋刺等未获,故和未成耳。今诚归觋刺
等与之和,岁以礼币约直十馀万缗遗之,彼必欢然承命。
如此,则河东虽欲陆梁,无能为矣。"崧曰:"此吾志也! 然
钱谷皆出三司,宜更与张相谋之。"遂告张延朗,延朗曰:
"如学士计,不惟可以制河东,亦省边费之什九,计无便于
此者。若主上听从,但责办于老夫,请于库财之外捃拾以
供之。"他夕,二人密言于帝,帝大喜,称其忠,二人私草《遗
契丹书》以俟命。

久之,帝以其谋告枢密直学士薛文遇,文遇对曰:"以
天子之尊,屈身奉夷狄,不亦辱乎? 又,虏若循故事求尚公
主,何以拒之?"因诵戎昱《昭君诗》曰:"安危托妇人。"帝意
遂变。一日,急召崧、琦至后楼,盛怒,责之曰:"卿辈皆知
古今,欲佐人主致太平,今乃为谋如是! 朕一女尚乳臭,卿
欲弃之沙漠邪? 且欲以养士之财输之虏庭,其意安在?"二
人惧,汗流浃背,曰:"臣等志在竭愚以报国,非为虏计也,
愿陛下察之。"拜谢无数,帝诟责不已。吕琦气竭,拜少止,

"我们这些人受皇上的恩宠深厚,怎么能等同于一般人,和他们一样袖手旁观呢?您准备拿出什么计策?"吕琦说:"河东那里如果有异常的阴谋,必然要勾结契丹国作为援助。契丹国的太后述律氏由于自己的儿子李赞华住在中原,屡次要求和亲。只是他们要求释放荝刺的条件未获得满足,所以和亲的事情没有成功。现在果真能放还荝刺,与他们议和,每年赠送价值大约十万缗的礼物钱财给他们,他们必然欢欢喜喜地接受调遣。这样,河东那里虽然想嚣张、蠢蠢欲动,也成不了气候。"李崧说:"这也是我的想法啊!然而钱、谷都经过三司才能支出,最好再和张宰相商量计议一下。"便把这个计划告诉张延朗听,张延朗说:"按照学士的计谋,不但可以控制河东,也能节省十分之九的边境军事费用,没有比这个计策更好的了。假若主上听从了这个主张,只管责命老夫去办理,我建议从国家财库之外搜集这笔钱财,供给这项开销。"另外一天夜晚,李、吕两人向末帝秘密地提出了这个办法,末帝听了大喜,称赞他们俩忠心,两人私下起草了一封给契丹国的书信,等待末帝的命令。

过了一段时间,末帝把他们的谋划告诉枢密院直学士薛文遇,薛文遇回答说:"用天子这样尊贵的身份,屈身侍奉夷狄这样的邦国,不是耻辱吗?另外,那些虏人,如果按照从前的惯例要求娶我们的公主,我们用什么理由拒绝他们?"薛文遇又顺着话锋诵读了一句唐代戎昱写的《昭君诗》,说:"安危托妇人。"末帝的主意便改变了。一天,末帝在后楼紧急召来了李崧、吕琦两人,大发脾气,指责两人说:"你们这样的人都能知古达今,要帮助君主获得天下太平,可是今天你们却为我提出这样的谋划!我的一个女儿还在乳臭未脱的年龄,你们想把她抛弃到沙漠里去呀?况且要拿出我们养育贤能的钱财输送给胡虏邦国,你们的用意是什么?"这两人畏惧害怕,立即汗流浃背,忙解释说:"我等的初衷在于竭尽所有愚蠢的心力来报答国家,并不是为胡虏着想,希望皇上明察这件事情。"他们两人向末帝无数次叩拜,末帝却怒骂指责不停。吕琦力气用完了,叩拜稍微停止,

帝曰："吕琦强项，肯视朕为人主耶？"琦曰："臣等为谋不臧，愿陛下治其罪，多拜何为？"帝怒稍解，止其拜，各赐卮酒罢之，自是群臣不敢复言和亲之策。丁巳，以琦为御史中丞，盖疏之也。

初，石敬瑭欲尝唐主之意，累表自陈羸疾，乞解兵柄，移他镇。帝与执政议从其请，移镇郓州。房暠、李崧、吕琦等皆力谏，以为不可，帝犹豫久之。五月庚寅夜，李崧请急在外，薛文遇独直，帝与之议河东事，文遇曰："谚有之：'当道筑室，三年不成。'兹事断自圣志。群臣各为身谋，安肯尽言？以臣观之，河东移亦反，不移亦反，在旦暮耳，不若先事图之。"先是，术者言国家今年应得贤佐，出奇谋，定天下，帝意文遇当之，闻其言，大喜，曰："卿言殊豁吾意，成败吾决行之。"即为除目，付学士院使草制。辛卯，以敬瑭为天平节度使，以马军都指挥使、河阳节度使宋审虔为河东节度使。制出，两班闻呼敬瑭名，相顾失色。

甲午，以建雄节度使张敬达为西北蕃汉马步都部署，趣敬瑭之郓州。敬瑭疑惧，谋于将佐曰："吾之再来河东也，主上面许终身不除代；今忽有是命，得非如今年千春节与公主

末帝说："吕琦的颈脖很硬，不肯低头，你还肯把我看成一个君主吗？"吕琦说："我等想出的谋略不好，愿意让皇上治我们的罪，多叩拜有什么用？"末帝的怒气渐渐缓和，让他们停止叩拜，各人赐给一碗酒，让他们喝了，这件事情作罢，从此朝廷的群臣不敢再提和亲的计策。丁巳（二十八日），末帝任用吕琦为御史中丞，表示疏远他了。

当初，石敬瑭想试探后唐末帝的心思，连连上表诉说自己身体衰弱有病，请求解除兵权，调到其他的藩镇。末帝与朝中执政大臣们计议批准了他的请求，把他迁调到郓州藩镇。房暠、李崧、吕琦都极力劝说阻止，认为这样做不妥当，末帝犹豫了很长时间。五月庚寅（初二）夜晚，李崧因为有急事请假在外，只有薛文遇一人值班，末帝与他一起讨论河东那边的事情，薛文遇说："谚语中有一句说：'在大路上建筑房子，三年不能成功。'这类事情应由皇上来决断，群臣各为自己打算，怎么肯把所有的想法都说出来？以我来观看这件事，河东节度使迁调别镇，他也要造反，不迁调他，也要造反，事情只是在早上发生还是晚上发生罢了，不如先下手把他消灭掉。"这之前，有预测未来的术士向末帝说，国家今年应该得到贤能人物来辅佐，提出非常好的谋略，安定天下，末帝认为这个人就是薛文遇，所以听了他的话，十分欢喜，说："您的话特别有力，开阔了我的思想，无论是成功还是失败，我决心要办这件事。"末帝立即亲笔写出任免官职的名单，交付学士院，让他们起草任命的制书。辛卯（初二），末帝任命石敬瑭为天平节度使，任命马军都指挥使、河阳节度使宋审虔为河东节度使。制书发出，文武两班官员听到宣读石敬瑭的名字，都相互看看，脸上变了颜色。

甲午（初六），末帝任命建雄节度使张敬达为西北蕃汉马步都部署，督促石敬瑭到郓州去赴任。石敬瑭接到命令后，感到疑虑惧怕，便和他的将佐们商量说："当我第二次来到河东任节度使的时候，皇上当面答应我，一辈子不再派人来代替我，今天突然有这样一道命令，莫非是和今年主上过千春节时，和公主

所言乎？我不兴乱，朝廷发之，安能束手死于道路乎？今且发表称疾以观其意，若其宽我，我当事之；若加兵于我，我则改图耳。"幕僚段希尧极言拒之，敬瑭以其朴直，不责也。节度判官华阴赵莹劝敬瑭赴郓州。观察判官平遥薛融曰："融书生，不习军旅。"都押牙刘知远曰："明公久将兵，得士卒心；今据形胜之地，士马精强，若称兵传檄，帝业可成，奈何以一纸制书自投虎口乎？"掌书记洛阳桑维翰曰："主上初即位，明公入朝，主上岂不知蛟龙不可纵之深渊邪？然卒以河东复授公，此乃天意假公以利器也。明宗遗爱在人，主上以庶孽代之，群情不附。公明宗之爱婿，今主上以反逆见待，此非首谢可免，但力为自全之计。契丹主素与明宗约为兄弟，今部落近在云、应，公诚能推心屈节事之，万一有急，朝呼夕至，何患无成？"敬瑭意遂决。

先是，朝廷疑敬瑭，以羽林将军宝鼎杨彦询为北京副留守，敬瑭将举事，亦以情告之。彦询曰："不知河东兵粮几何，能敌朝廷乎？"左右请杀彦询，敬瑭曰："惟副使一人我自保之，汝辈勿言也。"

戊戌，昭义节度使皇甫立奏敬瑭反。敬瑭表："帝养子，不应承祀，请传位许王。"帝手裂其表抵地，以诏

所说的那件事一样吗？我不造反，朝廷就要先发制人，我怎能束手待毙死在道路上呢？现在我暂且上表说有病，观察朝廷的意图，如果他们宽大对我，我还当好一个臣子来侍奉他们；如果派兵来攻打我，我就改变态度考虑如何对待他们了。"他的幕僚段希尧极力建议抗拒朝廷命令，石敬瑭因他质朴直率，不责怪他。节度判官华阴县人赵莹劝说石敬瑭到郓州赴任，观察判官平遥县人薛融说："我薛融是一名书生，不熟悉行军作战的事情。"都押牙刘知远说："您长期统领兵马，深得士兵的拥护，现在占据有利的地盘，人马精锐强壮，假如起兵，传发檄书，就可以完成帝王的事业，为什么要听从一纸制书，就自己投身入虎口呢？"掌书记洛阳人桑维翰说："当时主上初登皇帝大位的时候，您进京上朝拜见，主上难道不懂得蛟龙不能放它回到深渊去的道理吗？然而最后还是把河东地带交给您，这原是天意的安排，借给您一枚锋利的兵器呀。明宗先皇帝希望把帝位留给够资格的人来继承，可是当今主上却以庶族分支出身的庶子身份取代皇位，人心不服，众人不肯归附他。您是明宗先皇帝的爱婿，今天主上却把您看成是谋反叛逆的人，这就不是低头谢罪可以获得宽容和赦免的事情，而只能竭力做好保全自己的准备。契丹国主与明宗先皇帝缔约结为兄弟，现在他们的部落就在附近的云州、应州，您果真能够推心置腹降尊投顺联络他们，万一发生紧急情况，早上呼唤他们，晚上就能来援救，还怕什么事情办不成？"石敬瑭由此下定了造反的决心。

在这以前，朝廷怀疑石敬瑭有二心，曾任用羽林将军宝鼎县人杨彦询为北京太原府副留守。石敬瑭即将起兵造反，也把心思告诉了杨彦询。杨彦询说："不知道河东现在的兵力和粮食有多少？能够和朝廷的兵力相匹敌吗？"石敬瑭左右的人员建议杀掉杨彦询，石敬瑭说："唯有副使这一人，我自己要保全他，你们这些人不要再说了。"

戊戌（初十），昭义节度使皇甫立向朝廷报告，说石敬瑭谋反。石敬瑭上表给朝廷，说："皇帝是养子，不应继承皇位，请把皇位传给许王。"末帝把石敬瑭的表章撕成两半扔在地上，下诏书

答之曰："卿于鄂王固非疏远，卫州之事，天下皆知。许王之言，何人肯信？"壬寅，制削夺敬瑭官爵。乙巳，以张敬达兼太原四面排陈使，河阳节度使张彦琪为马步军都指挥使，以安国节度使安审琦为马军都指挥使，以保义节度使相里金为步军都指挥使，以右监门上将军武廷翰为壕寨使。丙午，以张敬达为太原四面兵马都部署，以义武节度使杨光远为副部署。丁未，又以张敬达知太原行府事，以前彰武节度使高行周为太原四面招抚、排陈等使。光远既行，定州军乱，牙将千乘方太讨平之。

　　张敬达将兵三万营于晋安乡。戊申，敬达奏西北先锋马军都指挥使安审信叛奔晋阳。审信，金全之弟子也，敬瑭与之有旧。先是，雄义都指挥使马邑安元信将所部六百馀人戍代州，代州刺史张朗善遇之。元信密说朗曰："吾观石令公长者，举事必成。公何不潜遣人通意，可以自全。"朗不从，由是互相猜忌。元信谋杀朗，不克，帅其众奔审信，审信遂帅麾下数百骑与元信掠百井奔晋阳。敬瑭谓元信曰："汝见何利害，舍强而归弱？"对曰："元信非知星识气，顾以人事决之耳。夫帝王所以御天下，莫重于信。今主上失大信于令公，亲而贵者且不自保，况疏贱乎？其亡可翘足而待，何强之有？"敬瑭悦，委以军事。振武西北巡检使安重荣戍代北，帅步骑五百奔晋阳。重荣，朔州人也。以宋审虔为宁国军节度使、充侍卫马军都指挥使。

回答他说："你同鄂王李从厚本来关系并不疏远,可是你把他抛弃在卫州的事情,天下的人都知道。让位给许王的话,什么人肯相信?"壬寅(十四日),末帝下制文,削夺了石敬瑭的官职爵号。乙巳(十七日),末帝任命张敬达兼太原四面排阵使,任命河阳节度使张彦琪为马步军都指挥使,任命安国节度使安审琦为马军都指挥使,任命保义节度使相里金为步军都指挥使,任命右监门上将军武廷翰为壕寨使。丙午(十八日),又任命张敬达为太原四面兵马都部署,任命义武节度使杨光远为副部署。丁未(十九日),又任命张敬达负责主管太原行府的事务,任命原彰武节度使高行周为太原四面招抚、排阵等使。刘光远出发之后,定州军发生叛乱,牙将千乘县人方太领兵讨伐平定了定州的叛乱。

　　张敬达带领三万士兵在晋安乡安营扎寨。戊申(二十日),张敬达向朝廷奏报说西北先锋马军都指挥使安审信叛变投奔晋阳。安审信是安金全的侄儿,石敬瑭与他有旧交。在此以前,雄义都指挥使马邑县人安元信带领自己部下六百多人戍守代州,代州刺史张朗待他很好。安元信秘密地劝张朗说:"我看石令公是一位长者,他干事必能成功。您何不暗中派人向他联络说明自己的意向,这样可以保全自己。"张朗不肯听从,由此两人互相猜疑忌恨。安元信谋划杀死张朗,没有成功,他就带领自己的人马投奔安审信,安审信便率领自己的数百骑兵与安元信的人马一起,抢掠百井的人民,然后投奔晋阳。石敬瑭对安元信说:"你看到了什么样的利害所在,要舍强归弱?"安元信回答说:"我安元信并不能懂得星象、识别气候,只是观察人情世事做出判断而已。作为帝王,能够用来统治天下的东西,没有比信誉更重要的了。现在,主上对令公失去大信,关系亲近而且尊贵的人尚且不能保全自己,何况那些疏远而且卑贱的人呢?他的灭亡翘足可待,有什么能够得上强大?"石敬瑭听了高兴,委任他管理军中事务。振武西北巡检使安重荣戍守在代北,他也率领步兵、骑兵五百人投奔晋阳。安重荣是朔州人。朝廷任命宋审虔为宁国军节度使,并充任侍卫马军都指挥使。

六月，石敬瑭之子右卫上将军重殷、皇城副使重裔闻敬瑭举兵，匿于民间井中。弟沂州都指挥使敬德杀其妻女而逃，寻捕得，死狱中。从弟彰圣都指挥使敬威自杀。秋七月戊子，获重殷、重裔，诛之，并族所匿之家。

张敬达发怀州彰圣军戍虎北口，其指挥使张万迪将五百骑奔河东。丙辰，诏尽诛其家。

石敬瑭遣间使求救于契丹，令桑维翰草表称臣于契丹主，且请以父礼事之，约事捷之日，割卢龙一道及雁门关以北诸州与之。刘知远谏曰："称臣可矣，以父事之太过。厚以金帛赂之，自足致其兵，不必许以土田，恐异日大为中国之患，悔之无及。"敬瑭不从。表至契丹，契丹主大喜，白其母曰："儿比梦石郎遣使来，今果然，此天意也！"乃为复书，许俟仲秋倾国赴援。

八月己未，以范延光为天雄节度使，李周为宣武节度使、同平章事。

癸亥，应州言契丹三千骑攻城。

张敬达筑长围以攻晋阳。石敬瑭以刘知远为马步都指挥使，安重荣、张万迪降兵皆隶焉。知远用法无私，抚之如一，由是人无贰心。敬瑭亲乘城，坐卧矢石下。知远曰："观敬达辈

六月，石敬瑭的儿子右卫上将军石重殷、皇城副使石重裔听说石敬瑭起兵造反，躲藏到民间市井之中。石敬瑭的弟弟沂州都指挥使石敬德杀死自己的妻子、女儿然后逃跑了，但不久就被抓获，死在狱中。石敬瑭的叔伯弟弟彰圣都指挥使石敬威自杀。秋季七月戊子（初二），官府捕获了石重殷、石重裔，杀了他们，并把窝藏他们的人家全族杀害了。

　　张敬达派怀州彰圣军去戍守虎北口，该军指挥使张万迪带领五百名骑兵投奔河东。丙辰（三十），朝廷下诏，把他家中的所有人全部杀掉。

　　石敬瑭派遣秘密使者向契丹国求救，命令桑维翰起草表章向契丹国主称臣，而且请求用对待父亲的礼节侍奉契丹，并立约答应在胜利之日，割让卢龙一道以及雁门关以北诸州土地送给契丹国。刘知远劝阻说："向他们称臣是可以的，用对待父亲的礼节侍奉他们太过分了。用丰厚的金钱布帛贿赂他，自然足以招致他们的援兵，不必说割让土田给他们，恐怕将来成为中国的重大祸患，那时后悔就来不及了。"石敬瑭不听从。石敬瑭的表章送到契丹国以后，契丹国主大喜，告诉他的母亲说："孩儿近来梦见石郎派使者来，现在果然来了，这真是天意啊！"于是写了回信，答应到了仲秋八月，带领全国军队赶来支援。

　　八月己未（初三），朝廷任命范延光为天雄节度使，李周为宣武节度使、同平章事。

　　癸亥（初七），朝廷得到应州的消息，说有三千契丹骑兵攻打他们的州城。

　　张敬达修筑了很长的围攻晋阳的工事来攻打晋阳。石敬瑭任命刘知远担任马步都指挥使，把安重荣、张万迪投降带来的兵马全部都编入他的部下，由他指挥。刘知远在军中统一法令，不分亲疏，没有偏爱，无论是原来的兵马，还是新编入的降兵，都以同样的态度进行安抚，由于这样，士兵们都没有背叛的念头。石敬瑭亲自登上城楼观察战情，坐卧都在敌人射掷矢石的射程之内。刘知远向石敬瑭分析战情说："观察张敬达他们

高垒深堑，欲为持久之计，无他奇策，不足虑也。愿明公四出间使，经略外事。守城至易，知远独能办之。"敬瑭执知远手，抚其背而赏之。

唐主使端明殿学士吕琦至河东行营犒军，杨光远谓琦曰："愿附奏陛下，幸宽宵旰。贼若无援，且夕当平；若引契丹，当纵之令入，可一战破也。"帝甚悦。帝闻契丹许石敬瑭以仲秋赴援，屡督张敬达急攻晋阳，不能下。每有营构，多值风雨，长围复为水潦所坏，竟不能合。晋阳城中日窘，粮储浸乏。

九月，契丹主将五万骑，号三十万，自扬武谷而南，旌旗不绝五十余里。代州刺史张朗、忻州刺史丁审琦婴城自守，虏骑过城下，亦不诱胁。审琦，洺州人也。辛丑，契丹主至晋阳，陈于汾北之虎北口。先遣人谓敬瑭曰："吾欲今日即破贼可乎？"敬瑭遣人驰告："南军甚厚，不可轻，请俟明日议战未晚也。"使者未至，契丹已与唐骑将高行周、符彦卿合战，敬瑭乃遣刘知远出兵助之。张敬达、杨光远、安审琦以步兵陈于城西北山下，契丹遣轻骑三千，不被甲，直犯其陈。唐兵见其羸，争逐之，至汾曲，契丹涉水而去。唐兵循岸

在筑高垒、挖深堑,是想作持久战的打算,没有什么别的奇妙的计策,我们不必担忧了。希望您派出秘密使者,向四方联络,把外围的事情计议安排好。防守城池是十分容易的,我刘知远一个人就能完成这个任务。"石敬瑭满意地握着刘知远的手,抚摸着他的后背,称赞他。

后唐末帝让端明殿学士吕琦代表朝廷到河东前线的军营中犒赏军队,杨光远接待吕琦说:"希望您附带向皇上报告,请皇上日夜记挂的心情稍微放宽一些,贼军如果没有援助,我们很快会平定这次叛乱;如果他们勾引契丹军队,我们应当放开,引诱他们,让他们进入境内,然后一次战斗就可以打败他们。"末帝听了这个报告很高兴。末帝听说契丹国主答应石敬瑭在八月出兵来援助他们,就屡次下令督促张敬达出兵,快速攻打晋阳,但是无法攻下。每次营建构筑军事工事的时候,大多遇到刮风下雨,包围晋阳的军事工事又被积水浸泡毁坏,最后没有筑成合拢的包围圈。晋阳城中也日益窘迫,粮食储备也逐渐缺乏。

九月,契丹国主统领着五万骑兵,对外宣称三十万大军,从扬武谷取道南下,路上旌旗连绵不断,长达五十多里。代州刺史张朗、忻州刺史丁审琦都各自环绕自己的城墙加强军事防守,契丹骑兵经过城下,他们也不劝诱阻止契丹兵,也不威胁契丹兵。丁审琦是洺州人。辛丑(十五日),契丹国主抵达晋阳,在汾水北岸的虎北口布阵。首先派人告诉石敬瑭说:"我打算今天立即攻破贼军,可以吗?"石敬瑭派人快马回答他,说:"南方来的兵力很多,不能轻敌,请等到明天计议如何作战,为时不晚。"石敬瑭派出的快马军使尚未到达契丹的军营,契丹兵已经和后唐的骑兵将领高行周、符彦卿所率领的骑兵交锋打在一起了,于是石敬瑭就派刘知远出兵配合他们作战。张敬达、杨光远、安审琦用步兵在晋阳城西北山下布置了军阵,契丹派轻骑兵三千人,不披铠甲,直冲他们的军阵。后唐的步兵看到契丹冲来的骑兵都是老弱士兵,就争相追逐他们,当追到汾水转弯的地方,契丹骑兵涉水而去。后唐的士兵就沿着汾水河岸

而进，契丹伏兵自东北起，冲唐兵断而为二，步兵在北者多为契丹所杀，骑兵在南者引归晋安寨。契丹纵兵乘之，唐兵大败，步兵死者近万人，骑兵独全。敬达等收馀众保晋安，契丹亦引兵归虎北口。敬瑭得唐降兵千馀人，刘知远劝敬瑭尽杀之。

是夕，敬瑭出北门，见契丹主。契丹主执敬瑭手，恨相见之晚。敬瑭问曰："皇帝远来，士马疲倦，遽与唐战而大胜，何也？"契丹主曰："始吾自北来，谓唐必断雁门诸路，伏兵险要，则吾不可得进矣。使人侦视，皆无之，吾是以长驱深入，知大事必济也。兵既相接，我气方锐，彼气方沮，若不乘此急击之，旷日持久，则胜负未可知矣。此吾所以亟战而胜，不可以劳逸常理论也。"敬瑭甚叹伏。

壬寅，敬瑭引兵会契丹围晋安寨，置营于晋安之南，长百馀里，厚五十里，多设铃索吠犬，人跬步不能过。敬达等士卒犹五万人，马万匹，四顾无所之。甲辰，敬达遣使告败于唐，自是声问不复通。唐主大惧，遣彰圣都指挥使符彦饶将洛阳步骑兵屯河阳，诏天雄节度使兼中书令范延光将魏州兵二万由青山趣榆次，卢龙节度使、东北面招讨使兼中书令北平王赵德钧将幽州兵由飞狐出契丹军后，耀州防御使潘环纠合西路戍兵，由晋、绛两乳岭出慈、隰，共救晋安寨。

前进,途中,契丹埋伏的兵马从东北方向突然出现杀过来,冲向后唐兵,把他们截成两段,北边的那一段步兵大多被契丹骑兵杀死,南段的骑兵引退回到晋安寨。契丹指挥兵马乘势进攻,唐兵被打得大败,步兵死亡人数近万人,独有骑兵保全住了。张敬达收集剩馀兵马保卫晋安寨,契丹兵也引兵返回虎北口大本营。石敬瑭俘虏了后唐投降的士兵一千多人,刘知远劝石敬瑭把他们全部杀了。

当天晚上,石敬瑭出晋阳城北门,会见契丹国主。契丹主握着石敬瑭的手,表示只恨相见太晚。石敬瑭问契丹主说:"皇帝远途而来,兵马疲倦,立即就和唐国军队交战,而且获得大胜,这是什么道理?"契丹主回答说:"开始,我们的军队从北方开来,认为唐国军队一定会切断雁门那里的各条道路,在险要之处埋伏兵马,那样我们的军队就不能够顺利前进了。我派人侦察观看,都没有埋伏,所以我就率军长驱深入,知道大事一定会成功了。两军兵马相碰以后,我们这边气势正锐盛,他们那边气势正沮丧,如果不乘这个时机迅速攻打他们,旷日持久,那么胜败就难以预料了。这就是我为什么急速开战而获胜的道理,不能用有关劳逸的军事常识来讨论啊。"石敬瑭对他十分赞叹佩服。

壬寅(十六日),石敬瑭领兵会合契丹军共同包围晋安寨,他们在晋安寨的南面设置军营,军营长达一百多里路,宽达五十里,设置了很多带有响铃的绳索和放哨的叫犬,别人半步也过不去。张敬达等军的士兵尚有五万人,战马一万匹,然而四面看看却没有地方可以去。甲辰(十八日),张敬达派遣使者回到朝廷报告失败的消息,从此便被隔断没有音讯了。后唐末帝大为恐惧,派遣彰圣都指挥使符彦饶带领洛阳步兵、骑兵驻扎在河阳下诏令天雄节度使兼中书令范延光统领魏州兵两万从青山口奔赴榆次县,命令卢龙节度使、东北面招讨使兼中书令、北平王赵德钧统领幽州兵从飞狐出击契丹军的背后,命令耀州防御使潘环纠集西路戍守的几股兵马,沿晋州、绛州之间的两乳岭出兵向慈、隰二州,共同援救晋安寨。

契丹主移帐于柳林，游骑过石会关，不见唐兵。

丁未，唐主下诏亲征。雍王重美曰："陛下目疾未平，不可远涉风沙。臣虽童稚，愿代陛下北行。"帝意本不欲行，闻之，颇悦。张延朗、刘延皓及宣徽南院使刘延朗皆劝帝行，帝不得已，戊申，发洛阳，谓卢文纪曰："朕雅闻卿有相业，故排众议首用卿，今祸难如此，卿嘉谋皆安在乎？"文纪但拜谢，不能对。己酉，遣刘延朗监侍卫步军都指挥使符彦饶军赴潞州，为大军后援。诸军自凤翔推戴以来，骄悍不为用，彦饶恐其为乱，不敢束之以法。

帝至河阳，心惮北行，召宰相、枢密使议进取方略，卢文纪希帝旨，言："国家根本，太半在河南。胡兵倏来忽至，不能久留。晋安大寨甚固，况已发三道兵救之。河阳天下津要，车驾宜留此镇抚南北，且遣近臣往督战，苟不能解围，进亦未晚。"张延朗欲因事令赵延寿得解枢务，因曰："文纪言是也。"帝访于馀人，无敢异言者。泽州刺史刘遂凝，郭之子也，潜自通于石敬瑭，表称车驾不可逾太行。帝议近臣可使北行者，张延朗与翰林学士须昌和凝等皆曰："赵延寿父德钧以卢龙兵来赴难，宜遣延寿会之。"庚戌，遣枢密使、忠武节度使、随驾诸军都部署、兼侍中赵延寿

契丹主把军帐转移到柳林，游动骑兵经过石会关，没有遇到后唐的兵马。

丁未（二十一日），后唐末帝下诏，宣布亲自领兵出征。雍王李重美说："皇上眼疾没有好，不可远道跋涉风沙之地。我虽然年轻幼稚，愿意代替皇上到北边去征讨。"末帝内心本来不想出征，听了李重美的意见，颇为高兴。但是，张延朗、刘延皓以及宣徽南院使刘延朗他们都劝说末帝亲自出征，末帝不得已，戊申（二十二日），统领兵马从洛阳出发，末帝不高兴地问卢文纪说："我向来听说您有胜任宰相事业的才干，所以排除众议首先重用您，现在面临如此祸患灾难，您的好谋略都在哪儿呀？"卢文纪只是叩头谢罪，不能够回答出对策。己酉（二十三日），末帝派遣刘延朗，监督侍卫步军都指挥使符彦饶的军队奔赴潞州，作为天子大军的后援部队。各路军队自从在凤翔府起兵推奉拥戴李从珂以来，日趋骄傲凶狠，不听指挥，符彦饶害怕他们作乱，不敢用军法军纪来约束他们。

后唐末帝统军到达河阳，心中害怕北行，召集宰相、枢密院使计议进军作战的策略，卢文纪迎合末帝的意图，论说道："国家的根基大半在河南。契丹的兵马忽然来到忽然离去，不能够久留。晋安大寨很坚固，何况已经调发三路兵马去援救他们。河阳这个地方是天下的交通要道，主上的车驾应该留在这儿威镇安抚南北，暂且派遣亲近的大臣前往前线督促作战，倘若不能够解除围困，主上再进军也不晚。"张延朗想利用这次战争解除赵延寿枢密院使的重要军事职务，因此也帮着说："卢文纪说的对。"末帝又向其他人谘询，没有人敢说出不相同的意见。泽州刺史刘遂凝，是刘郭的儿子。他在暗中已和石敬瑭沟通，便向末帝上表，称说主上的车驾不可越过太行山。于是末帝进一步和大家计议，选派哪一位亲近的大臣到北边去合适。张延朗与翰林学士须昌县人和凝等人都说："赵延寿的父亲赵德钧带领卢龙兵马奔赴危难之地，现在最好派赵延寿统兵去会合他作战。"庚戌（二十四日），末帝派遣枢密使、忠武节度使、随驾诸军都部署兼侍中赵延寿

将兵二万如潞州。辛亥,帝如怀州。以右神武统军康思立为北面行营马军都指挥使,帅扈从骑兵赴团柏谷。思立,晋阳胡人也。

帝以晋安为忧,问策于群臣。吏部侍郎永清龙敏请立李赞华为契丹主,令天雄、卢龙两镇分兵送之,自幽州趣西楼,朝廷露檄言之,契丹主必有内顾之忧,然后选募军中精锐以击之,此亦解围之一策也。帝深以为然,而执政恐其无成,议竟不决。帝忧沮形于神色,但日夕酣饮悲歌,群臣或劝其北行,则曰:"卿勿言,石郎使我心胆堕地!"

冬十月壬戌,诏大括天下将吏及民间马,又发民为兵,每七户出征夫一人,自备铠杖,谓之义军,期以十一月俱集,命陈州刺史郎万金教以战陈。用张延朗之谋也。凡得马二千馀匹、征夫五千人,实无益于用,而民间大扰。

初,赵德钧阴蓄异志,欲因乱取中原,自请救晋安寨。唐主命自飞狐踔契丹后,钞其部落,德钧请将银鞍契丹直三千骑,由土门路西入,帝许之。赵州刺史、北面行营都指挥使刘在明先将兵戍易州。德钧过易州,命在明以其众自随。在明,幽州人也。德钧至镇州,以成德节度使董温琪领招讨副使,邀与偕行。又表称兵少,须合泽潞兵,乃自吴儿谷趣潞州,癸酉,至乱柳。时范延光受诏将部兵二万屯辽州。德钧又请与魏博军合。延光知德钧

带兵两万开往潞州。辛亥（二十五日），末帝的车驾到怀州。同时，任命右神武统军康思立为北面行营马军都指挥使，率领扈从骑兵奔赴团柏谷。康思立是晋阳的少数族人。

末帝为晋安寨的战争局势而心中忧愁，向群臣询问对策。吏部侍郎永清县人龙敏提出，立李赞华为契丹国主，命令天雄、卢龙两个藩镇各分出一部分兵力，护送他回国，从幽州奔向西楼，朝廷用公开的文告宣布这件事情，现在的契丹国主一定有内顾之忧，然后我们挑选招募军中精锐的士兵去攻打他们，这也是当前解围的一条策略。末帝认为这个策略很有道理，然而执政的大臣们害怕这样做不能成功，计议到最后没做出决定。末帝满脸表现出沮丧、忧愁的神色，只是从早到晚地酣饮悲歌，群臣当中有人劝他起驾北行，他就说："你不要说北行，石郎让我的心胆坠落到地上了！"

冬季十月壬戌（初七），末帝下诏，大规模地搜检在野的将吏和民间的马匹，又征调百姓当兵，每七户平均征调士兵一人，都要自己准备好铠甲兵器，称之为义军，限期十一月份全部集中，命令陈州刺史郎万金训练这批义军，教给攻战技能。末帝的这一决策是采用张延朗的谋略。最后，一共搜刮到民马两千多匹、征夫五千人，实际上没有多少用处，然而却对民间带来很大的骚扰。

当初，赵德钧暗中怀有另立为帝的野心，想乘乱占取中原地区，便自请援救晋安寨。末帝命他从飞狐岭前进，紧跟契丹军后面，抄击他们的部落。赵德钧请求让他带领银鞍契丹直骑兵三千，由土门路向西进军，末帝批准了。赵州刺史、北面行营都指挥使刘在明原先领兵戍守在易州。赵德钧领兵经过易州时，命令刘在明带领手下的兵马跟随自己前进。刘在明是幽州人。赵德钧到达镇州，任命成德节度使董温琪担任招讨副使，也邀请他与自己一道前进。赵德钧又上表给末帝，说兵力少，必须会合泽州、潞州的兵力。于是便从吴儿谷赶向潞州，癸酉（十八日），到达乱柳。当时，范延光受末帝诏书之命，统领所属的士兵两万驻扎在辽州。赵德钧又向末帝请求与魏博军会合。范延光知道赵德钧

合诸军，志趣难测，表称魏博兵已入贼境，无容南行数百里与德钧合，乃止。

十一月戊子，以赵德钧为诸道行营都统，依前东北面行营招讨使。以赵延寿为河东道南面行营招讨使，以翰林学士张砺为判官。庚寅，以范延光为河东道东南面行营招讨使，以宣武节度使、同平章事李周副之。辛卯，以刘延朗为河东道南面行营招讨副使。赵延寿遇赵德钧于西汤，悉以兵属德钧。唐主遣吕琦赐德钧敕告，且犒军。德钧志在并范延光军，逗留不进，诏书屡趣之，德钧乃引兵北屯团柏谷口。

契丹主谓石敬瑭曰："吾三千里来赴难，必有成功。观汝气貌识量，真中原之主也。吾欲立汝为天子。"敬瑭辞让数四，将吏复劝进，乃许之。契丹主作册书，命敬瑭为大晋皇帝，自解衣冠授之，筑坛于柳林，是日，即皇帝位。割幽、蓟、瀛、莫、涿、檀、顺、新、妫、儒、武、云、应、寰、朔、蔚十六州以与契丹，仍许岁输帛三十万匹。己亥，制改长兴七年为天福元年，大赦。敕命法制，皆遵明宗之旧。以节度判官赵莹为翰林学士承旨、户部侍郎、知河东军府事，掌书记桑维翰为翰林学士、礼部侍郎、权知枢密使事，观察判官薛融为侍御史知杂事，节度推官白水窦贞固为翰林学士，军城都巡检使刘知远为侍卫马军都指挥使，客将景延广为步军都指挥使。延广，陕州人也。立晋国长公主为皇后。

不断会合诸路军队，意图难以预测，便上表给末帝，说明魏博军已经进入贼军境内，来不及回头南行数百里与赵德钧的军队合拢，于是便作罢论。

十一月戊子（初三），朝廷任命赵德钧为诸道行营都统，依旧继续担任东北面行营招讨使。任命赵延寿为河东道南面行营招讨使，任命翰林学士张砺为判官。庚寅（初五），任命范延光为河东道东南面行营招讨使，派宣武节度使、同平章事李周担任范延光的副使。辛卯（初六），任命刘延朗为河东道南面行营招讨副使。赵延寿在西汤遇到赵德钧，他把自己统领的军队全部交给赵德钧统领。末帝派吕琦去向赵德钧颁赐皇上签发的委任诸道行营都统的敕告，并且犒赏他的军队。赵德钧的意图是要兼并范延光的军队，逗留不肯前进，末帝不断下达诏书，催促他，赵德钧便领兵驻扎在团柏谷口。

契丹国主对石敬瑭说："我跋涉三千里赶来为你解除危难，必须有一个成功的结果。我观看你的气概相貌见识和胆量，真是一个中原的国主人选。我想立你为天子。"石敬瑭推辞谦让了好几次，将吏又来劝他进位称帝，于是他便答应了。契丹国主制作册立皇帝的文书，授命石敬瑭为大晋皇帝，契丹主亲自解下衣冠授给石敬瑭，在柳林修筑坛场，宣告这一天即位做皇帝。石敬瑭割让了幽、蓟、瀛、莫、涿、檀、顺、新、妫、儒、武、云、应、寰、朔、蔚十六个州给契丹，同时答应每年向契丹输送帛三十万匹。己亥（十四日），石敬瑭下制令，改年号，以长兴七年（936）为天福元年，宣布大赦罪犯。下敕文和诏命以及法令制度都遵循沿用后唐明宗皇帝的旧例。任命节度判官赵莹为翰林学士承旨、户部侍郎，主管河东军府的事务。命令掌书记桑维翰为翰林学士、礼部侍郎，暂代主管枢密使的事务，任命观察判官薛融为侍御史，主管监察审讯事，任命节度推官白水县人窦贞固为翰林学士，任命军城都巡检使刘知远为侍卫马军都指挥使，任命外籍将领景延广为步军都指挥使。景延广是陕州人。立晋国长公主为皇后。

契丹主虽军柳林，其辎重老弱皆在虎北口，每日暝辄结束，以备仓猝遁逃，而赵德钧欲倚契丹取中国，至团柏逾月，按兵不战，去晋安才百里，声问不能相通。德钧累表为延寿求成德节度使，曰："臣今远征，幽州势孤，欲使延寿在镇州，左右便于应接。"唐主曰："延寿方击贼，何暇往镇州？俟贼平，当如所请。"德钧求之不已，唐主怒曰："赵氏父子坚欲得镇州，何意也？苟能却胡寇，虽欲代吾位，吾亦甘心。若玩寇邀君，但恐犬兔俱毙耳！"德钧闻之，不悦。

闰月，赵延寿献契丹主所赐诏及甲马弓剑，诈云德钧遣使致书于契丹主，为唐结好，说令引兵归国。其实别为密书，厚以金帛赂契丹主，云若立己为帝，请即以见兵南平洛阳，与契丹为兄弟之国。仍许石氏常镇河东。契丹主自以深入敌境，晋安未下，德钧兵尚强，范延光在其东，又恐山北诸州邀其归路，欲许德钧之请。

帝闻之，大惧，亟使桑维翰见契丹主，说之曰："大国举义兵以救孤危，一战而唐兵瓦解，退守一栅，食尽力穷。赵北平父子不忠不信，畏大国之强，且素蓄异志，按兵观变，非以死徇国之人，何足可畏？而信其诞妄之辞，贪豪末之利，

契丹国主虽然把军队开到柳林,他的随军运载物资的笨重车辆和老弱士兵都驻扎在虎北口,每天黄昏之时就捆扎包装,准备随时仓猝撤退逃跑,而赵德钧想依靠契丹兵力攻取中原,他的军队抵达团柏已驻扎了一个多月,仍然按兵不动,距离晋安寨才一百里路,音讯不能相通。赵德钧多次上表给末帝,为赵延寿请求担任成德节度使的职务,说:"我现在远征在外,幽州势力孤单,想让赵延寿留戍在镇州,这样便于左右接应。"末帝说:"赵延寿正在攻打贼军,哪有空暇到镇州去?等到贼军平定后,可以答应你的请求。"赵德钧仍然接连不断地请求,末帝发火说:"赵氏父子坚持要得到镇州,是什么意图呀?倘若能够打退胡兵的侵犯,即使想代替我的位置,我也甘心情愿。如果是玩弄敌寇压境的砝码,借以威胁君主,只怕要造成犬兔都死的结果啊!"赵德钧听说后不高兴。

闰十一月,赵延寿献上契丹主所赐的诏书以及铠甲、马匹、弓箭、刀剑,编造说这是赵德钧派使者送信给契丹国主,为后唐和契丹缔结友好关系,劝说契丹主,让他领兵回国。其实,他另外写了密信,并且带着丰厚的金帛财物贿赂契丹国主,向他说明,如果帮助立自己做皇帝,就立即带领现有的军队向南平定洛阳,与契丹缔约结成兄弟国家,并且答应让石敬瑭长期镇守河东。契丹国主自认为深入在敌国境内,晋安寨还没攻下来,赵德钧的兵力还很强大,范延光的兵力驻扎在他的东面,又害怕太行山北各州派兵拦截他们的归路,就想答应赵德钧的请求。

晋高祖石敬瑭听说这个消息,非常恐惧,急忙派桑维翰去见契丹国主,开导劝说他,说:"你们大国带领义兵来解救我们孤立无援的危险局势,一次战斗而使唐国的军队瓦解,退守在一个营寨之中,现在粮食完了,力量没有了。北平王赵德钧父子不忠于唐国,不能守信于契丹,只是畏惧大国的强盛,而且一贯就藏有自立为帝的野心,所以他才按兵不动,在等待观望时局的变化,并不是一个以死来报效国家的人,有什么值得可怕的?而你怎么能轻易相信他的荒诞虚妄的言辞,贪图微小的利益,

弃垂成之功乎？且使晋得天下，将竭中国之财以奉大国，岂此小利之比乎？”契丹主曰：“尔见捕鼠者乎？不备之，犹或啮伤其手，况大敌乎？”对曰：“今大国已扼其喉，安能啮人乎？”契丹主曰：“吾非有渝前约也，但兵家权谋不得不尔。”对曰：“皇帝以信义救人之急，四海之人俱属耳目，奈何一旦二三其命，使大义不终？臣窃为皇帝不取也。”跪于帐前，自旦至暮，涕泣争之。契丹主乃从之，指帐前石谓德钧使者曰：“我已许石郎，此石烂，可改矣。”

龙敏谓前郑州防御使李懿曰：“君，国之近亲，今社稷之危，翘足可待，君独无忧乎？”懿为言赵德钧必能破敌之状。敏曰：“我燕人也，知德钧之为人，怯而无谋，但于守城差长耳。况今内蓄奸谋，岂可恃乎？仆有狂策，但恐朝廷不肯为耳。今从驾兵尚万馀人，马近五千匹，若选精骑一千，使仆与郎万金将之，自介休山路，夜冒虏骑入晋安寨，但使其半得入，则事济矣。张敬达陷于重围，不知朝廷声问。若知大军近在团柏，虽有铁障可冲陷，况虏骑乎？”懿以白唐主，唐主曰：“龙敏之志极壮，用之晚矣！”

晋安寨被围数月，高行周、符彦卿数引骑兵出战，众寡不敌，皆无功。刍粮俱竭，削柿淘粪以饲马，马相啖，尾鬣皆秃，死则将士分食之，援兵竟不至。张敬达性刚，时

放弃即将成就的功业呢？况且，假使让晋国取得了天下，将要拿出所有中原财物来奉献给大国，哪里是他那小利可以相比呢？"契丹主说："你看见过捕捉老鼠的人吗？不防备它，还可能咬伤你的手，何况是大敌当前呢？"桑维翰回答说："现在大国已经扼住了它的喉咙，怎么能咬人呢？"契丹主说："我不是有意要违背以前的约定，但按军事上权衡变化的谋略，不能不这样办罢了。"桑维翰回答说："皇帝凭信义解救别人的紧急危难，四海之中所有人的耳目都关注了这件事情，怎么能够一会儿这样做，一会又那样做，使大义不能得到最终结果就半途而废呢？我私下认为皇帝不应该这样做。"桑维翰跪在帐前，从早跪到晚，流涕哭泣着，争辩这件事。契丹主最后便依从了他，指着营帐前的石头对赵德钧派来的使者说："我已经答应石郎，这块石头烂了，才可以改变主意。"

　　龙敏对前任郑州防御使李懿说："您是国主的近亲，现在国家的危亡，翘脚之间就可看到，您难道一点没有忧愁吗？"李懿向他说明赵德钧一定能够攻破敌军。龙敏说："我是燕地人，知道赵德钧的为人，他胆小而没有谋略，只是在守城方面稍有长处而已。何况他现在内心怀有奸险的阴谋，怎么能够依靠这样的人呢？我有一条冒险的奇策，只恐怕朝廷不采用罢了。现在跟从主上车驾的军队还有一万多人，有马将近五千匹，如果挑选精锐骑兵一千，让我和郎万金两人统领，从介休山路出发，夜间冲破契丹骑兵防线的阻挡，进入晋安寨大营，只要让一半人马得以进去，那么事情就成功了。张敬达现在陷在重围之中，不知道朝廷的消息。如果他得知大军近在团柏，哪怕有一座铁山阻挡着，也能冲上去攻陷它，何况只是契丹的骑兵呢？"李懿把龙敏的想法转告给末帝，末帝说："龙敏的志气极壮，现在采用他的这个办法晚了啊！"

　　晋安寨被围困几个月，高行周、符彦卿多次带骑兵出战突围，都因寡不敌众，没有成功。军中粮草都没有了，只好削木片淘粪草来喂马，马饿得相互咬，马尾和颈鬣都咬秃了，马死了就被将士们分着吃掉，援兵最终没有到来。张敬达性格刚强，当时人

谓之张生铁。杨光远、安审琦劝敬达降于契丹，敬达曰：
"吾受明宗及今上厚恩，为元帅而败军，其罪已大，况降敌
乎？今援兵旦暮至，且当俟之。必若力尽势穷，则诸军斩
我首，携之出降，自求多福，未为晚也。"光远目审琦欲杀敬
达，审琦未忍。高行周知光远欲图敬达，常引壮骑尾而卫
之，敬达不知其故，谓人曰："行周每踵余后，何意也？"行周
乃不敢随之。诸将每旦集于招讨使营，甲子，高行周、符彦
卿未至，光远乘其无备，斩敬达首，帅诸将上表降于契丹。
契丹主素闻诸将名，皆慰劳，赐以裘帽，因戏之曰："汝辈亦
大恶汉，不用盐酪啖战马万匹！"光远等大惭。契丹主嘉张
敬达之忠，命收葬而祭之，谓其下及晋诸将曰："汝曹为人
臣，当效敬达也。"时晋安寨马犹近五千，铠仗五万，契丹悉
取以归其国，悉以唐之将卒授帝，语之曰："勉事尔主。"马
军都指挥使康思立愤惋而死。

　　帝以晋安已降，遣使谕诸州，代州刺史张朗斩其使。吕
琦奉唐主诏劳北军，至忻州，遇晋使，亦斩之，谓刺史丁审琦
曰："虏过城下而不顾，其心可见，还日必无全理，不若早帅
兵民自五台奔镇州。"将行，审琦悔之，闭牙城不从。州兵欲

称他为张生铁。杨光远、安审琦劝张敬达向契丹投降。张敬达说:"我受明宗先皇帝和当今主上的厚恩,当了统兵的元帅却又成了败军,我的罪过已经很大,何况向敌人投降呢?现在援兵很快就到来,暂且应当等待。如果确实到了势穷力尽的时候,那就请大家斩了我的头,拿着出去投降,各自求得多福,也不算晚呀!"杨光远以目光示意安审琦,想杀张敬达,安审琦不忍心下手。高行周得知杨光远想害死张敬达,经常带领强壮的骑兵跟随在张敬达的身后护卫他,张敬达不明白其中的原因,对人说:"高行周每次都跟在我的身后,是什么用意啊?"高行周便不敢跟随他了。诸将领每天早晨都聚集在招讨使的营帐中,甲子(初九),高行周、符彦卿两人还没来到,杨光远乘着张敬达没有防备,斩下张敬达的头,率领诸将写了降书向契丹投降。契丹主早就听说诸将领的名声,都加以慰劳,向他们赏赐皮帽,就便和他们开玩笑说:"你们这些人也是非常可恨的大汉,不用我来拿出盐味的乳酪喂你们的一万多匹战马!"杨光远等人感到很羞惭。契丹主称赞张敬达的忠诚,下令收葬张敬达的遗体而且祭奠了他,对自己的部下以及晋国的诸位将领说:"你们做人臣,应当仿效张敬达的忠诚啊!"当时晋安寨活着的马还有近五千匹,铠甲兵杖还有五万件,契丹主全部拿走送回本国,把后唐投降过来的将领和士兵全部交给了晋高祖。契丹主对那些降将降兵们说:"希望你们勉励自己好好效忠你们的主上。"马军都指挥使康思立愤恨哀叹而死。

晋高祖因为晋安寨的唐兵已经投降了,就派遣使者到各州去宣告和劝导,代州刺史张朗杀了后晋的来使。吕琦拿着后唐末帝的诏书,去雁门关以北诸州慰劳坚守城池没有投降的军队,吕琦到达忻州,遇到后晋的来使,也杀了他,吕琦向刺史丁审琦说道:"胡虏骑兵路过城下却头也不回,他们的鬼心眼可以看清。他们返回来的那天,一定没有再让我们保全的道理,不如趁早率领士兵和百姓取道五台县奔镇州。"将要出发的时候,丁审琦又后悔了,他关闭牙城不跟吕琦上路。忻州的士兵想

攻之，琦曰："家国如此，何为复相屠灭？"乃帅州兵趣镇州，审琦遂降契丹。契丹主谓帝曰："桑维翰尽忠于汝，宜以为相。"丙寅，以赵莹为门下侍郎，桑维翰为中书侍郎，并同平章事，维翰仍权知枢密使事。以杨光远为侍卫马步军都指挥使，以刘知远为保义节度使、侍卫马步军都虞候。

帝与契丹主将引兵而南，欲留一子守河东，咨于契丹主，契丹主令帝尽出诸子，自择之。帝兄子重贵，父敬儒早卒，帝养以为子，貌类帝而短小，契丹主指之曰："此大目者可也。"乃以重贵为北京留守、太原尹、河东节度使。契丹以其将高谟翰为前锋，与降卒偕进。丁卯，至团柏，与唐兵战，赵德钧、赵延寿先遁，符彦饶、张彦琦、刘延朗、刘在明继之，士卒大溃，相腾践死者万计。

己巳，延朗、在明至怀州，唐主始知帝即位、杨光远降。众议以："天雄军府尚完，契丹必惮山东，未敢南下，车驾宜幸魏州。"唐主以李崧素与范延光善，召崧谋之。薛文遇不知而继至，唐主怒，变色。崧蹑文遇足，文遇乃去。唐主曰："我见此物肉颤，适几欲抽佩刀刺之。"崧曰："文遇小人，浅谋误国，刺之益丑。"崧因劝唐主南还，唐主从之。

洛阳闻北军败，众心大震，居人四出，逃窜山谷。门者请禁之，河南尹雍王重美曰："国家多难，未能为百姓主，又禁其

攻打丁审琦,吕琦说:"家与国已经到了这地步,为什么还要互相屠杀呢?"于是吕琦率领忻州士兵奔向镇州,丁审琦便投降了契丹。契丹主对晋高祖说:"桑维翰对你竭尽忠心,最好任用他为宰相。"丙寅(十一日),晋高祖任命赵莹为门下侍郎,任命桑维翰为中书侍郎,两人都为同平章事,桑维翰仍然暂时代理枢密使的事务。任命杨光远为侍卫马步军都指挥使,任命刘知远为保义节度使、侍卫马步军都虞候。

晋高祖与契丹主准备统领兵马南下,想留下一个儿子戍守河东,征求契丹主的意见,契丹主让晋高祖把自己所有的儿子都叫出来,他亲自选择一个。晋高祖的侄子石重贵,父亲石敬儒早年已死,晋高祖收养为自己的儿子,相貌类似晋高祖而身材矮小,契丹主指着他说:"这个大眼睛的可以。"于是便任命石重贵为北京留守、太原尹、河东节度使。契丹主派自己的将领高谟翰为前锋,与投降改编的军队一道前进。丁卯(十二日),这支前锋部队到达团柏,与后唐军队接火交战,赵德钧、赵延寿事先偷偷逃跑了,接着,符彦饶、张彦琦、刘延朗、刘在明也逃跑了,后唐的士兵大乱溃散,相互践踏而死的人,数以万计。

己巳(十四日),刘延朗、刘在明逃到怀州,后唐末帝才知道石敬瑭已经称皇帝、杨光远已经投降了。众人计议,认为:"天雄军府还完好没有损失,契丹国一定害怕山东兵强,不敢南下,主上的车驾最好到魏州去。"末帝认为李崧平时与范延光友好,召请李崧来商量这件事。薛文遇不知道情况而跟着到了末帝的面前,末帝发怒,脸色都变了。李崧用脚碰碰薛文遇的脚,薛文遇才退去。末帝说:"我看见这个东西就浑身发颤,刚才几乎要抽出佩刀刺他。"李崧说:"薛文遇是个小人,谋略肤浅,贻误国家,刺他更显得咱们难看。"李崧趁势劝末帝南还,末帝听从了他的意见。

北方前线战争失败的消息传到洛阳,洛阳所有人的内心震动都很大,居住在城里的人从四面八方逃出,躲藏到山谷中去。把守城门的人请求禁止外逃,河南尹雍王李重美答复说:"国家处在多难之际,不能为百姓做主,保护好他们,又禁止他们

求生，徒增恶名耳。不若听其自便，事宁自还。”乃出令任从所适，众心差安。

壬申，唐主还至河阳，命诸将分守南、北城。张延朗请幸滑州，庶与魏博声势相接，唐主不能决。

赵德钧、赵延寿南奔潞州，唐败兵稍稍从之，其将时赛帅卢龙轻骑东还渔阳。帝先遣昭义节度使高行周还具食，至城下，见德钧父子在城上，行周曰：“仆与大王乡曲，敢不忠告。城中无斗粟可守，不若速迎车驾。”甲戌，帝与契丹主至潞州，德钧父子迎谒于高河，契丹主慰谕之，父子拜帝于马首，进曰：“别后安否？”帝不顾，亦不与之言。契丹主问德钧曰：“汝在幽州所置银鞍契丹直何在？”德钧指示之，契丹主命尽杀之于西郊，凡三千人。遂琐德钧、延寿，送归其国。

德钧见述律太后，悉以所赍宝货并籍其田宅献之，太后问曰：“汝近者何为往太原？”德钧曰：“奉唐主之命。”太后指天曰：“汝从吾儿求为天子，何妄语邪？”又自指其心曰：“此不可欺也！”又曰：“吾儿将行，吾戒之云，赵大王若引兵北向渝关，亟须引归，太原不可救也。汝欲为天子，何不先击退吾儿，徐图亦未晚。汝为人臣，负其主，不能击敌，又欲乘乱邀利，所为如此，何面目复求生乎？”德钧俯首不能对。

去求生,只能增加恶劣的名声。不如听凭他们自己选择去向安排好自己吧!事情安定以后,他们会自动返回。"于是李重美发出命令,任凭大家随便到哪里去,民心稍有安定。

壬申(十七日),后唐末帝回到河阳,命令诸将领分别把守好河阳的南城、北城。张延朗建议末帝到滑州去,那样可以与魏博镇的军队联合防守,相互援助,末帝犹豫不决。

赵德钧、赵延寿向南逃奔到潞州,后唐的败兵一小拨又一小拨跟随着他们,其中有一位将领叫时赛的率领卢龙轻骑兵向东奔还渔阳。晋高祖石敬瑭先派昭义节度使高行周回潞州准备粮食,高行周到达潞州城下,看见赵德钧父子在城上,高行周向赵德钧说:"我与大王是同乡,不敢不向您提出忠告。城中没有一斗粟米可以支持你们据守,不如快点迎接皇帝的车驾。"甲戌(十九日),晋高祖和契丹主到达潞州,赵德钧父子出城在高河迎接并拜见他们,契丹国主安慰劝导他们父子一番,赵德钧父子又在晋高祖的马头前面叩拜,问候晋高祖说:"别后安好吗?"晋高祖不看他们,也不和他们说话。契丹主问赵德钧说:"你在幽州所训练建立的银鞍契丹直在哪里?"赵德钧用手指给他看,契丹主命令把这支军队带到西郊全部杀了,一共有三千人。于是便锁起赵德钧、赵延寿两人,派人押送到契丹国。

赵德钧见到述律太后,拿出所有带来的宝货和登记着属于他的土地、房屋的账簿献给述律太后,述律太后问他说:"你最近为什么去太原?"赵德钧回答:"是受唐主的命令。"述律太后指着天说:"你是向我的儿子谋求让你当天子,为什么胡说呀?"述律太后又用手指着自己的心口说:"这里是不可欺骗的!"又说:"我的儿子这次出征,临行前,我曾告诫他说,赵大王如果引兵向北,进军渝关,就必须赶紧带领兵马回来,太原不能去救了。你想当天子,为什么不先击退我儿的兵马,再慢慢地计议谋取也不晚。你作为别人的臣子,背叛你的主子,不能够击退敌兵,又想乘着局势危乱攫取自己的利益,你所做的事情竟然如此,还有什么脸面来求得活下去呢?"赵德钧俯首答不出话。

又问："器玩在此，田宅何在？"德钧曰："在幽州。"太后曰："幽州今属谁？"德钧曰："属太后。"太后曰："然则又何献焉？"德钧益惭。自是郁郁不多食，逾年而卒。张砺与延寿俱入契丹，契丹主复以为翰林学士。

帝将发上党，契丹主举酒属帝曰："余远来徇义，今大事已成，我若南向，河南之人必大惊骇，汝宜自引汉兵南下，人必不甚惧。我令太相温将五千骑卫送汝至河梁，欲与之渡河者多少随意。余且留此，俟汝音闻，有急则下山救汝。若洛阳既定，吾即北返矣。"与帝执手相泣，久之不能别，解白貂裘以衣帝，赠帝良马二十匹，战马千二百匹，曰："世世子孙勿相忘。"又曰："刘知远、赵莹、桑维翰皆创业功臣，无大故，勿弃也！"

初，张敬达既出师，唐主遣左金吾大将军历山高汉筠守晋州。敬达死，建雄节度副使田承肇帅众攻汉筠于府署，汉筠开门延承肇入，从容谓曰："仆与公俱受朝寄，何相迫如此？"承肇曰："欲举公为节度使。"汉筠曰："仆老矣，义不为乱首，死生惟公所处。"承肇目左右欲杀之，军士投刃于地曰："高金吾累朝宿德，奈何害之？"承肇乃谢曰："与公戏耳。"听汉筠归洛阳。帝遇诸涂，曰："朕忧卿为乱兵所伤，今见卿甚喜。"

述律太后又问他说:"你所献给我的宝器古玩在这儿,田地、房宅在哪里?"赵德钧回答说:"在幽州。"太后说:"幽州现在属于谁?"赵德钧说:"属于太后。"太后说:"既然是这样,那你又献什么呢?"赵德钧更加惭愧。从此,赵德钧郁郁不乐,饮食不多,过了一年之后就死了。张砺和赵延寿一起都落入契丹国,契丹国后来又任用张砺为翰林学士。

晋高祖将要由上党这里进军,契丹主举着酒杯对晋高祖说道:"我远道而来是履行大义,今天大事已经成功了,我如果继续向南前进,黄河以南的人民一定大受惊骇,你最好自己统领汉人军队向南进发,人心必然不十分恐惧。我命令太相温率领五千契丹骑兵保护你到河阳桥,你想要这支兵马与你一同渡过黄河的话,要多少都由你自己做主。我暂且留在这里,等候你的消息,如果有紧急危难就下山来援救你。若洛阳平定之后,我就统领兵马回北方去了。"契丹主与晋高祖握手相对流泪,很久不能够分开作别,契丹主解下自己穿的白貂皮衣服送给晋高祖穿,又赠送良马二十四、战马一千二百匹给晋高祖,说道:"世世代代、子子孙孙不要相互忘记。"又说:"刘知远、赵莹、桑维翰都是为我们创业的有功之臣,假如没有重大缘故,不要丢弃他们呀!"

当初,张敬达率领军队出征之后,后唐末帝派遣左金吾大将军历山人高汉筠守卫晋州。张敬达死后,建雄节度副使田承肇率领部众攻打高汉筠的府衙,高汉筠大开府门请田承肇进入,从容地对田承肇说:"我与您都受朝廷的寄托,您为什么要这样逼迫我?"田承肇说:"我们想推举您当节度使。"高汉筠说:"我已经老了,从道义上说,不能充当作乱的首领,现在是生是死,只听您处置。"田承肇用眼色示意左右的人员,想杀掉他,左右的军士把兵刃投到地上说:"高金吾是好几朝的元老,为什么要杀害他?"于是田承肇改变态度向高汉筠道歉说:"和您开个玩笑罢了。"便听凭高汉筠返回洛阳。晋高祖在途中遇到他,说:"我担心您被乱兵所伤,现在见到您,我很高兴。"

符彦饶、张彦琪至河阳，密言于唐主曰："今胡兵大下，河水复浅，人心已离，此不可守。"丁丑，唐主命河阳节度使苌从简与赵州刺史刘在明守河阳南城，遂断浮梁，归洛阳。遣宦者秦继旻、皇城使李彦绅杀昭信节度使李赞华于其第。

己卯，帝至河阳，苌从简迎降，舟楫已具。彰圣军执刘在明以降，帝释之，使复其所。

唐主命马军都指挥使宋审虔、步军都指挥使符彦饶、河阳节度使张彦琪、宣徽南院使刘延朗将千余骑至白马阪行战地，有五十余骑渡河，奔于北军。诸将谓审虔曰："何地不可战，谁肯立于此？"乃还。庚辰，唐主又与四将议复向河阳，而将校皆已飞状迎帝。帝虑唐主西奔，遣契丹千骑扼渑池。

辛巳，唐主与曹太后、刘皇后，雍王重美及宋审虔等携传国宝登玄武楼自焚。皇后积薪欲烧宫室，重美谏曰："新天子至，必不露居，他日重劳民力，死而遗怨，将安用之？"乃止。王淑妃谓太后曰："事急矣，宜且避匿，以俟姑夫。"太后曰："吾子孙妇女一朝至此，何忍独生？妹自勉之。"淑妃乃与许王从益匿于毬场，获免。

是日晚，帝入洛阳，止于旧第。唐兵皆解甲待罪，帝慰而释之。帝命刘知远部署京城，知远分汉军使还营，馆契丹于天宫寺，城中肃然，无敢犯令。士民避乱窜匿者，

符彦饶、张彦琪到达河阳府,秘密地向后唐末帝说:"现在契丹的军队大批南下,黄河的水又落浅了,人心已经离散,这个地方不能驻守。"丁丑(二十二日),末帝命令河阳节度使苌从简和赵州刺史刘在明防守河阳府的南城,然后毁坏浮桥,断绝渡河的通路,自己返回洛阳。末帝回洛阳后,派遣宦官秦继旻、皇城使李彦绅到昭信节度使李赞华的家中杀了李赞华。

己卯(二十四日),晋高祖到达河阳府,苌从简出城迎接投降,渡黄河的舟船已准备好了。彰圣军的将士们捉住了刘在明,带着他向晋高祖投降,晋高祖释放了刘在明,让他回到任所。

后唐末帝命令马军都指挥使宋审虔、步军都指挥使符彦饶、河阳节度使张彦琪、宣徽南院使刘延朗带领一千多骑兵到达白马阪,察看作战地形,其中有五十多名骑兵渡过黄河,投奔晋高祖的军队。诸将领对宋审虔说:"什么地方不能作战,谁愿意站在这儿?"于是他们便带兵回来了。庚辰(二十五日),末帝又和四位将领共同计议重新攻河阳,然而下面的将领校官都已经快马如飞地向外送出投降书准备迎接晋高祖。晋高祖担心后唐末帝向西逃跑,派遣契丹骑兵一千人赶向渑池,扼守向西的要道。

辛巳(二十六日),后唐末帝和曹太后、刘皇后、雍王李重美及宋审虔等携传国宝玺登上玄武楼自焚。刘皇后想堆积薪柴烧掉宫室,李重美劝阻说:"新天子到来,一定不会露天住宿,将来修建宫室又要重新劳累民力,我们死后还给人们留下怨恨,那有什么用处呢?"于是停止烧宫室。王淑妃对曹太后说:"事情很紧急了,最好暂且躲藏起来,等姑夫到来。"曹太后说:"我的儿孙男男女女一旦到了现在这一步,我怎么忍心一个人活着?妹妹你自己勉力保重吧!"王淑妃便同许王李重益一起躲藏在毬场,后来获赦免没死。

当天晚上,晋高祖进入洛阳,他回到自己原来的旧居住下来。后唐的军队都脱下铠甲等待治罪,晋高祖安慰而且释放了他们。晋高祖命令刘知远维持京城秩序,刘知远吩咐汉军,让他们回军营,在天宫寺安顿下契丹来的士兵,城中一片整肃,没有人敢违犯法令。那些因躲避战乱而窜散藏身在外的读书人和百姓,

数日皆还复业。

初，帝在河东，为唐朝所忌，中书侍郎、同平章事、判三司张延朗不欲河东多蓄积，凡财赋应留使之外尽收取之，帝以是恨之。壬午，百官入见，独收延朗付御史台，馀皆谢恩。

甲申，车驾入宫，大赦："应中外官吏一切不问，惟贼臣张延朗、刘延皓、刘延朗奸邪贪猥，罪难容贷。中书侍郎、平章事马胤孙、枢密使房暠、宣徽使李专美、河中节度使韩昭胤等，虽居重位，不务诡随，并释罪除名。中外臣僚先归顺者，委中书门下别加任使。"刘延皓匿于龙门，数日，自经死。刘延朗将奔南山，捕得，杀之。斩张延朗，既而选三司使，难其人，帝甚悔之。

十二月乙酉朔，帝如河阳，饯太相温及契丹兵归国。追废唐主为庶人。丁亥，以冯道兼门下侍郎、同平章事。诏赠李赞华燕王，遣使送其丧归国。

庚子，以唐中书侍郎、同平章事卢文纪为吏部尚书。以皇城使晋阳周瓌为大将军、充三司使。瓌辞曰："臣自知才不称职，宁以避事见弃，犹胜冒宠获辜。"帝许之。改兴唐府曰广晋府。

二年春正月，李崧、吕琦逃匿于伊阙民间。帝以始镇河东，崧有力焉，德之，亦不责琦。乙丑，以琦为秘书监。

几天内都返回洛阳城，恢复旧业。

当初，晋高祖在河东时，受到后唐朝廷的猜疑忌恨，后唐的中书侍郎、同平章事、判三司张延朗不愿意让河东藩镇蓄积很多的钱物，他按规定把地方上缴的所有赋税财物，除了应该留给节度使使用的之外，全部收取回朝廷，晋高祖因此而怨恨在心。壬午（二十七日），百官进来拜见晋高祖，晋高祖唯独收捕张延朗交给御史台论罪，其馀官员都向晋高祖谢恩。

甲申（二十九日），晋高祖车驾进入皇宫，宣布大赦令：“中外官吏一概不追究，唯有贼臣张延朗、刘延皓、刘延朗奸险、邪恶、贪婪、卑鄙，罪恶难以宽恕。中书侍郎、平章事马胤孙、枢密使房暠、宣徽使李专美、河中节度使韩昭胤等人，虽然身居重位，不搞阴谋诡计，不迎合追随，一并免于治罪，只除去名籍。中外官员事先表示投降归顺的人，委派中书、门下省另外安排任用。”刘延皓躲藏在龙门镇，几天后，自己上吊死了。刘延朗打算逃奔南山，被捕获杀了。接着，将张延朗斩首，后来朝廷选用三司使财政大臣时，很难物色到有才干的称职人选，晋高祖很后悔斩了张延朗。

十二月乙酉是初一，晋高祖来到河阳，设宴为太相温和随同而来的契丹兵饯行，欢送他们回国。追文宣布废除后唐末帝的生前身份，降为普通平民。丁亥（初三），晋高祖任用冯道为兼门下侍郎、同平章事。下诏，追赠李赞华为燕王，派使者运送他的遗体回契丹国。

庚子（十六日），晋高祖任命原后唐中书侍郎、同平章事卢文纪为吏部尚书。任命原皇城使晋阳人周瓌为大将军，并让他充任三司使财政官。周瓌推辞说：“我自己知道自己的才干不称职，现在宁可因逃避职事而被抛弃，仍然胜过冒充有才干暂时获得宠爱而最终被治罪。”晋高祖批准了他的要求，晋高祖改兴唐府为广晋府。

二年（937）春季正月，李崧、吕琦两人逃在伊阙地区，躲在民间。晋高祖因始受命镇守河东时，李崧推荐他出了很多力，感谢他，也不责问吕琦。乙丑（十二日），晋高祖任命吕琦为秘书监。

丙寅，以崧为兵部侍郎、判户部。

或得唐潞王膂及髀骨献之。三月庚申，诏以王礼葬于徽陵南。

六月，左拾遗张谊上言："北狄有援立之功，宜外敦信好，内谨边备，不可自逸，以启戎心。"帝深然之。

三年秋八月，帝上尊号于契丹主及太后。戊寅，以冯道为太后册礼使，左仆射刘昫为契丹主册礼使，备卤簿、仪仗、车辂，诣契丹行礼，契丹主大悦。帝事契丹甚谨，奉表称臣，谓契丹主为父皇帝。每契丹使至，帝于别殿拜受诏敕。岁输金帛三十万之外，吉凶庆吊，岁时赠遗，玩好珍异，相继于道。乃至应天太后、元帅太子、伟王、南、北二王、韩延徽、赵延寿等诸大臣皆有赂遗，小不如意，辄来责让，帝常卑辞谢之。晋使者至契丹，契丹骄倨，多不逊语。使者还，以闻，朝野咸以为耻，而帝事之曾无倦意，以是终帝之世与契丹无隙。然所输金帛不过数县租赋，往往托以民困，不能满数。其后契丹主屡止帝上表称臣，但令为书称儿皇帝，如家人礼。

丙寅(十三日),晋高祖任命李崧担任兵部侍郎一职,主持户部的事务。

有人得到后唐潞王李从珂自焚后遗存的脊梁骨和腿骨,向上进献。三月庚申(初七),晋高祖下诏,用王的礼节把潞王李从珂的遗骨送到徽陵南面安葬。

六月,左拾遗张谊上书说:"北狄契丹有援助建立国家的功劳,最好在外表上表示和他们和睦,守信用,友好,内部要谨慎小心地加强边境地区的军事防备,不能自己放弃警惕,以防契丹国重新兴兵侵犯。"晋高祖深深认为有道理。

三年(938)秋季八月,晋高祖为契丹国主和述律太后献上了名誉称号。戊寅(初四),任命冯道作为述律太后的册礼使,任命左仆射刘昫作为契丹主的册礼使,配备了全套的太后仪仗、皇帝仪仗和专车,专门送到契丹国去行礼,契丹主非常高兴。晋高祖对待契丹国极为恭敬谨慎,上表的时候自称为臣,称契丹主为父皇帝。每次契丹国使者来,晋高祖都在另外的宫殿叩拜接受契丹国的诏书和敕令。晋高祖每年除了向契丹国输送金帛三十万之外,遇到各种吉、凶的事情,都送礼表示庆贺、吊唁;每逢各种节日,也赠送礼品,各种珍贵稀奇的物品,运送的车马在路上连接不断。直至对于应天述律太后、元帅太子、伟王、南王、北王、韩延徽、赵延寿等各位大臣等,都有礼物赠送,这些人对礼物稍有不如意的地方,就索要责备,晋高祖经常以谦卑的话表示道歉、谢罪。晋高祖的使者到契丹去,契丹人却骄横傲慢地相待,语言大多不礼貌。使者回来把情况报告晋高祖,在朝的官员和社会上的人们都认为羞耻,然而晋高祖对待契丹却从来没有厌倦的心情,因此,整个晋高祖执政的时期,和契丹国没有隔阂、嫌隙。然而输送给契丹的金帛不过只是从辖境内有限的州县收取的租赋,常常托言百姓困苦,不能达到应送的数字。后来,契丹主屡次阻止晋高祖上表时向契丹称臣,只让晋高祖在写信时称儿皇帝,来往就像家中人相互之间的礼节一样。

契丹遣使如洛阳，取赵延寿妻唐燕国长公主以归。

冬十月戊寅，契丹遣使奉宝册，加帝号曰英武明义皇帝。

帝以大梁舟车所会，便于漕运，丙辰，建东京于汴州，为开封府，以东都为西京，以西都为晋昌军节度。

帝遣兵部尚书王权使契丹谢尊号，权自以累世将相，耻之，谓人曰："吾老矣，安能向穹庐屈膝？"乃辞以老疾，帝怒，戊子，权坐停官。

契丹国派遣使者到洛阳,接走赵延寿的妻子、后唐明宗皇帝的女儿燕国长公主,回契丹和赵延寿团聚。

冬季十月戊寅(初五),契丹国派遣使者到后晋来授予宝册,为晋高祖增加称号,称为英武明义皇帝。

晋高祖鉴于大梁是车船聚集之地,便于水运漕粮,就在丙辰这天在汴州建立东京,改为开封府,把原来东都洛阳作为西京,把原来西都长安作为晋昌军节度使的镇所。

晋高祖派遣兵部尚书王权出使契丹,感谢契丹送给自己的尊号,王权自认为本家族世代都做将相,对这一差遣深感羞耻,告诉人说:"我老了,怎么能面向穹庐屈膝下跪?"于是他便以年老有病为理由拒绝出使,晋高祖发怒,戊子(十五日),王权获罪被停职。

范杨之叛 范延光 杨光远

后晋高祖天福元年。初,成德节度使董温琪贪暴,积货巨万。以牙内都虞候平山祕琼为腹心。温琪与赵德钧俱没于契丹,琼尽杀其家人,瘗于一坎,而取其货,自称留后,表称军乱。

二年春正月,诏以祕琼为齐州防御使。

初,天雄节度使兼中书令范延光微时,有术士张生语之云:"必为将相。"延光既贵,信重之。延光尝梦蛇自脐入腹,以问张生,张生曰:"蛇者龙也,帝王之兆。"延光由是有非望之志。唐潞王素与延光善,及赵德钧败,延光自辽州引兵还魏州,虽奉表请降,内不自安,以书潜结祕琼,欲与之为乱。琼受其书不报,延光恨之。琼将之齐,过魏境,延光欲灭口,且利其货,遣兵邀之于夏津,杀之。丁卯,延光奏称夏津捕盗兵误杀琼,帝不问。

范杨之叛　范延光　杨光远

　　后晋高祖天福元年（936）。当初，成德节度使董温琪贪婪残暴，聚积的财货价值亿万钱之多。董温琪把牙内都虞候平山县人祕琼当作自己的心腹。董温琪和赵德钧两人都被虏入契丹国，祕琼把董温琪的家属全部杀害了，埋葬在一个坑中，而把董温琪的家财夺为己有，然后自称留后，向晋高祖上表称说军中动乱。

　　二年（937）春季正月，晋高祖下诏，任命祕琼为齐州防御使。

　　当初，天雄节度使兼中书令范延光身份微贱时，有一个人称张生的术士对他说："您将来一定会当将相。"范延光获得高贵的地位之后，很信任器重这个术士。范延光有一次梦见蛇从肚脐钻入腹中，便把这个梦中的事情拿来问张生，张生解释说："蛇，就是龙，是当帝王的预兆。"范延光从此就产生了非分之想。后唐潞王李从珂与范延光的关系一向很好，等到赵德钧失败的时候，范延光带领军队从辽州回到魏州，他虽然向晋高祖上表请求投降，内心却不安，暗中写密信给祕琼，想和他一同叛乱。祕琼接到范延光的信后，不回信，范延光忌恨他。祕琼将要到齐州赴任，经过魏州的境内，范延光想灭口，而且贪求他的财货，就派兵在夏津拦截他们，杀了祕琼。丁卯（十四日），范延光向晋高祖上表，报告说因为在夏津县捕捉盗贼，士兵误杀祕琼，晋高祖不加追问。

　　三月，范延光聚卒缮兵，悉召巡内刺史集魏州，将作乱。会帝谋徙都大梁，兼枢密使桑维翰曰："大梁北控燕、赵，南通江、淮，水陆都会，资用富饶。今延光反形已露，大梁距魏不过十驿，彼若有变，大军寻至，所谓疾雷不及掩耳也。"丙寅，下诏，托以洛阳漕运有阙，东巡汴州。庚辰，帝发洛阳，留前朔方节度使张从宾为东都巡检使。

　　夏四月丙戌，帝至汴州。丁亥，大赦。

　　五月壬申，进范延光爵临清郡王，以安其意。

　　范延光素以军府之政委元随左都押牙孙锐，锐恃恩专横，符奏有不如意者，对延光手裂之。会延光病经旬，锐密召澶州刺史冯晖，与之合谋逼延光反。延光亦思张生之言，遂从之。六月，六宅使张言奉使魏州还，言延光反状，义成节度使符彦饶奏延光遣兵渡河，焚草市。诏侍卫马军都指挥使、昭信节度使白奉进将千五百骑屯白马津以备之。奉进，云州人也。

　　丁酉，以东都巡检使张从宾为魏府西南面都部署。戊戌，遣侍卫都军使杨光远将步骑一万屯滑州。己亥，遣护圣都指挥使杜重威将兵屯卫州。重威，朔州人也，尚帝妹乐平长公主。范延光以冯晖为都部署，孙锐为兵马都监，将步骑二万循河西抵黎阳口。辛丑，杨光远奏引兵逾

三月，范延光聚集士兵，整治武器，把自己巡察管辖的各州刺史召集到魏州，准备作乱。当此时，晋高祖计划迁都到大梁，兼职枢密使桑维翰说："大梁，对北面可控制燕、赵之地，向南可沟通江、淮，是水陆交通运输都很发达的大城市，物资和财用都很富饶。但是现在范延光谋反的迹象已表现出来，大梁距离魏州不过十个驿站的路程，他若在魏州采取异常行动，大军一会就能到达大梁，真所谓'迅雷不及掩耳'啊！"丙寅（十三日），晋高祖下诏，托言洛阳漕粮运输数字不够，要东巡汴州。庚辰（二十七日），晋高祖从洛阳出发，留下前任朔方节度使张从宾担任东都巡检使。

夏季四月丙戌（初四），晋高祖到达汴州。丁亥（初五），大赦罪犯。

五月壬申（二十一日），晋高祖把范延光的爵位晋升为临清郡王，目的是安抚他的意向。

范延光一贯把自己军府中的事务委托给元随左都押牙孙锐主管，孙锐依仗范延光的恩宠，办事专横，对符奏公文有不如意的，就当着范延光的面亲手撕碎它。此时，碰上范延光生病有十多天，孙锐秘密召唤澶州刺史冯晖，同他合谋逼迫范延光造反。范延光也琢磨术士张生的预言，便听从了他们的话。六月，六宅使张言奉命到魏州办事回来，向晋高祖说明范延光谋反的情况，义成节度使符彦饶也报告说，范延光正派兵渡过黄河，焚烧了滑州城外百姓草屋居住贸易区。晋高祖下诏，命侍卫马军都指挥使、昭信节度使白奉进带领一千五百名骑兵驻扎白马津防守。白奉进是云州人。

丁酉（十六日），晋高祖任命东都巡检使张从宾为魏府西南面都部署。戊戌（十七日），晋高祖派侍卫都军使杨光远统领步兵、骑兵一万人驻扎在滑州。己亥（十八日），晋高祖派护圣都指挥使杜重威统领军队驻扎卫州。杜重威是朔州人，晋高祖的妹妹乐平长公主嫁给他为妻。范延光任命冯晖为都部署，任命孙锐为兵马都监，让他两人统领步兵、骑兵两万人沿黄河向西前进抵达黎阳口。辛丑（二十日），杨光远向晋高祖报告，他已率领兵马过了

胡梁渡。丁未，以侍卫使杨光远为魏府四面都部署，张从宾为副部署兼诸军都虞候，昭义节度使高行周将本军屯相州，为魏府西面都部署。

军士郭威旧隶刘知远，当从杨光远北征，白知远乞留。人问其故，威曰："杨公有奸诈之才，无英雄之气，得我何用？能用我者其刘公乎？"

诏张从宾发河南兵数千人击范延光。延光使人诱从宾，从宾遂与之同反，杀皇子河阳节度使重信，使上将军张继祚知河阳留后。继祚，全义之子也。从宾又引兵入洛阳，杀皇子权东都留守重义，以东都副留守、都巡检使张延播知河南府事。从宾取内库钱帛以赏部兵，留守判官李遐不与，兵众杀之。从宾引兵东扼汜水关，将逼汴州。诏奉国都指挥使侯益帅禁兵五千会杜重威讨张从宾，又诏宣徽使刘处让自黎阳分兵讨之。时羽檄纵横，从官在大梁者无不恟惧，独桑维翰从容指画军事，神色自若，接对宾客，不改常度，众心差安。

秋七月，张从宾攻汜水，杀巡检使宋廷浩。帝戎服，严轻骑，将奔晋阳以避之。桑维翰叩头苦谏曰："贼锋虽盛，势不能久，请少待之，不可轻动。"帝乃止。

范延光遣使以蜡丸招诱失职者，右武卫上将军娄继英、右卫大将军尹晖在大梁，温韬之子延濬、延沼、延衮居许州，皆应之。延光令延濬兄弟取许州，聚徒已及

胡梁渡。丁未(二十六日),晋高祖任命侍卫使杨光远担任魏府四面都部署,任命张从宾担任副部署兼诸军都虞候,派昭义节度使高行周带领本部军队驻扎相州,担任魏府西面都部署。

军中壮士郭威原来属于刘知远的部下,这次应该跟从杨光远的军队北征,但他向刘知远提出请求留下。人们问他其中的原因,郭威回答说:"杨公有奸诈之才,没有英雄之气,得到我有什么用处?能够用我的将是刘公吧?"

晋高祖下诏,命令张从宾派出数千河南兵攻打范延光。范延光派人劝诱张从宾,张从宾便和范延光合伙共同造反,杀了晋高祖的儿子河阳节度使石重信,让上将军张继祚负责河阳府留后事务。张继祚是张全义的儿子。张从宾又带领军队进入洛阳,杀了晋高祖的儿子代理东都留守石重义,派东都副留守、都巡检使张延播主管河南府事务。张从宾要提取宫中内库钱帛用来赏赐部下士兵,留守判官李遐不肯给,兵众把他杀了。张从宾带领军队向东前进扼守汜水关,准备进逼汴州。晋高祖下诏命令奉国都指挥使侯益率领五千中央禁军会同杜重威的军队共同讨伐张从宾,又下诏命令宣徽使刘处让从黎阳分出一支兵力讨伐张从宾。当时插着羽毛的紧急文书交相传递,跟从晋高祖一起来到大梁的官员无不惊恐惧怕,唯有桑维翰从容地指挥部署军事行动,神色安定自如,接待宾客谈话,不改变平常的风度,众人因此心中稍微安定一些。

秋季七月,张从宾攻打汜水,杀了巡检使宋廷浩。晋高祖穿着军服,让轻骑兵进行严密戒备,准备奔向晋阳来躲避叛军兵锋,桑维翰叩头苦苦劝阻,说道:"贼军的兵锋虽然强盛,但趋势不能长久,请稍微等待一时,不可轻易行动。"晋高祖便留下不动。

范延光派人用蜡丸密信招降劝诱晋高祖这边那些丢失官职的人,当时,右武卫上将军娄继英、右卫大将军尹晖两人在大梁,温韬的儿子温延濬、温延沼、温延衮居住在许州,他们都响应范延光而造反。范延光命令温延濬兄弟攻取许州,聚集徒众已经达到

千人。继英、晖事泄，皆出走。壬子，敕以："延光奸谋，诬污忠良。自今获延光谍人，赏获者，杀谍人，焚蜡书，勿以闻。"晖将奔吴，为人所杀。继英奔许州，依温氏。忠武节度使苌从简盛为之备，延濬等不得发，欲杀继英以自明，延沼止之，遂同奔张从宾。继英知其谋，劝从宾执三温，皆斩之。

　　白奉进在滑州，军士有夜掠者，捕之，获五人，其三隶奉进，其二隶符彦饶，奉进皆斩之，彦饶以其不先白己，甚怒。明日，奉进从数骑诣彦饶谢，彦饶曰："军中各有部分，奈何取滑州军士并斩之，殊无客主之义乎？"奉进曰："军士犯法，何有彼我？仆已引咎谢公，而公怒不解，岂非欲与延光同反邪？"拂衣而起，彦饶不留，帐下甲士大噪，擒奉进，杀之。从骑走出，大呼于外，诸军争擐甲操兵，喧噪不可禁止。奉国左厢都指挥使马万惶惑不知所为，帅兵欲从乱，遇右厢都指挥使卢顺密帅部兵出营，厉声谓万曰："符公擅杀白公，必与魏城通谋。此去行宫才二百里，吾辈及军士家属皆在大梁，奈何不思报国，乃欲助乱，自求灭族乎？今日当共擒符公，送天子，立大功。军士从命者赏，违命者诛，勿复疑也！"万部兵尚有呼跃者，顺密杀数人，众莫敢动。

一千人。娄继英、尹晖因为事情泄露了消息，都逃跑了。壬子（初二），晋高祖下敕令，宣布说："范延光施行奸诈诡计，诬害玷污忠良。从今天起，抓获范延光派出的间谍人员，奖赏抓获的人，杀死间谍，焚毁蜡丸密信，不要向上报告。"尹晖准备奔向吴国，被人杀了。娄继英奔向许州，依附了温氏兄弟。忠武节度使苌从简做好了充分的军事防备，温延濬等人没有机会采取行动，就想杀掉娄继英来表白自己，温延沼出面阻止了这件事，于是他们一同投奔张从宾。娄继英得知温氏兄弟的阴谋，劝说张从宾捉起温氏三兄弟，全部斩首。

白奉进在滑州，军中士兵有人夜晚出外抢劫，他逮捕这些士兵，抓获了五个人，其中有三人是白奉进的部下，有两人是符彦饶的部下，白奉进把这五个人全部斩了，符彦饶因为这件事怨白奉进没有事先告诉自己，很愤怒。第二天，白奉进带着几个随从的骑兵拜见符彦饶，表示道歉，符彦饶说："军中的士兵各有明确的统领划分，为什么抓住滑州的士兵一并斩了，太没有主客相待的道义了！"白奉进辩白说："军中士兵犯法，有什么你我？我已经承认了过错，向您表示道歉，而您仍然怒气不消，难道不是想和范延光一同造反吗？"说完，拂衣而起，符彦饶不扣留，军帐下的甲兵大叫大嚷，捉住了白奉进，把他杀了。白奉进随从来的骑兵跑出营帐，在外面大声呼喊，各部分的军队都争着穿上铠甲，手握兵器，吵嚷大闹，无法禁止。奉国左厢都指挥使马万在吵嚷声中惶恐迷惑，不知道怎么办，便率领军队准备跟着暴乱，这时遇到了右厢都指挥使卢顺密率领自己的部下人马出营。卢顺密厉声对马万说："符公擅自杀了白公，必定和魏州城中造反的人通谋。这里离大梁行宫才两百里路远，我们这些人及军中士兵的家属都在大梁，为什么不想着报效国家，反而要帮助乱兵，自己寻找诛灭全族的灾祸呢？现在，我们应当共同擒拿符公，送到大梁交给天子发落，可以立大功。军中士兵听从命令的人就奖赏，违抗命令的人就杀，不要再迟疑了！"马万部下的士兵还有人在呼喊跳跃，卢顺密杀了几人，兵众之中没有人敢动了。

万不得已从之，与奉国都虞候方太等共攻牙城，执彦饶，令太部送大梁。甲寅，敕斩彦饶于班荆馆，其兄弟皆不问。

杨光远自白皋引兵趣滑州，士卒闻滑州乱，欲推光远为主。光远曰："天子岂汝辈贩弄之物？晋阳之降出于穷迫，今若改图，真反贼也。"其下乃不敢言。时魏、孟、滑三镇继叛，人情大震。帝问计于刘知远，对曰："帝者之兴，自有天命。陛下昔在晋阳，粮不支五日，俄成大业。今天下已定，内有劲兵，北结强虏，鼠辈何能为乎？愿陛下抚将相以恩，臣请戢士卒以威，恩威兼著，京邑自安，本根深固，则枝叶不伤矣。"知远乃严设科禁，宿卫诸军无敢犯者。有军士盗纸钱一襎，主者擒之，左右请释之，知远曰："吾诛其情，不计其直。"竟杀之。由是众皆畏服。

乙卯，以杨光远为魏府行营都招讨使、兼知行府事，以昭义节度使高行周为河南尹、东京留守，以杜重威为昭义节度使、充侍卫马军都指挥使，以侯益为河阳节度使。帝以滑州奏事皆马万为首，擢万为义成节度使。丙辰，以卢顺密为果州团练使，方太为赵州刺史。既而知皆顺密之功也，更以顺密为昭义留后。

冯晖、孙锐引兵至六明镇，光远引之渡河，半渡而击之，晖、锐众大败，多溺死，斩首三千级，晖、锐走还魏。

马万不得已跟从卢顺密，与奉国都虞候方太等共同攻打牙城，抓住符彦饶，让方太押送到大梁。甲寅（初四），晋高祖下敕令，在班荆馆斩了符彦饶，对他的兄弟都不加追问。

杨光远领兵从白皋向滑州方向进军，士兵听说滑州动乱，想推举杨光远为君主。杨光远说道："天子哪里是你们这些人贩卖玩弄的东西？当年我在晋阳投降是出于穷迫没有办法，现在如果改变念头，那当真是一个反贼了。"他的部下这才不敢说这种话。当时，魏州、孟州、滑州三个藩镇相继叛变，人心受到很大的震动。晋高祖询问刘知远有什么对策，刘知远回答说道："皇帝的兴起，自有天命。皇上过去在晋阳，粮食不足供应五天，一转眼就完成了帝王大业。现在，天下已经平定，内部拥有强劲的军队，向北联结了强大的胡虏，一些无名的鼠辈又能做出什么大事情呢？希望皇上用恩德安抚将相，我用威严的军纪来整治士卒，恩威兼施，京城自然就会安定下来，大树的根基加深，主干稳固，那么枝叶就不受伤了。"于是刘知远严格地设立许多管理条令，宿卫各军队没有敢违犯的人。有一名士兵偷盗纸钱一头巾，纸钱的主人捉住了他，左右的人请求放了他，刘知远说："我是按照他违犯军令的性质来诛杀他，不计较他偷钱的数值多少。"终于杀了那个偷钱的人。从此军中士兵都畏惧驯服。

乙卯（初五），晋高祖任命杨光远为魏府行营都招讨使、兼理行府事务，任命昭义节度使高行周为河南尹、东京留守，任命杜重威为昭义节度使、充任侍卫马军都指挥使，任命侯益为河阳节度使。晋高祖因为滑州来报告事情都是以马万为首，便提拔马万为义成节度使。丙辰（初六），晋高祖任命卢顺密为果州团练使，方太为赵州刺史。后来了解到都是卢顺密的功绩，便改任卢顺密为昭义留后。

冯晖、孙锐领兵到达六明镇，杨光远引诱他们渡河，等他们的军队渡了一半就攻打他们，冯晖、孙锐的人马大败，大多溺水而死，被斩首的有三千人，冯晖、孙锐逃跑回魏州。

杜重威、侯益引兵至氾水，遇张从宾众万馀人，与战，俘斩殆尽，遂克氾水。从宾走，乘马渡河，溺死。获其党张延播、继祚、娄继英，送大梁，斩之，灭其族。史馆修撰李涛上言："张全义有再造洛邑之功，乞免其族。"乃止诛继祚妻子。涛，回之族曾孙也。

杨光远奏知博州张晖举城降。

安州威和指挥使王晖闻范延光作乱，杀安远节度使周瑰，自领军府，欲俟延光胜则附之，败则渡江奔吴。帝遣右领军上将军李金全将千骑如安州巡检，许赦王晖，以为唐州刺史。

范延光知事不济，归罪于孙锐而族之，遣使奉表待罪。戊寅，杨光远以闻，帝不许。

山南东道节度使安从进恐王晖奔吴，遣行军司马张胐将兵会复州兵于要路邀之。晖大掠安州，将奔吴，部将胡进杀之。八月癸巳，以状闻。李金全至安州，将士之预于乱者数百人，金全说谕，悉遣诣阙，既而闻指挥使武彦和等数十人挟赂甚多，伏兵于野，执而斩之。彦和且死，呼曰："王晖首恶，天子犹赦之；我辈胁从，何罪乎？"帝虽知金全之情，掩而不问。

乙巳，赦张从宾、符彦饶、王晖之党，未伏诛者皆不问。

杜重威、侯益领兵到达氾水，遇到张从宾的军队一万多人，与他交战，张从宾的军队被俘虏、斩首，几乎被消灭光了。于是杜重威他们攻占了氾水。张从宾逃跑，乘马渡黄河，被淹死在黄河中。杜重威的军队抓获了张从宾的党羽张延播、张继祚、娄继英，押送到大梁，晋高祖斩了他们，并诛杀他们的家族。史馆修撰李涛向晋高祖提出："张全义有再造洛阳城的功劳，请求免诛他的族人。"于是晋高祖只杀了张继祚的妻室和子女。李涛，是李回家族的第四代孙。

杨光远向晋高祖报告，说博州主管张晖率领全城人投降。

安州威和指挥使王晖听说范延光起兵叛乱，便杀了安远节度使周瓌，自己统领军府，盘算等待范延光胜利了，就依附范延光，范延光失败了，就渡江投奔吴国。晋高祖派右领军上将军李金全带领一千骑兵来到安州巡视检察，答应赦免王晖的罪，并任命王晖为唐州刺史。

范延光预计事情不能成功，就把起兵造反的罪过推给孙锐，而且把孙锐的全族都杀了，然后派使者到晋高祖那儿去上表说明情况，等待治罪。戊寅（二十八日），杨光远把这件事情报告了晋高祖，晋高祖不允许。

山南东道节度使安从进害怕王晖投奔吴国，派行军司马张朏带领军队会同复州军在要道上阻击他们。王晖大肆抢劫安州，领兵即将投奔吴国，他的部将胡进把他杀了。八月癸巳（十三日），胡进把情况报告给晋高祖。李金全来到安州，查明将士之中参加叛乱的只有数百人，李金全劝说开导他们，让他们全部到京师宫门前等待发落。后来听说指挥使武彦和等数十人挟带着行贿的财物很多，就在野外埋伏兵士，捉住他们并斩了。武彦和临死的时候，大呼说："王晖是首恶分子，天子还赦免他的罪；我们是胁从者，有什么罪？"晋高祖虽然知道李金全的内情，却故意掩盖起来，不加追问。

乙巳（二十五日），晋高祖赦免了张从宾、符彦饶、王晖的党羽，没有伏罪被杀的都不再追问。

九月甲寅，以李金全为安远节度使。

三年夏五月，杨光远自恃拥重兵，颇干预朝政，屡有抗奏，帝常屈意从之。庚申，以其子承祚为左威卫将军，尚帝女长安公主，次子承信亦拜美官，宠冠当时。

秋八月壬午，杨光远奏前澶州刺史冯晖自广晋城中出战，因来降，言范延光食尽穷困。己丑，以晖为义成节度使。杨光远攻广晋，岁馀不下。帝以师老民疲，遣内职朱宪入城谕延光，许移大藩，曰："若降而杀汝，白日在上，无以享国。"延光谓节度副使李式曰："主上重信，云不死则不死矣。"乃撤守备，然犹迁延未决。宣徽南院使刘处让复入谕之，延光意乃决。九月乙巳朔，杨光远送延光二子守图、守英诣大梁。己酉，延光遣牙将奉表待罪。壬子，诏书至广晋，延光帅其众素服于牙门，使者宣诏释之。朱宪，汴州人也。

己巳，杨光远表乞入朝。命刘处让权知天雄军府事。庚午，制以范延光为天平节度使，仍赐铁券，应广晋城中将吏军民今日以前罪皆释不问。其张从宾、符彦饶馀党及自官军逃叛入城者，亦释之。延光腹心将佐李式、孙汉威、薛霸皆除防御、团练使、刺史，牙兵皆升为侍卫亲军。

九月甲寅(初五),晋高祖任命李金全为安远节度使。

三年(938)夏季五月,杨光远自恃拥有重兵,不断地干涉朝廷的政务,多次上奏章违抗朝廷命令,晋高祖常常违心地听从他的意见。庚申(十四日),晋高祖任命杨光远的儿子杨承祚为左威卫将军,并把自己的女儿长安公主嫁给杨承祚为妻。杨光远的第二个儿子杨承信也做了美官,一家人所受到皇上的恩宠成为当时之冠。

秋季八月壬午(初八),杨光远向朝廷报告说前任澶州刺史冯晖从广晋城中出战,乘势投降了,冯晖说范延光现在粮食吃光,处于穷困地步。己丑(十五日),晋高祖任命冯晖为义成节度使。杨光远出兵攻打广晋城,一年多没有攻下来。晋高祖认为军队作战太久,百姓疲惫,就派遣在内廷供职的宦官朱宪进入广晋城,劝导范延光,答应把他调任到大藩镇任节度使,并向范延光声明:“如果你投降后,我把你杀了,有白日在天上作证,我就不能享有皇位。”范延光向节度副使李式说:“主上重信誉,说不让我们死,我们就死不了。”于是撤除防守的工事,然而还拖延着犹豫不决。宣徽南院使刘处让再次入城劝他,范延光这时才下定了决心。九月乙巳是初一,杨光远把范延光的两个儿子范守图、范守英送往大梁。己酉(初五),范延光派牙将带着表章到朝廷等待治罪。壬子(初八),晋高祖的诏书到达广晋城,范延光率领自己的部众穿着白色的服装聚在牙城门前,听晋高祖的使者宣读诏书释放他们。朱宪是汴州人。

己巳(二十五日),杨光远上表要求入朝,命令刘处让暂且代理天雄军府事务。庚午(二十六日),朝廷下制书,任命范延光为天平节度使,并且赐给他免罪不杀的铁券作凭证,宣布所有广晋城中将士官吏、军队和百姓在今天以前的罪过都赦免不加追问。那些属于张从宾、符彦饶的馀党以及从政府军中逃跑叛变进入广晋城的人,也都释放。范延光的心腹将佐李式、孙汉威、薛霸都任命为防御使、团练使、刺史,范延光的牙兵都升为侍卫亲军。

初，河阳行军司马李彦珣，邢州人也，父母在乡里，未尝供馈。后与张从宾同反，从宾败，奔广晋，范延光以为步军都监，使登城拒守。杨光远访获其母，置城下以招之，彦珣引弓射杀其母。延光既降，帝以彦珣为坊州刺史。近臣言彦珣杀母，杀母恶逆不可赦，帝曰："赦令已行，不可改也。"乃遣之官。

臣光曰：治国者固不可无信，然彦珣之恶，三灵所不容，晋高祖赦其叛君之愆，治其杀母之罪，何损于信哉？

辛未，以杨光远为天雄节度使。

初，郭崇韬既死，宰相罕有兼枢密使者。帝即位，桑维翰、李崧兼之，宣徽使刘处让及宦官皆不悦。杨光远围广晋，处让数以军事衔命往来，光远奏请多逾分，帝常依违，维翰独以法裁折之。光远对处让有不平语，处让曰："是皆执政之意。"光远由是怨执政。范延光降，光远密表论执政过失。帝知其故而不得已，加维翰兵部尚书，崧工部尚书，皆罢其枢密使，以处让为枢密使。

十一月，范延光自郓州入朝。帝患天雄节度使杨光远跋扈难制，桑维翰请分天雄之众，加光远太尉、西京留守兼河阳节度使。光远由是怨望，密以赂自诉于契丹，养部曲千馀人，常蓄异志。范延光屡请致仕，甲寅，诏以太子太师

当初，河阳行军司马李彦珣，是邢州人，父母住在邢州乡下，没有受到供养。后来，李彦珣与张从宾一同造反，张从宾失败，李彦珣投奔广晋城中，范延光任命他为步军都监，让他登上城楼抵抗防守。杨光远查访抓获了他的母亲，放在城楼下面让她招降李彦珣，李彦珣张弓射死自己的母亲。范延光投降之后，晋高祖任命李彦珣为坊州刺史。晋高祖身边亲近的大臣说："李彦珣杀死母亲，杀母属于大逆不道，不能赦免。"晋高祖说："大赦的命令已经颁行，不可改动了。"于是派遣他赴坊州就任。

北宋史臣司马光评论说：治理国家的人固然不能不讲信用，然而李彦珣的罪恶，天地人灵所不能宽容，晋高祖赦免了李彦珣背叛国君的罪恶，惩治他杀母的罪行，对信用有什么损害呢？

辛未（二十七日），晋高祖任命杨光远为天雄节度使。

当初，郭崇韬死后，朝廷的宰相中很少再有兼任枢密使职务的人了。晋高祖即位以后，桑维翰、李崧两人兼任了，宣徽使刘处让以及宦官对此都不高兴。杨光远围攻广晋城的时候，刘处让多次因执行军事任务带着晋高祖的命令往来于前线，杨光远通过刘处让所提出请求的问题大多超越了自己的权限，晋高祖常常不做明确的答复，只有桑维翰依照法令审裁挫折他。杨光远对刘处让说过不服气的话，刘处让说："这是朝中当权者的意见。"杨光远因此怨恨这些当权者。范延光投降的时候，杨光远秘密上表给晋高祖论述这些当权者的过失。晋高祖知道其中的原因，然而又迫不得已，便加封桑维翰为兵部尚书，加封李崧为工部尚书，两人都免去枢密使职务，任命刘处让为枢密使。

十一月，范延光由郓州入京朝拜。晋高祖担心天雄节度使杨光远专横跋扈难控制，桑维翰建议分解天雄军的兵力，给杨光远加官为太尉、西京留守兼任河阳节度使。杨光远从此怨恨不满，秘密地贿赂契丹并在契丹人面前诉说自己的委屈，他又私养家兵一千多人，心中常怀叛离的念头。范延光多次请求辞官养老，甲寅（十一日），晋高祖下诏，批准范延光以太子太师的身份

致仕，居于大梁，每遇宴会，与群臣无异。延光之反也，相州刺史掖人王景拒境不从，戊午，以景为耀州团练使。

　　四年秋七月，西京留守杨光远疏中书侍郎、同平章事桑维翰迁除不公及营邸肆于两都，与民争利。帝不得已，闰月壬申，出维翰彰德节度使兼侍中。

　　五年秋八月，太子太师致仕范延光请归河阳私第，帝许之。延光重载而行。西京留守杨光远兼领河阳，利其货，且虑为子孙之患，奏："延光叛臣，不家洛、汴而就外藩，恐其逃逸入敌国，宜早除之。"帝不许。光远请敕延光居西京，从之。光远使其子承贵以甲士围其第，逼令自杀。延光曰："天子在上，赐我铁券，许以不死，尔父子何得如此？"己未，承贵以白刃驱延光上马，至浮梁，挤于河。光远奏云自赴水死，帝知其故，惮光远之强，不敢诘。为延光辍朝，赠太师。

　　九月，杨光远入朝，帝欲徙之他镇，谓光远曰："围魏之役，卿左右皆有功，尚未之赏，今当各除一州以荣之。"因以其将校数人为刺史。甲申，徙光远为平卢节度使，进爵东平王。

退休,安置在大梁居住,每次遇有宴会,都邀请他参加,和群臣的待遇一样。范延光造反的时候,相州刺史掖县人王景坚持守卫自己的辖境,不跟从造反,戊午(十五日),晋高祖任用王景为耀州团练使。

四年(939)秋季七月,西京留守杨光远向晋高祖上疏劾奏中书侍郎、同平章事桑维翰在调动和任免官员时不公正,另外他自己又在两都随意开设店铺与百姓争利。晋高祖不得已,闰七月壬申(初三),把桑维翰调出京城,任彰德节度使,兼任侍中。

五年(940)秋季八月,退休的太子太师范延光向晋高祖请求让他回河阳自己私人的住宅中生活,晋高祖批准了他的请求。范延光带着车辆装载着很多的财产走了。西京留守杨光远兼河阳节度使,贪求范延光的财货,而且顾虑他将来会成为自己子孙的祸害,便向晋高祖劾奏范延光说:"范延光是一个叛变过的臣子,不在洛阳、汴州安家,而到外地藩镇去居住,担心他要逃跑到敌国去,最好早日把他除掉。"晋高祖不同意这样做。杨光远又请晋高祖下敕令,让范延光居住西京洛阳,晋高祖听从了杨光远的这一意见。杨光远让他的儿子杨承贵带领武装士兵包围了范延光的住宅,强逼范延光自杀。范延光说:"天子在上,赐给我铁券,答应不杀死我,你们父子为什么能够这样做?"己未(二十六日),杨承贵用雪亮的兵刃对着范延光,驱赶范延光上马,走到浮桥时,把范延光挤到黄河里去了。杨光远向晋高祖报告说,范延光自己投水而死,晋高祖心中明白是怎么回事,因为惧怕杨光远的强悍,不敢查问。晋高祖为范延光之死而停止上朝,表示哀悼,并追赠范延光为太师。

九月,杨光远入京朝拜,晋高祖想把他调到别的藩镇去任节度使,就对杨光远说:"围攻魏州的战役,你的左右人员都有功绩,到现在还没有奖赏他们,今天,应当为他们各授一州之职,让他们荣耀一下。"因而杨光远部下的将领校官中,有好几人被授任为刺史。甲申(二十二日),晋高祖调迁杨光远为平卢节度使,爵位进为东平王。

齐王天福八年。初,高祖以马三百借平卢节度使杨光远,同平章事景延广以诏命取之。光远怒曰:"是疑我也。"密召其子单州刺史承祚,十一月戊戌,承祚称母病,夜,开门奔青州。庚子,以左飞龙使金城何超权知单州。遣内班赐光远玉带、御马、金帛以安其意。

壬寅,遣侍卫步军都指挥使郭谨将兵戍郓州。十二月乙巳朔,遣左领军卫将军蔡行遇将兵戍郓州。杨光远遣骑兵入淄州,劫刺史翟进宗归于青州。甲寅,徙杨承祚为登州刺史以从其便。光远益骄,密告契丹取晋。

开运元年春正月,成德节度使杜威遣幕僚曹光裔诣杨光远,为陈祸福。光远遣光裔入奏,称:"承祚逃归,母病故尔。既蒙恩宥,阖族荷恩。"朝廷信其言,遣使与光裔复往慰谕之。

博州刺史周儒以城降契丹,又与杨光远通使往还。二月甲辰,周儒引契丹将麻荅攻郓州以应杨光远。辛亥,杨光远将青州兵欲西会契丹。戊午,诏前保义节度使石赟分兵屯郓州以备之。三事并见《契丹灭晋》。

壬戌,杨光远围棣州,刺史李琼出兵击败之,光远烧营走还青州。癸亥,以前威胜节度使何重建为东面马步都部署,将兵屯郓州。

后晋齐王石重贵天福八年(943)。当初,晋高祖借给平卢节度使杨光远三百匹马,同平章事景延广这时奉受诏书,向杨光远讨回三百匹马。杨光远发怒说:"这是猜疑不信任我了。"杨光远秘密召唤自己的儿子单州刺史杨承祚,十一月戊戌(二十四日),杨承祚称说自己的母亲有病,夜间开城门奔向青州。庚子(二十六日),后晋朝廷命令左飞龙使全城县人何超代理单州事务。又派遣内班宦官出使平卢藩镇,向杨光远赏赐玉带、御马、金帛,以此来安定杨光远的意向。

壬寅(二十八日),后晋朝廷派遣侍卫步军都指挥使郭谨统领兵马戍守郓州。十二月乙巳朔是初一,后晋朝廷在这天派遣左领军卫将军蔡行遇带领军队戍守郓州。杨光远派遣骑兵攻入淄州,劫持淄州刺史瞿进忠回到了青州。甲寅(初十),后晋朝廷调动杨承祚的职务为登州刺史,用来顺应他的心愿。杨光远更加骄横,秘密勾引契丹要攻取晋国。

后晋出帝开运元年(944)春季正月,成德节度使杜威派遣自己军府中的幕僚曹光裔去拜见杨光远,向杨光远分析解说事关祸福前途的形势。杨光远派曹光裔入京报告,说:"杨承祚逃跑回来,是因为母亲有病的原因。已经承蒙朝廷降恩宽容免予处罚,我们全族都感恩戴德。"朝廷相信了他说的话,派遣使者和曹光裔一道又去安慰劝导杨光远。

博州刺史周儒把城池献给契丹,向契丹投降,又和杨光远互派使者往来联络。二月甲辰(初一),周儒带领契丹将领麻荅的军队攻打郓州,以这一军事行动来策应杨光远。辛亥(初八),杨光远统领青州的军队想要向西和契丹军会师。戊午(十五日),后晋出帝下达诏书,命令前任保义节度使石赟分领一支军队驻扎郓州,用以防备杨光远。三事并见《契丹灭晋》。

壬戌(十九日),杨光远带兵围攻棣州,棣州刺史李琼出兵还击,打败了杨光远的围兵,杨光远带领军队烧毁营寨逃跑回到青州。癸亥(二十日),后晋朝廷任命前任威胜节度使何重建为东面马步都部署,带领军队驻扎郓州。

夏四月戊寅，命侍卫马步都虞候、泰宁节度使李守贞将步骑二万讨杨光远于青州。契丹救之，齐州防御使堂阳薛可言邀击，败之。

冬十二月，李守贞围青州经时，城中食尽，饿死者大半。契丹援兵不至，杨光远遥稽首于契丹曰："皇帝，皇帝，误光远矣！"其子承勋、承祚、承信劝光远降，冀全其族。光远不许，曰："吾昔在代北，尝以纸钱祭天池而沈，人皆言当为天子。姑待之！"丁巳，承勋斩劝光远反者节度判官丘涛等，送其首于守贞，纵火大噪，劫其父出居私第，上表待罪，开城纳官军。朝廷以杨光远罪大，而诸子归命，难于显诛，命李守贞以便宜从事。闰月癸酉，守贞入青州，遣人拉杀光远于别第，以病死闻。丙戌，起复杨承勋，除汝州防御使。

夏季四月戊寅(初七),后晋朝廷命令侍卫马步都虞候、泰宁节度使李守贞带领步兵、骑兵两万人去讨伐杨光远,向青州进军。契丹派兵援助杨光远,齐州防御使堂阳县人薛可言出兵拦击契丹援兵,打败了他们。

冬季十二月,李守贞领兵围攻青州已经很长时间了,青州城中粮食断绝,被饿死的人有一大半。契丹援助杨光远的军队没有到来,杨光远遥向北方契丹国叩头跪拜说:"皇帝啊!皇帝啊!您贻误我杨光远了!"他的儿子杨承勋、杨承祚、杨承信劝说杨光远向朝廷投降,希望能保全家族的性命。杨光远不答应,说:"我过去在代北的时候,曾经用纸钱在汾阳县的天池祭祀,纸钱沉下去了,人们都说我应当做天子。你们姑且等待这一天吧!"丁巳(十九日),杨承勋斩了那些劝说杨光远起兵造反的人,如节度判官丘涛等,把他们的头颅送交李守贞,纵火大声喧闹,劫持他的父亲杨光远出外,居住到自己私人家中,向后晋朝廷上表,等待朝廷问罪,并开城门迎接后晋的官兵入城。后晋朝廷认为杨光远的罪恶很大,然而他几个儿子能够归附朝廷,难以过分地诛杀,就命令李守贞看情况做出处理。闰十二月癸酉(初五),李守贞进入青州,派人把杨光远带到另一个屋子里勒死了,然后报告说杨光远病死了。丙戌(十八日),后晋朝廷在热孝守丧期间起用杨承勋,任命他为汝州防御使。

卷第四十二

契丹灭晋　刘知远复汴京附

后晋高祖天福四年。成德节度使安重荣出于行伍,性粗率,恃勇骄暴,每谓人曰:"今世天子,兵强马壮则为之耳。"府廨有幡竿高数十尺,尝挟弓矢谓左右曰:"我能中竿上龙首者,必有天命。"一发中之,以是益自负。帝之遣重荣代祕琼也,戒之曰:"琼不受代,当别除汝一镇,勿以力取,恐为患滋深。"重荣由是以帝为怯,谓人曰:"祕琼匹夫耳,天子尚畏之,况我以将相之重,士马之众乎!"每所奏请多逾分,为执政所可否,意愤愤不快,乃聚亡命,市战马,有飞扬之志。帝知之。义武节度使皇甫遇与重荣姻家,七月,徙遇为昭义节度使。

五年。初,帝割雁门之北以赂契丹,由是吐谷浑皆属契丹。苦其贪虐,思归中国,成德节度使安重荣复诱之,于是吐谷浑帅部落千馀帐自五台来奔。契丹大怒,遣使让帝以招纳叛人。

六年春正月丙寅,帝遣供奉官张澄将兵二千索吐谷浑在并、镇、忻、代四州山谷者,逐之使还故土。

契丹灭晋 刘知远复汴京附

后晋高祖天福四年(939)。成德节度使安重荣出身行伍，性情粗鲁轻率，倚仗自己勇武而骄横强暴，常对人说："现在的天子，兵强马壮就可以当。"他的府衙里有一根幡竿，高几十尺，他曾拿着弓箭对左右人说："我若能射中竿上龙首，必有当天子的天命。"一发而射中，由此更加自负。高祖派安重荣去替代祕琼时，告诫他说："如果祕琼不接受替代，朝廷就另外任命你为一镇节度使，不要用武力夺取，恐怕以后为患越来越深。"安重荣因此认为高祖胆怯，对别人说："祕琼只是一介匹夫，天子尚且怕他，何况我有将相的重要地位，有众多兵马呢！"每次他的奏请往往超越本分，被执政者或可或否，因此他愤愤不平，于是聚集亡命之徒，购买战马，有自求飞扬的企图。高祖知道这种情况。义武节度使皇甫遇与安重荣是姻亲，七月，高祖调任皇甫遇为昭义节度使。

五年(940)。当初，后晋高祖割让雁门以北地区来贿赂契丹，由此吐谷浑之地都归属了契丹。吐谷浑苦于契丹人的贪婪暴虐，想归附于中原王朝，成德节度使安重荣又引诱他们，于是吐谷浑率领部落一千多帐从五台前来投奔。契丹大怒，派遣使者责备后晋高祖招纳叛变之人。

六年(941)春季正月丙寅(初六)，后晋高祖派遣供奉官张澄领兵两千人搜索吐谷浑在并、镇、忻、代四州山谷之中的人，驱逐他们，让他们返回故土。

　　成德节度使安重荣耻臣契丹，见契丹使者，必箕踞慢骂；使过其境，或潜遣人杀之。契丹以让帝，帝为之逊谢。六月戊午，重荣执契丹使拽刺，遣轻骑掠幽州南境，军于博野。上表称："吐谷浑、两突厥、浑、契苾、沙陀各帅部众归附。党项等亦遣使纳契丹告身职牒，言为虏所陵暴，又言自二月以来，令各具精甲壮马，将以上秋南寇。恐天命不佑，与之俱灭，愿自备十万众，与晋共击契丹。又朔州节度副使赵崇已逐契丹节度使刘山，求归命朝廷。臣相继以闻。陛下屡敕臣承奉契丹，勿自起衅端。其如天道人心，难以违拒，机不可失，时不再来。诸节度使没于虏庭者，皆延颈企踵以待王师，良可哀悯。愿早决计。"表数千言，大抵斥帝父事契丹，竭中国以媚无厌之虏。又以此意为书遗朝贵及移藩镇，云已勒兵，必与契丹决战。帝以重荣方握强兵，不能制，甚患之。

　　时邺都留守、侍卫马步都指挥使刘知远在大梁。泰宁节度使桑维翰知重荣已蓄奸谋，又虑朝廷重违其意，密上疏曰："陛下免于晋阳之难而有天下，皆契丹之功也，不可负之。今重荣恃勇轻敌，吐浑假手报仇，皆非国家之利，不可听也。臣窃观契丹数年以来，士马精强，吞噬四邻，战必胜，攻必取，割中国之土地，收中国之器械，其君智勇过人，其臣上下辑睦，牛马蕃息，国无天灾。此未可与为敌也。且中国新败，士气凋沮，以当契丹乘胜之威，其势相去甚远。

成德节度使安重荣对向契丹称臣感到耻辱，会见契丹使者时，必然岔开两腿坐着谩骂；契丹使者经过他的辖境，他有时便暗中派人把使者杀掉。契丹因为此事责备后晋高祖，高祖就替他道歉谢罪。六月戊午(二十九日)，安重荣拘禁契丹使者拽剌，派遣轻装骑兵抢掠幽州南境，在博野驻军。他上表说："吐谷浑、两突厥、浑、契苾、沙陀各自率领部众前来归附。党项等也派遣使者交出契丹委任职务的文书，诉说被契丹所欺凌虐待，又说自从二月以来，契丹命令他们各自准备精兵壮马，将要在入秋时向南寇掠。他们害怕上天不保佑，与契丹一同灭亡，愿意自己准备十万兵马，和晋国共同攻击契丹。再有，朔州节度副使赵崇已经驱逐了契丹的节度使刘山，请求归顺朝廷。为臣已经把这些情况相继报告朝廷。陛下您多次命令为臣奉承契丹，不要自己去挑起事端。可是现在天道人心难以违抗，机不可失，时不再来。诸位节度使被囚禁在胡虏境内的，都伸长了脖子、提起脚跟在等待着王师北伐，实在值得同情哀怜。希望朝廷早做决定。"表章共有几千字，大都是斥责高祖把契丹当作父亲来侍奉，竭尽中国之所有来谄媚逢迎贪得无厌的胡虏。安重荣又将这种意思写信给朝中权贵，并且传递给各藩镇，说已经调动兵将，必定要同契丹决一死战。高祖由于安重荣正掌握着强大的兵力，不能辖制他，极为忧虑。

当时，邺都留守、侍卫马步都指挥使刘知远在大梁。泰宁节度使桑维翰知道安重荣已经心怀奸谋，又害怕朝廷难以违背他的意思，秘密上疏说："陛下您幸免于晋阳之难而拥有天下，这都是契丹的功劳，不能够对不起他们。现在安重荣依恃勇悍轻视敌人，吐谷浑想借我们的手来报仇，都不是对国家有利的事，不能够听从。臣观察契丹连年以来，士马精强，吞并四邻，战必胜，攻必取，割占中原的土地，收缴中原的器械，他们的君主智勇过人，他们的臣僚上下和睦，牛马繁衍，国家没有天灾。这样的民族是不可以把他们视为敌人的。而且，中国刚刚败给了他们，士气低落沮丧，以此来抵挡契丹乘胜的威势，其形势相差太远了。

又和亲既绝，则当发兵守塞，兵少则不足以待寇，兵多则馈运无以继之。我出则彼归，我归则彼至，臣恐禁卫之士疲于奔命，镇、定之地无复遗民。今天下粗安，疮痍未复，府库虚竭，蒸民困弊，静而守之，犹惧不济，其可妄动乎！契丹与国家恩义非轻，信誓甚著，彼无间隙而自启衅端，就使克之，后患愈重，万一不克，大事去矣。议者以岁输缯帛谓之耗蠹，有所卑逊谓之屈辱。殊不知兵连而不休，祸结而不解，财力将匮，耗蠹孰甚焉！用兵则武吏功臣过求姑息，边藩远郡得以骄矜，下陵上替，屈辱孰大焉！臣愿陛下训农习战，养兵息民，俟国无内忧，民有馀力，然后观衅而动，则动必有成矣。又邺都富盛，国家藩屏，今主帅赴阙，军府无人。臣窃思慢藏诲盗之言，勇夫重闭之义，乞陛下略加巡幸，以杜奸谋。"帝谓使者曰："朕比日以来，烦懑不决，今见卿奏，如醉醒矣，卿勿以为忧。"

秋七月，帝忧安重荣跋扈，己巳，以刘知远为北京留守、河东节度使。

八月，帝以诏谕安重荣曰："尔身为大臣，家有老母，忿不思难，弃君与亲。吾因契丹得天下，尔因吾致富贵，吾不敢忘德，尔乃忘之，何邪！今吾以天下臣之，尔欲以一镇抗之，不亦难乎！宜审思之，无取后悔。"重荣得诏愈骄，闻山南东道节度使安从进有异志，阴遣使与之通谋。

再者和亲的关系既已断绝，就应当发兵戍守边塞，但是，兵少了是不足以应付敌寇的，兵多了又使得后勤运输跟不上。我军出战，他们就退走，我军回守，他们又出来骚扰，我担心禁卫的士兵疲于奔命，镇州、定州之地也不会再有存留下来的民众了。现在，天下稍稍安定，国家的创伤没有恢复，府库空竭，百姓困苦凋敝，平静地守护还怕不能济事，怎么能够轻举妄动呢？契丹对国家恩义不轻，对信守誓约很重视，他们没有可乘之机而我们自己挑起争端，即使战胜了他们，后患也会更重，万一战事失利，大事就完了。发表议论的人把每年送给他们的缯帛叫作耗蠹，把有所卑恭谦逊叫作屈辱。殊不知战争连绵而不罢休，灾祸连结而不解除，财力就会匮乏，相比之下，耗蠹哪个更厉害呢？用兵就会使得武将功臣过分要求姑息迁就他们，边藩远郡因此而骄傲矜伐，下颓上废，不思振作，相比之下，屈辱哪个更大呢？臣下希望陛下您训劝农耕，习练作战，养备兵众，与民休息，等到国家没有内忧，民众有了馀力，然后看形势而动，才能动必有成。再者，邺都富裕昌盛，是国家的屏障，现在其主帅入阙朝见，军府没有人主管。臣想起了《周易》上说的不谨守所藏就要招引盗贼的话，《左传》上所讲勇敢的人重视守护的道理，请陛下略作巡视检查，以杜绝奸谋。"后晋高祖托来使转告桑维翰说："这几天朕心里烦闷，不能决定该怎么办，今天见到你的奏章，就像从酒醉中醒来，你不要为此忧虑。"

秋季七月，后晋高祖担忧安重荣飞扬跋扈，己巳（十一日），任命刘知远为北京留守、河东节度使。

八月，后晋高祖用诏书告诉安重荣说："你身为大臣，家中还有老母，因愤怒而不考虑灾难，抛弃君主与至亲。我靠契丹而得天下，你靠我而得富贵，我不敢忘记人家的恩德，你却忘记了，这是为什么呢？现在，我用天下向契丹称臣，你却想用一镇来抗衡契丹，不也太难了吗？你应该仔细地考虑这件事，不要让自己后悔。"安重荣接到诏书更加骄傲，听说山南东道节度使安从进有叛乱之心，便暗中派使者与他共同策划反叛。

九月，帝以安重荣杀契丹使者，恐其犯塞，乙亥，遣安国节度使杨彦询使于契丹。彦询至其帐，契丹主责以使者死状，彦询曰："譬如人家有恶子，父母所不能制，将如之何？"契丹主怒乃解。

刘知远遣亲将郭威以诏旨说吐谷浑酋长白承福，令去安重荣归朝廷，许以节钺。威还，谓知远曰："虏惟利是嗜，安铁胡止以袍裤赂之；今欲其来，莫若重赂乃可致耳。"知远从之，且使谓承福曰："朝廷已割尔曹隶契丹，尔曹当自安部落。今乃南来助安重荣为逆，重荣已为天下所弃，朝夕败亡，尔曹宜早从化，勿俟临之以兵，南北无归，悔无及矣。"承福惧，冬十月，帅其众归于知远。知远处之太原东山及岚、石之间，表承福领大同节度使，收其精骑以隶麾下。始，安重荣移檄诸道，云与吐谷浑、鞑靼、契苾同起兵。既而承福降知远，鞑靼、契苾亦莫之赴，重荣势大沮。

冬十二月，安重荣闻安从进举兵反，谋遂决，大集境内饥民，众至数万，南向邺都，声言入朝。初，重荣与深州人赵彦之俱为散指挥使，相得欢甚。重荣镇成德，彦之自关西归之，重荣待遇甚厚，使彦之招募党众，然心实忌之，及举兵，止用为排陈使，彦之恨之。

帝闻重荣反，壬辰，遣护圣等马步三十九指挥击之。以天平节度使杜重威为招讨使，安国节度使马全节副之，前永清节度使王周为马步都虞候。

九月，后晋高祖因为安重荣杀了契丹使者，害怕契丹前来侵犯边塞，乙亥（十八日），派遣安国节度使杨彦询出使契丹。杨彦询到达契丹的营帐，契丹国主责问他契丹使者被杀的情况，杨彦询说："这就好比家里出了恶子，父母管不住他，那有什么办法呢？"契丹国主的怒气这才消解了。

刘知远派遣他的心腹将领郭威根据朝廷诏命去劝说吐谷浑酋长白承福，让他脱离安重荣归附后晋朝廷，许诺让他当节度使。郭威回来，对刘知远说："胡房只喜欢对自己有好处的事，安重容只是用袍子、套裤之类贿赂他；现在我们要想把他拉过来，只有用重重的贿赂，才能让他过来投奔我们。"刘知远听从了他的建议，并且让使者告诉白承福说："朝廷已经把你们划割隶属于契丹，你们就应该自己安顿好部落。可你们现在竟然南来帮助安重荣为逆，安重荣已被天下所唾弃，早晚要灭亡，你们应早日顺从归化，不要等到我们用兵讨伐你们，弄得南、北都无法附从，那时后悔就来不及了。"白承福十分害怕，冬季十月，率领他的兵众归附了刘知远。刘知远把他们安置在太原东山及岚州、石州之间，上表请求任命白承福领大同节度使，收编他的精锐骑兵归自己指挥。开始，安重荣给诸道送去檄文，说与吐谷浑、鞑靼、契苾共同起兵。不久，白承福向刘知远投降，鞑靼和契苾也没带兵赶来，安重荣的气势大为减弱。

冬季十二月，安重荣听说安从进举兵反叛，于是决定谋反，大量召集境内的饥民，人众达到数万，南向邺都，声称将要入朝。起初，安重荣与深州人赵彦之都担任散指挥使，相处得很融洽。安重荣镇守成德时，赵彦之从关西前来依附他，安重荣很优厚地接待他，让赵彦之招募部众，然而心里实际是猜忌他，等到举兵造反的时候，只是任用他充当排阵使，所以，赵彦之十分怨恨安重荣。

后晋高祖听说安重荣反叛，壬辰（初七），派遣护圣等马步三十九指挥前去攻打他。任命天平节度使杜重威为招讨使，安国节度使马全节为副招讨使，原永清节度使王周为马步都虞候。

　　戊戌，杜重威与安重荣遇于宗城西南，重荣为偃月陈，官军再击之，不动。重威惧，欲退。指挥使宛丘王重胤曰："兵家忌退。镇之精兵尽在中军，请公分锐士击其左右翼，重胤为公以契丹直冲其中军，彼必狼狈。"重威从之。镇人陈稍却，赵彦之卷旗策马来降。彦之以银饰铠胄及鞍勒，官军杀而分之。重荣闻彦之叛，大惧，退匿于辎重中。官军从而乘之，镇人大溃，斩首万五千级。重荣收馀众，走保宗城，官军进攻，夜分，拔之。重荣以十馀骑走还镇州，婴城自守。会天寒，镇人战及冻死者二万馀人。

　　契丹闻重荣反，乃听杨彦询还。

　　七年春正月丁巳，镇州牙将自西郭水碾门导官军入城，杀守陴民二万人，执安重荣，斩之。杜重威杀导者，自以为功。庚申，重荣首至邺都，帝命漆之，函送契丹。

　　夏四月，契丹以晋招纳吐谷浑，遣使来让。帝忧悒不知为计，五月己亥，始有疾。帝寝疾，一旦，冯道独对。帝命幼子重睿出拜之，又令宦者抱重睿置道怀中，其意盖欲道辅立之。

　　六月乙丑，帝殂。道与天平节度使、侍卫马步都虞候景延广议，以国家多难，宜立长君，乃奏广晋尹齐王重贵为嗣。是日，齐王即皇帝位。延广以为己功，始用事，禁都下人毋得偶语。

戊戌(十三日),杜重威和安重荣在宗城西南相遇,安重荣摆出偃月阵,官军攻击了两次,攻不动。杜重威害怕,打算退兵。指挥使宛丘人王重胤说:"用兵的人禁忌阵前退兵。安重荣镇州的精锐兵力都在中军,请您分派精锐将士攻击他的左、右两翼,重胤我为您率领契丹军径直向他的中军发起冲击,他必定会狼狈不堪的。"杜重威听从了他的建议。镇州兵的阵列稍稍退却,赵彦之卷旗打马前来投降。赵彦之是用银子装饰铠甲及鞍勒的,官军把他杀掉并分抢了这些东西。安重荣听说赵彦之叛降官军,大为恐惧,退兵藏在辎重队伍之中。官军追随其后而乘机进攻,镇州兵大败,斩首一万五千人。安重荣收集馀众,退保宗城,官军进攻,夜半时分攻了下来。安重荣带着十多名骑兵逃回镇州,围绕着城池自守。正好遇上天气寒冷,有两万多镇州兵战死和冻死。

契丹听说安重荣造反,这才听任杨彦询返回后晋。

七年(942)春季正月丁巳(初二),镇州牙将从西城水碾门引导官军入城,杀死守城民众两万人,抓获安重荣,将他斩杀。杜重威杀掉引导官军入城的牙将,把入城据为自己的功劳。庚申(初五),安重荣的首级送到邺都,后晋高祖命令将他的首级涂上漆防腐,装入匣子中送往契丹。

夏季四月,契丹因为后晋招纳吐谷浑,派遣使者前来责备后晋高祖。后晋高祖十分忧虑,不知道该怎么办,五月己亥(十六日),开始生病。后晋高祖患病卧床不起,一天早上,召来冯道单独谈话。后晋高祖叫幼子石重睿出来拜见冯道,又命令宦官抱着石重睿放到冯道的怀中,他的意思是要让冯道辅立石重睿为主。

六月乙丑(十三日),后晋高祖石敬瑭去世。冯道和天平节度使、侍卫马步都虞候景延广商议,认为国家正处于多难之秋,应该立年长的国君,于是奏请拥立广晋尹、齐王石重贵为继承人。当天,齐王即皇帝位。景延广认为这是自己的功劳,开始专权用事,命令京都中的人不得相互聚集议论。

初,高祖疾亟,有旨召河东节度使刘知远入辅政,齐王寝之,知远由是怨齐王。

秋七月癸卯,加景延广同平章事,兼侍卫马步都指挥使。

冬十一月庚寅,葬圣文章武明德孝皇帝于显陵,庙号高祖。

帝之初即位也,大臣议奉表称臣告哀于契丹。景延广请致书称孙而不称臣。李崧曰:"屈身以为社稷,何耻之有!陛下如此,他日必躬擐甲胄,与契丹战,于时悔无益矣。"延广固争,冯道依违其间。帝卒从延广议。契丹大怒,遣使来责让,且言:"何得不先承禀,遽即帝位!"延广复以不逊语答之。

契丹卢龙节度使赵延寿欲代晋帝中国,屡说契丹击晋,契丹主颇然之。

齐王天福八年。帝闻契丹将入寇,二月己未,发邺都;乙丑,至东京。然犹与契丹问遗相往来,无虚月。

初,河阳牙将乔荣从赵延寿入契丹,契丹以为回图使,往来贩易于晋,置邸大梁。及契丹与晋有隙,景延广说帝囚荣于狱,悉取邸中之货。凡契丹之人贩易在晋境者,皆杀之,夺其货。大臣皆言契丹有大功于晋,不可负。戊子,释荣,慰赐而归之。荣辞延广,延广大言曰:"归语而主,先帝为北朝所立,故称臣奉表。今上乃中国所立,所以降志于北朝者,正以不敢忘先帝盟约故耳。为邻称孙,足矣,无称臣之理。

起初,后晋高祖石敬瑭病重时,曾写下诏旨召河东节度使刘知远入朝辅政,齐王石重贵把诏旨压下不发,刘知远由此怨恨齐王。

秋季七月癸卯(二十一日),后晋出帝石重贵加封景延广为同平章事,兼任侍卫马步都指挥使。

冬季十一月庚寅(初十),将圣文章武明德孝皇帝石敬瑭安葬在显陵,庙号为高祖。

后晋出帝石重贵刚即位时,大臣商议向契丹奉表称臣,并向契丹告哀。景延广请求写信而不上表,称孙而不称臣。李崧说:"屈身事胡是为了江山社稷,有什么可耻的呢?陛下您这样做,日后必定得亲自披甲戴胄去同契丹交战,到那时后悔就没有用了。"景延广再三争辩,冯道在二人之间模棱两可。出帝石重贵最终听从了景延广的意见。契丹大怒,派使者来质问责备,并且说:"为什么不先禀告,自己就匆忙即位呢?"景延广又用不恭逊的话答复使者。

契丹委任的卢龙节度使赵延寿想要代替后晋高祖做中原的皇帝,多次劝说契丹进攻后晋,契丹国主认为他的话很对。

齐王天福八年(943)。后晋出帝听说契丹将要入侵,二月己未(十一日),从邺都出发;乙丑(十七日),到达东京大梁。但是还同契丹互派使者往来通问,没有一个月间断过。

当初,河阳牙将乔荣跟随赵延寿进入契丹,契丹任命他为回图使,在契丹和后晋之间往返贩运交易,在后晋京城大梁开设了官邸。到契丹同后晋有了矛盾时,景延广劝说后晋出帝把乔荣关进牢狱,夺取了他店铺中的全部货物。凡是在晋国境内贩运交易的契丹人,都被杀掉,货全被抢夺。大臣们都上言说契丹对后晋有大功,不能辜负。九月戊子(十三日)这一天,后晋出帝释放了乔荣,慰问并赏赐他,让他返回契丹。乔荣向景延广告辞,景延广说大话道:"回去告诉你的主子,先帝是北朝所扶立的,所以向你们称臣奉表。当今皇帝乃是中国自己所立,之所以还向北朝降低身份,正是因为不敢忘记先帝同北朝缔结了盟约的缘故。作为邻邦而称孙,已经足够了,没有再向北朝称臣的道理。

北朝皇帝勿信赵延寿诳诱,轻侮中国。中国士马,尔所目睹。翁怒则来战,孙有十万横磨剑,足以相待。他日为孙所败,取笑天下,毋悔也!"荣自以亡失货财,恐归获罪,且欲为异时据验,乃曰:"公所言颇多,惧有遗忘,愿记之纸墨。"延广命吏书其语以授之,荣具以白契丹主。契丹主大怒,入寇之志始决。晋使如契丹者,皆絷之幽州,不得见。

桑维翰屡请逊辞以谢契丹,每为延广所沮。帝以延广为有定策功,故宠冠群臣;又总宿卫兵,故大臣莫能与之争。河东节度使刘知远知延广必致寇,而畏其方用事,不敢言,但益募兵,奏置兴捷、武节等十馀军以备契丹。

杨光远之叛也,密告契丹,以晋主负德违盟,境内大饥,公私困竭,乘此际攻之,一举可取。赵延寿亦劝之。契丹主乃集山后及卢龙兵合五万人,使延寿将之,委延寿经略中国,曰:"若得之,当立汝为帝。"又常指延寿谓晋人曰:"此汝主也。"延寿信之,由是为契丹尽力,画取中国之策。朝廷颇闻其谋,丙辰,遣使城南乐及德清军,征近道兵以备之。

开运元年春正月乙亥,边藩驰告:"契丹前锋将赵延寿、赵延照将兵五万入寇,逼贝州。"延照,思温之子也。先是朝廷以贝州水陆要冲,多聚刍粟,为大军数年之储,以备契丹。军校邵珂性凶悖,永清节度使王令温黜之。珂怨望,密遣人亡入契丹,言:"贝州粟多而兵弱,易取也。"

北朝的皇帝不要听信赵延寿的欺骗和引诱,轻慢侮辱中国。中国的将士与战马,是你亲眼看到的。祖父如果发怒来侵犯,孙儿有十万横磨剑,足以用来相待。以后如果被孙儿打败,被天下人取笑,可不要后悔呀!"乔荣认为自己丢掉了货物和钱财,怕回到契丹获罪,并且想替今后取得证据,就说:"您说的内容太多,我怕遗忘了说不全,希望把您讲的话用纸墨记录下来。"景延广命令小吏记下自己说的话交给乔荣,乔荣就拿着证据把情况都告诉了契丹国主。契丹国主大怒,进犯中原的决心便定了下来。后晋使者前往契丹的,都被执系在幽州,不能见到契丹国主。

桑维翰多次请求用谦逊的语言向契丹道歉,但总被景延广所阻拦。后晋出帝因为景延广有拥立他的功绩,所以对他的恩宠比群臣都高;又让他总管宫廷宿卫兵,因此朝中大臣没人敢同他抗争。河东节度使刘知远知道景延广必然会招致契丹入侵,但是怕景延广正当权用事,不敢直言,只是进一步募集兵丁,奏请设置兴捷、武节等十多个军,来防备契丹。

杨光远叛变时,秘密报告契丹,说晋主辜负恩德违背盟约,境内饥荒严重,官府和民间困乏穷竭,如果乘此时攻打,一举可夺。投降契丹的赵延寿也劝说契丹南征。契丹国主便聚集山后和卢龙的军队,加起来有五万人,让赵延寿统领他们,委派他经略中原,说:"如果能夺得中原,就立你为皇帝。"又常常指着赵延寿对晋人说:"这就是你们的皇帝。"赵延寿相信了契丹国主的话,因此替契丹尽力谋划夺取中原的办法。后晋朝廷对他的计划知道得很多,十二月丙辰(十二日),派遣使者在南乐及德清军筑城,征调附近各道的兵马用来防备契丹。

开运元年(944)春季正月乙亥(初二),边境的藩镇派飞骑向后晋朝廷报告说:"契丹前锋将赵延寿、赵延照领兵五万人入侵,逼近贝州。"赵延照是赵思温的儿子。在此之前,后晋朝廷因为贝州是水陆要塞,便大量聚集粮草,为大军储备多年的物资,来防备契丹。军校邵珂性格凶狠悖逆,永清节度使王令温贬黜了他。邵珂怨恨,暗中派人逃到契丹,说:"贝州粮多而兵弱,容易攻取。"

会令温入朝,执政以前复州防御使吴峦权知州事,峦既至,推诚抚士。会契丹入寇,峦书生,无爪牙,珂自请,愿效死,峦使将兵守南门,峦自守东门。契丹主自攻贝州,峦悉力拒之,烧其攻具殆尽。己卯,契丹复攻城,珂引契丹自南门入,峦赴井死。契丹遂陷贝州,所杀且万人。

庚辰,以归德节度使高行周为北面行营都部署,以河阳节度使符彦卿为马军左厢排陈使,以右神武统军皇甫遇为马军右厢排陈使,以陕府节度使王周为步军左厢排陈使,以左羽林将军潘环为步军右厢排陈使。

太原奏契丹入雁门关。恒、邢、沧皆奏契丹入寇。

成德节度使杜威遣幕僚曹光裔往说杨光远,光远遣光裔入奏,朝廷遣使与光裔复往慰谕之。事见《范杨之叛》。

帝遣使持书遗契丹,契丹已屯邺都,不得通而返。壬午,以侍卫马步都指挥使景延广为御营使,前静难节度使李周为东京留守。是日,高行周以前军先发。时用兵方略号令皆出延广,宰相以下皆无所预。延广乘势使气,陵侮诸将,虽天子亦不能制。

乙酉,帝发东京。丁亥,滑州奏契丹至黎阳。戊子,帝至澶州。

契丹主屯元城,赵延寿屯南乐;以延寿为魏博节度使,封魏王。

契丹寇太原,刘知远与白承福合兵二万击之。甲午,以知远为幽州道行营招讨使,杜威为副使,马全节为都虞候。丙申,遣右武卫上将军张彦泽等将兵拒契丹于黎阳。

适逢王令温入朝,执政者任命原复州防御使吴峦暂时主持州事,吴峦到达贝州后,真诚抚慰将士。正赶上契丹入侵,吴峦是个书生,没有爪牙,邵珂自己请命,愿效死力,吴峦派他领兵防守南门,吴峦亲自防守东门。契丹国主亲自攻打贝州,吴峦全力抵抗敌人,把契丹攻城器具几乎都烧光了。己卯(初六),契丹又来攻城,邵珂引导契丹兵从南门进来,吴峦投井而死。契丹于是攻陷了贝州城,杀害军民将近一万人。

庚辰(初七),后晋任命归德节度使高行周为北面行营都部署,河阳节度使符彦卿为马军左厢排阵使,右神武统军皇甫遇为马军右厢排阵使,陕府节度使王周为步军左厢排阵使,左羽林将军潘环为步军右厢排阵使。

太原奏报契丹进入雁门关。恒州、邢州、沧州都奏报契丹前来侵犯。

成德节度使杜威派遣幕僚曹光裔前去劝说杨光远,杨光远派遣曹光裔入朝上奏,朝廷派遣使者同曹光裔一道再次去安抚告谕杨光远。事见《范杨之叛》。

后晋出帝派遣使者带书信给契丹,契丹已经屯驻邺都,因不能通过而返回。壬午(初九),后晋任命侍卫马步都指挥使景延广为御营使,原静难节度使李周为东京留守。这一天,高行周率领前军首先出发。当时用兵的方略和号令都出自景延广,从宰相以下,都不能参预。景延广借着权势任性使气,凌侮众将,即使是天子也不能控制住他。

乙酉(十二日),后晋出帝从东京出发。丁亥(十四日),滑州奏报契丹军队到达黎阳。戊子(十五日),出帝到达澶州。

契丹国主屯驻元城,赵延寿屯驻南乐;契丹任命赵延寿为魏博节度使,封魏王。

契丹侵犯太原,刘知远与白承福合兵两万人攻击敌人。甲午(二十一日),后晋出帝任命刘知远为幽州道行营招讨使,杜威为副招讨使,马全节为都虞候。丙申(二十三日),派遣右武卫上将军张彦泽等人率领军队在黎阳抵抗契丹。

帝复遣译者孟守忠致书于契丹，求修旧好。契丹主复书曰："已成之势，不可改也。"

辛丑，太原奏破契丹伟王于秀容，斩首三千级。契丹自鸦鸣谷遁去。

天平节度副使、知郓州颜衎遣观察判官窦仪奏："博州刺史周儒以城降契丹，又与杨光远通使往还，引契丹自马家口济河，擒左武卫将军蔡行遇。"仪谓景延广曰："虏若济河与光远合，则河南危矣。"延广然之。仪，蓟州人也。

二月甲辰朔，命前保义节度使石赟守麻家口，前威胜节度使何重建守杨刘镇，护圣都指挥使白再荣守马家口，西京留守安彦威守河阳。未几，周儒引契丹将麻荅自马家口济河，营于东岸，攻郓州北津以应杨光远。麻荅，契丹主之从弟也。

乙巳，遣侍卫马军都指挥使、义成节度使李守贞、神武统军皇甫遇、陈州防御使梁汉璋、怀州刺史薛怀让将兵万人，缘河水陆俱进。守贞，河阳；汉璋，应州；怀让，太原人也。

丙午，契丹围高行周、符彦卿及先锋指挥使石公霸于戚城。先是景延广令诸将分地而守，无得相救。行周等告急，延广徐白帝，帝自将救之。契丹解去，三将泣诉救兵之缓，几不免。

戊申，李守贞等至马家口。契丹遣步卒万人筑垒，散骑兵于其外，馀兵数万屯河西，船数千艘渡兵。未已，晋兵薄之，契丹骑兵退走，晋兵进攻其垒，拔之。契丹大败，乘马赴河溺死者数千人，俘斩亦数千人。河西之兵恸哭而去，由是不敢复东。

后晋出帝又派遣翻译孟守忠给契丹送信,请求恢复旧好。契丹国主回信说:"已经形成的局势,不能更改了。"

辛丑(二十八日),太原奏报在秀容打败了契丹伟王的军队,斩割敌人首级三千。契丹军队从鸦鸣谷逃走。

天平节度副使、知郓州事颜衍派遣观察判官窦仪上奏后晋朝廷说:"博州刺史周儒献城向契丹投降,又同杨光远通使往来,引导契丹军队从马家口渡过黄河,生擒左武卫将军蔡行遇。"窦仪对景延广说:"北虏如果渡过黄河与杨光远联合,黄河以南就危险了。"景延广认为他说得对。窦仪是蓟州人。

二月甲辰这天是初一,后晋出帝命令原保义节度使石赟防守麻家口,原威胜节度使何重建防守杨刘镇,护圣都指挥使白再荣防守马家口,西京留守安彦威防守河阳。不久,周儒引着契丹将领麻荅从马家口渡过黄河,在黄河东岸扎营,攻打郓州北津以便接应杨光远。麻荅,是契丹国主的堂弟。

乙巳(初二),后晋派遣侍卫马军都指挥使、义成节度使李守贞、神武统军皇甫遇、陈州防御使梁汉璋、怀州刺史薛怀让率领军队一万人,沿着黄河水陆并进。李守贞是河阳人,梁汉璋是应州人,薛怀让是太原人。

丙午(初三),契丹在戚城包围了高行周、符彦卿以及先锋指挥使石公霸。在此之前,景延广命令众将分地而守,不许相互救援。高行周等人告急,景延广拖延一段时间后才报告出帝,出帝亲自带兵去救援。契丹解围离去,三位将领向出帝哭诉救兵来得太慢,几乎不能免于一死。

戊申(初五),李守贞等人到达马家口。契丹派遣步兵一万人修筑堡垒,在外面散布骑兵流动防守,其余军队数万人在黄河西岸屯驻,有战船数千艘运渡兵卒。兵卒还没有渡完,后晋军队迫近他们,契丹的骑兵退走,后晋军队进攻他们的堡垒,攻克了堡垒。契丹军队大败,骑马过河的人被淹死了几千人,被俘、被杀的也有几千人。黄河西边的军队痛哭而去,从此不敢再向东来。

辛亥,定难节度使李彝殷奏将兵四万自麟州济河,侵契丹之境。壬子,以彝殷为契丹西南面招讨使。

初,契丹主得贝州、博州,皆抚慰其人,或拜官赐服章。及败于戚城及马家口,忿恚,所得民,皆杀之,得军士,燔炙之。由是晋人愤怒,戮力争奋。

杨光远将青州兵欲西会契丹,戊午,诏石赟分兵屯郓州以备之。

诏刘知远将部兵自土门出恒州击契丹,又诏会杜威、马全节于邢州。知远引兵屯乐平不进。

契丹伪弃元城去,伏精骑于古顿丘城,以俟晋军与恒、定之兵合而击之。邺都留守张从恩屡奏虏已遁亡,大军欲进追之,会霖雨而止。契丹设伏旬日,人马饥疲,赵延寿曰:“晋军悉在河上,畏我锋锐,必不敢前。不如即其城下,四合攻之,夺其浮梁,则天下定矣。”契丹主从之。三月癸酉朔,自将兵十馀万陈于澶州城北,东西横掩城之两隅,登城望之,不见其际。高行周前军在戚城之南,与契丹战,自午至晡,互有胜负。契丹主以精兵当中军而来,帝亦出陈以待之。契丹主望见晋军之盛,谓左右曰:“杨光远言晋兵半已馁死,今何多也!”以精骑左右略陈,晋军不动,万弩齐发,飞矢蔽地。契丹稍却。又攻晋陈之东偏,不克。苦战至暮,两军死者不可胜数。昏后,契丹引去,营于三十里之外。

辛亥(初八),定难节度使李彝殷奏报,说他已率领军队四万人从麟州渡过黄河,侵入契丹境内。壬子(初九),后晋出帝任命李彝殷为契丹西南面招讨使。

起初,契丹国主取得贝州、博州后,都抚慰那里的人,有的人被拜职授官、赐给有纹彩的官服。等到在戚城和马家口败退后,他十分恼恨,把所掠夺来的民众都杀了,将俘获的后晋士兵都烧死。因此,后晋人很愤怒,齐心协力奋起斗争。

杨光远率领青州军队打算向西会合契丹兵,戊午(十五日),后晋出帝命令石赟分出兵马驻扎在郓州来防备杨光远。

后晋出帝下诏命令刘知远率领本部兵马从土门出恒州,攻击契丹,又诏命他在邢州与杜威、马全节会合。刘知远领兵驻扎在乐平,不再前进。

契丹假装舍弃了元城退去,在古顿丘城埋伏精锐骑兵,来等待晋军与恒州、定州之兵会合之时发起攻击。邺都留守张从恩多次奏报胡房已经逃走,大军打算进击追逐敌人,赶上连绵大雨而停止了行动。契丹设下埋伏十多天,人马饥饿疲乏,赵延寿说:"晋军都在黄河边上,惧怕我们的兵力强劲,一定不敢向前。不如就到澶州城下,四面合兵攻打,夺取黄河上的浮桥,那么天下就平定了。"契丹国主听从了他的建议。三月癸酉这天是初一,契丹国主亲自领兵十馀万在澶州城的北面排开阵势,东面和西面横向包围了城的两角,登城观望其阵容,看不见边际。高行周的前锋部队在戚城南面,与契丹军队交战,从中午战到下午,双方互有胜负。契丹国主指挥精兵向着中军进击而来,后晋出帝也率兵出来摆开阵势等待他们冲过来。契丹国主望见后晋军队的盛况,对左右将领说:"杨光远说晋兵半数已经饿死,现在为什么这么多呢?"契丹使用精锐骑兵从左方和右方攻打后晋阵地,后晋军队丝毫不动,万弩齐发,飞矢落下来遍地都是。契丹兵稍稍后退。又向晋军阵地的东翼进攻,也攻不下来。苦战到傍晚,两军死亡的人不可胜数。天黑以后,契丹领兵撤退,在三十里地以外扎营。

乙亥，契丹主帐中小校窃其马亡来，云契丹主已传木书，收军北去。景延广疑其诈，闭壁不敢追。

契丹主自澶州北分为两军，一出沧、德，一出深、冀而归。所过焚掠，方广千里，民物殆尽。留赵延照为贝州留后。麻荅陷德州，擒刺史尹居璠。

丁亥，诏太原、恒、定兵各还本镇。

辛卯，马全节攻契丹泰州，拔之。敕天下籍乡兵，每七户共出兵械资一卒。

夏四月丁未，缘河巡检使梁进以乡社兵复取德州。己酉，命归德节度使高行周、保义节度使王周留镇澶州。庚戌，帝发澶州，甲寅，至大梁。

侍卫马步都指挥使、天平节度使、同平章事景延广，既为上下所恶，帝亦惮其不逊难制；桑维翰引其不救戚城之罪，辛酉，加延广兼侍中，出为西京留守。以归德节度使兼侍中高行周为侍卫马步都指挥使。延广郁郁不得志，见契丹强盛，始忧国破身危，遂日夜纵酒。

朝廷因契丹入寇，国用愈竭，复遣使者三十六人分道括率民财，各封剑以授之。使者多从吏卒，携锁械、刀杖入民家，小大惊惧，求死无地。州县吏复因缘为奸。

河南府出缗钱二十万，景延广率三十七万。留守判官河南卢亿言于延广曰："公位兼将相，富贵极矣。今国家不幸，府库空竭，不得已取于民，公何忍复因而求利，为子孙之累乎！"延广惭而止。

乙亥（初三），契丹国主营帐中的小校盗了契丹国主的马逃奔晋军，说契丹国主已经传递木书，命令收军北去。景延广怀疑其中有诈，关闭营垒不敢追击。

契丹国主从澶州城北兵分两路，一路取道沧州、德州，一路取道深州、冀州而回。所经过的地方大肆焚烧抢掠，在方圆千里之内，民间财物几乎被抢劫一空。留下赵延照为贝州留后。麻荅攻陷德州，捉住刺史尹居璠。

丁亥（十五日），后晋出帝下诏命令太原、恒州、定州兵各自返回本镇。

辛卯（十九日），马全节攻打契丹的泰州，将其攻克。后晋出帝敕令天下按户籍征召乡兵，每七户按一个兵卒的标准共同出军械钱财。

夏季四月丁未（初五），缘河巡检使梁进率乡社兵收复德州。己酉（初七），出帝命归德节度使高行周、保义节度使王周留守澶州。庚戌（初八），出帝从澶州出发，甲寅（十二日），到大梁。

侍卫马步都指挥使、天平节度使、同平章事景延广，既已被将相和军民所厌恶，出帝也怕他不恭顺，难于控制；桑维翰又提出他不救援戚城之罪，因此在辛酉（十九日），后晋出帝加封景延广兼侍中，把他调出朝廷担任西京留守。任命归德节度使兼侍中高行周为侍卫马步都指挥使。景延广郁郁不得志，看到契丹强盛，便开始忧虑国家破败、自身危亡，于是昼夜放纵饮酒。

后晋朝廷因契丹入侵，国家财用更加困竭，便又派遣使者三十六人分别到各道搜括民间财物，每个使者都封赐尚方宝剑，授以斩杀之权。这些使者经常带着吏卒，拿着锁链刑具、兵器进入百姓家里，小孩大人都很惊恐，想要求死都无路可走。那些州县官吏又借此机会为非作歹。

河南府应出缗钱二十万，景延广增加到三十七万。留守判官河南人卢亿向景延广进言说："您位兼将相，富贵达到极点了。现在国家不幸，府库空竭，不得已才向百姓索取，您怎么忍心再借机贪求财利，给子孙增加罪累呢！"景延广惭愧而止。

先是，诏以杨光远叛，命兖州修守备。泰宁节度使安审信，以治楼堞为名，率民财以实私藏。大理卿张仁愿为括率使，至兖州，赋缗钱十万。值审信不在，拘其守藏吏，指取钱一囷，已满其数。

丙戌，诏诸州所籍乡兵号武定军，凡得七万馀人。时兵荒之馀，复有此扰，民不聊生。

丁亥，邺都留守张从恩上言："赵延照虽据贝州，麾下兵皆久客思归，宜速进军攻之。"诏以从恩为贝州行营都部署，督诸将击之。辛卯，从恩奏赵延照纵火大掠，弃城而遁，屯于瀛、莫，阻水自固。

六月，或谓帝曰："陛下欲御北狄，安天下，非桑维翰不可。"丙午，复置枢密院，以维翰为中书令兼枢密使，事无大小，悉以委之。数月之间，朝廷差治。

初，高祖割北边之地以赂契丹，由是府州刺史折从远亦北属。契丹欲尽徙河西之民以实辽东，州人大恐，从远因保险拒之。及帝与契丹绝，遣使谕从远使攻契丹。从远引兵深入，拔十馀寨。戊午，以从远为府州团练使。从远，云州人也。

秋八月辛丑朔，以河东节度使刘知远为北面行营都统，顺国节度使杜威为都招讨使，督十三节度以备契丹。桑维翰两秉朝政，出杨光远、景延广于外，至是一制指挥，节度使十五人无敢违者，时人服其胆略。契丹之入寇也，帝再命刘知远会兵山东，皆后期不至。帝疑之，谓所亲曰："太原殊不助朕，必有异图。果有分，何不速为之！"

以前，后晋朝廷因为杨光远背叛，下诏命令兖州修筑守备设施。泰宁节度使安审信用建造城防楼堞的名义，搜括民间财物来充实自己的库藏。大理卿张仁愿担任括率使，来到兖州，收取缯钱十万。正值安审信不在，便拘捕了他的守藏吏，随意用手一指，没收了一个仓库，里面的钱便够了所需之数。

五月丙戌（十五日），后晋出帝下诏命令各州按户籍征调的乡兵称为武定军，共得七万馀人。当时正值兵荒马乱之后，再加上这样的困扰，致使民不聊生。

丁亥（十六日），邺都留守张从恩上言说："赵延照虽然占据贝州，但他部下的契丹兵卒都久居在外思归故里，应该迅速进军攻打他们。"出帝下诏任命张从恩为贝州行营都部署，督率众将攻打贝州。辛卯（二十日），张从恩奏报赵延照放火大肆抢掠，弃城而逃，屯扎在瀛州、莫州，隔水设防。

六月，有人对后晋出帝说："陛下您想要抵御北狄，安定天下，非用桑维翰不可。"丙午（初六），重新设置枢密院，任命桑维翰为中书令兼枢密使，事情无论大小，都委托给他处理。几个月之间，朝廷的政事稍微得到了治理。

当初，后晋高祖割让北边的领土来贿赂契丹，于是府州刺史折从远也隶属于契丹。契丹想把黄河以西的民众全部迁走去充实辽东，府州民众大为惊恐，折从远于是据险抗拒。等到后晋出帝与契丹绝交，便派使者告谕折从远，让他攻打契丹。折从远率领兵马深入契丹境内，攻下十多个营寨。戊午（十八日），后晋出帝任命折从远为府州团练使。折从远是云州人。

秋季八月辛丑是初一，出帝任命河东节度使刘知远为北面行营都统，顺国节度使杜威为都招讨使，总领十三节度使来防备契丹。桑维翰两次执掌朝政，调杨光远、景延广到外藩，到这时统一指挥权，节度使十五人没人敢违抗，当时人都被他的胆略折服。契丹入侵时，出帝两次命刘知远到太行山以东会师，两次都过了期限也没有到。出帝怀疑他，对亲信说："太原根本不辅助朕，必有反叛图谋。他如果有当天子的福分，为什么不早点当！"

至是虽为都统,而实无临制之权,密谋大计,皆不得预。知远亦知见疏,但慎事自守而已。郭威见知远有忧色,谓知远曰:"河东山河险固,风俗尚武,土多战马,静则勤稼穑,动则习军旅,此霸王之资也,何忧乎!"

十二月,契丹复大举入寇,卢龙节度使赵延寿引兵先进。契丹前锋至邢州,顺国节度使杜威遣使间道告急。帝欲自将拒之,会有疾,命天平节度使张从恩、邺都留守马全节、护国节度使安审琦会诸道兵屯邢州,武宁节度使赵在礼屯邺都。

契丹主以大兵继至,建牙于元氏。朝廷惮契丹之盛,诏从恩等引兵稍却,于是诸军恟惧,无复部伍,委弃器甲,所过焚掠,比至相州,不复能整。

二年春正月,诏赵在礼还屯澶州,马全节还邺都。又遣右神武统军张彦泽屯黎阳,西京留守景延广自滑州引兵守胡梁渡。庚子,张从恩奏契丹逼邢州,诏滑州、邺都复进军拒之。义成节度使皇甫遇将兵趣邢州。契丹寇邢、洺、磁三州,杀掠殆尽,入邺都境。

壬子,张从恩、马全节、安审琦悉以行营兵数万,陈于相州安阳水之南。皇甫遇与濮州刺史慕容彦超将数千骑前觇契丹,至邺县,将渡漳水,遇契丹数万,遇等且战且却。至榆林店,契丹大至,二将谋曰:"吾属今走,死无遗矣!"乃止,布陈,自午至未,力战百馀合,相杀伤甚众。遇马毙,因步战,其仆杜知敏以所乘马授之,遇乘马复战。久之,稍解,

到了此时，虽然任用他为诸军都统，但实际上并没有控制、指挥的权力，密谋军国大事，都不让他参加。刘知远也自知被出帝疏远，只是谨慎处事，自我保护而已。郭威看到刘知远有忧虑的神色，就对他说："河东山川险要坚固，风俗崇尚勇武，地方上多产战马，民众安定的时候就勤于农业生产，动乱的时候就演练军事，这是成就霸业和王道的资本，有什么可忧虑的呢？"

十二月，契丹再次大举入侵，卢龙节度使赵延寿带领兵马先行进发。契丹前锋到达邢州，后晋顺国节度使杜威派遣使者抄小道向朝廷告急。后晋出帝准备亲自统兵前去抵抗，但恰好遇上生病，便命令天平节度使张从恩、邺都留守马全节、护国节度使安审琦会合各道兵马屯驻邢州，武宁节度使赵在礼屯驻邺都。

契丹国主率领大兵接着来到，把牙帐设置在元氏。后晋朝廷惧怕契丹兵力强盛，下诏命令张从恩等人带领军队稍稍退却，于是各军十分恐惧，建制混乱，丢弃兵器铠甲，在所经过的地方焚烧抢掠，等到相州时，已无法再整顿了。

二年（945）春季正月，后晋出帝下诏命令赵在礼回师驻扎在澶州，马全节回师邺都。又派遣右神武统军张彦泽屯驻黎阳，西京留守景延广从滑州带领军队防守胡梁渡。庚子（初三），张从恩奏报契丹逼近邢州，出帝下诏命令滑州、邺都再次进军抵抗。义成节度使皇甫遇领兵赶赴邢州。契丹侵犯邢、洺、磁三州，几乎把那里屠杀掠夺一空，然后进入邺都境内。

壬子（十五日），张从恩、马全节、安审琦率领全部行营军队数万人，在相州安阳水的南面摆开阵势。皇甫遇和濮州刺史慕容彦超率领数千名骑兵往前方侦察契丹的情况，到达邺县，将要渡过漳水的时候，遇上契丹军队数万人，皇甫遇等人边战边退。到达榆林店后，契丹大队人马来到，皇甫遇与慕容彦超二将商议说："我们现在退走，将会死光了！"于是停止退却，布设军阵，从午时到未时，奋力交战一百余回合，相互杀伤很多。皇甫遇的坐骑被杀，便徒步进行战斗，他的仆人杜知敏把自己骑的马让给他，皇甫遇骑上马继续战斗。交战很长时间以后，危困稍微缓解，

顾知敏,已为契丹所擒。遇曰:"知敏义士,不可弃也。"与彦超跃马入契丹陈,取知敏而还。俄而契丹继出新兵来战,二将曰:"吾属势不可走,以死报国耳。"

日且暮,安阳诸将怪觇兵不还,安审琦曰:"皇甫太师寂无声问,必为虏所困。"语未卒,有一骑白遇等为虏数万所围。审琦即引骑兵出,将救之,张从恩曰:"此言未足信。必若虏众猥至,尽吾军,恐未足以当之,公往何益!"审琦曰:"成败,天也,万一不济,当共受之。借使虏不南来,坐失皇甫太师,吾属何颜以见天子!"遂逾水而进。契丹望见尘起,即解去。遇等乃得还,与诸将俱归相州,军中皆服二将之勇。彦超本吐谷浑也,与刘知远同母。契丹亦引军退,其众自相惊曰:"晋军悉至矣!"时契丹主在邯郸,闻之,即时北遁,不再宿,至鼓城。

是夕,张从恩等议曰:"契丹倾国而来,吾兵不多,城中粮不支一旬,万一有奸人往告吾虚实,虏悉众围我,死无日矣。不若引军就黎阳仓,南倚大河以拒之,可以万全。"议未决,从恩引兵先发,诸军继之,扰乱失亡,复如发邢州之时。

从恩等留步兵五百守安阳桥,夜四鼓,知相州事符彦伦谓将佐曰:"此夕纷纭,人无固志,五百弊卒,安能守桥!"

回头看杜知敏，已经被契丹士兵擒获了。皇甫遇说道："杜知敏是个义士，不能丢弃他。"便与慕容彦超跃马杀入契丹的军阵中，夺取了杜知敏才回来。过了不一会儿，契丹又派出生力军前来交战，二位将领说道："我们这些人势必不能退走，只能以死报国了。"

太阳将要落山时，驻扎在安阳的众将对前去侦察的兵马不见回来感到奇怪，安审琦说："皇甫太师的消息一点也听不到，必定是被胡虏围困住了。"话还未说完，有一名骑兵前来报告说皇甫遇等人被胡虏数万人包围。安审琦立即带领骑兵出城，打算去救援他们，张从恩说："此话未必可信。假如胡虏部众真的蜂拥而至，即使把我军全部派出，恐怕也不足以抵挡，您去了又有什么用呢？"安审琦说："成功或者失败，是天意，万一不能成功，理当共同承担后果。假如胡虏不继续南来侵犯，而把皇甫太师白白丢弃了，我们这些人有什么脸面去见天子！"于是渡河向北进军。契丹军队看到尘土飞扬，便撤围而去。皇甫遇等这才得以回来，与众将一起返回相州，军中都叹服皇甫遇和慕容彦超二将的勇猛。慕容彦超本来是吐谷浑人，与刘知远是同母兄弟。契丹也带领军队退去，他们的士兵自相惊扰地说："晋军全部到来了！"当时契丹国主正在邯郸，听说这个消息后，立即向北逃走，不敢再过夜，一直到了鼓城。

当晚，张从恩等人商议说："契丹出动了全国人马而来，我们的军队不多，城中粮食不足十天食用，万一有坏人到契丹那里去报告我军的虚实，胡虏出动全部军队来包围我们，我们离死就没有多长时间了。不如带领军队去黎阳仓取粮，南面依靠黄河来抵抗他们，这样可以万无一失。"商议未决，张从恩就带领军队率先出发了，各军紧随其后，士兵扰乱逃亡，又乱得像从邢州出发时那样。

张从恩等人留下步兵五百人守护安阳桥，夜间四更的时候，主持相州事务的符彦伦对手下的将佐说："今天晚上乱哄哄，众人又没有坚定的斗志，靠五百名疲惫兵卒，怎么能守住此桥呢？"

即召入,乘城为备。至曙,望之,契丹数万骑已陈于安阳水北,彦伦命城上扬旌鼓噪约束,契丹不测。日加辰,赵延寿与契丹惕隐帅众逾水,环相州而南。诏右神武统军张彦泽将兵趣相州。延寿等至汤阴,闻之,甲寅,引还,马全节等拥大军在黎阳,不敢追。延寿悉陈甲骑于相州城下,若将攻城状,符彦伦曰:"此虏将走耳。"出甲卒五百,陈于城北以待之。契丹果引去。

以天平节度使张从恩权东京留守。

庚申,振武节度使折从远击契丹,围胜州,遂攻朔州。

帝疾小愈,河北相继告急。帝曰:"此非安寝之时!"乃部分诸将为行计。

北面副招讨使马全节等奏:"据降者言,虏众不多,宜乘其散归种落,大举径袭幽州。"帝以为然,征兵诸道。壬戌,下诏亲征。乙丑,帝发大梁。

二月戊辰朔,帝至滑州。壬申,命安审琦屯邺都。甲戌,帝发滑州,乙亥,至澶州。己卯,马全节等诸军以次北上。刘知远闻之曰:"中国疲弊,自守恐不足,乃横挑强胡,胜之犹有后患,况不胜乎!"

契丹自恒州还,以羸兵驱牛羊过祁州城下,刺史下邳沈斌出兵击之,契丹以精骑夺其门,州兵不得还。赵延寿知城中无馀兵,引契丹急攻之。斌在城上,延寿语之曰:"沈使君,吾之故人。择祸莫若轻,何不早降!"斌曰:

于是把守桥的人马召进城来，登上城墙进行防守。到了天亮时，一看，契丹数万名骑兵已经在安阳水的北面摆开阵势，符彦伦命令城上挥动旌旗击鼓大喊，约束兵卒遵守号令，契丹因此看不出城中实情。到了辰时，赵延寿与契丹惕隐率领人马渡过安阳水，环绕相州而向南前进。后晋出帝下诏命令右神武统军张彦泽率领军队奔赴相州。赵延寿等人到达汤阴后，听到这个消息，甲寅（十七日），领兵退回，马全节等人统率大军在黎阳驻扎，不敢追击。赵延寿把重甲骑兵全部排列在相州城下，做出好像就要攻城的样子，符彦伦说："这就是胡虏将要退走了。"派出五百名重甲兵，在城北列阵来等待他们。契丹军队果然退走了。

后晋出帝任命天平节度使张从恩代理东京留守。

庚申（二十三日），振武节度使折从远攻击契丹，包围胜州，接着攻打朔州。

后晋出帝的病情稍见好转，河北相继告急。出帝说："现在不是安睡之时！"于是部署众将做出征准备。

北面副招讨使马全节等人奏报说："据投降的人讲，胡虏兵马不多，应该趁着他们分散回归部落的时机，大举发兵径直袭击幽州。"出帝认为他说得对，便向各道征调军队。壬戌（二十五日），下诏亲自出征。乙丑（二十八日），出帝从大梁出发。

二月戊辰这天是初一，出帝来到滑州。壬申（初五），命令安审琦屯驻邺都。甲戌（初七），出帝从滑州出发，乙亥（初八），到达澶州。己卯（十二日），马全节等各支军队按次序北上。刘知远听说这个消息以后，说："中原疲乏困弊，自我保全还怕不能做到，竟然再去胡乱挑逗强盛的胡虏，即使战胜了敌人也免不了后患，何况不能取胜啊！"

契丹从恒州回师，派羸弱士兵驱赶牛羊经过祁州城下，刺史下邳人沈斌出兵攻击他们，契丹派精锐骑兵夺取了城门，州中士兵无法回城。赵延寿知道城中没有馀兵，带领契丹军队加紧攻城。沈斌在城上，赵延寿对他说："沈使君，你是我的老相识。只能选择灾祸时不如选择轻一点的，为什么不及早投降？"沈斌说：

"侍中父子失计陷身虏庭，忍帅犬羊以残父母之邦，不自愧耻，更有骄色，何哉！沈斌弓折矢尽，宁为国家死耳，终不效公所为！"明日，城陷，斌自杀。

丙戌，诏北面行营都招讨使杜威以本道兵会马全节等进军。

端明殿学士、户部侍郎冯玉，宣徽北院使、权侍卫马步都虞候太原李彦韬，皆挟恩用事，恶中书令桑维翰，数毁之。帝欲罢维翰政事，李崧、刘昫固谏而止。维翰请以玉为枢密副使，玉殊不平。丙申，中旨以玉为户部尚书、枢密使，以分维翰之权。彦韬少事阎宝为仆夫，后隶高祖帐下。高祖自太原南下，留彦韬侍帝，为腹心，由是有宠。性纤巧，与嬖幸相结，以蔽帝耳目。帝委信之，至于升黜将相，亦得预议。尝谓人曰："吾不知朝廷设文官何所用，且欲澄汰，徐当尽去之。"

初，高祖置德清军于故澶州城，及契丹入寇，澶州、邺都之间，城戍俱陷。议者以澶州、邺都相去百五十里，宜于中涂筑城以应接南北，从之。三月戊戌，更筑德清军城，合德清、南乐之民以实之。

乙巳，杜威等诸军会于定州，以供奉官萧处钧权知祁州事。庚戌，诸军攻契丹，泰州刺史晋廷谦举州降。甲寅，取满城，获契丹酋长没刺及其兵二千人。乙卯，取遂城。赵延寿部曲有降者言："契丹主还至虎北口，闻晋取泰州，复拥众南向，约八万馀骑，计来夕当至，宜速为备。"杜威等惧，丙辰，退保泰州。

"侍中父子因为失算而陷身胡虏国中,竟然忍心率领那些犬羊一样的东西来摧残父母之邦,自己不感到惭愧羞耻,反而感到骄傲,这是为什么! 我即使弓折矢尽,宁愿为国家去死,终究不会效仿您的所作所为!"第二天,祁州城失陷,沈斌自杀。

丙戌(十九日),后晋出帝下诏命令北面行营都招讨使杜威率领本道兵马会合马全节等人共同进军。

端明殿学士、户部侍郎冯玉,宣徽北院使、代理侍卫马步都虞候太原人李彦韬,都是依仗自己是皇亲而挟恩掌权的,他们厌恶中书令桑维翰,多次诋毁他。出帝想罢免桑维翰的政务,但因李崧、刘昫一再劝谏而停止。桑维翰于是请求任命冯玉为枢密副使,冯玉很不服气。丙申(二十九日),出帝颁下诏令任命冯玉为户部尚书、枢密使,用来分减桑维翰的权力。李彦韬年少时侍奉阎宝当仆从,后来隶属高祖帐下。高祖从太原南下,留下李彦韬侍奉出帝,成为出帝的心腹人物,由此受到宠信。他为人工于心计,与那些因亲近而获宠的人相互勾结,来蒙蔽出帝的耳目。出帝依赖信任他,以至于提拔黜贬将领宰相,他也能够参与议论。他曾经对人说:"我不知道朝廷设置文官有什么用,我将要淘汰他们,慢慢地将他们全部除去。"

起初,高祖在澶州故城设置德清军,等到契丹入侵时,澶州、邺都之间的城堡都陷落了。议论此事的人认为澶州、邺都相距一百五十里,应该在中途修筑城堡来接应南北,晋帝听从了这个建议。三月戊戌(初二),命令另外修筑德清军城,聚集德清、南乐的民众来充实它。

乙巳(初九),杜威等各军在定州会合,任命供奉官萧处钧暂时主持祁州事务。庚戌(十四日),各军攻打契丹,契丹的泰州刺史晋廷谦率领全州投降。甲寅(十八日),夺取满城,擒获契丹首长没剌以及他的兵众两千人。乙卯(十九日),夺取遂城。赵延寿部属中有投降的人,说:"契丹国主回到虎北口时,听说晋军攻取泰州,便又带领人马向南进军,大约有八万多名骑兵,预计明天晚上就要来到,应当赶快进行防备。"杜威等人害怕,丙辰(二十日),后退保卫泰州。

　　戊午，契丹至泰州。己未，晋军南行，契丹蹑之。晋军至阳城，庚申，契丹大至。晋军与战，逐北十馀里，契丹逾白沟而去。壬戌，晋军结陈而南，胡骑四合如山，诸军力战拒之。是日，才行十馀里，人马饥乏。癸亥，晋军至白团卫村，埋鹿角为行寨。契丹围之数重，奇兵出寨后断粮道。是日，东北风大起，破屋折树。营中掘井，方及水辄崩，士卒取其泥，帛绞而饮之，人马俱渴。至曙，风尤甚。契丹主坐奚车中，令其众曰："晋军止此耳，当尽擒之，然后南取大梁！"命铁鹞四面下马，拔鹿角而入，奋短兵以击晋军，又顺风纵火扬尘以助其势。

　　军士皆愤怒，大呼曰："都招讨使何不用兵，令士卒徒死！"诸将请出战，杜威曰："俟风稍缓，徐观可否。"马步都监李守贞曰："彼众我寡，风沙之内，莫测多少，惟力斗者胜，此风乃助我也。若俟风止，吾属无类矣。"即呼曰："诸军齐击贼！"又谓威曰："令公善守御，守贞以中军决死矣！"马军左厢都排陈使张彦泽召诸将问计，皆曰："虏得风势，宜俟风回与战。"彦泽亦以为然。诸将退，马军右厢副排陈使太原药元福独留，谓彦泽曰："今军中饥渴已甚，若俟风回，吾属已为虏矣。敌谓我不能逆风以战，宜出其不意争击之，此兵之诡道也。"马步左右厢都排陈使符彦卿曰："与其束手就擒，曷若以身殉国！"乃与彦泽、元福及左厢

戊午(二十二日),契丹军队到达泰州。己未(二十三日),后晋军队向南行进,契丹军队跟踪而来。后晋军队到达阳城,庚申(二十四日),契丹大军大举攻来。后晋军队和契丹军队交战,打败契丹军队,乘胜追逐十馀里,契丹军队越过白沟而去。壬戌(二十六日),后晋军队结成阵列向南行进,契丹骑兵像山一样从四面包围了后晋军,后晋各支军队竭力抵抗。当天,后晋军队才行进十馀里,人马十分饥饿疲惫。癸亥(二十七日),后晋军队到达白团卫村,埋下鹿角安营扎寨。契丹军队把后晋军队包围了好几层,并派奇兵偷偷绕到后晋军队营寨后面,断绝后晋军队的粮道。当天,刮起猛烈的东北风,刮倒房屋,摧折树木。后晋军队在营中掘井,刚挖出水便立即崩塌,士兵只好取出带水的泥,用布帛拧出水来饮用,人和马都很渴。等到天亮,风刮得更厉害了。契丹国主坐在奚车中,对契丹将士下令说:"晋军就只有这点战斗力了,应当把他们全部擒获,然后向南直取大梁!"命令铁鹞军四面下马,拔除鹿角进入营寨,操起短兵器来攻击后晋军队,又顺风纵火扬尘来助长自己的声势。

后晋军士都非常愤怒,大呼说:"都招讨使为什么不出兵,让士兵们白白送死!"众将请求出战,杜威说:"等风势稍微减缓后,再慢慢观看可不可以出战。"马步都监李守贞说:"敌军人数多我军人数少,风沙之中,看不清谁多谁少,只有奋力作战的一方才能取胜,这风是帮助我们的。如果等风停了,我们这些人就一个也剩不下了。"当即大呼道:"众军一齐攻击贼军!"又对杜威说:"您善于守卫,我率领中军与敌人决一死战!"马军左厢都排阵使张彦泽召集众将询问计策,众将都说:"胡虏现在借得风势,应该等风往回刮时再与敌人交战。"张彦泽也认为是这样。众将退出,马军右厢副排阵使太原人药元福独自留下,对张彦泽说:"现在军中饥渴已达极点,如果等到风向转回,我们这些人就已经成为俘虏了。敌人认为我们不能逆风出战,应该出其不意抓紧攻击他们,这是用兵的诡诈之道。"马步左右厢都排阵使符彦卿说:"与其束手就擒,还不如以身殉国!"便与张彦泽、药元福及左厢

都排陈使皇甫遇引精骑出西门击之,诸将继至。契丹却数百步。彦卿等谓守贞曰:"且曳队往来乎？直前奋击,以胜为度乎？"守贞曰:"事势如此,安可回辔！宜长驱取胜耳。"彦卿等跃马而去,风势益甚,昏晦如夜。彦卿等拥万馀骑横击契丹,呼声动天地,契丹大败而走,势如崩山。李守贞亦令步兵尽拔鹿角出斗,步骑俱进,逐北二十馀里。铁鹞既下马,苍黄不能复上,皆委弃马及铠仗蔽地。

契丹散卒至阳城东南水上,稍复布列。杜威曰:"贼已破胆,不宜更令成列！"遣精骑击之,皆渡水去。契丹主乘奚车走十馀里,追兵急,获一橐驼,乘之而走。诸将请急追之。杜威扬言曰:"逢贼幸不死,更索衣囊邪？"李守贞曰:"两日人马渴甚,今得水饮之,皆足重,难以追寇,不若全军而还。"乃退保定州。

契丹主至幽州,散兵稍集。以军失利,杖其酋长各数百,唯赵延寿得免。乙丑,诸军自定州引归。诏以泰州隶定州。夏四月辛巳,帝发澶州。甲申,还大梁。

顺国节度使杜威久镇恒州,性贪残,自恃贵戚,多不法,每以备边为名,敛吏民钱帛以充私藏。富室有珍货或名姝、骏马,皆夺取之,或诬以罪杀之,籍没其家。又畏懦过甚,每契丹数十骑入境,威已闭门登陴。或数骑驱所掠华人千百过城下,威但瞋目延颈望之,无意邀取。

都排阵使皇甫遇率领精锐骑兵冲出西门攻击契丹军队，众将接着来到。契丹军队退却几百步。符彦卿等对李守贞说："是先轮番发起进攻呢，还是全军一致向前奋勇冲击，直到打胜为止呢？"李守贞说："形势已是如此，怎么能调转马头！应该长驱直进取得胜利罢了。"符彦卿等人跃马而去，风势更加迅猛，昏暗得像黑夜。符彦卿等人率领一万多名骑兵横冲契丹军阵，呼喊声震动天地，契丹军队大败而走，势如山倒。李守贞也命令步兵把鹿角都拔去，出营战斗，步兵和骑兵同时进击，乘胜追击契丹军队二十多里。契丹的铁鹞军下马之后，仓皇之间来不及再上马，都将战马和铠甲兵器丢得遍地都是。

契丹溃散的兵卒到了阳城东南的河边，逐渐重新布置阵列。杜威说："贼军已经吓破了胆，不应再让他们布成阵列！"于是派遣精锐骑兵追击他们，契丹军队都渡河逃去。契丹国主乘奚车奔逃十馀里，追兵追得很急，他抓到一匹骆驼，骑上它逃走。后晋众将请求急速追赶他们。杜威扬言说："遇上强盗被抢去衣物，幸而没有死掉就不错了，可是还想进一步向强盗索还衣囊吗？"李守贞说："两天来人和马都渴极了，如今找到水，喝足了，步子都加重了，难以追击贼寇，不如全军回撤。"于是退守定州。

契丹国主到达幽州，逃散的兵马逐渐归队。因为军队打了败仗，契丹国主将酋长们每人杖打数百下，只有赵延寿得以免打。乙丑（二十九日），后晋各支军队从定州撤回。后晋出帝下诏命令将泰州划归定州管辖。夏季四月辛巳（十六日），出帝从澶州出发。甲申（十九日），回到大梁。

顺国节度使杜威长期镇守恒州，性情贪婪残酷，依仗自己是皇室贵戚，常不守法纪，时常用边境防务的名义，搜刮官吏百姓的金钱布帛来充实私人腰包。富有人家有珍宝或美女、良马，他都掠夺过来，有时还加上罪名把人杀了，没收他们的家产。但他又十分畏缩怯懦，每当有几十名契丹骑兵入境，杜威就已关上城门登上城墙了。有时几名敌人的骑兵驱赶着掳掠的千百名汉人从城下经过，杜威只是睁大眼睛伸长脖子看着，无心去阻击夺取。

由是虏无所忌惮，属城多为所屠，威竟不出一卒救之，千里之间，暴骨如莽，村落殆尽。威见所部残弊，为众所怨，又畏契丹之强，累表请入朝，帝不许。威不俟报，遽委镇入朝，朝廷闻之，惊骇。桑维翰言于帝曰："威固违朝命，擅离边镇。居常凭恃勋亲，邀求姑息，及疆埸多事，曾无守御之意。宜因此时废之，庶无后患。"帝不悦。维翰曰："陛下不忍废之，宜授以近京小镇，勿复委以雄藩。"帝曰："威，朕之密亲，必无异志。但宋国长公主切欲相见耳，公勿以为疑！"维翰自是不敢复言国事，以足疾辞位。五月丙辰，威至大梁。

己未，杜威献部曲步骑合四千人并铠仗，庚申，又献粟十万斛，刍二十万束，云皆在本道。帝以其所献骑兵隶扈圣，步兵隶护国。威复请以为牙队，而禀赐皆仰县官。威又令公主白帝，求天雄节钺，帝许之。六月癸酉，以杜威为天雄节度使。

契丹连岁入寇，中国疲于奔命，边民涂地。契丹人畜亦多死，国人厌苦之。述律太后谓契丹主曰："使汉人为胡主，可乎？"曰："不可。"太后曰："然则汝何故欲为汉主？"曰："石氏负恩，不可容。"太后曰："汝今虽得汉地，不能居也。万一蹉跌，悔何所及！"又谓其群下曰："汉儿何得一向眠！自古但闻汉和蕃，未闻蕃和汉。汉儿果能回意，我亦何惜与和！"

因此胡虏无所忌惮，他辖下的小城常常被虏兵屠杀掠夺，杜威竟然不出一兵一卒去救援，千里之间，尸骨如草莽暴露荒野，村落人家几乎都没有了。杜威看到自己的辖境内残破凋敝，被众人怨恨，又畏惧契丹的强盛，便连续上表请求入朝为官，出帝没有答应。杜威不等上报，突然扔下军镇入朝，朝廷听说此事后，大为惊骇。桑维翰对出帝说："杜威一再违抗朝廷的命令，擅自离开边镇。平时往往依仗自己是勋旧、皇亲，希望求得朝廷的姑息宽容，等到边疆多战事时，却从未有过守土御敌的决心。应该乘此时废除他，或许不会产生后患。"出帝很不高兴。桑维翰说："陛下您不忍心废除他，应该授给他靠近京城的小镇，不要委任他去辖领雄藩大镇。"出帝说："杜威是朕最亲的亲戚，肯定不会有二心。只是宋国长公主急切想和他相见而已，您不要对他产生怀疑！"桑维翰从此不敢再议论国事，以脚有病为由辞去职位。五月丙辰（二十一日），杜威到达大梁。

己未（二十四日），杜威献上自己部队中的步兵和骑兵共计四千人以及配备的铠甲兵仗，庚申（二十五日），又献粟米十万斛，马草二十万束，说这些东西都出自本道。出帝将他所献上的骑兵隶属于虎圣军，步兵隶属护国军。杜威又请求把这些兵马作为自己的卫队，他们的粮秣供给都由朝廷担负。杜威又让宋国长公主向出帝禀报，请求让自己担任天雄节度使，出帝答应了他的请求。六月癸酉（初九），任命杜威为天雄节度使。

契丹连年入侵，中原疲于奔命，边民受尽苦难。契丹的士兵和牲畜也死了许多，国中的民众对这种状况也厌恶和痛苦。述律太后对契丹国主说："让汉人来做胡人皇帝，行不行？"契丹国主说："不行。"太后说："那么你为什么要当汉人的皇帝？"契丹国主回答说："石氏辜负了我们对他的恩情，不能容忍。"太后说："你现在虽然取得了汉地，但却不能在那里居住。万一有了差失，后悔怎么来得及呢？"又对她的下属众人说："汉儿哪曾睡过好觉！自古只听说汉人向蕃人求和，没有听说过蕃人向汉人求和。汉儿果真能够回心转意，我们又何必吝惜与他们讲和！"

桑维翰屡劝帝复请和于契丹以纾国患。帝假开封军将张晖供奉官，使奉表称臣诣契丹，卑辞谢过。契丹主曰："使景延广、桑维翰自来，仍割镇、定两道隶我，则可和。"朝廷以契丹语忿，谓其无和意，乃止。及契丹主入大梁，谓李崧等曰："向使晋使再来，则南北不战矣。"

秋八月丙寅，右仆射兼中书侍郎、同平章事和凝罢守本官，加枢密使、户部尚书冯玉中书侍郎、同平章事，事无大小，悉以委之。帝自阳城之捷，谓天下无虞，骄侈益甚。四方贡献珍奇，皆归内府；多造器玩，广宫室，崇饰后庭，近朝莫之及；作织锦楼以织地衣，用织工数百，期年乃成；又赏赐优伶无度。桑维翰谏曰："向者陛下亲御胡寇，战士重伤者，赏不过帛数端。今优人一谈一笑称旨，往往赐束帛、万钱、锦袍、银带。彼战士见之，能不觖望？曰：'我曹冒白刃，绝筋折骨，曾不如一谈一笑之功乎！'如此，则士卒解体，陛下谁与卫社稷乎！"帝不听。冯玉每善承迎帝意，由是益有宠。尝有疾在家，帝谓诸宰相曰："自刺史以上，俟冯玉出乃得除。"其倚任如此。玉乘势弄权，四方赂遗，辐凑其门。由是朝政益坏。

九月戊申，置威信军于曹州。遣侍卫马步都指挥使李守贞戍澶州。乙卯，遣彰德节度使张彦泽戍恒州。

初，帝疾未平，会正旦，枢密使、中书令桑维翰遣女仆入宫起居太后，因问："皇弟睿近读书否？"帝闻之，以告冯玉。玉因谮维翰有废立之志，帝疑之。李守贞素恶维翰，

桑维翰多次劝出帝再次向契丹求和，来缓解国家的灾患。出帝临时任命开封军将张晖为供奉官，让他前往契丹上表称臣，用谦卑的言语谢罪。契丹国主说："让景延广、桑维翰亲自来，并割让镇州、定州两道归属我国，就可以和好。"后晋见契丹国主讲话激愤，认为他没有和意，于是作罢。等后来契丹国主进入大梁，对李崧说："当时如果晋国使者再来，那么南北就不会交战了。"

秋季八月丙寅（初三），后晋出帝免去和凝所兼中书侍郎、同平章事之职，保留右仆射原官，加封枢密使、户部尚书冯玉为中书侍郎、同平章事，朝廷事务无论大小，全部交给冯玉处理。出帝自从阳城获胜，认为天下太平，更加骄横奢侈。各地进贡的奇珍异宝，统统归入内府；大量制造器具玩物，扩建宫室，装饰后宫，近世各朝望尘莫及；建造织锦楼来编织地毯，征用织工数百名，一年才完成；又毫无节制地赏赐为他歌舞戏谑的艺人。桑维翰劝谏道："过去陛下亲自率兵抗击胡虏，战士受重伤的，也不过赏给数端布帛而已。现在艺人一说一笑合您的心意，就往往赏给捆为一束的五匹布帛、上万钱币，还有锦袍、银带。若让那些战士看见，怎能不抱怨？他们会说：'我们冒着锋利的刀刃，断筋折骨，竟不如人家一说一笑的功劳大吗？'这样下去，军队就将瓦解，陛下您还靠谁来保卫国家呢？"出帝不听。冯玉常常善于迎合出帝的心意，因此越发得到宠信。有一次他生病，在家养病没有入朝，出帝对各位宰相说："自刺史以上的官职，要等冯玉病好入朝后才能任命。"对他竟这样倚重信任。冯玉仗势玩弄权柄，各地争相贿赂馈赠，门前车马络绎不绝。由此朝政日益败坏。

九月戊申（十五日），后晋出帝在曹州设置威信军。派遣侍卫马步都指挥使李守贞戍守澶州。乙卯（二十二日），派遣彰德节度使张彦泽戍守恒州。

当初，出帝的病还未好，恰值正月初一，枢密使、中书令桑维翰派女仆入宫向太后问安，顺便问："皇弟石重睿近来读书吗？"出帝听到后，将此事告诉冯玉。冯玉便诬陷桑维翰有废出帝、立石重睿之意，出帝对桑维翰产生怀疑。李守贞向来憎恶桑维翰，

冯玉、李彦韬与守贞合谋排之，以中书令行开封尹赵莹柔而易制，共荐以代维翰。十二月，罢维翰政事，为开封尹。以莹为中书令，李崧为枢密使、守侍中。维翰遂称足疾，希复朝谒，杜绝宾客。或谓冯玉曰："桑公元老，今既解其枢务，纵不留之相位，犹当优以大藩，奈何使之尹京，亲猥细之务乎？"玉曰："恐其反耳。"曰："儒生安能反！"玉曰："纵不自反，恐其教人耳。"

三年。定州西北二百里有狼山，土人筑堡于山上以避胡寇。堡中有佛舍，尼孙深意居之，以妖术惑众，言事颇验，远近信奉之。中山人孙方简，及弟行友，自言深意之侄，不饮酒食肉，事深意甚谨。深意卒，方简嗣行其术，称深意坐化，严饰，事之如生，其徒日滋。会晋与契丹绝好，北边赋役繁重，寇盗充斥，民不安其业。方简、行友因帅乡里豪健者，据寺为寨以自保。契丹入寇，方简帅众邀击，颇获其甲兵、牛马、军资，人挈家往依之者益众。久之，至千余家，遂为群盗。惧为吏所讨，乃归款朝廷。朝廷亦资其御寇，署东北招收指挥使。方简时入契丹境钞掠，多所杀获。既而邀求不已，朝廷小不副其意，则举寨降于契丹，请为乡道以入寇。时河北大饥，民饿死者所在以万数，兖、郓、沧、贝之间，盗贼蜂起，吏不能禁。天雄节度使杜威遣元随军将刘延翰市马于边，方简执之，献于契丹。延翰逃归，

冯玉、李彦韬与李守贞合谋排挤桑维翰，因为中书令、代理开封尹赵莹为人软弱而且容易控制，所以他们共同荐举赵莹取代桑维翰。十二月，后晋出帝罢免桑维翰朝中的职务，让他担任开封尹。任命赵莹为中书令，李崧为枢密使、守侍中。桑维翰于是称脚有病，很少再入朝谒见，并谢绝宾客。有人对冯玉说："桑公是开国元老，现在已经解除他枢密使的职务，纵然不能留在宰相的职位上，也应当优待他，让他担任大藩镇的长官，怎能让他担任开封尹，亲自去干那些繁杂琐碎的事务呢？"冯玉说："怕他造反。"那人说道："他一个儒生怎么能够造反？"冯玉说："纵然他不自己造反，也怕会教唆别人造反。"

开运三年（946）。在定州西北二百里处有座狼山，当地人在山上筑起城堡来躲避胡人的抄掠。城堡中有一座庙，尼姑孙深意住在庙中，用妖术蛊惑众人，预言事情十分灵验，远近村民都很信奉她。中山人孙方简和弟弟孙行友，自称是孙深意的侄子，不饮酒不吃肉，侍奉孙深意很恭谨。孙深意死后，孙方简就接着施行她的法术，声称孙深意是坐化了，将尸体装扮整饰，像活着的时候一样侍奉她，门徒日渐增多。正赶上后晋和契丹绝交，北部边境地区赋役繁多沉重，盗贼遍地丛生，百姓不能安居乐业。孙方简、孙行友于是率领当地百姓中强健好斗的人，占据寺庙作为兵寨来保护自己。契丹入侵时，孙方简率领部众去拦击，缴获了许多兵器、铠甲、牛马、军需物资，人们携家带口前往依附的日益众多。时间长了，达到一千多家，于是聚众为盗。因为惧怕被官吏征讨，他们便归顺后晋朝廷。朝廷也借助他们的力量来抵御契丹入侵，就任命孙方简为东北招收指挥使。孙方简有时进入契丹境内抄掠，多有斩杀缴获。后来，他向朝廷不停邀功请赏，朝廷稍不如他的意，他就率领全寨投降契丹，并请求做契丹人的向导，带领他们深入内地抢掠。当时，河北发生大饥荒，各地百姓饿死的数以万计，兖、郓、沧、贝四州之间，盗贼蜂拥而起，官吏不能禁止。天雄节度使杜威派遣长期跟随自己的军将刘延翰到边境一带购买战马，孙方简抓住他，献给契丹。刘延翰逃了回来，

六月壬戌，至大梁，言："方简欲乘中国凶饥，引契丹入寇，宜为之备。"

乙丑，定州言契丹勒兵压境。诏以天平节度使、侍卫马步都指挥使李守贞为北面行营都部署，义成节度使皇甫遇副之；彰德节度使张彦泽充马军都指挥使兼都虞候；义武节度使蓟人李殷充步军都指挥使兼都排陈使；遣护圣指挥使临清王彦超、太原白延遇以部兵十营诣邢州。时马军都指挥使、镇安节度使李彦韬方用事，视守贞蔑如也。守贞在外所为，事无大小，彦韬必知之，守贞外虽敬奉而内恨之。

秋七月，有自幽州来者，言赵延寿有意归国。枢密使李崧、冯玉信之，命天雄节度使杜威致书于延寿，具述朝旨，啖以厚利。洺州军将赵行实尝事延寿，遣赍书潜往遗之。延寿复书言："久处异域，思归中国。乞发大军应接，拔身南去。"辞旨恳密。朝廷欣然，复遣行实诣延寿，与为期约。

八月，李守贞言："与契丹千馀骑遇于长城北，转斗四十里，斩其酋帅解里，拥馀众入水溺死者甚众。"丁卯，诏李守贞还屯澶州。

帝既与契丹绝好，数召吐谷浑酋长白承福入朝，宴赐甚厚。承福从帝与契丹战澶州，又与张从恩戍滑州。属岁大热，遣其部落还太原，畜牧于岚、石之境。部落多犯法，刘知远无所纵舍。部落知朝廷微弱，且畏知远之严，谋相与遁归故地。有白可久者，位亚承福，帅所部先亡归契丹，契丹用为云州观察使，以诱承福。知远与郭威谋曰：

六月壬戌(初三)，到达大梁，报告说："孙方简想趁中国饥荒，勾引契丹人入侵，应该为此做好准备。"

乙丑(初六)，定州向朝廷奏报说契丹调兵进逼边境。后晋出帝下诏任命天平节度使、侍卫马步都指挥使李守贞为北面行营都部署，义成节度使皇甫遇为副都部署；彰德节度使张彦泽充任马军都指挥使兼都虞候；义武节度使蓟人李殷充任步军都指挥使兼都排阵使；派遣护圣指挥使临清人王彦超、太原人白延遇率领部兵十营到邢州。当时，马军都指挥使、镇安节度使李彦韬正执掌权柄，看不起李守贞。李守贞在外地的所作所为，无论事情大小，李彦韬都一定知道，李守贞表面虽然敬奉他，但内心十分恨他。

秋季七月，有从幽州来的人，说赵延寿有意归顺朝廷。枢密使李崧、冯玉相信此话，命令天雄节度使杜威给赵延寿写信，把朝廷的意思讲清楚，用丰厚的财利来引诱他。沧州军将赵行实曾经侍奉过赵延寿，朝廷便派他携带书信偷偷前往幽州送给赵延寿。赵延寿回信说："久在异国他乡，很想回归中国。恳求朝廷发大军接应，我将脱身南下。"词意恳切真挚。后晋朝廷很高兴，又派遣赵行实前去会见赵延寿，与他约定日期。

八月，李守贞上报说："与契丹一千多骑兵在长城北面相遇，辗转追杀搏斗了四十里，斩了他们的首领解里，把其他敌人赶入水中，淹死了很多。"丁卯(初九)，后晋出帝下诏命令李守贞回师驻守澶州。

后晋出帝与契丹绝交后，多次召吐谷浑酋长白承福入朝，宴会隆重，赏赐丰厚。白承福跟随出帝与契丹在澶州交战，又和张从恩共同防守滑州。正值天气酷热，白承福送他的部落回到太原，在岚、石二州境内放牧。部落的人经常犯法，刘知远决不放纵。其部落知道后晋朝廷衰微，并且畏惧刘知远执行军法的严厉，谋划一起跑回原来的地方。有个叫白可久的人，地位仅次于白承福，率领自己的队伍最先逃跑，归降了契丹，契丹任命他为云州观察使，用此来引诱白承福投降。刘知远和郭威谋划说：

"今天下多事，置此属于太原，乃腹心之疾也，不如去之。"承福家甚富，饲马用银槽。威劝知远诛之，收其货以赡军。知远密表："吐谷浑反覆难保，请迁于内地。"帝遣使发其部落千九百人，分置河阳及诸州。知远遣威诱承福等入居太原城中，因诬承福等五族谋叛，以兵围而杀之，合四百口，籍没其家赀。诏褒赏之，吐谷浑由是遂微。

　　九月，契丹三万寇河东。壬辰，刘知远败之于杨武谷，斩首七千级。张彦泽奏败契丹于定州北，又败之于泰州，斩首二千级。

　　契丹使瀛州刺史刘延祚遗乐寿监军王峦书，请举城内附。且云："城中契丹兵不满千人，乞朝廷发轻兵袭之，已为内应。又，今秋多雨，自瓦桥以北，积水无际，契丹主已归牙帐，虽闻关南有变，地远阻水，不能救也。"峦与天雄节度使兼中书令杜威屡奏瀛、莫乘此可取。深州刺史慕容迁献《瀛莫图》。冯玉、李崧信以为然，欲发大兵迎赵延寿及延祚。

　　先是，侍卫马步都指挥使、天平节度使李守贞数将兵过广晋，杜威厚待之，赠金帛、甲兵，动以万计。守贞由是与威亲善。守贞入朝，帝劳之曰："闻卿为将，常费私财以赏战士。"对曰："此皆杜威尽忠于国，以金帛资臣，臣安敢掠有其美！"因言："陛下若他日用兵，臣愿与威戮力以清沙漠。"帝由是亦贤之。及将北征，帝与冯玉、李崧议，以威为元帅，守贞副之。赵莹私谓冯、李曰："杜令国戚，贵为将相，而所欲未厌，心常慊慊，岂可复假以兵权！必若有事北方，

"现在天下多事,把吐谷浑部落安置在太原,是心腹大患,不如把它除掉。"白承福家里很富,喂马都用银食槽。郭威劝说刘知远杀死他,没收他的财产来养军队。刘知远秘密上表说:"吐谷浑反复无常难以安定,请把他们迁往内地。"出帝派使者将其部落一千九百人分别安置在河阳和其他各州。刘知远派郭威诱骗白承福等人进入太原城中居住,乘机诬陷白承福等五个部族图谋反叛,率领军队包围并杀掉了他们,共杀掉四百人,并抄没了白承福的家财。出帝下诏表彰奖赏二人,吐谷浑从此衰微了。

九月,契丹军队三万人侵犯河东。壬辰(初五),刘知远在杨武谷打败他们,斩割首级七千。张彦泽奏报在定州以北击败契丹,又在泰州打败契丹,斩割首级两千。

契丹让瀛州刺史刘延祚给后晋乐寿监军王峦写信,请求率领全城归顺朝廷。并且说:"瀛州城中契丹军队不足一千人,乞请朝廷派轻装军队前来袭击他们,自己愿为内应。还有,今年秋天雨多,从瓦桥以北,积水漫无边际,契丹国主已经回牙帐去了,即使听到关南有变,路途遥远,大水阻隔,也不能前来援救。"王峦与天雄节度使兼中书令杜威多次上奏,认为瀛、莫二州乘这个机会可夺取。深州刺史慕容迁又献上《瀛莫图》。冯玉、李崧都信以为真,准备派出大军迎接赵延寿和刘延祚。

在此之前,侍卫马步都指挥使、天平节度使李守贞多次领兵经过广晋,杜威对待他很好,赠送他黄金绢帛、兵器铠甲,动辄数以万计。李守贞因此和杜威亲近友好。李守贞入朝时,出帝慰劳他说:"听说你担任将领,常用自己的钱财赏赐战士。"李守贞回答说:"这些都是杜威对国家的竭尽忠心,他用黄金绢帛资助臣下,臣下怎么敢掠取他的美德!"于是又说:"陛下您如果将来用兵,臣下愿和杜威通力合作来肃清沙漠之敌。"出帝因此也很看重他。待到将要北征的时候,出帝和冯玉、李崧商议,任命杜威为元帅,李守贞为副帅。赵莹私下对冯玉、李崧二人说:"杜威是皇帝的亲戚,又是显贵的将相,但他的欲望还没有满足,心中常怀不满之意,怎能再授予他兵权!如果一定要对北方用兵,

不若止任守贞为愈也。"不从。冬十月辛未,以威为北面行营都招讨使,以守贞为兵马都监,泰宁节度使安审琦为左右厢都指挥使,武宁节度使符彦卿为马军左厢都指挥使,义成节度使皇甫遇为马军右厢都指挥使,永清节度使梁汉璋为马军都排陈使,前威胜节度使宋彦筠为步军左厢都指挥使,奉国左厢都指挥使王饶为步军右厢都指挥使,洺州团练使薛怀让为先锋都指挥使。仍下敕榜曰:"专发大军,往平黠虏。先取瀛、莫,安定关南;次复幽燕,荡平塞北。"又曰:"有能擒获虏主者,除上镇节度使,赏钱万缗,绢万匹,银万两。"时自六月积雨,至是未止,军行及馈运者甚艰苦。

　　杜威、李守贞会兵于广晋而北行。威屡使公主入奏,请益兵,曰:"今深入虏境,必资众力。"由是禁军皆在其麾下,而宿卫空虚。十一月丁酉,以李守贞权知幽州行府事。己亥,杜威等至瀛州,城门洞启,寂若无人,威等不敢进。闻契丹将高谟翰先已引兵潜出,威遣梁汉璋将二千骑追之,汉璋遇契丹于南阳务,败死。威等闻之,引兵而南。时束城等数县请降,威等焚其庐舍,掠其妇女而还。

　　契丹主大举入寇,自易、定趣恒州。杜威等至武强,闻之,将自冀、贝而南。彰德节度使张彦泽时在恒州,引兵会之,言契丹可破之状。威等乃复趣恒州,以彦泽为前锋。甲寅,威等至中度桥,契丹已据桥。彦泽帅骑争之,契丹焚桥而退。晋兵与契丹夹滹沱而军。始,契丹见晋军大至,又争桥不胜,

不如只委任李守贞一个人更好。"二人没有听从。冬季十月辛未
(十四日),出帝任命杜威为北面行营都招讨使,任命李守贞为兵
马都监,泰宁节度使安审琦为左右厢都指挥使,武宁节度使符彦
卿为马军左厢都指挥使,义成节度使皇甫遇为马军右厢都指挥
使,永清节度使梁汉璋为马军都排阵使,原威胜节度使宋彦筠为
步军左厢都指挥使,奉国左厢都指挥使王饶为步军右厢都指挥
使,洺州团练使薛怀让为先锋都指挥使。并下敕公布说:"专门
调发大军,前去平定狡黠的胡虏。先收复瀛、莫二州,安定关南;
其次收复幽、燕之地,荡平塞北。"又说:"有能生擒胡虏君主的
人,授予上等大镇的节度使,赏赐钱一万缗,绢一万匹,银子一万
两。"当时,从六月起连日下雨,到了这时尚未停止,行军和运送
军粮都十分艰苦。

　　杜威、李守贞在广晋会师,然后向北进军。杜威多次让公主
入宫上奏,请求增兵,他说:"现在深入胡虏的国境,一定要依靠
众人的力量。"因此禁军都归在他的麾下,而宫内的值宿警卫却
空虚了。十一月丁酉(初十),出帝任命李守贞暂时主持幽州行
府事务。己亥(十二日),杜威等人到达瀛州,城门洞开,安静得
像没有人一样,杜威等人不敢进去。听说契丹将领高谟翰早已
率兵偷偷出城了,杜威就派遣梁汉璋率领两千名骑兵追击他们,
在南阳务和契丹遭遇,梁汉璋战败被杀。杜威听到这个消息后,
率兵南下。当时束城等几个县已请求归降,杜威等人焚烧了那
里的房舍,抢掠了那里的妇女而回。

　　契丹国主率领军队大举入侵,从易州、定州直趋恒州。杜威
等人到达武强时,听到了这个消息,准备从冀州、贝州往南走。
彰德节度使张彦泽当时在恒州,领兵前去和杜威等人会师,并陈
述契丹可以被打败的理由。杜威等人于是又开赴恒州,命令张
彦泽担任前锋。甲寅(二十七日)这一天,杜威等来到中度桥,但
契丹已经占领此桥。张彦泽率领骑兵前去争夺,契丹兵把桥烧
掉退却了。于是后晋兵马和契丹军队隔着滹沱河驻扎下来。开
始,契丹军队看到后晋军队浩浩荡荡开来,前来争桥又没取胜,

恐晋军急渡滹沱，与恒州合势击之，议引兵还。及闻晋军筑垒为持久之计，遂不去。

杜威虽以贵戚为上将，性懦怯。偏裨皆节度使，但日相承迎，置酒作乐，罕议军事。磁州刺史兼北面转运使李谷说威及李守贞曰：“今大军去恒州咫尺，烟火相望，若多以三股木置水中，积薪布土其上，桥可立成。密约城中举火相应，夜募将士斫虏营而入，表里合势，虏必遁逃。”诸将皆以为然，独杜威不可，遣谷南至怀、孟督军粮。

契丹以大兵当晋军之前，潜遣其将萧翰、通事刘重进将百骑及羸卒，并西山出晋军之后，断晋粮道及归路。樵采者遇之，尽为所掠。有逸归者，皆称虏众之盛，军中恼惧。翰等至栾城，城中戍兵千馀人，不觉其至，狼狈降之。契丹获晋民，黥其面曰“奉敕不杀”，纵之南走。运夫在道遇之，皆弃车惊溃。翰，契丹之舅也。

十二月丁巳朔，李谷自书密奏，具言大军危急之势，请车驾幸滑州，遣高行周、符彦卿扈从，及发兵守澶州、河阳以备虏之奔冲，遣军将关勋走马上之。己未，帝始闻大军屯中度。是夕，关勋至。庚申，杜威奏请益兵，诏悉发守宫禁者得数百人，赴之。又诏发河北及滑、孟、泽、潞刍粮五十万诣军前。督迫严急，所在鼎沸。辛酉，威又遣从者张祚等来告急，祚等还，为契丹所获。自是朝廷与军前声问两不相通。

担心后晋军队会强渡滹沱河,和恒州兵联合夹击他们,于是商议退兵返回。等到听说后晋军队已筑起营垒做持久战斗的准备,于是就不退兵了。

杜威虽然以皇亲贵戚的身份担任上将,但生性懦弱胆小。他手下的副将都是节度使,只是天天奉承迎合,饮酒作乐,很少商议军事。磁州刺史兼北面转运使李毂劝说杜威和李守贞道:"现在大军距恒州近在咫尺,相互都能望见烟火,如果把许多绑成三角支架的木头放到水中,在上面放上柴草铺上土,桥就可以立刻架成。然后秘密与城中的守军约定点起火堆作为相互应援联络的信号,趁夜里组织将士砍断胡虏营盘中的栅栏冲进去,里外合兵,胡虏一定败逃。"众将都认为说得对,只有杜威认为不行,派李毂向南往怀、孟二州督运军粮。

契丹用大军挡在后晋军队的前面,又悄悄派将领萧翰、通事刘重进率领一百骑兵和羸弱的兵卒,沿西山出现在后晋军队的后面,切断后晋军队的粮道和退路。打柴的樵夫遇到他们,全被抓走了。有逃回来的人,都说契丹军队强盛,后晋军中人心惶惶。萧翰等人到达栾城,城中后晋守军有一千多人,没有料到敌人来临,慌乱狼狈中全都投降了。契丹抓到的后晋百姓,全在他们脸上刺"奉敕不杀"四个字,放他们往南走。运粮的民夫在路上遇见他们,都丢下车子惊慌溃逃了。萧翰是契丹国主的舅舅。

十二月丁巳这天是初一,李毂亲自给出帝写了密奏,详细说明后晋大军危急的形势,请皇帝亲临滑州,派遣高行周、符彦卿护卫跟随,并请派兵守卫澶州、河阳来防范契丹军队的快速冲击,派遣军将关勋快马加鞭把密奏送给出帝。己未(初三),出帝才知道大军驻扎在中度的消息。这天晚上,关勋赶到大梁。庚申(初四),杜威上奏请求增兵,出帝下诏调全部守卫宫禁的几百人,赶赴中度。又下诏调发河北及滑、孟、泽、潞各州粮草五十万送到军前。因为督运紧迫,催促严急,各地惊扰沸腾。辛酉(初五),杜威又派遣部下张祚等人前来告急,张祚等人在回来的途中被契丹抓获。从此,朝廷和前线军队之间消息两不相通。

时宿卫兵皆在行营，人心懔懔，莫知为计。开封尹桑维翰以国家危在旦夕，求见帝言事。帝方在苑中调鹰，辞不见。又诣执政言之，执政不以为然。退，谓所亲曰："晋氏不血食矣！"

帝欲自将北征，李彦韬谏而止。时符彦卿虽任行营职事，帝留之，使戍荆州口。壬戌，诏以归德节度使高行周为北面都部署，以彦卿副之，共戍澶州。以西京留守景延广戍河阳，且张形势。奉国都指挥使王清言于杜威曰："今大军去恒州五里，守此何为！营孤食尽，势将自溃。请以步卒二千为前锋，夺桥开道，公帅诸军继之，得入恒州，则无忧矣。"威许诺，遣清与宋彦筠俱进。清战甚锐，契丹不能支，势小却。诸将请以大军继之，威不许。彦筠为契丹所败，浮水抵岸得免，因退走。清独帅麾下陈于水北力战，互有杀伤，屡请救于威，威竟不遣一骑助之。清谓其众曰："上将握兵，坐观吾辈困急而不救，此有异志。吾辈当以死报国耳！"众感其言，莫有退者，至暮，战不息。契丹以新兵继之，清及士众尽死。由是诸军皆夺气。清，洺州人也。

甲子，契丹遥以兵环晋营，内外断绝，军中食且尽。杜威与李守贞、宋彦筠谋降契丹，威潜遣腹心诣契丹牙帐，邀求重赏。契丹主绐之曰："赵延寿威望素浅，恐不能帝中国。汝果降者，当以汝为之。"威喜，遂定降计。丙寅，伏甲

当时宫中的宿卫军都在行营里，人人心中危惧，不知该怎么办。开封尹桑维翰认为国家已经危在旦夕，请求进见出帝，上报情况。出帝正在御苑里调弄猎鹰，推辞不见。桑维翰又去向执掌权柄的大臣陈述，那些大臣不以为然。桑维翰退回来，对亲近的人说："晋氏的宗庙得不到祭祀了！"

出帝打算亲自北征，被李彦韬劝谏阻止。当时符彦卿虽然担任行营的职务，出帝把他留下，让他守卫荆州口。壬戌（初六）这天，出帝下诏任命归德节度使高行周为北面都部署，任命符彦卿为副都部署，二人一起守卫澶州。命令西京留守景延广守卫河阳，暂且摆开了迎战架势。奉国节度使王清向杜威进言道："现在大军距离恒州城只有五里，守在这里干什么？军营孤立，粮食吃完，势必将要自己溃败。我请求率领步兵两千人为先锋，夺取桥梁，开辟道路，您率领各军紧随其后，能够进入恒州，就没有忧虑了。"杜威允许了，派遣王清和宋彦筠一起前进。王清作战锐不可当，契丹兵不能抵挡，稍稍退却。众将请求立刻派大军紧随其后前进，杜威不允许。宋彦筠被契丹军队打败，自己游回岸边得以免除一死，于是退走。王清独自率领部下兵士在河北岸布阵奋力作战，两军互有杀伤，他多次向杜威求救，杜威竟然不派出一兵一卒前去支援他。王清对手下部众说："上将控制住兵马，坐观我们困难危急而不来救援，他一定有叛变之意。我们应该以死报国！"大家被他的话所感动，没有一个人后退，到了傍晚，战斗仍然没停止。契丹派生力军紧接着前来进攻，王清和士兵们全部都战死了。由此后晋各军都丧失了士气。王清是洺州人。

甲子（初八），契丹派兵从远处包围了后晋军营，后晋军营与外界的联系断绝了，军中粮食将要用尽。杜威和李守贞、宋彦筠谋划投降契丹，杜威还派遣心腹到契丹国主的牙帐里，邀功求取重赏。契丹国主欺骗杜威说："赵延寿威望一向太浅，恐怕不能做中国的皇帝。你若果真能投降，就应当让你当皇帝。"杜威大喜，于是决定投降。丙寅（初十），杜威埋伏了全副武装的士兵并

召诸将,出降表示之,使署名。诸将骇愕,莫敢言者,但唯唯听命。威遣阁门使高勋赍诣契丹,契丹主赐诏慰纳之。是日,威悉命军士出陈于外,军士皆踊跃,以为且战。威亲谕之曰:"今食尽涂穷,当与汝曹共求生计。"因命释甲。军士皆恸哭,声振原野。威、守贞仍于众中扬言:"主上失德,信任奸邪,猜忌于己。"闻者无不切齿。契丹主遣赵延寿衣赭袍至晋营慰抚士卒,曰:"彼皆汝物也。"杜威已下,皆迎谒于马前,亦以赭袍衣威以示晋军,其实皆戏之耳。以威为太傅,李守贞为司徒。

威引契丹主至恒州城下,谕顺国节度使王周以已降之状,周亦出降。戊辰,契丹主入恒州。遣兵袭代州,刺史王晖以城降之。先是契丹屡攻易州,刺史郭璘固守拒之。契丹主每过城下,指而叹曰:"吾能吞并天下,而为此人所扼!"及杜威既降,契丹主遣通事耿崇美至易州,诱谕其众,众皆降,璘不能制,遂为崇美所杀。璘,邢州人也。

义武节度使李殷、安国留后方太皆降于契丹。契丹主以孙方简为义武节度使,麻荅为安国节度使,以客省副使马崇祚权知恒州事。

契丹翰林承旨、吏部尚书张砺言于契丹主曰:"今大辽已得天下,中国将相宜用中国人为之,不宜用北人及左右近习。苟政令乖失,则人心不服,虽得之,犹将失之。"契丹主不从。引兵自邢、相而南,杜威将降兵以从。遣张彦泽将二千骑先取大梁,且抚安吏民,以通事傅住兒为都监。

召集众将前来,拿出降表来给他们看,让他们署名。众将领惊愕害怕,没有敢说话的人,只有连声称是,听从命令。杜威派阁门使高勋携带降表送到契丹军营,契丹国主颁赐诏书抚慰接纳他们。当天,杜威命令军士兵到营外列阵,军士们都十分踊跃,以为就要打仗了。杜威亲自告诉他们说:"现在粮食吃光了,无路可走,应当和你们一同求取生存的办法。"于是命令全军卸甲。军士们都抱头痛哭,哭声震动了原野。杜威、李守贞还在众人中宣扬说:"君主无德,信用奸邪小人,猜忌我们。"听到这话的人没有不咬牙切齿的。契丹国主派赵延寿身穿赭黄袍来到后晋营中抚慰士兵,对赵延寿说:"他们都是你的东西。"杜威及以下将领都到马前迎接拜见。赵延寿也给杜威穿上赭黄袍,给后晋将士们看,其实这都是愚弄他们的把戏而已。契丹任命杜威为太傅,李守贞为司徒。

杜威引导契丹国主来到恒州城下,告诉顺国节度使王周自己已经投降的情况,王周也出城投降了。戊辰(十二日),契丹国主进入恒州。又派兵袭击代州,刺史王晖率全城投降。在此之前,契丹军队屡次进攻易州,刺史郭璘死守抗拒。契丹国主每次经过城下,都指着易州城感叹道:"我能够吞并天下,却被此人所阻!"等到杜威已投降,契丹国主派遣通事耿崇美到易州去,劝诱郭璘的部众,部众都投降了,郭璘不能制止,于是被耿崇美杀死。郭璘是邢州人。

义武节度使李殷、安国留后方太都向契丹投降了。契丹国主任命孙方简为义武节度使,麻荅为安国节度使,任命客省副使马崇祚暂时主持恒州事务。

契丹翰林承旨、吏部尚书张砺对契丹国主说:"现在大辽已经取得天下,中国的将相应由中国人来担任,不宜用北国人和左右亲信。如果政令失误,就会人心不服,虽然得到了天下,也还会失去。"契丹国主没有听从。于是带领军队从邢、相二州南下,杜威率后晋降兵跟随。契丹国主派遣张彦泽率领两千名骑兵先去攻取大梁,并且安抚那里的官吏百姓,任命通事傅住儿为都监。

　　杜威之降也，皇甫遇初不预谋。契丹主欲遣遇先将兵入大梁，遇辞；退，谓所亲曰："吾位为将相，败不能死，忍复图其主乎！"至平棘，谓从者曰："吾不食累日矣，何面目复南行！"遂扼吭而死。

　　张彦泽倍道疾驱，夜渡白马津。壬申，帝始闻杜威等降。是夕，又闻彦泽至滑州，召李崧、冯玉、李彦韬入禁中计事，欲诏刘知远发兵入援。癸酉，未明，彦泽自封丘门斩关而入，李彦韬帅禁兵五百赴之，不能遏。彦泽顿兵明德门外，城中大扰。帝于宫中起火，自携剑驱后宫十馀人将赴火，为亲军将薛超所持。俄而彦泽自宽仁门传契丹主与太后书慰抚之，且召桑维翰、景延广。帝乃命灭火，悉开宫城门。帝坐苑中，与后妃相聚而泣，召翰林学士范质草降表，自称："孙男臣重贵，祸至神惑，运尽天亡。今与太后及妻冯氏，举族于郊野面缚待罪次。遣男镇宁节度使延煦、威信节度使延宝，奉国宝一、金印三出迎。"太后亦上表称"新妇李氏妾"。

　　傅住儿入宣契丹主命，帝脱黄袍，服素衫，再拜受宣，左右皆掩泣。帝使召张彦泽，欲与计事。彦泽曰："臣无面目见陛下。"帝复召之，彦泽微笑不应。

　　或劝桑维翰逃去，维翰曰："吾大臣，逃将安之！"坐而俟命。彦泽以帝命召维翰。维翰至天街，遇李崧，驻马语未毕，有军吏于马前揖维翰赴侍卫司。维翰知不免，顾谓崧曰："侍中当国，今日国亡，反令维翰死之，何也？"

杜威投降时，皇甫遇始终没参预谋划。契丹国主打算派遣皇甫遇先率领军队进入大梁，皇甫遇推辞了；退下后对亲信的人说："我身为将相，战败后不能去死，怎能忍心再害自己的君主呢！"到了平棘，他对身边跟随的人说："我已好几天不吃饭了，还有什么脸面再往南走啊！"于是自缢而死。

张彦泽日夜兼程飞奔疾驰，夜里渡过了白马津。壬申（十六日），后晋出帝才听到杜威等人投降的消息。当天晚上，又听说张彦泽已到滑州，就召李崧、冯玉、李彦韬进入宫中议事，打算下诏命令刘知远起兵来援救都城。癸酉（十七日），天还没亮，张彦泽已从封丘门斩断门闩冲入城中，李彦韬率领禁军五百人前往迎敌，不能阻止。张彦泽在明德门外驻军，城中大乱。后晋出帝在宫中放起了火，自己提着宝剑驱赶着十多个嫔妃，打算跳入火中自杀，被亲军将领薛超抱住了。一会儿，张彦泽从宽仁门外传进契丹国主给太后的书信以抚慰出帝，并召集桑维翰、景延广前来。出帝于是命令灭火，打开所有的宫门。出帝坐在御苑中，和后妃们相聚哭泣，召见翰林学士范质起草降表，自称："孙子臣石重贵，因祸事来临而被神鬼迷惑，运数已尽被天所灭亡。现在和太后及妻子冯氏，率领全族在郊外反绑自己双手等待降罪。并派儿子镇宁节度使石延煦、威信节度使石延宝，奉上国玺一枚、金印三枚出城迎接。"太后也上表称"新妇李氏妾"。

傅住儿入宫宣布契丹国主的命令，出帝脱下黄袍，穿上素色衣衫，两次叩拜接受契丹国主的命令，宫内的左右侍从们都掩面哭泣。出帝让人召张彦泽前来，想和他议事。张彦泽说道："臣下没脸再见陛下了。"出帝再次召见他，张彦泽只是微笑但不答应。

有人劝说桑维翰逃走，桑维翰说："我是大臣，逃又往哪里去呢？"静坐待命。张彦泽以出帝的命令召桑维翰入宫。桑维翰来到天街时，遇见李崧，停下马来还未说完话，就有军吏在马前揖请桑维翰去侍卫司。桑维翰知道自己难免一死，回头对李崧说："侍中您主执国政，现在国家灭亡，反而叫我去死，为什么呢？"

崧有愧色。彦泽倨坐见维翰,维翰责之曰:"去年拔公于罪人之中,复领大镇,授以兵权,何乃负恩至此!"彦泽无以应,遣兵守之。

宣徽使孟承诲,素以佞巧有宠于帝,至是,帝召承诲,欲与之谋,承诲伏匿不至。张彦泽捕而杀之。

彦泽纵兵大掠,贫民乘之,亦争入富室,杀人取其货,二日方止,都城为之一空。彦泽所居,宝货山积,自谓有功于契丹,昼夜以酒乐自娱,出入骑从常数百人,其旗帜皆题"赤心为主",见者笑之。军士擒罪人至前,彦泽不问所犯,但瞑目竖三指,即驱出断其腰领。彦泽素与阁门使高勋不协,乘醉至其家,杀其叔父及弟,尸诸门首。士民不寒而栗。

中书舍人李涛谓人曰:"吾与其逃于沟渎而不免,不若往见之。"乃投刺谒彦泽曰:"上疏请杀太尉人李涛,谨来请死。"彦泽欣然接之,谓涛曰:"舍人今日惧乎?"涛曰:"涛今日之惧,亦犹足下昔年之惧也。向使高祖用涛言,事安至此!"彦泽大笑,命酒饮之。涛引满而去,旁若无人。天福七年,张彦泽获亡将杨洪,断其手足斩之,彰义节度使王周奏之,帝释而不问,李涛伏阁极论其罪。

甲戌,张彦泽迁帝于开封府,顷刻不得留,宫中恸哭。帝与太后、皇后乘肩舆,宫人、宦者十馀人步从,见者流涕。帝悉以内库金珠自随,彦泽使人讽之曰:"契丹主至,此物不可匿也。"帝悉归之,亦分以遗彦泽,彦泽择取

李崧脸上露出惭愧的表情。张彦泽傲慢地伸开两腿坐着接见桑维翰,桑维翰指责他道:"去年从罪人之中把你提拔上来,又让你掌管一个大的藩镇,授予你兵权,你为什么竟如此忘恩负义呢!"张彦泽无话可答,派兵看守住桑维翰。

宣徽使孟承诲一贯以巧佞谄媚得到出帝宠信,到了这时,出帝召见他想和他商议事情,孟承诲藏匿起来不到。张彦泽把他捉住杀掉了。

张彦泽放纵士兵大肆抢掠,贫民趁乱也争着闯入富人家里,杀人并夺取他们的财物,过了两天才停止,而都城几乎被洗劫一空。张彦泽的住处钱财宝物堆积得像小山,他自己认为有功于契丹,不分昼夜地饮美酒、听音乐,纵情娱乐,每次出入跟随的骑兵常有几百人,他的旗帜上都题有"赤心为主"四字,观看的人都耻笑他。军士抓获罪人押到张彦泽跟前,张彦泽不问所犯何罪,只瞪起眼睛竖起三指,就拉出去腰斩和斩首。张彦泽素来与阁门使高勋关系不融洽,就趁酒醉来到他家,杀死他的叔父和弟弟,陈尸门前。士人百姓见了不寒而栗。

中书舍人李涛对人说:"我与其逃到水沟里而不免一死,还不如前去见他。"于是投上名帖谒见张彦泽说:"上书请求杀掉太尉您的人李涛,谨来请死。"张彦泽高兴地接见了他,对李涛说:"舍人你今天害怕了?"李涛说:"我李涛今天的害怕,也像您当年的害怕一样。过去高祖如果听我李涛的话,事情哪能落到这个地步!"张彦泽听了放声大笑,命人拿酒来给李涛喝。李涛斟满酒一饮而尽然后离去,旁若无人。天福七年(942),张彦泽俘获逃将杨洪,砍断他的手脚并将他斩杀,彰义节度使王周将此事奏报,高祖释放了张彦泽而不加追究,李涛跪伏在阁下极力弹劾张彦泽的罪行。

甲戌(十八日),张彦泽把出帝迁往开封府,片刻不能停留,宫里的人都痛哭。出帝和太后、皇后坐着轿子,宫人、宦官十多人步行跟随,看的人都流下眼泪。出帝把内库的金银珠宝都随身带走,张彦泽派人劝他说:"契丹国主到来,这些东西是不能藏匿的。"出帝就又都放回内库,也分一部分给张彦泽,张彦泽挑选出

其奇货，而封其馀以待契丹。彦泽遣控鹤指挥使李筠以兵守帝，内外不通。帝姑乌氏公主赂守门者，入与帝诀，相持而泣，归第自经死。帝与太后所上契丹主表章，皆先示彦泽，然后敢发。

帝使取内库帛数段，主者不与，曰："此非帝物也。"又求酒于李崧，崧亦辞以他故不进。又欲见李彦韬，彦韬亦辞不往。帝惆怅久之。

冯玉佞张彦泽，求自送传国宝，冀契丹复任用。

楚国夫人丁氏，延煦之母也，有美色。彦泽使人取之，太后迟回未与。彦泽诟詈，立载之去。

是夕，彦泽杀桑维翰，以带加颈，白契丹主，云其自经。契丹主曰："吾无意杀维翰，何为如是！"命厚抚其家。

高行周、符彦卿皆诣契丹牙帐降。契丹主以阳城之战为彦卿所败，诘之。彦卿曰："臣当时惟知为晋主竭力，今日死生惟命。"契丹主笑而释之。

己卯，延煦、延宝自牙帐还，契丹主赐帝手诏，且遣解里谓帝曰："孙勿忧，必使汝有啖饭之所。"帝心稍安，上表谢恩。

契丹以所献传国宝追琢非工，又不与前史相应，疑其非真，以诏书诘帝，使献真者。帝奏："顷王从珂自焚，旧传国宝不知所在，必与之俱烬。此宝先帝所为，群臣备知。臣今日焉敢匿宝！"乃止。

帝闻契丹主将渡河，欲与太后于前涂奉迎。张彦泽先奏之，契丹主不许。有司又欲使帝衔璧牵羊，大臣舆榇，

其中的奇珍异宝,将其馀封存好等待契丹国主到来。张彦泽派遣控鹤指挥使李筠率兵看守出帝,出帝和外界联系不上。出帝的姑姑乌氏公主贿赂看门士兵,进来与出帝诀别,二人相对落泪,然后回到家中上吊而死。出帝和太后给契丹国主所上的表章,都先给张彦泽过目,然后才敢发出。

出帝让人取几匹内库的丝帛,管库的人不给,说:"这不是皇帝的东西。"又向李崧要酒,李崧也用其他原因推托不送来。还想见到李彦韬,李彦韬也推辞不来。出帝为此惆怅了许久。

冯玉向张彦泽谄媚,请求让自己去送传国玺,希望契丹能够重新任用他。

楚国夫人丁氏,是石延煦的母亲,长得美丽。张彦泽派人去接她。太后迟疑徘徊不肯给。张彦泽大骂,当即就用车把楚国夫人接走。

当天晚上,张彦泽杀死了桑维翰,用带子套在他脖子上,告诉契丹国主说他是上吊自杀的。契丹国主说:"我无意杀掉桑维翰,他为什么这样?"命人丰厚地抚恤桑维翰的家属。

高行周、符彦卿都到契丹国主牙帐投降。契丹国主因在阳城战役中被符彦卿打败,责问符彦卿。符彦卿说:"臣当时只知为晋王尽力,今天是死是活唯命是从。"契丹国主笑着释放了他。

己卯(二十三日),石延煦、石延宝从牙帐回来,契丹国主赐给出帝亲手写的诏书,并派解里前去对出帝说:"孙儿不要担忧,一定让你有吃饭的地方。"出帝心里稍稍安稳一些,上表谢恩。

契丹国主认为所献的传国玺雕琢不精细,又和前代历史不相吻合,怀疑它不是真品,下诏书质问出帝,让他献出真的。出帝上奏道:"不久前王从珂自焚时,旧的传国玺就不知去向,想来一定是和他一起化为灰烬了。这个国宝是先帝所制,群臣全都知道。臣下今天哪里还敢藏匿国宝啊!"于是作罢。

出帝听说契丹国主将要渡过黄河,便想和太后事先到前面的道路上去迎接。张彦泽提前奏报此事,契丹国主不同意。有关部门又想让出帝口衔玉璧,手牵着羊,大臣拉着车上的棺材,

迎于郊外,先具仪注白契丹主。契丹主曰:"吾遣奇兵直取大梁,非受降也。"亦不许。又诏晋文武群官,一切如故,朝廷制度,并用汉礼。有司欲备法驾迎契丹主,报曰:"吾方擐甲总戎,太常仪卫,未暇施也。"皆却之。

先是契丹主至相州,即遣兵趣河阳捕景延广。延广苍猝无所逃伏,往见契丹主于封丘。契丹主诘之曰:"致两主失欢,皆汝所为也。十万横磨剑安在!"召乔荣,使相辨证,事凡十条。延广初不服,荣以纸所记语示之,乃服。每服一事,辄授一筹。至八筹,延广但以面伏地请死,乃锁之。

丙戌晦,百官宿于封禅寺。

后汉高祖天福十二年春正月丁亥朔,百官遥辞晋主于城北,乃易素服纱帽,迎契丹主,伏路侧请罪。契丹主貂帽、貂裘,衷甲,驻马高阜,命起,改服,抚慰之。左卫上将军安叔千独出班胡语,契丹主曰:"汝安没字邪?汝昔镇邢州,已累表输诚,我不忘也。"叔千拜谢呼跃而退。晋主与太后已下迎于封丘门外,契丹主辞不见。

契丹主入门,民皆惊呼而走。契丹主登城楼,遣通事谕之曰:"我亦人也,汝曹勿惧!会当使汝曹苏息。我无心南来,汉兵引我至此耳。"至明德门,下马拜而后入宫。以其枢密副使刘密权开封尹事。日暮,契丹主复出,屯于赤冈。

高勋诉张彦泽杀其家人于契丹主,契丹主亦怒彦泽剽掠京城,并傅住儿锁之。以彦泽之罪宣示百官,问:"应

到郊外迎接，并先将这些仪式告诉契丹国主。契丹国主说："我派奇兵直接占领了大梁，不是前来受降的。"也不允许。又下诏书告诉后晋文武百官，一切都照旧，朝廷制度，全用汉人礼仪。有关部门打算备天子车驾迎接契丹国主，契丹国主回复说："我正身穿铠甲指挥打仗，太常仪卫没工夫使用。"一概推却了。

在此之前，契丹国主来到相州，立即派兵赶赴河阳捕捉景延广。景延广仓促之间无处逃跑藏匿，就到封丘去见契丹国主。契丹国主责问他道："导致两主不合，都是你干的。你所说的十万横磨剑在哪里？"召来乔荣，让他们互相申辩对证了十件事。景延广最初不服，乔荣把纸上所记的话给他看，景延广于是认服。每承认一件事，就授给他一支筹码。到第八支筹码时，景延广只能把脸伏在地上请求一死，于是把他锁了起来。

丙戌这天是大年三十，文武百官在封禅寺住宿。

后汉高祖天福十二年（947）春正月丁亥这天是初一，后晋的文武百官在大梁城北远远地向后晋国主辞别，然后改换素色衣服，戴上纱帽，迎接契丹国主耶律德光，跪伏在路旁请罪。契丹国主头戴貂帽，身披貂裘，内穿铁甲，立马于高岗之上，命令归降的百官起立，改换服装，安抚勉慰百官。左卫上将军安叔千独自一人从百官的行列中站出来，向契丹国主说了一番胡话，契丹国主说："你就是'安没字'吗？你过去镇守邢州时，已多次向我表示忠诚，我没忘记啊。"安叔千欢呼跳跃拜谢而退。后晋国主和太后以下在封丘门外迎接，契丹国主推辞不见。

契丹国主进入大梁城门时，百姓们都惊呼着跑掉了。契丹国主登上城楼，派通事告诉百姓说："我也是人，你们不要害怕！我会让你们休养生息。我无心南来，是汉兵引我来到这里的。"来到明德门，契丹国主下马叩拜，然后入宫。任命契丹枢密副使刘密代理开封尹事务。日落时分，契丹国主又退出都城，屯兵于赤冈。

高勋向契丹国主控诉张彦泽杀害了他的家属。契丹国主也对张彦泽劫掠京城感到愤怒，将张彦泽和监军傅住兒一起锁了起来。契丹国主把张彦泽的罪行向百官宣布，问道："张彦泽应该

死否?"皆言"应死。"百姓亦投牒争疏彦泽罪。己丑,斩彦泽、住儿于北市,仍命高勋监刑。彦泽前所杀士大夫子孙,皆经杖号哭,随而诟詈,以杖扑之。勋命断腕出锁,剖其心以祭死者。市人争破其脑取髓,脔其肉而食之。

契丹送景延广归其国,庚寅,宿陈桥。夜,伺守者稍怠,扼吭而死。

辛卯,契丹以晋主为负义侯,置于黄龙府。黄龙府,即慕容氏和龙城也。契丹主使谓李太后曰:"闻重贵不用母命以至于此,可求自便,勿与俱行。"太后曰:"重贵事妾甚谨。所失者,违先君之志,绝两国之欢耳。今幸蒙大恩,全生保家,母不随子,欲何所归!"

癸巳,契丹迁晋主及其家人于封禅寺,遣大同节度使兼侍中河内崔廷勋以兵守之。契丹主数遣使存问,晋主每闻使至,举家忧恐。时雨雪连旬,外无供亿,上下冻馁。太后使人谓寺僧曰:"吾尝于此饭僧数万,今日独无一人相念邪!"僧辞以"虏意难测,不敢献食"。晋主阴祈守者,乃稍得食。

是日,契丹主自赤冈引兵入宫,都城诸门及宫禁门,皆以契丹守卫,昼夜不释兵仗。磔犬于门,以竿悬羊皮于庭为厌胜。契丹主谓晋群臣曰:"自今不修甲兵,不市战马,轻赋省役,天下太平矣。"废东京,降开封府为汴州,尹为防御使。乙未,契丹主改服中国衣冠,百官起居皆如旧制。

处死吗?"百官都说:"应该处死。"全城百姓也争先恐后递上状牒奏告张彦泽的罪行。己丑(初三),将张彦泽、傅住儿押往北市斩首,并命高勋监斩。张彦泽原来所杀的士大夫的子孙,这时都携带丧杖嚎哭,随后怒骂,用丧杖痛打张彦泽的尸首。高勋命令砍断张彦泽的手腕,从铐锁中取出他的尸体,剖腹取心来祭奠被他杀害的人。市民们争着砸碎他的头,取出他的脑髓,剁碎他的肉并分吃掉。

契丹士兵押送景延广返回契丹,庚寅(初四),在陈桥住宿。夜里,景延广趁着押人懈怠的时候,自缢而死。

辛卯(初五),契丹封后晋国主为负义侯,安置在黄龙府。黄龙府就是原慕容氏的和龙城。契丹国主派人对李太后说:"听说石重贵是不遵从母命,所以才落到今天的下场,您可以请求自行方便,不要和他同行。"李太后说:"重贵侍奉我很恭谨。他的失误,在于违背了先君的意志,断绝了两国的友好。现在有幸蒙受大恩,保全了身家性命,我做母亲的不随着儿子,又往哪儿寻求归宿呢!"

癸巳(初七),契丹把后晋国主和他全家人迁到封禅寺,派遣大同节度使兼侍中河内人崔廷勋领兵看守。契丹国主多次派使者前去探望询问,后晋国主每当听说使者到来,全家都惊恐担忧。当时雪连着下了十几天,寺外断绝了供给,全家老小又冷又饿。李太后派人对寺内和尚说:"我曾在这里供给数万和尚的斋饭,现在难道没有一个人记着我吗?"和尚以"契丹用心难以预测,不敢献上食物"为理由来推辞。后晋国主只好偷偷地哀求看守,才稍微得到一点食物。

当天,契丹国主从赤冈率兵进入宫中,都城各门和宫禁大门都派契丹兵把守,昼夜不放下兵器。并且在大门前杀狗,在庭院中竖起长竿挂上羊皮来驱邪。契丹国主对后晋群臣说:"从今以后,不再整治兵器,不再购置战马,减轻赋税,少征徭役,天下太平了。"于是废除东京建制,降开封府为汴州,将原府尹改为防御使。乙未(初九),契丹国主改服中国衣冠,文武百官上朝退朝一切都按照旧有的典章制度。

赵延寿、张砺共荐李崧之才。会威胜节度使冯道自邓州入朝，契丹主素闻二人名，皆礼重之。未几，以崧为太子太师，充枢密使；道守太傅，于枢密院祗候，以备顾问。

契丹主分遣使者，以诏书赐晋之藩镇。晋之藩镇争上表称臣，被召者无不奔驰而至。惟彰义节度使史匡威据泾州不受命。匡威，建瑭之子也。雄武节度使何重建斩契丹使者，以秦、成、阶三州降蜀。

初，杜重威既以晋军降契丹，契丹主悉收其铠仗数百万贮恒州，驱马数万归其国，遣重威将其众从己而南。及河，契丹主以晋兵之众，恐其为变，欲悉以胡骑拥而纳之河流。或谏曰："晋兵在他所者尚多，彼闻降者尽死，必皆拒命为患。不若且抚之，徐思其策。"契丹主乃使重威以其众屯陈桥。会久雪，官无所给，士卒冻馁，咸怨重威，相聚而泣。重威每出，道旁人皆骂之。

契丹主犹欲诛晋兵。赵延寿言于契丹主曰："皇帝亲冒矢石以取晋国，欲自有之乎，将为他人取之乎？"契丹主变色曰："朕举国南征，五年不解甲，仅能得之，岂为他人乎！"延寿曰："晋国南有唐，西有蜀，常为仇敌，皇帝亦知之乎？"曰："知之。"延寿曰："晋国东自沂、密，西及秦、凤，延袤数千里，边于吴、蜀，常以兵戍之。南方暑湿，上国之人不能居也。他日车驾北归，以晋国如此之大，无兵守之，吴、蜀必相与乘虚入寇，如此，岂非为他人取之乎？"契丹主曰："我不知也。然则奈何？"延寿曰："陈桥降卒，可分以戍南边，则吴、蜀不能为患矣。"契丹主曰："吾昔在上党，

赵延寿、张砺一起荐举李崧的才华。正赶上威胜节度使冯道从邓州入朝，契丹国主对二人的名声早有耳闻，都予以礼遇和重视。不久，就任命李崧为太子太师，充任枢密使；冯道为守太傅，在枢密院供职，以备顾问。

契丹国主分派使者，将诏书赐给后晋各藩镇。后晋各藩镇都争相上表称臣，被征召的人没有不快马加鞭赶到的。只有彰义节度使史匡威据守泾州不接受命令。史匡威是史建瑭的儿子。雄武节度使何重建杀掉契丹使者，率领秦、成、阶三州投降后蜀。

当初，杜威恢复旧名杜重威，率领后晋军队投降契丹后，契丹国主全部收缴了他军队中的兵器铠甲数百万件贮存在恒州，驱赶军马数万匹回国，派遣杜重威率领他的兵马跟随自己南下。到了黄河岸边，契丹国主鉴于投降的后晋兵卒太多，担心他们变乱，打算用胡人的骑兵把他们统统赶进黄河。有人劝谏道："晋兵在其他地方的还很多，他们若听说投降的士兵全死了，必定都抗拒命令从而成为祸患。不如暂且安抚他们，慢慢再考虑对策。"契丹国主就派杜重威带领他的降兵驻屯在陈桥。正赶上下了很长时间雪，官府无所供给，士兵们又冷又饿，都怨恨杜重威，相聚哭泣。每当杜重威外出，道旁的人便都骂他。

契丹国主还是想诛杀后晋降兵。赵延寿对契丹国主说："皇帝您亲自率兵冒着箭矢炮石夺取了晋国江山，是想自己占有呢，还是想替他人夺取呢？"契丹国主脸色一变说："朕统率全国军队南征，五年不解衣甲，才能得到它，岂是为他人？"赵延寿说："晋国南面有唐，西面有蜀，常与晋国为敌，皇帝您也知道这些吗？"契丹国主答道："知道。"赵延寿说："晋国东起沂州、密州，西至秦州、凤州，绵延数千里，边境与吴、蜀相接，常要派兵戍守。南方暑热潮湿，贵国人不能居住。将来有一天您北归，而这么辽阔的晋国疆土无兵把守，吴、蜀必定会一起乘虚入侵，这样，难道不是为他人夺取江山吗？"契丹国主说："这是我没料到的。那么应该怎么办呢？"赵延寿说："陈桥的降兵，可分开来把守南部边疆，这样吴、蜀就不能成为后患了。"契丹国主说："我过去在上党，

失于断割,悉以唐兵授晋。既而返为仇雠,北向与吾战,辛勤累年,仅能胜之。今幸入吾手,不因此时悉除之,岂可复留以为后患乎?"延寿曰:"向留晋兵于河南,不质其妻子,故有此忧。今若悉徙其家于恒、定、云、朔之间,每岁分番使戍南边,何忧其为变哉!此上策也。"契丹主悦曰:"善!惟大王所以处之。"由是陈桥兵始得免,分遣还营。

癸卯,晋主与李太后、安太妃、冯后及弟睿、子延煦、延宝俱北迁,后宫左右从者百馀人。契丹遣三百骑援送之,又遣晋中书令赵莹、枢密使冯玉、马军都指挥使李彦韬与之俱。晋主在涂,供馈不继,或时与太后俱绝食,旧臣无敢进谒者。独磁州刺史李穀迎谒于路,相对泣下。穀曰:"臣无状,负陛下。"因倾赀以献。

晋主至中度桥,见杜重威寨,叹曰:"天乎!我家何负,为此贼所破!"恸哭而去。

契丹主以前燕京留守刘晞为西京留守,永康王兀欲之弟留珪为义成节度使,族人郎伍为镇宁节度使,兀欲姊婿潘聿撚为横海节度使,赵延寿之子匡赞为护国节度使,汉将张彦超为雄武节度使,史佺为彰义节度使,客省副使刘晏僧为忠武节度使,前护国节度使侯益为凤翔节度使,权知凤翔府事焦继勋为保大节度使。晞,涿州人也。既而何重建附蜀,史匡威不受代,契丹势稍沮。

晋主之绝契丹也,匡国节度使刘继勋为宣徽北院使,颇预其谋。契丹主入汴,继勋入朝,契丹主责之。时冯道在殿上,继勋急指道曰:"冯道为首相,与景延广实为此谋,

失策在于当断不断,全部把唐兵交给晋国。不久,晋国军队反过来与我为敌,向北同我作战,辛苦勤劳了好几年,才战胜他们。现在他们有幸落在我的手里,不乘这个时机把他们清除干净,怎么可以再把他们留作后患呢?"赵延寿说:"过去把晋兵留在河南,不将他们的妻子儿女作为人质,所以才有这种忧患。现在如果把他们的家都迁到恒、定、云、朔各州之间,每年让他们轮番把守南部边疆,还担心他们变乱吗?这是上策啊。"契丹国主高兴地说:"对!全按燕王你的意见办理。"由此陈桥的后晋降兵才得以免死,分别遣返回兵营。

癸卯(十七日),后晋国主与李太后、安太妃、冯皇后以及弟弟石重睿、儿子石延煦、石延宝一起向北迁移,后宫左右侍从跟随的人有一百多。契丹派遣三百名骑兵押送他们,又派遣原后晋中书令赵莹、枢密使冯玉、马军都指挥使李彦韬与他们同行。后晋国主在途中,食物接应不上,有时和太后都没有饭吃,而那些旧日的臣下竟然没有敢前来谒见的。只有磁州刺史李毂在路旁迎接拜谒,君臣二人相对落泪。李毂说:"臣下无功有罪,有负于陛下。"于是把自己所有的资财献上。

后晋国主到达中度桥,望见杜重威的营寨,感叹道:"天啊!我家有什么对不起他的,竟被这个贼人搞垮了!"放声大哭而去。

契丹国主任命原燕京留守刘晞为西京留守,永康王兀欲的弟弟留珪为义成节度使,族人郎伍为镇宁节度使,兀欲的姐夫潘聿撚为横海节度使,赵延寿的儿子赵匡赞为护国节度使,汉将张彦超为雄武节度使,史佺为彰义节度使,客省副使刘晏僧为忠武节度使,原护国节度使侯益为凤翔节度使,代理凤翔府事焦继勋为保大节度使。刘晞是涿州人。不久,何重建归附后蜀,史匡威拒绝史佺替代自己,契丹势力稍稍受到扼制。

后晋国主断绝和契丹往来的时候,匡国节度使刘继勋正担任宣徽北院使,多次参预此事的谋划。契丹国主进入汴京之后,刘继勋入朝,契丹国主责怪他。当时冯道正在殿上,刘继勋急忙指着冯道说道:"冯道是首相,是他和景延广实际策划的此事,

臣位卑,何敢发言!"契丹主曰:"此叟非多事者,勿妄引之!"命锁继勋,将送黄龙府。赵在礼至洛阳,谓人曰:"契丹主尝言庄宗之乱由我所致,我此行良可忧。"契丹遣契丹将述轧、奚王拽剌、勃海将高谟翰戍洛阳,在礼入谒,拜于庭下,拽剌等皆踞坐受之。乙卯,在礼至郑州,闻继勋被锁,大惊,夜,自经于马枥间。契丹主闻在礼死,乃释继勋,继勋忧愤而卒。刘晞在契丹尝为枢密使、同平章事,至洛阳,诟奚王曰:"赵在礼汉家大臣,尔北方一酋长耳,安得慢之如此!"立于庭下以挫之。由是洛人稍安。

契丹主广受四方贡献,大纵酒作乐,每谓晋臣曰:"中国事,我皆知之,吾国事,汝曹弗知也。"

赵延寿请给上国兵廪食,契丹主曰:"吾国无此法。"乃纵胡骑四出,以牧马为名,分番剽掠,谓之"打草谷"。丁壮毙于锋刃,老弱委于沟壑,自东、西两畿及郑、滑、曹、濮,数百里间,财畜殆尽。契丹主谓判三司刘昫曰:"契丹兵三十万,既平晋国,应有优赐,速宜营办。"时府库空竭,昫不知所出,请括借都城士民钱帛,自将相以下皆不免。又分遣使者数十人诣诸州括借,皆迫以严诛,人不聊生。其实无所颁给,皆蓄之内库,欲辇归其国。于是内外怨愤,始患苦契丹,皆思逐之矣。

初,晋主与河东节度使、中书令、北平王刘知远相猜忌,虽以为北面行营都统,徒尊以虚名,而诸军进止,实

臣下的官职卑微,哪里敢说话!"契丹国主说:"这老头儿不是惹是生非的人,你不要胡乱牵扯他!"命人将刘继勋锁上,打算将他押送到黄龙府。赵在礼到达洛阳,对人说:"契丹国主曾说唐庄宗之乱是由我造成的,我这次去实在值得忧虑。"契丹国主派遣契丹将领述轧、奚王拽剌、勃海将领高谟翰戍守洛阳,赵在礼入见,在庭下叩拜,拽剌等人都伸开两腿傲慢地坐着接受赵在礼的叩拜。乙卯(二十九日),赵在礼到达郑州,听说刘继勋被拘押了,大为吃惊,夜晚在马棚里自杀了。契丹国主闻知赵在礼的死讯,就释放了刘继勋,刘继勋因忧愁愤恨而死。刘晞在契丹曾经担任枢密使、同平章事的职务,到了洛阳,责骂奚王拽剌道:"赵在礼是汉家的大臣,你只不过是北方的一个酋长罢了,怎么能够这样怠慢他呢!"站在庭下大挫奚王的气焰。由此洛阳人才稍稍安定下来。

契丹国主广泛地接受四方贡献的礼物,大肆饮酒作乐,常常对原后晋的臣子们说:"中原的事,我都了解,而我国的事,你们就不晓得了。"

赵延寿请求供给北国军队粮饷,契丹国主说:"我国没有这种办法。"于是放纵胡人骑兵四处出动,以放马为名,轮番抢掠,把这叫作"打草谷"。百姓中年轻力壮的人死于契丹兵的刀下,年老体弱的人被扔进沟壑,从大梁、洛阳的辖区直到郑州、滑州、曹州、濮州,方圆几百里的地区,财产牲畜几乎被抢劫一空。契丹国主对判三司刘昫说:"契丹军队三十万,既已灭掉晋国,就应有丰厚的赏赐,应当赶快操办。"当时官府仓库已经空竭,刘昫不知去哪里弄到财物,便请求搜刮征借都城官吏百姓的钱财绢帛,从将相以下都不得减免。又分别派遣使者数十人到各州搜刮征借,都用严刑相逼迫,致使民不聊生。其实这些财物并没有颁发给契丹士兵,都储藏在皇宫内库里,打算装车运回本国。于是内外怨恨愤怒,开始憎恶契丹人,都想驱逐他们了。

当初,后晋国主与河东节度使、中书令、北平王刘知远相互猜忌,虽让他任北面行营都统,但徒有虚名,各军的行动,实际上

不得预闻。知远因之广募士卒。阳城之战,诸军散卒归之者数千人,又得吐谷浑财畜,由是河东富强冠诸镇,步骑至五万人。晋主与契丹结怨,知远知其必危,而未尝论谏。契丹屡深入,知远初无邀遮、入援之志。及闻契丹入汴,知远分兵守四境以防侵轶。遣客将安阳王峻奉三表诣契丹主:一,贺入汴;二,以太原夷、夏杂居,戍兵所聚,未敢离镇;三,以应有贡物,值契丹将刘九一军自土门西入屯于南川,城中忧惧,俟召还此军,道路始通,可以入贡。契丹主赐诏褒美,及进画,亲加“儿”字于知远姓名之上,仍赐以木拐。胡法,优礼大臣则赐之,如汉赐几杖之比,惟伟王以叔父之尊得之。知远又遣北都副留守太原白文珂入献奇缯名马。契丹主知知远观望不至,及文珂还,使谓知远曰:“汝不事南朝,又不事北朝,意欲何所俟邪?”蕃汉孔目官郭威言于知远曰:“虏恨我深矣!王峻言契丹贪残失人心,必不能久有中国。”或劝知远举兵进取。知远曰:“用兵有缓有急,当随时制宜。今契丹新降晋军十万,虎据京邑,未有他变,岂可轻动哉!且观其所利止于货财,货财既足,必将北去。况冰雪已消,势难久留,宜待其去,然后取之,可以万全。”

　　昭义节度使张从恩,以地迫怀、洛,欲入朝于契丹,遣使谋于知远。知远曰:“我以一隅之地,安敢抗天下之大!君宜先行,我当继往。”从恩以为然。判官高防谏曰:“公

他一点都不能干预。刘知远因此大量召募士兵。阳城之战中,各军溃散的士兵投奔他的有数千人,又得到吐谷浑的财产牲畜,因此河东成为各个藩镇中最富强的,步兵和骑兵达到五万人。后晋国主与契丹结下怨仇,刘知远知道他必定凶多吉少,然而不曾论说劝谏。契丹屡次深入境内,刘知远始终没有拦截、入援的打算。等到听说契丹进入汴梁,刘知远便分兵防守四境来防备侵袭。又派客籍将领安阳人王峻到大梁向契丹国主奉上三道表章:一是祝贺契丹进入汴梁;二是鉴于太原是夷人与华人杂居共处的地方,戍兵在那里屯聚,所以不敢离镇前往朝贺;三是本应有贡物献上,但正值契丹将领刘九一的军队从土门西面入屯于南川,太原城中人心忧虑恐惧,等召还这支军队,道路畅通后,才可以进献贡品。契丹国主赐诏书称赞表扬,待审批诏书时,亲自在刘知远的姓名之上加上"儿"字,并赐给他木拐。按照胡人的规定,受礼遇优待的大臣就赐给他们木拐,相当于汉人赐给几杖,只有伟王凭借自己是叔父的尊贵地位,才得到了这种木拐。刘知远又派北都副留守太原人白文珂入朝进献珍奇的彩缯和名贵的马匹。契丹国主知道刘知远两边观望,不来朝见,等白文珂返回太原时,便让白文珂转告刘知远说:"你既不侍奉南朝晋,又不侍奉北朝契丹,心中还在等什么呢?"蕃汉孔目官郭威对刘知远说:"胡虏对我们怨恨很深啊!王峻说契丹贪婪残暴失掉人心,一定不能长久占据中原。"有人劝刘知远起兵进攻,夺取中原。刘知远说:"用兵有缓有急,应当根据时机采取合适的策略。如今契丹新近招降了十万晋军,像老虎一样雄踞都城,形势没有其他变化,怎么可以轻举妄动呢!况且我观察他们贪图的只是钱财物品,钱财物品捞足了,必将北撤。何况现在冰雪已经消融,他们势必难以久留,应当等待他们退去,然后再攻占中原,可保万无一失。"

　　昭义节度使张从恩,因为所辖地区靠近怀州、洛州,打算向契丹朝觐,便派遣使者去和刘知远商量。刘知远说:"我们以一隅之地,怎么敢与偌大的天下相抗争呢!您可以先走一步,我随后就去。"张从恩对他的话信以为真。判官高防劝谏说:"您

晋室懿亲，不可轻变臣节。"从恩不从。左骁卫大将军王守恩，与从恩姻家，时在上党，从恩以副使赵行迁知留后，牒守恩权巡检使，与高防佐之，遂行。守恩，建立之子也。

契丹主召晋百官悉集于庭，问曰："吾国广大，方数万里，有君长二十七人。今中国之俗异于吾国，吾欲择一人君之，如何？"皆曰："天无二日，夷、夏之心，皆愿推戴皇帝。"如是者再。契丹主乃曰："汝曹既欲君我，今兹所行，何事为先？"对曰："王者初有天下，应大赦。"二月丁巳朔，契丹主服通天冠、绛纱袍，登正殿，设乐悬、仪卫于庭。百官朝贺，华人皆法服，胡人仍胡服，立于文武班中间。下制称大辽会同十年，大赦。仍云："自今节度使、刺史毋得置牙兵，市战马。"

赵延寿以契丹主负约，心怏怏，令李崧言于契丹主曰："汉天子所不敢望，乞为皇太子。"崧不得已为言之。契丹主曰："我于燕王，虽割吾肉，有用于燕王，吾无所爱。然吾闻皇太子当以天子儿为之，岂燕王所可为也！"因令为燕王迁官。时契丹以恒州为中京，翰林承旨张砺奏拟燕王中京留守、大丞相、录尚书事、都督中外诸军事，枢密使如故。契丹主取笔涂去"录尚书事、都督中外诸军事"而行之。

刘知远闻何重建降蜀，叹曰："戎狄凭陵，中原无主，令藩镇外附，吾为方伯，良可愧也！"于是将佐劝知远称尊号，以号令四方，观诸侯去就。知远不许。闻晋主北迁，声言欲出兵井陉，迎归晋阳。丁卯，命武节都指挥使荣泽

是晋国王室的至亲,切不可轻易地改变为臣的气节。"张从恩不肯听从。左骁卫大将军王守恩和张从恩是亲家,当时在上党,张从恩命令副使赵行迁主持留后事务,发公文让王守恩代理巡检使,和高防一起辅佐赵行迁,然后便去了汴梁。王守恩是王建立的儿子。

契丹国主召集后晋的文武百官全部在庭中集合,问道:"我国领土辽阔广大,方圆数万里,有君长二十七人。如今中国的习俗和我国不一样,我想挑选一人让他统治中国,怎么样?"百官都说:"天上没有两个太阳,夷族、华夏的人心,都愿意拥戴皇帝陛下。"这样劝进了两次。契丹国主于是说:"你们既然愿意让我做皇帝,如今所要办的事,什么事为先呢?"百官回答说:"君王刚刚得到天下,应当大赦。"二月丁巳这天是初一,契丹国主头戴通天冠,身披绛纱袍,登上皇宫正殿,在庭下设置了钟磬等乐器和仪仗卫队。百官都来朝贺,汉人都穿汉族礼服,胡人仍穿胡服,站立在文、武两班的中间。契丹国主颁下制书,年号称大辽会同十年,大赦天下。并说:"从今以后,节度使、刺史不许设置亲兵卫队,不得购买战马。"

赵延寿见契丹国主负约,心里闷闷不乐,派李崧对契丹国主说:"做汉人天子是我不敢奢望的,只乞求做皇太子。"李崧不得已只好替他向契丹国主转告。契丹国主说:"我对于燕王赵延寿,即使是割掉我身上的肉,只要对燕王有用,我也在所不惜。然而我听说皇太子应当由皇帝的儿子来当,哪里是燕王能当的呢?"于是下令为燕王赵延寿晋升官职。当时,契丹把恒州作为中京,翰林承旨张砺上奏拟以燕王为中京留守、大丞相、录尚书事、都督中外诸军事,枢密使职务照旧。契丹国主取笔涂去"录尚书事、都督中外诸军事"后,发布此令。

刘知远听说何重建投降后蜀,感叹道:"戎狄入侵蹂躏,中原没有君主,以致藩镇向外投靠,我身为一方长官,实在感到惭愧!"于是将领僚佐都劝刘知远称皇帝尊号,以号令四方,观察各地诸侯动向。刘知远不允许。听说晋主北迁,刘知远声称要出兵井陉,迎接晋主回晋阳。丁卯(十一日),命武节都指挥使荥泽人

史弘肇集诸军于毬场，告以出师之期。军士皆曰："今契丹陷京城，执天子，天下无主。主天下者，非我王而谁！宜先正位号，然后出师。"争呼万岁不已。知远曰："虏势尚强，吾军威未振，当且建功业。士卒何知！"命左右遏止之。

己巳，行军司马潞城张彦威等三上笺劝进，知远疑未决。郭威与都押牙冠氏杨邠入说知远曰："今远近之心，不谋而同，此天意也！王不乘此际取之，谦让不居，恐人心且移，移则反受其咎。"知远从之。

契丹以其将刘愿为保义节度副使，陕人苦其暴虐。奉国都头王晏与指挥使赵晖、都头侯章谋曰："今胡虏乱华，乃吾属奋发之秋。河东刘公，威德远著，吾辈若杀愿，举陕城归之，为天下唱，取富贵如反掌耳。"晖等然之。晏与壮士数人，夜逾牙城入府，出库兵以给众。庚午旦，斩愿首，悬诸府门，又杀契丹监军，奉晖为留后。晏，徐州；晖，澶州；章，太原人也。

辛未，刘知远即皇帝位。自言未忍改晋国，又恶开运之名，乃更称天福十二年。壬申，诏："诸道为契丹括率钱帛者，皆罢之。其晋臣被迫胁为使者勿问，令诣行在。自馀契丹，所在诛之。"

甲戌，帝自将东迎晋主及太后。至寿阳，闻已过恒州数日，乃留兵戍承天军而还。

史弘肇在球场集合各军,宣布出兵的日期。军士们都说:"如今契丹攻陷京城,抓走了天子,天下没有君主了。能够主宰天下的人,除了我们的北平王还有谁呢?应该首先确立皇帝名号,然后再出兵。"于是争相呼喊"万岁"不止。刘知远说:"胡虏的势力还很强大,我军的军威还未振作,应当先建功立业。士兵们知道什么!"命令左右将领制止士兵的喧哗。

己巳(十三日)这一天,行军司马潞城人张彦威等人三次上书劝刘知远即皇帝位,刘知远迟疑不决。郭威与都押牙冠氏人杨邠进来劝说刘知远道:"如今远近地区的人心不谋而合,这是天意啊!大王您如果不趁着这个时候做天子,谦让不就,恐怕人心就会改变,人心改变了,您就要反受其害了。"刘知远听从了他们的劝进。

契丹国主任命契丹将领刘愿为保义节度副使,陕州人被他的残暴虐待弄得很痛苦。奉国都头王晏与指挥使赵晖、都头侯章商议说:"如今胡虏扰乱中华,正是我们奋发有为的年代。河东的刘公,德高望重,远近闻名,我们如果杀掉刘愿,献出陕州城归附他,为天下人带个头,那么取得富贵就易如反掌了。"赵晖等人都认为王晏说得对。王晏与壮士数人趁夜爬上牙城并进入军府,取出府库兵器来分给众人。庚午(十四日)清晨,斩下了刘愿的脑袋,悬挂在军府门上,又杀掉契丹的监军,推赵晖为留后。王晏是徐州人,赵晖是澶州人,侯章是太原人。

辛未(十五日),刘知远即皇帝位。他自称不忍心改变后晋,但又厌恶开运这个年号,于是改用后晋高祖的年号,称天福十二年。壬申(十六日),刘知远下诏说:"各道为契丹搜刮钱财绢帛的行动全部取缔。那些被威胁、逼迫替契丹办事的后晋臣子不再追究,命令来皇帝所在的晋阳报到。其馀契丹人,各处都要诛杀他们。"

甲戌(十八日),后汉高祖刘知远亲自率兵向东去迎接后晋国主和太后。到达寿阳后,闻知后晋国主已经经过恒州好几天了,于是留下军队戍守承天军,然后返回。

晋主既出塞，契丹无复供给，从官、宫女，皆自采木实、草叶而食之。至锦州，契丹令晋主及后妃拜契丹主阿保机墓。晋主不胜屈辱，泣曰："薛超误我！"冯后阴令左右求毒药，欲与晋主俱自杀，不果。

契丹主闻帝即位，以通事耿崇美为昭义节度使，高唐英为彰德节度使，崔廷勋为河阳节度使，以控扼要害。

初，晋置乡兵，号天威军。教习岁馀，村民不闲军旅，竟不可用，悉罢之，但令七户输钱十千，其铠仗悉输官。而无赖子弟，不复肯复农业，山林之盗，自是而繁。及契丹入汴，纵胡骑打草谷，又多以其子弟及亲信左右为节度使、刺史，不通政事，华人之狡狯者多往依其麾下，教之妄作威福，掊敛货财，民不堪命。于是所在相聚为盗，多者数万人，少者不减千百，攻陷州县，杀掠吏民。滏阳贼帅梁晖，有众数百，送款晋阳求效用，帝许之。磁州刺史李穀密通表于帝，令晖袭相州。晖侦知高唐英未至，相州积兵器，无守备，丁丑夜，遣壮士逾城入，启关纳其众，杀契丹数百，其守将突围走。晖据州自称留后，表言其状。

戊寅，帝还至晋阳，议率民财以赏将士。夫人李氏谏曰："陛下因河东创大业，未有以惠泽其民，而先夺其生生之资，殆非新天子所以救民之意也。今宫中所有，请悉

后晋国主被押到塞外后,契丹就不再提供饮食了,跟随的官员、宫女都自己采摘树上的野果和草叶来充饥。到达锦州之后,契丹命令后晋国主和后妃向契丹国主耶律阿保机的坟墓叩拜。后晋国主不堪忍受这种屈辱,哭泣道:"薛超害了我!"冯皇后悄悄命令左右侍从去寻找毒药,打算和后晋国主一同自杀,但未能实现。

契丹国主听到刘知远即皇帝位的消息,便任命通事耿崇美为昭义节度使,高唐英为彰德节度使,崔廷勋为河阳节度使,以便控制各要塞。

当初,后晋设置乡兵,号称"天威军"。教习演练了一年多时间,村民们还是不熟悉军队打仗的事,结果不能使用,于是全部解散了他们,只让每七户交钱十贯,他们原来使用的铠甲兵器全部交纳官府。然而乡兵中的无赖子弟,不再愿意重新从事农业生产,占据山林的盗贼从此多了起来。等到契丹进入汴京后,听任胡人骑兵四处"打草谷",又大多任用他们的子弟以及左右亲信为节度使、刺史,这些人不懂政事,华人中狡诈的人往往依附在他们麾下,教他们肆无忌惮地作威作福,搜刮聚敛钱财货物,百姓无法活命。于是各地民众相互聚集成为盗贼,多的有几万人,少的也不少于千百人,他们攻陷州、县,杀戮抢掠官吏和百姓。澶阳盗贼首领梁晖拥有部众数百人,向晋阳表达诚意请求效力,后汉高祖同意了他的请求。磁州刺史李毂秘密向后汉高祖呈送表章,让梁晖袭击相州。梁晖侦察得知高唐英尚未到达,而相州积存了许多兵器,并且没有防备,丁丑(二十一日)夜晚,派遣壮士翻越城墙进入,打开城门放入他的部众,杀死契丹士兵数百人,相州守将突围逃走。梁晖占据了相州,自称留后,向后汉高祖上表奏报了夺取相州的情况。

戊寅(二十二日),后汉高祖回到晋阳,商议征收百姓钱财来赏赐战士。夫人李氏劝谏说:"陛下依靠河东开创大业,还没有用恩惠给百姓带来好处,却首先夺掉他们赖以生活的资财,这大概不是新天子用来拯救百姓的本意。现今宫中所有钱财,请全部

出之以劳军，虽复不厚，人无怨言。"帝曰："善！"即罢率民，
倾内府蓄积以赐将士，中外闻之，大悦。李氏，晋阳人也。

　　建雄留后刘在明朝于契丹，以节度副使骆从朗知州
事。帝遣使者张晏洪等如晋州，谕以己即帝位，从朗皆囚
之。大将药可俦杀从朗，推晏洪权留后，庚辰，遣使以闻。
契丹主遣右谏议大夫赵熙使晋州，括率钱帛，征督甚急。
从朗既死，民相帅共杀熙。

　　契丹主赐赵晖诏，即以为保义留后。晖斩契丹使者，
焚其诏，遣支使河间赵矩奉表诣晋阳。契丹遣其将高谟翰
攻晖，不克。帝见矩，甚喜，曰："子挈咽喉之地以归我，天
下不足定也。"矩因劝帝早引兵南向，以副天下之望，帝善
之。辛巳，以晖为保义节度使，侯章为镇国节度使、保义
军马步都指挥使，王晏为绛州防御使、保义军马步副都指
挥使。

　　镇宁节度使邪律郎伍，性残虐，澶州人苦之。贼帅王
琼帅其徒千馀人，夜袭据南城，北度浮航，纵兵大掠，围郎
伍于牙城。契丹主闻之，甚惧，始遣天平节度使李守贞、
天雄节度使杜重威还镇，由是无久留河南之意。遣兵救澶
州，琼退屯近郊，遣其弟超奉表来求救。癸未，帝厚赐超，
遣还。琼兵败，为契丹所杀。

　　契丹述律太后遣使以其国中酒馔脯果赐契丹主，贺平
晋国。契丹主与群臣宴于永福殿。

拿出来慰劳军士,虽然也不太丰厚,但众人是不会有怨言的。"后汉高祖说:"好吧!"当即停止征收百姓财物,把内府积蓄全部拿出来赏赐给战士,朝内朝外得知这个消息,都很高兴。李氏是晋阳人。

建雄留后刘在明去朝见契丹,命令节度副使骆从朗主持州事。后汉高祖派遣使者张晏洪等人前往晋州,告知自己已经即皇帝位的消息,骆从朗将张晏洪等人全部囚禁。大将药可俦杀掉骆从朗,推举张晏洪代理留后事务,庚辰(二十四日),派遣使者报告后汉高祖。契丹国主派遣右谏议大夫赵熙出使晋州,搜刮钱财绢帛,征收催促得很急。骆从朗死后,百姓互相招呼着一起杀掉了赵熙。

契丹国主赐给赵晖诏书,立即任命他为保义留后。赵晖斩杀了契丹使者,焚毁诏书,派遣支使河间人赵矩奉表前往晋阳。契丹派遣将领高谟翰攻打赵晖,不能取胜。后汉高祖见到赵矩,非常高兴,说:"你带着咽喉要地来投奔我,天下就不难平定了。"赵矩于是劝说后汉高祖及早领兵南下,以便满足天下人的期望,后汉高祖认为他的建议很好,辛巳(二十五日),任命赵晖为保义节度使,侯章为镇国节度使、保义军马步都指挥使,王晏为绛州防御使、保义军马步副都指挥使。

镇宁节度使邪律郎伍,生性残酷暴虐,澶州人吃尽了他的苦头。盗贼统帅王琼率领手下党徒一千多人,乘夜袭击并占领了南城,然后向北穿过浮桥,纵兵大肆抢掠,将邪律郎伍围困在牙城之内。契丹国主听到这个消息后,十分害怕,开始派遣天平节度使李守贞、天雄节度使杜重威返回镇所,由此打消了长期留在河南的念头。并派遣军队营救澶州,王琼撤退屯驻在澶州近郊,派遣自己的弟弟王超前来上表请求救援。癸未(二十七日)这天,后汉高祖丰厚地赏赐王超,然后送他回去。王琼军队战败,被契丹杀死。

契丹述律太后派遣使者把辽国的酒食、果脯赐给契丹国主,祝贺他灭亡后晋。契丹国主和群臣在永福殿宴饮。

东方群盗大起，陷宋、亳、密三州。契丹主谓左右曰："我不知中国之人难制如此！"亟遣泰宁节度使安审琦、武宁节度使符彦卿等归镇，仍以契丹兵送之。彦卿至埇桥，贼帅李仁恕帅众数万急攻徐州。彦卿与数十骑至城下，扬鞭欲招谕之，仁恕控彦卿马，请从相公入城。彦卿子昭序，自城中遣军校陈守习缒而出，呼于贼中曰："相公已陷虎口，听相公助贼攻城，城不可得也。"贼知不可劫，乃相帅罗拜于彦卿马前，乞赦其罪。彦卿与之誓，乃解去。

三月丙戌朔，契丹主服赭袍，坐崇元殿，百官行入阁礼。

戊子，帝遣使以诏书安集农民保聚山谷避契丹之患者。

契丹主复召晋百官，谕之曰："天时向暑，吾难久留，欲暂至上国省太后。当留亲信一人于此为节度使。"百官请迎太后。契丹主曰："太后族大，如古柏根，不可移也。"契丹主欲尽以晋之百官自随。或曰："举国北迁，恐摇人心，不如稍稍迁之。"乃诏有职事者从行，馀留大梁。复以汴州为宣武军，以萧翰为节度使。翰，述律太后之兄子，其妹复为契丹主后。翰始以萧为姓，自是契丹后族皆称萧氏。

壬寅，契丹主发大梁，晋文武诸司从者数千人，诸军吏卒又数千人，宫女、宦官数百人，尽载府库之宝以行，所留乐器仪仗而已。夕，宿赤冈，契丹主见村落皆空，命有司发榜数百通，所在招抚百姓，然竟不禁胡骑剽掠。丙午，

东方群盗蜂拥而起,攻陷宋、亳、密三州。契丹国主对左右官员说:"我不知道中原的人竟是这样难以制服!"急忙派遣泰宁节度使安审琦、武宁节度使符彦卿等人返回藩镇,并派遣契丹军队护送他们。符彦卿到达埇桥,盗贼统帅李仁恕率领部众数万人正加紧攻打徐州。符彦卿与数十名骑兵来到城下,扬鞭跃马打算招抚劝谕他,李仁恕抓住符彦卿的马缰绳,说请求和符相公一齐进城。符彦卿的儿子符昭序,从城中派遣军校陈守习从城上顺着绳子溜下来,在盗贼中大声呼喊:"相公已经陷入虎口,任凭相公助贼攻城,也休想得到此城。"盗贼知道不可劫持,就一起围绕在符彦卿的马前下拜,乞求赦免他们的罪过。符彦卿与盗贼统帅李仁恕盟誓,盗贼于是解围离去。

三月丙戌这天是初一,契丹国主身穿赭黄袍,坐在崇元殿上,文武百官行入阁礼。

戊子(初三),后汉高祖派遣使者用诏书安抚召集那些为躲避契丹战祸而聚集到山谷借以自保的农民。

契丹国主又召见后晋文武百官,告谕他们说:"天气渐渐热起来,我难以久留此地,打算暂时到北国看望太后。应当留下一名亲信在这里担任节度使。"后晋文武百官请求奉迎太后到大梁。契丹国主说:"太后的家族庞大,犹如古柏盘根,不可移动。"契丹国主打算让后晋的文武百官统统跟随自己北上。有人说:"如果举国北迁,恐怕会动摇人心,不如逐渐地迁徙他们。"契丹国主于是下诏命令有职务的人跟随自己北行,其余的人留在大梁。又将汴州改为宣武军,任命萧翰为节度使。萧翰是述律太后哥哥的儿子,他的妹妹又是契丹国主的皇后。萧翰开始以萧为姓,从此以后契丹的皇后一族都姓萧。

壬寅(十七日),契丹国主从大梁出发,后晋文武各司跟随的官员有数千人,各军兵将又有数千人,宫女、宦官数百人,把府库中所有宝物都装车运走,留下的只有乐器、仪仗。当晚,住在赤冈,契丹国主看到村落都空荡荡的,命有关官员发布榜文数百篇,招抚当地百姓,然而竟不禁止胡人骑兵抢掠。丙午(二十一日),

契丹主自白马渡河,谓宣徽使高勋曰:"吾在上国,以射猎为乐,至此令人悒悒。今得归,死无恨矣。"

庚戌,以皇弟北京马步都指挥使崇行太原尹。

辛亥,契丹主将攻相州,梁晖请降。契丹主赦之,许以为防御使。晖疑其诈,复乘城拒守。夏四月己未,未明,契丹主命蕃、汉诸军急攻相州,食时克之,悉杀城中男子,驱其妇女而北。胡人掷婴孩于空中,举刃接之以为乐。留高唐英守相州。唐英阅城中,遗民男女得七百馀人。其后节度使王继弘敛城中髑髅瘗之,凡得十馀万。

或告磁州刺史李榖谋举州应汉,契丹主执而诘之,榖不服。契丹主引手于车中,若取所获文书者。榖知其诈,因请曰:"必有其验,乞显示之。"凡六诘,榖辞气不屈,乃释之。

帝以从弟北京马军都指挥使信领义成节度使,充侍卫马军都指挥使;武节都指挥使史弘肇领忠武节度使,充步军都指挥使;右都押牙杨邠权枢密使;蕃汉兵马都孔目官郭威权副枢密使;两使都孔目官南乐王章权三司使。

契丹主见所过城邑丘墟,谓蕃、汉群臣曰:"致中国如此,皆燕王之罪也!"顾张砺曰:"尔亦有力焉。"

契丹昭义节度使耿崇美屯泽州,将攻潞州。乙丑,诏史弘肇将步骑万人救之。

帝闻契丹北归,欲经略河南,故以弘肇为前驱,又遣谦万进出北方以分契丹兵势。万进,并州人也。

契丹国主从白马渡过黄河,对宣徽使高勋说:"我在北国,以骑射打猎作为乐事,到了这里令人闷闷不乐。如今能够返回,死也无憾了。"

庚戌(二十五日),后汉高祖任命皇弟、北京马步都指挥使刘崇代理太原尹事务。

辛亥(二十六日),契丹国主打算进攻相州,梁晖请求投降。契丹国主赦免了他,并答应让他担任防御使。梁晖怀疑其中有诈,又登城拒守。夏季四月己未(初四),天还未亮,契丹国主命令蕃、汉各军急速攻打相州,到了吃饭时就将相州攻克了,全部杀掉了城中的男子,驱赶着城中妇女北上。胡人把婴儿扔到空中,然后挺起刀尖去接,以此为乐。契丹国主留下高唐英镇守相州。高唐英清点城中人数,剩下的男女百姓仅有七百多人。后来节度使王继弘收敛城中的死人头骨埋葬,共得到十多万具。

有人告发磁州刺史李毅图谋率领全州投降后汉,契丹国主将李毅抓起来审问,李毅不服。契丹国主将手伸向车中,像是要取出所缴获的文书的样子。李毅知道契丹国主是在使诈,趁机请求道:"如果一定有验证,就请将它展示出来。"契丹国主共诘问了六次,李毅言辞气色毫不屈服,于是契丹国主就把他释放了。

后汉高祖任命堂弟、北京马军都指挥使刘信领义成节度使,充任侍卫马军都指挥使;武节都指挥使史弘肇领忠武节度使,充任步军都指挥使;右都押牙杨邠为代理枢密使;蕃汉兵马都孔目官郭威为代理副枢密使;两使都孔目官南乐人王章为代理三司使。

契丹国主看到所经过的城邑都变成废墟,便对蕃、汉群臣说:"致使中国这样,都是燕王赵延寿的罪过啊!"回过头对张砺说:"你也出过不少力。"

契丹昭义节度使耿崇美屯驻泽州,打算进攻潞州。乙丑(初十),后汉高祖下诏命令史弘肇率领步兵、骑兵一万人救援潞州。

后汉高祖闻知契丹已经向北返回,打算谋划夺取河南地区,所以任命史弘肇为先锋,又派遣谦万进从北方出兵来分散契丹的兵势。谦万进是并州人。

契丹主以船数十艘载晋铠仗，将自汴溯河归其国，命宁国都虞候榆次武行德将士卒千馀人部送之。至河阴，行德与将士谋曰："今为虏所制，将远去乡里。人生会有死，安能为异域之鬼乎！虏势不能久留中国，不若共逐其党，坚守河阳，以俟天命之所归者而臣之，岂非长策乎！"众以为然。行德即以铠仗授之，相与杀契丹监军使。会契丹河阳节度使崔廷勋以兵送耿崇美之潞州，行德遂乘虚入据河阳，众推行德为河阳都部署。行德遣弟行友奉蜡表间道诣晋阳。

契丹遣武定节度使方太诣洛阳巡检。至郑州，州有戍兵，共迫太为郑王。梁嗣密王朱乙逃祸为僧，嵩山贼帅张遇得之，立以为天子，取嵩岳神衮冕以衣之，帅众万馀袭郑州，太击走之。太以契丹尚强，恐事不济，说谕戍兵，欲与俱西。众不从，太自西门逃奔洛阳。戍兵既失太，反谮太于契丹，云"胁我为乱"。太遣子师朗自诉于契丹，契丹将麻荅杀之，太无以自明。会群盗攻洛阳，契丹留守刘晞弃城奔许州，太乃入府行留守事，与巡检使潘环击群盗却之。张遇杀朱乙请降。伊阙贼帅自称天子，誓众于南郊坛，将入洛阳，太逆击，走之。太欲自归于晋阳，武行德使人诱太曰："我裨校也。公旧镇此地，今虚位相待。"太信之，至河阳，为行德所杀。

萧翰遣高谟翰援送刘晞自许还洛阳，晞疑潘环构其众逐己，使谟翰杀之。

戊辰，武行友至晋阳。

契丹国主用战船数十艘装载后晋的铠甲兵器,准备从汴水逆黄河而上返回辽国,命令宁国都虞候榆次人武行德率领士兵一千多人护送船只。到达河阴后,武行德与将士们商议说:"如今被胡虏所胁制,即将远离家乡。人生总会有一死,但怎么能做他乡异域的鬼呢?胡虏势必不能长期留在中原,不如一起驱逐他们的同党,坚守河阳,来等待有天命所归的天子出现而做他的臣子,这难道不是长远的计策吗?"众人都认为他说得对。武行德就把铠甲兵器发给大家,一起杀掉了契丹的监军使。正赶上契丹河阳节度使崔廷勋派兵送耿崇美到潞州,武行德于是乘防守空虚占据了河阳,众人推举武行德为河阳都部署。武行德派遣弟弟武行友携带封有密表的蜡丸抄小路前往晋阳。

契丹派遣武定节度使方太到洛阳担任巡检。方太抵达郑州后,州中有戍兵,一起胁迫方太为郑王。后梁朱温的后代密王朱乙为逃避灾祸当了和尚,嵩山盗贼统帅张遇得到他,将他立为天子,把嵩岳神的冠冕衮袍扒下来给他穿上,率领部众一万多人袭击郑州,方太打跑了他们。方太认为契丹仍很强大,恐怕事情不能成功,便劝谕戍兵,打算和他们一起向西去洛阳。众人不听从,方太从西门出城逃奔洛阳。郑州戍兵既已失去方太,反过来向契丹诬告方太,说"方太胁迫我们作乱"。方太派遣儿子方师朗向契丹申诉,契丹将领麻荅将方师朗杀死,方太无法表明自己的清白。正赶上群盗攻打洛阳,契丹留守刘晞放弃守城逃奔许州,方太于是进入洛阳代理留守事务,与巡检使潘环一起攻打群盗,并将他们击退。张遇杀死朱乙请求投降。伊阙盗贼统帅自称天子,在洛阳南郊天坛聚众誓师,打算进入洛阳,方太出兵迎击并打跑了他们。方太打算自己去投靠晋阳,武行德派人诱骗方太说:"我只是个军中的副将。您过去就镇守此地,如今我虚位等待您的到来。"方太相信了他的话,到达河阳,被武行德杀死。

萧翰派遣高谟翰护送刘晞从许州返回洛阳,刘晞怀疑潘环策动部众驱逐自己,让高谟翰杀死了潘环。

戊辰(十三日),武行友抵达晋阳。

庚午，史弘肇奏遣先锋将马诲击契丹，斩首千馀级。时耿崇美、崔廷勋至泽州，闻弘肇兵已入潞州，不敢进，引众而南。弘肇遣诲追击，破之，崇美、廷勋与奚王拽剌退保怀州。

辛未，以武行德为河阳节度使。

契丹主闻河阳乱，叹曰："我有三失，宜天下之叛我也！诸道括钱，一失也；令上国人打草谷，二失也；不早遣诸节度使还镇，三失也。"

契丹主至临城，得疾，及栾城，病甚，苦热，聚冰于胸腹手足，且啖之。丙子，至杀胡林而卒。国人剖其腹，实盐数斗，载之北去，晋人谓之"帝羓"。

赵延寿恨契丹主负约，谓人曰："我不复入龙沙矣。"即日，先引兵入恒州，契丹永康王兀欲及南北二王，各以所部兵相继而入。延寿欲拒之，恐失大援，乃纳之。时契丹诸将已密议奉兀欲为主，兀欲登鼓角楼受叔兄拜。而延寿不之知，自称受契丹皇帝遗诏，权知南朝军国事，仍下教布告诸道，所以供给兀欲与诸将同，兀欲衔之。恒州诸门管钥及仓库出纳，兀欲皆自主之。延寿使人请之，不与。

契丹主丧至国，述律太后不哭，曰："待诸部宁壹如故，则葬汝矣。"

帝之自寿阳还也，留兵千人戍承天军。戍兵闻契丹北还，不为备。契丹袭击之，戍兵惊溃。契丹焚其市邑，一日狼烟百馀举。帝曰："此虏将遁，张虚势也。"遣亲将叶仁鲁将

庚午(十五日),史弘肇奏报派遣先锋将领马诲攻击契丹,斩杀一千多人。当时,耿崇美、崔廷勋来到泽州,闻知史弘肇的军队已经进入潞州,不敢前进,于是领兵南下。史弘肇派遣马诲追击,打败了敌军,耿崇美与奚王拽剌退守怀州。

辛未(十六日),后汉高祖任命武行德为河阳节度使。

契丹国主闻知河阳发动叛乱,感叹道:"我有三个失误,难怪天下都背叛了我啊!允许各道搜刮钱财,这是第一个失误;命令北国人'打草谷',这是第二个失误;没有及早派遣各位节度使返回镇所,这是第三个失误。"

契丹国主到达临城,得了病,等到了栾城,病情加重,身体滚烫,把冰块放在胸腹和手脚上,并且口中吃冰。丙子(二十一日),到达杀胡林而去世。契丹国人剖开他的肚子,装进几斗盐,载着他的尸体北去,后晋人称之为"帝羓"。

赵延寿怨恨契丹国主负约,对人说:"我不再进龙沙了。"当天,就先领兵进入恒州,契丹永康王兀欲和南、北二院大王各自带领所辖的军队相继进入恒州。赵延寿本想拒绝他们入城,但又怕失去得力的援助,就放他们进来了。这时,契丹众将已经秘密商议拥戴兀欲为契丹国主,兀欲登上鼓角楼接受叔父、兄弟的朝拜。而赵延寿不知道这些,还自称接受契丹皇帝的遗诏,代理主持南朝军国事,并用"教"的格式写出布告,规定各道用来供给兀欲的日常用品与其他将领一样,兀欲对赵延寿怀恨在心。恒州各城门的钥匙和仓库财物的出入,兀欲都亲自主管。赵延寿派人请求要回这些权力,兀欲不给。

契丹国主的尸体运回国中,述律太后没有哭泣,却说:"等到各部落像以前一样安定统一时,就安葬你。"

后汉高祖从寿阳返回太原时,曾经留下士兵一千人戍守承天军。戍兵们听说契丹人马已经北返,便没有留心防备。契丹军队袭击承天军,戍兵惊慌溃散。契丹军队烧毁了承天军境内的城市村镇,一日之内报警的狼烟有一百多次。后汉高祖说道:"这是胡虏打算逃跑,所以虚张声势。"派遣心腹将领叶仁鲁率领

步骑三千赴之。会契丹出剽掠，仁鲁乘虚大破之。丁丑，复取承天军。

或说赵延寿曰："契丹诸大人数日聚谋，此必有变。今汉兵不减万人，不若先事图之。"延寿犹豫不决。壬午，延寿下令，以来月朔日于待贤馆上事，受文武官贺。其仪：宰相、枢密使拜于阶上，节度使以下拜于阶下。李崧以冯意不同，事理难测，固请赵延寿未行此礼，乃止。

五月乙酉朔，永康王兀欲召延寿及张砺、和凝、李崧、冯道于所馆饮酒。兀欲妻素以兄事延寿，兀欲从容谓延寿曰："妹自上国来，宁欲见之乎？"延寿欣然与之俱入。良久，兀欲出，谓砺等曰："燕王谋反，适已锁之矣。"又曰："先帝在汴时，遗我一筹，许我知南朝军国。近者临崩，别无遗诏。而燕王擅自知南朝军国，岂理邪！"下令延寿亲党，皆释不问。间一日，兀欲至待贤馆受蕃、汉官谒贺，笑谓张砺等曰："燕王果于此礼上，吾以铁骑围之，诸公亦不免矣。"后数日，集蕃、汉之臣于府署，宣契丹主遗制。其略曰："永康王，大圣皇帝之嫡孙，人皇王之长子，太后钟爱，群情允归，可于中京即皇帝位。"于是始举哀成服。

帝集群臣庭议进取，诸将咸请出师井陉，攻取镇、魏，先定河北，则河南拱手自服。帝欲自石会趋上党，郭威曰："虏主虽死，党众犹盛，各据坚城。我出河北，兵少路迂，傍无应援，若群虏合势，共击我军，进则遮前，退则邀后，

步兵、骑兵三千人赶赴承天军。适逢契丹军队出城抢劫,叶仁鲁趁城中防守空虚大败敌军。丁丑(二十二日),再次占领承天军。

有人劝说赵延寿道:"契丹各位大人连日聚会商议,这里面肯定有变故。如今汉兵不下一万人,不如先起兵收拾他们。"赵延寿犹豫不决。壬午(二十七日),赵延寿下令,下月初一这天在待贤馆举行代理主持南朝军国事的就职仪式,接受文武百官的祝贺。其礼仪是宰相、枢密使在阶上叩拜,节度使以下官员在阶下叩拜。李崧见契丹人持反对意见,事情好坏难以预测,便一再请求赵延寿不要举行这个仪式,于是作罢。

五月乙酉这天是初一,永康王兀欲召集赵延寿以及张砺、和凝、李崧、冯道到自己的馆舍饮酒。兀欲的妻子一向把赵延寿当作兄长一样对待,兀欲便从容地对赵延寿说:"你妹妹从北国远道而来,难道不想见见她吗?"赵延寿高兴地和兀欲一起走入后堂。过了好一会儿,兀欲出来,对张砺等人说:"燕王赵延寿蓄谋反叛,刚才已经把他锁起来了。"又说:"先帝在汴梁时,留给我一个计策,允许我主持南朝军国事。近日驾崩之前,并没有其他遗诏。而燕王擅自主持南朝军国事,岂有此理!"下令对于赵延寿的亲戚党羽,一律开释不再追究。隔了一天,兀欲到待贤馆接受蕃、汉官员的谒见祝贺,笑着对张砺等人说:"燕王如果真的在这个仪式上,我将用铁甲骑兵包围这里,那么诸位也就难免遭殃了。"几天以后,他召集蕃、汉大臣到恒州府衙,宣读契丹国主遗诏。遗诏大略说:"永康王是大圣皇帝的嫡孙,人皇王的长子,被太后所钟爱,群情所归,可以在中京即皇帝位。"于是为先帝举哀,穿上丧服。

后汉高祖召集群臣在朝廷商议进攻方案,众将都请求从井陉出军,攻取镇州、魏州,先平定河北,那么河南就会自己拱手臣服。后汉高祖打算从石会出兵,进军上党,郭威说:"契丹国主虽死,可党羽部众还很强盛,各自占据着坚固的城池。我军从河北出击,兵力少,道路迂回,旁边没有接应援助,如果众多契丹军队合兵,共同攻击我军,那么前进就会受到阻击,后退就会受到拦截,

粮饷路绝,此危道也。上党山路险涩,粟少民残,无以供亿,亦不可由。近者陕、晋二镇,相继款附,引兵从之,万无一失,不出两旬,洛、汴定矣。"帝曰:"卿言是也。"苏逢吉等曰:"史弘肇大军已屯上党,群虏继遁,不若出天井,抵孟津为便。"司天奏:"太岁在午,不利南行,宜由晋、绛抵陕。"帝从之。辛卯,诏以十二日发北京,告谕诸道。

甲午,以太原尹崇为北京留守,以赵州刺史李存瓌为副留守,河东幕僚真定李骧为少尹,牙将太原蔚进为马步指挥使以佐之。存瓌,唐庄宗之从弟也。

丙申,帝发太原,自阴地关出晋、绛。丁酉,史弘肇奏克泽州。始,弘肇攻泽州,刺史翟令奇固守不下。帝以弘肇兵少,欲召还。苏逢吉、杨邠曰:"今陕、晋、河阳皆已向化,崔廷勋、耿崇美朝夕遁去。若召弘肇还,则河南人心动摇,虏势复壮矣。"帝未决,使人谕指于弘肇。弘肇曰:"兵已及此,势如破竹,可进不可退。"与逢吉等议合,帝乃从之。弘肇遣部将李万超说令奇,令奇乃降。弘肇以万超权知泽州。

崔廷勋、耿崇美、奚王拽剌合兵逼河阳,张遇帅众数千救之,战于南阪,败死。武行德出战,亦败,闭城自守。拽剌欲攻之,廷勋曰:"今北军已去,得此何用!且杀一夫犹可惜,况一城乎!"闻弘肇已得泽州,乃释河阳,还保怀州。弘肇将至,廷勋等拥众北遁,过卫州,大掠而去。契丹在

运输粮饷的道路也会被切断，这是条危险的道路。上党的山路艰险难走，沿路粮食稀少，百姓贫困，无法供给军需物资，也不可能从这条路线前进。近来陕、晋二镇相继向我们投降归附，如果率领军队从这里进军，就会万无一失，不出二十天，洛阳、汴京就可以平定了。"后汉高祖说："你的话很有道理。"苏逢吉等人说："史弘肇的大军已经屯驻上党，契丹人相继逃遁，不如从天井关出兵，奔赴孟津最为近便。"司天官上奏说："太岁星在午的方位，不利于南行，应当由晋州、绛州进军到达陕州。"后汉高祖听从了司天官的建议。辛卯(初七)，下诏在十二日从北京出兵，并通知各道。

甲午(初十)，后汉高祖任命太原尹刘崇为北京留守，任命赵州刺史李存瓌为副留守，河东幕僚真定人李骧为少尹，牙将太原人蔚进为马步指挥使，来辅助刘崇。李存瓌是后唐庄宗的堂弟。

丙申(十二日)，后汉高祖从太原出发，从阳地关开往晋州、绛州。丁酉(十三日)，史弘肇奏报攻克泽州。起初，史弘肇攻打泽州时，刺史翟令奇坚守城池，攻不下来。后汉高祖见史弘肇士兵少，打算召他回来。苏逢吉、杨邠说："如今陕州、晋州、河阳都已归顺我朝，崔廷勋、耿崇美很快就要逃走。如果召回史弘肇，那么河南就会人心动摇，而胡虏的势力就会再度壮大起来。"高祖没有决定，派人将此事告诉史弘肇。史弘肇说："军队已经到达此地，势如破竹，只可前进不能后退。"与苏逢吉等人的建议相吻合，高祖于是听从了这个意见。史弘肇派部将李万超去说服翟令奇，翟令奇便投降了。史弘肇任命李万超代理主持泽州事务。

崔廷勋、耿崇美、奚王拽剌合兵逼近河阳，张遇率部众数千人救援河阳，在南阪与敌军交战，战败而死。武行德出城助战，也战败了，只好退回城中闭门自守。拽剌打算攻城，崔廷勋说："如今北国契丹的军队已经北去，得到这座城又有什么用？胡乱杀掉一个人还觉得可惜，何况是毁灭一座城呢？"听说史弘肇已经攻取泽州，于是放弃河阳，退守怀州。史弘肇将要到达泽州，崔廷勋等人率领部众向北逃跑，路过卫州，大肆抢掠后离去。契丹在

河南者相继北去,弘肇引兵与武行德合。

弘肇为人沉毅寡言,御众严整,将校小不从命,立挝杀之。士卒所过,犯民田及系马于树者,皆斩之。军中慑息,莫敢犯令,故所向必克。帝自晋阳安行入洛及汴,兵不血刃,皆弘肇之力也。帝由是倚爱之。辛丑,帝至霍邑。甲辰,帝至晋州。

帝之即位也,绛州刺史李从朗与契丹将成霸卿等拒命,帝遣西南面招讨使、护国节度使白文珂攻之,未下。帝至城下,命诸军四布而勿攻,以利害谕之。戊申,从朗举城降。帝命亲将分护诸门,士卒一人毋得入。以偏将薛琼为防御使。

辛亥,帝至陕州,赵晖自御帝马而入。壬子,至石壕,汴人有来迎者。六月乙卯,帝至新安,西京留司官悉来迎。丙辰,帝至洛阳,入居宫中。汴州百官奉表来迎。诏谕以受契丹补署者皆勿自疑,聚其告牒而焚之。赵远更名上交。命郑州防御使郭从义先入大梁清宫,密令杀李从益及王淑妃。淑妃且死,曰:“吾儿为契丹所立,何罪而死!何不留之,使每岁寒食,以一盂麦饭洒明宗陵乎!”闻者泣下。

戊午,帝发洛阳。辛酉,汴州百官窦贞固等迎于荥阳。甲子,帝至大梁,晋之藩镇相继来降。戊辰,帝下诏大赦。凡契丹所除节度使,下至将吏,各安职任,不复变更。复以汴州为东京,改国号曰汉,仍称天福年,曰:“余未忍

河南的军队也相继向北而去,史弘肇领兵与武行德会合。

　　史弘肇为人深沉坚毅,沉默寡言,统领军队号令严明,军纪整肃,大小将领稍不服从命令,就立刻将他们打死。士兵所经过的地方,凡是践踏百姓田地和在树上拴马的,一律将他们斩首。军队中人人小心谨慎,不敢违犯军令,因此所到之处攻无不克。后汉高祖从晋阳一路平安地进入洛阳和汴京,士兵的刀枪都没沾过血,都是依靠史弘肇的力量。高祖由此更加倚重、喜爱他了。辛丑(十七日),高祖抵达霍邑。甲辰(二十日),高祖到达晋州。

　　后汉高祖即位时,绛州刺史李从朗与契丹将领成霸卿等人抗拒命令,高祖派遣西南面招讨使、护国节度使白文珂攻打绛州,但没有攻克。高祖来到绛州城下,命令各军四面包围但不攻城,向李从朗晓以利害。戊申(二十四日),李从朗献城投降。高祖命令心腹将领分别守护各个城门,士卒一人也不得入城。任命偏将薛琼为防御使。

　　辛亥(二十七日),后汉高祖到达陕州,赵晖亲自牵着高祖的马入城。壬子(二十八日),抵达石壕,汴京百姓有远来迎接的人。六月乙卯(初二),高祖到达新安,西京留守的官员都来迎接。丙辰(初三),高祖到达洛阳,进入宫中居住。汴州的文武百官奉上表章前来迎接。高祖下诏告诉那些接受契丹任命官职的人都不要疑虑,收集任命他们的文告状牒然后烧掉。赵远更名赵上交。高祖命令郑州防御使郭从义提前进入大梁清理皇宫,秘密下令杀死李从益和王淑妃。王淑妃临死前说:“我的儿子是被契丹人立为皇帝的,有什么罪而被杀死? 为什么不留下他,让他在每年的寒食节,将一碗麦饭洒在明宗陵前呢?”听到的人都流下眼泪。

　　戊午(初五),后汉高祖从洛阳出发。辛酉(初八),汴州窦贞固等百官在荥阳迎接高祖。甲子(十一日),高祖到达大梁,后晋的藩镇相继归降。戊辰(十五日),高祖下诏,大赦天下。凡是契丹任命的节度使,下至将领官吏,各自安心任职,不再变更。又将汴州改为东京,改国号为汉,年号仍称天福年,并说:“我不忍心

忘晋也!"复青、襄、汝三节度。秋闰七月庚辰,制建宗庙。太祖高皇帝、世祖光武皇帝,皆百世不迁。又立四亲庙,追尊谥号。凡六庙。

忘掉晋国啊!"还恢复设置青、襄、汝三州的节度使。秋季闰七月庚辰(二十八日),高祖下制书,命令兴建宗庙。太祖高皇帝刘邦、世祖光武皇帝刘秀,都百代不迁。又建立高祖、曾祖、祖、父四座亲庙,追尊四亲的谥号。总共六座庙。

三叛连兵

后汉高祖天福十二年夏五月乙酉朔,契丹永康王兀欲因囚赵延寿于恒州。辛丑,帝遣使谕河中节度使赵匡赞,仍以契丹囚其父延寿告之。

秋七月,或传赵延寿已死。郭威言于帝曰:"赵匡赞,契丹所署,今犹在河中,宜遣使吊祭,因起复移镇。彼既家国无归,必感恩承命。"从之。会邺都留守、天雄节度使兼中书令杜重威、天平节度使兼侍中李守贞皆奉表归命。重威仍请移他镇。归德节度使兼中书令高行周入朝。丙申,徙重威为归德节度使,以行周代之;守贞为护国节度使,加兼中书令;徙护国节度使赵匡赞为晋昌节度使。后二年,延寿始卒于契丹。

杜重威自以附契丹,负中国,内常疑惧。及移镇制下,复拒而不受,遣其子弘璲质于麻荅以求援。赵延寿有幽州亲兵二千在恒州,指挥使张琏将之,重威请以守魏。麻荅遣其将杨衮将契丹千五百人及幽州兵赴之。闰月庚午,诏

三叛连兵

后汉高祖天福十二年（947）夏季五月乙酉这天是初一，契丹永康王耶律兀欲在恒州囚禁了赵延寿。辛丑（十七日），高祖派遣使者向河中节度使赵匡赞传话，并把契丹囚禁他父亲赵延寿的消息告诉了他。

秋季七月，有人传说赵延寿已经死了。郭威向高祖上言说："赵匡赞是契丹所任命的，现在仍然留在河中，应当派遣使者前去吊唁祭祀，趁着他停止守丧而应召任职的机会，调换他的镇所。他既然无家无国可归，必定感激您的恩德，接受诏命。"高祖听从了郭威的建议。正赶上邺都留守、天雄节度使兼中书令杜重威、天平节度使兼侍中李守贞都上表请求归顺。杜重威还请求调到其他藩镇。归德节度使兼中书令高行周进入大梁朝觐。丙申（十三日），高祖调任杜重威为归德节度使，命令高行周代替他原来的职务；任命李守贞为护国节度使，加封兼中书令；调任护国节度使赵匡赞为晋昌节度使。两年以后，赵延寿才在契丹死去。

杜重威自己由于投靠契丹、对不起中原朝廷的缘故，内心常常猜疑恐惧。等到调任归德节度使的命令下达，他又拒不接受，派他的儿子杜弘璲到麻荅处做人质，用来请求援助。赵延寿有幽州亲兵两千人留在恒州，指挥使张琏率领他们，杜重威请求派他们防守魏州。麻荅派遣手下将领杨衮率领契丹兵一千五百人和幽州兵赶赴魏州。闰七月庚午（十八日），后汉高祖下诏宣布

削夺重威官爵,以高行周为招讨使,镇宁节度使慕容彦超副之,以讨重威。

慕容彦超欲急攻城,行周欲缓之,由是二将不协。帝恐生他变,欲自将击重威,九月戊寅,诏幸澶、魏劳军。庚辰,帝发大梁。

晋昌节度使赵匡赞恐终不为朝廷所容,冬十月,遣使降蜀,请自终南路出兵应援。

帝至邺都,遣给事中陈观往谕指,重威复闭门拒之。城中食浸竭,将士多出降者。慕容彦超固请攻城,帝从之。丙午,亲督诸将攻城,自寅至辰,士卒伤者万馀人,死者千馀人,不克而止。彦超乃不敢复言。

初,契丹留幽州兵千五百人戍大梁。帝入大梁,或告幽州兵将为变,帝尽杀之于繁台之下。及围邺都,张琏将幽州兵二千助重威拒守,帝屡遣人招谕,许以不死。琏曰:"繁台之卒,何罪而戮? 今守此,以死为期耳。"由是城久不下。十一月丙辰,内殿直韩训献攻城之具,帝曰:"城之所恃者,众心耳。众心苟离,城无所保,用此何为!"

杜重威之叛也,观察判官金乡王敏屡泣谏,不听。及食竭力尽,甲戌,遣敏奉表出降。乙亥,重威子弘琏来见。丙子,妻石氏来见。石氏,即晋之宋国长公主也。帝复遣入城。丁丑,重威开门出降,城中馁死者什七八,存者皆尪瘠无人状。张琏先邀朝廷信誓,诏许以归乡里,及出降,

削夺杜重威的官职爵位，任命高行周为招讨使，镇宁节度使慕容彦超为副节度使，派他们讨伐杜重威。

慕容彦超想要急速攻城，高行周想要缓慢攻城，因此二将不和。高祖担心发生其他变故，打算亲自领兵攻打杜重威，九月戊寅（二十七日），下诏要到澶州、魏州去慰劳军队。庚辰（二十九日），高祖从大梁出发。

晋昌节度使赵匡赞担心终究不会被后汉朝廷所容纳，冬季十月，派遣使者向后蜀投降，请求后蜀从终南路出兵接应援助。

后汉高祖到达邺都，派遣给事中陈观到城内去宣布旨意，杜重威却又关闭城门拒绝他进城。城中粮食逐渐吃完，将士中出城投降的人很多。慕容彦超一再请求攻城，高祖同意了他的请求。丙午（二十五日），高祖亲自督促众将攻城，从寅时攻到辰时，士卒伤了一万多人，死了一千多人，没能攻克而停止。慕容彦超不敢再说攻城了。

当初，契丹留下幽州兵一千五百人戍守大梁。后汉高祖进入大梁后，有人报告说幽州兵准备发动兵变，高祖在繁台下面全部杀死了他们。等到围困邺都，张琏率领幽州兵两千人帮助杜重威据守，高祖多次派人招抚，答应他们不被杀死。张琏说："繁台下面的幽州兵卒，有什么罪行却遭杀戮？如今坚守此城，只求一死罢了。"因此，邺都长时间攻不下来。十一月丙辰（初六），内殿直韩训奉献攻城器械，高祖说："守城所倚仗的，是众人的心。众心如果涣散，城池就没有什么人守卫了，用这些器械干什么？"

杜重威背叛后汉，观察判官金乡人王敏屡次哭泣劝谏，杜重威不听。等到粮食吃光，气力用尽，甲戌（二十四日），杜重威便派王敏奉上表章出城投降。乙亥（二十五日），杜重威的儿子杜弘琏前来谒见。丙子（二十六日），杜重威的妻子石氏前来谒见。石氏就是后晋的宋国长公主。高祖又打发他们回到城中。丁丑（二十七日），杜重威打开城门出城投降，城中饿死的有十分之七八，活下来的都瘦弱得没有人样了。张琏先要求后汉朝廷立下表示诚信的誓言，高祖下诏允许他们返归乡里，等到出城投降后，

杀琏等将校数十人;纵其士卒北归,将出境,大掠而去。

郭威请杀重威牙将百馀人,并重威家赀籍之以赏战士,从之。以重威为太傅兼中书令、楚国公。重威每出入,路人往往掷瓦砾诟之。

臣光曰:汉高祖杀幽州无辜千五百人,非仁也;诱张琏而诛之,非信也;杜重威罪大而赦之,非刑也。仁以合众,信以行令,刑以惩奸。失此三者,何以守国!其祚运之不延也,宜哉!

十二月丙戌,帝发邺都。

蜀主遣雄武都押牙吴崇恽以枢密使王处回书招凤翔节度使侯益。庚寅,以山南西道节度使兼中书令张虔钊为北面行营招讨安抚使,雄武节度使何重建副之,宣徽使韩保贞为都虞候,共将兵五万,虔钊出散关,重建出陇州,以击凤翔。奉銮肃卫都虞候李廷珪将兵二万出子午谷,以援长安。诸军发成都,旌旗数十里。癸巳,帝至大梁。侯益请降于蜀,使吴崇恽持兵籍、粮帐西还,与赵匡赞同上表请出兵平定关中。

乾祐元年春正月,帝以赵匡赞、侯益与蜀兵共为寇,患之。会回鹘入贡,诉称为党项所阻,乞兵应接。诏右卫大将军王景崇、将军齐藏珍将禁军数千赴之,因使之经略关西。

晋昌节度判官李恕,久在赵延寿幕下,延寿使之佐匡赞。匡赞将入蜀,恕谏曰:“燕王入胡,岂所愿哉!今汉家新得天下,方务招怀,若谢罪归朝,必保富贵。入蜀非全计也,

杀掉张琏等将校几十人;释放其他士兵北归,这些士兵将要离开魏州州境时,大肆抢掠而去。

郭威请求杀掉杜重威手下牙将一百多人,并籍没杜重威家中的资财用来赏赐战士,高祖听从了他的请求。任命杜重威为太傅兼中书令、楚国公。杜重威每次出入,过路的人常常向他投掷破砖碎瓦并辱骂他。

史臣司马光评论说:后汉高祖杀害幽州无辜士卒一千五百人,是不施仁爱;诱降张琏却诛杀他,是不讲诚信;杜重威罪恶重大却赦免了他,是不守刑法。仁爱用来聚合众人,诚信用来执行命令,刑法用来惩罚邪恶。失掉这三样,靠什么守卫国家?他的国运不能延续,是应该的!

十二月丙戌(初六),后汉高祖从邺都出发。

后蜀国主孟昶派遣雄武都押牙吴崇恽携带枢密使王处回的书信招降凤翔节度使侯益。庚寅(初十),后蜀任命山南西道节度使兼中书令张虔钊为北面行营招讨安抚使,雄武节度使何重建为副安抚使,宣徽使韩保贞为都虞候,总共率领五万士兵,张虔钊从散关出发,何重建从陇州出发,前去攻打凤翔。奉銮肃卫都虞候李廷珪领兵二万从子午谷出发,去援助长安。众军从成都出发,旌旗绵延几十里。癸巳(十三日)这天,后汉高祖抵达大梁。侯益请求向后蜀投降,让吴崇恽携带凤翔的军士名册和粮食账簿向西返回,与赵匡赞一同向后蜀国主上表请求出兵平定关中。

乾祐元年(948)春季正月,后汉高祖因赵匡赞、侯益和后蜀军队共同入侵关中,十分忧虑。正赶上回鹘进献贡物,说被党项人所阻拦,乞求派兵接应。高祖诏命右卫大将军王景崇、将军齐藏珍率领禁军几千人赶赴关西,并让他们谋划夺取关西。

晋昌节度判官李恕,长期在赵延寿幕府中,赵延寿让他辅佐赵匡赞。赵匡赞准备投靠后蜀,李恕劝谏说:"燕王赵延寿投靠契丹,难道是他自愿的吗?如今汉家新得天下,正致力于招抚怀柔,如果认罪归顺朝廷,定能保住富贵。入蜀不是万全之策,

'蹄涔不容尺鲤',公必悔之。"匡赞乃遣恕奉表请入朝。景崇等未行而恕至,帝问恕:"匡赞何为附蜀?"对曰:"匡赞自以身受虏官,父在虏廷,恐陛下未之察,故附蜀求苟免耳。臣以为国家必应存抚,故遣臣来祈哀。"帝曰:"匡赞父子,本吾人也,不幸陷虏。今延寿方坠槛阱,吾何忍更害匡赞乎!"即听其入朝。侯益亦请赴二月四日圣寿节上寿。景崇等将行,帝召入卧内,敕之曰:"匡赞、益之心,皆未可知。汝至彼,彼已入朝,则勿问;若尚迁延顾望,当以便宜从事。"

赵匡赞不俟李恕返命,已离长安,丙子,入见。王景崇等至长安,闻蜀兵已入秦川,以兵少,发本道及赵匡赞牙兵千馀人同拒之。景崇恐匡赞牙兵亡逸,欲文其面,微露风旨。军校赵思绾,首请自文其面以帅下,景崇悦。齐藏珍窃言曰:"思绾凶暴难制,不如杀之。"景崇不听。思绾,魏州人也。

蜀李廷珪将至长安,闻赵匡赞已入朝,欲引归。王景崇邀之,败廷珪于子午谷。张虔钊至宝鸡,诸将议不协,按兵未进。侯益闻廷珪西还,因闭壁拒蜀兵。虔钊势孤,引兵夜遁。景崇帅凤翔、陇、邠、泾、鄜、坊之兵追败蜀兵于散关,俘将卒四百人。

丁丑,帝殂,秘不发丧。庚辰,下诏,称:"重威父子,因朕小疾,谤议摇众,并其子弘璋、弘琏、弘璨皆斩之。"

'牛马蹄印里的水容不下一条一尺长的鲤鱼',您一定会反悔的。"赵匡赞于是派李恕向后汉上表请求入朝。王景崇等人尚未出行,李恕就到了,高祖问李恕:"赵匡赞为什么归附蜀国?"李恕回答说:"赵匡赞认为自己接受了契丹官职,父亲赵延寿在契丹朝廷,担心陛下您不能明察,所以依附蜀国寻求苟且幸免罢了。臣下认为国家肯定应该安抚,所以赵匡赞派遣臣下前来祈求哀怜。"高祖说:"赵匡赞父子,本来是我国的人,不幸陷于契丹。如今赵延寿刚刚落入陷阱,我怎么忍心再加害赵匡赞呢!"立即听任赵匡赞入朝。侯益也请求赶赴二月四日圣寿节,恭贺高祖生日。王景崇等人准备启程,高祖召集他们进入卧室中,命令他们说:"赵匡赞、侯益的心思都还不清楚。你们到了那里,他们若已经入朝,就不要过问了,如果还在拖延观望,应当见机行事。"

赵匡赞不等李恕返回长安复命,就已经离开长安,丙子(二十六日),进入大梁谒见高祖。王景崇等人到达长安,听说蜀兵已经进入秦川,因为兵少,征发晋昌一道和赵匡赞的牙兵一千多人共同抵御蜀兵。王景崇担心赵匡赞的牙兵逃跑,想在他们的脸上刺字,稍微透露出一点风声。牙兵中的军校赵思绾首先请求在自己的脸上刺字来为部下做表率,王景崇十分高兴。齐藏珍私下谈论说:"赵思绾凶狠残暴,难以控制,不如杀掉他。"王景崇没有听从。赵思绾是魏州人。

后蜀李廷珪快要到达长安时,听说赵匡赞已经进入大梁朝拜后汉高祖,便想领兵回去。王景崇在半路拦截,在子午谷打败李廷珪。张虔钊到达宝鸡,众将意见不一致,按兵不动。侯益听说李廷珪向西返回,于是关闭营垒拒绝后蜀军队。张虔钊势单力孤,率领军队连夜逃跑。王景崇率领凤翔、陇州、邠州、泾州、鄜州、坊州的军队追击,在散关打败后蜀军队,俘虏将帅与士卒四百人。

丁丑(二十七日),后汉高祖去世,朝廷秘不发丧。庚辰(三十日),颁布皇帝诏书,声称:"杜重威父子,趁我得小病,诽谤非议,动摇人心,连同他的儿子杜弘璋、杜弘璉、杜弘璨一起杀掉。"

二月辛巳，发丧，宣遗制，皇子承祐即皇帝位。

诏以王景崇兼凤翔巡检使。景崇引兵至凤翔，侯益尚未行，景崇以禁兵分守诸门。或劝景崇杀益，景崇以受先朝密旨，嗣主未之知，或疑于专杀，犹豫未决。益闻之，不告景崇而去，景崇悔，自诟。戊戌，益入朝，隐帝问："何故召蜀军？"对曰："臣欲诱致而杀之。"帝哂之。

三月，侯益家富于财，厚赂执政，由是大臣争誉之。丙寅，以益兼中书令，行开封尹。

侯益盛毁王景崇于朝，言其恣横。景崇闻益尹开封，知事已变，内不自安，且怨朝廷。会诏遣供奉官王益如凤翔，征赵匡赞牙兵诣阙，赵思绾等甚惧，景崇因以言激之。思绾途中谓其党常彦卿曰："小太尉已落其手，吾属至京师，并死矣，奈何？"彦卿曰："临机制变，子勿复言。"癸酉，至长安，永兴节度副使安友规、巡检乔守温出迎王益，置酒于客亭。思绾前白曰："壕寨使已定舍馆于城东，今将士家属皆在城中，欲各入城挈家诣城东宿。"友规等然之。时思绾等皆无铠仗，既入西门，有州校坐门侧，思绾遽夺其剑斩之。其徒因大噪，持白梃，杀守门者十馀人，分遣其党守诸门。思绾入府，开库取铠仗给之。友规等皆逃去。思绾遂据城，集城中少年，得四千馀人，缮城隍，葺楼堞，旬日间，战守之具皆备。

二月辛巳(初一),发布丧讯,宣读遗诏,皇子刘承祐即皇帝位。

后汉隐帝刘承祐下诏任命王景崇兼任凤翔巡检使。王景崇领兵到达凤翔后,侯益还没有启程,王景崇令禁兵分别把守各个城门。有人劝说王景崇杀掉侯益,王景崇认为自己接受的是先朝高祖的密旨,嗣主隐帝不知道这件事,担心隐帝怀疑自己擅自杀人,所以犹豫不决。侯益听到这个消息后,没有向王景崇报告就离开了凤翔,王景崇懊悔,大骂自己。戊戌(十八日)这天,侯益进入大梁谒见后汉隐帝,隐帝责问道:"你为什么招引蜀军?"侯益回答说:"臣下想引诱蜀军到达凤翔,然后杀掉他们。"隐帝讥笑他。

三月,侯益家里财产丰厚,送厚礼贿赂执掌政权的大臣,因此大臣们争相称赞他。丙寅(十七日),隐帝任命侯益兼中书令,代理开封尹。

侯益在朝廷上大肆诋毁王景崇,说他恣意横行。王景崇听说侯益担任开封尹,知道事情已经变化,内心不安,并且怨恨朝廷。正赶上隐帝下诏派遣供奉官王益到凤翔去,征召赵匡赞的牙兵回到京城大梁,赵思绾等人特别害怕,王景崇乘机用话语激他。赵思绾在入京途中对他的党羽常彦卿说:"小太尉赵匡赞已经落入他们手中,我们到达京城就都得死了,怎么办?"常彦卿说:"随机应变,你不要再说了。"癸酉(二十四日),到达长安,永兴节度副使安友规、巡检乔守温出城迎接王益,在客亭设置酒宴。赵思绾走上前禀报说:"壕寨使已经在城东定下馆舍,现在将士的家属都在城中,想各自进城携带家属到城东住宿。"安友规等人答应了他的请求。当时,赵思绾等人都没有铠甲武器,已经进入西门,有一名州校坐在门旁,赵思绾快速夺过他的宝剑斩杀了他。赵思绾的党徒乘势大声叫嚷,拿着白木棍,击杀守门兵士十多人,分别派遣他的党羽把守各门。赵思绾进入府衙,打开府库取出铠甲兵器分给党羽。安友规等人全都逃走了。赵思绾于是占据了长安城,聚集城中少年,得到四千多人,整治护城壕沟,修补城楼与矮墙,十天之内,攻战防守的器械全部齐备。

　　王景崇讽凤翔吏民表景崇知军府事,朝廷患之。甲戌,徙静难节度使王守恩为永兴节度使,徙保义节度使赵晖为凤翔节度使,并同平章事。以景崇为邠州留后,令便道之官。

　　虢州伶人靖边庭杀团练使田令方,驱掠州民,奔赵思绾。至潼关,潼关守将出击之,其众皆溃。

　　丁丑,邠、泾、同、华四镇俱上言护国节度使兼中书令李守贞与永兴、凤翔同反。始,守贞闻杜重威死而惧,阴有异志。自以晋世尝为上将,有战功,素好施,得士卒心;汉室新造,天子年少初立,执政皆后进,有轻朝廷之志。乃招纳亡命,养死士,治城堑,缮甲兵,昼夜不息。遣人间道赍蜡丸结契丹,屡为边吏所获。

　　浚仪人赵脩己,素善术数,自守贞镇滑州,署司户参军,累从移镇,为守贞言:"时命不可,勿妄动!"前后切谏非一,守贞不听,乃称疾归乡里。僧总伦,以术媚守贞,言其必为天子,守贞信之。又尝会将佐置酒,引弓指《舐掌虎图》曰:"吾有非常之福,当中其舌。"一发中之,左右皆贺。守贞益自负。

　　会赵思绾据长安,奉表献御衣于守贞。守贞自谓天人协契,乃自称秦王。遣其骁将平陆王继勋将兵据潼关,以思绾为晋昌节度使。同州距河中最近,匡国节度使张彦威,常诇守贞所为,奏请先为之备,诏滑州马军都指挥使罗金山将部兵戍同州。故守贞起兵,同州不为所并。金山,云州人也。

王景崇示意凤翔的官吏与平民上表推荐自己主持军府事务,朝廷对这件事感到担忧。甲戌(二十五日),调任静难节度使王守恩为永兴节度使,调任保义节度使赵晖为凤翔节度使,一并为同平章事。任命王景崇为邠州留后,命令他抄近路赴任。

虢州的艺人靖边庭杀掉团练使田令方,驱赶掳掠州中百姓,投奔赵思绾。到达潼关,潼关守将出关攻击他,他的徒众全部溃散了。

丁丑(二十八日),邠州、泾州、同州、华州四镇都上言护国节度使兼中书令李守贞与永兴、凤翔共同反叛。开始,李守贞听说杜重威被杀,十分恐惧,暗中怀有背叛之心。他认为自己在后晋时代曾经担任上将,立有战功,平时喜欢施舍,赢得士卒之心;后汉政权新建立,皇帝年轻刚刚继位,执掌朝政的都是资历比自己浅的人,于是有轻视朝廷之心。于是招收亡命之徒,蓄养敢死之士,整治护城壕沟,修缮铠甲兵器,昼夜不停。派人从小路携带蜡丸密信结交契丹,屡次被边防官吏所缴获。

浚仪县人赵脩己,一向擅长星象占卜之术,自从李守贞镇守滑州,任命他为司户参军后,他便多次跟随李守贞调任,对李守贞说:"时机、命运不允许,不要轻举妄动!"前前后后直言极谏不止一次,李守贞不听从,于是他借口生病返回家乡。僧人总伦用法术讨好李守贞,说他一定会做天子,李守贞听信了他的话。李守贞又曾经聚集将佐设置酒宴,拉弓搭箭指着《舐掌虎图》说:"我如果有非常的福分,就应当射中它的舌头。"结果一箭射中老虎的舌头,身边人都祝贺他。李守贞更加自以为了不起。

正赶上赵思绾占据长安,向李守贞上表进献御衣。李守贞自认为天意与人心一致,于是自称秦王。派遣他的猛将平陆人王继勋率领军队占领潼关,任命赵思绾为晋昌节度使。同州距离河中最近,匡国节度使张彦威经常侦察李守贞的所作所为,上奏朝廷请求及早防备他,隐帝诏命滑州马军都指挥使罗金山率领所部士兵戍守同州。所以李守贞起兵时,同州没有被他吞并。罗金山是云州人。

夏四月，以镇宁节度使郭从义充永兴行营都部署，将侍卫兵讨赵思绾。戊子，以保义节度使白文珂为河中行营都部署，内客省使王峻为都监。辛卯，削夺李守贞官爵，命文珂等会兵讨之。乙未，以宁江节度使、侍卫步军都指挥使尚洪迁为西面行营都虞候。

王景崇迁延不之邠州，阅集凤翔丁壮，诈言讨赵思绾，仍牒邠州会兵。

王景崇遗蜀凤州刺史徐彦书，求通互市。壬戌，蜀主使彦复书招之。

六月乙酉，王景崇遣使请降于蜀，亦受李守贞官爵。

西面行营都虞候尚洪迁攻长安，伤重而卒。

秋七月，凤翔节度使赵晖至长安；乙亥，表王景崇反状益明，请进兵击之。

自河中、永兴、凤翔三镇拒命以来，朝廷继遣诸将讨之。昭义节度使常思屯潼关，白文珂屯同州，赵晖屯咸阳。惟郭从义、王峻置栅近长安，而二人相恶如水火，自春徂秋，皆相仗莫肯攻战。帝患之，欲遣重臣临督。八月壬午，以郭威为西面军前招慰安抚使，诸军皆受威节度。威将行，问策于太师冯道。道曰：“守贞自谓旧将，为士卒所附，愿公勿爱官物，以赐士卒，则夺其所恃矣。”威从之。由是众心始附于威。诏白文珂趣河中，赵晖趣凤翔。

戊子，蜀改凤翔曰岐阳军，己丑，以王景崇为岐阳节度使、同平章事。

郭威与诸将议攻讨，诸将欲先取长安、凤翔。镇国节度使扈彦珂曰：“今三叛连衡，推守贞为主，守贞亡，则两镇自破矣。若舍近而攻远，万一王、赵拒吾前，守贞掎吾后，

夏季四月,隐帝任命镇宁节度使郭从义充任永兴行营都部署,率侍卫兵讨伐赵思绾。戊子(初九),命保义节度使白文珂为河中行营都部署,内客省使王峻为都监。辛卯(十二日),削夺李守贞的官职爵位,命白文珂等人会集军队讨伐他。乙未(十六日),命宁江节度使、侍卫步军都指挥使尚洪迁为西面行营都虞候。

王景崇拖延时间不到邠州上任,招集并检阅凤翔的壮丁,诈称讨伐赵思绾,还向邠州发公文说要会合军队。

王景崇送给后蜀凤州刺史徐彦书信,请求互通贸易。壬戌这一天,后蜀国主让徐彦回信招降他。

六月乙酉(初八),王景崇派遣使者向后蜀请求归降,也接受了李守贞赐给的官职爵位。

西面行营都虞候尚洪迁攻打长安,受伤过重而死。

秋季七月,凤翔节度使赵晖到达长安;乙亥(二十八日),赵晖上表说王景崇谋反的情形愈加明显,请求发兵攻打他。

自从河中、永兴、凤翔三个藩镇抗拒命令以来,后汉朝廷相继派众将讨伐他们。昭义节度使常思屯驻潼关,白文珂屯驻同州,赵晖屯驻咸阳。只有郭从义、王峻设置栅寨,靠近长安,然而二人相互憎恶如同水火,从春到秋,都相互对峙不肯进攻作战。隐帝忧虑这种情况,打算派一位重臣前去监督。八月壬午(初六),任命郭威为西面军前招慰安抚使,众军都受郭威指挥。郭威准备启程时,向太师冯道询问计策。冯道说:"李守贞自认为是老将,被士兵所依附,希望您不要吝惜官府财物,用来赏赐士兵,就夺走他所倚仗的东西了。"郭威听从了他的计策。从此众人之心开始归附郭威。隐帝诏命白文珂赶赴河中,赵晖奔赴凤翔。

戊子(十二日),后蜀改称凤翔为岐阳军,己丑(十三日),任命王景崇为岐阳节度使、同平章事。

郭威和众将商议如何攻讨,众将想先夺取长安、凤翔。镇国节度使扈彦珂说:"如今三个叛镇联合,推举李守贞作为盟主,李守贞如果灭亡,那么其他两镇就不攻自破了。如果舍近而攻远,万一王景崇、赵思绾在我们前面抵抗,李守贞在我们后面夹击,

此危道也。"威善之。于是威自陕州,白文珂及宁江节度使、侍卫步军都指挥使刘词自同州,常思自潼关,三道攻河中。威抚养士卒,与同苦乐,小有功辄厚赏之,微有伤常亲视之。士无贤不肖,有所陈启,皆温辞色而受之。违忤不怒,小过不责。由是将卒咸归心于威。

始,李守贞以禁军皆尝在麾下,受其恩施,又士卒素骄,苦汉法之严,谓其至则叩城奉迎,可坐而待之。既而士卒新受赐于郭威,皆忘守贞旧恩,己亥,至城下,扬旗伐鼓,踊跃诟噪。守贞视之失色。

白文珂克西关城,栅于河西,常思栅于城南,威栅于城西。未几,威以常思无将领才,先遣归镇。诸将欲急攻城,威曰:"守贞前朝宿将,健斗好施,屡立战功。况城临大河,楼堞完固,未易轻也。且彼冯城而斗,吾仰而攻之,何异帅士卒投汤火乎!夫勇有盛衰,攻有缓急,时有可否,事有后先,不若且设长围而守之,使飞走路绝。吾洗兵牧马,坐食转输,温饱有馀。俟城中无食,公帑家财皆竭,然后进梯冲以逼之,飞书檄以招之。彼之将士,脱身逃死,父子且不相保,况乌合之众乎!思绾、景崇,但分兵縻之,不足虑也。"乃发诸州民夫二万馀人,使白文珂等帅之,刬长壕,筑连城,列队伍而围之。威又谓诸将曰:"守贞乡畏高祖,不敢鸱张;以我辈崛起太原,事功未著,有轻我心,故敢反耳。正宜静以制之。"乃偃旗卧鼓,但循河设火铺,

这对我们来说就很危险了。"郭威认为这个建议很好。于是郭威从陕州,白文珂和宁江节度使、侍卫步军都指挥使刘词从同州,常思从潼关,分三路攻打河中。郭威爱护体恤士卒,和他们同甘共苦,有小功就丰厚地赏赐他们,有轻伤常常亲自看望他们。谋士不论贤与不贤,只要有事来陈述,都和颜悦色地接待他们。违背触犯他,他不发怒,小的过错,他也不责备。因此将领士卒都对郭威归心。

开始,李守贞认为禁军都曾经在自己指挥之下,接受过他给予的恩惠,而且士卒一贯骄横,苦于后汉军法的严格,认为他们一到就会敲城门奉迎自己,可以坐着等待他们前来。不久,士卒从郭威那里受到新的赏赐,都忘掉了李守贞的旧恩,己亥(二十三日),到达城下,扬起军旗,擂响战鼓,踊跃叫骂。李守贞看到这种情况,大惊失色。

白文珂攻克河中西关城,在黄河西岸竖立营栅,常思在城南竖立营栅,郭威在城西竖立营栅。不久,郭威认为常思没有将领才能,先让他返回本镇。众将想赶快攻城,郭威说:"李守贞是前朝久经战阵的老将,勇于战斗,喜欢施舍,多次建立战功。况且河中城临黄河,城楼城墙完好坚固,不容轻视。而且,他们凭借城防而战,我们仰攻他们,这无疑是率领士卒赴汤蹈火!勇气有盛有衰,进攻有缓有急,时机有可有否,做事有先有后,不如暂且设置长长的包围圈困守他们,断绝他们逃跑的路。我们擦拭兵器,放放战马,坐食运来的粮食,温饱有余。等到城中没了粮食,官府与私人的钱财全部枯竭,然后再推进云梯和冲车来逼近他们,飞传檄书来招降他们。他们的将士,都脱身逃亡,父子尚且不能互相保护,何况是乌合之众呢?赵思绾、王景崇,只需分兵牵制他们,不值得忧虑。"于是征发各州民夫两万多人,让白文珂等人率领他们,挖长沟,筑连城,排列队伍包围河中城。郭威又对众将说:"李守贞过去畏惧高祖,不敢嚣张;认为我们从太原崛起,事业功勋不显赫,有轻视我们之心,所以敢反叛。我们正应当用静来制服他。"于是偃旗息鼓,只沿着黄河设置候望敌情的火铺,

连延数十里，番步卒以守之。遣水军舣舟于岸，寇有潜往来者，无不擒之。于是守贞如坐网中矣。

九月，蜀兵援王景崇，军于散关，赵晖遣都监李彦从袭击，破之，蜀兵遁去。

王景崇尽杀侯益家属七十馀人，益子前天平行军司马仁矩先在外，得免。庚申，以仁矩为隰州刺史。仁矩子延广，尚在襁褓，乳母刘氏以己子易之，抱延广而逃，乞食至于大梁，归于益家。

李守贞屡出兵欲突长围，皆败而返。遣人赍蜡丸求救于唐、蜀、契丹，皆为逻者所获。城中食且尽，殍死者日众。守贞忧形于色，召总伦诘之，总伦曰："大王当为天子，人不能夺。但此分野有灾，待磨灭将尽，只馀一人一骑，乃大王鹊起之时也。"守贞犹以为然。

冬十月，王景崇遣其子德让，赵思绾遣其子怀乂，见蜀主于成都。

戊寅，景崇遣兵出西门，赵晖击破之，遂取西关城。景崇退守大城。晖堑而围之，数挑战，不出。晖潜遣千馀人擐甲执兵，效蜀旗帜，循南山而下，令诸军声言："蜀兵至矣。"景崇果遣兵数千出迎之，晖设伏掩击，尽殪之。自是景崇不复敢出。

蜀主遣山南西道节度使安思谦将兵救凤翔，左仆射兼门下侍郎、同平章事毋昭裔上疏谏曰："臣窃见庄宗皇帝志贪西顾，前蜀主意欲北行，凡在庭臣，皆贡谏疏，殊无听纳，有何所成！只此两朝，可为鉴诚。"不听，又遣雄武节度使韩保贞引兵出沔阳以分汉兵之势。

连绵几十里,派步兵轮番守护它。派水军在岸边停泊船只,敌寇有偷偷往来的人,无不被擒获。于是李守贞就像坐在网中了。

九月,后蜀援助王景崇的军队在散关驻扎,赵晖派遣都监李彦从前去袭击,打败了他们,后蜀军队逃走。

王景崇杀掉侯益的所有家属七十多人,侯益的儿子原天平行军司马侯仁矩事前在外面,得以免除一死。庚申(十五日),后汉朝廷任命侯仁矩为隰州刺史。侯仁矩的儿子侯延广,还在襁褓之中,乳母刘氏用自己的儿子调换了他,抱着侯延广逃亡,靠要饭到达大梁,回到侯益家中。

李守贞屡次出兵想突破长围,都战败返回。他派人携带蜡丸密信向南唐、后蜀、契丹求救,都被巡逻的人抓获。城中粮食将要吃光,饿死的人一天比一天多。李守贞内心的忧愁流露在脸上,召见总伦责问他,总伦说:"大王您应当做天子,别人不能夺取。但这是天上星次对应的分野有灾难,等到磨难将要结束,只剩下一人一骑,就是大王崛起之时。"李守贞仍然信以为真。

冬季十月,王景崇派遣他的儿子王德让,赵思绾派遣他的儿子赵怀义,到成都谒见后蜀国主。

戊寅(初三),王景崇派兵出西门,赵晖打败了他们,于是夺取西关城。王景崇退守大城。赵晖挖深沟包围他们,多次挑战,王景崇不出来。赵晖偷偷派出一千多人,身披铠甲,手拿兵器,效仿后蜀军队的旗号,沿着南山下来,令各军声称:"蜀军到了。"王景崇果然派兵几千人出城迎接他们,赵晖设下埋伏突然袭击,全部歼灭了他们。从此王景崇不敢再出城。

后蜀国主派遣山南西道节度使安思谦率领军队救援凤翔,左仆射兼门下侍郎、同平章事毋昭裔上疏劝谏说:"臣愚见,唐庄宗皇帝贪图前蜀的富饶而向西征伐,前蜀国主王衍意在向北进军,凡是在朝的臣子,都进谏上疏,可国君根本没有听取采纳,如此用兵又有什么成就?仅这两朝,就可以作为鉴戒。"后蜀国主不听从。又派遣雄武节度使韩保贞领兵从汧阳进军,来分散后汉军队的势力。

王景崇遣前义成节度使酸枣李彦舜等逆蜀兵。丙申，安思谦屯右界，汉兵屯宝鸡。思谦遣眉州刺史申贵将兵二千趣模壁，设伏于竹林。丁酉旦，贵以兵数百压宝鸡而陈，汉兵逐之，遇伏而败，蜀兵逐北，破宝鸡寨。蜀兵去，汉兵复入宝鸡。己亥，思谦进屯渭水，汉益兵五千戍宝鸡。思谦畏之，谓众曰：“粮少敌强，宜更为后图。”辛丑，退屯凤州，寻归兴元。贵，潞州人也。

彰武节度使高允权与定难节度使李彝殷有隙，李守贞密求援于彝殷，发兵屯延、丹境上，闻官军围河中，乃退。甲辰，允权以其状闻，彝殷亦自诉，朝廷和解之。

初，沈丘人舒元、嵩山道士杨讷，俱以游客干李守贞。守贞为汉所攻，遣元更姓朱，讷更姓李，名平，间道奉表求救于唐，唐谏议大夫查文徽、兵部侍郎魏岑请出兵应之。唐主命北面行营招讨使李金全将兵救河中，以清淮节度使刘彦贞副之，文徽为监军使，岑为沿淮巡检使，军于沂州之境。金全与诸将方会食，候骑白有汉兵数百在涧北，皆羸弱，请掩之。金全令曰：“敢言过涧者斩！”及暮，伏兵四起，金鼓闻十馀里。金全曰：“向可与之战乎？”时唐士卒厌兵，莫有斗志，又河中道远，势不相及，十一月丙寅，唐兵退保海州。唐主遗帝书谢，请复通商旅，且请赦守贞，朝廷不报。

王景崇累表告急于蜀，蜀主命安思谦再出兵救之。十二月壬午，思谦自兴元引兵屯凤州，请先运粮四十万斛，乃可出境。蜀主曰：“观思谦之意，安肯为朕进取！”然亦发兴州、

王景崇派原义成节度使酸枣人李彦舜等人迎接后蜀援军。丙申(二十一日),安思谦驻扎在宝鸡以西,后汉军队驻扎在宝鸡。安思谦派眉州刺史申贵率两千士兵奔赴模壁,在竹林中设下埋伏。丁酉(二十二日)早晨,申贵命几百士兵迫近宝鸡布阵,后汉军队驱逐他们,遇到埋伏而败退,后蜀军队乘胜追击,攻破宝鸡寨。后蜀军队离去,后汉军队又进入宝鸡。己亥(二十四日),安思谦进驻渭水之滨,后汉增兵五千戍守宝鸡。安思谦畏惧后汉军队,对众人说:"我军粮食少,敌人强大,应当以后再做打算。"辛丑(二十六日),退兵驻扎凤州,不久回到兴元。申贵是潞州人。

彰武节度使高允权与定难节度使李彝殷有隔阂,李守贞秘密向李彝殷请求援助,李彝殷派兵驻扎在延州、丹州的边境地区,听说官军包围了河中,于是撤兵。甲辰(二十九日),高允权把李彝殷的情况奏闻朝廷,李彝殷也自己申诉,朝廷让他们和解。

当初,沈丘人舒元、嵩山道士杨讷,都以游客身份谒见李守贞。李守贞被后汉围攻,让舒元改姓朱,杨讷改姓名为李平,从小路向南唐上表请求救援,南唐谏议大夫查文徽、兵部侍郎魏岑请求出兵接应李守贞。南唐国主命令北面行营招讨使李金全率领军队救援河中,任命清淮节度使刘彦贞为副招讨使,查文徽为监军使,魏岑为沿淮巡检使,在沂州的境内驻扎。李金全与众将正在一起吃饭,侦察骑兵报告有后汉士兵几百人在涧北,都是疲弱之人,请求袭击他们。李金全命令道:"敢说过涧的人斩首!"等到傍晚,伏兵四起,鸣金击鼓之声传出十多里地。李金全说:"不久前能和他们交战吗?"当时,南唐士卒厌恶打仗,没有斗志,而且河中路途遥远,南唐势力不能达到,十一月丙寅(二十一日),南唐军队退守海州。南唐国主给后汉隐帝写信谢罪,请求再通商旅,并且请求赦免李守贞,后汉朝廷不答复。

王景崇屡次向后蜀上表告急,后蜀国主命令安思谦再次出兵救援他。十二月壬午(初八)这天,安思谦从兴元领兵到凤州驻扎,请求先运输军粮四十万斛,才可以出境。后蜀国主说:"看安思谦的意思,他哪里愿意为我进兵攻取!"然而还是调发兴州、

兴元米数万斛以馈之。戊子，思谦进屯散关，遣马步使高彦俦、眉州刺史申贵击汉箭筈安都寨，破之。庚寅，思谦败汉兵于玉女潭，汉兵退屯宝鸡，思谦进屯模壁。韩保贞出新关，壬辰，军于陇州神前，汉兵不出，保贞亦不敢进。

赵晖告急于郭威，威自往赴之。时李守贞遣副使周光逊、裨将王继勋、聂知遇守城西，威戒白文珂、刘词曰："贼苟不能突围，终为我擒，万一得出，则吾不得复留于此。成败之机，于是乎在。贼之骁锐，尽在城西，我去必来突围，尔曹谨备之。"威至华州，闻蜀兵食尽引去，威乃还。韩保贞闻安思谦去，亦退保弓川寨。

隐帝乾祐二年春正月，郭威将至河中，白文珂出迎之。

戊申夜，李守贞遣王继勋等引精兵千馀人循河而南，袭汉栅，坎岸而登，遂入之，纵火大噪，军中狼狈不知所为。刘词神色自若，下令曰："小盗不足惊也。"帅众击之。客省使阎晋卿曰："贼甲皆黄纸，为火所照，易辨耳，奈众无斗志何！"裨将李韬曰："安有无事食君禄，有急不死斗者邪！"援稍先进，众从之。河中兵退走，死者七百人，继勋重伤，仅以身免。己酉，郭威至，刘词迎马首请罪。威厚赏之，曰："吾所忧正在于此。微兄健斗，几为虏嗤。然虏伎殚于此矣。"晋卿，忻州人也。

守贞之欲攻河西栅也，先遣人出酤酒于村墅，或赉与，不责其直，逻骑多醉，由是河中兵得潜行入寨，几至不守。

兴元的米几万斛送给他。戊子(十四日),安思谦进兵屯驻在散关,派遣马步使高彦俦、眉州刺史申贵攻击后汉箭筈岭安都寨,攻破了安都寨。庚寅(十六日),安思谦在玉女潭打败后汉军队,后汉军队撤退,在宝鸡驻扎,安思谦进军,在模壁驻扎。后蜀将领韩保贞从新关出兵,壬辰(十八日),在陇州神前驻军,后汉兵不出战,韩保贞也不敢进攻。

赵晖向郭威告急,郭威亲自赶赴华州。这时李守贞派遣副使周光逊、裨将王继勋、聂知遇防守河中城西,郭威告诫白文珂、刘词说:"贼军如果不能突围,最终会被我军擒获,万一能够冲出包围,那么我们就不能再留在这里了。成败的关键,就在于此。叛贼中的骁勇精锐部队全在城西,我一离去,他们必然来突围,你们要谨慎防备他们。"郭威到达华州,听说后蜀军队粮食吃完离去,郭威于是返回。韩保贞听说安思谦离去,也撤退保卫弓川寨。

后汉隐帝乾祐二年(949)春季正月,郭威将要到达河中,白文珂离开军营去迎接他。

戊申(初四)夜间,李守贞派遣王继勋等人带领精兵一千多人沿黄河南下,袭击后汉营栅,在堤岸上挖坑攀登而上,于是进入营栅,放火并大声呼喊,军营中狼狈不知所措。刘词神色自如,下达命令说:"小小盗贼不值得惊慌。"率领部众反击他们。客省使阎晋卿说:"贼军铠甲上都是黄纸甲,被火光照耀,容易辨认,但兵众没有斗志,怎么办?"裨将李韬说:"哪有没有事情时食用君主俸禄,有危急时却不拼死搏斗的道理呢?"说完拿着长矛带头前进,兵众跟随着他。河中军队退却逃走,战死七百人,王继勋受重伤,只身逃脱。己酉(初五),郭威来到,刘词迎着马头请求治罪。郭威重赏他,说:"我所担心的正在这里。没有兄弟你的勇猛搏斗,几乎被敌人嗤笑。然而敌人的伎俩到此就全用尽了。"阎晋卿是忻州人。

李守贞打算攻打黄河西岸的后汉营栅,先派人出城,到村舍卖酒,有的人赊账,就白给,不要酒钱,后汉巡逻的骑兵大多喝醉,因此河中的士兵得以偷偷地摸进后汉营寨,营寨几乎失守。

郭威乃下令："将士非犒宴，毋得私饮！"爱将李审，晨饮少酒，威怒曰："汝为吾帐下，首违军令，何以齐众！"立斩以徇。

诏以静州隶定难军。二月辛未，李彝殷上表谢。彝殷以中原多故，有轻傲之志，每藩镇有叛者，常阴助之，邀其重赂。朝廷知其事，亦以恩泽羁縻之。

夏四月，河中城中食且尽，民饿死者什五六。癸卯，李守贞出兵五千馀人，赍梯桥，分五道以攻长围之西北隅。郭威遣都监吴虔裕引兵横击之，河中兵败走，杀伤太半，夺其攻具。五月丙午，守贞复出兵，又败之，擒其将魏延朗、郑宾。壬子，周光逊、王继勋、聂知遇帅其众千馀人来降。守贞将士降者相继，威乘其离散，庚申，督诸军百道攻之。

赵思绾好食人肝，尝面剖而脍之，脍尽，人犹未死。又好以酒吞人胆，谓人曰："吞此千枚，则胆无敌矣。"及长安城中食尽，取妇女、幼稚为军粮，日计数而给之；每犒军，辄屠数百人，如羊豕法。思绾计穷，不知所出。郭从义使人诱之。

初，思绾少时，求为左骁卫上将军致仕李肃仆，肃不纳，曰："是人目乱而语诞，他日必为叛臣。"肃妻张氏，全义之女也，曰："君今拒之，后且为患。"乃厚以金帛遗之。及思绾据长安，肃闲居在城中，思绾数就见之，拜伏如故礼。肃曰："是子伛来，且污我。"欲自杀。妻曰："曷若劝之归国！"会思绾问自全之计，肃乃与判官程让能说思绾曰：

郭威于是下令："将士除犒赏宴饮外，不得私自饮酒！"爱将李审早晨喝了少量的酒，郭威大怒道："你是我的部下，带头违反军令，我怎么来统一众人！"立即斩首示众。

后汉隐帝下诏命令静州隶属定难军。二月辛未这一天，李彝殷上表谢罪。李彝殷见中原多事，便滋生了轻视傲慢的念头，每当藩镇有反叛的人，他便常常暗中帮助他们，向他们索取丰厚的贿赂。朝廷知道了他的事情，也用恩惠拉拢他。

夏季四月，河中城内粮食将要吃光，百姓饿死的有十分之五六。癸卯(三十日)，李守贞出兵五千多人，带着进攻用的梯桥，分五路来攻打长围的西北角。郭威派都监吴虔裕领兵拦腰攻击他们，河中军队战败逃跑，被杀伤一大半，他们进攻的器械被后汉军队缴获。五月丙午(初三)，李守贞再次出兵，后汉军队又打败了他们，擒获了他们的将领魏延朗、郑宾。壬子(初九)，周光逊、王继勋、聂知遇率领他们的部众一千多人前来投降。李守贞的将领与士兵投降的接连不断，郭威趁他的部众离散，庚申(十七日)，督促众军想尽一切办法攻打河中。

赵思绾喜欢吃人肝，曾经当面剖开活人的肚子，取出肝切成细丝炒来吃，吃完了，人还没死。又喜欢用酒吞食人胆，对人说："吞食这人胆一千个，就胆大无敌了。"等到长安城中粮食吃光的时候，取妇女、小孩作为军粮，每天按数目供给军队；每次犒劳军队，总是用如同杀猪宰羊的方法屠杀几百个人。赵思绾计谋用尽，不知出路何在。郭从义让人诱降他。

当初，赵思绾年少时，请求当已经退休的左骁卫上将军李肃的奴仆，李肃不收纳，说："这个人眼珠乱转而且说话荒诞，日后必定成为叛臣。"李肃的妻子张氏，是张全义的女儿，说："您现在拒绝他，以后将会成为祸患。"于是把很多黄金绢帛送给他。等到赵思绾占据长安，李肃正在城中闲住，赵思绾屡次前来看望他，伏地叩拜如同旧日礼节。李肃说："这小子屡次前来，将要玷污我。"想要自杀。妻子说："何不劝他归顺朝廷？"正赶上赵思绾前来请教自我保全的计策，李肃就和判官程让能劝赵思绾说：

"公本与国家无嫌,但惧罪耳。今国家三道用兵,俱未有功,若以此时翻然改图,朝廷必喜,自可不失富贵。孰与坐而待毙乎!"思绾从之,遣使诣阙请降。乙丑,以思绾为华州留后,都指挥使常彦卿为虢州刺史,令便道之官。

秋七月甲辰,赵思绾释甲出城受诏,郭从义以兵守其南门,复遣还城。思绾求其牙兵及铠仗,从义亦给之。思绾迁延,收敛财贿,三改行期。从义等疑之,密白郭威,请图之,威许之。壬子,从义与都监、南院宣徽使王峻按辔入城,处于府舍,召思绾酌别,因执之,并常彦卿及其父兄部曲三百人,皆斩于市。

甲寅,郭威攻河中,克其外郭。李守贞收馀众,退保子城。诸将请急攻之,威曰:"夫鸟穷则啄,况一军乎! 涸水取鱼,安用急为!"

壬戌,李守贞与妻及子崇勋等自焚。威入城,获其子崇玉等及所署宰相靖蜒、孙愿、枢密使刘芮、国师总伦等,送大梁,磔于市。征赵脩己为翰林天文。

威阅守贞文书,得朝廷权臣及藩镇与守贞交通书,词意悖逆,欲奏之。秘书郎榆次王溥谏曰:"魑魅乘夜争出,见日自消。愿一切焚之,以安反侧。"威从之。

戊辰,加永兴节度使郭从义同平章事,徙镇国节度使扈彦珂为护国节度使,以河中行营马步都虞候刘词为镇国节度使。

"您本来和朝廷并无嫌隙,只是畏惧获罪罢了。如今朝廷三路用兵,都没有成功,如果趁这时候翻然改图,朝廷一定高兴,自然能够不失掉富贵。这和坐以待毙相比,哪一个好呢?"赵思绾听从了他们的劝告,派遣使者到朝廷请求归降。乙丑(二十二日),后汉隐帝任命赵思绾为华州留后,都指挥使常彦卿为虢州刺史,命令他们走近路赴任。

秋季七月甲辰(初三),赵思绾脱掉铠甲出城接受隐帝的诏书,郭从义派兵把守长安南门,又送他回到城中。赵思绾索求他的牙兵和铠甲兵器,郭从义也给了他。赵思绾拖延时间,收取钱财贿赂,三次改变行期。郭从义等人怀疑他,秘密报告郭威,请求收拾他,郭威答应了他们的请求。壬子(十一日),郭从义和都监、南院宣徽使王峻紧扣马缰徐徐入城,停留在官府馆舍,召集赵思绾饮酒话别,乘机捉拿了他,连同常彦卿和赵思绾的父亲、兄弟和部下三百人,全部在街市上斩首。

甲寅(十三日)这天,郭威攻打河中,攻克河中外城。李守贞收集剩馀部众退守子城。众将请求赶快攻打子城,郭威说:"鸟走投无路就会啄人,何况是一支军队呢?等水干了再抓鱼,何必着急!"

壬戌(二十一日),李守贞与妻子及儿子李崇勋等人自焚而死。郭威进入城中,抓获了他的儿子李崇玉等人以及所委任的宰相靖蛟、孙愿、枢密使刘芮、国师总伦等人,押送到大梁,在大梁街市处以分裂肢体的极刑。隐帝征召赵脩己为翰林天文。

郭威阅读李守贞的公文书信,得到朝廷掌权大臣以及藩镇大员与李守贞来往的书信,词旨悖逆,打算上奏这些书信。秘书郎榆次人王溥劝谏说:"鬼魅趁着黑夜争着出来,见到太阳自然会消失。希望全部烧掉这些书信,来安定反复无常的人。"郭威听从了他的劝谏。

戊辰(二十七日),隐帝加封永兴节度使郭从义为同平章事,调任镇国节度使扈彦珂为护国节度使,任命河中行营马步都虞候刘词为镇国节度使。

八月戊戌，郭威至大梁，入见，帝劳之，赐金帛、衣服、玉带、鞍马，辞曰："臣受命期年，仅克一城，何功之有！且臣将兵在外，凡镇安京师、供亿所须、使兵食不乏，皆诸大臣居中者之力也，臣安敢独膺此赐！请遍赏之。"又议加领方镇，辞曰："杨邠位在臣上，未有茅土；且帷幄之臣，不可以弘肇为比。"九月壬寅，遍赐宰相、枢密、宣徽、三司、侍卫使九人，与威如一。帝欲特赏威，辞曰："运筹建画，出于庙堂；发兵馈粮，资于藩镇；暴露战斗，在于将士；而功独归臣，臣何以堪之！"乙巳，加威兼侍中，史弘肇兼中书令。辛亥，加窦贞固司徒，苏逢吉司空，苏禹珪左仆射，杨邠右仆射。诸大臣议，以朝廷执政溥加恩，恐藩镇觖望。乙卯，加天雄节度使高行周守太师，山南东道节度使安审琦守太傅，泰宁节度使符彦卿守太保，河东节度使刘崇兼中书令。己未，加忠武节度使刘信、天平节度使慕容彦超、平卢节度使刘铢并兼侍中。辛酉，加朔方节度使冯晖、定难节度使李彝殷兼中书令。冬十月壬申，加义武节度使孙方简、武宁节度使刘赟同平章事。壬午，加吴越王弘俶尚书令，楚王希广太尉。丙戌，加荆南节度使高保融兼侍中。议者以："郭威不专有其功，推以分人，信为美矣。而国家爵位，以一人立功而覃及天下，不亦滥乎！"

初，邢州人周璨为诸卫将军，罢秩无依，从王景崇西征，景崇叛，遂为谋主。赵晖急攻凤翔，周璨谓王景崇曰："公向与蒲、雍相表里，今二镇已平，蜀儿不足恃，不如降也。"

八月戊戌(二十七日)，郭威回到大梁，入朝谒见隐帝，隐帝慰劳他，赏赐黄金、绢帛、衣服、玉带、鞍马，郭威推辞说："臣下接受命令一年，只攻克一城，有什么功劳？而且臣下领兵在外，凡是镇守安定京城，供给军需物品，使军粮不缺乏，都是在朝各位大臣的力量，臣下怎么敢独自接受这些赏赐呢？请求都赏赐给他们。"隐帝又建议加授他藩镇职务，郭威推辞说："枢密使杨邠位置在臣之上，尚且不曾兼领藩镇之地；况且帷幄近臣，不可以与掌管侍卫兵的史弘肇相比。"九月壬寅(初二)，隐帝遍赐宰相、枢密使、宣徽使、三司使、侍卫使九个人，和郭威一样。隐帝打算特别赏赐郭威，郭威推辞说："运筹策划，出于朝廷；发兵运粮，依靠藩镇；暴露战斗，在于将士；然而把功劳只归于臣下一人，臣下怎么能承受得起此功呢？"乙巳(初五)，隐帝加封郭威兼侍中，史弘肇为兼中书令。辛亥(十一日)，加封窦贞固为司徒，苏逢吉为司空，苏禹珪为左仆射，杨邠为右仆射。众大臣议论，认为朝廷中执掌政权的大臣普遍加官受恩，恐怕各地藩镇埋怨失望。乙卯(十五日)，隐帝加封天雄节度使高行周为守太师，山南东道节度使安审琦为守太傅，泰宁节度使符彦卿为守太保，河东节度使刘崇为兼中书令。己未(十九日)，加官忠武节度使刘信、天平节度使慕容彦超、平卢节度使刘铢全都为兼侍中。辛酉(二十一日)，加封朔方节度使冯晖、定难节度使李彝殷为兼中书令。冬季十月壬申(初三)，加封义武节度使孙方简、武宁节度使刘赟为同平章事。壬午(十三日)，加封吴越王钱弘俶为尚书令，楚王马希广为太尉。丙戌(十七日)，加封荆南节度使高保融为兼侍中。议论此事的人认为："郭威不独占平叛功劳，把功劳推让分给众人，确实是高尚的行为。然而朝廷的爵位，因为一个人立功而遍及天下，不也太滥了吗？"

当初，邢州人周璨担任诸卫将军，被罢黜官阶，没有依靠，跟随王景崇西征，王景崇反叛，周璨于是成为谋主。赵晖加紧攻打凤翔，周璨对王景崇说："您过去与李守贞、赵思绾互为表里，现在他们两个藩镇已被平定，后蜀小儿不值得依赖，不如投降。"

景崇曰："善,吾更思之。"后数日,外攻转急。景崇谓其党曰："事穷矣,吾欲为急计。"乃谓其将公孙辇、张思练曰："赵晖精兵,多在城北,来日五鼓前,尔二人烧城东门诈降,勿令寇入,吾与周璨以牙兵出北门突晖军,纵无成而死,犹胜束手。"皆曰："善。"癸巳,未明,辇、思练烧东门请降,府牙火亦发。二将遣人诇之,景崇已与家人自焚矣。璨亦降。

王景崇说："好，我再想想这件事。"几天以后，城外围攻越来越急。王景崇对他的党羽说："事情已经走投无路了，我想采取应急计策。"于是对他的将领公孙辇、张思练说："赵晖的精锐部队大多处在城北，明天五鼓以前，你们二人焚烧东城门假装投降，不要叫敌寇进入，我与周璨率领牙兵出北门冲击赵晖的军队，纵使不能成功而战死，也比束手就擒强。"二人都说："好。"癸巳(二十四日)，天还没亮，公孙辇、张思练放火烧东城门请求投降，府衙内也燃起大火。二位将领派人查看府衙里的情况，王景崇已经和家人自焚而死了。周璨也投降了。

郭威篡汉 　刘旻据河东附

后汉高祖乾祐元年。帝自魏王承训卒，悲痛过甚。春正月甲子，始不豫。丁丑，帝大渐。召苏逢吉、杨邠、史弘肇、郭威入受顾命，曰：“承祐幼弱，后事托在卿辈。”是日，帝殂。

二月辛巳朔，立皇子左卫大将军、大内都点检承祐为周王、同平章事。宣遗制，令周王即皇帝位。丁亥，尊皇后曰皇太后。

苏逢吉等为相，多迁补官吏。杨邠以为虚费国用，所奏多抑之，逢吉等不悦。三月，中书侍郎兼户部尚书、同平章事李涛上疏言：“今关西纷扰，外御为急。二枢密皆佐命功臣，官虽贵而家未富，宜授以要害大镇。枢机之务在陛下目前，易以裁决，逢吉、禹珪自先帝时任事，皆可委也。”杨邠、郭威闻之，见太后泣诉，称：“臣等从先帝起艰难中，今天子取人言，欲弃之于外。况关西方有事，臣等何忍自取安逸，不顾社稷！若臣等必不任职，乞留过山陵。”

郭威篡汉 刘旻据河东附

后汉高祖乾祐元年（948）。高祖自从魏王刘承训去世后，悲伤过度。春季正月甲子（十四日），开始发病。丁丑（二十七日），高祖病危。召见苏逢吉、杨邠、史弘肇、郭威入宫接受顾命，高祖说："刘承祐年幼弱小，一切后事都寄托在众位爱卿身上了。"当天，高祖去世。

二月辛巳这天是初一，后汉立皇子左卫大将军、大内都点检刘承祐为周王、同平章事。接着宣读遗诏，命周王即皇帝位。丁亥（初七），尊皇后为皇太后。

苏逢吉等人担任宰相，大量提拔官员。杨邠认为这是在白白耗费国家钱财，在上奏的章表里多次贬责这种做法，苏逢吉等人很不高兴。三月，中书侍郎兼户部尚书、同平章事李涛上疏说："现在关西形势纷乱，抵御外寇入侵是当务之急。二位枢密使都是辅佐先帝创业的功臣，官阶虽然显贵但家中并不富裕，应当授予他们重要的大藩镇。枢密机要的事务摆在陛下眼前，容易进行裁决，苏逢吉、苏禹珪从先帝时就已任职理事，都可以委任。"杨邠、郭威听到这个消息之后，面见皇太后哭诉，说道："臣下等人跟随先帝在艰难中崛起，如今天子听信别人的谗言，打算把我们打发到朝外任职。况且，关西正有战事，臣下等人怎么忍心自我寻求舒适安逸，不顾国家的安危呢？倘若臣下等人必定不能在朝中任职的话，我们请求留在京城拜谒一下先帝的陵墓。"

太后怒,以让帝,曰:"国家勋旧之臣,奈何听人言而逐之!"帝曰:"此宰相所言也。"因诘责宰相。涛曰:"此疏臣独为之,他人无预。"丁丑,罢涛政事,勒归私第。

夏四月,帝与左右谋,以太后怒李涛离间,欲更进用二枢密,以明非帝意。左右亦疾二苏之专,欲夺其权,共劝之。壬午,制以枢密使杨邠为中书侍郎兼吏部尚书、同平章事,枢密使如故;以副枢密使郭威为枢密使;又加三司使王章同平章事。凡中书除官,诸司奏事,帝皆委邠斟酌。自是三相拱手,政事尽决于邠。事有未更邠所可否者,莫敢施行,遂成凝滞。三相每进拟用人,苟不出邠意,虽簿、尉亦不之与。邠素不喜书生,常言:"国家府廪实,甲兵强,乃为急务。至于文章礼乐,何足介意!"既恨二苏排己,又以其除官太滥,为众所非,欲矫其弊,由是艰于除拜,士大夫往往有自汉兴至亡不沾一命者;凡门荫及百司入仕悉罢之。虽由邠之愚蔽,时人亦咎二苏之不公所致云。

秋七月庚申,加枢密使郭威同平章事。

隐帝乾祐二年。三叛既平,帝浸骄纵,与左右狎昵。飞龙使瑕丘後匡赞、茶酒使太原郭允明以谄媚得幸,帝好与之为庾辞、丑语,太后屡戒之,帝不以为意。七月,

皇太后勃然大怒,拿这事来责备隐帝,说:"国家元勋旧臣,怎么能听信别人的几句话就驱逐他们!"隐帝回答说:"这是宰相说的。"于是皇太后又去责问宰相。李涛说:"这篇奏疏是臣下一人写的,其他人没有参预。"丁丑(二十八日),罢免李涛的官职,勒令他回到家中。

夏季四月,隐帝和身边的大臣商量,鉴于皇太后恼怒李涛离间君臣,打算再次进用杨邠、郭威二位枢密使,以便表明打发他们出朝并非皇帝的意思。大臣们也憎恨苏逢吉、苏禹珪专权,想剥夺他们的权力,所以一起劝说隐帝这样干。壬午(初三),朝廷下达制书任命枢密使杨邠为中书侍郎兼吏部尚书、同平章事,枢密使官职照旧;任命副枢密使郭威为枢密使;又加封三司使王章为同平章事。凡是中书省任命官员,各司上奏政事,隐帝都全权委托杨邠斟酌处理。从此以后,其他三位宰相全都失去了权力,一切政事都由杨邠一人决定。事情有未经杨邠认可的,没有人敢施行,于是形成了政事积压的局面。三位宰相每次拟定的进用人选,如果不是出自杨邠的心意,即使像主簿、县尉这样的小官也不授予。杨邠一向不喜欢书生,常常说:"国家的府库仓廪要充实,甲兵要强盛,这才是当务之急。至于文章礼乐,有什么值得在意的!"他既恨苏逢吉、苏禹珪曾经排斥自己,又因为他们二人原来任命官员太滥,被众人非难指责,想要矫正这一弊端,因此授官拜职就非常慎重,在职官吏往往有从后汉兴起到灭亡不曾受过一次升迁的人;凡是靠父祖馀荫得官的子弟以及各级官署入仕的低级官员,全部予以罢免。这虽然是由于杨邠的愚昧闭塞,但当时人们也归咎于苏逢吉、苏禹珪的办事不公。

秋季七月庚申(十三日)这天,隐帝加封枢密使郭威为同平章事。

后汉隐帝乾祐二年(949)。三叛平定以后,隐帝逐渐骄奢放纵起来,和身边的宠臣亲昵。飞龙使瑕丘人後匡赞、茶酒使太原人郭允明都因巧言献媚而得宠,隐帝平时喜欢和他们说隐语、脏话,皇太后多次告诫他,隐帝不把皇太后的话放在心上。七月,

太常卿张昭上言："宜亲近儒臣，讲习经训。"不听。昭，即昭远，避高祖讳改之。

三年夏四月，杨邠求解枢密使，帝遣中使谕止之。宣徽北院使吴虔裕在旁曰："枢密重地，难以久居，当使后来者迭为之，相公辞之是也。"帝闻之，不悦，辛巳，以虔裕为郑州防御使。

朝廷以契丹近入寇，横行河北，诸藩镇各自守，无扞御之者，议以郭威镇邺都，使督诸将以备契丹。史弘肇欲威仍领枢密使，苏逢吉以为故事无之。弘肇曰："领枢密使则可以便宜从事，诸军畏服，号令行矣。"帝卒从弘肇议。弘肇怨逢吉异议，逢吉曰："以内制外，顺也；今反以外制内，其可乎！"壬午，制以威为邺都留守、天雄节度使，枢密使如故。仍诏河北，兵甲钱谷，但见郭威文书立皆禀应。明日，朝贵会饮于窦贞固之第，弘肇举大觥属威，厉声曰："昨日廷议，一何同异！今日为弟饮之。"逢吉与杨邠亦举觥曰："是国家之事，何足介意！"弘肇又厉声曰："安定国家，在长枪大剑，安用毛锥！"王章曰："无毛锥，则财赋何从可出？"自是将相始有隙。

壬辰，以左监门卫将军郭荣为贵州刺史、天雄牙内都指挥使。荣本姓柴，父守礼，郭威之妻兄也，威未有子，时养以为子。

太常卿张昭进言道："陛下应该亲近儒臣,讲习经籍义理。"隐帝不肯听从。张昭就是张昭远,是为了避高祖刘知远的名讳而改名的。

三年(950)夏季四月,杨邠请求解除自己枢密使的职务,隐帝派遣中使前去劝导并阻止他。宣徽北院使吴虔裕在旁边说道："枢密院是国家政务重地,难以长久待在那里,应当让后来的人轮流担任那里的职务,杨相公辞去枢密使的要求是对的。"隐帝听了吴虔裕的话,很不高兴,辛巳(十四日),任命吴虔裕为郑州防御使。

后汉朝廷因为契丹军队近来入侵,横行黄河以北地区,藩镇都各保自身,没有出来抵抗契丹入侵的,便商议命令郭威去镇守邺都,让他督率众将来防备契丹。史弘肇打算让郭威仍然兼任枢密使之职,苏逢吉认为以往没有兼任枢密使出镇的先例。史弘肇说:"郭威兼领枢密使就可以在外根据情况灵活行事,各路军队因此畏惧服从,号令便畅行无阻了。"隐帝最终听从了史弘肇的建议。史弘肇怨恨苏逢吉持有不同意见,苏逢吉便说:"以朝内官员节制朝外官员,是名正言顺的;如今反过来以朝外官员来制约朝内官员,难道可以吗?"壬午(十五日),隐帝下达制书任命郭威为邺都留守、天雄节度使,枢密使职务照旧。同时诏命黄河以北地区的武器、铠甲、钱财、粮草,只要见到郭威签署的文书立即都按所需数目供应。第二天,朝廷权贵在窦贞固的宅第聚会宴饮,史弘肇举起大酒杯向郭威劝酒,并厉声说道:"昨日在朝廷中发表的议论,竟是那样不同!今日我为贤弟干了这杯。"苏逢吉、杨邠也举起酒杯说:"这都是为了国家大事,哪里值得介意呢?"史弘肇又厉声说:"安定国家,靠的是长枪利剑,哪里用得着毛笔呢?"王章反驳说:"没有毛笔,那么财货军赋又从何而出呢?"从此武将和文官之间开始有了矛盾。

壬辰(二十五日),后汉隐帝任命左监门卫将军郭荣为贵州刺史、天雄牙内都指挥使。郭荣本来姓柴,他的父亲柴守礼是郭威妻子的哥哥,郭威没有儿子,当时收养郭荣为子。

五月庚子，郭威辞行，言于帝曰："太后从先帝久，多历天下事，陛下富于春秋，有事宜禀其教而行之。亲近忠直，放远谗邪，善恶之间，所宜明审。苏逢吉、杨邠、史弘肇皆先帝旧臣，尽忠徇国，愿陛下推心任之，必无败失。至于疆场之事，臣愿竭其愚驽，庶不负驱策。"帝敛容谢之。

癸丑，王章置酒会诸朝贵，酒酣，为手势令，史弘肇不闲其事，客省使阎晋卿坐次弘肇，屡教之。苏逢吉戏之曰："旁有姓阎人，何忧罚爵！"弘肇妻阎氏，本酒家倡也，意逢吉讥之，大怒，以丑语诟逢吉，逢吉不应。弘肇欲殴之，逢吉起去。弘肇索剑欲追之，杨邠泣止之曰："苏公宰相，公若杀之，置天子何地？愿熟思之！"弘肇即上马去，邠与之联镳，送至其第而还。于是将相如水火矣。帝使宣徽使王峻置酒和解之，不能得。逢吉欲求出镇以避之，既而中止，曰："吾去朝廷，止烦史公一处分，吾齑粉矣！"王章亦忽忽不乐，欲求外官，杨、史固止之。

帝自即位以来，枢密使、右仆射、同平章事杨邠总机政，枢密使兼侍中郭威主征伐，归德节度使、侍卫亲军都指挥使兼中书令史弘肇典宿卫，三司使、同平章事王章掌财赋。邠颇公忠，退朝，门无私谒，虽不却四方馈遗，有余辄献之。弘肇督察京城，道不拾遗。是时承契丹荡覆之余，公私困竭，章捃摭遗利，吝于出纳，以实府库。属三叛连衡，

五月庚子(初三)，郭威辞行，向隐帝进言说："皇太后跟随先帝多年，经历很多天下大事，陛下您年纪尚轻，有大事应当禀承太后教诲然后再行动。亲近忠诚正直的君子，疏远谄谀邪恶的小人，善恶之间的界线，应当仔细分辨清楚。苏逢吉、杨邠、史弘肇都是先帝时期的元老旧臣，竭尽忠诚报效国家，希望陛下推心置腹任用他们，就一定不会坏事与失误的。至于边疆征战之事，臣下愿意竭尽自己的绵薄之力，决不会辜负陛下您的委任。"隐帝脸色严肃地向他致谢。

　　癸丑(十六日)，王章设置酒宴宴请各位朝廷权贵，饮酒尽兴，用手势行酒令，史弘肇平时不熟悉酒令，客省使阎晋卿座位紧挨着史弘肇，多次教他。苏逢吉戏弄史弘肇说："身旁有姓阎的人，何必担心罚酒！"史弘肇的妻子阎氏，原是酒家娼妓，史弘肇以为苏逢吉在讥讽他，勃然大怒，用肮脏的话诟骂苏逢吉，苏逢吉没还嘴。史弘肇想揍他，苏逢吉起身逃去。史弘肇寻找刀剑要追杀他，杨邠流着泪阻止他说："苏公是当朝宰相，您如果杀掉他，将天子放在什么位置呢？希望您仔细思考此事！"史弘肇立即上马离去，杨邠也上马与他并驾齐驱，送他到家才返回。于是武将与文官之间的关系就像水火一样不相容了。隐帝派遣宣徽使王峻摆设酒宴为他们劝和，没能成功。苏逢吉打算请求出朝到藩镇任职来躲避史弘肇，不久又放弃了这个念头，并说："我如果离开朝廷，只需劳烦史公做一个决定，我便粉身碎骨了！"王章也闷闷不乐，打算请求到朝外做官，杨邠、史弘肇一再阻止他。

　　后汉隐帝从即位以来，枢密使、右仆射、同平章事杨邠总理机要政务，枢密使兼侍中郭威主持军事，归德节度使、侍卫亲军都指挥使兼中书令史弘肇主管宫中警卫，三司使、同平章事王章掌管财货赋赋。杨邠特别尽忠为公，退朝后，门下没有私人谒见，虽然他不推却四方馈赠，但一有多馀就献给皇上。史弘肇监督视察京城，使京城路不拾遗。这时正好是在契丹大乱中原之后，官府、百姓财力匮乏，王章收集点滴馀利，把紧开支，以充实府库。虽然接着就有李守贞、王景崇、赵思绾三个藩镇的联合叛乱，

宿兵累年而供馈不乏。及事平，赐予之外，尚有馀积，以是国家粗安。

章聚敛刻急。旧制，田税每斛更输二升，谓之"雀鼠耗"，章始令更输二升，谓之"省耗"；旧钱出入皆以八十为陌，章始令入者八十，出者七十七，谓之"省陌"；有犯盐、矾、酒曲之禁者，锱铢涓滴，罪皆死；由是百姓愁怨。章尤不喜文臣，尝曰："此辈授之握算，不知纵横，何益于用！"俸禄皆以不堪资军者给之，吏已高其估，章更增之。

帝左右嬖倖浸用事，太后亲戚亦干预朝政，邠等屡裁抑之。太后有故人子求补军职，弘肇怒而斩之。武德使李业，太后之弟也，高祖使掌内帑，帝即位，尤蒙宠任。会宣徽使阙，业意欲之，帝及太后亦讽执政；邠、弘肇以为内使迁补有次，不可以外戚超居，乃止。内客省使阎晋卿次当为宣徽使，久而不补；枢密承旨聂文进、飞龙使後匡赞、翰林茶酒使郭允明皆有宠于帝，久不迁官，共怨执政。文进，并州人也。平卢节度使刘铢罢青州归，久奉朝请，未除官，常戟手于执政。

帝初除三年丧，听乐，赐伶人锦袍、玉带。伶人诣弘肇谢，弘肇怒曰："士卒守边苦战，犹未有以赐之，汝曹何功而得此！"皆夺以还官。帝欲立所幸耿夫人为后，邠以为太速；夫人卒，帝欲以后礼葬之，邠复以为不可。帝年益壮，厌为大臣所制。邠、弘肇尝议事于帝前，帝曰：

军队多年在外征战而供应却没有短缺。等到事态平息，除了赏赐以外，还有剩馀积蓄，因此国家基本安定。

王章征收赋税苛刻严厉。以往规定，田税每斛之外再交二升，将这叫作"雀鼠耗"，王章开始下令再交二升，称作"省耗"；以往钱币的支出、收入都以八十文为"陌"，王章开始下令收入的以八十文为"陌"，支出的以七十七文为"陌"，将这称作"省陌"；有违反盐、矾、酒曲禁令的，即使在数量上只有一两一钱、一点一滴，也都定为死罪；因此百姓都忧愁怨恨。王章尤其不喜欢文官，曾说："交给这帮人计数的筹码，他们却不知如何摆弄，有什么用处！"文官的俸禄都以不能充当军需的物品供给，有关官吏已对供给文官的物品超值估价，王章在其基础上再做超值估价。

后汉隐帝身边的宠臣逐渐掌权，皇太后的亲戚也干预朝政，杨邠等人屡次制止这种做法。皇太后有个旧友的儿子要求补个军职，史弘肇动怒斩杀了他。武德使李业是皇太后的弟弟，后汉高祖让他掌管宫内财物，等到隐帝即位，尤其受到宠幸与信任。正赶上宣徽使缺职，李业打算担任此职，隐帝和皇太后也暗示过执政大臣；杨邠、史弘肇认为内使的升迁递补有规定次序，不能因为是外戚而破格担任，于是作罢。内客省使阎晋卿按照规定次序应当担任宣徽使，但迟迟不能递补；枢密承旨聂文进、飞龙使後匡赞、翰林茶酒使郭允明都得到隐帝的宠爱，却长时间没有升迁官职，因此都怨恨执政大臣。聂文进是并州人。平卢节度使刘铢免职从青州归来后，很长时间内只是定期参加朝会，没有被任命官职，因此经常用手对执政权臣指指戳戳。

隐帝刚刚为高祖服丧三年期满，就听音乐，并赏赐艺人锦袍、玉带。艺人到史弘肇处告谢，史弘肇大怒道："士卒戍守边疆辛苦作战，还没有将这些东西赐给他们，你们这些人有什么功劳却得到这些赏赐！"全部没收还给官府。隐帝打算册立宠爱的耿夫人为皇后，杨邠认为太快；耿夫人去世，隐帝想用皇后的礼仪安葬她，杨邠又认为不可以。隐帝随着年龄逐渐增长，越来越厌恶被大臣所制约。杨邠、史弘肇曾在隐帝面前商议政事，隐帝说：

"审图之，勿令人有言！"邠曰："陛下但禁声，有臣等在。"帝积不能平，左右因乘间谮之于帝云："邠等专恣，终当为乱。"帝信之。尝夜闻作坊锻声，疑有急兵，达旦不寐。

司空、同平章事苏逢吉既与弘肇有隙，知李业等怨弘肇，屡以言激之。帝遂与业、文进、匡赞、允明谋诛邠等，议既定，入白太后。太后曰："兹事何可轻发！更宜与宰相议之。"业时在旁，曰："先帝尝言，朝廷大事不可谋及书生，懦怯误人。"太后复以为言，帝忿曰："国家之事，非闺门所知！"拂衣而出。十一月乙亥，业等以其谋告阎晋卿，晋卿恐事不成，诣弘肇第欲告之，弘肇以他故辞不见。

丙子旦，邠等入朝，有甲士数十自广政殿出，杀邠、弘肇、章于东庑下。文进亟召宰相、朝臣班于崇元殿，宣云："邠等谋反，已伏诛，与卿等同庆。"又召诸军将校至万岁殿庭，帝亲谕之，且曰："邠等以稚子视朕，朕今始得为汝主，汝等免横忧矣！"皆拜谢而退。又召前节度使、刺史等升殿谕之，分遣使者帅骑收捕邠等亲戚、党与、僎从，尽杀之。

弘肇待侍卫步军都指挥使王殷尤厚，邠等死，帝遣供奉官孟业赍密诏诣澶州及邺都，令镇宁节度使李洪义杀殷，又令邺都行营马军都指挥使郭崇威、步军都指挥使真定曹威杀郭威及监军、宣徽使王峻。洪义，太后之弟也。又急诏征天平军节度使高行周、平卢节度使符彦卿、

"仔细考虑一下，不要叫人有闲话！"杨邠说："陛下您只管闭口不出声，有臣等在。"隐帝的积怨长期不能消除，他身边的宠臣乘机向他进谗言诬陷杨邠等人，说："杨邠等人专权恣肆，最终定当犯上作乱。"隐帝相信了他们的话。隐帝曾经在夜晚听到从制造兵器的作坊传来打铁的声音，怀疑突然发生了战乱，到天亮都没能入睡。

司空、同平章事苏逢吉既已和史弘肇有了隔阂，了解到李业等人怨恨史弘肇，便多次用话来激他们。隐帝于是和李业、聂文进、后匡赞、郭允明谋划诛杀杨邠等人，商议已定，入内禀报皇太后。皇太后说："此事怎么可以轻易行动！应当再与宰相们商议一下。"李业当时在旁边，说："先帝曾经说过，朝廷大事不可同书生谋划，书生懦弱胆怯会误事害人。"皇太后又重复她刚才所说的话，隐帝于是生气地说："国家大事，不是女人能懂的！"拂袖而出。十一月乙亥（十二日），李业等人将他们的密谋告诉给阎晋卿，阎晋卿担心事情不能成功，到史弘肇家打算报告给他，史弘肇因为其他事推辞没有接见。

丙子（十三日）早晨，杨邠等人上朝，有披甲士兵几十人从广政殿冲出来，在东面廊下杀掉了杨邠、史弘肇、王章。聂文进急忙召集宰相、朝中大臣在崇元殿列班，宣布说："杨邠等人谋反，已经处决，与众位爱卿共同庆贺。"又召集各军将校到万岁殿庭中，隐帝亲自向他们宣布了这件事，并且说："杨邠等人把朕当作小孩子来看待，朕今天才得以成为你们的君主，你们这些人可以免遭不测的了！"众人都拜谢退下。隐帝又召集在京的原节度使、刺史等官员上殿宣布此事，分头派遣使者率领骑兵逮捕杨邠等人的亲戚、党羽、随从，将他们全部杀死。

史弘肇对侍卫步军都指挥使王殷特别好，杨邠等人死后，隐帝派供奉官孟业携带密诏到澶州和邺都，命镇宁节度使李洪义杀掉王殷，又命邺都行营马军都指挥使郭崇威、步军都指挥使真定人曹威杀掉郭威以及监军、宣徽使王峻。李洪义是皇太后的弟弟。又紧急下诏征调天平节度使高行周、平卢节度使符彦卿、

永兴节度使郭从义、泰宁节度使慕容彦超、匡国节度使薛怀让、郑州防御使吴虔裕、陈州刺史李縠入朝。以苏逢吉权知枢密院事，前平卢节度使刘铢权知开封府，侍卫马军都指挥使李洪建权判侍卫司事，内侍省使阎晋卿权侍卫马军都指挥使。洪建，业之兄也。

时中外人情忧骇，苏逢吉虽恶弘肇，而不预李业等谋，闻变惊愕。私谓人曰："事太匆匆，主上傥以一言见问，不至于此。"业等命刘铢诛郭威、王峻之家，铢极其惨毒，婴孺无免者。命李洪建诛王殷之家，洪建但使人守视，仍饮食之。

丁丑，使者至澶州，李洪义畏懦，虑王殷已知其事，不敢发，乃引孟业见殷；殷因业，遣副使陈光穗以密诏示郭威。威召枢密吏魏仁浦，示以诏书曰："奈何？"仁浦曰："公，国之大臣，功名素著，加之握强兵，据重镇，一旦为群小所构，祸出非意，此非辞说所能解。时事如此，不可坐而待死。"威乃召郭崇威、曹威及诸将，告以杨邠等冤死及有密诏之状，且曰："吾与诸公，披荆棘，从先帝取天下，受托孤之任，竭力以卫国家。今诸公已死，吾何心独生！君辈当奉行诏书，取吾首以报天子，庶不相累。"郭崇威等皆泣曰："天子幼冲，此必左右群小所为，若使此辈得志，国家其得安乎！崇威愿从公入朝自诉，荡涤鼠辈以清朝廷，不可为单使所杀，受千载恶名。"翰林天文赵修己谓郭威曰："公徒死何益！不若顺众心，拥兵而南，此天启也。"郭威乃留其养子荣镇邺都，命郭崇威将骑兵前驱。戊寅，自将大军继之。

永兴节度使郭从义、泰宁节度使慕容彦超、匡国节度使薛怀让、郑州防御使吴虔裕、陈州刺史李毂入京。任命苏逢吉暂时主持枢密院事,原平卢节度使刘铢暂时主持开封府事,侍卫马军都指挥使李洪建暂时掌管侍卫司事,内侍省使阎晋卿代理侍卫马军都指挥使。李洪建是李业的哥哥。

当时朝廷内外人心惶惶,苏逢吉虽然厌恶史弘肇,然而没有参预李业等人的密谋,闻知发生事变后十分惊愕。他私下里对人说:"事情干得太仓促,皇上倘若问我一句,那就不会到这个地步。"李业等人命令刘铢诛杀郭威、王峻的家属,刘铢极其凶残狠毒,连婴儿小孩都没有幸免于难的。命令李洪建诛杀王殷的家属,李洪建只是派人守卫监视,仍旧供应王殷家属饮食。

丁丑(十四日),朝廷使者孟业到达澶州,李洪义畏缩胆怯,担心王殷已经知道此事,不敢动手,于是带着孟业去见王殷;王殷囚禁了孟业,派遣副使陈光穗把密诏拿给郭威看。郭威召见枢密吏魏仁浦,把诏书拿给他看,说:"怎么办呢?"魏仁浦说:"郭公您是国家的大臣,功勋名声一向卓著,加上掌握强兵,据守重镇,一下子被小人们所诬陷,灾祸出于不测,这不是用言辞所能解释的。事态已经如此,不能坐以待毙。"郭威于是召集郭崇威、曹威以及众将,告诉他杨邠等人含冤而死以及有密诏的情况,并且说:"我与杨邠等人,披荆斩棘,跟随先帝夺取天下,接受托孤的重任,尽心竭力来保卫国家。如今杨邠等人已死,我还有什么心思独自活着!你们各位应当执行诏书指令,斩下我的头来禀报天子,这样或许能不受牵累。"郭崇威等人都流着泪说:"天子年少,这必定是天子身边的小人们干的,如果让这帮小人得志猖狂,国家怎么能够安宁呢?崇威我情愿跟随您入朝亲自申诉,扫除那些鼠辈来肃清朝廷,切不可为一个使者所杀,蒙受千古恶名。"翰林天文赵修己对郭威说:"您白白送死有什么好处!不如顺应众人之心,领兵南行,这是天赐良机啊。"郭威于是留下他的养子郭荣镇守邺都,命令郭崇威率领骑兵在前面开路。戊寅(十五日),自己率领大军跟进。

慕容彦超方食,得诏,舍匕箸入朝。帝悉以军事委之。己卯,吴虔裕入朝。

帝闻郭威举兵南向,议发兵拒之。前开封尹侯益曰:"邺都戍兵家属皆在京师,官军不可轻出,不若闭城以挫其锋,使其母妻登城招之,可不战而下也。"慕容彦超曰:"侯益衰老,为懦夫计耳。"帝乃遣益及阎晋卿、吴虔裕、前保大节度使张彦超将禁军趣澶州。

是日,郭威已至澶州,李洪义纳之。王殷迎谒恸哭,以所部兵从郭威涉河。帝遣内养鸾脱觇郭威,威获之,以表置鸾脱衣领中,使归白帝曰:"臣昨得诏书,延颈俟死。郭崇威等不忍杀臣,云此皆陛下左右贪权无厌者谮臣耳,逼臣南行,诣阙请罪。臣求死不获,力不能制。臣数日当至阙廷。陛下若以臣为有罪,安敢逃刑!若实有谮臣者,愿执付军前以快众心。臣敢不抚谕诸军,退归邺都!"

庚辰,郭威趣滑州。辛巳,义成节度使宋延渥迎降。延渥,洛阳人,其妻高祖女永宁公主也。郭威取滑州库物以劳将士,且谕之曰:"闻侯令公已督诸军自南来,今遇之,交战则非入朝之义,不战则为其所屠。吾欲全汝曹功名,不若奉行前诏,吾死不恨。"皆曰:"国家负公,公不负国,所以万人争奋,如报私仇,侯益辈何能为乎!"王峻徇于众曰:"我得公处分,俟克京城,听旬日剽掠。"众皆踊跃。

慕容彦超正在吃饭，接到隐帝的诏书，放下汤勺筷子就赶紧起身入京。隐帝把军事都委托给了他。己卯（十六日），吴虔裕入京。

隐帝闻知郭威领兵向南进发，商议发兵抵抗他们。原开封尹侯益说："邺都戍兵的家属都在京城，官府军队不可轻易出击，不如紧闭城门来挫伤他们的锐气，让他们的母亲妻子登上城墙招呼他们回来，就可以不战而胜了。"慕容彦超说："侯益已经衰老，只会提出软弱无能的计策。"隐帝于是派遣侯益以及阎晋卿、吴虔裕、原保大节度使张彦超率领禁军赶赴澶州。

这天，郭威已经到达澶州，李洪义迎纳郭威。王殷迎接拜见时失声痛哭，率领所统辖的军队跟随郭威渡过黄河。隐帝派遣太监鸶脱暗中观察郭威的动静，郭威抓获了他，把上奏的表章放在鸶脱的衣领中，让他回去告诉隐帝说："臣下昨日接到诏书，伸着脖子等死。郭崇威等人不忍心杀害臣下，说这都是陛下您身边贪图权势不知满足的人进谗言陷害我，便逼着我向南行进，到宫阙之下请罪。臣下求死不得，又没有力量控制他们。臣下在几天之内就会到达宫廷。陛下您如果认为臣下有罪，臣下岂敢逃避刑罚！如果确实有进谗言诬陷臣下的小人，希望抓获他们交付军前，以快慰众人之心。臣下怎敢不安抚晓谕各军，撤退返回邺都！"

庚辰（十七日），郭威赶赴滑州。辛巳（十八日），义成节度使宋延渥出滑州城迎接并投降。宋延渥是洛阳人，他的妻子是后晋高祖的女儿永宁公主。郭威取出滑州府库存的财物慰劳将士，并且晓谕他们说："听说侯令公已经督率各军从南面而来，如今遇上他们，交战就违背了入京的本义，不战就会被他们所屠杀。我想成全你们的功名，不如执行先前的诏令，我死了也没有遗憾。"众将士都说："朝廷对不起您，您没有对不起朝廷，因此万人奋勇争先，如同各报私仇一样，侯益一伙能有什么作为呢？"王峻向部众宣布说："我已得到郭公的指示，等到攻克京城，准许抢掠十天。"众人都欢腾雀跃。

　　辛巳，鸾脱至大梁。前此帝议自往澶州，闻郭威已至河上而止。帝甚有悔惧之色，私谓窦贞固曰："属者亦太草草。"李业等请倾府库以赐诸军，苏禹珪以为未可，业拜禹珪于帝前，曰："相公且为天子勿惜府库。"乃赐禁军人二十缗，下军半之。将士在北者给其家，仍使通家信以诱之。

　　壬午，郭威军至封丘，人情恟惧。太后泣曰："不用李涛之言，宜其亡也！"慕容彦超恃其骁勇，言于帝曰："臣视北军犹蠛蠓耳，当为陛下生致其魁。"退，见聂文进，问北来兵数及将校姓名，颇惧，曰："是亦剧贼，未易轻也！"帝复遣左神武统军袁爰、前威胜节度使刘重进等帅禁军与侯益等会屯赤冈。爰，象先之子也。彦超以大军屯七里店。

　　癸未，南、北军遇于刘子陂。帝欲自出劳军，太后曰："郭威吾家勋旧，非死亡切身，何至此！但按兵守城，飞诏谕之，观其志趣，必有辞理，则君臣之礼尚全，慎勿轻出。"帝不从。时扈从军甚盛，太后遣使戒聂文进曰："大须在意！"对曰："有臣在，虽郭威百人，可擒也！"至暮，两军不战，帝还宫。慕容彦超大言曰："陛下来日宫中无事，幸再出观臣破贼。臣不必与之战，但叱散使归营耳！"

　　甲申，帝欲再出，太后力止之，不可。既陈，郭威戒其众曰："吾来诛群小，非敢敌天子也，慎勿先动。"久之，慕容

辛巳（十八日），鸾辂到达京城大梁。在此之前，隐帝提议准备亲自前往澶州，听说郭威已经到达黄河边上而作罢。隐帝颇有后悔恐惧的神色，私下对窦贞固说："先前也太草率了。"李业等人请求倾尽官府仓库来赏赐各军，苏禹珪认为不可以，李业在隐帝面前向苏禹珪叩拜，说："相公您暂且为了天子而不要吝惜官府仓库的物资。"于是赏赐禁军每人二十缗钱，下等军队减半。将士有在北面郭威军队中的，发给他们的家属，还让这些家属写家信来引诱他们。

壬午（十九日），郭威的军队到达封丘，人心惶惶。皇太后哭泣说："当初不用李涛的建议，自该灭亡啊！"慕容彦超倚仗自己勇猛，向隐帝进言说："臣下看北方的军队犹如小虫罢了，必当为陛下您活捉他们的魁首！"退朝后，慕容彦超见到聂文进，询问北方来的军队的数量和将校姓名，颇感恐惧，说："这也是强贼劲敌，还不能轻看他们啊！"隐帝又派遣左神武统军袁羲、原威胜节度使刘重进等人率领禁军与侯益等人会合在赤冈驻扎。袁羲是袁象先的儿子。慕容彦超率领大军在七里店驻扎。

癸未（二十日），南、北两方军队在刘子陂相遇。隐帝准备亲自出去慰劳军队，皇太后说："郭威是我们刘家的功勋旧臣，如果不是关系到自己的生死，哪里会到这个地步！只要按兵不动守在城中，紧急传诏开导他，观察他的志向，必定有可以解释的道理，那么君臣之间的礼仪就还可以保全，千万不要轻易出去。"隐帝不听从。当时，扈从军队很多，皇太后派遣使者告诫聂文进说："必须非常留意！"聂文进回答说："有臣下在，即使有一百个郭威，也可捉来！"到了傍晚，南、北两方也没有交战，隐帝返回宫中。慕容彦超对隐帝说大话道："陛下明日如果宫中没事，恭请您再次出来观看臣下如何攻破贼军。臣下不必和他们交战，只须喝散他们，让他们返回营地！"

甲申（二十一日），隐帝想再次出城，皇太后极力阻止他，隐帝不答应。既已摆好战阵，郭威告诫他的部众说："我来诛杀这帮小人，不敢与天子对抗，千万不要首先动手。"过了好久，慕容

彦超引轻骑直前奋击，郭崇威与前博州刺史李荣帅骑兵拒之。彦超马倒，几获之。彦超引兵退，麾下死者百馀人，于是诸军夺气，稍稍降于北军。侯益、吴虔裕、张彦超、袁𡻕、刘重进皆潜往见郭威，威各遣还营，又谓宋延渥曰："天子方危，公近亲，宜以牙兵往卫乘舆，且附奏陛下，愿乘间早幸臣营。"延渥未至御营，乱兵云扰，不敢进而还。比暮，南军多归于北。慕容彦超与麾下十馀骑奔还兖州。

是夕，帝独与三相及从官数十人宿于七里寨，馀皆逃溃。乙酉旦，郭威望见天子旌旗在高阪上，下马免胄往从之，至则帝已去矣。帝策马将还宫，至玄化门，刘铢在门上，问帝左右："兵马何在？"因射左右。帝回辔，西北至赵村，追兵已至。帝下马入民家，为乱兵所弑。苏逢吉、阎晋卿、郭允明皆自杀。聂文进挺身走，军士追斩之。李业奔陕州，後匡赞奔兖州。郭威闻帝遇弑，号恸曰："老夫之罪也！"

威至玄化门，刘铢雨射城外。威自迎春门入，归私第，遣前曹州防御使何福进将兵守明德门。诸军大掠，通夕烟火四发。

军士入前义成节度使白再荣之第，执再荣，尽掠其财，既而进曰："某等昔尝趋走麾下，一旦无礼至此，何面目复见公！"遂刎其首而去。吏部侍郎张允，家赀以万计，而性吝，虽妻亦不之委，常自系众钥于衣下，行如环珮。是夕，匿于佛殿藻井之上，登者浸多，板坏而坠，军士掠其衣，遂以冻卒。

彦超带领轻装骑兵径直向前猛烈攻击,郭崇威与原博州刺史李荣统帅骑兵进行抵抗。慕容彦超坐骑跌倒,差点被抓获。慕容彦超领兵撤退,部下战死一百多人,于是南军各部丧失了士气,逐渐向北方军队投降。侯益、吴虔裕、张彦超、袁羲、刘重进都暗中前去拜见郭威,郭威分别打发他们回营,又对宋延渥说:"天子正处于危难之中,您是天子的近亲,应该带领牙兵去保卫天子,并且附带启奏陛下,希望找机会及早驾临臣下的军营。"宋延渥尚未到达天子营帐,乱兵纷扰,宋延渥不敢前进,于是退回。到天黑,南军大多投归北面。慕容彦超与部下十几名骑兵奔回兖州。

当天晚上,隐帝仅与窦贞固、苏逢吉、苏禹珪三位宰相以及随从官员几十人在七里寨住宿,其余人全部逃跑溃散。乙酉(二十二日)早晨,郭威望见天子的旌旗在高坡上,便下马摘去头盔跟随过去,到达后隐帝已经离去了。隐帝扬鞭策马准备回宫,到达大梁玄化门,刘铢在城门楼上,问隐帝周围的人:"兵马在什么地方?"于是向隐帝身边的人射箭。隐帝掉转马头,往西北到达赵村,追兵已经赶到。隐帝下马进入百姓家中,被乱兵所杀。苏逢吉、阎晋卿、郭允明都自杀了。聂文进独自脱身逃跑,被军士追上斩杀。李业逃奔陕州,后匡赞逃奔兖州。郭威听说隐帝遇害,嚎啕痛哭道:"这是老夫的罪过啊!"

郭威到达玄化门,刘铢像雨点似的向城外射箭。郭威从迎春门入城,回到私人宅第,派遣原曹州防御使何福进率领军队把守明德门。各军大肆抢掠,整夜烟火四起。

军士进入原义成节度使白再荣家,抓住白再荣,把他家的财物抢了个精光,然后对白再荣说:"我们从前曾经在您手下奔走,一时无礼到这种地步,还有什么脸面再见您呢?"于是割下白再荣的头离去。吏部侍郎张允家产数以万计,然而生性吝啬,即使是自己妻子也不让管钱,常将所有的钥匙系在自己的衣服里边,走起路来叮当作响如同佩戴着玉。这天晚上,他藏在佛堂天花板的上面,登上去躲藏的人逐渐增多,天花板被压坏而坍塌下来,军士乘机抢走了他身上穿的衣服,张允于是因受冻而死。

初,作坊使贾延徽有宠于帝,与魏仁浦为邻,欲并仁浦所居以自广,屡谮仁浦于帝,几至不测。至是,有擒延徽以授仁浦者,仁浦谢曰:"因乱而报怨,吾所不为也。"郭威闻之,待仁浦益厚。

右千牛卫大将军枣强赵凤曰:"郭侍中举兵,欲诛君侧之恶以安国家耳;而鼠辈敢尔,乃贼也,岂侍中意邪!"执弓矢,踞胡床,坐于巷首,掠者至,辄射杀之,里中皆赖以全。

丙戌,获刘铢、李洪建,囚之。铢谓其妻曰:"我死,汝且为人婢乎?"妻曰:"以公所为,雅当然耳!"

王殷、郭崇威言于郭威曰:"不止剽掠,今夕止有空城耳。"威乃命诸将分部禁止掠者,不从则斩之。至晡,乃定。

窦贞固、苏禹珪自七里寨逃归,郭威使人访求得之,寻复其位。贞固为相,值杨、史弄权,李业等作乱,但以凝重处其间,自全而已。

郭威命有司迁隐帝梓宫于西宫。或请如魏高贵乡公故事,葬以公礼,威不许,曰:"仓猝之际,吾不能保卫乘舆,罪已大矣,况敢贬君乎!"

太师冯道帅百官谒见郭威,威见,犹拜之。道受拜如平时,徐曰:"侍中此行不易!"

丁亥,郭威帅百官诣明德门起居太后,且奏称:"军国事殷,请早立嗣君。"太后诰称:"郭允明弑逆,神器不可

当初,作坊使贾延徽得到隐帝的宠爱,他与魏仁浦是邻居,打算吞并魏仁浦所居住的房屋来扩大自己的宅地,因此屡次向隐帝说坏话诬陷魏仁浦,魏仁浦几乎遭到杀身之祸。到了这时,有人抓获了贾延徽并把他交给魏仁浦,魏仁浦拒绝说:"乘着大乱而报复私怨,我是不做的。"郭威听说此事后,对魏仁浦更加看重。

右千牛卫大将军枣强人赵凤说:"郭侍中起兵,只是要诛杀国君身边的恶人来安定国家罢了;然而他手下的无名鼠辈竟敢如此胡作非为,已成为盗贼了,这哪里是郭侍中的本意呢?"于是手持弓箭,端坐绳床,坐在里巷的出入口,抢掠的军士一到,就用箭射杀他们,同里的人家都依赖他而得以保全。

丙戌(二十三日),郭威抓获刘铢、李洪建,将他二人囚禁起来。刘铢对妻子说:"我死了以后,你会不会成人家的奴婢?"妻子回答说:"按您平时的所作所为,确实会这样的!"

王殷、郭崇威向郭威进言说:"如果不制止抢掠,今晚大梁就只剩下一座空城了。"郭威于是命令众将约束所部士兵禁止抢掠,不服从的就立即斩杀。到了黄昏,大梁城才安定下来。

窦贞固、苏禹珪从七里寨逃跑回来,郭威派人寻访找到他们二人,不久又让他们官复原职。窦贞固担任宰相时,正值杨邠、史弘肇滥用职权,李业等人发难作乱,他只是以谨慎稳重的态度处于两派势力之间,自我保全罢了。

郭威命令有关部门将后汉隐帝的棺材迁到西宫。有人请求按照三国时魏国高贵乡公的旧例,用对待公的礼仪安葬隐帝,郭威不允许,说:"仓促之间,我不能保卫好天子,罪责已经够大了,还敢再贬低国君吗?"

太师冯道率领百官拜见郭威,郭威见到冯道,仍向他行拜礼。冯道像平时一样接受拜礼,慢条斯理地说:"侍中您这一趟来得不容易啊!"

丁亥(二十四日)这一天,郭威率领文武百官到明德门向皇太后请安,并且上奏说:"军国政事繁多,请及早确立嗣位的国君。"皇太后发布诰令说:"郭允明大逆不道杀害君主,但君位不可

无主；河东节度使崇，忠武节度使信，皆高祖之弟，武宁节度使赟，开封尹勋，高祖之子，其令百官议择所宜。"赟，崇之子也，高祖爱之，养视如子。郭威、王峻入见太后于万岁宫，请以勋为嗣。太后曰："勋久羸疾不能起。"威出谕诸将，诸将请见之，太后令左右以卧榻举之示诸将，诸将乃信之。于是郭威与峻议立赟。己丑，郭威帅百官表请以赟承大统。太后诰所司，择日，备法驾迎赟即皇帝位。郭威奏遣太师冯道及枢密直学士王度、秘书监赵上交诣徐州奉迎。

郭威之讨三叛也，每见朝廷诏书，处分军事皆合机宜，问使者："谁为此诏？"使者以翰林学士范质对。威曰："宰相器也。"入城，访求得之，甚喜。时大雪，威解所服紫袍衣之，令草太后诰令，迎新君仪注。苍黄之中，讨论撰定，皆得其宜。

初，隐帝遣供奉官押班阳曲张永德赐昭义节度使常思生辰物。永德，郭威之婿也。会杨邠等诛，密诏思杀永德。思素闻郭威多奇异，囚永德以观变，及威克大梁，思乃释永德而谢之。

庚寅，郭威帅群臣上言："比皇帝到阙，动涉浃旬，请太后临朝听政。"

壬辰，太后始临朝，以王峻为枢密使，袁羲为宣徽南院使，王殷为侍卫马步军都指挥使，郭崇威为侍卫马军都指挥使，曹威为侍卫步军都指挥使，陈州刺史李谷权判三司。

无主;河东节度使刘崇,忠武节度使刘信,都是高祖的弟弟,武宁节度使刘赟,开封尹刘勋,都是高祖的儿子,就让百官商议选择最合适的吧。"刘赟是刘崇的儿子,后汉高祖十分喜欢他,将他如同自己亲生儿子一样养育。郭威、王峻进入皇宫,在万岁宫谒见皇太后,请求让刘勋做皇位继承人。皇太后说:"刘勋长期体弱多病不能起床。"郭威出来后告知众将,众将请求面见刘勋,皇太后于是命令身边侍者用卧榻抬着刘勋给众将看,众将这才相信。于是郭威和王峻商议拥立刘赟继位。己丑(二十六日),郭威率领百官上表请求让刘赟继承帝位。皇太后下诰命令有关部门,选定良辰吉日,准备天子车马迎接刘赟即皇帝位。郭威上奏派遣太师冯道以及枢密直学士王度、秘书监赵上交亲自到徐州恭迎。

郭威领兵讨伐三镇叛乱的时候,每次见到朝廷诏书,对军事的处理意见都符合当时的实际情况,便问使者道:"谁起草的这诏书?"使者回答说是翰林学士范质。郭威说:"他真有做宰相的才能啊。"等进入京城大梁后,寻访找到了范质,十分欢喜。当时,天正下着大雪,郭威就脱下自己身上穿的紫袍给范质穿上,命他起草皇太后发布的诰令和迎接新国君的礼仪规则。匆忙之中,讨论写定,写得都十分贴切。

当初,隐帝派遣供奉官押班阳曲人张永德将生日礼物赐给昭义节度使常思。张永德是郭威的女婿。正赶上杨邠等人被诛杀,有绝密诏书命令常思杀掉张永德。常思一向听说郭威身上颇有些奇异的征兆,便囚禁张永德来观察事态的变化,等到郭威攻克大梁,常思便释放了张永德并向他谢罪。

庚寅(二十七日),郭威率领君臣上言说:"等皇帝到达宫阙,行程至少需要十天,请求太后临朝听政。"

壬辰(二十九日),皇太后开始临朝,任命王峻为枢密使,袁㐅为宣徽南院使,王殷为侍卫马步军都指挥使,郭崇威为侍卫马军都指挥使,曹威为侍卫步军都指挥使,陈州刺史李榖暂时代理三司事务。

刘铢、李洪建及其党皆枭首于市,而赦其家。郭威谓公卿曰:"刘铢屠吾家,吾复屠其家,怨仇反覆,庸有极乎!"由是数家获免。王殷屡为洪建请免死,郭威不许。后匡赞至兖州,慕容彦超执而献之。李业至陕州,其兄保义节度使洪信不敢匿于家。业怀金将奔晋阳,至绛州,盗杀之而取其金。

镇州、邢州奏:"契丹主将数万骑入寇,攻内丘,五日不克,死伤甚众。有戍兵五百叛应契丹,引契丹入城,屠之,又陷饶阳。"太后敕郭威将大军击之,国事权委窦贞固、苏禹珪、王峻,军事委王殷。十二月甲午朔,郭威发大梁。

丁酉,以翰林学士、户部侍郎范质为枢密副使。

武宁节度使赟留右都押牙巩廷美、元从教练使杨温守徐州,与冯道等西来,在道仗卫,皆如王者,左右呼万岁。郭威至滑州,留数日,赟遣使慰劳。诸将受命之际,相顾不拜,私相谓曰:"我辈屠陷京城,其罪大矣;若刘氏复立,我辈尚有种乎!"己酉,威闻之,即引兵趣澶州。

辛亥,遣苏禹珪如宋州迎嗣君。

壬子,郭威渡河,馆于澶州。癸丑旦,将发,将士数千人忽大噪,威命闭门,将士逾垣登屋而入曰:"天子须侍中自为之,将士已与刘氏为仇,不可立也!"或裂黄旗以被威体,共扶抱之,呼万岁震地,因拥威南行。威乃上太后笺,请奉

刘铢、李洪建及其党徒都在街市上被斩首并悬挂首级示众，而他们的家属都被赦免了。郭威对公卿大臣们说："刘铢屠杀我的家属，我再屠杀他的家属，翻来覆去报复怨仇，哪里有个头呢？"由此这几家获得赦免。王殷屡次为李洪建请求免除死刑，郭威不允许。後匡赞到达兖州，慕容彦超将他抓获并献给朝廷。李业到达陕州，他的哥哥保义节度使李洪信不敢把他藏在自己家中。李业只好带着金子准备投奔晋阳，到达绛州时，盗贼杀掉李业并取走了他的金子。

镇州、邢州奏报说："契丹国主率领数万骑兵入侵，攻打内丘，连续五日不能攻克，死伤很多。有戍兵五百人叛变策应契丹，领契丹军队入内丘城，屠杀居民，又攻陷饶阳。"皇太后敕命郭威率大军前去攻打契丹，国家政事暂时委托给窦贞固、苏禹珪、王峻，军事委托给王殷。十二月甲午是初一，郭威从大梁出发。

丁酉（初四），后汉朝廷任命翰林学士、户部侍郎范质为枢密副使。

武宁节度使刘赟留下右都押牙巩廷美、元从教练使杨温守卫徐州，与冯道等人向西而来，在路上的仪仗警卫，都按照天子的规格，左右随从人员高呼万岁。郭威到达滑州，停留数日，刘赟派遣使者前来慰劳。众将接受犒赏赐命的时候，面面相觑不肯下拜，私下又相互说："我们这些人攻陷京城，屠杀吏民，罪行太大；如果刘氏再次立为国君，我们这些人还会有后代吗？"己酉（十六日），郭威闻知这种情况，立即率领军队赶赴澶州。

辛亥（十八日），后汉朝廷派遣苏禹珪到宋州迎接嗣君刘赟。

壬子（十九日），郭威渡过黄河，住在澶州驿馆。癸丑（二十日）这天的早晨，将要出发时，将领士兵数千人忽然大声喧哗，郭威立即下令关上房门，将士们翻越墙头登上屋顶进入郭威房中说道："天子必须由侍中您自己来做，我们这些将士已经和刘氏结仇了，不可以再立刘氏为君！"有人撕裂黄旗，把它披在郭威的身上，共同扶抱起郭威，呼喊万岁的声音震天动地，趁势簇拥着郭威向南行进。郭威于是向皇太后上奏笺，请求由自己侍奉

汉宗庙，事太后为母。丙辰，至韦城，下书抚谕大梁士民，以昨离河上，在道秋毫不犯，勿有忧疑。戊午，威至七里店，窦贞固帅百官出迎拜谒，因劝进。威营于皋门村。

　　武宁节度使赟已至宋州，王峻、王殷闻澶州军变，遣侍卫马军都指挥使郭崇威将七百骑往拒之，又遣前申州刺史马铎将兵诣许州巡检。崇威忽至宋州，陈于府门外，赟大惊，阖门登楼诘之。对曰："澶州军变，郭公虑陛下未察，故遣崇威来宿卫，无他也。"赟召崇威，崇威不敢进。冯道出与崇威语，崇威乃登楼。赟执崇威手而泣。崇威以郭威意安谕之。少顷，崇威出，时护圣指挥使张令超帅部兵为赟宿卫。徐州判官董裔说赟曰："观崇威视瞻举措，必有异谋。道路皆言郭威已为帝，而陛下深入不止，祸其至哉！请急召张令超，谕以祸福，使夜以兵劫崇威，夺其兵。明日，掠睢阳金帛，募士卒，北走晋阳。彼新定京邑，未暇追我，此策之上也！"赟犹豫未决。是夕，崇威密诱令超，令超帅众归之。赟大惧。

　　郭威遗赟书，云为诸军所迫；召冯道先归，留赵上交、王度奉侍。道辞行，赟曰："寡人此来所恃者，以公三十年旧相，故无疑耳。今崇威夺吾卫兵，事危矣，公何以为计？"道默然。客将贾贞数目道，欲杀之。赟曰："汝辈勿草草，此无预冯公事。"崇威迁赟于外馆，杀其腹心董裔、贾贞等数人。己未，太后诰，废赟为湘阴公。马铎引兵入许州，

后汉宗庙,继承汉统,侍奉皇太后为母亲。丙辰(二十三日),郭威到达韦城,发下文告安抚大梁百姓,说我们于昨日离开黄河岸边,一路上秋毫无犯,大家不必担心忧虑。戊午(二十五日),郭威到达七里店,窦贞固率领百官出城迎接拜见,乘机劝郭威即皇帝位。郭威在皋门村宿营。

武宁节度使刘赟已经到达宋州,王峻、王殷闻知澶州军队哗变,就派遣侍卫马军都指挥使郭崇威率领七百名骑兵前去抵挡,又派遣原申州刺史马铎率领军队到许州去巡检。郭崇威却突然抵达宋州,在府第门外排队列阵,刘赟大吃一惊,关闭府门登上门楼责问郭崇威。郭崇威回答说:"澶州军队哗变,郭公顾虑陛下您没有察觉,所以派遣崇威我前来警卫,并没有其他意思。"刘赟召见郭崇威,郭崇威不敢进去。冯道出门和郭崇威面谈,郭崇威这才登上门楼。刘赟抓住郭崇威的双手流泪哭泣。郭崇威转达郭威的心意来安抚他。过了一会儿,郭崇威走出府第,当时护圣指挥使张令超率领所辖军队担任刘赟的警卫。徐州判官董裔劝说刘赟道:"观察郭崇威的眼色举止,必定有别的企图。路上都传说郭威已经称帝,然而陛下您还一路不停深入,灾祸就要降临啦!请赶紧召见张令超,说明利害祸福,让他在夜里率领军队劫持郭崇威,夺取他的兵马。明天,抢掠睢阳府库的黄金绢帛,招募士兵,向北奔赴晋阳。郭威刚刚安定京城,没有空闲来追赶我们,这才是上策啊!"刘赟犹豫不决。这天傍晚,郭崇威秘密招诱张令超,张令超率领部众归附了他。刘赟大为恐惧。

郭威给刘赟写信,称自己是被众军所逼迫;并召冯道先回京城,留下赵上交、王度侍奉刘赟。冯道向刘赟辞行,刘赟说:"寡人这次来所依恃的,是因为有您这位三十年的老宰相,所以才没有疑虑。如今郭崇威夺走了我的卫兵,事情已经危险了,您有什么计策?"冯道默然无语。客籍将领贾贞多次注视冯道,想杀他。刘赟说:"你们不要草率鲁莽,这不关冯公的事。"郭崇威将刘赟迁居到府外驿馆,杀了他的心腹董裔、贾贞等数人。己未(二十六日),皇太后发布诰令,废刘赟为湘阴公。马铎率军进入许州,

刘信惶惑自杀。庚申，太后诰，以侍中监国。百官藩镇相继上表劝进。壬戌夜，监国营有步军将校醉，扬言"向者澶州骑兵扶立，今步兵亦欲扶立"，监国斩之。

　　后周太祖广顺元年春正月丁卯，汉太后下诰，授监国符宝，即皇帝位。监国自皋门入宫，即位于崇元殿，制曰："朕周室之裔，虢叔之后，国号宜曰周。"改元，大赦。杨邠、史弘肇、王章等皆赠官，官为敛葬，仍访其子孙叙用之。凡仓场、库务掌纳官吏，无得收斗馀、称耗，旧所进羡馀物，悉罢之。犯窃盗及奸者，并依晋天福元年以前刑名；罪人非反逆，无得诛及亲族，籍没家赀。唐庄宗、明宗、晋高祖各置守陵十户，汉高祖陵职员、宫人、时月荐享及守陵户并如故。初，唐衰，多盗，不用律文，更定峻法，窃盗赃三匹者死；晋天福中，加至五匹。奸有夫妇人，无问强、和，男女并死。汉法，窃盗一钱以上皆死；又罪非反逆，往往族诛、籍没。故帝即位，首革其弊。

　　初，杨邠以功臣、国戚为方镇者多不闲吏事，乃以三司军将补都押牙、孔目官、内知客，其人自恃敕补，多专横，节度使不能制。至是悉罢之。

　　戊辰，以前复州防御使王彦超权武宁节度使。汉李太后迁居西宫，己巳，上尊号曰昭圣皇太后。癸酉，加王峻同平章事。以卫尉卿刘皞主汉隐帝之丧。

刘信惶惑不安而自杀。庚申（二十七日），皇太后发布诰令，命侍中郭威监国。文武百官、四方藩镇相继上表劝郭威即皇帝位。壬戌（二十九日）夜晚，郭威军营中有一名步兵将校喝醉了酒，扬言说"前日澶州骑兵扶立皇帝，今日步兵也要扶立皇帝"，监国郭威斩杀了他。

后周太祖广顺元年（951）春季正月丁卯（初五），后汉太后颁下诰令，授予郭威传国玺印，正式即皇帝位。监国郭威从皋门进入皇宫，在崇元殿即位，下达制书说："朕是周代宗室的子孙，虢叔的后代，国号应当叫周。"改年号，大赦天下。杨邠、史弘肇、王章等人都追赠官职，官府为他们收殓安葬，并寻访他们的子孙按等级任用。所有粮食仓库、场院掌管交纳的官吏，不得收取额外的"斗馀""称耗"；过去以赋税结馀的名义进贡的物品，全部取消。犯有盗窃罪和强奸罪的人，一律按照后晋天福元年（936）以前的刑法条文处理；罪人不犯谋反罪的，不得株连亲族和登记没收家产。后唐庄宗、后唐明宗、后晋高祖安葬处分别设置守陵的人家十户，后汉高祖陵园的官吏、宫人，每季每月供奉祭祀以及守陵户数的标准一律照旧。当初，唐朝衰败，盗贼很多，便不用原来的刑律条文，另外制定严刑酷法，规定盗窃赃物够三匹绢帛的人便处以死刑；后晋天福年间将处死的标准放宽到五匹绢帛。奸淫有夫之妇，不论强奸还是通奸，男女一律处死。后汉刑法规定，盗窃钱一文以上的人都处死；此外罪行不属于谋反的，也往往满门抄斩、没收家产。所以郭威即位后，首先革除了这些弊制。

当初，杨邠见功臣、皇亲国戚中担任藩镇长官的人大多不熟悉行政事务，于是用三司军将补任都押牙、孔目官、内知客，那些人自己倚仗是皇命敕补，大多专横跋扈，节度使不能控制。到了这时将他们全部罢免。

戊辰（初六），后周太祖郭威任命原复州防御使王彦超代理武宁节度使。后汉李太后迁居西宫，己巳（初七），后周太祖向李太后进上尊号称昭圣皇太后。癸酉（十一日），加封王峻为同平章事。命令卫尉卿刘皞主持办理后汉隐帝的丧事。

初，河东节度使兼中书令刘崇闻隐帝遇害，欲起兵南向，闻迎立湘阴公，乃止，曰："吾儿为帝，吾又何求！"太原少尹李骧阴说崇曰："观郭公之心，终欲自取。公不如疾引兵逾太行，据孟津，俟徐州相公即位，然后还镇，则郭公不敢动矣。不然，且为所卖。"崇怒曰："腐儒，欲离间吾父子！"命左右曳出斩之。骧呼曰："吾负经济之才而为愚人谋事，死固甘心。家有老妻，愿与之同死。"崇并其妻杀之，且奏于朝廷，示无二心。及赟废，崇乃遣使请赟归晋阳。诏报以："湘阴公比在宋州，今方取归京师，必令得所，公勿以为忧。公能同力相辅，当加王爵，永镇河东。"

巩廷美、杨温闻湘阴公赟失位，奉赟妃董氏据徐州拒守，以俟河东援兵。帝使赟以书谕之。廷美、温欲降而惧死，帝复遗赟书曰："爰念斯人尽心于主，足以赏其忠义，何由责以悔尤？俟新节度使入城，当各除刺史，公可更以委曲示之。"

丙子，帝帅百官诣西宫，为汉隐帝举哀成服，皆如天子礼。

慕容彦超遣使入贡，帝虑其疑惧，赐诏慰安之，曰："令兄事已至此，言不欲繁，望弟扶持，同安亿兆。"

戊寅，杀湘阴公于宋州。是日，刘崇即皇帝位于晋阳，仍用乾祐年号，所有者并、汾、忻、代、岚、宪、隆、蔚、沁、辽、麟、石十二州之地。以节度判官郑珙为中书侍郎，观察判官

当初,河东节度使兼中书令刘崇闻知后汉隐帝遇害,准备起兵向南进发,后来听说郭威等人迎立湘阴公刘赟,于是作罢,并说:"我儿子刘赟当皇帝,我还求什么呢?"太原少尹李骧私下劝说刘崇道:"我观察郭威的心思,终究是要自取帝位。您不如火速领兵翻过太行山,占据孟津,等待徐州相公刘赟即皇帝位,然后再返回镇所,那么郭威就不敢动手了。不然的话,您将要被人出卖。"刘崇发怒道:"你这个迂腐的儒生,竟想要离间我们父子的关系!"命令手下人将李骧拉出去斩首。李骧大喊道:"我怀有经世济民的才能,却在为愚蠢的人谋划事情,死了本应当甘心。但是家中还有年老的妻子,希望和她一同赴死。"刘崇便将他连同他的妻子一齐杀了,并且向朝廷奏报,表示自己没有二心。等到刘赟被废黜,刘崇才派遣使者请求让刘赟返回晋阳。诏书回答说:"湘阴公刘赟近在宋州,如今正取道返回京城,必定会让他得到妥善安置的,您不要为此忧虑。倘若您能够一同出力辅佐朝廷,理当加封王爵,永远镇守河东。"

巩廷美、杨温闻知湘阴公失去帝位,便侍奉刘赟的妃子董氏占据徐州坚守,以此等待河东援军。后周太祖让刘赟写书信开导他们。巩廷美、杨温想投降却惧怕死亡,太祖又写信给刘赟说:"念及这两个人对主人竭尽忠心,就足以奖赏他们的忠义,哪有什么理由责备他们有过错呢?等待新节度使王彦超进入徐州城,应当分别授予刺史,您可以再用亲笔信将此意转告他们。"

丙子(十四日),后周太祖率领百官前往西宫,为后汉隐帝发丧,穿上丧服,全都按照天子的葬礼进行。

慕容彦超派遣使者入朝进献贡物,太祖顾虑他会疑惑恐惧,特意赐诏书安慰他说:"你哥哥刘知远家的事情已到这个地步,话不想多说,希望贤弟你能鼎力相助,共同安定黎民百姓。"

戊寅(十六日),在宋州杀掉湘阴公刘赟。当天,刘崇在晋阳即皇帝位,仍旧沿用后汉隐帝乾祐的年号,所统辖的地区有并州、汾州、忻州、代州、岚州、宪州、隆州、蔚州、沁州、辽州、麟州、石州,共十二州之地。任命节度判官郑珙为中书侍郎,观察判官

荥阳赵华为户部侍郎,并同平章事。以次子承钧为侍卫亲军都指挥使、太原尹,以节度副使李存瓌为代州防御使,裨将武安张元徽为马步军都指挥使,陈光裕为宣徽使。

北汉主谓李存瓌、张元徽曰:"朕以高祖之业一朝坠地,今日位号,不得已而称之,顾我是何天子,汝曹是何节度使邪!"由是不建宗庙,祭祀如家人,宰相俸钱月止百缗,节度使止三十缗,自馀薄有资给而已,故其国中少廉吏。客省使河南李光美尝为直省,颇谙故事,北汉朝廷制度,皆出于光美。

北汉主闻湘阴公死,哭曰:"吾不用忠臣之言,以至于此。"为李骧立祠,岁时祭之。

己卯,以太师冯道为中书令,加窦贞固侍中,苏禹珪司空。

初,北汉主立,契丹主使聿撚遗刘承钧书。北汉主使承钧复书,称:"本朝沦亡,绍袭帝位,欲循晋室故事,求援北朝。"契丹主大喜。北汉主发兵屯阴地、黄泽、团柏。丁亥,以承钧为招讨使,与副招讨使白从晖、都监李存瓌将步骑万人寇晋州。从晖,吐谷浑人也。

郭崇威更名崇,曹威更名英。

二月丁酉,以皇子、天雄牙内都指挥使荣为镇宁节度使,选朝士为之僚佐,以侍御史王敏为节度判官,右补阙崔颂为观察判官,校书郎王朴为掌书记。颂,协之子;朴,东平人也。

戊戌,北汉兵五道攻晋州,节度使王晏闭城不出。刘承钧以为怯,蚁附登城。晏伏兵奋击,北汉兵死伤者千馀人。承钧遣副兵马使安元宝焚晋州西城,元宝来降。承钧乃移军攻隰州,癸卯,隰州刺史许迁遣步军都指挥使

荣阳人赵华为户部侍郎，二人一并为同平章事。任命次子刘承钧为侍卫亲军都指挥使、太原尹，任命节度副使李存瓌为代州防御使，副将武安人张元徽为马步军都指挥使，陈光裕为宣徽使。

北汉国主刘崇对李存瓌、张元徽说："朕只因高祖的大业一朝断送，所以今日的帝位年号，是不得已才称的，但我算是什么天子，你们又算是什么节度使呢?"因此没有建立宗庙，祭祀祖宗如同普通百姓，宰相每月俸禄只有一百缗钱，节度使只有三十缗钱，其馀官员也只有微薄的供养而已，所以北汉国中很少有清廉的官吏。客省使河南人李光美曾经做过直省官，特别熟悉宫廷旧事，北汉朝廷的各项制度，都出自李光美之手。

北汉国主听说湘阴公刘赟的死讯，痛哭说："我不采纳忠臣的建议，才至于此。"为李骧建立祠堂，逢年过节祭祀他。

己卯（十七日），后周太祖任命太师冯道为中书令，加封窦贞固为侍中，苏禹珪为司空。

当初，北汉国主即位，契丹国主让事燃给刘承钧去信。北汉国主便让刘承钧回信，其中说道："原来的汉朝已灭亡，我继承帝位，打算遵循晋朝的先例，向北朝契丹请求救援。"契丹国主十分高兴。北汉国主发兵屯驻在阴地、黄泽、团柏。丁亥（二十五日），任命刘承钧为招讨使，与副招讨使白从晖、都监李存瓌率领步兵、骑兵一万人侵犯晋州。白从晖是吐谷浑人。

郭崇威改名为崇，曹威改名为英。

二月丁酉（初五），后周太祖任命皇子、天雄牙内都指挥使郭荣为镇宁节度使，挑选朝廷官员当他的属官，任命侍御史王敏为节度使判官，右补阙崔颂为观察判官，校书郎王朴为掌书记。崔颂是崔协的儿子，王朴是东平人。

戊戌（初六），北汉兵分五路攻打晋州，节度使王晏紧闭城门不出战。刘承钧认为王晏胆怯，下令士兵像蚂蚁那样密集地攀墙登城。王晏埋伏的士兵奋勇反击，北汉军队死伤一千多人。刘承钧派副兵马使安元宝焚烧晋州西城，安元宝前来投降。刘承钧于是移军攻打隰州，癸卯（十一日），隰州刺史许迁派步军都指挥使

孙继业迎击北汉兵于长寿村，执其将程筠等，杀之。未几，北汉兵攻州城，数日不克，死伤甚众，乃引兵去。迁，郓州人也。

丁未，契丹主遣其臣裊骨支与朱宪偕来，贺即位。丁巳，遣尚书右丞田敏使契丹。北汉主遣通事舍人李谞使于契丹，乞兵为援。

诏加泰宁节度使慕容彦超中书令，遣翰林学士鱼崇谅诣兖州谕指。崇谅，即崇远也。彦超上表谢。三月壬戌，诏报之曰：“向以前朝失德，少主用谗，仓猝之间，召卿赴阙。卿即奔驰应命，信宿至京，救国难而不顾身，闻君召而不俟驾。以至天亡汉祚，兵散梁郊，降将败军，相继而至，卿即便回马首，径反龟阴。为主为时，有终有始。所谓危乱见忠臣之节，疾风知劲草之心。若使为臣者皆能如兹，则有国者谁不欲用？所言朕潜龙河朔之际，平难浚郊之时，缘不奉示谕之言，亦不得差人至行阙。且事主之道，何必如斯！若或二三于汉朝，又安肯忠信于周室！以此为惧，不亦过乎！卿但悉力推心，安民体国，事朕之节，如事故君，不惟黎庶获安，抑亦社稷是赖。但坚表率，未议替移。由衷之诚，言尽于此。”

王彦超奏克徐州，杀巩廷美。

北汉李谞至契丹，契丹主使拽剌梅里报之。夏四月，契丹主遣使如北汉，告以周使田敏来，约岁输钱十万缗。北汉主使郑琥以厚赂谢契丹，自称“侄皇帝致书于叔天授

孙继业在长寿村迎击北汉军队,捉住北汉将领程筠等人,并将他们杀了。不久,北汉军队攻打隰州城,连续几天不能攻克,死伤惨重,于是领兵退去。许迁是郓州人。

丁未(十五日),契丹国主派遣他的臣子袅骨支与朱宪一同前来,祝贺后周太祖即皇帝位。丁巳(二十五日),后周太祖派遣尚书右丞田敏出使契丹。北汉国主派遣通事舍人李誓出使到契丹,请求出兵作为援军。

后周太祖下诏加封泰宁节度使慕容彦超为中书令,派遣翰林学士鱼崇谅到兖州宣旨。鱼崇谅就是鱼崇远。慕容彦超上表道谢。三月壬戌(初一),诏书回复说:"过去因为前代汉朝失德,年少的君主听用谗言,危急关头,征召你奔赴宫阙。您立即飞奔疾驰来接受命令,只过了两夜就赶到京城,这真是拯救国家危难而不顾自身,闻知君主召唤而不等车驾。等到上天终结了汉朝国运,军队在大梁郊外溃散,投降的将领与溃败的军队接踵而至,你却立即掉转马头,径直返回龟阴。对于君主,对于时势,做到有始有终。正是所谓危乱关头才能发现忠臣的节操,狂风时节才能知道劲草的骨气。倘若让做臣子的人都能这样,那么拥有国家的君主谁不想任用? 你表中所说朕到黄河北岸回避退让之际,在大梁郊外平定祸难之时,因为没有接到告示,所以也没能派人到朕这里来。而且按照臣子侍奉君主的原则,又怎能这样做呢? 倘若对汉朝三心二意,又怎么肯对周室忠信不二呢? 由此产生恐惧,不也过分了吗? 你只管尽心竭力,安民利国,侍奉朕的节操,如同侍奉从前的君主一样,不但黎民百姓获得平安,而且国家社稷也依赖于此。朕只想坚定你的表率作用,从未考虑过撤换你。一片肺腑之言,话全说在这里。"

王彦超奏报攻克徐州,杀死巩廷美。

北汉使者李誓到达契丹,契丹国主派遣拽剌梅里回报北汉。夏季四月,契丹国主派遣使者前往北汉,告知后周使者田敏来的情况,约定后周每年送钱十万缗给契丹。北汉国主派遣郑珙用丰厚的财物向契丹致谢,自称"侄皇帝送书信给叔父天授

皇帝",请行册礼。五月己巳,遣左金吾将军姚汉英等使于契丹,契丹留之。辛未,北汉礼部侍郎、同平章事郑珙卒于契丹。

六月辛亥,以枢密使、同平章事王峻为左仆射兼门下侍郎,枢密副使、兵部侍郎范质、户部侍郎、判三司李穀为中书侍郎,并同平章事,穀仍判三司。司徒兼侍中窦贞固、司空兼中书侍郎、同平章事苏禹珪并罢守本官。癸丑,范质参知枢密院事。丁巳,以宣徽北院使翟光邺兼枢密副使。

初,帝讨河中,已为人望所属。李穀时为转运使,帝数以微言动之,穀但以人臣尽节为对。帝以是贤之,即位,首用为相。时国家新造,四方多故,王峻夙夜尽心,知无不为,军旅之谋,多所裨益。范质明敏强记,谨守法度。李穀沉毅有器略,在帝前论议,辞气慷慨,善譬谕以开主意。

契丹遣燕王述轧等册命北汉主为大汉神武皇帝,妃为皇后。北汉主更名旻。秋七月,北汉主遣翰林学士博兴卫融等诣契丹谢册礼,且请兵。

八月壬戌,葬汉隐帝于颖陵。

九月,北汉主遣招讨使李存瓖将兵自团柏入寇。契丹欲引兵会之,与酋长议于九十九泉。诸部皆不欲南寇,契丹主强之。癸亥,行至新州之西火神淀,燕王述轧及伟王之子太宁王沤僧作乱,弑契丹主而立述轧。契丹主德光之子齐王述律逃入南山,诸部奉述律以攻述轧、沤僧,杀之,并其

皇帝",并请求举行册命典礼。五月己巳(初八),后周太祖派遣左金吾将军姚汉英等人出使到契丹,契丹留住了他们。辛未(初十),北汉礼部侍郎、同平章事郑珙在契丹去世。

六月辛亥(二十一日),后周太祖任命枢密使、同平章事王峻为左仆射兼门下侍郎,枢密副使、兵部侍郎范质和户部侍郎、判三司李榖为中书侍郎,二人一并为同平章事,李榖仍然判三司。司徒兼侍中窦贞固和司空兼中书侍郎、同平章事苏禹珪,一并被免去同平章事而保留原来的官职。癸丑(二十三日),范质参知枢密院事务。丁巳(二十七日),太祖任命宣徽北院使翟光邺兼枢密副使。

当初,后周太祖讨伐河中,已为众望所归。李榖当时担任转运使,太祖多次用委婉的语言暗示他,李榖只用为人臣子应该尽到臣节作为回答。太祖因此认为他有贤德,即皇帝位后,便首先任用他担任宰相。当时后周王朝新建,四方多事,王峻日夜尽心,知道的事没有不去做的,军事谋划,多所补益。范质精明敏锐,博闻强记,严格遵守法律制度。李榖深沉坚毅,有才器胆略,在太祖面前议论朝政,言辞慷慨激昂,善于运用比喻来启发太祖的思路。

契丹国主派遣燕王耶律述轧等人来主持典礼,册命北汉国主为大汉神武皇帝,妃子为皇后。北汉国主刘崇更名为旻。秋季七月,北汉国主派遣翰林学士博兴人卫融等人到契丹道谢册命典礼,并且请求出兵。

八月壬戌这一天,后汉隐帝被埋葬在颖陵。

九月,北汉国主派招讨使李存瓌率军队从团柏入侵。契丹国主打算领兵与北汉军队会合,与酋长们在九十九泉商议。各部落酋长都不愿南侵,契丹国主强行出兵。癸亥(初四),契丹军队行进到新州西面的火神淀,燕王耶律述轧和伟王之子太宁王耶律沤僧发动叛乱,杀死契丹国主耶律阮而拥立耶律述轧。原契丹国主耶律德光的儿子齐王耶律述律逃入南山,各部落拥戴耶律述律来进攻耶律述轧、耶律沤僧,杀掉他们二人,连同他们的

族党。立述律为帝,改元应历。自火神淀入幽州,遣使告于北汉。北汉主遣枢密直学士上党王得中如契丹,贺即位,复以叔父事之,请兵以击晋州。契丹主年少,好游戏,不亲国事,每夜酣饮,达旦乃寐,日中方起,国人谓之睡王。后更名明。

冬十月辛卯,潞州巡检陈思让败北汉兵于虒亭。

契丹遣彰国节度使萧禹厥将奚、契丹五万会北汉兵入寇。北汉主自将兵二万自阴地关寇晋州,丁未,军于城北,三面置寨,昼夜攻之,游兵至绛州。时王晏已离镇,王彦超未至,巡检使王万敢权知晋州,与龙捷都指挥使史彦超、虎捷指挥使何徽共拒之。史彦超,云州人也。

十一月,帝以北汉、契丹之兵犹在晋州,甲子,以王峻为行营都部署,将兵救之,诏诸军皆受峻节度,听以便宜从事,得自选择将吏。乙丑,峻行,帝自至城西饯之。

王峻留陕州旬日,帝以北汉攻晋州急,忧其不守,议自将由泽州路与峻会兵救之,且遣使谕峻。十二月戊子朔,下诏以三日西征。使者至陕,峻因使者言于帝曰:"晋州城坚,未易可拔,刘崇兵锋方锐,不可力争。所以驻兵,待其气衰耳,非臣怯也。陛下新即位,不宜轻动。若车驾出汜水,则慕容彦超引兵入汴,大事去矣!"帝闻之,自以手提耳曰:"几败吾事!"庚寅,敕罢亲征。

部族党羽。拥立耶律述律为帝,改年号为应历。耶律述律从火神淀进入幽州,派遣使者向北汉通报。北汉国主派遣枢密直学士上党人王得中前往契丹,祝贺耶律述律即皇帝位,又用对待叔父的礼仪来侍奉他,请求出兵来攻打晋州。契丹国主年轻,喜欢玩耍,不愿处理国家政事,每天夜里摆酒畅饮,直到天亮才睡觉,中午方才起床,契丹国人都叫他"睡王"。后来改名为明。

冬季十月辛卯(初三),后周潞州巡检陈思让在虒亭击败北汉军队。

契丹派遣彰国节度使萧禹厥统帅奚、契丹五万人马会合北汉军队入侵后周。北汉国主亲自率领军队二万人从阴地关侵犯晋州,丁未(十九日)这天,在晋州城北驻扎,三面设置营寨,日夜攻城,前锋巡逻部队到达了绛州。当时王晏已经离开镇所,王彦超尚未到达,巡检使王万敢暂时主持晋州军政,与龙捷都指挥使史彦超、虎捷指挥使何徽共同抵抗后汉军队。史彦超是云州人。

十一月,后周太祖鉴于北汉、契丹的军队仍在晋州,甲子(初六),任命王峻为行营都部署,率领军队救援晋州,下诏命令各路军队都接受王峻的调度指挥,允许王峻根据情况需要来决断,可以自己选择任命将领官吏。乙丑(初七),王峻出行,太祖亲自到大梁城西为他饯行。

王峻在陕州停留十日,后周太祖鉴于北汉军队攻打晋州紧急,担心晋州不能守住,商议亲自统军从泽州路与王峻军队会合救援晋州,并且派遣使者告知王峻。十二月戊子这天是初一,后周太祖下诏在初三这天出发西征。使者到达陕州,王峻通过使者转告太祖说:"晋州城池坚固,不易攻拔,刘崇军队锐气正足,不可强力争夺。我之所以屯兵不进,只为等待他们士气低落罢了,并不是臣下心虚胆怯。陛下您新近即位,不宜轻举妄动。倘若陛下大驾从汜水出发,万一慕容彦超领兵进入汴京大梁,大事就完了!"太祖听了这些话,自己不由得用手拉住耳朵说:"差点坏了我的大事!"庚寅(初三),太祖敕命停止亲征。

初,泰宁节度使兼中书令慕容彦超闻徐州平,疑惧愈甚,乃招纳亡命,畜聚薪粮,潜以书结北汉,吏获其书以闻。又遣人诈为商人求援于唐。帝遣通事舍人郑好谦就申慰谕,与之为誓。彦超益不自安,屡遣都押牙郑麟诣阙,伪输诚款,实觇机事。又献天平节度使高行周书,其言皆谤毁朝廷与彦超相结之意。帝笑曰:"此彦超之诈也!"以书示行周,行周上表谢恩。既而彦超反迹益露,丙申,遣阁门使张凝将兵赴郓州巡检以备之。

庚子,王峻至绛州;乙巳,引兵趣晋州。晋州南有蒙阬,最为险要,峻忧北汉兵据之,是日,闻前锋已度蒙阬,喜曰:"吾事济矣!"

慕容彦超奏请入朝,帝知其诈,即许之。既而复称境内多盗,未敢离镇。

北汉主攻晋州,久不克。会大雪,民相聚保山寨,野无所掠,军乏食。契丹思归,闻王峻至蒙阬,烧营夜遁。峻入晋州,诸将请亟追之。峻犹豫未决。明日,乃遣行营马军都指挥使仇弘超、都排陈使药元福、左厢排陈使陈思让、康延沼将骑兵追之。及于霍邑,纵兵奋击,北汉兵坠崖谷死者甚众。霍邑道隘,延沼畏懦不急追,由是北汉兵得度。药元福曰:"刘崇悉发其众,挟胡骑而来,志吞晋、绛,今气衰力惫,狼狈而遁,不乘此剪扑,必为后患。"诸将不欲进,王峻复遣使止之,遂还。契丹比至晋阳,士马什丧三四。

当初,泰宁节度使兼中书令慕容彦超听到徐州平定的消息,猜疑恐惧愈发加重,于是招纳亡命之徒,积聚粮食草料,暗中写信勾结北汉,官吏截获书信向后周朝廷奏报。慕容彦超又派人装作商人去向南唐寻求援助。后周太祖派遣通事舍人郑好谦前去申明劝慰之意,与他立下誓约。慕容彦超更加感到不安,多次派遣都押牙郑麟到朝廷,假装表示忠心,实际上是刺探机密。又献上天平节度使高行周的书信,信中讲的都是诽谤朝廷与慕容彦超私相勾结的话。太祖笑着说:"这是慕容彦超的诡计啊!"将书信拿给高行周看,高行周上表感谢皇恩。不久,慕容彦超谋反的迹象越来越明显,丙申(初九),太祖派遣阁门使张凝领兵赶赴郓州巡逻警戒来防备他。

庚子(十三日),王峻到达绛州;乙巳(十八日),领兵奔赴晋州。晋州南面有个蒙院,地形最为险要,王峻担心北汉军队占据它,当天,听说前锋部队已经经过蒙院,欣喜地说:"我的大事成功了!"

慕容彦超上奏请求入京朝拜,后周太祖知道他有诈,就应允了他。不久慕容彦超又声称自己的辖境内强盗多,不敢离开镇所。

北汉国主攻打晋州,久攻不下。适逢天下大雪,百姓相互聚集保卫山寨,野外没有可以抢掠的东西,军队缺乏食物。契丹军队想要返回,听说王峻到达蒙院,便焚烧营帐连夜逃走。王峻进入晋州,众将请求赶快追赶敌人,王峻犹豫不决。第二天,才派遣行营马军都指挥使仇弘超、都排阵使药元福、左厢排阵使陈思让、康延沼率领骑兵追击敌人。后周军队在霍邑追上敌人,于是纵兵奋勇击杀,北汉士兵坠落崖谷摔死的人非常多。霍邑道路狭窄,康延沼畏缩胆怯不敢紧追,因此北汉军队得以渡河。药元福说:"刘崇调动他的全部军队,同契丹骑兵一起前来,目的是吞并晋州、绛州,如今士气低落疲惫不堪,狼狈逃窜,如不乘此时歼灭,必将成为后患。"众将不愿继续前进,王峻又派军使制止,于是返回。等契丹军队到晋阳时,士卒马匹已经损失了十分之三四。

萧禹厥耻无功，钉大酋长一人于市，旬馀而斩之。北汉主始息意于进取。北汉土瘠民贫，内供军国，外奉契丹，赋繁役重，民不聊生，逃入周境者甚众。

二年春正月，慕容彦超发乡兵入城，引泗水注壕中，为战守之备。又多以旗帜授诸镇将，令募群盗，剽掠邻境，所在奏其反状。甲子，敕沂、密二州不复隶泰宁军。以侍卫步军都指挥使、昭武节度使曹英为都部署，讨彦超，齐州防御使史延超为副部署，皇城使河内向训为都监，陈州防御使药元福为行营马步都虞候。帝以元福宿将，命英、训无得以军礼见之，二人皆父事之。

唐主发兵五千，军于下邳，以援彦超；闻周兵将至，退屯沭阳。徐州巡检使张令彬击之，大破唐兵，杀、溺死者千馀人，获其将燕敬权。

初，彦超以周室新造，谓其易摇，故北召北汉及契丹，南诱唐人，使侵边鄙，冀朝廷奔命不暇，然后乘间而动。及北汉、契丹自晋州北走，唐兵败于沭阳，彦超之势遂沮。

壬申，王峻自晋州还，入见。

曹英等至兖州，设长围。慕容彦超屡出战，药元福皆击败之，彦超不敢出。十馀日，长围合，遂进攻之。

初，彦超将反，判官崔周度谏曰："鲁，诗书之国，自伯禽以来不能霸诸侯，然以礼义守之，可以长世。公于国家非有私憾，胡为自疑？况主上开谕勤至，苟撤备归诚，则坐享泰山之安矣。独不见杜中令、安襄阳、李河中竟

萧禹厥对无功而归感到耻辱,将一名大酋长钉在街市上,十多天以后才斩杀了他。北汉国主开始打消南下进取的念头。北汉土地贫瘠,百姓穷困,对内要供给军队、官府的花销,对外要向契丹贡献钱财,赋税繁多,徭役沉重,致使民不聊生,逃入后周境内的人很多。

二年(952)春季正月,慕容彦超调发乡兵入城,挖沟引来泗水灌注护城河,做战斗防守的准备。同时把很多旗帜授给各位镇将,命令他们招募各路强盗,抢掠邻近州县,被骚扰的各处都奏报慕容彦超反叛的情况。甲子(初七),后周太祖敕命沂、密二州不再隶属泰宁军。任命侍卫步军都指挥使、昭武节度使曹英为都部署,讨伐慕容彦超,齐州防御使史延超为副部署,皇城使河内人向训为都监,陈州防御使药元福为行营马步都虞候。太祖因为药元福是久经战阵的老将,命令曹英、向训不得按照军礼见药元福,二人都像对父亲那样事奉药元福。

南唐国主发兵五千人,在下邳驻军,以便援助慕容彦超;听说后周军队将要到达,后退屯驻在沭阳。徐州巡检使张令彬出击,大败南唐军队,杀死、淹死的人有一千多,抓获南唐将领燕敬权。

当初,慕容彦超见后周王室新建,认为容易动摇,所以从北面招引北汉和契丹,从南面引来南唐人,让他们侵犯后周边疆,希望朝廷疲于奔命无暇他顾,然后自己乘机而动。等北汉、契丹从晋州北逃,南唐军队败于沭阳,慕容彦超的势头于是低落下来。

壬申(十五日),王峻从晋州回来,入朝谒见太祖。

曹英等人抵达兖州,布置长长的包围圈。慕容彦超多次出城交战,药元福都击败了他,慕容彦超不敢再出城。十多天后,包围圈合拢,于是进攻兖州。

当初,慕容彦超打算反叛,判官崔周度劝谏说:"鲁地,是诗书之国,自伯禽以来虽不能称霸诸侯,但用礼义守护此地,可以长存于世。您对国家并无私恨,为什么要自己疑神疑鬼呢?况且皇上开导劝谕关怀备至,若撤去防备归降投诚,就可以坐享泰山那样的平安了。难道没看到杜重威、安从进、李守贞他们最终

何所成乎!"彦超怒,以周度阿庇司马阎弘鲁等,斩于市。

夏四月,帝以曹英等攻兖州久未克,乙卯,下诏亲征,以李穀权东京留守兼判开封府,郑仁诲权大内都点检,又以侍卫马军都指挥使郭崇充在京都巡检。

五月庚申,帝发大梁;戊辰,至兖州。己巳,帝使人招谕慕容彦超,城上人语不逊。庚午,命诸军进攻。先是,术者绐彦超云:"镇星行至角、亢,角、亢兖州之分,其下有福。"彦超乃立祠而祷之,令民家皆立黄幡。彦超性贪吝,官军攻城急,犹瘗藏珍宝,由是人无斗志,将卒相继有出降者。乙亥,官军克城,彦超方祷镇星祠,帅众力战,不胜,乃焚镇星祠,与妻赴井死。子继勋出走,追获,杀之。官军大掠,城中死者近万人。

丁丑,以端明殿学士颜衍权知兖州事。癸未,降泰宁军为防御州。

显德元年春正月壬辰,帝殂,丙申,晋王荣即帝位。

北汉主闻太祖晏驾,甚喜,谋大举入寇,遣使请兵于契丹。二月,契丹遣其武定节度使、政事令杨衮将万馀骑如晋阳。北汉主自将兵三万,以义成节度使白从晖为行军都部署,武宁节度使张元徽为前锋都指挥使,与契丹自团柏南趣潞州。

北汉兵屯梁侯驿,昭义节度使李筠遣其将穆令均将步骑二千逆战,筠自将大军壁于太平驿。张元徽与令均战,阳不胜而北,令均逐之,伏发,杀令均,俘斩士卒千馀人。

又干成了什么事呢?"慕容彦超勃然大怒,认为崔周度袒护包庇司马阎弘鲁等人,将他在街市上斩首。

夏季四月,后周太祖因为曹英等人攻打兖州长时间不能攻下,乙卯(三十日),下达诏书亲自出征,任命李毅代理东京留守兼领开封府,郑仁诲代理大内都点检,又任命侍卫马军都指挥使郭崇充任在京都巡检。

五月庚申(初五),后周太祖从大梁出发;戊辰(十三日),抵达兖州。己巳(十四日),太祖派人招抚慕容彦超,但城上的人出言不逊。庚午(十五日),太祖命令各路军队发起进攻。此前,方士欺骗慕容彦超说:"土星已经运行到角、亢二宿的位置,角、亢是兖州的分野,下面的地区有福运。"慕容彦超于是建立祠堂来祈祷求福,并命令百姓家中都要竖立黄色旗帜。慕容彦超生性贪婪吝啬,官军攻城紧急时,他仍然埋藏珍宝,因此士兵没有斗志,将领士兵相继有出城投降的。乙亥(二十日),官军攻克兖州城,慕容彦超正在土星祠祈祷,急忙率领部众奋力战斗,不能取胜,于是焚烧土星祠,和妻子投井而死。他的儿子慕容继勋出城逃跑,被追兵抓获并杀死。官军大肆抢掠,城中死了近万人。

丁丑(二十二日),后周太祖任命端明殿学士颜衍暂时代理兖州事务。癸未(二十八日),降泰宁军为防御州。

显德元年(954)春季正月壬辰(十七日),后周太祖去世,丙申(二十一日),晋王郭荣即皇帝位。

北汉国主听说后周太祖去世,极为高兴,图谋大举入侵后周,派遣使者到契丹请求出兵。二月,契丹派遣武定节度使、政事令杨衮率领一万多名骑兵前往晋阳。北汉国主亲自带领军队三万人,任命义成节度使白从晖为行军都部署,武宁节度使张元徽为前锋都指挥使,与契丹军队从团柏南下奔赴潞州。

北汉军队在梁侯驿驻扎,昭义节度使李筠派遣手下将领穆令均率步兵、骑兵两千人迎战,李筠自己率大军在太平驿安营。张元徽与穆令均交战,佯装打不过而逃跑,穆令均追击,北汉埋伏的士兵突然出击,杀掉穆令均,俘虏、斩杀后周士卒一千多人。

筠遁归上党，婴城自守。筠，即李荣也，避上名改焉。

世宗闻北汉主入寇，欲自将兵御之。群臣皆曰："刘崇自平阳遁走以来，势蹙气沮，必不敢自来。陛下新即位，山陵有日，人心易摇，不宜轻动，宜命将御之。"帝曰："崇幸我大丧，轻朕年少新立，有吞天下之心，此必自来，朕不可不往。"冯道固争之，帝曰："昔唐太宗定天下，未尝不自行，朕何敢偷安！"道曰："未审陛下能为唐太宗否？"帝曰："以吾兵力之强，破刘崇如山压卵耳。"道曰："未审陛下能为山否？"帝不悦。惟王溥劝行，帝从之。

三月，北汉乘胜进逼潞州。丁丑，诏天雄节度使符彦卿引兵自磁州固镇出北汉军后，以镇宁节度使郭崇副之；又诏河中节度使王彦超引兵自晋州东北邀北汉军，以保义节度使韩通副之；又命马军都指挥使宁江节度使樊爱能、步军都指挥使清淮节度使何徽、义成节度使白重赞、郑州防御使史彦超、前耀州团练使符彦能将兵先趣泽州，宣徽使向训监之。重赞，宪州人也。

癸未，帝命冯道奉梓宫赴山陵，以郑仁诲为东京留守。乙酉，帝发大梁；庚寅，至怀州。帝欲兼行速进，控鹤都指挥使真定赵晁私谓通事舍人郑好谦曰："贼势方盛，宜持重以挫之。"好谦言于帝，帝怒曰："汝安得此言！必为人所使。言其人则生，不然必死。"好谦以实对，帝命并晁械于州狱。壬辰，帝过泽州，宿于州东北。

李筠逃回上党,环城自守。李筠就是李荣,为避周世宗郭荣的名讳而改名。

后周世宗郭荣听说北汉国主领兵入侵,打算亲自率领军队前去抵抗。群臣都说:"刘崇从平阳逃跑以来,势力紧缩,士气沮丧,必定不敢亲自前来。陛下您新近即位,称帝不久,人心容易动摇,不宜轻易出动,应当命令将领去抵抗。"世宗说:"刘崇庆幸我国有大丧,轻视朕年轻新近即位,颇有吞并天下的野心,这次必定亲自前来,朕不可不前往。"冯道一再争辩此事,世宗说:"从前唐太宗平定天下,未曾不亲自出征,朕怎敢苟且偷安!"冯道说:"不知陛下您能不能成为唐太宗?"世宗说:"以我国兵力的强大,打败刘崇犹如大山压碎鸡蛋罢了。"冯道说:"不知陛下您能不能成为大山?"世宗很不高兴。只有王溥鼓励世宗亲征,世宗听从了他的话。

三月,北汉军队乘胜前进逼近潞州。丁丑(初三),后周世宗下诏命令天雄节度使符彦卿率领军队从磁州固镇插到北汉军队的后面,任命镇宁节度使郭崇为他的副手;又诏令河中节度使王彦超率领军队从晋州东北拦截北汉军队,任命保义节度使韩通为他的副手;又命令马军都指挥使、宁江节度使樊爱能与步军都指挥使、清淮节度使何徽,以及义成节度使白重赞、郑州防御使史彦超、原耀州团练使符彦能率领军队先赶赴泽州,宣徽使向训监督各部。白重赞是宪州人。

癸未(初九),后周世宗命令冯道护送太祖郭威的灵柩前往陵墓安葬,任命郑仁诲为东京留守。乙酉(十一日),世宗从大梁出发;庚寅(十六日),到达怀州。世宗打算日夜兼程急速前进,控鹤都指挥使真定人赵晁私下对通事舍人郑好谦说:"贼寇势力正盛,应当以稳健持重来挫败他们。"郑好谦讲给世宗听,世宗发怒说:"你从哪里听到这些话? 必定是被人所指使。说出那个人就让你活下来,不然的话定叫你死。"郑好谦据实回答,世宗命令将他连同赵晁一起关押在怀州监狱。壬辰(十八日),世宗经过泽州,在州城东北住宿。

北汉主不知帝至，过潞州不攻，引兵而南，是夕，军于高平之南。癸巳，前锋与北汉兵遇，击之，北汉兵却。帝虑其遁去，趣诸军亟进。北汉主以中军陈于巴公原，张元徽军其东，杨衮军其西，众颇严整。时河阳节度使刘词将后军未至，众心危惧，而帝志气益锐，命白重赞与侍卫马步都虞候李重进将左军居西，樊爱能、何徽将右军居东，向训、史彦超将精骑居中央，殿前都指挥使张永德将禁兵卫帝。帝介马自临陈督战。

北汉主见周军少，悔召契丹，谓诸将曰："吾自用汉军可破也，何必契丹！今日不惟克周，亦可使契丹心服。"诸将皆以为然。杨衮策马前望周军，退谓北汉主曰："勍敌也，未可轻进！"北汉主奋髯曰："时不可失，请公勿言，试观我战！"衮默然不悦。时东北风方盛，俄而忽转南风，北汉副枢密使王延嗣使司天监李义白北汉主云："时可战矣。"北汉主从之。枢密直学士王得中扣马谏曰："义可斩也！风势如此，岂助我者邪！"北汉主曰："吾计已决，老书生勿妄言，且斩汝！"麾东军先进，张元徽将千骑击周右军。

合战未几，樊爱能、何徽引骑兵先遁，右军溃，步兵千馀人解甲呼万岁，降于北汉。帝见军势危，自引亲兵犯矢石督战。太祖皇帝时为宿卫将，谓同列曰："主危如此，吾属何得不致死！"又谓张永德曰："贼气骄，力战可破也！公麾下多能左射者，请引兵乘高西出为左翼，我引兵为右翼

北汉国主不知后周世宗到达,所以经过潞州没有进攻,一路领兵向南,当天夜晚,在高平城南驻扎军队。癸巳(十九日),后周前锋部队与北汉军队相遇,发起攻击,北汉军队退却。世宗担心敌军逃跑,催促各军疾速前进。北汉国主率领中军在巴公原摆开阵势,张元徽率军在其东边,杨衮率军在其西边,部众十分严整。当时后周河阳节度使刘词率领后续部队尚未到达,众人心中忧虑恐惧,然而世宗意志更加坚定,命令白重赞与侍卫马步都虞候李重进率领左路军队在西边,樊爱能、何徽率领右路军队在东边,向训、史彦超率领精锐骑兵居于中央,殿前都指挥使张永德率领禁兵保卫世宗。世宗骑着披甲的战马亲临阵前督战。

北汉国主看到后周军队人数少,后悔召来契丹军队,便对众将说:"我独自用汉家的军队就可以打败敌人了,何必再用契丹军队!今日不但可以战胜周军,而且还可以让契丹心悦诚服。"众将都认为说得很对。杨衮驱马向前观望后周军队,退下来对北汉国主说:"是劲敌啊,不可轻进!"北汉国主扬起两颊长须说:"时机不可丧失,请你不必多言,试看我出战!"杨衮沉默不快。这时东北风刮得正大,一会儿忽然转成南风,北汉枢密副使王延嗣派司天监李义票报北汉国主说:"此时可以交战了。"北汉国主听从了他的话。枢密直学士王得中牵住北汉国主的马劝谏说:"李义应该斩首!风向如此,哪里是在帮助我军呢?"北汉国主说:"我的主意已经拿定,老书生不要胡言乱语,再说就斩你的头!"于是指挥东面军队首先推进,张元徽率领一千名骑兵攻击后周右路军队。

交战不久,樊爱能、何徽带领骑兵首先逃跑,右路军队溃散,步兵一千多人脱下铠甲高呼万岁,向北汉投降。后周世宗看到形势危急,自己带领着贴身亲兵冒着飞矢流石督战。宋太祖皇帝赵匡胤当时担任后周警卫将领,对同伴们说:"皇上如此危险,我们怎么能不拼出性命!"又对张永德说:"贼寇只不过是气焰嚣张,全力作战便可以打败他们!您部下有许多能左手射箭的士兵,请您领兵登上高处从西面出击作为左翼,我领兵作为右翼

以击之。国家安危，在此一举！"永德从之，各将二千人进战。太祖皇帝身先士卒，驰犯其锋，士卒死战，无不一当百，北汉兵披靡。内殿直夏津马仁瑀谓众曰："使乘舆受敌，安用我辈！"跃马引弓大呼，连毙数十人，士气益振。殿前右番行首马全义言于帝曰："贼势极矣，将为我擒，愿陛下按辔勿动，徐观诸将破之。"即引数百骑进陷陈。

北汉主知帝自临陈，褒赏张元徽，趣使乘胜进兵。元徽前略陈，马倒，为周兵所杀。元徽，北汉之骁将也，北军由是夺气。时南风益盛，周兵争奋，北汉兵大败。北汉主自举赤帜收兵，不能止。杨衮畏周兵之强，不敢救，且恨北汉主之语，全军而退。

樊爱能、何徽引数千骑南走，控弦露刃，剽掠辎重，役徒惊走，失亡甚多。帝遣近臣及亲军校追谕止之，莫肯奉诏，使者或为军士所杀，扬言："契丹大至，官军败绩，馀众已降虏矣。"刘词遇爱能等于涂，爱能等止之，词不从，引兵而北。时北汉主尚有馀众万馀人，阻涧而陈，薄暮，词至，复与诸军击之，北汉兵又败，杀王延嗣，追至高平，僵尸满山谷，委弃御物及辎重、器械、杂畜不可胜纪。

是夕，帝宿于野次，得步兵之降敌者，皆杀之。樊爱能等闻周兵大捷，与士卒稍稍复还，有达曙不至者。甲午，休兵于高平，选北汉降卒数千人为效顺指挥，命前武胜行军司马唐景思将之，使戍淮上，馀二千馀人赐赀装纵遣之。

攻击敌军。国家的安危存亡,在此一举!"张永德听从了他的话,各自率领两千人前进战斗。宋太祖皇帝身先士卒,快马加鞭冲向北汉前锋,手下士兵拼死决战,无不以一当百,北汉军队开始溃败。内殿直夏津人马仁瑀对部众说:"让皇上遭受敌人攻击,还用我们干什么!"扬鞭跃马,拉弓射箭,大声呼喊,接连击毙数十人,士气更加振奋。殿前右番行首马全义对世宗说:"贼寇气势已经丧尽了,将要被我们擒获,希望陛下抓住缰绳别动,慢慢观看众将如何击破贼寇。"于是率领数百名骑兵深入敌阵。

北汉国主得知后周世宗亲自上阵,便奖赏张元徽,催促他乘胜进军。张元徽向前攻击敌阵,坐骑摔倒,被后周士兵所杀。张元徽是北汉的猛将,北汉军队因此丧失士气。这时,南风越刮越大,后周士兵奋勇争先,北汉军队大败。北汉国主亲自高举红旗来收拢军队,却不能制止溃败。杨衮畏惧后周军队的强大,不敢救援,并且怨恨北汉国主说的大话,便保全军队撤退了。

樊爱能、何徽带领数千名骑兵向南奔逃,箭上弦,刀出鞘,抢掠军用物资,负责转运的民夫惊慌奔逃,跑丢、死亡的很多。世宗派遣身边大臣以及贴身军校追上他们,传达命令,制止他们抢掠,但没有人肯接受诏命,使者有的被军士所杀,军士扬言说:"契丹大军来到,官军溃败,剩下的人马都已经投降契丹了。"刘词在路上遇到樊爱能等人,樊爱能等人劝阻刘词不要北上,刘词不听,领兵北上。当时北汉国主尚有剩馀部众一万多人,以山涧作为障碍布阵,快到天黑的时候,刘词领兵赶到,又与众军一起进攻,北汉军队又被击败,后周军队杀死王延嗣,一直追到高平,僵卧的尸体布满山谷,丢弃的皇帝专用物品、军用物资、器械、各种牲畜不计其数。

当晚,后周世宗在野外宿营,得到投降敌人的步兵,全部杀死。樊爱能等人闻知后周军队大捷,才与士卒逐渐返回,有的到天亮还没到。甲午(二十日),世宗在高平休整军队,挑选北汉投降的士卒数千人组成效顺指挥,命原武胜行军司马唐景思统率他们,让他们戍守淮上,其馀两千多人发给路费服装,放回北汉。

李榖为乱兵所迫,潜窜山谷,数日乃出。丁酉,帝至潞州。

北汉主自高平被褐戴笠,乘契丹所赠黄骝,帅百馀骑由雕窠岭遁归。宵迷,倩村民为导,误之晋州,行百馀里,乃觉之,杀导者。昼夜北走,所至,得食未举箸,或传周兵至,辄苍黄而去。北汉主衰老力惫,伏于马上,昼夜驰骤,殆不能支,仅得入晋阳。

帝欲诛樊爱能等以肃军政,犹豫未决。己亥,昼卧行宫帐中,张永德侍侧,帝以其事访之,对曰:"爱能等素无大功,忝冒节钺,望敌先逃,死未塞责。且陛下方欲削平四海,苟军法不立,虽有熊罴之士,百万之众,安得而用之!"帝掷枕于地,大呼称善。即收爱能、徽及所部军使以上七十馀人,责之曰:"汝辈皆累朝宿将,非不能战;今望风奔遁者,无他,正欲以朕为奇货,卖与刘崇耳!"悉斩之。帝以何徽先守晋州有功,欲免之,既而以法不可废,遂并诛之,而给槽车归葬。自是骄将惰卒始知所惧,不行姑息之政矣。庚子,赏高平之功,以李重进兼忠武节度使,向训兼义成节度使,张永德兼武信节度使,史彦超为镇国节度使。张永德盛称太祖皇帝之智勇,帝擢太祖皇帝为殿前都虞候,领严州刺史,以马仁瑀为控鹤弓箭直指挥使,马全义为散员指挥使。自馀将校迁拜者凡数十人,士卒有自行间擢主军厢者。释赵晁之囚。

李毂被作乱士兵所逼迫，潜逃到山谷之中，数日之后才出来。丁酉（二十三日），后周世宗到达潞州。

北汉国主从高平起穿上粗布服装，戴上斗笠，乘着契丹所赠送的黄骝骏马，率领一百多骑兵从雕窠岭逃跑回国。夜晚迷路，雇佣村民担任向导，错向晋州走去，走了一百多里才发觉走错，杀掉了领路的人。于是日夜兼程向北奔走，刚到一处，要吃饭，尚未举起筷子，有人传言后周追兵赶到，便仓皇离去。北汉国主衰老疲惫，伏在马上，日夜奔驰，几乎不能支撑，勉强得以进入晋阳。

后周世宗想诛杀樊爱能等人来整肃军纪，但又犹豫不决。己亥（二十五日），白天躺在行宫的帐篷中，张永德在旁边侍候，世宗以杀掉樊爱能等人一事询问他，张永德回答说："樊爱能等人一向没有立过大功，白当了一方将帅，望见敌人率先逃跑，即使死了都不能抵偿罪责。况且陛下您正想平定四海，统一天下，如果军法不能确立，即使有勇猛武士，百万大军，又怎么能为陛下所用！"世宗将枕头掷到地上，大声叫好。立即拘捕樊爱能、何徽以及所辖部众军使以上的军官七十多人，斥责他们说："你们都是历朝老将，不是不能打仗；如今却望风而逃，没有别的原因，正是想把朕当作稀有的货物，卖给刘崇罢了！"于是将他们全部斩首。世宗鉴于何徽原先守卫晋州有功，打算赦免他，但不久又认为军法不可废弃，于是一并诛杀了他，赐给运载棺木的车子送回老家安葬。从此骄横跋扈的将领、懈怠懒惰的士兵开始知道军法的可怕，姑息养奸的政令不再通行了。庚子（二十六日），世宗奖赏高平战役中有功的人员，任命李重进兼任忠武节度使，向训兼任义成节度使，张永德兼任武信节度使，史彦超为镇国节度使。张永德极力称赞宋太祖皇帝赵匡胤的智慧与勇敢，世宗提拔宋太祖皇帝为殿前都虞候，领严州刺史，任命马仁瑀为控鹤弓箭直指挥使，马全义为散员指挥使。其馀将校军官升迁拜职的共几十人，士兵有从行伍中被提拔担任军主、厢主的。解除对赵晁的囚禁。

北汉主收散卒，缮甲兵，完城堑以备周。杨衮将其众北屯代州，北汉主遣王得中送衮，因求救于契丹。契丹主遣得中还报，许发兵救晋阳。

壬寅，以符彦卿为河东行营都部署兼知太原行府事，以郭崇副之，向训为都监，李重进为马步都虞候，史彦超为先锋都指挥使，将步骑二万发潞州。仍诏王彦超、韩通自阴地关入，与彦卿合军而进。又以刘词为随驾部署，保大节度使白重赞副之。

夏四月，北汉盂县降。符彦卿军晋阳城下。王彦超攻汾州，北汉防御使董希颜降。帝遣莱州防御使康延沼攻辽州，密州防御使田琼攻沁州，皆不下。供备库副使太原李谦溥单骑说辽州刺史张汉超，汉超即降。

乙卯，葬圣神恭肃文武孝皇帝于嵩陵，庙号太祖。

初，帝遣符彦卿等北征，但欲耀兵于晋阳城下，未议攻取。既入北汉境，其民争以食物迎周师，泣诉刘氏赋役之重，愿供军须，助攻晋阳，北汉州县继有降者。帝闻之，始有兼并之意，遣使往与诸将议之。诸将皆言："刍粮不足，请且班师以俟再举。"帝不听。既而诸军数十万聚于太原城下，军士不免剽掠，北汉民失望，稍稍保山谷自固。帝闻之，驰诏禁止剽掠，安抚农民，止征今岁租税，及募民入粟拜官有差，仍发泽、潞、晋、绛、慈、隰及山东近便诸州民运粮以馈军。己未，遣李毂诣太原计度刍粮。

北汉国主收拾残兵,缮治兵器,加固城池以防备后周。杨衮率领他的部众北上屯驻代州,北汉国主派遣王得中送杨衮,趁机向契丹请求救援。契丹国主打发王得中回去报告,答应发兵救援晋阳。

壬寅(二十八日),后周世宗任命符彦卿为河东行营都部署兼知太原行府事,任命郭崇担任他的副手,向训为都监,李重进为马步都虞候,史彦超为先锋都指挥使,率领步兵、骑兵两万人从潞州出发。同时下诏命令王彦超、韩通从阴地关进入北汉辖境,与符彦卿会师向前推进。又任命刘词为随驾都部署,保大节度使白重赞担任他的副手。

夏季四月,北汉盂县投降。符彦卿在晋阳城下驻军。王彦超攻打汾州,北汉防御使董希颜投降。后周世宗派遣莱州防御使康延沼攻打辽州,密州防御使田琼攻打沁州,都没有攻下。供备库副使太原人李谦溥单人匹马去劝说辽州刺史张汉超,张汉超立即投降了。

乙卯(十二日),后周将圣神恭肃文武孝皇帝郭威安葬在嵩陵,庙号为太祖。

起初,后周世宗派遣符彦卿等人北上征伐,只想在晋阳城下炫耀兵力,并没有打算攻取。进入北汉境内以后,那里的百姓争相拿着食物迎接后周军队,哭泣控诉刘氏政权赋税徭役的沉重,表示愿意供应军需物资,帮助攻打晋阳,北汉的州、县相继有投降的。后周世宗闻知这些情况,开始有了兼并北汉的志向,派遣使者前去与众将商议此事。众将都说:"粮草不足,请暂且回师,等待时机再发兵。"世宗没有听从。不久后周各路军队数十万人聚集在太原城下,军士不免有抢掠行为,北汉百姓感到失望,逐渐退保山谷自守。世宗闻知这种情况后,派使者疾驰传达诏令禁止抢掠,安抚当地农民,只征收今年租税,并且募集百姓缴纳粮食,按缴纳数量授予不同的官职,同时征发泽州、潞州、晋州、绛州、慈州、隰州以及太行山以东路近方便的各州百姓运送粮食来供应军队。己未(十六日),派遣李毅到太原筹划粮草。

庚申，太师、中书令、瀛文懿王冯道卒。道少以孝谨知名，唐庄宗世始贵显，自是累朝不离将相、三公、三师之位。为人清俭宽弘，人莫测其喜愠，滑稽多智，浮沉取容，尝著《长乐老叙》，自述累朝荣遇之状，时人往往以德量推之。

欧阳修论曰："礼义廉耻，国之四维；四维不张，国乃灭亡。"礼义，治人之大法；廉耻，立人之大节。况为大臣而无廉耻，天下其有不乱，国家其有不亡者乎！予读冯道《长乐老叙》，见其自述以为荣，其可谓无廉耻者矣，则天下国家可从而知也。

予于五代得全节之士三，死事之臣十有五，皆武夫战卒，岂于儒者果无其人哉？得非高节之士，恶时之乱，薄其世而不肯出欤？抑君天下者不足顾，而莫能致之欤？

予尝闻五代时有王凝者，家青、齐之间，为虢州司户参军，以疾卒于官。凝家素贫，一子尚幼，妻李氏，携其子，负其遗骸以归，东过开封府，止于旅舍，主人不纳。李氏顾天已暮，不肯去，主人牵其臂而出之。李氏仰天恸哭曰："我为妇人，不能守节，而此手为人所执邪！"即引斧自断其臂，见者为之嗟泣。开封尹闻之，白其事于朝，厚恤李氏而笞其主人。呜呼！士不自爱其身而忍耻以偷生者，闻李氏之风，宜少知愧哉！

庚申（十七日），太师、中书令、瀛文懿王冯道去世。冯道少年时以孝顺恭谨闻名，后唐庄宗时期开始尊贵显赫，从此在历朝做官都不离将相、三公、三师的职位。他为人清廉俭朴、宽宏大度，别人无法猜测他的喜怒哀乐，又能言善辩，足智多谋，与世浮沉，左右逢源，曾经著有《长乐老叙》，自叙享受历朝荣誉礼遇的情况，当时的人往往用德行和气量来推重他。

宋朝人欧阳修评论说："礼、义、廉、耻，是国家赖以存在的四大支柱；这四大支柱不能树立，国家就要灭亡。"礼义，是统治人民的根本方法；廉耻，是立身做人的基本节操。况且身为大臣而毫无廉耻，天下岂有不大乱，国家岂有不灭亡的？我读冯道《长乐老叙》，看他的自述，不讲礼义廉耻反而以之为荣耀，他可谓是毫无廉耻之人了，那么天下国家的命运也就可以从中知晓了。

我从五代历史中找到保全节操的志士有三位，为事业而死的臣子有十五位，他们都是武将与战士，难道在儒者中间果真没有这样的人吗？莫非是高尚节操的士人，憎恶时势的浊乱，鄙薄那世道而不肯出来吗？还是统治天下的君主来不及关照，而没能让他们出来呢？

我曾经听说五代时期有一个名叫王凝的人，家在青州、齐州一带，他担任虢州司户参军，因为疾病在任上去世。王凝家中一向清贫，一个儿子还年幼，妻子李氏领着孩子，背着王凝的尸骨回老家，向东经过开封府，在旅店中住下，店主人不愿接纳。李氏看天色已晚，不肯离去，店主人拉着她的胳膊让她出去。李氏仰天痛哭说："我是个女人，不能守住贞操，而让这只手臂被别的男人抓过了！"于是拿起斧子自己砍断那条胳膊，看到的人都为她叹息流泪。开封尹听说此事后，把李氏的贞烈事迹向朝廷禀报，朝廷优厚地抚恤李氏并鞭打了那位店主人。唉！士人不珍爱自身而忍受耻辱苟且偷生的，听说李氏的高风亮节，应当稍微知道点羞愧了！

臣光曰：天地设位，圣人则之，以制礼立法，内有夫妇，外有君臣。妇之从夫，终身不改，臣之事君，有死无贰，此人道之大伦也。苟或废之，乱莫大焉！范质称冯道厚德稽古，宏才伟量，虽朝代迁贸，人无间言，屹若巨山，不可转也。臣愚以为正女不从二夫，忠臣不事二君。为女不正，虽复华色之美，织纴之巧，不足贤矣；为臣不忠，虽复材智之多，治行之优，不足贵矣。何则？大节已亏故也。道之为相，历五朝、八姓，若逆旅之视过客，朝为仇敌，暮为君臣，易面变辞，曾无愧怍，大节如此，虽有小善，庸足称乎！

或以为自唐室之亡，群雄力争，帝王兴废，远者十馀年，近者三四年，虽有忠智，将若之何！当是之时，失臣节者非道一人，岂得独罪道哉！臣愚以为忠臣忧公如家，见危致命，君有过则强谏力争，国败亡则竭节致死。智士邦有道则见，邦无道则隐，或灭迹山林，或优游下僚。今道尊宠则冠三师，权任则首诸相，国存则依违拱嘿，窃位素餐，国亡则图全苟免，迎谒劝进。君则兴亡接踵，道则富贵自如，兹乃奸臣之尤，安得与他人为比哉！或谓道能全身远害于乱世，斯亦贤已。

史臣司马光评议说：天地设置方位，圣人作为仿效的准则，用来制定礼仪，建立法律，家中有夫妇，家外有君臣。妇人随从丈夫，终身不能改变，臣子侍奉君主，至死没有二心，这是为人之道的最大伦常。如果有人废弃它，祸乱就没有比这更大的了！范质称赞冯道德行深厚、精研古道，才器雄伟、度量宏大，虽然朝代变迁，人们对他也没有闲言碎语，好像大山那样巍然屹立，不可震撼摇动。臣下认为正派的女人不会跟从两个丈夫，忠诚的臣子不会侍奉两个君主。作为女人如果不正派，即使再有如花似玉的美貌、纺纱织锦的巧手，也称不上是贤惠了；作为臣子如果不忠诚，即使再才器过人，足智多谋，政绩卓著，也不值得看重了。为什么呢？这是因为大节已经亏缺的缘故。冯道担任宰相，历事五个王朝、八个姓氏的国君，如同旅店看待过客那样，清晨还是仇敌，傍晚已经成为君臣，更换面孔，变化腔调，竟不曾有一点羞愧之心，大节如此，即使有小善，哪里还值得称道呢？

　　有人认为自从大唐王朝灭亡，群雄武力相争，一位帝王的兴盛衰亡，长的十多年，短的三四年，虽然有忠臣智士，又能有什么办法呢？在这种时候，丧失臣子节操的人并非冯道一人，怎能单独怪罪冯道呢？臣认为忠臣担忧国运如同担忧家运一样，看到危险就敢于献出生命，君主有过失就坚决劝谏，据理力争，国家衰败灭亡就至死坚守节操。智士看到国家清明有道就出来，看到国家黑暗无道就隐居，或者遁入山林不留踪迹，或者去做小吏悠闲自在。如今冯道论尊贵恩宠则为三师之冠，论权力地位则居诸相之首，国家存在便依违其间拱手沉默，窃据权位无功受禄，国家灭亡便图谋自保苟且幸免，迎接拜谒新主或上表劝说即帝位。国君兴盛灭亡虽然一个接着一个，冯道却依然自如地享受荣华富贵，这是奸臣之最，哪能与其他人相提并论呢？有人认为冯道能够在乱世中保全自身远离祸害，这也算得上贤能了。

臣谓君子有杀身成仁，无求生害仁，岂专以全身远害为贤哉！然则盗跖病终而子路醢，果谁贤乎？

抑此非特道之愆也，时君亦有责焉。何则？不正之女，中士羞以为家；不忠之人，中君羞以为臣。彼相前朝，语其忠则反君事仇，语其智则社稷为墟。后来之君，不诛不弃，乃复用以为相，彼又安肯忠于我而能获其用乎！故曰，非特道之愆，亦时君之责也！

辛酉，符彦卿奏北汉宪州刺史太原韩光愿、岚州刺史郭言皆举城降。王彦超、韩通攻石州，克之，执刺史安彦进。癸亥，沁州刺史李廷诲降。庚午，帝发潞州，趣晋阳。癸酉，北汉忻州监军李勍杀刺史赵皋及契丹通事杨耨姑，举城降。以勍为忻州刺史。

五月丙子，帝至晋阳城下，旗帜环城四十里。杨衮疑北汉代州防御使郑处谦贰于周，召与计事，欲图之。处谦知之，不往。衮使胡骑数十守其城门，处谦杀之，因闭门拒衮。衮奔归契丹，契丹主怒其无功，囚之。处谦举城来降。丁丑，置静塞军于代州，以郑处谦为节度使。契丹数千骑屯忻、代之间，为北汉之援，庚辰，遣符彦卿等将步骑万馀击之。彦卿入忻州，契丹退保忻口。丁亥，置宁化军于汾州，以石、沁二州隶之。代州将桑珪、解文遇杀郑处谦，

臣认为君子只有敢于牺牲自己来成全仁义,绝不能为了追求生存而损害仁义,哪能专门将保全自身远离祸害当作贤能呢?如果把保全自身远离祸害当作贤能的话,那么盗跖虽是大盗却能生病老死,而子路虽为忠臣却被砍成肉酱,他们究竟谁才称得上贤能呢?

　　然而这也不光是冯道的过错,当时的君主也有责任。为什么呢?不正派的女人,一般的男子也羞以为妻;不忠诚的小人,一般的君主也羞以为臣。冯道为前朝宰相,说他忠诚,却背叛前君侍奉仇敌,说他智慧,却听任国家社稷变成废墟。后来的君主,对他既不诛杀也不抛弃,却再次任用他为宰相,他又怎么肯要求自己竭尽忠诚从而能派上他的用场呢?所以说不光是冯道的过错,当时的君主也有责任啊!

辛酉(十八日),符彦卿奏报北汉宪州刺史太原人韩光愿、岚州刺史郭言都献城投降。王彦超、韩通攻打石州,攻克州城,抓获了刺史安彦进。癸亥(二十日),北汉沁州刺史李廷诲投降。庚午(二十七日),后周世宗从潞州出发,赶赴晋阳。癸酉(三十日),北汉忻州监军李勍杀掉刺史赵皋和契丹通事杨耨姑,献城投降。后周世宗任命李勍为忻州刺史。

五月丙子(初三),后周世宗到达晋阳城下,后周军队的旗帜环绕晋阳城长达四十里。杨衮怀疑北汉代州防御使郑处谦要向后周投降,便召他来共同商议军事,打算借机杀掉他。郑处谦知道了消息,不肯前往。杨衮派契丹骑兵几十人把守代州城门,郑处谦杀死他们,于是关闭城门拒绝杨衮入城。杨衮逃回契丹,契丹国主恼怒杨衮无功而还,将他囚禁起来。郑处谦率领全城前来向后周投降。丁丑(初四),后周世宗在代州设置静塞军,任命郑处谦为节度使。契丹数千骑兵屯驻在忻州、代州之间,作为北汉的援军,庚辰(初七)这天,后周世宗派遣符彦卿等人率领步兵、骑兵一万多人攻击契丹军队。符彦卿进入忻州,契丹军队后退守卫忻口。丁亥(十四日)这天,后周世宗在汾州设置宁化军,将石、沁二州隶属于它。代州将领桑珪、解文遇杀掉郑处谦,

诬奏云潜通契丹。

符彦卿奏请益兵，癸巳，遣李筠、张永德将兵三千赴之。契丹游骑时至忻州城下，丙申，彦卿与诸将陈以待之。史彦超将二十骑为前锋，遇契丹，与战，李筠引兵继之，杀契丹二千人。彦超恃勇轻进，去大军浸远，众寡不敌，为契丹所杀，筠仅以身免，周兵死伤甚众。彦卿退保忻州，寻引兵还晋阳。府州防御使折德扆将州兵来朝。辛丑，复置永安军于府州，以德扆为节度使。时大发兵夫，东自怀、孟，西及蒲、陕，以攻晋阳，不克。会久雨，士卒疲病，及史彦超死，乃议引还。

初，王得中返自契丹，值周兵围晋阳，留止代州。及桑珪杀郑处谦，囚得中，送于周军，帝释之，赐以带、马，问："虏兵何时当至？"得中曰："臣受命送杨衮，他无所求。"或谓得中曰："契丹许公发兵，公不以实告，契丹兵即至，公得无危乎？"得中太息曰："吾食刘氏禄，有老母在围中，若以实告，周人必发兵据险而拒之，如此，家国两亡，吾独生何益！不若杀身以全家国，所得多矣！"甲辰，帝以得中欺罔，缢杀之。

乙巳，帝发晋阳。匡国节度使药元福言于帝曰："进军易，退军难。"帝曰："朕一以委卿。"元福乃勒兵成列而殿。北汉果出兵追蹑，元福击走之。然军还匆遽，刍粮数十万在城下者悉焚弃之。军中讹言相惊，或相剽掠，军须失亡不可胜计。所得北汉州县，周所置刺史等皆弃城走，

诬奏说郑处谦私通契丹。

符彦卿上奏请求增加兵力，癸巳(二十日)，后周世宗派遣李筠、张永德率领军队三千人赶赴符彦卿那里。契丹前锋巡逻骑兵时常到达忻州城下，丙申(二十三日)，符彦卿与众将列阵等待契丹军队。史彦超带领二十名骑兵作为先锋，遇到契丹军队，和他们交战，李筠领兵增援史彦超，杀死契丹士兵两千人。史彦超倚仗自己勇敢，轻易冒进，离开大军越来越远，寡不敌众，被契丹军队杀死，李筠只身逃脱，后周军队死伤很多。符彦卿后退保卫忻州，不久领兵返回晋阳。府州防御使折德扆率领州兵前来谒见。辛丑(二十八日)，后周世宗又在府州设置永安军，任命折德扆为节度使。当时后周大量征发军队民夫，东起怀州、孟州，西至蒲州、陕州，以攻打晋阳，没能攻克。正赶上长时间下雨，士兵疲劳生病，等到史彦超战死后，才商议领兵退还。

当初，王得中从契丹返回，正值后周军队围攻晋阳，便停留在代州。等到桑珪杀掉郑处谦，便囚禁了王得中，将他送到后周军中。后周世宗释放了他，赐给他玉带、马匹，问道："契丹军队什么时候到?"王得中说："臣下只接受了送杨衮回契丹的命令，对契丹并没有其他请求。"有人对王得中说："契丹答应您发兵，您不将实情禀报，倘若契丹军队立即到达，您能不危险吗?"王得中叹息说："我吃刘氏的俸禄，又有老母在围城之中，倘若将实情禀报，周人必定发兵占据险要来抵抗，这样，家庭、国家双双灭亡，我独自活着又有什么用? 不如牺牲自身来保全家庭、国家，所得到的就多了!"甲辰(初二)，世宗因王得中欺诈，勒死了他。

乙巳(初三)这天，后周世宗从晋阳出发。匡国节度使药元福向世宗进言说："进军容易，退军困难。"世宗说："朕把所有指挥权都交给你。"药元福于是整顿军队排成队列断后。北汉果然出动军队跟踪追击，药元福打跑了追兵。然而军队返回匆忙急促，数十万粮草还在晋阳城下，只好全部焚烧或丢弃。军队中流传谣言，相互惊扰，有的甚至相互抢劫，军用物资的损失无法计算。在所得到的北汉州、县，后周所设置的刺史等官员都弃城逃跑，

惟代州桑珪既叛北汉，又不敢归周，婴城自守，北汉遣兵攻拔之。乙酉，帝至潞州；甲子，至郑州；丙寅，谒嵩陵；庚午，至大梁。

帝违众议破北汉，自是政事无大小皆亲决，百官受成于上而已。河南府推官高锡上书谏，以为："四海之广，万机之众，虽尧、舜不能独治，必择人而任之。今陛下一以身亲之，天下不谓陛下聪明睿智足以兼百官之任，皆言陛下褊迫疑忌举不信群臣也！不若选能知人公正者以为宰相，能爱民听讼者以为守令，能丰财足食者使掌金谷，能原情守法者使掌刑狱，陛下但垂拱明堂，视其功过而赏罚之，天下何忧不治！何必降君尊而代臣职，屈贵位而亲贱事，无乃失为政之本乎！"帝不从。锡，河中人也。

北汉主忧愤成疾，悉以国事委其子侍卫都指挥使承钧。

初，帝与北汉主相拒于高平，命前泽州刺史李彦崇将兵守江猪岭，遏北汉主归路。彦崇闻樊爱能等南遁，引兵退，北汉主果自其路遁去。八月己酉，贬彦崇率府副率。

冬十一月，北汉主疾病，命其子承钧监国，寻殂。遣使告哀于契丹。契丹遣骠骑大将军、知内侍省事刘承训册命承钧为帝，更名钧。北汉孝和帝性孝谨，既嗣位，勤于为政，爱民礼士，境内粗安。每上表于契丹主称男，契丹主赐之诏，谓之"儿皇帝"。

只有代州桑珪既已背叛北汉,又不敢归顺后周,只好环城自守,北汉派军队攻占代州。乙酉这一天,后周世宗到达潞州;甲子(二十二日),抵达郑州;丙寅(二十四日),拜谒嵩陵;庚午(二十八日),到达大梁。

后周世宗违背众议击败北汉,从此政事无论大小都亲自决定,百官只是从世宗那里接受现成命令而已。河南府推官高锡上书劝谏,认为:"天下四海的广大,万种政务的众多,即使是尧、舜也不能独自治理,必定要选择贤人而任用他们。如今陛下您虽然一切政事都只由自己亲自处理,但是天下人并不认为陛下您的聪明智慧足以包揽百官的职任,却都说陛下您狭隘多疑完全不相信群臣啊!不如选择能够知人善任、公正无私的人担任宰相,能够爱护百姓、善理诉讼的人担任州守县令,能够增加财富、丰衣足食的人掌管金银粮食,能够推究实情、遵守法制的人管理刑法狱讼,这样,陛下只需在朝堂垂衣拱手,根据他们的功过而赏罚他们,天下何愁不能太平呢?何必降低国君的尊严而代替臣子的职责,枉屈高贵的地位而亲自处理低贱事务呢?这不是丢失为政的根本了吗!"世宗不听从。高锡是河中人。

北汉国主忧愤成疾,将国家政事全部委托给他的儿子侍卫都指挥使刘承钧。

当初,后周世宗与北汉国主在高平相互对峙时,命令原泽州刺史李彦崇率领军队扼守江猪岭,以便阻断北汉国主的归路。李彦崇听到樊爱能等将领向南逃跑的消息,就领兵撤退了,后来,北汉国主果然从这条道路逃跑。八月己酉(初八),后周世宗贬谪李彦崇为率府副率。

冬季十一月,北汉国主病重,命令他的儿子刘承钧监国,不久去世。北汉派遣使者向契丹报告噩耗。契丹派遣骠骑大将军、知内侍省事刘承训册立刘承钧为皇帝,刘承钧改名为钧。北汉孝和帝刘钧生性孝顺恭谨,继承皇位后,勤理朝政,爱护百姓,礼贤下士,境内基本安定。他每次向契丹国主上表都自称"儿子",契丹国主赐给他诏书,将他称作"儿皇帝"。

三年夏四月，北汉葬神武帝于交城北山，庙号世祖。

三年(956)夏季四月,北汉将神武帝刘旻安葬在交城北山,庙号为世祖。

世宗征淮南

　　后周世宗显德二年春三月,上谓宰相曰:"朕每思致治之方,未得其要,寝食不忘。又自唐、晋以来,吴、蜀、幽、并皆阻声教,未能混一。宜命近臣著《为君难为臣不易论》及《开边策》各一篇,朕将览焉。"

　　比部郎中王朴献策,以为:"中国之失吴、蜀、幽、并,皆由失道。今必先观所以失之之原,然后知所以取之之术。其始失之也,莫不以君暗臣邪,兵骄民困,奸党内炽,武夫外横,因小致大,积微成著。今欲取之,莫若返其所为而已。夫进贤退不肖,所以收其才也;恩隐诚信,所以结其心也;赏功罚罪,所以尽其力也;去奢节用,所以丰其财也;时使薄敛,所以阜其民也。俟群才既集,政事既治,财用既充,士民既附,然后举而用之,功无不成矣!彼之人观我有必取之势,则知其情状者愿为间谍,知其山川者愿为乡导,民心既归,天意必从矣。凡攻取之道,必先其易者。唐与吾

世宗征淮南

后周世宗显德二年（955）春季三月，世宗对宰相说："朕经常思考达到大治的方略，未能得到其中的要领，睡觉吃饭都不能忘记。再有自从后唐、后晋以来，吴地、蜀地、幽州、并州都被阻断了声威教化，不能统为一体。应该命令亲近大臣撰写《为君难为臣不易论》和《开边策》各一篇，朕准备——阅览。"

比部郎中王朴进献策略，认为："中国丧失吴地、蜀地、幽州、并州，都是由于违背了治国之道。如今必须首先考察丧失这些领土的原因，然后才能知道收复这些失地的办法。当初丧失这些国土时，没有不是因为君主昏庸，臣子奸邪，军队骄纵，百姓贫困，奸人乱党在朝内猖獗，武夫强将在朝外横行，因小致大、积微成著造成的。如今想要收复失地，只不过反其道而行之罢了。引进贤人，斥退坏人，是收罗人才的办法；布施恩泽，讲究诚信，是团结人心的办法；奖赏功劳，惩罚罪过，是使大家贡献力量的办法；革去奢侈，节约费用，是使财富丰足的办法；按时使用民力，减轻赋税，是使百姓富裕的办法。等到贤才已经聚集，政事已经理顺，财用已经充足，士民已经顺附，然后再使用他们，功业就没有不成功的了！对方的人看到我们有必定取胜的形势，那么了解他们内部情况的人就愿意充当间谍，熟悉他们山川地理的人就愿意担任向导，民心既已归附，天意也就必然顺从了。大凡进攻夺取的原则，必定是先从容易的地方下手。南唐与我们

接境几两千里,其势易扰也。扰之当以无备之处为始,备东则扰西,备西则扰东,彼必奔走而救之。奔走之间,可以知其虚实强弱,然后避实击虚,避强击弱。未须大举,且以轻兵扰之。南人懦怯,闻小有警,必悉师以救之。师数动则民疲而财竭,不悉师则我可以乘虚取之。如此,江北诸州将悉为我有。既得江北,则用彼之民,行我之法,江南亦易取也。得江南则岭南、巴蜀可传檄而定。南方既定,则燕地必望风内附。若其不至,移兵攻之,席卷可平矣。惟河东必死之寇,不可以恩信诱,必当以强兵制之。然彼自高平之败,力竭气沮,必未能为边患,宜且以为后图,俟天下既平,然后伺间,一举可擒也。今士卒精练,甲兵有备,群下畏法,诸将效力,期年之后可以出师,宜自夏秋蓄积实边矣。"上欣然纳之。时群臣多守常偷安,所对少有可取者。惟朴神峻气劲,有谋能断,凡所规画,皆称上意,上由是重其器识。未几,迁左谏议大夫、知开封府事。

唐主性和柔,好文华,而喜人顺己,由是谄谀之臣多进用,政事日乱。既克建州,破湖南,益骄,有吞天下之志。李守贞、慕容彦超之叛,皆为之出师,遥为声援。又遣使自海道通契丹及北汉,约共图中国。值中国多事,未暇与之校。先是,每冬淮水浅涸,唐人常发兵戍守,谓之"把浅"。

接壤将近两千里，这种情况很容易骚扰对方。骚扰对方应当从没有防备的地方开始，防备东面就骚扰西面，防备西面就骚扰东面，对方必定东奔西走去救援。奔走的过程中，可以探明对方的虚实强弱，然后避实击虚，避强击弱。不须大举进攻时，暂且用轻装军队骚扰他们。南方人懦弱胆怯，听说有小小的警报，必定出动全部军队去救援。军队频繁出动就会使百姓疲敝，财力枯竭，不出动全部军队，我们就可以乘他们防守空虚夺取他们的土地。像这样，长江以北各州将全部被我们占有。既已取得江北，就可以使用他们的百姓，实行我们的办法，那么长江以南也就容易夺取了。取得了江南，那么岭南、巴蜀之地就可以通过传递檄文而平定。南方既已平定，那么燕地必定望风归附中原。倘若它不归顺，就调动军队攻打它，就可以像卷席子那样很快平定了。只有河东的北汉是必然要拼死一战的敌人，不能用恩惠信义诱导，必然应当用强大的军队制服它。然而北汉自从高平战败以后，国力衰竭，士气沮丧，必定不能造成边患，应该暂且放在以后谋取，等到天下已经平定，然后瞅准时机，一举就可以擒获。如今士兵精干，武器装备齐全，部下畏服军法，众将愿意效力，一年以后，可以出师，应该从今年夏季、秋季就开始积蓄粮草来充实边备了。"世宗高兴地采纳了他的建议。当时群臣大多墨守成规苟且偷安，他们提交的策略很少有可取的。只有王朴神情俊逸，气势刚劲，有智谋，能决断，凡是他的规划建议，都符合世宗的心意，世宗因此看重他的器量见识。不久，升迁他为左谏议大夫、知开封府事。

南唐国主生性宽和柔顺，爱好文采辞章，而且喜欢别人奉承自己，因此花言巧语、献媚取宠的臣子大多得到晋升任用，政事日益混乱。他攻克建州、击破湖南后，就更加骄傲，产生了吞并天下的想法。李守贞、慕容彦超反叛，南唐都为他们出动军队，远远地进行声援。又派使者从海路联络契丹和北汉，约定共同谋取中原。当时正值中原多事，后周没有空闲和他计较。从前，每年冬季淮水水浅干涸，南唐人经常发兵戍守，把这叫作"把浅"。

寿州监军吴廷绍以为疆埸无事，坐费资粮，悉罢之。清淮节度使刘仁赡上表固争，不能得。十一月乙未朔，帝以李穀为淮南道前军行营都部署兼知庐、寿等行府事，以忠武节度使王彦超副之，督侍卫马军都指挥使韩令坤等十二将以伐唐。令坤，磁州武安人也。

汴水自唐末溃决，自埇桥东南悉为污泽。上谋击唐，先命武宁节度使武行德发民夫，因故堤疏导之，东至泗上。议者皆以为难成，上曰："数年之后，必获其利。"

唐人闻周兵将至而惧。刘仁赡神气自若，部分守御，无异平日，众情稍安。唐主以神武统军刘彦贞为北面行营都部署，将兵二万趣寿州，奉化节度使、同平章事皇甫晖为应援使，常州团练使姚凤为应援都监，将兵三万屯定远。召镇南节度使宋齐丘还金陵，谋国难。以翰林承旨、户部尚书殷崇义为吏部尚书、知枢密院事。

李穀等为浮梁，自正阳济淮。十二月甲戌，穀奏王彦超败唐兵二千馀人于寿州城下。己卯，又奏先锋都指挥使白延遇败唐兵千馀人于山口镇。帝诏吴越王弘俶，使出兵击唐。

三年春正月丁酉，李穀奏败唐兵千馀人于上窑。戊戌，发开封府、曹、滑、郑州之民十馀万筑大梁外城。庚子，帝下诏亲征淮南，以宣徽南院使、镇安节度使向训权东京留守，端明殿学士王朴副之，彰信节度使韩通权点检侍卫司及在京内外都巡检。命侍卫都指挥使、归德节度使李重进将兵先赴正阳，河阳节度使白重赞将亲兵三千屯颍上。壬寅，帝发大梁。

寿州监军吴廷绍认为边境没有战事，白白耗费国家钱粮，就全部撤回了守军。清淮节度使刘仁赡上表一再争辩，不能取胜。十一月乙未这天是初一，后周世宗任命李毅为淮南道前军行营都部署兼知庐州、寿州等行府事，任命忠武节度使王彦超为行营副都部署，督领侍卫马军都指挥使韩令坤等十二名将领去讨伐南唐。韩令坤是磁州武安人。

汴水从唐朝末年溃堤决口以来，从埇桥东南以下全部变成污泥沼泽。后周世宗计划攻击南唐，先命令武宁节度使武行德征发民夫，顺着原来的河堤疏通汴水，向东流入泗水。议论的人都认为难以成功，世宗说："几年以后，必定获得好处。"

南唐人听说后周军队即将到达而感到恐惧。刘仁赡神态自若，部署防御，与平日没有两样，众人的情绪稍稍安定。南唐国主任命神武统军刘彦贞为北面行营都部署，领兵二万开赴寿州，奉化节度使、同平章事皇甫晖为应援使，常州团练使姚凤为应援都监，领兵三万屯驻定远。征召镇南节度使宋齐丘返回金陵，商讨应付国难。任命翰林承旨、户部尚书殷崇义为吏部尚书、知枢密院事。

李毅等人架设浮桥，从正阳渡过淮水。十二月甲戌（初十）这天，李毅奏报王彦超在寿州城下击败南唐军队两千馀人。己卯（十五日）这天，又奏报先锋都指挥使白延遇在山口镇击败南唐军队一千多人。后周世宗赐诏给吴越王钱弘俶，让他出兵攻打南唐。

三年（956）春季正月丁酉（初三），李毅奏报在上窑击败南唐军队一千多人。戊戌（初四），后周征发开封府、曹州、滑州、郑州的百姓十多万人修筑大梁外城。庚子（初六），后周世宗颁下诏书宣布亲征淮南，任命宣徽南院使、镇安节度使向训暂时代理东京留守，端明殿学士王朴为副留守，彰信节度使韩通暂时代理点检侍卫司以及在京内外都巡检。命令侍卫都指挥使、归德节度使李重进率领军队首先赶赴正阳，河阳节度使白重赞率领亲兵三千人屯驻在颍河边上。壬寅（初八），世宗从大梁出发。

　　李榖攻寿州，久不克。唐刘彦贞引兵救之，至来远镇，距寿州二百里，又以战舰数百艘趣正阳，为攻浮梁之势。李榖畏之，召将佐谋曰："我军不能水战，若贼断浮梁，则腹背受敌，皆不归矣。不如退守浮梁以待车驾。"上至圉镇，闻其谋，亟遣中使乘驿止之。比至，已焚刍粮，退保正阳。丁未，帝至陈州，亟遣李重进引兵趣淮上。

　　辛亥，李榖奏："贼舰中淮而进，弩炮所不能及，若浮梁不守，则众心动摇，须至退军。今贼舰日进，淮水日涨，若车驾亲临，万一粮道阻绝，其危不测。愿陛下且驻跸陈、颍，俟李重进至，臣与之共度贼舰可御，浮梁可完，立具奏闻。但若厉兵秣马，春去冬来，足使贼中疲弊，取之未晚。"帝览奏，不悦。

　　刘彦贞素骄贵，无才略，不习兵，所历藩镇，专为贪暴，积财巨亿，以赂权要，由是魏岑等争誉之，以为治民如龚、黄，用兵如韩、彭，故周师至，唐主首用之。其裨将咸师朗等皆勇而无谋，闻李榖退，喜，引兵直抵正阳，旌旗辎重数百里，刘仁赡及池州刺史张全约固止之。仁赡曰："公军未至而敌人先遁，是畏公之威声也，安用速战！万一失利，则大事去矣！"彦贞不从。既行，仁赡曰："果遇，必败。"乃益兵乘城为备。李重进渡淮，逆战于正阳东，大破之，斩彦贞，生擒咸师朗等，斩首万馀级，伏尸三十里，收军资器械三十馀万。是时江、淮久安，民不习战，彦贞既败，

李毅攻打寿州，很长时间未能攻克。南唐刘彦贞率领军队救援寿州，到达来远镇，距离寿州二百里，又率领战舰数百艘赶赴正阳，做出攻击浮桥的态势。李毅畏惧南唐水军，召集将领僚佐商议说："我军不善于水战，如果贼军截断浮桥，我们就会腹背受敌，全都不能返回了。不如退守浮桥，来等待皇上。"世宗到达围镇，闻知李毅的计谋，立即派遣朝廷使者乘着驿站车马去制止他。等使者赶到，李毅已经焚烧掉粮草，退保正阳。丁未（十三日），世宗到达陈州，立即派遣李重进领兵赶赴淮水岸边。

　　辛亥（十七日），李毅上奏说："贼寇战舰在淮水中央前进，弓弩石炮的射程不能达到，倘若浮桥失守，就会军心动摇，必然导致退兵。如今贼寇战舰每日前进，淮水日益上涨，如果皇上亲自驾临，万一粮道被阻断，那危险就难以预料了。希望陛下您暂且驻留在陈州、颍州，等李重进来到后，臣下和他一起商量如何阻挡贼寇战舰，如何保全浮桥，然后立即详细奏报。倘若我军厉兵秣马做好准备，等春去冬来，足以使贼寇营中疲惫不堪，那时再攻取敌人也不晚。"世宗看了奏报，很不高兴。

　　刘彦贞一向骄横宠贵，既无才能谋略，又不熟悉军事，在任职过的藩镇，专做贪污暴虐之事，积累了数以亿计的财产，用来贿赂当权要臣，因此魏岑等权臣争相称誉他，认为他治理百姓如同西汉的龚遂、黄霸，用兵打仗如同汉初的韩信、彭越，所以后周军队来到，南唐国主首先起用他。刘彦贞的副将咸师朗等人都有勇无谋，听说李毅退兵，大喜，领兵径直奔赴正阳，各色旗帜、辎重车辆长达数百里，刘仁赡和池州刺史张全约再三劝阻刘彦贞。刘仁赡说："您的军队尚未到达而敌人提前溜走，这是畏惧您的声威，怎能用速战速决的办法！万一失利，大事就完了！"刘彦贞不听。已经出发，刘仁赡说："果真遇上敌人，必定失败。"于是增加士兵登上城楼做好战备。李重进渡过淮水，在正阳东面迎战，大败南唐军队，斩杀刘彦贞，活捉咸师朗等人，斩得首级一万多，躺伏在地上的尸体长达三十里，收缴军资器械三十多万件。此时长江、淮水一带长期安定，百姓不习惯打仗，刘彦贞既已战败，

唐人大恐。张全约收馀众奔寿州，刘仁赡表全约为马步左厢都指挥使。皇甫晖、姚凤退保清流关。滁州刺史王绍颜委城走。

壬子，帝至永宁镇，谓侍臣曰："闻寿州围解，农民多归村落，今闻大军至，必复入城。怜其聚为饿莩，宜先遣使存抚，各令安业。"甲寅，帝至正阳，以李重进代李谷为淮南道行营都招讨使，以谷判寿州行府事。丙辰，帝至寿州城下，营于淝水之阳，命诸军围寿州，徙正阳浮梁于下蔡镇。丁巳，征宋、亳、陈、颍、徐、宿、许、蔡等州丁夫数十万以攻城，昼夜不息。唐兵万馀人维舟于淮，营于涂山之下。庚申，帝命太祖皇帝击之，太祖皇帝遣百馀骑薄其营而伪遁，伏兵邀之，大败唐兵于涡口，斩其都监何延锡等，夺战舰五十馀艘。

诏以武平节度使兼中书令王逵为南面行营都统，使攻唐之鄂州。

唐主闻湖南兵将至，命武昌节度使何敬洙徙民入城，为固守之计。敬洙不从，使除地为战场，曰："敌至，则与兵民俱死于此耳。"唐主善之。

二月丙寅，下蔡浮梁成，上自往视之。戊辰，庐、寿、光、黄巡检使元城司超奏败唐兵三千馀人于盛唐，擒都监高弼等，获战舰四十馀艘。

上命太祖皇帝倍道袭清流关。皇甫晖等陈于山下，方与前锋战，太祖皇帝引兵出山后。晖等大惊，走入滁州，欲断桥自守，太祖皇帝跃马麾兵涉水，直抵城下。晖曰：

南唐人大为恐慌。张全约收集残馀部众逃奔寿州,刘仁赡上表荐举张全约为马步左厢都指挥使。皇甫晖、姚凤退保清流关。滁州刺史王绍颜弃城逃跑。

壬子(十八日),后周世宗到达永宁镇,对侍臣说:"听说寿州围困解除,农民大多回归村落,如今听说大军到达,必定会再次入城。我可怜他们聚集到城中都会饿死,应当先派遣使者安抚,让他们各自安心务农。"甲寅(二十日)这天,世宗到达正阳,任命李重进代替李毂为淮南道行营都招讨使,任命李毂为判寿州行府事。丙辰(二十二日),世宗到达寿州城下,在淝水北岸宿营,命令各军包围寿州,将正阳浮桥移到下蔡镇。丁巳(二十三日),征发宋州、亳州、陈州、颍州、徐州、宿州、许州、蔡州等地民夫几十万人前来攻城,昼夜不停。南唐军队一万多人将船只拴系在淮水边,在涂山脚下宿营。庚申(二十六日),世宗命令宋太祖皇帝赵匡胤攻击南唐军队,宋太祖皇帝派遣一百多名骑兵迫近南唐军营然后假装逃跑,埋伏的后周军队拦击南唐追兵,在涡口大败南唐军队,斩杀南唐都监何延锡等人,夺取战舰五十多艘。

后周世宗下诏任命武平节度使兼中书令王逵为南面行营都统,命他攻打南唐的鄂州。

南唐国主听说湖南军队即将到达,便命令武昌节度使何敬洙迁移百姓入城,筹划固守鄂州的计策。何敬洙没有听从,让百姓平整土地作为战场,说:"敌军到达,就和军民一起战死在这里。"南唐国主很赞赏他。

二月丙寅(初三),下蔡浮桥架成,后周世宗亲自前去观看浮桥。戊辰(初五),庐、寿、光、黄巡检使元城人司超奏报在盛唐击败南唐军队三千多人,擒获都监高弼等人,缴获战舰四十多艘。

后周世宗命令宋太祖皇帝兼程前进袭击清流关。皇甫晖等人在山下列阵,正在与后周前锋部队交战,宋太祖皇帝领兵从山后杀出。皇甫晖等人大吃一惊,逃入滁州城中,准备拆断桥梁坚守,宋太祖皇帝跃马指挥军队涉水而过,直抵城下。皇甫晖说:

"人各为其主,愿容成列而战。"太祖皇帝笑而许之。晖整众而出,太祖皇帝拥马颈突陈而入,大呼曰:"吾止取皇甫晖,他人非吾敌也!"手剑击晖,中脑,生擒之,并擒姚凤,遂克滁州。后数日,宣祖皇帝为马军副都指挥使,引兵夜半至滁州城下,传呼开门。太祖皇帝曰:"父子虽至亲,城门王事也,不敢奉命。"明旦乃得入。上遣翰林学士窦仪籍滁州帑藏,太祖皇帝遣亲吏取藏中绢。仪曰:"公初克城时,虽倾藏取之,无伤也。今既籍为官物,非有诏书,不可得也。"太祖皇帝由是重仪。

诏左金吾卫将军马崇祚知滁州。初,永兴节度使刘词遗表荐其幕僚蓟人赵普有才可用。会滁州平,范质荐普为滁州军事判官。太祖皇帝与语,悦之。时获盗百馀人,皆应死,普请先讯鞫然后决,所活什七八。太祖皇帝益奇之。

太祖皇帝威名日盛,每临陈,必以繁缨饰马,铠仗鲜明。或曰:"如此,为敌所识。"太祖皇帝曰:"吾固欲其识之耳!"

唐主遣泗州牙将王知朗赍书抵徐州,称:"唐皇帝奉书大周皇帝,请息兵修好,愿以兄事帝,岁输货财以助军费。"甲戌,徐州以闻,帝不答。戊寅,命前武胜节度使侯章等攻寿州水寨,决其壕之西北隅,导壕水入于淝。

太祖皇帝遣使献皇甫晖等,晖伤甚,见上,卧而言曰:"臣非不忠于所事,但士卒勇怯不同耳。臣向日屡与契丹战,

"人都各为自己的主人效力,希望容我排好队列再战。"宋太祖皇帝笑着答应了他。皇甫晖整顿部众出城,宋太祖皇帝抱住马脖子冲入敌阵,大声喊道:"我只取皇甫晖,其他人不是我的敌人!"手持长剑攻击皇甫晖,刺中了他的脑袋,活捉了他,并擒获姚凤,于是攻克滁州。几天以后,宋太祖皇帝的父亲宋宣祖皇帝为马军副都指挥使,领兵在半夜到达滁州城下,传令呼喊打开城门。宋太祖皇帝说:"父亲与儿子虽然最亲,但城门开启是王朝大事,不敢遵命。"宋宣祖皇帝第二天天亮才得以入城。后周世宗派遣翰林学士窦仪登记滁州仓库中的物资,宋太祖皇帝派心腹官吏去提取库中的绢帛。窦仪说:"您刚攻克滁州城时,即使把库中东西都取走,也没有妨碍。如今已经登记为官府物资,没有诏书,是不能取走的。"宋太祖皇帝因此器重窦仪。

后周世宗诏命左金吾卫将军马崇祚主持滁州政务。当初,永兴节度使刘词临死之际上表荐举他的幕僚蓟州人赵普有才能,可以重用。适逢滁州平定,范质推荐赵普担任滁州军事判官。宋太祖皇帝和他交谈,很喜欢他。当时捕获盗贼一百多人,都应当处死,赵普请求先审讯然后再做处决,结果存活下来的人占十分之七八。宋太祖皇帝愈发对他感到惊奇。

宋太祖皇帝的威名日益盛大,每次亲临战阵,必定用精美的辂马绳带装饰坐骑,铠甲兵器鲜艳明亮。有人说:"像这样,会被敌人认识。"宋太祖皇帝说:"我本来就想让敌人认识我!"

南唐国主派遣泗州牙将王知朗携带书信抵达徐州,称:"唐皇帝致书大周皇帝,请求罢兵修好,愿意用对待兄长的礼仪来侍奉皇帝,每年输送货物财宝来赞助军费。"甲戌(十一日),徐州将书信奏报世宗,世宗没做回答。戊寅(十五日),世宗命令原武胜节度使侯章等人攻打寿州水寨,决开寿州护城河的西北角,引护城河水流入淝水。

宋太祖皇帝派遣使者献上皇甫晖等人,皇甫晖的伤势很重,见到后周世宗,躺着说道:"臣下不是不忠于所侍奉的主人,只是士兵的勇敢与胆怯不同罢了。臣下昔日多次与契丹军队交战,

未尝见兵精如此。"因盛称太祖皇帝之勇。上释之,后数日卒。

帝诇知扬州无备,己卯,命韩令坤等将兵袭之,戒以:"毋得残民。其李氏陵寝,遣人与李氏人共守护之。"

唐主兵屡败,惧亡,乃遣翰林学士、户部侍郎锺谟、工部侍郎、文理院学士李德明奉表称臣,来请平,献御服、茶、药及金器千两,银器五千两,缯锦二千匹,犒军牛五百头,酒二千斛。壬午,至寿州城下。谟、德明素辩口,上知其欲游说,盛陈甲兵而见之,曰:"尔主自谓唐室苗裔,宜知礼义,异于他国。与朕止隔一水,未尝遣一介修好,惟泛海通契丹,舍华事夷,礼义安在?且汝欲说我令罢兵邪?我非六国愚主,岂汝口舌所能移邪!可归语汝主,亟来见朕,再拜谢过,则无事矣。不然,朕欲往观金陵城,借府库以劳军,汝君臣得无悔乎!"谟、德明战栗不敢言。

吴越王弘俶遣兵屯境上以俟周命。

乙酉,韩令坤奄至扬州。平旦,先遣白延遇以数百骑驰入城,城中不之觉。令坤继至,唐东都营屯使贾崇焚官府民舍,弃城南走。副留守工部侍郎冯延鲁髡发被僧服,匿于佛寺,军士执之。令坤慰抚其民,使皆安堵。

庚寅,王逵奏拔鄂州长山寨,执其将陈泽等,献之。

辛卯,太祖皇帝奏唐天长制置使耿谦降,获刍粮二十馀万。

韩令坤攻唐泰州,拔之,刺史方讷奔金陵。

不曾见到如此精锐的部队。"于是盛赞宋太祖皇帝的勇敢。世宗释放了他，几天以后死去。

后周世宗侦察得知扬州没有防备，己卯（十六日），命令韩令坤等人领兵袭击扬州，告诫他说："不得残害百姓。那里的李氏陵墓，派人和李氏族人共同守护。"

南唐国主因为屡次吃败仗，惧怕亡国，于是派遣翰林学士、户部侍郎钟谟和工部侍郎、文理院学士李德明上表称臣，前来请和，进献皇帝御用服装、茶、药以及金器一千两、银器五千两、缯锦二千匹，犒劳军队的牛五百头、酒二千斛。壬午（十九日），到达寿州城下。钟谟、李德明一向能言善辩，后周世宗知道他们打算游说，大规模排列披甲的士兵接见他们，说："你们的国主自称是大唐皇室的后裔，应该懂得礼义，和其他国家有区别。与我只有一水之隔，却不曾派遣一位使者来和我们结成友好关系，只是漂洋过海去联络契丹，舍弃华夏而侍奉蛮夷，礼义在哪里呢？你们是不是准备向我游说让我停止用兵呢？我不是战国时代六国的愚蠢君主，你们用口舌哪能让我改变主意呢！可以回去告诉你们的国主，立即前来见我，下跪再拜认罪谢过，就没事了。不然，我打算亲自去观看金陵城，借用金陵府库来慰劳军队，你们君臣难道不后悔吗？"钟谟、李德明全身颤抖不敢说话。

吴越王钱弘俶派遣军队屯驻在边境地区，来等待后周命令。

乙酉（二十二日），韩令坤突然到达扬州。清晨，先派遣白延遇率领几百名骑兵入城，城中没有察觉。韩令坤接着赶到，南唐东都营屯使贾崇焚烧官府衙邸、百姓房屋，弃城向南奔逃。副留守、工部侍郎冯延鲁剃光头发，披上僧服，躲藏到佛寺，军士抓获了他。韩令坤抚慰扬州百姓，让他们都安定了下来。

庚寅（二十七日），王逵奏报攻拔鄂州长山寨，抓获南唐将领陈泽等人，献给后周世宗。

辛卯（二十八日），宋太祖皇帝奏报南唐天长制置使耿谦投降，缴获粮草二十多万。

韩令坤攻打南唐泰州，攻取了该城，刺史方讷逃奔金陵。

唐主遣人以蜡丸求救于契丹。壬辰，静安军使何继筠获而献之。

以给事中高防权知泰州。

三月甲午朔，上行视水寨，至淝桥，自取一石，马上持之至寨以供炮，从官过桥者人赍一石。太祖皇帝乘皮船入寿春壕中，城上发连弩射之，矢大如屋椽。牙将馆陶张琼遽以身蔽之，矢中琼髀，死而复苏。镞着骨不可出，琼饮酒一大卮，令人破骨出之，流血数升，神色自若。

唐主复以右仆射孙晟为司空，遣与礼部尚书王崇质奉表入见，称："自天祐以来，海内分崩，或跨据一方，或迁革异代。臣绍袭先业，奄有江表，顾以瞻乌未定，附凤何从！今天命有归，声教远被，愿比两浙、湖南，仰奉正朔，谨守土疆，乞收薄伐之威，赦其后服之罪，首于下国，俾作外臣，则柔远之德，云谁不服。"又献金千两，银十万两，罗绮二千匹。晟谓冯延己曰："此行当在左相，晟若辞之，则负先帝。"既行，知不免，中夜，叹息谓崇质曰："君家百口，宜自为谋。吾思之熟矣，终不负永陵一抔土，馀无所知。"

光舒黄招安巡检使、行光州刺史何超以安、随、申、蔡四州兵数万攻光州。丙申，超奏唐光州刺史张绍弃城走，都监张承翰以城降。丁酉，行舒州刺史郭令图拔舒州。

唐蕲州将李福杀其知州王承巂，举州来降。遣六宅使齐藏珍攻黄州。

南唐国主派人携带蜡丸密信向契丹请求救助。壬辰（二十九日），静安军使何继筠截获密信后献给后周世宗。

后周世宗任命给事中高防暂时代理泰州事务。

三月甲午这天是初一，后周世宗巡视水寨，到达淝桥，亲自捡了一块石头，骑在马上拿着它，送到水寨当作石炮使用，随从过桥的官员也每人拿上一块石头。宋太祖皇帝乘坐牛皮船驶入寿春护城河中，城上发连弩射他，箭矢像房屋的椽子那样粗。牙将馆陶人张琼急忙用身体遮住他，箭射中张琼的大腿，张琼昏死过去又苏醒过来。箭头射入骨头，不能拔出，张琼喝下一大杯酒，命人挑破骨头取出箭头，流血好几升，仍神色自如。

南唐国主又任命右仆射孙晟为司空，派遣他和礼部尚书王崇质奉表谒见后周世宗，表中说："自从唐昭宗天祐年间以来，天下分崩离析，有的地区割据一方，有的地区改朝换代。臣下继承祖先基业，拥有江表之地，环顾中国，乱世之民无所归依，连乌鸦都找不到富人的房顶落脚，要想攀龙附凤又从何谈起！如今天命已有归宿，您的声威教化覆盖远近，我愿意比照两浙的吴越、湖南的楚国，敬奉您颁布的历法，严守土地封疆，乞求您收敛征伐的威势，赦免后来臣服的罪过，希望您统领我这个小国，让我做您域外的臣子，那么对您安抚边远地区的德政，还有谁会不服从呢？"并奉献黄金一千两，白银十万两，罗绮二千匹。孙晟对冯延己说："此次应当由左相您出使，然而我孙晟如果推辞，就会有负先帝厚望。"孙晟上路后，自知不免一死，半夜，叹息着对王崇质说："您家有一百多口人，应该自己做好安排。我已经考虑成熟了，最终决不辜负先帝的在天之灵，其馀就一无所知了。"

光、舒、黄招安巡检使、行光州刺史何超率领安、随、申、蔡四州军队数万人攻打光州。丙申（初三），何超奏报南唐光州刺史张绍弃城逃跑，都监张承翰献城投降。丁酉（初四），行舒州刺史郭令图攻克舒州。

南唐蕲州将领李福杀掉蕲州知州王承篇，率州前来投降。后周派遣六宅使齐藏珍攻打黄州。

秦、凤之平也,上赦所俘蜀兵以隶军籍,从征淮南,复亡降于唐。癸卯,唐主表献百五十人,上悉命斩之。

丙午,孙晟等至上所。庚戌,上遣中使以孙晟诣寿春城下,示刘仁赡,且招谕之。仁赡见晟,戎服拜于城上。晟谓仁赡曰:"君受国厚恩,不可开门纳寇。"上闻之,甚怒。晟曰:"臣为唐宰相,岂可教节度使外叛邪!"上乃释之。

唐主使李德明、孙晟言于上,请去帝号,割寿、濠、泗、楚、光、海六州之地。仍岁输金帛百万以求罢兵。上以淮南之地已半为周有,诸将捷奏日至,欲尽得江北之地,不许。德明见周兵日进,奏称:"唐主不知陛下兵力如此之盛,愿宽臣五日之诛,得归白唐主,尽献江北之地。"上乃许之。晟因奏遣王崇质与德明俱归。上遣供奉官安弘道送德明等归金陵,赐唐主诏书,其略曰:"但存帝号,何爽岁寒! 傥坚事大之心,终不迫人于险。"又曰:"俟诸郡之悉来,即大军之立罢。言尽于此,更不烦云;苟曰未然,请从兹绝。"又赐其将相书,使熟议而来。唐主复上表谢。

李德明盛称上威德及甲兵之强,劝唐主割江北之地,唐主不悦。宋齐丘以割地为无益。德明轻佻,言多过实,国人亦不之信。枢密使陈觉、副使李徵古素恶德明与孙晟,

秦州、凤州平定的时候,后周世宗赦免所俘获的后蜀士兵,把他们编入军籍,跟随征伐淮南,他们又逃亡,向南唐投降。癸卯(初十),南唐国主上表献出降卒一百五十人,世宗命令将他们全部斩首。

丙午(十三日)这一天,孙晟等人到达后周世宗所在之处。庚戌(十七日)这一天,后周世宗派遣朝廷使者带孙晟到寿州城下,给刘仁赡看,并且让他招抚刘仁赡。刘仁赡见到孙晟,在城上身着戎装行拜礼。孙晟对刘仁赡说:"您蒙受国家的大恩,不可以打开城门迎纳敌寇。"世宗闻知此言,十分恼怒。孙晟说道:"臣下身为唐宰相,岂能教唆节度使叛变投敌呢?"世宗于是释放了他。

南唐国主派遣李德明、孙晟向后周世宗上言,请求除去帝号,割让寿州、濠州、泗州、楚州、光州、海州这六州之地。还每年输送黄金绢帛一百万,用来请求停止用兵。世宗因为淮南之地已有一半被后周占有,众将捷报每日到来,便打算取得全部江北之地,没有答应南唐国主。李德明眼看后周军队日益推进,上奏称:"唐主不知道陛下您的兵力如此强盛,希望给臣下五天不进行讨伐的宽限,使臣下得以返回国中禀告国主,全部献出江北之地。"世宗于是答应了他。孙晟就奏请派王崇质与李德明一起返回。世宗派遣供奉官安弘道送李德明等人返回金陵,赐给南唐国主书信,信中大致说道:"您只保留帝号,为什么要失掉松柏不怕天寒地冻依旧郁郁葱葱的品格呢? 倘若您坚定了侍奉大周的信念,那么,我最终也不会将您逼入险绝境地的。"又说:"等到江北各郡全部献来之日,就是我国大军休战之时。话已在此说尽,不再赘述;倘若说不行,就请从此断绝关系。"又赐给南唐将相书信,让他们仔细商议后再来。南唐国主再次上表道谢。

李德明极力称赞后周世宗的声威德行和甲兵的强盛,规劝南唐国主割让江北之地,南唐国主很不高兴。宋齐丘认为割让土地并没有好处。李德明为人轻浮,言过其实,国中之人也不相信他说的话。枢密使陈觉、副使李徵古一向憎恶李德明和孙晟,

使王崇质异其言,因谮德明于唐主曰:"德明卖国求利。"唐主大怒,斩德明于市。

　　唐主命诸道兵马元帅齐王景达将兵拒周,以陈觉为监军使,前武安节度使边镐为应援都军使。中书舍人韩熙载上书曰:"信莫信于亲王,重莫重于元帅,安用监军使为!"唐主不从。

　　遣鸿胪卿潘承祐诣泉、建召募骁勇,承祐荐前永安节度使许文稹、静江指挥使陈德诚、建州人郑彦华、林仁肇。唐主以文稹为西面行营应援使,彦华、仁肇皆为将。仁肇,仁翰之弟也。

　　夏四月甲子,以侍卫亲军都指挥使、归德节度使李重进为庐、寿等州招讨使,以武宁节度使武行德为濠州城下都部署。

　　唐右卫将军陆孟俊自常州将兵万馀人趣泰州,周兵遁去,孟俊复取之,遣陈德诚戍泰州。孟俊进攻扬州,屯于蜀冈,韩令坤弃扬州走。帝遣张永德将兵救之,令坤复入扬州。帝又遣太祖皇帝将兵屯六合。太祖皇帝令曰:"扬州兵有过六合者,折其足!"令坤始有固守之志。

　　帝自至寿春以来,命诸军昼夜攻城,久不克。会大雨,营中水深数尺,攻具及士卒失亡颇多,粮运不继,李德明失期不至,乃议旋师。或劝帝东幸濠州,声言寿州已破,从之。己巳,帝自寿春循淮而东,乙亥,至濠州。韩令坤败唐兵于城东,擒陆孟俊。

　　唐齐王景达将兵二万自瓜步济江,距六合二十馀里,设栅不进。诸将欲击之,太祖皇帝曰:"彼设栅自固,惧我也。今吾众不满二千,若往击之,则彼见吾众寡矣。

便指使王崇质说出跟李德明不一样的话,趁机向南唐国主谮毁李德明说:"李德明出卖国家求取私利。"南唐国主勃然大怒,在街市将李德明斩首。

南唐国主命令诸道兵马元帅齐王李景达领兵抵抗后周军队,任命陈觉为监军使,原武安节度使边镐为应援都军使。中书舍人韩熙载上书说:"论信任,没有比亲王更可信的人,论重要,没有比元帅更重要的人,要监军使有什么用!"南唐国主没有听从。

南唐国主派遣鸿胪卿潘承祐到泉州、建州召募矫健勇猛的人,潘承祐推荐原永安节度使许文稹、静江指挥使陈德诚、建州人郑彦华、林仁肇。南唐国主任命许文稹为西面行营应援使,郑彦华、林仁肇都为将领。林仁肇是林仁翰的弟弟。

夏季四月甲子(初二),后周世宗任命侍卫亲军都指挥使、归德节度使李重进为庐、寿等州招讨使,任命武宁节度使武行德为濠州城下都部署。

南唐右卫将军陆孟俊从常州领兵一万多人赶赴泰州,后周军队逃走,陆孟俊重新夺取泰州,派遣陈德诚戍守泰州。陆孟俊进攻扬州,屯驻在蜀冈,韩令坤丢弃扬州逃跑。后周世宗派遣张永德率领军队救援扬州,韩令坤再次进入扬州。世宗又派遣宋太祖皇帝领兵屯驻六合。宋太祖皇帝命令道:"扬州士兵有逃跑经过六合的人,折断他们的脚!"韩令坤这才有了固守的决心。

世宗自从到达寿春以来,命令各军昼夜攻城,长久未能攻克。适逢天下大雨,军营中水深数尺,攻城器械和士卒损失很大,粮草运输接济不上,李德明又超过期限没有到达,于是商议回师。有人劝世宗向东巡幸濠州,声称寿州已经攻破,世宗听从了这个建议。己巳(初七),世宗从寿春沿着淮水东行,乙亥(十三日),到达濠州。韩令坤在扬州城东击败南唐军队,擒获陆孟俊。

南唐齐王李景达率领士兵两万从瓜步渡过长江,距六合二十多里,设置栅栏不再前进。后周众将打算攻击南唐军队,宋太祖皇帝说:"对方设置栅栏自守,是惧怕我军。如今我军不满两千人,如果前去攻击他们,那么他们就能看出我军人数的多少了。

不如俟其来而击之，破之必矣！"居数日，唐出兵趣六合，太祖皇帝奋击，大破之，杀获近五千人，馀众尚万馀，走渡江，争舟溺死者甚众，于是唐之精卒尽矣。是战也，士卒有不致力者。太祖皇帝阳为督战，以剑斫其皮笠。明日，遍阅其笠，有剑迹者数十人，皆斩之，由是部兵莫敢不尽死。

先是，唐主闻扬州失守，命四旁发兵取之。己卯，韩令坤奏败扬州兵万馀人于湾头堰，获涟州刺史秦进崇。张永德奏败泗州兵万馀人于曲溪堰。

丙戌，以宣徽南院使向训为淮南节度使兼沿江招讨使。涡口奏新作浮梁成。丁亥，帝自濠州如涡口。

帝锐于进取，欲自至扬州，范质等以兵疲食少，泣谏而止。帝尝怒翰林学士窦仪，欲杀之。范质入救之，帝望见，知其意，即起避之，质趋前伏地，叩头谏曰："仪罪不至死，臣为宰相，致陛下枉杀近臣，罪皆在臣。"继之以泣。帝意解，乃释之。

五月壬辰朔，以涡口为镇淮军。
戊戌，帝留侍卫亲军都指挥使李重进等围寿州，自涡口北归；乙卯，至大梁。
六月壬申，赦淮南诸州系囚，除李氏非理赋役，事有不便于民者，委长吏以闻。

侍卫步军都指挥使、彰信节度使李继勋营于寿州城南，唐刘仁赡伺继勋无备，出兵击之，杀士卒数百人，焚其攻具。

不如等他们来到再出击,必定可以打败他们了!"过了几天,南唐出动军队赶赴六合,宋太祖皇帝奋勇出击,大败南唐军队,斩杀俘获接近五千人,所剩馀的部众尚有一万多人,逃奔渡过长江,因争抢上船而淹死的人很多,于是南唐的精兵损失殆尽了。这次战斗,士兵中有不卖力的人。宋太祖皇帝假装进行督战,用剑砍他们头上戴着的皮制斗笠。第二天,挨个察看士兵的斗笠,带有剑砍痕迹的士兵有几十名,全部斩杀了他们,从此所部士兵没有敢不舍命报效的。

在此之前,南唐国主闻知扬州失守,命令四周州军发兵夺取扬州。己卯(十七日),韩令坤奏报在湾头堰击败扬州军队一万多人,俘获涟州刺史秦进崇。张永德奏报在曲溪堰击败泗州军队一万多人。

丙戌(二十四日),后周世宗任命宣徽南院使向训为淮南节度使兼沿江招讨使。涡口奏报新造的浮桥架成。丁亥(二十五日),世宗从濠州前往涡口。

世宗锐意进取,打算亲自到扬州,范质等人认为军队疲乏粮食缺少,哭着劝谏,世宗才作罢。世宗曾生翰林学士窦仪的气,准备杀掉他。范质进去救窦仪,世宗远远望见,知道他的来意,便起身回避他,范质快步上前伏在地上,磕头进谏说:"窦仪罪的不至于处死,臣下担任宰相,导致陛下枉杀近臣,罪责都在臣下身上。"接着哭了起来。世宗的怒气消解,于是释放了窦仪。

五月壬辰这天是初一,后周将涡口改为镇淮军。

戊戌(初七),世宗留下侍卫亲军都指挥使李重进等人围困寿州,自己从涡口向北返回;乙卯(二十四日),到达京城大梁。

六月壬申(十一日),后周世宗赦免淮南各州关押的囚犯,废除南唐李氏不合理的赋税徭役,事情有对百姓不便的,委托州县长吏奏报。

侍卫步军都指挥使、彰信节度使李继勋在寿州城南安营,南唐刘仁赡侦察到李继勋没有防备,便出兵袭击后周军营,杀死士兵数百人,焚烧后周军队的攻城器械。

唐驾部员外郎朱元因奏事论用兵方略，唐主以为能，命将兵复江北诸州。

秋七月，唐将朱元取舒州，刺史郭令图弃城走。李平取蕲州。唐主以元为舒州团练使，平为蕲州刺史。元又取和州。初，唐人以茶盐强民而征其粟帛，谓之博征，又兴营田于淮南，民甚苦之。及周师至，争奉牛酒迎劳。而将帅不之恤，专事俘掠，视民如土芥。民皆失望，相聚山泽，立堡壁自固，操农器为兵，积纸为甲，时人谓之白甲军。周兵讨之，屡为所败，先所得唐诸州，多复为唐有。

唐之援兵营于紫金山，与寿州城中烽火相应。淮南节度使向训奏请以广陵之兵并力攻寿春，俟克城，更图进取，诏许之。训封府库以授扬州主者，命扬州牙将分部按行城中，秋毫不犯，扬州民感悦，军还，或负粮糒以送之。滁州守将亦弃城去，皆引兵趣寿春。

唐诸将请据险以邀周师，宋齐丘曰：“如此，则怨益深，不如纵之以德于敌，则兵易解也。”乃命诸将各自守，毋得擅出击周兵。由是寿春之围益急。齐王景达军于濠州，遥为寿州声援，军政皆出于陈觉，景达署纸尾而已，拥兵五万，无决战意，将吏畏觉，无敢言者。

八月，殿前都指挥使、义成节度使张永德屯下蔡，唐将林仁肇等以水陆军援寿春。永德与之战，仁肇以船实薪刍，因风纵火，欲焚下蔡浮梁，俄而风回，唐兵败退。永德为铁绠

南唐驾部员外郎朱元利用奏报政事的机会论述用兵策略，南唐国主认为他有才能，便命令他率领军队收复江北各州。

秋季七月，南唐将领朱元攻取了舒州，舒州刺史郭令图弃城逃跑。南唐将领李平攻取了蕲州。南唐国主任命朱元为舒州团练使，李平为蕲州刺史。朱元又攻取了和州。起初，南唐政府把茶、盐强行配给百姓，然后征收百姓的粮食绢帛，把这叫作"博征"，又在淮南屯田，百姓饱受这两项措施所带来的苦楚。等后周军队来到，百姓争相奉送牛和酒迎接慰劳。但是后周将帅不体恤他们，专门从事掳掠，视百姓如同泥土草芥。当地百姓都很失望，相互聚集在山林湖泽，建立城堡壁垒自我固守，操持农具作为武器，糊起若干层纸片做成纸甲，当时人把他们称作"白甲军"。后周军队讨伐他们，屡次被打败，先前所夺得的南唐各州，大多又重新被南唐占有。

南唐的援兵在紫金山安营，与寿州城中的烽火遥相呼应。淮南节度使向训上奏请求派广陵的军队合力攻打寿春，等攻克寿春城，再谋划进取，后周世宗下诏同意了他的请求。向训封闭州府仓库交给扬州主管人员，命令扬州牙将部署在城中巡逻，秋毫不犯，扬州百姓感动喜悦，军队返回时，有的人背着干粮给军队送去。滁州守将也弃城离去，都领兵赶赴寿春。

南唐众将请求占据险要来拦击后周军队，宋齐丘说："如果这样，那怨仇就更深了，不如放他们走，让敌人对我们感恩戴德，那么战争就容易停止了。"于是命令众将各自坚守，不得擅自出城攻击后周军队。因此寿春的围困越发吃紧。齐王李景达在濠州驻军，远远地为寿州声援，军政命令都由陈觉发出，李景达只是在文书末尾署名而已，拥有军队五万，却没有决战之意，将领官吏畏惧陈觉，没有敢站出来说话的人。

八月，后周的殿前都指挥使、义成节度使张永德屯驻在下蔡，南唐将领林仁肇等人率领水军和陆军救援寿春。张永德和林仁肇交战，林仁肇用船装满柴草，借着风势放火，打算烧毁下蔡浮桥，不一会儿风向转回，南唐军队败退了。张永德做成铁索

千馀尺,距浮梁十馀步,横绝淮流,系以巨木,由是唐兵不能近。

冬十月癸酉,李重进奏唐人寇盛唐,铁骑都指挥使王彦昇等击之,斩首三千馀级。彦昇,蜀人也。

壬午,张永德奏败唐兵于下蔡。是时唐复以水军攻永德,永德夜令善游者没其船下,縻以铁锁,纵兵击之,船不得进退,溺死者甚众。永德解金带以赏善游者。

甲申,以太祖皇帝为定国节度使兼殿前都指挥使。

张永德与李重进不相悦,永德密表重进有二心,帝不之信。时二将各拥重兵,众心忧恐。重进一日单骑诣永德营,从容宴饮,谓永德曰:"吾与公幸以肺腑俱为将帅,奚相疑若此之深邪?"永德意乃解,众心亦安。唐主闻之,以蜡书遗重进,诱以厚利,其书皆谤毁及反间之语,重进奏之。

初,唐使者孙晟、锺谟从帝至大梁,帝待之甚厚,每朝会,班之于中书省官之后,时召见,饮以醇酒,问以唐事。晟但言:"唐主畏陛下神武,事陛下无二心。"及得唐蜡书,帝大怒,召晟,责以所对不实。晟正色抗辞,请死而已。问以唐虚实,默然不对。十一月乙巳,帝命都承旨曹翰送晟于右军巡院,更以帝意问之。翰与之饮酒数行,从容问之,晟终不言。翰乃谓曰:"有敕,赐相公死。"晟神色怡然,索靴笏,整衣冠,

一千多尺,在距离浮桥十多步的地方,横向拦截淮水河道,并系上巨大的木头,因此南唐军队无法靠近。

冬季十月癸酉(十四日),李重进奏报南唐军队进犯盛唐,铁骑都指挥使王彦昇等人击败来敌,斩下首级三千多。王彦昇是蜀人。

壬午(二十三日),张永德奏报在下蔡击败南唐军队。当时,南唐再次用水军进攻张永德,张永德夜晚命令擅长游泳的士兵潜到敌船下面,用铁链锁住敌船,出动兵力攻击敌人,敌船不能前进后退,淹死的人特别多。张永德解下身上的金带用来赏赐擅长游泳的士兵。

甲申(二十五日),后周世宗任命宋太祖皇帝为定国节度使兼殿前都指挥使。

张永德与李重进关系不和,张永德秘密上表说李重进有异心,世宗不相信。当时两位将领各自拥有重兵,众人心里都感到担忧恐惧。李重进有一天单人匹马到张永德营帐,从容自如地聚会欢饮,对张永德说:“我和您有幸因是皇上的心腹而一起担任将帅,为什么相互猜忌如此之深呢?”张永德的敌意于是解除,众人的心也踏实了。南唐国主闻讯,将封有书信的蜡丸送给李重进,用高官厚禄来引诱他,书信中都是毁谤朝廷和策反离间的话,李重进将来信奏报朝廷。

当初,南唐使者孙晟、锺谟跟随后周世宗到达大梁,世宗对待他们十分优厚,每次朝会,都让他们在中书省官员的后面列班,时常召见,请他们喝美酒,向他们询问南唐的情况。孙晟只说:“唐主畏服陛下神明英武,侍奉陛下没有二心。”等获得南唐蜡丸中的密信,世宗勃然大怒,召见孙晟,责问他回答的不是实情。孙晟神色严正言辞激昂,只求一死。世宗询问南唐国中虚实,孙晟缄口不答。十一月乙巳(十七日),世宗命令都承旨曹翰把孙晟送到右军巡院,再按世宗的意思问他。曹翰与他饮酒数巡以后,和颜悦色地问他,孙晟始终不说话。曹翰于是对他说:“我有敕书,赐相公自杀。”孙晟神色安详,取来朝靴朝笏,整理衣帽,

南向拜曰:"臣谨以死报国。"乃就刑。并从者百馀人皆杀之。贬锺谟耀州司马。既而帝怜晟忠节,悔杀之,召谟,拜卫尉少卿。

十二月壬申,以张永德为殿前都点检。

分命中使发陈、蔡、宋、亳、颍、兖、曹、单等州丁夫数万城下蔡。

是岁,唐主诏淮南营田害民尤甚者罢之。遣兵部郎中陈处尧持重币浮海如契丹乞兵。契丹不能为之出兵,而留处尧不遣。处尧刚直有口辩,久之,忿恚,数面责契丹主,契丹主亦不之罪也。

四年春正月,周兵围寿春,连年未下,城中食尽。齐王景达自濠州遣应援使、永安节度使许文稹、都军使边镐、北面招讨使朱元将兵数万,溯淮救之,军于紫金山,列十馀寨如连珠,与城中烽火晨夕相应。又筑甬道抵寿春,欲运粮以馈之,绵亘数十里。将及寿春,李重进邀击,大破之,死者五千人,夺其二寨。丁未,重进以闻。戊申,诏以来月幸淮上。

刘仁赡请以边镐守城,自帅众决战;齐王景达不许,仁赡愤邑成疾。其幼子崇谏夜泛舟渡淮北,为小校所执,仁赡命腰斩之,左右莫敢救。监军使周廷构哭于中门以救之,仁赡不许。廷构复使求救于夫人,夫人曰:"妾于崇谏非不爱也,然军法不可私,名节不可亏,若贷之,则刘氏为不忠之门,妾与公何面目见将士乎!"趣命斩之,然后成丧。将士皆感泣。

向南叩拜说："臣下谨以死报效国家。"于是赴刑。连同随从一百多人都被杀死。贬锺谟为耀州司马。不久，世宗怜惜孙晟的忠诚节操，后悔杀掉了他，于是召回锺谟，拜官为卫尉少卿。

十二月壬申(十四日)，后周世宗任命张永德为殿前都点检。

后周世宗分别命令中使征发陈州、蔡州、宋州、亳州、颍州、兖州、曹州、单州等地壮丁几万人修筑下蔡城。

这一年，南唐国主诏令淮南营田损害百姓特别严重的地区取消营田。派遣兵部郎中陈处尧携带厚礼渡海到契丹乞求出兵。契丹不能为南唐出兵，反而扣留陈处尧不让走。陈处尧刚强正直，能言善辩，扣留时间长了，忿怒怨恨，多次当面指责契丹国主，契丹国主也不怪罪他。

四年(957)春季正月，后周军队围困寿春，连年没能攻下，城中粮食吃光。齐王李景达从濠州派遣应援使、永安节度使许文稹和都军使边镐、北面招讨使朱元率领军队数万人，逆淮水而上救援寿春，在紫金山驻军，如同串连的珠子一样排列了十多个营寨，和城中的烽火早晚相互呼应。又修筑两侧有墙的通道直达寿春，准备运输粮食来供应城中，绵延几十里。通道将要修到寿春城下时，李重进拦截攻击，大败南唐军队，歼敌五千人，夺取了敌人的两个营寨。丁未(十九日)这天，李重进将这个消息奏报。戊申(二十日)这天，后周世宗下诏宣布在下个月亲临淮水岸边。

刘仁赡请求让边镐守城，自己率领部众决一死战；齐王李景达不准许，刘仁赡因生气抑郁而得了病。他的小儿子刘崇谏夜晚乘船准备渡到淮水北岸，被军中小校抓获，刘仁赡命令将他腰斩，左右部将没有人敢上前救他。监军使周廷构在中门大哭来救他，刘仁赡不允许。周廷构又让人向刘仁赡夫人求救，刘夫人说："贱妾对刘崇谏不是不疼爱，然而军法不可徇私，名节不可亏损，倘若宽恕他，刘氏就会成为不忠的家庭，贱妾与刘公有什么脸面再见将士呢？"催促命令将刘崇谏腰斩，然后举行丧礼。将士都感动得流泪。

议者以唐援兵尚强,多请罢兵,帝疑之。李穀寝疾在第,二月丙寅,帝使范质、王溥就与之谋,穀上疏,以为:"寿春危困,破在旦夕,若銮驾亲征,则将士争奋,援兵震恐,城中知亡,必可下矣!"上悦。

甲戌,以王朴权东京留守兼判开封府事,以三司使张美为大内都巡检,以侍卫都虞候韩通为京城内外都巡检。乙亥,帝发大梁。

先是周与唐战,唐水军锐敏,周人无以敌之,帝每以为恨。返自寿春,于大梁城西汴水侧造战舰数百艘,命唐降卒教北人水战,数月之后,纵横出没,殆胜唐兵。至是命右骁卫大将军王环将水军数千自闵河沿颍入淮,唐人见之大惊。

乙酉,帝至下蔡。三月己丑夜,帝渡淮,抵寿春城下。庚寅旦,躬擐甲胄,军于紫金山南。命太祖皇帝击唐先锋寨及山北一寨,皆破之,斩获三千馀级,断其甬道,由是唐兵首尾不能相救。至暮,帝分兵守诸寨,还下蔡。

唐朱元恃功,颇违元帅节度。陈觉与元有隙,屡表元反覆,不可将兵,唐主以武昌节度使杨守忠代之。守忠至濠州,觉以齐王景达之命,召元诣濠州计事,将夺其兵。元闻之,愤怒,欲自杀。门下客宋垍说元曰:"大丈夫何往不富贵,何必为妻子死乎!"辛卯夜,元与先锋壕寨使朱仁裕等举寨万馀人降;裨将时厚卿不从,元杀之。帝虑其馀众沿流东溃,遽命虎捷左厢都指挥使赵晁将水军数千沿淮而下。壬辰旦,帝军于赵步,诸将击唐紫金山寨,

议事的人认为南唐援军还很强大，大多请求罢兵，后周世宗犹豫不决。李毂在家生病卧床不起，二月丙寅（初八），世宗派范质、王溥前去与他商议，李毂上疏，认为："寿春危急困苦，朝夕之间可以攻破，如果皇上亲自出征，将士就会奋勇争先，南唐援军震惊恐慌，城中守军知道必亡，就必定可以攻下了！"世宗很高兴。

甲戌（十六日），后周世宗任命王朴代理东京留守兼判开封府事，任命三司使张美为大内都巡检，任命侍卫都虞候韩通为京城内外都巡检。乙亥（十七日），世宗从大梁出发。

在此之前，后周与南唐交战，南唐水军精锐敏捷，后周军队无法同它抗衡，世宗常常以此为恨。从寿春返回京城后，他便在大梁城西汴水岸边制造战舰数百艘，命令南唐投降士卒教北方人练习水战，几个月以后，后周水军纵横出没于江湖，几乎胜过南唐水军。到这时，世宗命令右骁卫大将军王环率领水军数千人从闵河沿颍水进入淮水，南唐人看到后周水军大为震惊。

乙酉（二十七日），后周世宗到达下蔡。三月己丑（初二）夜晚，世宗渡过淮水，抵达寿春城下。庚寅（初三）早晨，世宗亲自披戴铠甲和头盔，在紫金山南面驻军。命令宋太祖皇帝攻击南唐先锋营寨和紫金山北面的一座营寨，全都击破了它们，斩获三千多首级，掐断敌军通道，由此南唐军队首尾不能相互救援。到傍晚，世宗分派军队把守各个营寨，自己返回下蔡。

南唐朱元倚仗战功，常常违抗元帅的调度。陈觉与朱元有隔阂，屡次上表说朱元反复无常，不可领兵，南唐国主任命武昌节度使杨守忠取代他。杨守忠到濠州，陈觉用齐王李景达的命令，召朱元到濠州谋划军事，准备夺他的兵权。朱元听说此事，大怒，想要自杀。门下客人宋㻱劝朱元说："大丈夫到哪里不能富贵，何必为了妻子儿女去死呢？"辛卯（初四）夜晚，朱元与先锋壕寨使朱仁裕等人率领营寨一万多人投降；副将时厚卿不服从，朱元杀了他。后周世宗考虑到南唐其馀部众会沿着淮水向东溃逃，赶紧命令虎捷左厢都指挥使赵晁率水军数千人沿淮水而下。壬辰（初五）早晨，世宗在赵步驻军，众将攻击南唐紫金山营寨，

大破之，杀获万馀人，擒许文稹、边镐、杨守忠。馀众果沿淮东走，帝自赵步将骑数百循北岸追之，诸将以步骑循南岸追之，水军自中流而下，唐兵战溺死及降者殆四万人，获船舰粮仗以十万数。晡时，帝驰至荆山洪，距赵步二百馀里。是夜，宿镇淮军，癸酉，从官始至。刘仁赡闻援兵败，扼吭叹息。

甲午，发近县丁夫数千城镇淮军，为二城，夹淮水，徙下蔡浮梁于其间，扼濠、寿应援之路。会淮水涨，唐濠州都监彭城郭廷谓以水军溯淮，欲掩不备，焚浮梁。右龙武统军赵匡赞觇知之，伏兵邀击，破之。

唐齐王景达及陈觉皆自濠州奔归金陵，惟静江指挥使陈德诚全军而还。

戊戌，以淮南节度使向训为武宁节度使、淮南道行营都监，将兵戍镇淮军。己亥，上自镇淮军复如下蔡。庚子，赐刘仁赡诏，使自择祸福。

唐主议自督诸将拒周，中书舍人乔匡舜上疏切谏，唐主以为沮众，流抚州。唐主问神卫统军朱匡业、刘存忠以守御方略，匡业诵罗隐诗曰："时来天地皆同力，运去英雄不自由。"存忠以匡业言为然。唐主怒，贬匡业抚州副使，流存忠于饶州。既而竟不敢自出。

甲辰，帝耀兵于寿春城北。唐清淮节度使兼侍中刘仁赡病甚，不知人。丙午，监军使周廷构、营田副使孙羽等作仁赡表，遣使奉之来降。丁未，帝赐仁赡诏，遣阁门使

大败敌军,杀死俘获一万多人,活捉许文稹、边镐、杨守忠。剩余部众果然沿着淮水向东逃跑,世宗从赵步率领骑兵数百人沿着淮水北岸追击逃敌,众将率领步兵、骑兵沿着南岸追击逃敌,水军从淮水中流顺水而下,南唐军队战死、淹死和投降的士兵将近四万人,缴获船舰、军粮和兵器的数量要用十万来计算。黄昏时分,世宗骑马赶到荆山洪,距离赵步二百多里。当天夜晚,在镇淮军宿营,癸酉这一天,随从官员才到达。刘仁赡闻知援兵溃败,气噎咽喉而叹息。

甲午(初七),后周征发附近县的壮丁几千人修筑镇淮军城,建造两座城,在淮水两岸,将下蔡的浮桥移到两城之间,掐断濠州、寿州接应救援的通道。适逢淮水上涨,南唐濠州都监彭城人郭廷谓率领水军逆淮水而上,打算乘后周军队不备突然袭击,焚毁浮桥。右龙武统军赵匡赞侦察得知这个消息,埋伏军队拦截攻击,打败南唐水军。

南唐齐王李景达和陈觉都从濠州逃回金陵,只有静江指挥使陈德诚保全军队返回。

戊戌(十一日),后周世宗任命淮南节度使向训为武宁节度使、淮南道行营都监,率领军队戍守镇淮军。己亥(十二日),世宗从镇淮军再次前往下蔡。庚子(十三日),赐给刘仁赡诏书,让他自己选择吉凶祸福。

南唐国主拟议亲自督率众将抵抗后周,中书舍人乔匡舜上疏直言极谏,南唐国主认为他是在动摇军心,将他流放到抚州。南唐国主向神卫统军朱匡业、刘存忠询问防御策略,朱匡业背诵罗隐的诗句道:"时来天地皆同力,运去英雄不自由。"刘存忠认为朱匡业的话很对。南唐国主勃然大怒,贬谪朱匡业为抚州副使,将刘存忠流放到饶州。不久,南唐国主竟然不敢亲自出征了。

甲辰(十七日),后周世宗在寿春城北炫耀兵力。南唐清淮节度使兼侍中刘仁赡病重,不省人事。丙午(十九日),监军使周廷构、营田副使孙羽等人以刘仁赡的名义起草降表,派遣使者奉表前来投降。丁未(二十日),世宗赐给刘仁赡诏书,派遣阁门使

万年张保续入城宣谕，仁赡子崇让复出谢罪。戊申，帝大陈甲兵，受降于寿春城北，廷构等舁仁赡出城，仁赡卧不能起，帝慰劳赐赉，复令入城养疾。

庚戌，徙寿州治下蔡，赦州境死罪以下。州民受唐文书聚山林者，并召令复业，勿问罪；有尝为其杀伤者，毋得仇讼。向日政令有不便于民者，令本州条奏。辛亥，以刘仁赡为天平节度使兼中书令，制辞略曰："尽忠所事，抗节无亏，前代名臣，几人堪比！朕之伐叛，得尔为多。"是日卒，追赐爵彭城郡王。唐主闻之，亦赠太师。帝复以清淮军为忠正军，以旌仁赡之节，以右羽林统军杨信为忠正节度使、同平章事。诏开寿州仓赈饥民。丙辰，帝北还；夏四月己巳，至大梁。甲申，分江南降卒为六军、三十指挥，号怀德军。五月丁酉，以太祖皇帝领义成节度使。

唐郭廷谓将水军断涡口浮梁，又袭败武宁节度使武行德于定远，行德仅以身免。唐主以廷谓为滁州团练使，充上淮水陆应援使。

秋七月丁亥，上治定远及寿春城南之败，以武宁节度使兼中书令武行德为左卫上将军，河阳节度使李继勋为右卫大将军。

冬十月壬申，帝发大梁；十一月丙戌，至镇淮军，是夜五鼓，济淮；丁亥，至濠州城西。濠州东北十八里有滩，唐人栅其上，环水自固，谓周兵必不能涉。戊子，帝自攻之，命内殿直康保裔帅甲士数百，乘橐驼涉水，太祖皇帝帅骑兵继之，

万年人张保续入城宣读诏令，刘仁赡的儿子刘崇让又出城谢罪。戊申（二十一日），世宗盛陈甲兵，在寿春城北面接受投降，周廷构等人抬着刘仁赡出城，刘仁赡躺着不能起来，世宗对他慰劳赏赐，又让他进城养病。

庚戌（二十三日），后周世宗将寿州治所迁到下蔡，赦免寿州境内死罪以下的囚犯。州中百姓因受南唐刑法处置而聚集山林的人，一并召回让他们重操旧业，不再问罪；有曾被他们伤害的人，不得争讼。往日政令中有对百姓不便的，命令本州逐条上奏。辛亥（二十四日），世宗任命刘仁赡为天平节度使兼中书令，制书内容大略说："对所侍奉的君主竭尽忠诚，坚守节操没有亏缺，前代名臣良将，有几人能够比拟！朕讨伐叛逆，得到你才真正值得称赞。"当天，刘仁赡去世，追赐爵位为彭城郡王。南唐国主闻知刘仁赡的死讯，也追赠他为太师。世宗又将清淮军改为忠正军，来表彰刘仁赡的节操，任命右羽林统军杨信为忠正节度使、同平章事。下诏打开寿州粮仓救济饥民。丙辰（二十九日），世宗向北返回；夏季四月己巳（十二日），到达大梁。甲申（二十七日），后周将江南投降的士卒分编为六军、三十指挥，号称怀德军。五月丁酉（十一日），任命宋太祖皇帝兼领义成节度使。

南唐郭廷谓率领水军切断涡口浮桥，又在定远偷袭并击败武宁节度使武行德，武行德仅仅得以只身逃脱。南唐国主任命郭廷谓为滁州团练使，充任上淮水陆应援使。

秋季七月丁亥（初二），后周世宗惩治定远军和寿春城南的失败，任命武宁节度使兼中书令武行德为左卫上将军，河阳节度使李继勋为右卫大将军。

冬季十月壬申（十九日），后周世宗从大梁出发；十一月丙戌（初四），到达镇淮军，当天夜晚五更，渡过淮水；丁亥（初五），到达濠州城西。濠州东北十八里有一滩，南唐人在滩上设置栅栏，借四周环水的地势固守，认为后周军队必定不能渡过。戊子（初六）这一天，世宗亲自攻打此滩，命令内殿直康保裔率领披甲士兵数百人，骑着骆驼涉水，宋太祖皇帝率领骑兵紧随其后，

遂拔之。李重进破濠州南关城。癸巳,帝自攻濠州,王审琦拔其水寨。唐人屯战船数百于城北,植巨木于淮水以限周兵。帝命水军攻之,拔其木,焚战船七十馀艘,斩首二千馀级。又攻拔其羊马城,城中震恐。丙申夜,唐濠州团练使郭廷谓上表言:"臣家在江南,今若遽降,恐为唐所种族,请先遣使诣金陵禀命,然后出降。"帝许之。辛丑,帝闻唐有战船数百艘在涣水东,欲救濠州,自将兵夜发水陆击之。癸卯,大破唐兵于洞口,斩首五千馀级,降卒二千馀人,因鼓行而东,所至皆下。乙巳,至泗州城下,太祖皇帝先攻其南,因焚城门,破水寨及月城。帝居于月城楼,督将士攻城。

十二月乙卯,唐泗州守将范再遇举城降,以再遇为宿州团练使。上自至泗州城下,禁军中刍荛者毋得犯民田,民皆感悦,争献刍粟。既克泗州,无一卒敢擅入城者。帝闻唐战船数百艘泊洞口,遣骑诇之,唐兵退保清口。戊午旦,上自将亲军自淮北进,命太祖皇帝将步骑自淮南进,诸将以水军自中流进,共追唐兵。时淮滨久无行人,葭苇如织,多泥淖沟堑,士卒乘胜气芟涉争进,皆忘其劳。庚申,追及唐兵,且战且行,金鼓声闻数十里。辛酉,至楚州西北,大破之。唐兵有沿淮东下者,帝自追之,太祖皇帝为前锋,行六十里,擒其保义节度使、濠泗楚海都应援使陈承昭以归。所获战船烧沉之馀得三百馀艘,士卒杀溺之馀得七千馀人。唐之战船在淮上者,于是尽矣。

于是攻取此滩。李重进攻破濠州南关城。癸巳（十一日），世宗亲自攻打濠州，王审琦攻取了濠州水寨。南唐军队在濠州城北聚集战船数百艘，在淮水中竖起大木头来阻拦后周军队。世宗命令水军攻打城北南唐军队，拔除大木头，焚毁战船七十多艘，斩首两千多。又攻破濠州城外的羊马城，城中震惊恐慌。丙申（十四日）夜晚，南唐濠州团练使郭廷谓向后周世宗上表说："臣下家在江南，现在如果马上投降，恐怕会被南唐诛灭全族，请求让臣下先派使者到金陵请命，然后出城投降。"世宗答应了。辛丑（十九日），世宗闻知南唐有战船数百艘在涣水东面，准备救援濠州，便亲自领兵乘夜派出水军、陆军攻击敌船。癸卯（二十一日），在洞口大败南唐军队，斩首五千多人，招降士卒两千多人，后周军队乘势击鼓向东行进，所到之处都被攻克。乙巳（二十三日），到达泗州城下，宋太祖皇帝先攻打城南，乘势焚烧城门，攻破水寨和月城。世宗住在月城楼上，监督将士攻打泗州城。

十二月乙卯（初三），南唐泗州守将范再遇献城投降，后周世宗任命范再遇为宿州团练使。世宗亲自到泗州城下，命令军中割草打柴的人不得侵犯百姓田地，百姓都感动喜悦，争相献上粮草。攻克泗州后，没有一名士兵敢擅自入城。世宗闻知南唐战船数百艘停泊在洞口，派骑兵侦察那里的情况，南唐军队退守清口。戊午（初六）早晨，世宗亲自率领亲兵从淮水北岸挺前，命宋太祖皇帝率领步兵、骑兵从淮水南岸挺前，众将率水军从淮水中流挺进，共同追击南唐军队。当时淮水之滨长久没有行人，芦苇茂密如织，多淤泥沟坑，士兵趁着胜利的气势在泥泞中跋涉，争相前进，都忘记了行军的劳累。庚申（初八），追上南唐军队，一边作战一边行进，鸣钲击鼓的声音传出几十里。辛酉（初九），追到楚州西北，大败南唐军队。南唐士兵有沿着淮水东下的，世宗亲自追击他们，宋太祖皇帝担任先锋，行军六十里，擒获南唐保义节度使、濠泗楚海都应援使陈承昭而返回。所缴获的战船除去烧毁沉没之外共得三百多艘，士兵除斩杀、淹死之外共得七千多人。南唐在淮水上的战船，全部在这场战斗中被歼灭了。

　　郭廷谓使者自金陵还,知唐不能救,命录事参军鄱阳李延邹草降表。延邹责以忠义,廷谓以兵临之,延邹掷笔曰:"大丈夫终不负国为叛臣作降表!"廷谓斩之,举濠州降,得兵万人,粮数万斛。唐主赏李延邹之子以官。

　　壬戌,帝济淮,至楚州,营于城西北。乙丑,唐雄武军使、知涟水县事崔万迪降。丙寅,以郭廷谓为亳州防御使。戊辰,帝攻楚州,克其月城。庚午,郭廷谓见于行宫,帝曰:"朕南征以来,江南诸将败亡相继,独卿能断涡口浮梁,破定远寨,所以报国足矣。濠州小城,使李璟自守,能守之乎!"使将濠州兵攻天长。帝遣铁骑左厢都指挥使武守琦将骑数百趣扬州,至高邮。唐人悉焚扬州官府民居,驱其人南渡江。后数日,周兵至,城中馀癃病十馀人而已。癸酉,守琦以闻。帝闻泰州无备,遣兵袭之,丁丑,拔泰州。

　　五年春正月丁亥,右龙武将军王汉璋奏克海州。己丑,以侍卫马军都指挥使韩令坤权扬州军府事。

　　上欲引战舰自淮入江,阻北神堰,不得渡;欲凿楚州西北鹳水以通其道,遣使行视,还言地形不便,计功甚多。上自往视之,授以规画,发楚州民夫浚之,旬日而成,用功甚省,巨舰数百艘皆达于江。唐人大惊,以为神。壬辰,拔静海军,始通吴越之路。先是帝遣左谏议大夫长安尹日就等使吴越,语之曰:"卿今去虽泛海,比还,淮南已平,当陆归耳。"已而果然。

郭廷谓的使者从金陵回来，得知南唐朝廷不能救援，便命令录事参军鄱阳人李延邹起草降书。李延邹以忠义斥责郭廷谓，郭廷谓用兵器逼迫他，李延邹扔掉手中的笔说："大丈夫最终绝不肯负国家，为叛臣写降书！"郭廷谓斩了他，献濠州投降，后周得到兵员一万，粮食数万斛。南唐国主用官位赏赐李延邹的儿子。

　　壬戌(初十)，世宗渡过淮水，到达楚州，在城西北安营。乙丑(十三日)，南唐雄武军使、知涟水县事崔万迪投降。丙寅(十四日)，世宗任命郭廷谓为亳州防御使。戊辰(十六日)，世宗进攻楚州，攻克城外的月城。庚午(十八日)，郭廷谓在行宫谒见世宗，世宗说："朕南下征伐以来，江南众将相继战败逃亡，只有爱卿能够切断涡口浮桥，击破定远寨，用来报效国家足够了。濠州是小城，派李璟自己把守，能守住吗？"派他率领濠州军队进攻天长。世宗派遣铁骑左厢都指挥使武守琦率领骑兵数百名奔赴扬州，到达高邮。南唐人焚烧了扬州所有的官府、民宅，驱赶扬州百姓向南渡过长江。几天以后，后周军队赶到，城中只剩下衰弱疲病的人十馀个而已。癸酉(二十一日)，武守琦将扬州的情况向后周世宗奏报。世宗闻知泰州没有防备，派兵袭击泰州，丁丑(二十五日)，攻取泰州。

　　五年(958)春季正月丁亥(初五)，右龙武将军王汉璋奏报攻克海州。己丑(初七)，世宗任命侍卫马军都指挥使韩令坤代理扬州军府事。

　　世宗打算率领战船从淮水进入长江，被北神堰阻挡，不能渡过；便想要开凿楚州西北的鹳水来沟通淮水、长江之间的水道，派遣使者去巡视，使者回来说地形不利，预计费功太多。世宗亲自前去视察，口授工程规划，征发楚州民夫疏通河道，十天便完成，花费工日很少，数百艘大战舰都到达长江。南唐人大为惊讶，认为太神奇了。壬辰(初十)，后周攻取静海军，开始打通了与吴越的陆路。在此之前，世宗派遣左谏议大夫长安人尹日就等人出使吴越，跟他们说："爱卿现在前去虽然要泛舟过海，等到回来，淮南已经平定，必当从陆路返回了。"后来果真如此。

周兵攻楚州，逾四旬，唐楚州防御使张彦卿固守不下。乙巳，帝自督诸将攻之，宿于城下，丁未，克之。彦卿与都监郑昭业犹帅众拒战，矢刃皆尽，彦卿举绳床以斗而死，所部千馀人，至死无一人降者。

荆南节度使高保融遣指挥使魏璘将战船百艘东下会伐唐，至于鄂州。

唐以天长为雄州，以建武军使易文赟为刺史。二月甲寅，文赟举城降。

戊午，帝发楚州；丁卯，至扬州，命韩令坤发丁夫万馀，筑故城之东南隅为小城以治之。乙亥，黄州刺史司超奏与控鹤右厢都指挥使王审琦攻唐舒州，擒其刺史施仁望。三月壬午朔，帝如泰州。

唐太弟景遂前后凡十表辞位，且言：“今国危不能扶，请出就藩镇。燕王弘冀嫡长有军功，宜为嗣，谨奉上太弟宝册。”齐王景达亦以败军辞元帅。唐主立景遂为晋王，加天策上将军、江南西道兵马元帅、洪州大都督、太尉、尚书令，以景达为浙西道元帅、润州大都督。景达以浙西方用兵，固辞，改抚州大都督。立弘冀为皇太子，参决庶政。

辛卯，上如迎銮镇，屡至江口，遣水军击唐兵，破之。上闻唐战舰数百艘泊东沛州，将趣海口扼苏、杭路，遣殿前都虞候慕容延钊将步骑，右神武统军宋延渥将水军，循江而下。甲午，延钊奏大破唐兵于东沛州。上遣李重进将兵趣庐州。

后周军队攻打楚州,超过了四十天,因为南唐楚州防御使张彦卿的坚守而不能攻下。乙巳(二十三日),后周世宗亲自监督众将攻城,在城下宿营,丁未(二十五日),攻克楚州。张彦卿与都监郑昭业仍然率领部众抵抗战斗,弓箭与刀剑都用光了,张彦卿举起折叠坐椅来搏斗,最终战死,所部一千多人,至死没有一个人投降。

荆南节度使高保融派遣指挥使魏璘率领战船一百艘顺长江东下,会同后周军队征伐南唐,到达鄂州。

南唐将天长改为雄州,任命建武军使易文赟为刺史。二月甲寅(初二),易文赟献城投降。

戊午(初六),后周世宗从楚州出发;丁卯(十五日),到达扬州,命令韩令坤征发壮丁一万多人,在扬州故城的东南角修筑小城来作为扬州治所。乙亥(二十三日),黄州刺史司超奏报与控鹤右厢都指挥使王审琦攻打南唐舒州,擒获舒州刺史施仁望。三月壬午这天是初一,世宗前往泰州。

南唐皇太弟李景遂前前后后共上表十次,请求辞去继承人的地位,并且说:"如今国家危难不能匡扶,请求出京就任一方藩镇。燕王李弘冀是嫡长子,立有军功,应该当继承人,谨奉上皇太弟宝册。"齐王李景达也因为军队打败仗辞去元帅之职。南唐国主立李景遂为晋王,加封天策上将军、江南西道兵马元帅、洪州大都督、太尉、尚书令,任命李景达为浙西道元帅、润州大都督。李景达因为浙西正在用兵,一再推辞,改任抚州大都督。南唐国主立李弘冀为皇太子,参预决定各种政务。

辛卯(初十)这天,后周世宗前往迎銮镇,屡次到达长江口,派遣水军攻击南唐军队,打败了敌军。世宗闻知南唐战舰数百艘停泊在东洎州,将要赶赴入海口,扼守住通往苏州、杭州的要路,便派遣殿前都虞候慕容延钊率领步兵、骑兵,右神武统军宋延渥率领水军,沿着长江而下。甲午(十三日)这天,慕容延钊奏报在东洎州大败南唐军队。后周世宗派遣李重进率领军队赶赴庐州。

　　唐主闻上在江上，恐遂南渡，又耻降号称藩，乃遣兵部侍郎陈觉奉表，请传位于太子弘冀，使听命于中国。时淮南惟庐、舒、蕲、黄未下，丙申，觉至迎銮，见周兵之盛，白上，请遣人渡江取表，献四州之地，画江为境，以求息兵，辞指甚哀。上曰："朕本兴师止取江北，今尔主能举国内附，朕复何求！"觉拜谢而退。丁酉，觉请遣其属阁门承旨刘承遇如金陵，上赐唐主书，称"皇帝恭问江南国主"，慰纳之。

　　戊戌，吴越奏遣上直都指挥使、处州刺史邵可迁、秀州刺史路彦铢以战舰四百艘、士卒万七千人屯通州南岸。唐主复遣刘承遇奉表称唐国主，请献江北四州，岁输贡物数十万。于是江北悉平，得州十四，县六十。

　　庚子，上赐唐主书，谕以："缘江诸军及两浙、湖南、荆南兵并当罢归，其庐、蕲、黄三道，亦令敛兵近外。俟彼将士及家属皆就道，可遣人召将校以城邑付之。江中舟舰有须往来者，并令就北岸引之。"辛丑，陈觉辞行，又赐唐主书，谕以不必传位于子。壬寅，上自迎銮复如扬州。癸卯，诏吴越、荆南军各归本道。赐钱弘俶犒军帛三万匹，高保融一万匹。甲辰，置保信军于庐州，以右龙武统军赵匡赞为节度使。丙午，唐主遣冯延己献银、钱、绢、茶、谷共百万以犒军。己酉，命宋延渥将水军三千溯江巡警。

南唐国主闻知世宗在长江边,恐怕就要南渡长江,又耻于贬降帝号改称藩臣,于是派遣兵部侍郎陈觉向后周上表,请求传位给皇太子李弘冀,让他听从后周朝廷的命令。当时淮南只有庐州、舒州、蕲州、黄州尚未攻下,丙申(十五日)这天,陈觉到达迎銮镇,看到后周军队的强盛,向世宗禀报,请求派人渡过长江去取表章,奉献淮南四州之地,划江为界,以求停止用兵,言辞十分悲哀。世宗说道:"朕出兵本来只是为取得江北之地,如今你们国主能够以全国归附,朕还要求什么呢?"陈觉叩拜道谢然后退下。丁酉(十六日),陈觉请求派遣他的属官阁门承旨刘承遇前往金陵,世宗赐给南唐国主书信,称"皇帝恭问江南国主",安慰接纳他。

戊戌(十七日),吴越奏报派遣上直都指挥使、处州刺史邵可迁和秀州刺史路彦铢率领战舰四百艘、士卒一万七千人驻扎在通州南面江岸。南唐国主又派遣刘承遇上表自称"唐国主",请求献出江北四州之地,每年输送贡物数十万。于是江北全部平定,后周得到十四个州、六十个县。

庚子(十九日),后周世宗赐给南唐国主书信,告诉他说:"沿长江各支军队和在两浙、湖南、荆南的军队应当一并撤回,其中庐州、蕲州、黄州三路的军队,也下令把军队收回到近郊以外。等到三州的将士和家属全部上路向南返回以后,就可以派人召唤我军将校把城邑交付给他们。长江中的船舰有需要往来的,一并让他们到北岸来拉走。"辛丑(二十日),陈觉告辞上路,世宗又赐给南唐国主书信,晓谕他不必传位给儿子。壬寅(二十一日),世宗从迎銮镇再次前往扬州。癸卯(二十二日),后周世宗诏令吴越、荆南军队各自返回本道。赐给钱弘俶犒劳军队的绢帛三万匹,赐给高保融一万匹。甲辰(二十三日),在庐州设置保信军,任命右龙武统军赵匡赞为节度使。丙午(二十五日),南唐国主派遣冯延己贡献银、钱、绢、茶、谷总共一百万用来犒劳后周军队。己酉(二十八日),后周世宗命令宋延渥率领水军三千人逆长江而上巡逻警戒。

　　庚戌，敕故淮南节度使杨行密、故昇府节度使徐温等墓并量给守户。其江南群臣墓在江北者，亦委长吏以时检校。辛亥，唐主遣其临汝公徐辽代己来上寿。五月，诏赏劳南征士卒及淮南新附之民。辛卯，以太祖皇帝领忠武节度使，

　　唐主避周讳，更名景。下令去帝号，称国主，凡天子仪制皆有降损，去年号，用周正朔，仍告于太庙。左仆射、同平章事冯延己罢为太子太傅，门下侍郎、同平章事严续罢为少傅，枢密使、兵部侍郎陈觉罢守本官。初，冯延己以取中原之策说唐主，由是有宠。延己常笑烈祖戢兵为龌龊，曰："安陆所丧才数千兵，为之辍食咨嗟者旬日，此田舍翁识量耳，安足与成大事！岂如今上暴师数万于外，而击球宴乐无异平日，真英主也！"延己与其党谈论，常以天下为己任，更相唱和。翰林学士常梦锡屡言延己等浮诞，不可信，唐主不听。梦锡曰："奸言似忠，陛下不悟，国必亡矣！"及臣服于周，延己之党相与言，有谓周为大朝者，梦锡大笑曰："诸公常欲致君尧、舜，何意今日自为小朝邪！"众默然。

　　自唐主内附，帝止因使者赐书，未尝遣使至其国。己酉，始命太府卿冯延鲁、卫尉少卿锺谟使于唐，赐以御衣、玉带等及犒军帛十万，并今年《钦天历》。

庚戌(二十九日)，后周世宗敕令已故淮南节度使杨行密、已故昇府节度使徐温等人的墓一并根据需要配给守墓民户。其馀江南群臣有先人坟墓在江北的，也委派所在地方长官按时检查。辛亥(三十日)，南唐国主派遣临汝公徐辽代表自己前来奉酒上寿。五月，后周世宗颁诏赏赐慰劳南下征伐的士兵和淮南新近归附的百姓。辛卯(十一日)这天，任命宋太祖皇帝兼领忠武节度使。

南唐国主李璟为避后周信祖名讳，改名为景。下令取消帝号，只称国主，凡是天子的礼仪制度都有所降低贬损，取消交泰的年号，改用后周历法，并举行了祭告太庙的仪式。左仆射、同平章事冯延已被罢黜为太子太傅，门下侍郎、同平章事严续被罢黜为少傅，枢密使、兵部侍郎陈觉被罢黜枢密使职务，保留原来兵部侍郎的官阶。当初，冯延已用夺取中原地区的策略劝说南唐国主，因此得到宠爱。冯延已经常嘲笑南唐烈祖停止用兵是器量狭窄，他说："安陆之战所损失的士兵仅仅几千人，烈祖就为之停止进食并叹息了十天，这是乡村田舍老翁的见识与度量，怎么能和他成就大事呢！哪像当今皇上，虽然几万大军在野外风餐露宿，但自己在宫中打球宴饮取乐与平日没有两样，实在是英明的君主啊！"冯延已与他的同党谈论时，常常把治理天下作为自己的责任，互相唱和呼应。翰林学士常梦锡多次上言说冯延已等人浮夸荒诞，不可信任，南唐国主不听从。常梦锡说："奸臣的话听起来好像是忠言，陛下您如果再不觉悟，国家就必定灭亡了！"等到向后周臣服，冯延已的党羽相互谈论，有把后周称为大朝的，常梦锡大笑道："诸位常常想要引导国君成为统治天下的唐尧、虞舜，哪里料到今日自己却成了小朝廷呢！"众人默不作声。

自从南唐国主归顺后周朝廷后，世宗只是通过南唐使者赐予书信，不曾派遣使者到南唐。己酉(二十九日)，方才命令太仆卿冯延鲁、卫尉少卿锺谟出使到南唐，赐给南唐国主御衣、玉带等物品以及犒劳军队的绢帛十万匹，一并赐给今年的《钦天历》。

刘承遇之还金陵也，唐主使陈觉白帝，以江南无卤田，愿得海陵盐监南属以赡军。帝曰："海陵在江北，难以交居，当别有处分。"至是，诏岁支盐三十万斛以给江南，所俘获江南士卒，稍稍归之。

秋八月辛丑，冯延鲁、锺谟来自唐，唐主手表谢恩，其略曰："天地之恩厚矣，父母之恩深矣，子不谢父，人何报天，惟有赤心，可酬大造。"又乞比藩方，赐诏书。又称："有情事令锺谟上奏，乞令早还。"唐主复令谟白帝，欲传位太子。九月丁巳，以延鲁为刑部侍郎，谟为给事中。己未，先遣谟还，赐书谕以未可传位之意。唐主复遣吏部尚书、知枢密院殷崇义来贺天清节。冬十一月乙丑，唐主复遣礼部侍郎锺谟入见。

初，唐太傅兼中书令楚公宋齐丘多树朋党，欲以专固朝权，躁进之士争附之，推奖以为国之元老。枢密使陈觉、副使李徵古恃齐丘之势，尤骄慢。及许文稹等败于紫金山，觉与齐丘、景达自濠州遁归，国人恟惧。唐主尝叹曰："吾国家一朝至此！"因泣下。徵古曰："陛下当治兵以扞敌，涕泣何为！岂饮酒过量邪！将乳母不至邪！"唐主色变，而徵古举止自若。会司天奏："天文有变，人主宜避位禳灾。"唐主乃曰："祸难方殷，吾欲释去万机，栖心冲寂，谁可以托国者？"徵古曰："宋公，造国手也，陛下如厌万机，何不举国授之！"觉曰："陛下深居禁中，国事皆委宋公，

刘承遇从金陵返回时，南唐国主派遣陈觉禀报世宗，以江南地区没有盐卤之田为理由，希望将海陵盐监归属南唐来供应军需。世宗说："海陵在江北，难以归属江南而使南北官吏交错杂居，我会另有安排的。"到这时，世宗诏令每年拨出盐三十万斛来供给江南地区，所俘获的江南士兵，逐渐释放回国。

秋季八月辛丑（二十三日），冯延鲁、锺谟从南唐归来，南唐国主亲手书写表章谢恩。表章大略说道："天地的恩泽太厚了，父母的恩情太深了，子女无法感谢父母，人们怎么报答天地？只有赤诚之心，可以回报大恩大德。"又乞求比照四方藩镇，赏赐诏书。又说："有情况叫锺谟上奏，请求让他早日返回。"南唐国主又让锺谟禀报世宗，打算传位给皇太子。九月丁巳（初九），后周世宗任命冯延鲁为刑部侍郎，锺谟为给事中。己未（十一日），世宗先派锺谟回国，赐给南唐国主书信告诉他不可传位之意。南唐国主又派遣吏部尚书、知枢密院殷崇义前来祝贺世宗生日天清节。冬季十一月乙丑（十九日），南唐国主又派遣礼部侍郎锺谟入朝谒见世宗。

当初，南唐太傅兼中书令楚国公宋齐丘大量培植党羽，想以此垄断朝政大权，急于获得升迁的士大夫争相攀附他，推崇并夸奖宋齐丘为国家元老。枢密使陈觉、副使李徵古倚仗宋齐丘的势力，尤其骄横傲慢。等到许文稹等人在紫金山战败，陈觉与宋齐丘、李景达从濠州逃回来，国人非常恐惧。南唐国主曾经感叹说："我的国家一下子竟到了这个地步！"于是流下了眼泪。李徵古说道："陛下您应当整顿军队来抵抗敌人，痛哭流涕的干什么？难道是饮酒过量了吗？还是因为奶妈没有来呢？"南唐国主脸色大变，然而李徵古言谈举止仍然从容自如。正赶上司天奏报："天象有变化，人主应当避位祈求消灾。"南唐国主于是说："祸乱灾难正频繁，我准备放弃君位摆脱各种政务，去过淡泊宁静的生活，谁是可以托付国家的人呢？"李徵古回答说："宋公是治理国家的高手，陛下您如果厌倦了各种政务，何不把国家交给他管理！"陈觉说："陛下您深居宫禁之中，国家大事都委托给宋公，

先行后闻，臣等时入侍，谈释、老而已。"唐主心愠，即命中书舍人豫章陈乔草诏行之。乔惶恐请见，曰："陛下一署此诏，臣不复得见矣！"因极言其不可。唐主笑曰："尔亦知其非邪？"乃止。由是因晋王出镇，以徵古为之副。觉自周还，亦罢近职。

钟谟素与李德明善，以德明之死怨齐丘；及奉使归唐，言于唐主曰："齐丘乘国之危，遽谋篡窃，陈觉、李徵古为之羽翼，理不可容。"陈觉之自周还，矫以帝命谓唐主曰："闻江南连岁拒命，皆宰相严续之谋，当为我斩之。"唐主知觉素与续有隙，固未之信。钟谟请覆之于周，唐主乃因谟复命，上言："久拒王师，皆臣愚迷，非续之罪。"帝闻之，大惊曰："审如此，则续乃忠臣，朕为天下主，岂教人杀忠臣乎！"谟还，以白唐主。

唐主欲诛齐丘等，复遣谟入禀于帝。帝以异国之臣，无所可否。十二月己亥，唐主命知枢密院殷崇义草诏，暴齐丘、觉、徵古罪恶，听齐丘归九华山旧隐，官爵悉如故；觉责授国子博士，宣州安置；徵古削夺官爵，赐自尽；党与皆不问。遣使告于周。

六年春正月，唐宋齐丘至九华山，唐主命锁其第，穴墙给饮食。齐丘叹曰："吾昔献谋幽让皇帝族于泰州，宜其及此！"乃缢而死。谥曰丑缪。

先处理然后奏报，臣下等人时常入宫侍奉，只谈论佛、道罢了。"南唐国主心里有气，立即命令中书舍人豫章人陈乔起草诏书实行二人的建议。陈乔惶恐不安地请求谒见，说道："陛下您一旦签署了这道诏令，臣下便不能再见到陛下了！"于是极力陈述这种做法不可以。南唐国主笑着说道："你也知道这样做不行吗？"于是作罢。因此，借晋王李景遂出朝就任藩镇的机会，任命李徵古担任他的副手。陈觉从后周返回之后，也被罢免了朝廷近臣的职务。

　　钟谟平时和李德明要好，因为李德明之死而怨恨宋齐丘；等到钟谟奉命出使回到南唐后，向南唐国主上言说："宋齐丘趁国家有危难，便图谋篡位，陈觉、李徵古做他的羽翼，天理不容。"陈觉从后周回来时，假传后周世宗命令对南唐国主说："听说江南连年抗拒诏令，都是宰相严续的主意，应当替我斩了他。"南唐国主知道陈觉向来和严续有矛盾，根本就不相信他的话。钟谟请求到后周核实此事，南唐国主于是通过钟谟回复命令，上言说："长期抗拒王师，都是因为我的愚昧糊涂，不是严续的罪过。"后周世宗闻听此语，大为惊讶，说："确实如此的话，那么严续才是忠臣，朕为天下之主，岂能教人杀害忠臣呢！"钟谟回国，将情况禀报南唐国主。

　　南唐国主打算诛杀宋齐丘等人，又派遣钟谟入后周向世宗禀报。世宗因为宋齐丘是别国的臣子，不置可否。十二月己亥（二十三日），南唐国主命令知枢密院殷崇义起草诏书，公布宋齐丘、陈觉、李徵古的罪恶，听任宋齐丘返回九华山旧日隐居之地，官阶爵位全部照旧；陈觉受处分被授予国子博士，送往宣州安置；李徵古被削夺官阶爵位，赐令自杀；他们的党羽都不予追究。南唐派遣使者向后周报告。

　　六年（959）春季正月，南唐宋齐丘到达九华山，南唐国主命令锁上他宅第的全部门窗，在墙上挖洞供给他饮食。宋齐丘叹息说："我从前献计将让皇帝全族幽禁在泰州，所以应当落到这种地步！"于是上吊而死。谥号叫作"丑缪"。

夏六月，唐清源节度使留从效遣使入贡，请置进奏院于京师，直隶中朝。戊寅，诏报以："江南近服，方务绥怀，卿久奉金陵，未可改图。若置邸上都，与彼抗衡，受而有之，罪在于朕。卿远修职贡，足表忠勤，勉事旧君，且宜如故。如此，则于卿笃始终之义，于朕尽柔远之宜，惟乃通方，谅达予意。"唐主遣其子纪公从善与锺谟俱入贡，上问谟曰："江南亦治兵，修守备乎？"对曰："既臣事大国，不敢复尔。"上曰："不然。向时则为仇敌，今日则为一家，吾与汝国大义已定，保无他虞。然人生难期，至于后世，则事不可知。归语汝主，可及吾时完城郭，缮甲兵，据守要害，为子孙计。"谟归，以告唐主。唐主乃城金陵，凡诸州城之不完者葺之，戍兵少者益之。

臣光曰：或问臣：五代帝王，唐庄宗、周世宗皆称英武，二主孰贤？臣应之曰：夫天子所以统治万国，讨其不服，抚其微弱，行其号令，一其法度，敦明信义，以兼爱兆民者也。庄宗既灭梁，海内震动，湖南马氏遣子希范入贡，庄宗曰："比闻马氏之业，终为高郁所夺。今有儿如此，郁岂能得之哉？"郁，马氏之良佐也。希范兄希声闻庄宗言，卒矫其父命而杀之。此乃市道商贾之所为，岂帝王之体哉！盖庄宗善战者也，故能以弱晋胜强梁，既得之，曾不数年，外内离叛，置身无所。诚由

夏季六月，南唐清源节度使留从效派遣使者向后周进献贡物，请求在京城设置进奏院，直接隶属中央朝廷。戊寅（初四），世宗诏书答复说："江南新近归附，朕正在全力安抚他们，你长期侍奉金陵，不可改变主意。倘若在京城设置官邸，与金陵相抗衡，接受你的意见而设置进奏院，罪过就在朕身上了。您远道而来进献贡物，足以表明忠诚勤勉，努力侍奉旧主，尚且应当一切如故。这样的话，对于您来说就可以加深始终如一的节操，对于朕来说可以尽到安抚四方的义务，希望你通情达理，体谅明白朕的本意。"南唐国主派他的儿子纪公李从善与锺谟一道入朝进献贡物，世宗问锺谟说："江南也在操练军队，治理防务吗？"锺谟回答说："既已臣服并侍奉大国，就不敢再这样了。"世宗说："不对。过去是仇敌，今日已经成为一家，我朝与你国的名分大义已经确定，保证没有其他变故。然而人生难以预料，至于后世，事情就更不可知晓。回去告诉你的国主，可以趁我在的时候加固城郭，修缮武器，据守要塞，为子孙后代着想。"锺谟回国，将世宗的话禀报南唐国主。南唐国主于是修补金陵城墙，凡是各州城池有不坚固完善的便整治修补，守卫士兵少的便增加。

史臣司马光评论说：有人问臣下：五代帝王之中，唐庄宗、周世宗都号称英明勇武，两位君主谁更贤明？臣下回答他说：天子之所以能统治天下各国，是因为能讨伐不肯降服者，安抚微小虚弱者，实行号令，统一法度，敦厚信用昭明大义，用来兼爱亿万百姓。唐庄宗灭梁以后，天下震动，湖南马殷派遣儿子马希范入朝进贡，唐庄宗说："近来听人说马氏的家业，终将被高郁所篡夺。如今他有这样的儿子，高郁怎么能得到马氏的家业呢？"高郁是马氏的优秀辅臣。马希范的哥哥马希声听到唐庄宗说的话，最终假传他父亲的命令杀掉了高郁。这只是街市中道路上的行商坐贾所干的事情，哪里是帝王的风度啊！因为唐庄宗是个善于打仗之人，所以能以弱小的晋国战胜强大的梁国，但是取得梁国以后，不出几年，内叛外离，就没有安身之处了。这实在是由于

知用兵之术,不知为天下之道故也。世宗以信令御群臣,以正义责诸国,王环以不降受赏,刘仁赡以坚守蒙褒,严续以尽忠获存,蜀兵以反覆就诛,冯道以失节被弃,张美以私恩见疏。江南未服,则亲犯矢石,期于必克;既服,则爱之如子,推诚尽言,为之远虑。其宏规大度,岂得与庄宗同日语哉!《书》曰:"无偏无党,王道荡荡。"又曰:"大邦畏其力,小邦怀其惠。"世宗近之矣。

他只知道用兵的策略,却不知道治理天下之道的缘故啊。周世宗用下达后就必须执行的命令驾驭群臣,用正义要求各国,王环因不投降而受到奖赏,刘仁赡因坚守不屈而受到褒扬,严续因尽忠报国而获得生存,后蜀士兵因反复无常而遭到杀戮,冯道因丧失臣节而被遗弃,张美因为私人恩惠而被疏远。江南尚未归服时,他亲自冒着飞矢流石,抱定必胜的信念;江南降服以后,他像对待子女那样地爱护他们,推心置腹地把话说尽,为他们做出长远考虑。他的宏伟规划,博大襟怀,哪能与唐庄宗同日而语呢?《尚书》说:"不要偏私,不要结党,为王之道浩荡宽广。"又说:"大国畏惧他的威力,小国怀念他的恩德。"周世宗的行为可以说是接近《尚书》所提出的要求了。